THE BARBOUR COLLECTION OF CONNECTICUT TOWN VITAL RECORDS

THE BARBOUR COLLECTION OF CONNECTICUT TOWN VITAL RECORDS

STAMFORD 1641–1852

Compiled by
Greater Omaha Genealogical Society

General Editor
Lorraine Cook White

Copyright © 2000
Genealogical Publishing Co., Inc.
Baltimore, Maryland
All Rights Reserved
Library of Congress Catalogue Card Number 94-76197
International Standard Book Number 0-8063-1661-6
Made in the United States of America

INTRODUCTION

As early as 1640 the Connecticut Court of Election ordered all magistrates to keep a record of the marriages they performed. In 1644 the registration of births and marriages became the official responsibility of town clerks and registrars, with deaths added to their duties in 1650. From 1660 until the close of the Revolutionary War these vital records of birth, marriage, and death were generally well kept, but then for a period of about two generations until the mid-nineteenth century, the faithful recording of vital records declined in some towns.

General Lucius Barnes Barbour was the Connecticut Examiner of Public Records from 1911 to 1934 and in that capacity directed a project in which the vital records kept by the towns up to about 1850 were copied and abstracted. Barbour previously had directed the publication of the Bolton and Vernon vital records for the Connecticut Historical Society. For this new project he hired several individuals who were experienced in copying old records and familiar with the old script.

Barbour presented the completed transcriptions of town vital records to the Connecticut State Library where the information was typed onto printed forms. The form sheets were then cut, producing twelve small slips from each sheet. The slips for most towns were then alphabetized and the information was then typed a second time on large sheets of rag paper, which were subsequently bound into separate volumes for each town. The slips for all towns were then interfiled, forming a statewide alphabetized slip index for most surviving town vital records.

The dates of coverage vary from town to town, and of course the records of some towns are more complete than others. There are many cases in which an entry may appear two or three times, apparently because that entry was entered by one or more persons. Altogether the entire Barbour Collection--one of the great genealogical manuscript collections and one of the last to be published--covers 137 towns and comprises 14,333 typed pages.

ABBREVIATIONS

ae.-----------age
b.------------born or both
bd.----------buried
B. G.---------Burying Ground
d.------------died, day, or daughter
decd.--------deceased
f.-------------father
h.------------hour or hours
Int. Pub.-----Intentions Published
J. P.----------Justice of Peace
LR-----------Land Records
m.-----------married
N. S.---------New Style
O. S.---------Old Style
PR-----------Probate Records
res.----------resident
TM----------Town Meeting Records
s.-------------son
st.------------stillborn
V. D. M.----Voluns Dias (minister, one who serves God)
w.-----------wife, week, or weeks
wid.---------widow
wk.----------week
y.------------year

THE BARBOUR COLLECTION OF CONNECTICUT TOWN VITAL RECORDS

STAMFORD VITAL RECORDS
1641-1852

	Vol.	Page
ABBOT, ABBOTT, Dorcas, of Norwalk, m. Benjamin **DIBBLE**, of Stanford, Jan. 22, 1739/40, in Norwalk, by Rev. William Gaylord, of Wilton	1	42
Lydia, m. William **SCOFIELD**, Jr., Mar. 1, 1803, by Reuben Scofield, J. P.	2	108
Sam[ue]l, of New Canaan, m. Clarissa M. **MAKEMAN**, of Stamford, Apr. 14, 1844, by Rev. Ambrose S. Todd	2	272
ADAMS, ADDAMS, Abraham, m. Sally **WATERBURY**, Mar. 9, 1805, by Rev. Daniel Smith	2	127
Ann, m. David **DUNIAN**, Dec. 31, 1844, by Rev. Peter C. Oakley	2	274
Anne, d. [Reuben & Hannah], b. July 6, 1797	2	52
Benjamin M., m. Amanda M. **LOCKWOOD**, Nov. 2, 1846, by Rev. Aaron Rogers	2	286
Benjamin Matthias, s. [Sands & Phebe Ann], b. Apr. 11, 1824	2	162
Cornelia, d. [Abraham & Sally], b. Dec. 28, 1810	2	127
Ebenezer, m. Elizabeth **MATTHIAS**, Dec. 29, 1792, by Rev. Ebenezer Dibble	2	48
Eliza Ann, d. [Abraham & Sally], b. Oct. 19, 1806	2	127
Frances, [child of Abraham & Sally], b. Apr. 15, 1815	2	127
George W., s. [Abraham & Sally], b. Sept. 15, 1820	2	127
Hawley, m. Emily C. **McDONALD**, b. of Stamford, Jan. 26, 1845, by Rev. P. C. Oakley	2	276
Henry Holly, s. [Reuben & Hannah], b. Aug. 16, 1803	2	52
John, s. [Reuben & Hannah], b. Feb. 18, 1810	2	52
John, of Greenwich, m. Elisabeth **HUSTED**, of Stamford, Sept. 5, [1717?], by Capt. Joseph Bishop, J. P.	1	145
John Williams, s. [Abraham & Sally], b. Aug. 12, 1817	2	127
Maria, d. [Abraham & Sally], b. Feb. 29, 1808	2	127
Maria, m. Nathaniel T. **PALMER**, Dec. 24, 1827, by Rev. Daniel Smith	2	197
Morehouse, s. [Ebenezer & Elizabeth], b. May 19, 1795	2	48
Reuben, m. Hannah **MEAD**, Sept. 29, 1795, by Charles Webb	2	52
Sands, s. [Ebenezer & Elizabeth], b. Feb. 18, 1798	2	48
Sands, m. Phebe Ann **MATTHAIS**, b. of Stamford, Mar. 3, 1823, by Rev. John Jarvis Matthias	2	162
Sarah, of Greenwich, m. William **GRAY**, of Stamford, Apr. 16, 1843, by Rev. Addison Parker	2	266
Sarah Ann Dibble, d. [Reuben & Hannah], b. Dec. 13, 1800	2	52
Sarah E., m. Charles S. **RIBLET**, b. of Stamford, Dec. 27, 1848, by Rev. H. F. Pease	2	295

	Vol.	Page
ADAMS, ADDAMS (cont.),		
Sarah Elizabeth, d. [Abraham & Sally], b. Feb. 28, 1813	2	127
W[illia]m Henry, s. [Ebenezer & Elizabeth], b. Feb. 26, 1801	2	48
William Jarvis, s. [Sands & Phebe Ann], b. Oct. 3, 1825	2	162
AFRICA, Harry, s. Nath[anie]ll & Chloe (negro), b. Nov. 9, 1787	2	55
Nat, s. Nath[anie]ll & Chloe (negro), b. Dec. 9, 1785	2	55
ALLEN, [see also **ALLYN**], Bowen, m. Deborah **FAIRCHILD**, b. of Stamford, [ ] 14, 1847, by Rev. Aaron Rogers	2	289
ALLIS, Wells, of Huntington, Conn., m. Harriet **BELL**, of Stamford, Oct. 14, 1835, by Rev. Richard Seaman	2	225
ALLYN, [see also **ALLEN**], Abigail, Mrs., m. Rev. Ephraim **BOSTWICK**, Mar. 1, 1738/9, by Rev. Simon Backus, of Newenton	1	80
AMBLER, [Abraham*], m. Han[n]a[h] **GOLD**, Jan. 12, 1692 *(Supplied from Huntington's Register)	1	96
Abraham, s. Abraham, b. Dec. 6, 1693	1	143
Abraham, m. Abigail **CLASON**, Apr. 4, 1717, by Capt. Joseph Bishop, J. P.	1	112
Abraham, m. Abigail **CLASON**, Apr. 4, 1717, by Capt. Joseph Bishop, J. P.	1	145
Abraham, s. Abraham & Abigail, b. Feb. 2, 1724	1	5
Abram, m. Mary **BATES**, Dec. 25, 1662	1	102
Abram, s. Abram [& Mary], b. Jan. 5, 1665	1	102
Annah, d. John & Elizabeth, b. Oct. 4, 1731	1	20
Benjamin, s. Joshua & Bethiah, b. Dec. 20, 1749	1	87
Benjamin, s. Joshua & Bethia, b. Sept. 24, 1758; d. Feb. 23, 1759	1	135
Bethia, d. Joshua & Bethia, b. Jan. 18, 1757	1	135
Betsey, d. David & Ollive, b. Nov. 8, 1762	1	146
Betsey, d. Isaac & Nancy, b. May 25, 1785	2	32
Bille, s. David & Ollive, b. June 29, 1764	1	155
Charles, s. John & Sarah, b. Dec. 17, 1760	1	141
Daniel, s. Joseph & Elizabeth, b. July 13, 1752	1	100
Daniel, s. Joseph, d. Sept. 19, 1754	1	110
David, s. Stephen & Deborah, b. Apr. 28, 1738	1	36
David, m. Olive **WILDMAN**, Nov. 3, 1761, in Danbury, by Rev. Mr. White	1	141
Deborah, d. Stephen & Deborah, b. May [ ], 1725; d. June 19, 1725	1	4
Deborah, d. Stephen & Deborah, b. Sept. 28, 1726	1	6
Deborah, d. Stephen & Deborah, b. Sept. 28, 1726	1	9
Deborah, m. John **DAVENPORT**, June 2, 1748, by Jonathan Maltbie, J. P.	1	79
Deborah, d. Joshua & Bethiah, b. Oct. 15, 1754	1	135
Deborah, w. Stephen, d. Oct. 8, 1768	1	166
Eliza Rand, d. [Isaac & Nancy], b. Apr. 4, 1803	2	32
[Eli]zabeth, w. Richard, d. Mar. 29, 1685	1	96
Elizabeth, d. Jno & Elizabeth, b. Feb. 5, 1722	1	149
Elizabeth, m. Samuel **SCOFIELD**, of Newfield, Mar. 1, 1743/4	1	64
Elizabeth, d. Joseph & Elizabeth, b. Apr. 24, 1754	1	108
Hannah, wid., m. Jerimiah **ANDREWS**, Sept. 8, 1697	1	104

	Vol.	Page

AMBLER (cont.),

	Vol.	Page
Han[n]ah, d. Abraham & Abigail, b. Jan. 12, 1717/18	1	139
Hannah, d. Stephen & Deborah, b. July 17, 1731	1	19
Hannah, m. Joseph **DAVENPORT**, July 5, 1753, by Abraham Davenport	1	105
Hannah, d. Joseph & Elizabeth, b. Feb. 1, 1757	1	197
Hannah, m. Ebenezer **WEED**, 3rd, Jan. 4, 1775, by Rev. Dr. Welles	1	193
Henry, s. [Jacob & Lydia], b. Sept. 10, 1784	2	46
Isaac, m. Nancy **SKELDING**, Feb. 25, 1783, by Rev. John Avery	2	32
Isaac, d. Jan. 28, 1818, at Sandusky	2	32
Jacob, m. Lydia **WEED**, May 6, 1784	2	46
Jacob, s. [Jacob & Lydia], b. Jan. 2, 1791	2	46
Joannah, d. John & Elizabeth, b. Aug. 17, 1737; d. Sept. 11, 1737	1	35
Joanna, d. John & Elizabeth, b. Feb. 23, 1738/9	1	38
John, s. Abram [& Mary], b. Feb. 18, 1667	1	102
John, s. John, b. Feb. 15, 1794	1	143
John, Sr., d. Nov. 4, 1711	1	131
John, m. Elizabeth **MOREHOUSE**, May 12, 1721, by Rev. John Davenport	1	96
John, s. Stephen & Deborah, b. Mar. 24, 1728/9	1	13
John, s. Stephen, d. July 28, 1730	1	16
John, s. Stephen & Deborah, b. Nov. 23, 1732	1	22
John, s. John & Elizabeth, b. Aug. 1, 1733	1	23
John, s. John & Sarah, b. June 21, 1759	1	133
John, s. [Jacob & Lydia], b. Oct. 5, 1788	2	46
Joseph, s. Stephen & Deborah, b. Oct. 4, 1727	1	13
Joseph, m. Elizabeth **REED**, Oct. 17, 1751, by Rev. Moses Mather	1	100
Joshua, s. Abram [& Mary], b. Sept. 8, 1670	1	102
Joshua, s. Stephen & Deborah, b. Sept. 19, 1723	1	0
Joshua, m. Bethiah **WEED**, Apr. 6, 1749, by Rev. Noah Welles	1	81
Julian, d. [Isaac & Nancy], b. Feb. 4, 1800	2	32
Lydia, d. Joseph & Elizabeth, b. Feb. 23, 1759	1	197
Lydia, m. Jonathan **WEED**, Feb. 22, 1781, by Rev. Moses Mather	2	24
Marcy, m. Quinton **PACK**, Apr. 9, 1746, by Sam[ue]ll Hoit	1	78
Martha, d. John, [ ], Mar. 17, 1700	1	143
Martha, m. Edward **BACH**, Nov. [ ], 1712, by Samuel Hoit, J. P.	1	119
Martha, d. John & Elizabeth, b. Mar. 11, 1729/30	1	15
Mary, d. Abram [& Mary], b. Jan. 15, 1663	1	102
Mehittabell, m. James **SLASON**, Dec. 3, 1702	1	134
Mercy, d. John & Elizabeth, b. Nov. last day, 1724	1	4
Ollive, d. David & Ollive, b. Feb. 7, 1766	1	155
Polly, d. [Isaac & Nancy], b. May 25, 1793	2	32
Polly, m. Noah **SMITH**, May 23, 1813, by Rev. Jonathan Judd	2	128
Rachel, d. John & Elizabeth, b. July 3, 1735	1	30
Rebecca, d. John & Elizabeth, b. Sept. 25, 1726	1	6
Rebeckah, m. James **WEED**, Dec. 4, 1746, by Jonathan Maltbie,		

	Vol.	Page
AMBLER (cont.),		
J. P.	1	71
Rhua, d. [Isaac & Nancy], b. July 14, 1795	2	32
Ruamah, m. John **SKELDING**, Mar. 27, 1790, by Rev. John Avery	2	47
Sarrah, d. Abram [& Mary], b. Oct. 6, 1672	1	102
Sarah, d. John & Elizabeth, b. Apr. 13, 1723	1	150
Sarah, d. Abraham & Abigail, b. Dec. 29, 172[ ]	1	5
Sarah, d. Stephen & Bethia, b. Aug. 25, 1752	1	103
Stephen, s. John, b. June 22, 1698	1	143
Stephen, m. Deborah **HOIT**, Dec. 14, 1721, by Capt. Joseph Bishop, J. P.	1	112
Stephen, s. Stephen & Deborah, b. Nov. 8, 1736	1	32
Stephen, s. Sergt. Stephen, d. Oct. 19, 1756. Was a soldier at Lake George and died at Shearon on his return from the expedition	1	119
Stephen, s. John & Sarah, b. Jan. 19, 1758	1	126
Stephen, s. [Jacob & Lydia], b. Sept. 27, 1786	2	46
William, s. [Jacob & Lydia], b. Feb. 22, 1793	2	46
AMBREY, Moses, s. Robert, b. Dec. 16, 1652	1	19
Robert, d. July 21, 1656	1	19
ANDREWS, ANDRUS, ANDRAS, ANDREAS, Ann, d. Jeremiah, b. Aug. 3, 1702	1	143
Betsey, d. [Jeremiah & Sarah], b. Feb. 25, 1787	2	119
Dorcas, d. [Jeremiah & Sarah], b. Jan. 24, 1789	2	119
Elizabeth, d. Samuel & Hannah, b. Dec. 28, 1759	1	142-3
Elizabeth, m. Bates **HOYT**, Setp. 27, 1806, by Rev. Daniel Smith	2	129
Hannah, d. Samuel & Hannah, b. Jan. 22, 1751	1	142-3
Hannah, m. Seth **WEED**, Jan. 3, 1771, by Rev. Mr. Silliman	1	202
Isaac, s. Samuel & Hannah, b. Dec. 30, 1761	1	142-3
Jerimiah, m. Hannah **AMBLER**, wid., Sept. 8, 1697	1	104
Jeremiah, s. Jeremiah, b. Dec. 5, 1705	1	143
Jeremiah, his d. [ ], d. May 10, 1706	1	135
Jeremiah, d. July 20, 1713	1	143
Jeremiah, s. Jeremiah, d. Dec. 19, 1715	1	126
Jeremiah, s. John & Abigail, b. Dec. 16, 1741	1	52
Jeremiah, m. Sarah **HOW**, June 30, 1784, by Rev. Moses Mather	2	119
Jeremiah, s. [Jeremiah & Sarah], b. Jan. 17, 1804	2	119
John, s. Jeremiah, b. July 31, 1700	1	143
John, s. John & Abigail, b. June 2, 1739	1	39
John, d. June 27, 1742	1	55
John, s. [Jeremiah & Sarah], b. Jan. 29, 1785	2	119
Joseph, s. Robert & Sarah, b. Feb. 16, 1753	1	103
Marcy, d. Robert & Sarah, b. Apr. 3, 1750	1	103
Mary, d. Samuel & Hannah, b. Nov. 25, 1752; d. Jan. 31, 1755	1	142-3
Mary, d. Samuel & Hannah, b. Jan. 2, 1755	1	142-3
Polly, d. John & Dorcas, b. July 25, 1782	2	14
Rebecca, d. [Jeremiah & Sarah], b. May 10, 1791	2	110
Rhoda, d. Robert & Sarah, b. June 27, 1756	1	118

STAMFORD VITAL RECORDS 5

	Vol.	Page

ANDREWS, ANDRUS, ANDRAS, ANDREAS (cont.),
  Robert, m. Sarah **BISHOP**, Oct. 22, 1742, by Rev. Ebenezer
    Wright   1   64
  Samuel, m. Hannah **BISHOP**, May 17, 1750, by Rev. Mr. Mather   1   142-3
  Samuel, s. Samuel & Hannah, b. Feb. 11, 1757   1   142-3
  Samuel, s. [Jeremiah & Sarah], b. Oct. 4, 1793   2   119
  Sarah, d. Robert & Sarah, b. Feb. 18, 1743/4   1   64
  Sarah, d. [Jeremiah & Sarah], b. May 12, 1797; d. Feb. [ ], 1800   2   119
  Will[ia]m, s. John & Dorcas, b. Sept. 17, 1783   2   14
ANSLEY, Minna, Mrs., m. D. W. W. **WILMOTT**, b. of Stamford,
  Sept. 24, 1837, by Rev. William Biddle   2   243
ARCHIBALD, Candice, m. Abel **CHURCH**, Mar. 13, 1836, by Rev.
  Ambrose S. Todd   2   230
  Hager, m. George **HICKS**, b. of Stamford, Jan. 2, 1837, by Rev.
    Ambrose S. Todd   2   231
ARES, [see under **AYRES**]
ARNOLD, Bowley*, m. Joannah **WEBB**, Feb. 3, 1736/7, by Jonathan
  Hoit, J. P.   *(Bowtey?)   1   32
  John, m. Mary **KNAP[P]**, Apr. 8, 1751, by Rev. Ebenezer Dibble   1   92
  Mary, m. Manson **JARVIS**, Mar. 4, 1770, in St. John's Church, by
    Rev. Mr. Dibble   1   173-4
  Robert, m. Elizabeth **DEAN**, Feb. 1, 1727/8, by Jonathan Hoit,
    J. P.   1   15
  Robert, s. John & Elizabeth, b. Dec. 10, 1729   1   15
  Robert, d. Feb. 15, 1746/7   1   71
ARTER*, Sarah, m. Jonathan **NEWMAN**, Jr., Oct. 12, 1738, in Greenwich, by Rev. Benjamin Strong, of Greenwich   *(AUSTIN?)   1   55
ATTWOOD, Henery, m. Rachell **WEBSTER**, Aug. 18, 1708, by Capt.
  Selleck, J. P.   1   127
AUGER, Mary, m. William **HOYT**, 3rd, Sept. 9, 1806, in Northford,
  by Rev. [ ] Noyes   2   110
AUSTIN, ASTIN, Charles Steward, m. Hannah **SCOFIELD**, Jan. 15,
  1782, by Rev. Mr. Murdock   2   6
  David, m. Margaret **STEWART**, Nov. 10, 1746, by Jonathan
    Hoit, J. P.   1   74
  Elizabeth, m. Joseph **FINCH**, Nov. 23, 16[ ]   1   113
  Hanna[h], wid., b. Apr. 28, 1710   1   143
  Hannah, d. Charles S. & Hannah, b. July 27, 1783   2   6
  John, d. 6 mo. 24, 1657   1   19
  John, d. Aug. 23, 1657   1   20
  Mary, d. July 1, 1751, in the 24th y. of her age   1   107
  Rebeckah, m. Thomas **SKELDING**, June 11, 1701   1   140
  Samuel, s. John, d. 7th mo. 21, [16]57   1   20
  Sarah*, m. Jonathan **NEWMAN**, Jr., Oct. 12, 1738, in Greenwich, by Rev. Benjamin Strong, of Greenwich   *(Arnold copy
    has "Sarah **ARTER**")   1   55
AVERY, EVERY, Charles, s. Rev. John & Anne, b. Mar. 25, 1788   2   23
  Edward, s. Rev. John & Anne, b. Feb. 21, 1790   2   23
  Jane Ann, of Stamford, m. Edwin **SELLECK**, of New Canaan, this

	Vol.	Page

AVERY, EVERY (cont.),
day [Oct. 26, 1847], by Rev. Amos N. Mulnex — 2, 289
John, Rev., m. Anne **HAZARD**, Apr. 4, 1782, by Rev. Hezekiah Ripley — 2, 7
John Hazard, s. John & Anne, b. Apr. 3, 1783 — 2, 7
Samuel, s. John & Anne, b. Sept. 5, 1785 — 2, 7
Samuel, m. Abigail **STEVENS**, b. of Stamford, Dec. 8, 1824, by Rev. Henry Fuller — 2, 174

AYRES, ARES, Abigail, m. John **MOTT**, Mar. 1, 1721/2, by Capt. Joseph Bishop, J. P. — 1, 112
Abigail, d. Reuben & Abigail, b. Jan. 27, 1768 — 1, 172
Alfred, m. Harriet **LOCKWOOD**, b. of Stamford, Apr. 15, 1821, by Henry Hoit, 3rd — 2, 150
Amos, s. [Jonathan & Deborah], b. Nov. 10, 1776 — 2, 84
Amzi, of New Canaan, m. Emeline **HOYT**, of Stamford, May 9, 1831, by Rev. Daniel Smith — 2, 234
Betsey, d. [Jonathan & Deborah], b. Nov. 6, 1780 — 2, 84
Betsey, m. Jon Jarvis **INGERSOLL**, of Greenwich, Sept. 27, 1843, by Rev. Frederick H. Ayres, of Longridge — 2, 278
Chauncey, Dr., m. Mrs. Julia A. **SIMPSON**, Sept. 3, 1840, in the M. E. Church, by Rev. John Tackaberry — 2, 259
Deborah, d. [Jonathan & Deborah], b. Nov. 24, 1786 — 2, 84
Ebenezer, s. Richard & Abigail, b. May 20, 1716 — 1, 122
Ebenezer, m. Elizabeth **HOLLY**, Feb. 14, 1739/40, by Sam[ue]ll Hoit, J. P. — 1, 44
Ebenezer, s. Ebenezer & Elizabeth, b. May 15, 1740 — 1, 44
Ebenezer, s. John & Rebecca, b. Mar. 2, 1761 — 1, 140
Ebenezer, s. [Jonathan & Deborah], b. July 21, 1772 — 2, 84
Elizabeth, m. Joseph **LOCKWOOD**, May 19, 1698 — 1, 104
Esther, d. John & Rebecca, b. Oct. 27, 1770 — 1, 192
Frederick, s. [Jonathan & Deborah], b. Sept. 26, 1782 — 2, 84
Hannah, m. Richard **RAYMOND**, b. of Stamford, Dec. 27, 1826, by Rev. Platt Buffett, of Stanwich — 2, 183
Jared, s. [Jonathan & Deborah], b. Dec. 29, 1778 — 2, 84
Jeremiah N., m. Frances L. **NEWMAN**, Mar. 12, 1837, by Rev. Ambrose S. Todd — 2, 243
Jeremiah N., m. Sarah M. **LEEDS**, b. of Stamford, June 21, 1849, by Rev. Ambrose S. Todd — 2, 299
John, s. Richard & Abigail, b. Oct. 9, 1714 — 1, 122
John, m. Rebeckah **POT[T]S**, Apr. 6, 1749, by Jonathan Maltbie — 1, 84
John, s. John & Rebecca, b. Jan. 11, 1759 — 1, 140
Jonathan, m. Deborah **SCOFIELD**, July 21, 1771, by Benjamin Weed — 2, 84
Lawrence, d. [ ] 28, 1717, drowned — 1, 126
Lydia, m. Reuben **SCOFIELD**, Apr. 26, 1764, by Rev. Mr. Wells — 1, 159-160
Marietta, m. Elbert **JONES**, b. of Stamford, Feb. 14, 1847, at Longridge, by Rev. Frederick H. Ayres — 2, 287
Mary, w. Richard, d. Jan. 19, 1715/16 — 1, 126
Mary, d. John & Rebecca, b. July 27, 1765 — 1, 192

STAMFORD VITAL RECORDS

	Vol.	Page
AYRES, ARES (cont.),		
Mary, m. John **WARING**, Oct. 11, 1770, by Rev. Noah Welles	2	14
Mary Ann E. W., of Stamford, m. John L. **HOLMES**, of New York City, Jan. 13, 1850, by Rev. Frederick H. Ayres	2	301
Matilda, m. Samuel **KEELER**, of New Canaan, Apr. 8, 1844, by Rev. Frederick H. Ayres, of Longridge	2	278
Minot, s. [Jonathan & Deborah], b. May 2, 1791	2	84
Phebe, d. John & Rebecka, b. Aug. 20, 1750	1	92
Polly, d. [Jonathan & Deborah], b. Sept. 13, 1784	2	84
Rebeckah, d. John & Rebeckah, b. June 12, 1752	1	109
R[e]uben, s. Ebenezer & Elizabeth, b. Sept. 27, 1741	1	49
Reuben, s. Reuben & Abigail, b. Nov. 8, 1766	1	172
Rhoda, d. Reuben & Abigail, b. Dec. 17, 1769	1	172
Richard, m. Abigail **BUXTON**, Dec. 18, 1712, by Samuel Hoit, J. P.	1	104
Richard & w. Abigail had s. [ ], b. Mar. 2, 1713	1	104
Richard, Jr., d. Apr. 5, 1719	1	138
Sally, d. [Jonathan & Deborah], b. Mar. 27, 1774	2	84
Sarah, m. Henry **SMITH**, Feb. 10, 1796, by Rev. Abner Benedict	2	80
BACH, Edward, m. Martha **AMBLER**, Nov. [ ], 1712, by Samuel Hoit, J. P.	1	119
BACKGOOD*, Mary, m. Eliakim **WHITTNEE**, May 10, 1744, by Sam[ue]ll Hoit, J. P. ***(BEACHGOOD)**	1	61
BAILEY, Jno, of Croton, N. Y., m. Clarissa **WARING**, of Stanhope, Nov. 20, 1848, by Rev. J. Jennings	2	297
William, m. Sally **WEED**, May 22, 1837, by Rev. Daniel Smith	2	247
BAKER, Amaziah E., of New York, m. Finetta M. **PALMER**, of Stamford, Nov. 24, 1831, by Rev. Daniel Smith	2	235
BALDING, [see also **BELDING**], Daniel, of York State, m. Rhoda **HOYT**, of New Canaan, Nov. 21, 1830, by Rev. John Ellis	2	211
BANKS, Hannah, m. George **GORHAM**, July 20, 1726, by Rev. Stephen Church, of England	1	112
John, m. Abigall **LYON**, Apr. 3, 1672	1	113
John, d. June 21, 1730	1	16
Sally, m. Lounsbery **DAN**, June 27, 1823	2	143
Susannah, m. Benjamin **NEWMAN**, May 20, 1745, by Rev. Benj[ami]n Strong	1	75
BARDMAN, [see under **BOARDMAN**]		
BARLOW, Julia E., of Muscatine, Iowa, m. Charles F. **BARTHOLOMEW**, of New York, June 30, 1852, by Rev. Ambrose S. Todd	2	307
BARNES, Angeline, m. James M. **SMITH**, b. of Stamford, Dec. 24, 1838, by Rev. Shaler J. Hillyer	2	253
BARNUM, Nancy A., m. Charles D. **HOYT**, b. of Stamford, [Sept.] 4, [1836], by Rev. John Ellis	2	227
Samuel W., m. Charlotte **BETTS**, b. of Stamford, Apr. 16, 1849, by Rev. Isaac Jennings	2	298
BARTHOLOMEW, Charles F., of New York, m. Julia E. **BARLOW**, of Muscatine, Iowa, June 30, 1852, by Rev. Ambrose S.		

	Vol.	Page
BARTHOLOMEW (cont.),		
Todd	2	307
Livingstone T., of New York, m. Emeline **WATERBURY**, of Stamford, Feb. 12, 1835, by Rev. Oliver V. Amerman	2	224
BARTISS, Andrew, of New Canaan, m. Amanda F. **LOCKWOOD**, of Stamford, Aug. 3, 1829, by Rev. Henry Fuller	2	203
BASSET, Elizabeth, m. Isa[a]c **FINCH**, 8th mo. [ ], [16]58	1	74
BATCH, Mindwell, m. Jabes **SMITH**, Dec. 25, 1733, by Nathaniel Peck, J. P.	1	24
BATES, BAITS, Abigail, d. Sam[ue]ll & Sarah, d. Jan. 5, 1715/16	1	126
Abigail, d. David & Abigail, b. Oct. 7, 1731	1	20
Abraham, m. Mary **WATERBERY**, Nov. 10, 1761, by Maj. Jonathan Maltbie	1	144
Ann d. Nathaniel & Sarah, b. Sept. 24, 1738	1	41
Ann, d. Sam[ue]ll & Ann, b. Dec. 8, 1756	1	191
Ann Eliza, m. W[illia]m S. **JUNE**, b. of Stamford, Nov. 29, 1843, by Rev. George Brown	2	268
Augustus, s. John & Sarah, b. June 29, 1764	1	191
Azariah, [s. John, Jr. & Martha], b. Jan. 21, 1758, n. s.	1	150
Benjamin, F., m. Emma Augusta **LOUNSBURY**, May 14, 1849, by Rev. H. F. Pease	2	299
Betsey, d. Gershom & Martha, b. Apr. 1, 1771	2	7
Charles, [s. John, Jr. & Martha], b. Aug. 13, 1752, o. s.	1	150
Daniel, s. John & Sarah, b. July 18, 1715	1	133
David, s. John, b. May 23, 1702	1	120
David, s. David & Abigail, b. Oct. 4, 1732; d. Feb. 18, 1732/3	1	22
David, s. David & Abigail, b. Sept. 14, 1734	1	27
David, s. David & Abigaill, d. Jan. 19, 1736/7	1	32
David, s. David & Abigail, b. Feb. 3, 1743/4	1	61
Ebenezer, s. John & Mary, b. Oct. 19, 1737* *(Arnold copy has "1747")	1	74
Ebenezer, m. Hannah **HENMAN**, Nov. 22, 1758, by Rev. Moses Mather	1	134
Ebenezer, s. Nehemiah & Elizabeth, b. Feb. 7, 1775	1	203
Ebenezer, s. Gershom & Martha, b. Nov. 12, 1782	2	32
Elisha, s. [John, Jr. & Martha], b. July 10, 1760, n. s.	1	150
Elizabeth, d. John, b. Dec. 10, 1699	1	120
Elizabeth, w. John, d. June 3, [1702]; "delivered of a child 23 May 1702"	1	120
Elizabeth, m. Ezra **SELLECK**, Feb. 6, 1755, by Rev. Moses Mather	1	113
Elizabeth, d. Sam[ue]ll & Ann, b. July 3, 1757	1	191
Elizabeth, d. John & Sarah, b. Sept. 20, 1766	1	191
Ester, d. Nathaniel & Sarah, b. Nov. 15, 1750	1	88
Frederick, s. Abraham & Mary, b. June 15, 1764	1	159-160
Gershom, s. John & Mary, b. Apr. 16, 1747	1	74
Gershom, m. Martha **SMITH**, Oct. 5, 1770, by Abraham Davenport	2	7
Gershom, s. Gershom & Martha, b. Nov. 26, 1772	2	7

	Vol.	Page
BATES, BAITS (cont.),		
Gershom, m. Hannah **BUCKMAN**, Apr. 17, 1803, in Charlestown, by Rev. [ ] Morse	2	106
Han[n]ah, d. John & Sarah, b. May 5, 1705	1	120
Han[n]ah, m. Sam[ue]ll **BLACKLY**, Jan. 16, 1726/7, by Rev. Mr. Davenport	1	7
Hannah, m. Abraham **HOIT**, Nov. 27, 1729, by Jonathan Hoit, J. P.	1	13
Hannah, d. John & Mary, b. Oct. 21, 1740	1	74
Hannah, d. Nehemiah & Susannah, b. Sept. 30, 1742	1	57
Hannah, d. Jonathan, Jr. & Hannah, b. Jan. 7, 1748; d. Mar. 13, 1748	1	89
Hannah, d. Samuel & Ann, b. Jan. 30, 1753	1	191
Hannah, m. Peter **SCOFIELD**, Nov. 12, 1764, by Col. Jonathan Hoit, J. P.	1	154
Hannah, m. David **JOHNSON**, b. of Stamford, Oct. 5, 1834, by Rev. Oliver V. Amerman	2	223
Hannah E., m. Stephen L. **KNAPP**, Apr. 18, 1842, by Rev. Ambrose S. Todd	2	271
Harriet, m. Darius **HOYT**, Sept. 14, 1806, by Rev. Daniel Smith	2	96
Henry, s. John & Sarah, b. Mar. 22, 1756	1	142-3
Henry, s. John & Sarah, b. Mar. 22, 1756	1	191
Hezekiah, s. Nathan[ie]ll & Sarah, b. May 19, 1740	1	57
Hezekiah, s. Nathan[ie]ll, d. Sept. 9, 1743	1	63
Isaac, s. Nehemiah, d. Aug. 25, 1725	1	70
Isaac, s. Nehemiah & Susannah, b. Aug. 16, 1744	1	62
Isaac, s. Nehemiah, Jr. & Mary, b. Feb. 3, 1763	1	148-9
Jacob, s. Nehemiah & Elizabeth, b. Aug. 28, 1773	1	203
James, s. Nathaniel & Sarah, b. Dec. 3, 1734	1	41
James, had negro Thomas, b. July 22, 1798	2	72
Jane, d. David & Abigail, b. July 18, 1747	1	75
Jane, d. Samuel & Ann, b. Feb. 28, 1754	1	191
Jane, m. Daniel **GORUM**, July 15, 1780, by Rev. Moses Mather	2	10
Jerum, s. John & Sarah, b. Mar. 23, 1762	1	191
Joanna, d. John & Sarah, b. Jan. 16, 1769	1	191
Johanna, m. Abijah **SEELEY**, Jr., Sept. 23, 1790, by Rev. Ebenezer Dibble	2	44
John, m. Elizabeth **LOCKWOOD**, Jan. 18, 1693/4	1	120
John, s. John [& Elizabeth], b. Nov. 6, 1694	1	120
John, m. Sarah **SMITH**, Dec. 28, 1702	1	120
John, Ens., d. Dec. 26, 1714	1	138
John, Jr., s. Jonathan & Joannah, b. Oct. 26, 1716	1	122
John, m. Sarah **SELLECK**, Sept. 1, 1718, at Bedford, by Stephen Clason, J. P.	1	106
John, s. John & Sarah, b. June 24, 1719	1	146
Jno, m. Mary **WEBB**, May 18, 1722, by Capt. Joseph Bishop, J. P.	1	112
John, Lieut., m. Mrs. Hannah **MEED**, Jan. 15, 1727/8, by Ebenezer Meed, J. P.	1	9
John, 3rd, m. Mary **FERRIS**, Jan. 22, 1745/6, by Rev. Mosses		

	Vol.	Page
BATES, BAITS (cont.),		
Mather	1	80
John, of Stanford, m. Sarah **BOSTWICK**, of Fairfield, June [ ], 1752, by Rev. Mr. Lamson	1	142-3
John, s. John & Sarah, b. Mar. 26, 1753	1	142-3
John, s. John & Sarah, b. Mar. 26, 1753	1	191
John, [s. John, Jr. & Martha], b. Sept. 6, 1755, n. s.	1	150
John, s. [Gershom & Martha], b. Feb. 9, 1780	2	7
John W., m. Fanny **WATERBURY**, b. of Darien, Feb. 24, 1845, by Peter C. Oakley	2	277
Jonathan, m. Joanna **SELLECK**, Dec. 13, 1705, by Jonathan Selleck, J. P.	1	144
Jonathan, s. Jonathan & Joanna, b. Oct. 11, 1706	1	144
Jonathan, Jr., m. Hannah **DEMILL**, Apr. 2, 1747, by Jonathan Hoit, J. P.	1	89
Jonathan, s. Jonathan, Jr. & Hannah, b. Nov. 4, 1749	1	89
Jonathan, s. John & Sarah, b. Nov. 5, 1772	1	191
Lettice, d. Sam[ue]ll & Ann, b. Mar. 26, 1763	1	191
Lewis, s. Gershom & Martha, b. Aug. 1, 1785	2	32
Lewis Harvey, s. [Gershom & Hannah], b. Mar. 28, 1807	2	106
Lottie, m. Stephen **SELLECK**, Jr., Sept. 3, 1786, by Rev. Moses Mather	2	64
Lucrese, d. John & Sarah, b. Oct. 2, 1754	1	142-3
Lucretia, d. John & Sarah, b. Oct. 2, 1754	1	191
Lidya, d. Nathaniel & Sarah, b. Sept. 29, 1743	1	84
Lydia, m. Nathaniel **SLASON**, Mar. 7, 1765, by Col. Jonathan Hoit, J. P.	1	167
Marcy, w. Nehemiah, Jr., d. Jan. 7, 1771	1	176
Martha, d. [Nehemiah & Mary], b. Apr. 21, 1785	2	58
Martha, d. Gershom & Martha, b. July 7, 1790	2	32
Mary, m. Abram **AMBLER**, Dec. 25, 1662	1	102
Mary, m. John **PETTET**, Oct. 4, 1693	1	96
Mary, d. Sam[ue]ll & Sarah, b. Sept. 25, 1706; d. Oct. 23, 1716	1	144
Mary, d. John & Sarah, b. May 19, 1713	1	122
Mary, d. John & Mary, b. Feb. 6, 1722/3	1	150
Mary, d. Nathaniel & Sarah, b. Sept. 29, 1736	1	41
Mary, m. Jabez **WEED**, Feb. 9, 1737/8, by Sam[ue]ll Hoit, J. P.	1	34
Mary, d. Nathan[ie]ll & Sarah, d. July 16, 1740	1	57
Mary, d. Nathan[ie]ll & Sarah, b. Mar. 18, 1741/2	1	57
Mary, d. Nathan[ie]ll, d. Sept. 17, 1743	1	63
Mary, d. Nathaniel & Sarah, b. July 29, 1745	1	75
Mary, m. Thomas **SLASON**, Mar. 5, 1746/7, by Rev. Moses Mathar	1	82
Mary, d. John & Mary, b. Feb. 12, 1748/9; christened by Rev. Ebenezer Dibble	1	80
Mary, w. John, 3rd, d. Oct. 21, 1750	1	92
Mary, d. Sam[ue]ll & Ann, b. Feb. 6, 1761	1	191
Mary, m. Alexander **BISHOP**, Jr., Sept. 16, 1766, by Rev. Mr. Dibble	1	166

STAMFORD VITAL RECORDS 11

	Vol.	Page
BATES, BAITS (cont.),		
Mary, d. Gershom & Martha, b. Jan. 10, 1774	2	7
Mary, m. Joseph **SKIDMORE**, Sept. 23, 1782, by Rev. Moses Mather	2	65
Mary, m. Daniel **SEYMORE**, Sept. 25, 1782, by Rev. John Avery	2	3
Mary, m. James **CLOCK**, Mar. 31, 1805, in New York, by Rev. John Williams	2	108
Mercy, d. Samuel, b. Jan. 17, 1717/18	1	133
Mercy, d. Samuel & Sarah, d. Feb. 2, 1717/18	1	126
Nathan H., m. Sarah L. **CLARK**, b. of Darien, May 16, 1848, by Rev. Ambrose S. Todd	2	292
Nathaniel, s. John, b. Oct. 4, 1697	1	120
Nathaniel, s. Jonathan & Joanna, b. Apr. 7, 1712	1	127
Nathaniel, s. Jonathan & Joanna, b. Jan. 25, 1713/14	1	122
Nathaniel, s. Jonathan & Joanna, d. Mar. 6, 1716	1	126
Nathaniel, of Stamford, m. Sarah **TAYLOR**, of Norwalk, Dec. 8, 1728, in Norwalk, by Rev. Mr. Buckingham	1	41
Nathaniel, s. Nathaniel & Sarah, b. Oct. 30, 1729	1	15
Nathaniel, s. Nathan[ie]ll & Sarah, b. Oct. 30, 1729	1	41
Nathaniel, 3rd, s. John, 4th & Martha, b. Nov. 7, 1747	1	79
Nathaniel, Jr., m. Hannah **MARVINE**, Nov. 8, 1750, in Norwalk, by Rev. William Gallard	1	92
Nehemiah, s. John & Sarah, b. Mar. 29, 1704	1	120
Nehemiah, m. Susannah **SLASON**, Nov. 27, 1734, by Jonathan Hoit, J. P.	1	27
Nehemiah, Jr., m. Mary **SMITH**, Jan. 30, 1760, by Rev. Noah Welles	1	139
Nehemiah, m. Elizabeth **SCOFIELD**, Nov. 13, 1772, by Abraham Davenport	1	203
Prudence, d. David & Abigail, b. July 29, 1741	1	48
Rachell, d. John & Sarah, b. Apr. 12, 1707	1	144
Rachel, m. Benjamin **BISHOP**, Nov. 11, 1736, by Rev. Ebenezer Wright	1	31
Richard*, m. Hepzibah **CLASON**, Feb. 25, 1719/20, by Capt. Joseph Bishop, J. P. *(Arnold coy has "Richard **BELL**")	1	96
Robert*, m. Margary **CROS[S]**, Jan. 26, 16[ ] *(Arnold copy has "Robert **BETTS**")	1	19
Robert, d. June 11, 1675	1	102
Ruth, d. John & Sarah, b. Dec. 22, 1716	1	140
Ruth, m. Miles **SCOFIELD**, Dec. 9, 1736, by Rev. Mr. Wright	1	31
Sally, d. Samuel & Ann, b. Sept. 3, 1755	1	191
Sally, d. Thaddeus & Sarah, b. Nov. 30, 1757	1	127
Samuell, m. Sarah **SCOFIELD**, Mar. 2, 1703/4	1	144
Samuell, d. Oct. 22, 1706	1	135
Samuel, s. John & Sarah, b. Nov. 22, 1711	1	126
Samuell, s. John & Sarah, d. July 30, 1712	1	126
Samuel, m. Rachel **FERRIS**, Dec. 21, 1727, by Jonathan Hoit, J. P.	1	9
Samuel, m. Ann **MOREHOUSE**, Mar. 19, 1752, by Rev. Mr.		

	Vol.	Page
BATES, BAITS (cont.),		
Mather	1	191
Samuel, s. Sam[ue]ll & Ann, b. Apr. 29, 1759	1	191
Samuel Gershom, s. [Gershom & Hannah], b. June 27, 1810	2	106
Sarah, d. Sam[ue]ll & Sarah, b. Feb. 23, 1704/5	1	144
Sarah, Mrs., d. Feb. 18, 1711/12	1	108
Sarah, w. Samuel, d. Feb. 17, 1717/18	1	138
Sarah, d. Jonathan & Joana, b. Aug. 18, 1719	1	146
Sarah, w. Jno, d. Feb. 21, 1720/1	1	138
Sarah, w. Lieut. John, d. Feb. 20, 1726/7	1	8
Sarah, m. Nathaniel **HOW**, the evening following the 5th day of Nov. 1729, by Rev. John Davenport	1	13
Sarah, d. Nathan[ie]ll & Sarah, b. Sept. 28, 1732	1	41
Sarah, d. Nehemiah & Susannah, b. Sept. 19, 1740	1	44
Sarah, m. Jonathan **HOIT**, Jr., Apr. 3, 1746, by Jon[a]th[an] Hoit, J. P.	1	68
Sarah, d. John & Mary, b. July 5, 1747; christened by Rev. Mr. Whitmore	1	80
Sarah, m. David **SELLECK**, Jan. 18, 1750, by Rev. Moses Mather	1	134
Sarah, d. [John, Jr. & Martha], b. May 20, 1750, o. s.	1	150
Sarah, d. John & Sarah, b. Jan. 1, 1777	2	14
Sarah, d. [Gershom & Martha], b. Sept. 12, 1777	2	7
Sarah, d. Nehemiah & Mary, b. June 27, 1782	2	58
Seeley, [s. John, Jr. & Martha], b. Feb. 6, 1763, n. s.	1	150
Sillick, s. John, 4th & Martha, b. Jan. 12, 1745/6	1	69
Susannah, d. Nehemiah, d. Aug. 8, 1725	1	70
Susannah, d. Nathaniel & Susannah, b. Feb. 25, 1736/7	1	32
Susannah, w. Nehemiah, d. June 11, 1750	1	87
Susannah, m. Epenetus **SCOFIELD**, July 12, 1771, by Rev. Mr. Wells	1	176
Thaddeus, m. Sarah **STURGES**, Jan. 1, 1757, by Rev. Moses Mather	1	127
Thankfull, d. David & Abigail, b. May 10, 1738	1	36
Thankfull, m. Martin **CLOCK**, Nov. 16, 1757, by Rev. Moses Mather	1	125
Theodosia, d. Nehemiah, Jr. & Mary, b. Jan. 22, 1768	1	171
Theodosia, d. Nehemiah & Elizabeth, b. Sept. 20, 1779	1	203
Thomas, of Rye, m. Mary **BUTCHER**, Feb. 21, 1669	1	113
Walter, s. John & Sarah, b. Mar. 14, 1760	1	142-3
Walter, s. John & Sarah, b. Mar. 14, 1760	1	191
William, s. John & Sarah, b. May 1, 1758	1	142-3
William, s. John & Sarah, b. May 1, 1758	1	191
BEACH, Jonathan, m. Hannah **HOLLY**, Feb. 26, 1740/1, by Rev. Ebenezer Wright	1	46
BEACHGOOD, BEECHGOOD, Hannah, d. John & Hannah, b. Sept. 8, 1731	1	45
Hannah, m. Joseph **WHITTING**, Jan. 25, 1733/4, by Jonathan Hoit, J. P.	1	25
Martha, d. John & Hanah, b. Mar. 6, 1725	1	4

STAMFORD VITAL RECORDS 13

	Vol.	Page
BEACHGOOD, BEECHGOOD (cont.),		
Mary, d. John & Hannah, b. Nov. 18, 1721	1	149
Mary*, m. Eliakim **WHITTNEE**, May 10, 1744, by Sam[ue]ll Hoit, J. P. *(Arnold copy has "Mary **BACKGOOD**")	1	61
Peter, s. John & Hannah, b. Mar. 17, 1726/7	1	45
BEARDSLEE, BEARDSLE, Meriam, d. William & Susannah, b. May 10, 1726; d. Dec. 7, 1726	1	11
Miriam, d. William & Susannah, b. Sept. 15, 1727	1	11
BECKWITH, Lucinda, m. William **KEELER**, Oct. 4, 1832, by Rev. John Ellis. Int. Pub.	2	217
[**BEDELL**], **BEEDELL**, Rufus, [twin with William], s. William & Rebecca, b. June 24, 1772	1	192
William, [twin with Rufus], s. William & Rebecca, b. June 24, 1772	1	192
[**BEEBE**], **BEBEE**, Mary, see Mary **FOUNTAIN**	1	145
BELDING, [see also **BALDING**], Abigail, d. Benjamin & Sarah, b. Apr. 18, 1751	1	103
Ann, d. Benjamin & Ann, b. Dec. 27, 1723	1	1
Ann, Mrs., d. May 12, 1757	1	125
Ann, Mrs., d. May 12, 1757	1	134
Ann, Mrs., d. May 12, 1757	1	203
Benjamin, d. May 9, 1741	1	46
Benjamin, m. Sarah **GREEN**, Feb. 5, 1746/7, by Jonathan Hoit, J. P.	1	79
Benjamin, s. Charles & Mary, b. Apr. 26, 1752	1	102
Benj[ami]n, m. Anne **SELLECK**, Jan. 27, 1778, by Rev. Moses Mather	1	203
Charles, m. Mary **PECK**, Jan. 26, 1748/9, in Greenwich, by Nathaniell Peck, J. P.	1	80
Charles, s. Benj[ami]n & Anne, b. Jan. 5, 1779	1	203
Hannah, d. Benjamin & Sarah, b. Aug. 19, 1749	1	103
Hannah, m. Samuel **HOYT**, 4th, Dec. 27, 1770, by Rev. Mr. Todd	2	26
Henry, s. John & Rebeckah, b. July 29, 1752	1	105
Jasper, m. Susannah **BRIGGS**, Nov. 5, 1772, by Rev. Mr. Strong	1	185
John, s. Benjamin & Ann, b. Mar. 5, 1728/9	1	12
John, m. Rebeckah **WEBSTER**, Oct. 9, 1750, in Ridgefield, by Rev. Mr. Ingersoll	1	105
John, s. John & Rebecca, b. Nov. 12, 1758	1	178-9
John, s. John & Rebeckah, b. Nov. 13, 1758	1	134
Joshua, s. John & Rebeckah, b. Oct. 28, 1753	1	105
Keturah, m. James **WEED**, Jr., Feb. 28, 1750, in Wethersfield, by Rev. Daniel Russell, of Wethersfield	1	116
Mary, m. Epenetus **WEED**, June 1, 1738, by Rev. Mr. Right	1	36
Mary, d. Charles & Mary, b. Feb. 20, 1749/50	1	86
Mary, m. Hezekiah **WEED**, Jr., Feb. 7, 1765, by Rev. Mr. Wells	1	153
Prudence, d. Benjamin & Ann, b. Dec. 31, 1725/6	1	6
Prudence, d. Benjamin & Sarah, b. Jan. 9, 1747/8, in Gorsham	1	79
Prudence, d. Charles & Mary, b. June 22, 1754	1	110
Prudence, m. Isaac **BROWN**, May 21, 1772, by Rev. Moses		

	Vol.	Page

BELDING, [see also **BALDING**] (cont.),
Mather	2	5
Prucence, m. Isaac **BROWN**, May 21, 1772, by Rev. Moses Mather	2	19
Sarah, d. Benjamin & Sarah, b. Oct. 11, 1753	1	103
Sibbell, m. Josiah **REED**, Dec. 20, 1752, by Nathan Belding	1	104

BELL, A. J., m. Maria L. **MILLER**, Jan. 30, 1848, by Rev. J. Jennings 2 292
Abigaill, d. Jonathan, b. 12th mo. 23, 1673; d. 4th mo. 5, 1674	1	108
Abigail, d. Lieut. Jonathan & Deborah, b. Sept. 2, 1717	1	105
Abigail, m. Sam[ue]ll **HOIT**, 3rd, Mar. 8, 1738/9, by Jonathan Hoit, J. P.	1	37
Abigail, d. James & Sarah, b. Nov. 2, 1748	1	78
Abigail, m. Samuel **SCOFIELD**, 4th, June 17, 1773, by Benj[ami]n Weed, J. P.	1	196
Abraham, s. Jonathan [& Susana], b. June 22, 1675	1	108
Abraham, m. Han[n]ah **HOIT**, Apr. 6, 1704	1	144
Abraham, m. Mrs. Mary **LEEDS***, Mar. 10, 1714, by Nathan Gold, Dept. Gov. *(**LEWIS**?)	1	129
Abraham, s. Abraham & Rebecca, b. Aug. 3, 1716	1	139
Abraham, s. Abraham & Becca, d. Sept. 9, 1718	1	126
Abraham, d. July 6, 1744	1	61
Abraham, s. [Isaac & Charity], b. Jan. 16, 1814; d. [ ]	2	85
Abraham, 2nd s. [Isaac & Charity], b. Feb. 22, 1816	2	85
Ann, d. Jonathan & Eunice, b. Mar. 7, 1740/1	1	45
Anna, m. Samuel **BISHOP**, 3rd, Nov. 6, 1766, by Rev. Mr. Mather	1	162
Anne, w. Isaac, Jr., d. Aug. 27, 1802	2	83
Berthia*, d. Jonathan & Eunice, b. Apr. 28, 1733 *(Bethia)	1	23
Bethiah, m. Ebenezer **CRESSY**, June 5, 1759, by Rev. Moses Mather	1	135
Cary, s. Thaddeus & Mary, b. Feb. 15, 1770	1	178-9
Catee, d. Isaac & Jemima, b. July 10, 1756	1	139
Catee, d. Isaac & Susannah, b. Feb. 11, 1770	1	189
Comfort, [twin with Jesse], d. Jesse & Comfort, b. Mar. 27, & 28, 1772	1	187
Comfort, w. Jesse, d. Mar. 31, 1772	1	187
Darius, s. Jesse & Mary, b. Feb. 28, 1775	1	199
David, s. Jesse & Comfort, b. Nov. 18, 1771	1	187
David, s. Stephen & Leah, b. July 13, 1795	2	29
Deborah, d. Jonathan & Deborah, b. Sept. 18, 1713	1	132
Deborah, d. Jonathan & Deborah, d. Oct. 3, 1713	1	132
Deborah, w. Lieut. Jonathan, d. July 30, 1724	1	2
Deborah, d. Francis & Hannah, b. Apr. 28, 1734	1	28
Deborah, had s. Stephen, b. July 28, 1755; reputed f. Stephen Hulee	1	117
Deborah, m. Joseph **HOIT**, Jr., Apr. 2, 1759, by Rev. Noah Welles	1	134
Delia A., m. William H. **KNAPP**, b. of Stamford, Dec. 23, 1827, by Rev. Henry Fuller	2	190
Ebenezer, s. Jonathan, Jr. & Lidia, b. June 23, 1757	1	126
Ebenezer, s. Jonathan & Anne, b. June 7, 1785	2	25

BELL (cont.),

	Vol.	Page
Eliza, m. Alfred **SCOFIELD**, July 5, 1821, by Henry Hoit, 3rd	2	151
Elizabeth, d. Jonathan & Eunice, b. Nov. 20, 1735	1	23
Eunice, d. Jonathan & Eunice, b. Oct. 31, 1719	1	23
Eunis, m. Jonathan **WATERBERY**, Jr., Jan. 28, 1762, by Rev. Mr. Mather	1	144
Eunice, d. Jonathan & Lydia, b. Apr. 5, 1762	1	144
Ezekiel, s. Noah & Prudence, b. Mar. 12, 1774	1	202
Francis, d. Jan. 8, 1689	1	108
Francis, s. Jonathan & Debro, b. Dec. 12, 1702	1	144
Frances, m. Hannah **SMITH**, Sept. 27, 1733, by Jonathan Hoit, J. P.	1	23
Francis, s. Francis & Hannah, b. Mar. 13, 1737/8	1	37
Francis, s. Noah & Prudence, b. Sept. 15, 1793	2	10
Frederick, s. Stephen & Leah, b. July 27, 1778	2	29
Frederick, m. Hannah **TRYON**, Jan. 25, 1800, by Reuben Scofield	2	97
Grace, w. Jonathan, d. Feb. [ ], 1693/4	1	96
Han[n]a[h], d. Jonathan [& Mercy], b. 8th mo. 29, 1665	1	108
Han[n]ah, d. Jonathan & Debro, b. Apr. 30, 1705	1	144
Hanna, w. Abraham, d. Nov. 16, 1711	1	131
Hannah, d. Jonathan & Eunice, b. Jan. 24, 1726/7	1	23
Hannah*, m. Samuel **BUXSTON**, Feb. 23, 1726/7, by Joseph Bishop *(Arnold copy has "Susannah")	1	8
Hannah, wid. John, d. Nov. 16, 1732	1	21
Hannah, d. Francis & Hannah, b. Feb. 26, 1740/1	1	46
Hannah, Mrs., m. Moses **MATHER**, Sept. 10, 1746, by Rev. Benjamin Strong	1	70
Hannah, d. Isaac & Jemima, b. Dec. 10, 1758	1	139
Hannah, d. Thaddeus & Mary, b. Nov. 25, 1773	1	187
Hannah, d. Thaddeus & Hannah, b. Sept. 14, 1780	2	22
Hannah, d. Stephen & Leah, b. May 18, 1782	2	29
Hannah, m. Robert **SCOFIELD**, Apr. 15, 1799, by Rev. Moses Mather	2	125
Hannah, d. [Frederick & Hannah], b. May 26, 1804	2	97
Harriet, of Stamford, m. Wells **ALLIS**, of Huntington, Conn., Oct. 14, 1835, by Rev. Richard Seaman	2	225
Henry, s. Isaac & Susanah, b. Nov. 25, 1765	1	165
Herman, s. [Frederick & Hannah], b. May 29, 1803	2	97
Isaac, s. James & Sarah, b. Sept. 20, 1736	1	32
Isaac, m. Susannah **SMITH**, Sept. 14, 1761, by Jonathan Maltbie	1	144
Isaac, s. Isaac & Susannah, b. Feb. 16, 1768	1	165
Isaac, Jr., m. Anne **DIBBLE**, Jr., July 5, 1801, by Rev. Marmaduke Earl	2	83
Isaac, m. Charity **KNAPP**, Mar. 28, 1813, by Rev. Daniel Smith	2	85
Jacob, s. James & Sary, b. Dec. 30, 1738	1	36
Jam[e]s, s. Jonat[han] [& Susana], b. Dec. 11, 1684	1	108
James, s. Jonathan & Deborah, b. Mar. 17, 1709/10	1	125
James, m. Sarah **WEED**, Oct. 11, 1733, by Jonathan Hoit, J. P.	1	24
James, s. James & Sarah, b. Aug. 7, 1734	1	26

BELL (cont.),

	Vol.	Page
James, s. James & Sarah, b. Mar. 6, 1745/6	1	67
James, s. Isaac & Susannah, b. Apr. 14, 1762	1	189
James, s. Thaddeus & Mary, b. Oct. 25, 1763	1	165
James, s. Thaddeus & Hannah, b. Oct. 7, 1783	2	22
Jered, s. James & Sarah, b. Mar. 31, 1755	1	111
Jared, s. Noah & Prudence, b. Apr. 28, 1783	2	10
Jemima, w. Isaac, d. Feb. 23, 1760	1	139
Jesse, m. Comfort **GARNSEY**, Nov. 8, 1767, by Rev. Mr. Mather	1	187
Jesse, [twin with Comfort], s. Jesse & Comfort, b. Mar. 27, & 28, 1772	1	187
Jesse, m. Mary **SCOFIELD**, Jan. 25, 1773, by Rev. Mr. Wells	1	187
Johannah, wid., d. Oct. 14, 1800	2	89
John, s. Jonathan [& Susana], b. Jan. 16, 1681	1	108
John & w. Sarah, had child b. [Sept. 4, 17]; d. same day	1	137
John, m. Sarah **SLASON**, Feb. 22, 1710/11, by Rev. Mr. Davenport	1	104
John, his 1st child s. [ ], d. Dec. 19, 1711	1	131
John, & w. Sarah, had d. [ ], b. Oct. 17, 1712; d. Oct. 18, 1712	1	128
John, of Stamford, m. Hanna **WHITING**, of South Hampton, Oct. 19, 1714, by Rev. Joseph Whiting	1	145
John, s. John & Hannah, d. the evening following the 12th day Apr. 1730	1	15
John, d. Oct. 27, 1732, at New Haven	1	21
John, s. Francis & Hanna[h], b. Aug. 11, 1735	1	32
John, s. Thaddeus & Mary, b. June 28, 1766	1	165
John, m. Sarah **CANADA**, Dec. 18, 1768, by Rev. Moses Mather	1	195
John, s. John & Sarah, b. Nov. 28, 1772	1	195
John, s. Noah & Prudence, b. Aug. 10, 1785	2	10
John Isaac, s. [Isaac & Charity], b. Mar. 25, 1819	2	85
Jonathan, m. Mercy **CRANE**, 8th mo. 22, 1662	1	108
Jonathan, s. Jonathan [& Mercy], b. Feb. 14, 1663	1	108
Jonathan, m. Susana **PIERSON**, Oct. 31, 1672	1	108
Jonathan [& w. Susana], had d. [ ], b. Aug. 3, 1683; d. same day	1	108
[Jo]nathan, m. Grace **KITCHEL**, Mar. 22, 1693	1	96
Jonathan, s. Jonathan & Grace, b. Jan. 15, 1693/4	1	96
Jonathan, Lieut., d. Mar. 11, 1698	1	108
Jonathan, m. Debro **FERRIS**, Jan. 14, 1701/2	1	144
Jonathan, m. [E]unice **REED**, Jan. 24, 1716/17, in Norwalk, by Rev. Mr. Buckingham	1	106
Jonathan, s. Jonathan & Eunice, b. Oct. 22, 1717	1	23
Jonathan, s. Jonathan & Eunice, b. July 11, 1730	1	23
Jonathan, Lieut., m. Mrs. Mary **BRUSH**, the evening following the last day Feb. 1733/4, by Jonathan Hoit, J. P.	1	25
Jonathan, Jr., m. Lydia **HOIT**, Feb. 9, 1748/9, by Jonathan Hoit, J. P.	1	80
Jonathan, s. Jonathan, Jr. & Lidya, b. Apr. 24, 1755	1	112

	Vol.	Page
BELL (cont.),		
Jonathan, m. Anne **BENEDICT**, Oct. 16, 1783, by Rev. Justice Mitchell	2	25
Joseph Mather, s. [Rufus & Nancy], b. Oct. 24, 1810; d. Dec. 12, 1810	2	117
Joseph Mather, s. [Rufus & Nancy], b. Apr. 14, 1812	2	117
Kitchell, s. Jonathan & Eunice, b. Sept. 27, 1721	1	23
Ketchell, s. John & Sarah, b. Oct. 20, 1776	1	195
Lydya, d. Jonathan, Jr. & Lydya, b. Nov. 2, 1750	1	91
Marcy, m. John **HOMES**, Jan. 15, 1701/2	1	123
Martha, d. Jonathan & Eunice, b. June 18, 1738	1	23
Mary, d. Jonat[han] [& Susana], b. Sept. 29, 1689	1	108
Mary, m. Ebenezer **WEED**, May 28, 1713, by Samuel Hoit, J. P.	1	129
Mary, d. Abraham & Mary, b. Dec. 7, 1714	1	133
Mary, w. Abraham, d. Dec. 23, 1714	1	138
Mary, d. Jonathan & Eunice, b. Nov. 16, 1723	1	23
Mary, w. Lieut. Jonathan, d. Nov. 10, 1732	1	21
Mary, m. Gabriel **SMITH**, June 3, 1736, by Jonathan Hoit, J. P.	1	106
Mary, d. James & Sarah, b. Nov. 6, 1743	1	58
Mary, d. Thaddeus & Mary, b. Jan. 28, 1756	1	165
Mary, d. Jesse & Mary, b. Sept. 4, 1777	1	199
Mary, d. Noah & Prudence, b. Feb. 21, 1791	2	10
Mary, m. Henry **WEBB**, Mar. 6, 1814, by Rev. Daniel Smith	2	131
Mary Ann, d. [Frederick & Hannah], b. Dec. 5, 1805	2	97
Mercy, w. Jonathan, d. Oct. 26, 1671	1	108
Mercy, d. Jonathan [& Susana], b. Nov. 5, 1678	1	108
Milesent, d. Jonathan, Jr. & Lidya, b. Nov. 24, 1752	1	98
Noah, s. Francis & Hannah, b. Nov. 19, 1748	1	81
Noah, m. Prudence **SCOFIELD**, Mar. 25, 1773, by Rev. Mr. Welles	1	202
Noah, s. Noah & Prudence, b. Sept. 25, 1775	1	202
Prudence, d. James & Sarah, b. Jan. 28, 1750/1	1	90
Prudence, m. John **DAVENPORT**, June 4, 1772, by Rev. Mr. Wells	1	178-9
Prudence, d. Noah & Prudence, b. Nov. 5, 1777	1	202
Rebecca, d. Jonathan, b. Dec. 6, 1669	1	108
Rebecca, w. Francis, d. May 17, 1684	1	108
Rebecca, d. Sept. 24, 1689	1	108
Rebecka, d. Jonathan & Debro, b. Mar. 10, 1707/8	1	144
Rebecca, m. John **HOLMES**, Nov. 27, 1729, by Jonathan Hoit, J. P.	1	14
Rebecca, d. Francis & Hannah, b. Jan. 4, 1743/4	1	61
Rebecca, d. Noah & Prudence, b. Jan. 2, 1781	2	10
Richard*, m. Hepzibah **CLASON**, Feb. 25, 1719/20, by Capt. Joseph Bishop, J. P. *("Richard **BATES**" in Huntington's Register)	1	96
Richard, s. John & Sarah, b. Jan. 28, 1784	2	10
Rufus, s. Jonathan & Anne, b. Mar. 31, 1787	2	25
Rufus, m. Nancy **MATHER**, Jan. 14, 1810, by Rev. Will[ia]m		

	Vol.	Page

BELL (cont.),
Fisher	2	117
Sarah, w. John, d. Sept. 11, 171[ ]	1	143
Sarah, d. James & Sarah, b. June 20, 1741	1	46
Sarah, d. Jonathan & Lydia, b. Dec. 28, 1759	1	138
Sarah, d. Jesse & Mary, b. Nov. 24, 1773	1	187
Sarah, d. Thaddeus & Hannah, b. May 6, 1787	2	22
Sarah, d. John & Sarah, b. Nov. 3, 1787	1	195
Sarah, d. Noah & Prudence, b. May 28, 1788	2	10
Stephen, s. Deborah **BELL**, b. July 28, 1755; reputed f. Stephen Hulee	1	117
Stephen, m. Leah **SCOFIELD**, Oct. 17, 1777, by Benjamin Weed	2	29
Susan, m. Abraham **WEED**, b. of Stamford, Apr. 11, 1706, by Rev. John Davenport	1	128
Susana, d. Jonat[han] [& Susana], b. Dec. 25, 1686	1	108
Susana, Mrs., d. Jan. 4, [1706/17]	1	135
Susanah, d. Abraham & Becca, b. Sept. 25, 1718	1	146
Susannah*, m. Samuel **BUXSTON**, Feb. 23, 1726/7, by Joseph Bishop *(Hannah?)	1	8
Susannah, m. Eli **SCOFIELD**, Oct. 3, 1753, by Rev. Noah Welles	1	111
Thaddeus, s. Jonathan & Eunice, b. Mar. 31, 1728	1	23
Thaddeus, m. Mary **LEEDS**, Dec. 14, 1753, by Col. Jonathan Hoit, J. P.	1	165
Thaddeus, s. Thaddeus & Mary, b. Mar. 16, 1759	1	165
Thaddeus, Jr., m. Elizabeth **HOW**, May 4, 1780, by Rev. Moses Mather	2	22
Thomas, s. Isaac & Susannah, b. Mar. 9, 1774	1	189
William, s. Jesse & Comfort, b. May 18, 1769	1	187
William, m. Sally **WEED**, b. of Stamford, Sept. 10, 1823, by Henry Hoit, Jr.	2	167

BELLAMY, BELEME, Isaac, s. Isaac & Phebe, b. Oct. 14, 1773 ... 1 202
Martha, m. Ens. Ezra **SMITH**, Mar. 24, 1750/1, in Greenwich, by Rev. Mr. Todd	1	90
Martha, m. Gabrell **SMITH**, July 29, 1784, by Rev. John Avery	2	25
Mary, m. Daniel **LOCKWOOD**, Jr., Mar. 17, 1754, by Jonathan Maltbie, J. P.	1	140
Phebe, wid., m. Joshua **JANE**, Sept. 14, 1778, by Rev. Mr. Phillips	1	202

BENEDICT, Anne, m. Jonathan **BELL**, Oct. 16, 1783, by Rev. Justice Mitchell ... 2 25
E. S., m. Catharine N. **OSBORN**, May 25, 1845, by Rev. J. W. Alvord	2	279
George Wyllys, s. [Joel T. & Currance], b. Jan. 11, 1796	2	52
Joel T., m. Currance **WHEELER**, Jan. 1, 1795, by Rev. Benjamin Wildman	2	52
Raymond, of Norwalk, m. Nancy **SMITH**, of Stamford, Nov. 24, 1822, by Rev. Daniel Smith	2	160

BENNETT, Lonah*, m. Ezra **GARNSEY**, Jr., July 31, 1803, in New York, by John Wilson, Elder   *(Lanrah?) ... 2 121

Sarah, m. Peter **KNAPP**, Jr., Feb. 26, 1807, in New York, by Rev.

	Vol.	Page
BENNETT (cont.),		
[ ] McClay	2	100
BENOYER, [see under **PENOYER**]		
BENTLEY, Henery, d. Sept. 17, 1656	1	19
BENTON (?)*, Marcy, m. Eliphilit **SLASON**, Nov. 12, 1724, by Joseph Bishop *(Arnold copy has "Marcy **BOUTON**")	1	3
Joseph*, of Poundridge, m. Sally K. **CLAUSON**, of Stamford, Dec. 26, 1824, by Rev. Henry Fuller *(Joseph **BOUTON**?)	2	175
BETTS, BEETS, Ann M., m. Joseph A. **HOIT**, Apr. 18, 1832, by Rev. John Ellis	2	216
Charlotte, m. Samuel W. **BARNUM**, b. of Stamford, Apr. 16, 1849, by Rev. Isaac Jennings	2	298
Elizabeth, m. Nathan **SMITH**, July 16, 1761, by Rev. Ebenezer Dibble	1	141
Hannah, m. Nathaniel **HUBBARD**, Mar. 24, 1851, by Rev. J. J. Twiss	2	306
Robert*, m. Margaret **CROS[S]**, Jan. 26, 16[ ] *("Robert **BATES**" in Huntington's Register)	1	19
Seth, m. Caroline **MILLER**, b. of Greenwich, Mar. 13, 1834, by Rev. John Ellis	2	222
Thaddeus, m. Mrs. Elizabeth **MALTBIE**, on the evening following the 15th May, 1754, by Rev. Noah Welles	1	108
BIGSBY, Phebe, m. Adam **KNAP[P]**, Aug. 8, 1793, by Rev. Mr. Burnit, of Norwalk	2	63
BIRCHARD, Hannah, m. Jabez **SMITH**, Jan. 11, 1770, in Salem, N. Y., by Rev. Mr. Mead	2	135
Samuel, m. Esther **HAYDEN**, Nov. 24, 1768, in Middlesex, by Rev. Mr. Mather	1	192
BISHOP, Abigail, d. Steven, b. July 15, 1696	1	144
Abigail, d. Stephen, b. July 16, 1696	1	144
Abygaill, d. Benjamin, b. Oct. 3, 1697	1	104
Abigail, m. John **SEELEY**, June 2, 1720, by Rev. John Davenport	1	96
Abigail, m. Daniel **CHITETSTER**, May 4, 1722, by Joseph Bishop	1	50
Abigail, d. Isaac & Susannah, b. May 14, 1726	1	8
Abigail, d. John & Abigail, b. Nov. 2, 1730	1	17
Abigail, d. Andrew & Mary, b. Sept. 3, 1740	1	43
Abigail, d. James & Abigail, b. May 11*, 1745 *(May 17? Probably twin with Elizabeth)	1	65
Abigail, m. Joshua **MOREHOUSE**, Jr., Oct. 27, 1746, by Rev. Moses Marther	1	92
Abigail, m. William **WARDWELL**, Jr., Oct. 1, 1755, by Rev. Noah Welles	1	113
Abijah, s. Alexander & Susannah, b. Dec. 18, 1739	1	41
Abijah, m. Susannah **HOLLY**, Sept. 13, 1773, in St. John's Church, by Rev. Ebenezer Dibble	1	182-3
Abijah, m. Susannah **HOLLY**, Sept. 13, 1773, by Rev. Ebenezer Dibble	2	36

BISHOP (cont.),

	Vol.	Page
Abijah, s. Abijah & Susannah, b. July 27, 1777	2	36
Abijah, Jr., m. Hannah **LOUNSBERY**, Nov. 20, 1800, by Rev. Calvin White	2	68
Abraham, [twin with Steven], s. Steven, b. Oct. 28, 1684	1	144
Abraham, s. Stephen & Mercy, d. Oct. 29, 17[ ], ae 27 y. 1 d.	1	143
Abraham, s. John & Mary, b. Aug. 3, 1713	1	121
Abraham, s. John & Mary, d. Apr. 27, 1715	1	138
Abraham, s. John & Mary, b. Nov. 29, 1715	1	133
Abraham, s. Isaac & Sarah, b. Dec. 15, 1764	1	154
Allexander, s. Joseph, b. Apr. 15, 1694	1	107
Alexander, s. Joseph, d. Oct. 21, 1706	1	135
Alexander, s. Joseph & Elizabeth, b. Jan. 5, 1710/11	1	131
Alexander, m. Susannah **HOLLY**, Oct. 22, 1734, by Rev. Ebenezer Wright	1	27
Alexander, s. Alexander & Susannah, b. June 25, 1745	1	65
Alexander, Jr., m. Mary **BATES**, Sept. 16, 1766, by Rev. Mr. Dibble	1	166
Alexander, Jr., m. Hannah **HOLLY**, Apr. 20, 1772, by Rev. Mr. Dibble	1	178-9
Alexander, d. Aug. 29, 1807	2	71
Alex[ande]r Holly, s. Alex[ande]r & Hannah, d. Oct. 1, 1797	2	44
Alexander Newman Holly, s. Alexander, Jr. & Hannah, b. Oct. 23, 1773	1	182-3
Alfred, s. [William & Susanna], b. Dec. 21, 1798	2	72
Amy, d. Samuel & Rebeckah, b. July 6, 1750	1	100
Andrew, s. Joseph, b. Oct. 3, 1696	1	144
Andrew, m. Mary **CRESSEY**, Mar. 7, 1734, by Jonathan Hoit, J. P.	1	26
Andrew, s. Andrew & Mary, b. Apr. 2, 1738	1	38
Andrew, m. Hannah **THORP**, Dec. 1, 1748, by Rev. Noah Welles	1	79
Andrew, d. Sept. 10, 1753	1	102
Andrew, s. Alex[ande]r & Hannah, b. Dec. 23, 1791	2	2
Andrew, s. Alex[ander] & Hannah, d. June 5, 1793	2	44
Andrew, s. [David Holly & Hannah], b. Oct. 19, 1799	2	76
Andrew, s. [Isaac & Charlotte], b. Oct. 6, 1807	2	115
Andrew, m. Ann Eliza **NEWMAN**, b. of Stamford, Feb. 1, 1824, by Rev. Daniel Smith	2	171
Ann, d. Ebinezer & Sarah, b. Sept. 17, 1702	1	144
Ann, m. John **DEAN**, Jan. 20, 1723/4, by Joseph Bishop	1	1
Annah, d. James & Abigail, b. Apr. 2, 1742	1	56
Anna, d. Sam[ue]ll, 3rd & Anna, b. Oct. 27, 1773	1	185
Anne, b. Sept. 27, 1764; m. Ephraim **JONES**, Apr. 1, 1794, by Reuben Scofield, J. P.	2	106
Azubah, m. Simeon **JUNE**, Apr. 4, 1734, by Nathaniel Peck, J. P.	1	36
Benjamin, m. Susana **PIERSON**, 6th mo. 24, 1696	1	104
Benjamin, s. Benjamin, b. Nov. 28, 1701	1	104
Benjamin, d. Jan. 25, 1727/8	1	9
Benjamin, m. Mary **GARNSEY**, Apr. 25, 1728, by Joseph Bishop	1	10

STAMFORD VITAL RECORDS 21

	Vol.	Page
BISHOP (cont.),		
Benjamin, m. Rachel **BATES**, Nov. 11, 1736, by Rev. Ebenezer Wright	1	31
Benjamin, m. Susannah **PETTIT**, Apr. 5, 1739, by Jonathan Hoit, J. P.	1	38
Bethiah, d. Enos & Hannah, b. Dec. 15, 1731; d. 25th day of same month	1	20
Bethiah, d. Alexander & Susannah, b. Sept. 23, 1735	1	30
Bethiah, m. Isaac **SLASON**, May, 1, 1757, by Rev. Ebenezer Dibble	1	128
Betsey Ann, d. [Joseph & Sally], b. Nov. 8, 1798	2	56
Betty, d. [Peter & Lydia], b. Mar. 26, 1787	2	86
Caroline, d. [Joseph & Sally], b. Aug. 20, 1802	2	56
Catherine, mother of Isaac, d. May 23, 1815	2	115
Catharine Malvina, d. [Isaac & Charlotte], b. July 3, 1809; bp. Sept. 17, 1809, by Rev. Ammi Rogers	2	115
Charles, s. Joseph, b. May 5, 1695	1	109
Charles, m. Joanna **SCOFIELD**, wid. Isaac, Sept. 3, 1767, by Rev. Mr. Wells	1	162
Charles, s. [Joseph & Sally], b. Mar. 5, 1807	2	56
Charles F., m. Delia **LARKIN**, Feb. 15, 1820, by Rev. Mr. Feltus, in New York	2	140
Charles Frederick, s. Alexander & Hannah, b. Nov. 28, 1786	2	2
Ch[arle]s R., m. Abigail **BUXTON**, Apr. 28, 1845, by Rev. J. W. Alvord	2	279
Charles W[illia]m, s. [William & Susanna], b. May 12, 1805	2	72
Clarissa A., m. John H. **BUXTON**, Dec. [ ], 1842, by Rev. J. W. Alvord, Jr.	2	266
David, s. Benjamin & Susanna, b. June 26, 1708	1	104
David, s. [Peter & Lydia], b. Mar. 6, 1790	2	86
David H., d. Sept. 25, 1801, at Woodbridge	2	76
David Holly, s. Allexander & Susannah, b. May 15, 1751	1	91
David Holly, s. Alexander, Jr. & Mary, b. June 22, 1771	1	175
David Holly, m. Hannah **BISHOP**, Jan. 21, 1799, by Rev. Calvin White	2	76
David Holly, s. [David Holly & Hannah], b. Oct. 15, 1801; d. Aug. 7, 1803	2	76
Ebenezer, m. Sarah **SLASON**, Oct. 2, 1700	1	144
Ebinezer, s. Ebenezer, b. Mar. 19, 1705/6	1	144
Ebenezer, d. Mar. 12, 1710, ae 44 y.	1	144
Ebenezer, Dr., d. Oct. 4, 1743	1	58
Ebenezer, s. Benj[ami]n & Susannah, b. May 29, 1744	1	62
Ebenezer, s. Sam[ue]ll & Rebeckah, b. May 11, 1745	1	65
Ebenezer Mead, s. [Joseph & Sally], b. June 10, 1805	2	56
Edwin, s. [William & Susanna], b. Apr. 5, 1803	2	72
Elanah*, d. Joseph & Hannah, b. Mar. 22, 1731/2 *(Helena?)	1	21
Eleanor, d. Abijah & Susannah, b. Jan. 2, 1787	2	36
Elena, m. Isaac **HOLLY**, Apr. 14, 1816, by Rev. Jonathan Judd	2	69
Elena, see also Elanah & Helena		

BISHOP (cont.),

	Vol.	Page
Elizabeth, d. Joseph, b. June 3, 1700	1	144
Elizabeth, d. Joseph, d. Jan. 12, 1705/6	1	135
Elizabeth, d. Joseph, d. Jan. 12, 1705/6	1	144
Elizabeth, 2nd, d. Joseph, b. Sept. 6, 1706	1	144
Elizabeth, d. Stephen & Waitstill, b. May 18, 1722	1	149
Elizabeth, d. Joseph & Hannah, b. Apr. 26, 1728	1	10
Elizabeth, d. Joseph & Hannah, b. Apr. 26, 1728	1	54
Elizabeth, d. John & Sarah, b. Nov. 2, 1728; d. Feb. 21, 1729	1	13
Elizabeth, m. John PENOYER, Feb. 10, 1737/8, by Jonathan Hoit, J. P.	1	34
Elizabeth*, d. James & Abigail, b. May 17, 1745 *(Probably twin with Abigail)	1	65
Elizabeth, d. Stephen & Sarah, b. Apr. 15, 1754	1	85
Elizabeth, wid. Joseph, d. Apr. 22, 1754, in the 85th y. of her age	1	105
Elizabeth, wid. Joseph, d. Apr. 22, 1758	1	23
Elizabeth, m. Edmund LOCKWOOD, June 25, 1771, by Rev. Mr. Wells	1	185
Elizabeth, d. Alexander & Hannah, b. July 19, 1781	2	7
Elizabeth, d. Alexander & Hannah, b. July 19, 1783	2	2
Elizabeth, m. Daniel PROVORST, Feb. 17, 1784, by Rev. John Avery	2	102
Elizabeth, d. [Alexander & Hannah], d. May 2, 1802	2	44
Else, d. [Peter & Lydia], b. Feb. 10, 1795	2	86
Emeline, m. John L. SCOFIELD, b. of Stamford, Jan. 30, 1831, by Rev. Sam[ue]l Cockran	2	212
Enos, s. John & Mary, b. Apr. 21, 1707	1	144
Enos, m. Hannah SMITH, Mar. 1, 1730/1, by G. Phillips, of Brook Haven	1	18
Enos, s. Nathan & Sarah, b. Feb. 11, 1748/9	1	83
Epenetus, s. Andrew & Mary, b. June last day, 1736	1	32
Erastus, s. [Hezekiah & Polly], b. Jan. 15, 1798	2	74
Eunice, d. Nathan & Sarah, b. Nov. 17, 1744	1	63
Ezra, s. Job & Marcy, b. Mar. 25, 1764	1	154
Ezra Holly, s. [Abijah, Jr. & Hannah], b. Mar. 12, 1802	2	68
George Albert, s. [William & Susanna], b. Aug. 2, 1810	2	72
Hannah, 2nd w. Joseph, d. [ ]	1	151
Han[n]ah, d. Joseph, b. July 8, 1698	1	144
Hannah, d. Benjamin & Susannah, b. May 6, 1714	1	121
Hanah d. Hanah & Joseph, b. Mar. [ ], 1723/4	1	1
Hannah, of Stanford, m. John CATCHAM, of Huntingtown, June 11, 1728, by Rev. John Davenport	1	10
Hannah, m. John KEETCHAM, June 11, 1728, by Rev. John Davenport	1	60
Hannah, d. Isaac & Susannah, b. May 17, 1729	1	17
Hannah, m. Charles HOIT, Aug. 4, 1736, by Jonathan Hoit	1	99
Hannah, w. Joseph, d. Dec. 3, 1745	1	54
Hannah, d. Stephen & Sarah, b. Feb. 8, 1747/8	1	79
Hannah, d. Stephen & Sarah, b. Feb. 8, 1747/8	1	85

	Vol.	Page

BISHOP (cont.),

	Vol.	Page
Hannah, d. Samuel & Rebeckah, b. Apr. 22, 1748	1	100
Hannah, m. Samuel **ANDRUS**, May 17, 1750, by Rev. Mr. Mather	1	142-3
Hannah, 2nd w. Joseph, d. Mar. 7, 1764	1	54
Hannah, d. Silas & Sarah, b. Oct. 19, 1772	1	186
Hannah, m. Jabez **WEED**, Jr., Jan. 21, 1773, by Rev. Mr. Welles	1	162
Hannah, m. David Holly **BISHOP**, Jan. 21, 1799, by Rev. Calvin White	2	76
Hannah, w. Joseph, d. Feb. 21, 1780	1	54
Hannah, m. Wilsey **WEBB**, Mar. 24, 1823, by B. Glover	2	163
Hannah, d. John & Mary, b. [ ]	1	105
Hannah Elizabeth, d. [William & Susanna], b. Nov. 8, 1812	2	72
Helena, d. Joseph, b. Apr. 1, 1705	1	144
Hellenor*, d. Capt. Joseph, d. July 6, 1721 *(Helena)	1	138
Helena(?)*, d. Joseph & Hannah, b. Mar. 22, 1731/2 * (Arnold copy has "Elenah")	1	21
Helenah, d. Joseph & Hannah, b. Mar. 22, 1731/2	1	54
Hellenah, m. Newman **HOLLY**, Feb. 15, 1753, by Rev. Ebenezer Dibble	1	100
Hezekiah, s. Benj[ami]n & Mary, b. June 10, 1766	2	74
Hezekiah, m. Polly **COGGSHALL**, Jan. 31, 1796, by Reuben Scofield	2	74
Hezekiah, s. [Hezekiah & Polly], b. Nov. 22, 1796	2	74
Holly Jedadiah, s. Abijah & Susannah, b. Nov. 24, 1780	2	36
Iseak, s. Steven, b. Oct. 30, 1689	1	144
Isaac, m. Susannah **FINCH**, [May?] 22, 1718, by Rev. Jno Davenport	1	106
Isaac, Jr., m. Sarah **WEED**, Dec. 13, 1749, by Jonathan Hoit	1	83
Isaac, s. Isaac, Jr. & Sarah, b. May 25, 1751	1	100
Isaac, m. Charlotte **SELLECK**, Feb. 22, 1802, by Rev. Marmaduke Earl	2	115
Jacob, s. Isaac, Jr. & Sarah, b. Dec. 8, 1754	1	110
James, s. Benjamin, b. Apr. 3, 1704	1	104
James, s. James & Abigail, b. Oct. 6, 1736	1	36
Jedediah, s. Alexander & Susanna, b. Aug. 21, 1748	1	77
Jesse, s. Silas & Sarah, b. Sept. 2, 1765	1	172
Jesse, s. Samuel, 3rd & Anna, b. Aug. 14, 1771	1	185
Job, s. John & Mary, b. Sept. 3, 1725	1	4
Job, s. John & Mary, d. Oct. 17, 1725	1	5
Job, s. John & Sarah, b. Oct. 20, 1726	1	8
Job, m. Marcy **SLASON**, Nov. 26, 1756, by Rev. Mr. Mead	1	122
Job, s. Job & Marcy, b. Sept. 29, 1760	1	154
John, m. Mary **TALLMIDGE**, May 10, 1704	1	144
John, s. John, b. Mar. last day, 1705	1	144
John, of Stamford, m. wid. Sarah **LEWIS**, of Fairfield, Jan. 5, [1725/6], by Rev. Daniel Chapman, of Fairfield	1	5
John, s. Joseph & Hannah, b. Mar. 25, 1737	1	33
John, s. Joseph & Hannah, b. Mar. 25, 1737	1	54
John, s. James & Abigail, b. May 28, 1738	1	36

	Vol.	Page

BISHOP (cont.),

	Vol.	Page
John, s. Job & Marcy, b. Jan. 26, 1759	1	154
John, m. Elizabeth **CRESSY**, June 18, 1766, by Rev. Noah Wells	1	155
John, s. Abijah & Susannah, b. Feb. 1, 1783	2	36
John Henry, s. [John K. & Rebecca], b. June 16, 1813; d. May 14, 1817	2	122
John K., m. Rebecca **NEWMAN**, Oct. 25, 1812, by Rev. Jonathan Judd	2	122
John Knowls, s. Alex[ande]r & Hannah, b. Oct. 14, 1789	2	2
Jonathan, s. Samuel & Rebeckah, b. Apr. 11, 1752	1	100
Jonathan, m. wid. Sarah **WATERBURY**, July 20, 1784, by Rev. Moses Mather	2	60
Joseph, m. Elizabeth **KNOWLES**, Nov. 3, 1691, by Jonathan Bell	1	54
Joseph, m. Elizabeth **KNOWLES**, Nov. 3, 1691	1	101
Joseph, s. Joseph & Elizabeth, b. Oct. 16, 1692	1	54
Joseph, s. Joseph, b. Oct. 16, 1692	1	107
Joseph, s. Stephen & Waitstill, b. [ ] 30, [17]	1	105
Joseph, m. Hannah **HOLLY**, Feb. 21, 1722/3, by Rev. John Davenport	1	54
Joseph, m. Hanah **HOLLY**, Feb. 21, 1722/3, by Rev. John Davenport	1	151
Joseph, d. Sept. 14, 1733	1	23
Joseph, s. Joseph & Hannah, b. Apr. 17, 1734	1	25
Joseph, s. Joseph & Hannah, b. Apr. 17, 1734	1	54
Joseph, Jr., m. Sarah **BOUTTON**, July 15, 1740	1	81
Joseph, m. Hannah **NEWMAN**, Feb. 6, 1746/7, by Rev. Benjamin Strong, of Stanwich	1	54
Joseph, s. Joseph, d. Nov. 26, 1755, at Lake George	1	54
Joseph, d. Jan. 12, 1779	1	54
Joseph, m. Sally **LOUNSBERY**, Nov. 18, 1795, by Rev. Daniel Smith	2	56
Joseph, s. [Sam[ue]ll & Phebe], b. Apr. 20, 1805	2	66
Julia Ann, m. William L. **RIGGS**, Nov. 27, 1828, by Rev. Daniel Smith	2	198
Ketchel, s. Sam[ue]ll, 3rd & Anna, b. Aug. 11, 1769	1	185
Lavina, see under Levina		
Leander, s. [William & Susanna], b. May 15, 1797	2	72
Lavina*, d. Alexander & Susannah, b. Jan. 4, 1737/8 *(Levina)	1	34
Lavina, d. Alexander & Susannah, d. Oct. 12, 1761, in the 24th y. of her age	1	141
Levina, d. Alexander, Jr. & Mary, b. July 29, 1769	1	169
Levina, d. Abijah & Susannah, b. Feb. 8, 1785	2	36
Levina, m. Isaac **HOLLY**, Jr., Dec. 20, 1795, by Rev. Ebenezer Dibble	2	62
Lidia, d. Andrew & Mary, b. Feb. 15, 1734/5	1	29
Lidia, d. Stephen & Sarah, b. Feb. 13, 1749/50	1	85
Lydiah, m. Ephraim **JONES**, Apr. 1, 1779, by Rev. Moses Mather	2	106
Marcy, d. Isaac & Susanah, b. May 18, 1727	1	17
Marcy, m. John **PETTIT**, the evening following the 10th day of		

	Vol.	Page

BISHOP (cont.),

	Vol.	Page
July 1729, by Joseph Bishop, J. P.	1	13
Martha, d. Joseph & Elizabeth, b. Oct. 31, 1709	1	124
Martha, m. Nathaniel **CRESSY**, Dec. 3, 1748, by Rev. Mr. Silliman	1	81
Mary, d. 5th mo. 25, [16]58	1	20
Mary, d. Joseph, b. July 21, 1708	1	144
Mary, w. John, d. Sept. 23, 1725	1	4
Mary, d. Benjamin & Mary, d. June 14, 1730	1	16
Mary, w. Benjamin, d. June 18, 1736	1	31
Mary, d. Andrew & Mary, b. Feb. 19, 1737/8	1	35
Mary, d. Benjamin & Susannah, b. Feb. 2, 1739/40	1	43
Mary, w. Andrew, d. Aug. 14, 1743	1	57
Mary, m. Eliaseph **WHITTNEE**, May 10, 1744, by Sam[ue]ll Hoit, J. P.	1	61
Mary, d. Joseph, d. Aug. 19, 1766	1	156-7
Mary, w. Alexander, Jr., d. July 8, 1771	1	175
Mary, d. Alexander & Hannah, b. Feb. 20, 1777	1	199
Mary, d. [Sam & Phebe], b. Dec. 22, 1796	2	66
Matthew, s. Joseph & Sarah, b. July 23, 1741	1	81
Mercy, d. John & Mary, b. Apr. 25, 1709	1	125
Mercy, Mrs., d. Apr. 5, 1735	1	29
Morris, s. [William & Susanna], b. Nov. 2, 1800	2	72
Morris, m. Sarah M. **NEWMAN**, June 6, 1830, by Rev. A. S. Todd	2	205
Nancy, d. [Jonathan & Sarah], b. Sept. 24, 1785	2	60
Nancy, m. John **HOLMES**, Jr., Feb. 17, 1805, by Rev. Daniel Smith	2	130
Nancy, d. [Joseph & Sally], b. Nov. 23, 1808	2	56
Nathan, s. Benjamin & Susana, b. Sept. 13, 1711	1	136
Nathan, of Stanford, m. Sarah **FERRIS**, of Greenwich, Nov. 9, 1742, in Greenwich, by Rev. Mr. Todd	1	58
Nathan, s. Nathan & Sarah, b. Dec. 4, 1746	1	72
Noah, s. [Joseph & Sally], b. Jan. 8, 1801	2	56
Peter, m. Lydia **DAVENPORT**, July 23, 1781, by Abraham Weed	2	86
Polly, d. [Peter & Lydia], b. Jan. 23, 1785	2	86
Polly Ann, m. John **WILMOT**, b. of Stamford, Sept. 26, 1822, by Rev. Henry Fuller	2	158
Polly Samantha, d. [William & Susanna], b. Dec. 24, 1807	2	72
Rachal, d. Benjamin & Susannah, b. Apr. 30, 1742	1	56
Rebeckah, d. Steven, b. Apr. 9, 1692	1	144
Rebecka, d. Joseph, b. Aug. 17, 1703	1	144
Rebecca, m. Elisha **HOLLY**, Jan. 24, 1716/17, by Capt. Joseph Bishop, J. P.	1	106
Rebecca, m. Ebenezer **WEED**, Feb. 10, 1737/8, by Jonathan Hoit, J. P.	1	34
Rebeckah, d. Samuel & Rebeckah, b. July 30, 1740	1	52
Rebeckah, d. Samuel & Rebeckah, b. July 30, 1740	1	100
Rhoda, d. Allexander & Susannah, b. Apr. 10, 1742	1	53

BISHOP (cont.),

	Vol.	Page
Rhoda, d. Alexander, d. Feb. 24, 1744/5	1	64
Rhoda, d. Abijah & Susannah, b. June 5, 1774; d. June 5, 1774	1	185
Ruth, d. Benjamin & Susanna, b. June 13, 1706	1	104
Sam, m. Phebe **MOTT**, Jan. 18, 1794, at Jerico, L. I., by [ ]	2	66
Samuell, s. Ebinezer, b. Oct. 18, 1704	1	144
Sam[ue]ll, s. Isaac & Susanna, b. May 11, 1734	1	26
Sam[ue]ll, m. Rebecca **SLASON**, Mar. 25, 1736, by Jonathan Hoit, J. P.	1	30
Sam[ue]ll, s. Samuell & Rebecca, b. Apr. 15, 1737	1	35
Samuel, 3rd, m. Anna **BELL**, Nov. 6, 1766, by Rev. Mr. Mather	1	162
Samuel, s. Samuel, 3rd & Anna, b. Aug. 20, 1767	1	162
Sarah, d. Ebinezer & Sarah, b. July 14, 1701	1	144
Sarah, d. Joseph, b. Dec. 27, 1701	1	144
Sarah, d. Isaac & Susanna, b. Jan. 4, 1720/1	1	111
Sarah, m. John **DAVENPORT**, Sept. 6, 1721, by Rev. Mr. Davenport	1	112
Sarah, m. John **JEFFERY**, Dec. 14, 1721, by Capt. Joseph Bishop, J. P.	1	112
Sarah, w. John, d. Apr. last day, 1729	1	13
Sarah, d. Jos. & Hannah, b. June 2, 1730	1	16
Sarah, d. Joseph & Hannah, b. June 2, 1730	1	54
Sarah, d. James & Abigail, b. Feb. 14, 1739/40	1	36
Sarah, d. Andrew & Mary, b. July 23, 1742	1	55
Sarah, m. Robert **ANDRUS**, Oct. 22, 1742, by Rev. Ebenezer Wright	1	64
Sarah, d. Samuel & Rebeckah, b. Apr. 24, 1743	1	100
Sarah, d. Nathan & Sarah, b. Aug. 3, 1743	1	58
Sarah, wid., mother of Ebenezer & Thomas, d. Jan. 17, 1743-4	1	58
Sarah, d. Stephen & Sarah, b. May 31, 1746	1	69
Sarah, d. Stephen & Sarah, b. May 31, 1746	1	85
Sarah, d. Joseph & Sarah, b. Sept. 2, 1748	1	81
Sarah, d. Isaac, Jr. & Sarah, b. Dec. 20, 1752	1	100
Sarah, d. Job & Marcy, b. July 9, 1757	1	154
Sarah, of Stanford, m. Nathaniel **WEBB**, of Goshan, Nov. 5, 1759, by Rev. Noah Welles	1	134
Sarah, m. Samuel **PROVORSE**, Jan. 5, 1764, by Col. Jonathan Hoit, J. P.	1	150
Sarah, d. Silas & Sarah, b. Sept. 30, 1770	1	172
Sarah, m. Henry **WYATT**, Dec. 28, 1776, by Rev. Moses Mather	2	37
Sarah, see Sarah **JEFFERY**	1	58
Sarah Catharine Rebecca, m. James **WARDWELL**, Jan. 22, 1845, by Rev. Ambrose S. Todd	2	275
Selleck, s. Alexander & Hannah, b. Mar. 19, 1779; d. May 22, 1795	1	199
Selleck, s. Alex[ande]r & Hannah, d. May 22, 1795	2	44
Silas, s. Joseph & Hannah, b. Feb. 1, 1725/6	1	5
Silas, s. Joseph & Hannah, b. Feb. 1, 1725/6	1	54

	Vol.	Page

BISHOP (cont.),

	Vol.	Page
Silas, of Stamford, m. Sarah **HOLMES**, of Greenwich, May 25, 1763, in Greenwich, by Rev. Mr. Todd	1	172
Silas, s. Silas & Sarah, b. Oct. 21, 1767	1	172
Steven, [twin with Abraham], s. Steven, b. Oct. 28, 1684	1	144
Stephen, m. Waitstill **WATERBURY**, June 4, 1713, by Joseph Bishop, J. P.	1	129
Stephen, s. Stephen & Waitstill, b. Oct. 16, 1716	1	122
Stephen, d. Dec. 3, 1722	1	138
Stephen, d. July 23, 1731	1	19
Stephen, s. Joseph & Sarah, b. Oct. 2, 1743	1	81
Stephen, m. Sarah **SLASON**, Dec. 27, 1744, by Jon[a]th[an] Hoit, J. P.	1	64
Stephen, m. Sarah **SLASON**, Dec. 27, 1744, by Jonathan Hoit, J. P.	1	85
Stephen, s. Stephen & Sarah, b. Sept. 28, 1752	1	85
Stephen, s. Stephen & Sarah, d. Apr. 27, 1753	1	85
Stephen, s. Stephen, d. Apr. 27, 1753	1	101
Stephen, s. Stephen & Sarah, b. Sept. 17, 1756	1	85
Susana, d. Benjamin, b. July 2, 1699	1	104
Susannah, d. Isaac & Susannah, b. Dec. 28, 1723/4	1	2
Susannah, wid., d. Nov. 2, 1748	1	78
Susanna, m. Isaac **PENOYER**, Aug. 24, 1774[sic], by Benjamin Weed	2	70
Susanna, w. Abijah, d. Jan. 29, 1790	2	36
Susannah Holly, d. [Abijah & Susannah], b. Dec. 26, 1789	2	36
Talmage, s. Theophilus, b. May 16, 1734	1	28
Thankfull, d. Isaac, Jr. & Sarah, b. Nov. 7, 1757	1	126
Theophilus, s. Steven, b. Feb. 1, 1687	1	144
Theophilus, s. Stephen & Mercy, d. Sept. 13, 1710, in the 24th y. of his age	1	143
Theophilus, s. John & Mary, b. July 13, 1711	1	143
Theophilus, m. Sarah **GREEN**, June 7, 1733, by Jonathan Hoit, J. P.	1	23
Thomas, s. Ebenezer & Sarah, was on Mar. 6, 1716/17, 7 years old	1	140
Thomas, d. Nov. 12, 1743	1	58
Waitstill, w. Stephen, d. July 5, 1730	1	16
Waitstill, d. Joseph & Sarah, b. May 5, 1746	1	81
William, s. Parson & Hannah, b. June 23, 1769	2	72
William, m. Susanna **SCOFIELD**, Mar. 31, 1796, by Rev. Daniel Smith	2	72
William, s. [Joseph & Sally], b. Oct. 6, 1796	2	56
William Henry, s. Alex[ande]r & Hannah, b. Dec. 10, 1784	2	2
W[illia]m Henry, s. Alex[ander] & Hannah, d. Mar. 5, 1796	2	44
W[illia]m Henry, m. Sally Maria **SCOFIELD**, Mar. 19, 1838, by Rev. Ambrose S. Todd	2	249
Zubah, d. Stephen & Waitstill, b. July 30, 1714	1	122

BISSELL, John, m. Martha C. **HOLLY**, Sept. 5, 1830, by Rev. A. S.

	Vol.	Page

BISSELL (cont.),
   Todd   2   207
BLACKLEY, BLAKELEY, Abigail, d. Sam[ue]ll & Abigail, b. Sept. 23, 1705   1   144
  Abigail, w. Joseph, d. June 27, 1739   1   39
  Hannah, wid., m. Abraham **HOIT**, June 3, 1748, by Jonathan Maltbie, J. P.   1   90
  Joseph, m. Abigaill **HOIT**, Jan. 27, 1736/7, by Jonathan Hoit, J. P.   1   32
  Joseph, s. Joseph & Abigail, b. June 24, 1739   1   39
  Joseph, d. Dec. 4, 1750   1   89
  Martha, d. Samuel & Abigail, b. Dec. 13, 1717   1   133
  Mary, d. Sam[ue]ll & Sarah, b. Aug. 24, 1710   1   137
  Mary, m. Samuel **HOIT**, May 29, 1735, by Rev. Ebenezer Wright   1   29
  Samuell, m. Abigaill **FINCH**, Apr. 6, 1699   1   104
  Samuell, s. Sam[ue]ll [& Abigaill], b. Mar. 8, 1699/1700   1   104
  Sam[ue]ll & w. Sarah, had d. [   ], b. Dec. 9, 1712   1   136
  Sam[ue]ll, m. Hanah **BATES**, Jan. 16, 1726/7, by Rev. Mr. Davenport   1   7
  Samuel, d. Oct. 14, 1756   1   119
  Sam[ue]ll & w. Abigail, had child d. Sept. 26, [   ]   1   137
  Sarah, d. Sam[ue]ll [& Abigaill], b. Nov. 7, 1702   1   104
  Sarah, m. Joseph **WEBB**, Aug. 23, 1726   1   6
  Sarah, d. Joseph & Abigail, b. Dec. 20, 1737   1   39
  Sarah, d. Nov. 22, 1759   1   134
BLACKMAN, [see also **BLAKEMAN**], Abigail, Jr., d. Mar. 14, 1738/9   1   41
  David, s. Josiah & Sarah, d. July 9, 1721   1   138
  Elizabeth, d. Josiah & Sarah, d. Apr. 11, 1730   1   15
  Hannah, m. John **KNAP[P]**, 3rd, Jan. 11, 1749/50, by Rev. Noah Welles   1   89
  Hannah, d. Joseph & Mary, b. July 16, 1760   1   137
  Joseph, s. Josiah & Sarah, b. Nov. 5, 1719   1   132
  Joseph, m. Mary **BROWN**, Feb. 16, 1753, by Jonathan Hoit   1   103
  Joseph, s. Joseph & Mary, b. July 27, 1757   1   124
  Joseph, d. Dec. 2, 1760   1   138
  Josiah, s. Josiah & Sarah, b. Apr. 4, 17[   ]   1   105
  Josiah & w. Mary, had child d. [   ], b. Feb. 24, 1714   1   133
  Josia[h] & w. Sarah, had d. [   ], d. Feb. 25, 1714   1   126
  Josia[h], m. Sarah **BROWN**, Aug. 5, 1714, by Capt. Joseph Bishop, J. P.   1   129
  Josia[h] & w. Sarah, had child, b. Ma[   ], 27, 1717   1   136
  Josiah, d. June 17, 1747   1   73
  Josiah, s. Joseph & Mary, b. Dec. 9, 1755   1   124
  Josiah & w. Sarah, had child, d. Mar. 28, [   ]   1   137
  Mary, m. Israel **BARDMAN**, Mar. 13, 1745/6, by Rev. Ebenezer Wright   1   78
  Sarah, d. Josiah & Sarah, b. Oct. 15, 1718   1   132

STAMFORD VITAL RECORDS

	Vol.	Page
BLACKMAN, [see also **BLAKEMAN**] (cont.),		
Sarah, m. Amos **SMITH**, Jan. 7, 1742/3, by Rev. Mr. Wright	1	56
Sarah, w. Josiah, d. Aug. 16, 1745	1	67
Sarah, d. Joseph & Mary, b. May 28, 1753	1	103
Sarah, m. Newman **HOLLY**, Feb. 22, 1771, by Rev. Ebenezer Dibble	2	9
BLADES, Abraham, s. [Benjamin & Dorcas], b. May 20, 1804	2	124
Benjamin, m. Dorcas **BROOKS**, [ ]	2	124
Joseph, s. [Benjamin & Dorcas], b. July 1, 1806	2	124
Josiah, s. [Benjamin & Dorcas], b. Aug. 15, 1800	2	124
BLAKEMAN, [see also **BLACKMAN**], Mary E., m. John W. **LANE**, Sept. 22, 1838, by Rev. Ambrose S. Todd	2	260
BLANCHARD, BLANCHER, BLANCHAR, Abigail, d. William & Abigail, b. Sept. 17, 1746	1	70
Daniel, s. Jacob & Elizabeth, b. June 10, 1787	2	26
Ira, s. Jacob & Elizabeth, b. July 14, 1785	2	26
Isaac, s. [Jacob & Elizabeth], b. July 24, 1794	2	26
Jacob, s. William & Abigail, b. Feb. 23, 1744/5	1	65
Jacob, s. William & Abigail, b. Feb. 5, 1752	1	95
Jacob, m. Elizabeth **WEED**, Feb. 18, 1783, by Rev. John Avery	2	26
John, s. Jacob & Elizabeth, b. Jan. 14, 1784	2	26
John, m. Polly **WHITNEY**, Mar. 22, 1822, by Henry Hoit, 3rd	2	156
Solomon, s. Jacob & Elizabeth, b. Jan. 22, 1789	2	26
William, m. Abigail **SCOFIELD**, Feb. 29, 1743/4, by Samuel Hoit, J. P.	1	60
William, s. William & Elizabeth, b. Jan. 8, 1749/50	1	86
BOARDMAN, BORDMAN, BARDMAN, Charles, s. Israel & Sibbel, b. Oct. 14, 1756	1	119
Israel, m. Mary **BLACKMAN**, Mar. 13, 1745/6, by Rev. Ebenezer Wright	1	78
Israel & w. Mary, had child b. Sept. [ ], 1747; d. same day	1	78
Israel, m. Sibbil **WARINER**, Mar. 19, 1752, in Weathersfield, by Rev. Mr. Russell	1	96
James, s. Israel & Sibble, b. Aug. 27, 1754	1	113
Mary, d. Israel & Sibbel, b. Feb. 1, 1753	1	99
Olive, d. Israel & Mary, b. July 10, 1748	1	78
Ollive, m. William **KING**, Jan. 11, 1765, by Rev. Mr. Dibble	1	153
BOLT, Abigail, m. David **DIBBLE**, Oct. 27, 1727, by Nathan Hoit, J. P.	1	12
Arkelus, s. John, d. Nov. 28, 1706	1	135
Hepzibah, d. Richard & Hepzibah, b. Apr. 3, 1721	1	132
BONES, John, of Norwalk, m. Matilda **KENWORTHY**, of Stamford, Dec. 6, 1837, by Aaron S. Hill	2	245
BOTSWICK, Abigail, d. Ephraim & Abigail, b. Aug. 16, 1745	1	80
Ebenezer, s. Ephraim & Abigail, b. Mar. 14, 1749	1	80
Ephraim, Rev., m. Mrs. Abigail **ALLYN**, Mar. 1, 1738/9, by Rev. Simon Backus, of Newenton	1	80
Ephraim, s. Ephraim & Abigail, b. Oct. 25, 1740	1	80
John, m. Rebecca **SCOFIELD**, b. of Stamford, Mar. 17, 1824, by		

	Vol.	Page
BOTSWICK (cont.),		
Rev. Henry Fuller	2	172
Leander, m. Hannah E. **SCOFIELD**, Sept. 1, 1843, by Rev. J. W. Alvord, Jr.	2	267
Mary, d. Ephraim & Abigail, b. Aug. 4, 1743	1	80
Samuel, s. Ephraim & Abigail, b. July 29, 1753	1	80
Sarah, of Fairfield, m. John **BATES**, of Stanford, June [ ], 1752, by Rev. Mr. Lamson	1	142-3
William, s. Ephraim & Abigail, b. Apr. 19, 1751	1	80
Zachariah, s. Ephraim & Abigail, b. Nov. 30, 1739	1	80
BOUTON, BOUTTON, BOUGHTON, BUTTON, Aaron, s. Daniel & Mary, b. Aug. 10, 1783	2	3
Abby M., m. Thomas **IRVIN**, b. of Stamford, Feb. 24, 1847, by Rev. Aaron Rogers	2	287
Abigaill, d. Nathan[ie]ll & Hannah, b. Feb. 28, 1723/4	1	40
Abigail, m. Josiah **WEED**, Apr. 15, 1742, by Rev. Robert Silliman, of Canaan	1	59
An[n]e, d. John, Jr. & Mary, b. Oct. 16, 1738	1	39
Daniel, m. Elizabeth **ROBERTS**, July 12, 1733, by Jonathan Hoit, J. P.	1	23
Daniell, s. Dan[ie]ll & Elizabeth, b. Aug. 9, 1736	1	38
Daniel, s. Nathaniel & Hannah, b. Oct. 24, 1740	1	51
Daniel, m. Mary **MEAD**, Dec. 31, 1767, by Rev. Mr. Todd	1	199
Daniel, s. Daniel & Mary, b. Mar. 16, 1779	1	199
David, m. Esther **ENERY**, Jan. 20, 1745, by Rev. Richard Connor, in Norwalk	1	117
David, s. David & Ester, b. Dec. 7, 1747	1	117
Dorcas, d. Daniel & Mary, b. June 20, 1773	1	199
Eleazer, s. Eleazer & Elizabeth, b. Jan. 22, 1728	1	41
Elizabeth, d. Eleazer & Elizabeth, b. Feb. 8, 1730	1	41
Elizabeth, d. Dan[ie]ll & Elizabeth, b. Aug. 27, 1738	1	38
Elizabeth, d. David & Ester, b. May 22, 1753	1	117
Enery, s. David & Ester, b. Sept. 8, 1745	1	117
Ester, d. David & Ester, b. May 16, 1750	1	117
Esther, m. Peter **WEED**, Jr., June 1, 1768, by Rev. Robert Silliman	1	182-3
Esther, d. [Nathan], b. July 13, 1793	2	67
Eunice, m. John **FANSHER**, Nov. 15, 1736, by Jonathan Hoit	1	76
Eunice, m. John **FANCHER**, Nov. 19, 1736, by Jonathan Hoit, J. P.	1	31
Ezra, s. Eleazer & Elizabeth, b. Nov. 18, 1723	1	41
Gold, s. John & Mary, b. Jan. 24, 1733/4	1	26
Hannah, d. Nathan[ie]ll & Hannah, b. Nov. 24, 1721	1	40
Hannah, m. Timothy **DELOVAN**, b. of Stamford, Feb. 23, 1737/8, in Norwalk, by Rev. John Eyeels, of Canaan	1	56
Hannah, d. Eleazer & Elizabeth, b. Oct. 12, 1739	1	41
Hannah, d. Daniel & Mary, b. Dec. 18, 1768	1	199
Hannah, d. Daniel & Mary, d. Oct. 21, 1780	2	3
Hezekiah, s. Eleazer & Elizabeth, b. Nov. 2, 1725	1	41

STAMFORD VITAL RECORDS

	Vol.	Page
BOUTON, BOUTTON, BOUGHTON, BUTTON (cont.),		
Hezekiah, m. Abigail PENOYER, Oct. 12, 1749, by Rev. Robert Silliman	2	11
Jared, s. Hezekiah & Abigail, b. Feb. 19, 1766	2	11
Jared, s. Daniel & Mary, b. Feb. 11, 1781	2	3
Jehiel, s. Nathan[ie]ll & Hannah, b. Feb. 17, 1731/2	1	40
John, m. Mary PETTIT, Feb. 18, 1731/2, by Jonathan Hoit, J. P.	1	20
John, s. Nathan[ie]ll & Hannah, b. July 23, 1737	1	40
John E., of Stamford, m. Christiania M. MYERS, of Woodstock, N. Y., Mar. 19, 1862, by Aaron B. Fancher, J. P. Witness, William A. Hoyt	2	296
Joseph*, of Poundridge, m. Sally K. CLAUSON, of Stamford, Dec. 26, 1824, by Rev. Henry Fuller *(Arnold copy has "BENTON")	2	175
Levi*, s. Eleazer & Elizabeth, b. Oct. 15, 1750 *(Arnold copy has "Lucy, d. Ebenezer")	1	104
Lucy*, d. Ebenezer & Elizabeth, b. Oct. 15, 1750 *(Huntington's register gives "Leuy, son of Eleazer")	1	104
Lydia, b. Mar. 26, 1761; m. Elnathan WEED, s. Reuben & Lydia, [ ]	2	83
Lydia, m. Elnathan WEED, May 1, 1781, by Rev. Solomon Mead	2	83
Marcy*, m. Eliphilit SLASON, Nov. 12, 1724, by Joseph Bishop *(Marcy BENTON?)	1	3
Marcy, Mrs., m. Lieut. Sam[ue]ll KNAP[P], Mar. 15, 1748/9, by Rev. Noah Welles	1	80
Marcy, d. David & Ester, b. Nov. 19, 1758	1	133
Mary, m. David WATERBERY, Dec. 22, 1730, by Jonathan Hoit, J. P.	1	28
Mary, d. John & Mary, b. Dec. 24, 1732	1	22
Mary, d. Nathan[ie]ll & Hannah, b. Nov. 11, 1734	1	40
Mary, m. Reuben KNAP[P], June 1, 1749, by Rev. Noah Welles	1	135
Mary, d. David & Ester, b. May 2, 1756	1	117
Matthew, s. Eleazer & Elizabeth, b. Mar. 17, 1735	1	41
Nathan, s. Ebenezer & Elizabeth, b. Mar. 4, 1745	1	104
Nathan, m. [ ], Dec. 12, 1782, by Rev. Mr. Bloomer, of Long Island	2	67
Nathan[ie]ll, s. Nathan[ie]ll & Hannah, b. Sept. 16, 1726	1	40
Nathaniel, m. Lydia PENOYER, Apr. 15, 1755, by Rev. Robert Silliman	2	83
Peter Mead, s. [Daniel & Mary], b. Sept. 15, 1787	2	3
Polly, d. Daniel & Mary, b. Dec. 3, 1770	1	199
Polly, d. Daniel & Mary, d. Mar. 25, 1785	2	3
Polly, d. [Nathan], b. Apr. 21, 1789	2	67
Rachel, d. Daniel & Elizabeth, b. Jan. 5, 1734/5	1	29
Ruth, d. Eleazer & Elizabeth, b. July 6, 1737	1	41
Sam[ue]ll, s. Nathan[ie]ll & Hannah, b. Apr. 11, 1730	1	40
Sarah, d. Eleazer & Elizabeth, b. Dec. 19, 1733	1	41
Sarah, m. Joseph BISHOP, Jr., July 15, 1740	1	81
Saymore, s. Ebenezer* & Elizabeth, b. June 28, 1742		

	Vol.	Page
BOUTON, BOUTTON, BOUGHTON, BUTTON (cont.),		
*(Eleazer?)	1	104
Saymore, s. Eleizer & Elizabeth, b. June 30, 1742	1	55
Seth S., of Norwalk, m. Laura S. **PRICE**, of Stamford, Jan. 21, 1852, by Rev. J. J. Twiss. Int. Pub.	2	306
Seymour, see under Saymore		
Simeon, s. Ebenezer* & Elizabeth, b. Apr. 11, 1748 *(Eleazer)	1	104
BOWERS, Nathaniel, m. Mrs. Hannah **SMITH**, b. of Greenwich, Dec. 2, 1703, by Rev. John Davenport	1	128
BOYD, Andrew, m. Elizabeth J. **WATERBURY**, [Dec.] 3, [1848], by Rev. J. J. Twiss	2	294
BOYER, Edward F., of New York, m. Sarah E. **WEBB**, of Stamford, Mar. 1, 1837, by Daniel Smith	2	247
BRADLEY, Elizabeth, m. Charles **HOLLY**, Jan. 16, 1717/18, by Capt. Joseph Bishop, J. P.	1	145
BRANDISH*, Ruth, m. Richard **SCOFIELD**, Sept. 14, 1689 *(**BRUNDISH**?)	1	134
[**BREWSTER**], **BRUSTER**, Abigall, m. Daniell **BUR[R]**, Feb. [ ], 166[ ]	1	113
David, s. Elizabeth **WHITE**, b. Feb. 17, 1735/6	1	116
BRIDGGS, [see under **BRIGGS**]		
BRIGGS, BRIDGGS, Abigail, d. [Caleb & Sarah], b. June 5, 1791	2	59
Anne, d. [Caleb & Sarah], b. Dec. 25, 1788	2	59
Barbara, m. Sam[ue]ll **SCOFIELD**, 3rd, Dec. 20, 1782, by Reuben Scofield	2	29
Benj[ami]n, s. [Caleb & Sarah], b. Mar. 8, 1786	2	59
Caleb, m. Sarah **SMITH**, Sept. 21, 1775, by Benj[ami]n Weed	2	59
Comfort, d. Daniel, Jr. & Hannah, b. Mar. 14, 1737/8	1	50
Daniell, m. Elizebeth **NEWMAN**, Nov. 24, 1704, by Rev. Tho[mas] Pritchard, of Rye	1	144
Daniel, Jr., m. Hannah **HOW**, Feb. 4, 1736/7, in Greenwich, by Rev. Benjamin Strong	1	50
Daniel, s. Daniel & Hannah, b. Oct. 16, 1744	1	71
Elizabeth, d. Daniel & Elizabeth, b. Sept. 29, 1712	1	121
Elizabeth, d. Daniel & Hannah, b. Feb. 6, 1745/6	1	71
Ester, d. Daniel & Hannah, b. May 12, 1743	1	71
Hannah, d. Daniel & Hannah, b. Oct. 7, 1739	1	50
Hannah, d. Nathaniel & Hannah, b. Feb. 11, 1744/5	1	71
Hannah, m. Samuel **CLASON**, Sept. 22, 1763, by Rev. Benjamin Strong	2	73
Hannah, m. Nathaniel **JANE**, Dec. 10, 1772, by Rev. Mr. Strong	1	202
Jemime*, d. [Caleb & Sarah], b. Sept. 19, 1783 *(Arnold has "Jimmie, a son")	2	59
John, s. [Caleb & Sarah], b. July 18, 1776	2	59
John, m. Hannah **JUNE**, Dec. 24, 1782, by Charles Webb	2	43
John, s. John & Hannah, b. Sept. 6, 1784	2	43
John, Sr., d. Oct. 28, 1789	2	43
Joseph, s. [Caleb & Sarah], b. Mar. 14, 1790	2	59
Lydia, d. Nathaniel & Hannah, b. Apr. 9, 1742	1	71

	Vol.	Page
BRIGGS, BRIDGGS (cont.),		
Martha, m. Daniel **INGERSOLL**, Apr. 7, 1741, by Rev. Mr. Strong, of Stanwick Parish	1	51
Mary, d. Daniel & Elizabeth, b. Jan. 24, 1716/17	1	140
Mary, d. Daniel & Hannah, b. Aug. 12, 1741	1	50
Nathaniel, s. Daniel & Elizabeth, was on June 19, 1712, 4 years old	1	121
Nathaniel, m. Hannah **JUNE**, Feb. 26, 1733/4, by Rev. Mr. Wright	1	50
Phelip, s. Capt. Daniel & Elizabeth, b. June 21, 1730	1	50
Prudence, d. Reuben & Hannah, b. Jan. 10, 1747/8	1	81
Prudence, d. John & Hannah, b. Apr. 2, 1783	2	43
Reachal, d. Reuben & Hannah, b. Oct. 31, 1746	1	81
Rachel Ann, m. Luke **SMITH**, b. of Stamford, Jan. 30, 1850, by Rev. W. W. Brewer	2	302
Reuben, m. Mary **SMITH**, Aug. 21, 1746, by Rev. Benjamin Strong	1	81
Sally, d. [Caleb & Sarah], b. Sept. 17, 1778	2	59
Samuel, s. [Caleb & Sarah], b. May 17, 1795	2	59
Sarah, d. Daniel & Elizabeth, was on Mar. 29, 1712/13, 7 yrs. old	1	121
Sarah, d. Nathaniel & Hannah, b. May 2, 1740	1	50
Susannah, d. Reuben & Hannah, b. Dec. 13, 1750	1	93
Susannah, m. Jasper **BELDING**, Nov. 5, 1772, by Rev. Mr. Strong	1	185
BROOKER, Anne, Mrs. had negro [ ], s. Dorcas, b. May 21, 1790	2	62
Susannah, m. Nathaniel **WATERBERY**, Jr., Jan. 13, 1766, by Col. Jonathan Hoit, J. P.	1	158
BROOKS, Dorcas, m. Benjamin **BLADES**, [ ]	2	124
Robert, of New York, m. Rebecca Ann **PORTER**, July 2, 1837, by Rev. Daniel Smith	2	248
BROWN, Abigail, d. David & Sarah, b. Dec. 1, 1738	1	53
Abigail, of Stamford, m. Jesse **WHITING**, of Darien, Oct. 10, 1833, in New York City, by Rev. Ambrose S. Todd	2	229
Amaziah, m. Charlotte **TODD**, b. of Stamford, Sept. 4, 1825, by Rev. Henry Fuller	2	178
Anna, d. Nehemiah & Anna, b. Jan. 17, 1745/6	1	67
Anna, m. Joseph **SCOFIELD**, 3rd, Dec. 13, 1765, by Jonathan Maltbie, J. P.	1	169
Annanias, s. Nathan & Ruth, b. Mar. 13, 1730	1	35
Benjamin, s. Joseph & Mary, b. July 19, 1728	1	11
Betsey, d. Nathaniel & Rachel, b. July 13, 1767	1	168
Cate, d. Isaac & Prudence, b. Apr. 24, 1783	2	19
Charles, m. Mary E. **HOYT**, b. of Stamford, June 30, 1836, by Rev. Daniel Smith	2	241
Charlotte, wid., m. Dyer **HAXTON**, Sept. 29, 1805, by Rev. Daniel Smith	2	95
David, s. Joseph, b. Mar. 22, 1703/4	1	144
David, s. Joseph & Mary, d. Aug. 31, 1711	1	143
David, s. Francis & Mercy, b. Aug. 22, 1714	1	121
David, s. Joseph & Elizabeth, b. Jan. 5, 1723/4	1	1

	Vol.	Page
BROWN (cont.),		
David, m. Sarah **WEED**, Dec. 16, 1736, by Rev. Ebenezer Wright	1	32
David, s. David & Sarah, b. June 22, 1744	1	64
Desire, d. Ebenezer & Marcy, b. Feb. 2, 1738/9	1	39
Desire, m. James **LITTLE**, Feb. 9, 1761, by Rev. Mr. Mather	1	154
Ebenezer, s. Peter, d. 6th mo. 21, [16]58	1	20
Ebenezer, m. Marcy **YONGS**, Aug. 24, 1727, by Jonathan Hoit, J. P.	1	18
Ebenezer, s. Ebenezer & Marcy, b. July 29, 1728	1	18
Ebenezer, s. Ebenezer & Mercy, d. July 8, 1734	1	26
Edmond, s. [Jonathan & Martha], b. Dec. 20, 1808	2	37
Elijah, s. Nathaniel & Rachel, b. Mar. 12, 1759	1	168
Eliza C., m. James T. **LEEDS**, b. of Stamford, June 15, 1847, by Rev. Ambrose S. Todd	2	288
Eliz[abeth], w. Peter, d. 7th mo. 21, [16]57	1	20
Elizabeth, w. Joseph, d. Mar. 27, 1725	1	4
Elizabeth, d. Jonathan & Mary, b. Jan. 30, 1737/8	1	35
Elizabeth, d. Jonathan & Mary, d. Aug. 15, 1745	1	74
Elizabeth, d. Joseph & Rebeckah, b. Feb. 22, 1755	1	110
Elizabeth, m. William **WEED**, July 22, 1773, by Benjamin Weed, J. P.	1	187
Elizabeth, [twin with Rebecca, d. Dr. [ ] & Elizabeth], b. July 13, 1797	2	69
Elley, s. [Henry & Sarah], b. Apr. 14, 1802	2	54
Enos, s. Joseph & Rebecca, b. Oct. 28, 1765	1	203
Enos, m. Charlotte **WEED**, May 14, 1789, by Rev. John Shephard	2	95
Enos, d. May 26, 1799	2	95
Eunice, m. Nathaniel **LOUNSBERY**, Jan. 14, 1748, by Nathaniel Peck	1	133
Frances, m. Martha **CHAPMAN**, 10th mo. 17, [16]57	1	74
Francis, m. Mercy **WEBB**, June 18, 1713, by Elisha Holly, J. P.	1	105
Frances*, child Jonath[an], decd. & Mary, [d.] May 12, 1747 *("James" in Huntington's Register)	1	74
Frances, Sergt., d. May 3, 1754	1	106
George, s. Isaac & Prudence, b. May 21, 1780	2	5
George, s. Isaac & Prudence, b. May 21, 1780	2	19
George, s. [John, Jr. & Rebecca], b. Dec. 9, 1805	2	96
Hannah, d. Nathaniel & Rachel, b. Jan. 11, 1763	1	168
Hannah, d. Silvanus & Rebecca, b. Feb. 4, 1763	1	200
Hannah, m. John **THOMPSON**, Dec. 25, 1783, by Rev. Mr. Elles	2	14
Hawley, s. [Henry & Sarah], b. Nov. 29, 1797	2	54
Henry, m. Sarah **RAYMOND**, Mar. 8, 1796, by Rev. Daniel Smith	2	54
Henry, m. Lucy **LEEDS**, Sept. 6, 1829, by Rev. Daniel Smith	2	208
Isaac, s. Nathan & Ruth, b. Aug. 20, 1739	1	53
Isaac, m. Prudence **BELDING**, May 21, 1772, by Rev. Moses Mather	2	5
Isaac, m. Prudence **BELDING**, May 21, 1772, by Rev. Moses Mather	2	19

	Vol.	Page

BROWN (cont.),

	Vol.	Page
Isaac, s. Isaac & Prudence, b. Mar. 23, 1777	2	5
Isaac, s. Isaac & Prudence, b. Mar. 23, 1777	2	19
Isaac, had servants Clara, d. Peg, b. June 20, 1783 & Michael, s. Peg, b. Apr. 12, 1785	2	54
Jacob, s. Nathaniel & Annah, b. Mar. 2, 1726	1	7
James, s. Jon[a]th[an] & Mary, b. Jan. 2, 1743/4	1	62
James*, child of wid. Mary & Jonath[an], decd., d. May 12, 1747 *(Arnold copy has "Frances")	1	74
James E., m. Jerusha **FERRIS**, Aug. 4, 1833, by Elijah Hebard, Elder	2	220
Jemima, [twin with Keziah], d. Nathaniel & Anna, b. Aug. 24, 1739	1	42
Jerusha, d. [Peter & Martha], b. Oct. 22, 1797	2	47
John, s. Nathaniel & Anna, b. Jan. 25, 1730/1	1	20
John, m. Rebecca **WATERBURY**, Dec. 10, 1791, by Rev. Moses Mather	2	43
John, Jr., m. Rebecca **HOYT**, Nov. 14, 1804, by Rev. Daniel Smith	2	96
Jonathan, s. Joseph, b. May 14, 1701	1	144
Jonathan, m. Mary **SLASON**, Nov. 19, 1730, by Jonathan Hoit, J. P.	1	17
Jonathan, s. Jonathan & Mary, d. Jan. 14, 1733/4	1	25
Jonathan, s. Jonathan & Mary, b. July 15, 1735	1	33
Jonathan, d. Apr. 17, 1747	1	74
Jonathan, m. Abigail **HANDFORD**, July 1, 1760, by Jonathan Hoit	1	137
Jonathan, s. Jonathan & Abigail, b. Dec. 18, 1762	1	158
Jonathan, m. Martha **BROWN**, Sept. 25, 1788, by Rev. John Avery	2	37
Joseph, his s. [　　　　], b. Dec. 21, 1686 & his s. [　　　　], b. Mar. 11, 1689	1	144
Joseph, m. Elizabeth **BUXTON**, Apr. 21, 1720, by Rev. Mr. Davenport	1	96
Joseph, s. Joseph & Elizabeth, b. July 21, 1722	1	150
Joseph, m. Mary **HOIT**, Jan. 12, 1725/6, by Rev. Seth Shaw, of Danbury	1	5
Joseph, m. Ruth **SCOFIELD**, the evening following the 16th day of Jan., 1728/9, by Joseph Bishop, J. P.	1	12
Joseph, Jr., d. May 3, 1730	1	15
Joseph, m. Rebeckah **SKILDING**, Jan. 16, 1745/6, in Danbury, by Rev. Mr. Whit, of Danbury	1	74
Joseph, s. Joseph & Rebecca, b. Jan. 25, 1761	1	203
Joseph, d. Oct. 3, 1772	1	203
Joseph, m. Abigail **HANFORD**, Dec. 1, 1785, by Rev. Justus Mitchell	2	11
Joseph, s. Joseph & Abigail, b. Mar. 27, 1788	2	11
Keziah, [twin with Jemima], d. Nathaniel & Anna, b. Aug. 24, 1739	1	42
Marcy, m. John **YOUNGS**, Mar. 9, 1746/7, by Jonathan Hoit, J. P.	1	73

	Vol.	Page
BROWN (cont.),		
Martha, d. Joseph & Mary, b. Oct. 22, 1726	1	9
Martha, m. Ebenezer **HOLLY**, June 3, 1754, by Jonathan Maltbie, J. P.	1	106
Martha, d. Joseph & Rebecca, b. May 29, 1771	1	203
Martha, m. Jonathan **BROWN**, Sept. 25, 1788, by Rev. John Avery	2	37
Martha, d. [Peter & Martha], b. Nov. 1, 1793	2	47
Martha, w. [Jonathan], d. Jan. 28, 1814	2	37
Martha Jane, d. [Jonathan & Martha], b. Jan. 8, 1814	2	37
Martha Jane, of Stamford, m. Henry **COGGER**, of Hamden, late of England, Mar. 16, 1834, by Rev. Ambrose S. Todd	2	229
Mary, m. [Joseph?] **MEAD**, Dec. 4, 1654	1	55
Mary, d. Joseph, b. Oct. 5, 1705	1	144
Mary, m. Thomas **SCOLDING***, on the evening next to the 5th day of Sept., 1726, by Joseph Bishop *(**SKELDING**)	1	7
Mary, had s. Benjamin **HOIT**, d. Nov. 8, 1726	1	5
Mary, w. Joseph, d. Aug. 2, 1728	1	11
Mary, d. John & Sarah, b. Mar. 15, 1729/30; m. Francis **DAN[N]**, s. John & Deborah, Dec. 21, 1749, in North Castle, by Justus Gilbard	1	97
Mary, d. Jonathan & Mary, b. Jan. 28, 1731/2	1	20
Mary, d. Nathan & Ruth, b. June 6, 1732	1	35
Mary, wid., d. July 3, 1744	1	61
Mary, d. Ebenezer & Marcy, b. May 6, 1746	1	70
Mary, m. Joseph **BLACKMAN**, Feb. 16, 1753, by Jonathan Hoit	1	103
Mary, m. Ebenezer **HOW**, Sept. 4, 1753, by Abraham Davenport	1	102
Mary, Jr., m. Thomas **WATERBERY**, Apr. 21, 1753, by Rev. Noah Welles	1	103
Mary, d. Joseph & Rebecca, b. Sept. 9, 1756	1	203
Mary, d. Nathaniel & Rachel, b. Nov. 22, 1756	1	121
Mary, wid., d. Feb. 20, 1760	1	135
Mary, m. Daniel **SELLECK**, Sept. 21, 1769, by Rev. Moses Mather	2	64
Mary, m. Seth **WEED**, Jr., Nov. 27, 1777, by Rev. Moses Mather	1	197
Mary E., m. Sands **SEELEY**, b. of Stamford, Oct. 19, 1835, by Rev. Ambrose S. Todd	2	230
Mary J., m. Frederick B. **SCOFIELD**, b. of Stamford, Mar. 19, 1849, by Rev. Shaler J. Hillyer	2	297
Nancy, d. [Jonathan & Martha], b. July 14, 1794	2	37
Nancy, m. Zalmon **KNAPP**, b. of Stamford, Mar. 22, 1825, by Noble W. Thomas, Elder	2	177
Nathan, s. Joseph, b. Oct. 29, 1697	1	144
Nathan, s. Nathan & Ruth, b. May 13, 1728	1	35
Nathan, m. Mary **HOLLY**, Oct. 14, 1754, by Rev. Noah Welles	1	116
Nathaniel, s. Joseph, b. June 16, 1696	1	144
Nathaniel, m. Annah **BRUSH**, Apr. 20, 1725, by Rev. Mr. Prime, of Huntingtown	1	7
Nathaniel, s. Nathaniel & Anna, b. Apr. 1, 1728	1	19

	Vol.	Page
BROWN (cont.),		
Nathaniel, Jr., m. Rachale **SEELEY**, Sept. 18, 1754, by Jonathan Hoit	1	121
Nehemiah, s. [Silvanus & Rebecca], b. [ ]	1	200
Olive, d. Isaac & Prudence, b. Dec. 8, 1791	2	19
Peter, d. 6th mo. 22, [16]58	1	20
Peter, m. Unica **BUXTON**, 5th mo. 22, [16]58	1	74
Petter, s. Jos. & Ruth, b. Mar. 22, 1730	1	17
Peter, s. Joseph & Rebeckah, b. Apr. 19, 1751	1	91
Peter, s. Joseph & Rebecca, b. Apr. 19, 1751	1	203
Peter, m. Mrs. Martha **WARRING**, Nov. 8, 1792, by Rev. John Shepherd	2	47
Peter, s. [Peter & Martha], b. July 9, 1795	2	47
Peter, m. Polly **LEEDS**, Aug. 25, 1814, in New York, by Rev. Mitchell B. Bull	2	129
Polly, d. Isaac & Prudence, b. Oct. 26, 1774	2	5
Polly, d. Isaac & Prudence, b. Oct. 26, 1774	2	19
Polly, m. Abraham **DAVENPORT**, Oct. 26, 1793, by Rev. Daniel Smith	2	57
Polly, d. [Dr. [ ] & Elizabeth], b. Mar. 11, 1795	2	69
Polly, d. [Henry & Sarah], b. Nov. 8, 1807	2	54
Polly, m. William **WILMUT**, Aug. 25, 1815, in New York, by Rev. Mitchell B. Bull	2	134
Prudence, d. David & Sarah, b. Aug. 22, 1741	1	53
Prudence Belding, d. Isaac & Prudence, b. Jan. 25, 1786	2	19
Rachel, d. Nathaniel & Rachel, b. Mar. 22, 1765	1	168
Raymond, s. [Henry & Sarah], b. July 9, 1796	2	54
Rebeckah, d. Joseph & Rebeckah, b. July 24, 1747	1	74
Rebecca, d. Silvanus & Rebecca, b. Mar. 16, 1774	1	200
Rebecca, m. David **WEED**, 4th, Jan. 19, 1775, by Rev. Noah Wells	1	193
Rebecca, d. Joseph & Abigail, b. Aug. 17, 1786	2	11
Rebecca, [twin with Elizabeth, d. Dr. [ ] & Elizabeth], b. July 13, 1797	2	69
Rebecca, m. James **FINCH**, Mar. 16, 1797, by Rev. Daniel Smith	2	74
Rebeckah, wid. of Silvanus, d. Mar. 3, 1808	2	71
Rebecca Ann, d. [Jonathan & Martha], b. Apr. 5, 1806	2	37
Rebecca Ann, m. David F. **HOLLY**, b. of Stamford, Apr. 6, 1828, by Rev. A. S. Todd	2	200
Rogger, s. Nathaniel & Rachal, b. Jan. 11, 1755	1	121
Ruth, d. Nathan & Ruth, b. Sept. 6, 1734	1	35
Ruth, d. Nathan & Mary, b. Feb. 22, 1755	1	116
Ruth, m. John **FERRIS**, Feb. 23, 1755, by Abraham Davenport	1	122
Sally, m. Ananias **WEED**, Mar. 8, 1781, by Benjamin Weed	2	85
Sally, d. Isaac & Prudence, b. Dec. 9, 1788	2	19
Sally, m. John **HUSTED** (colored), May 15, 1842, by Rev. Ambrose S. Todd	2	271
Samuel, s. [Joseph & Abigail], b. Sept. 4, 1794	2	11
Sarah, m. Joseph **GREEN**, Jan. 10, 1711/12, by Elisha Holly, J. P.	1	124

	Vol.	Page

BROWN (cont.),

	Vol.	Page
Sarah, had d. Sarah, b. June 17, 1712	1	120
Sarah, m. Josia[h] **BLACKMAN**, Aug. 5, 1714, by Capt. Joseph Bishop, J. P.	1	129
Sarah, d. Jonathan & Mary, b. Mar. 23, 1739/40	1	46
Sarah, d. James & Sarah, b. May 10, 1745	1	82
Sarah, w. David, d. Feb. 2, 1748/9	1	80
Sarah, d. Joseph & Rebecca, b. May 26, 1758	1	203
Sarah, m. Jesse **SMITH**, Jr., Apr. 1, 1778, by Rev. Moses Mather	2	28
Sarah, m. Henry **HOYT**, Jr., Nov. 13, 1803, by Reuben Scofield	2	90
Seeley, s. Nathaniel & Rachel, b. Mar. 13, 1761	1	168
Silvanus, s. Francis & Mary, d. Feb. 5, 1730/1	1	17
Silvanus, s. Nathan & Ruth, b. Mar. 2, 1736/7	1	35
Silvanus, s. Nathan & Ruth, b. Mar. 2, 1735/6	1	53
Silvanus, s. Francis & Mercy, b. Jan. 28, 1738/9	1	38
Silvanus, s. Ester, b. Jan. 25, 1756	1	117
Silvanus, m. Rebeckah **NEWMAN**, Mar. 5, 1759, by Rev. Noah Welles	1	130-1
Silvanus, s. Silvanus & Rebecca, b. Dec. 6, 1770	1	200
Squire, s. Joseph & Rebeckah, b. Aug. 14, 1752	1	97
Stephen, s. Silvanus & Rebeckah, b. Mar. 23, 1760	1	135
Unica, m. Nicholas **KNAP[P]**, 1st mo. 9, [16]59	1	74
Violette, m. Reuben **SMITH**, Jr., Aug. 31, 1796	2	76
William, s. Jonathan & Abigail, b. Feb. 12, 1761	1	140
William, s. Joseph & Abigail, b. Feb. 17, 1791	2	11
William Henry, s. [Jonathan & Martha], b. Apr. 18, 1796	2	37
W[illia]m P., m. Sarah L. **NEWMAN**, b. of Stamford, Apr. 25, 1836, by Rev. Ambrose S. Todd	2	231
William Peter, s. [Peter & Polly], b. Nov. 15, 1815	2	129
-----nah, d. Joseph, b. Sept. 21, 1692	1	144
-----, Dr., m. Elizabeth **LEEDS**, Feb. 11, 1794, by Rev. Ebenezer Dibble	2	69

BRUNDISH*, Ruth, m. Richard **SCOFIELD**, Sept. 14, 1689
*(Arnold copy has **"BRANDISH"**) | 1 | 134 |

BRUSH,

	Vol.	Page
Abigail, d. [Benjamin & Rebecca], b. July 24, 1780	2	52
Ann, d. [Benjamin & Rebecca], b. Jan. 2, 1784	2	52
Annah, m. Nathaniel **BROWN**, Apr. 20, 1725, by Rev. Mr. Prime, of Huntingtown	1	7
Ard, s. [Benjamin & Rebecca], b. Feb. 2, 1782	2	52
Benjamin, m. Rebecca **FINCH**, Feb. 22, 1775, by Rev. W[illia]m Seward	2	52
Hannah, d. Jonathan & Hannah, b. July 8, 1742	1	56
Jacob, s. Jonathan & Hannah, b. Apr. 2, 1744	1	67
Jesse, s. Jonathan & Hannah, b. Oct. 9, 1751	1	118
Marcy, d. Jonathan & Hannah, b. Jan. 15, 1754	1	118
Mary, Mrs., m. Lieut. Jonathan **BELL**, the evening following the last day Feb. 1733/4, by Jonathan Hoit, J. P.	1	25
Mary, m. Epenetus **WEED**, Jr., Oct. 23, 1760, in Huntington, L. I., by Rev. Mr. Prime	1	139

	Vol.	Page

BRUSH (cont.),

Rachel, d. [Benjamin & Rebecca], b. Sept. 26, 1778	2	52
Rebecca, d. [Benjamin & Rebecca], b. Dec. 15, 1786	2	52
Rhoda, d. Jonathan & Hannah, b. May 1, 1756	1	118
Thomas, s. Jonathan & Hannah, b. Sept. 2, 1748	1	118

BRYAN, BRYON, Alexander, [s. Sam[ue]ll & Damares], b. Feb. 4,

1732/3	1	33
Agustin, s. Agustin & Mary, b. Dec. 10, 1732	1	29
Enos, s. Sam[ue]ll & Damares, b. Nov. 30, 1720; d. Jan. 7, 1720/1	1	33
Hannah, d. Augustin & Mary, b. Mar. 8, 1736/7	1	41
Jeheil, s. Sam[ue]ll & Demores, b. June 15, 1728	1	15
Jehiel, [s. Sam[ue]ll & Damares], b. June 15, 1728	1	33
John, s. Augustin & Mary, b. Jan. 2, 1738/9	1	41
Lewis Enos, s. [Sam[ue]ll & Damares], b. May 4, 1735	1	33
Maria, m. Sam[ue]l **LOCKWOOD**, M. D., Aug. 17, 1841, by Rev. Ambrose S. Todd	2	270
Mary, d. Augustine & Mary, b. Aug. 30, 1730	1	16
Reuben, [s. Sam[ue]ll & Damares], b. Nov. 7, 1722	1	33
Reuben, s. Sam[ue]ll & Demores, b. Nov. 7, 1726* *(1722)	1	15
Richard, s. Samuel & Dameres, b. Nov. 27, 1730	1	18
Richard, [s. Sam[ue]ll & Damares], b. Nov. 27, 1730	1	33
Samuel, s. Sam[ue]ll & Damares, b. Apr. 19, 1718	1	33
Sarah, d. Agustin & Mary, b. Jan. 29, 1734/5	1	29

BUCK, Mary, m. Stephen **WHIT[E]**, Apr. 23, 1730, at Huntington, by Rev. Mr. Prime — 1 — 51

BUCKHOUT, Lydia Adelia, of Stamford, m. Ozias N. **MILLER**, of New Haven, Jan. 14, 1849, by Rev. Frederick H. Ayres, of Longridge — 2 — 296

BUCKMAN, Hannah, m. Gershom **BATES**, Apr. 17, 1803, in Charlestown, by Rev. [   ] Morse — 2 — 106

BUCKSTON, [see under **BUXTON**]

BUELL, John, m. Elizabeth **CLEMENTS**, 9th mo. 23, 1694 — 1 — 104

BUNKER, Margaret Ann, m. Charles **STUDWELL**, Feb. 12, 1834, by Elijah Hebard, Elder — 2 — 221

BUNNELL, BOUNNEL, BUNELL, Benjamin, m. Marcy **GREEN**, the

evening after the 1st day of Oct., 1723, by Joseph Bishop	1	0
Elizabeth, d. Benjamin & Mercy, b. July 20, 1731	1	35
Sam[ue]ll, s. Benjamin & Mercy, b. Jan. 19, 1728/9	1	35
Susana, d. Benjamin & Mercy, b. Feb. 15, 1726/7	1	35
Susannah, had d. Mary **DEMILL**, b. Jan. 12, 1756	1	145

BUNTING, Ann, m. Rufus **SCOFIELD**, June 15, 1846, by Rev. J. W. Alvord — 2 — 284

BURGESS, James, of New York, m. Mary P. **SMITH**, of Stamford, Jan. 24, 1837, by Rev. Ambrose S. Todd — 2 — 233

BURGHER, Margaret, m. Fordyce **HITCHCOCK**, July 13, 1847, by Rev. B. B. Hallock — 2 — 288

BURLESTON*, Rachel, d. Moses & Mary, b. Mar. 7, 1727
*("**BUXTON**" in Huntington's Register) — 1 — 12

BURNS, Abigail, b. Dec. 18, 1788; m. Elihu **HOYT**, Jan. 21, 1805, by

	Vol.	Page
BURNS (cont.),		
Rev. Daniel Smith	2	143
BURR, Daniell, m. Abigall **BRUSTER***, Feb. [ ], 166[ ]		
*("**PRIGTER**" in Huntington's Register)	1	113
BURRALL, Charles, of New York, m. Elizabeth **DAVENPORT**, of Stamford, Dec. 27, 1824, by Rev. Daniel Smith	2	175
John, m. Julia **DAVENPORT**, June 23, 1830, by Rev. Daniel Smith	2	210
BURROCH, Lucrece, m. Isaac **QUINTARD**, Oct. 10, 1754, by Rev. Samuel Burd	1	122
BURTON, BURTONS, James N., m. Ann **SMITH**, b. of Stamford, Apr. 11, 1844, by Addison Parker	2	269
Lovisa, m. John **SHERWOOD**, Jan. 19, 1769, by Rev. Eliphalet Ball	2	13
Nehemiah, s. Solomon & Ann, b. Feb. 6, 1781	2	3
Sarah, d. Solomon & Ann, b. Jan. 16, 1779	2	3
Solomon, m. Ann **STEVENS**, July 10, 1778, by Rev. John Eells	2	3
BUSH, Alfred, of Greenwich, m. Letty **NELSON**, of Stamford, Aug. 19, 1827, by Rev. Daniel Smith	2	187
Betsey, d. [Samuell & Hannah (colored)], b. June 15, 1798	2	27
Catey, d. [Samuell & Hannah (colored)], b. Aug. 15, 1795	2	27
Harry, m. Hilpah **FITCH**, Sept. 10, 1820, by Henry Hoit	2	141
Henry, s. Sam[ue]ll & Hannah (colored), b. Apr. 10, 1790	2	27
Mary, d. [Samuell & Hannah (colored)], b. Sept. 28, 1792	2	27
Samuel, m. Hannah **LITTLEFIELD**, (colored), Dec. [ ], 1784, by Rev. John Avery	2	27
Samuel, s. [Samuell & Hannnah (colored)], b. Jan. 15, 1801	2	27
Sam[ue]ll, of Greenwich, had negro Jack, s. Rose, (property of Isaac Quintard, decd.), b. June 20, 1788	2	46
Susanna, d. Sam[ue]ll & Hannah, b. July 28, 1785 (colored)	2	27
BUTCHER, Mary, m. Thomas **BAITS**, of Rye, Feb. 21, 1669	1	113
BUTLER, John, m. Mary **CLEMENTS**, 9th mo. 23, 1694	1	104
BUTT, Roxana, of Stamford, m. John **RICHARDS**, of Greenwich, Dec. 5, 1824, by Rev. Ambrose S. Todd	2	174
BUTTON, Elizabeth, m. Abraham **WEED**, Jr., Feb. 8, 1749/50, by Jonathan Hoit, J. P.	1	98
BUXTON, BUXSTON, Abigail, m. Richard **AYRES**, Dec. 18, 1712, by Samuel Hoit, J. P.	1	104
Abigaill, [twin with Sarah], d. Clement & Judeth, was on Aug. 24, 1713, 24 yrs. old	1	121
Abigail, d. Moses & Mary, b. Feb. 10, 1732/3	1	25
Abigail, m. John **FINCH**, July 11, 1769, in Greenwich, by Rev. Mr. Davenport	1	169
Abigail, d. Peter & Susanna, b. Apr. 24, 1790	2	39
Abigail, m. Ch[arle]s R. **BISHOP**, Apr. 28, 1845, by Rev. J. W. Alvord	2	279
Amy, m. Seth **MILLER**, b. of Stamford, Apr. 24, 1825, by Rev. Henry Fuller	2	178
Betsey, d. Sam[ue]ll & Abigail, b. June 5, 1775	1	200

STAMFORD VITAL RECORDS 41

	Vol.	Page
BUXTON, BUXSTON (cont.),		
Betsey, d. [James & Rachel], b. Aug. 25, 1775	2	68
Betsey, m. Jared **LOUNSBERY**, Dec. 31, 1801, by Reuben Scofield, J. P.	2	105
Charl[e]s, s. Clement & Elizabeth, b. Aug. 29, 1714	1	24
Charles, m. Mary* **LOUNSBERY**, May 6, 1742, by Sam[ue]ll Hoit, J. P. *(Marcy)	1	63
Charles, s. Charles & Marcy, b. Mar. 12, 1742/3	1	63
Clement, d. 6 mo. 2, 1657	1	19
Clement, Jr., b. Aug. 16, 1683	1	130
Clement, Jr., m. Elizabeth **FERRE***, Apr. 4, 1711, in Danbury, by Mr. Bebee, J. P. *(**FERRIS**)	1	130
Clement, s. Clement & Elizabeth, b. Apr. 11, 1721	1	24
Clement, Sr., d. Jan. 13, 1724/5	1	3
David Henry, s. [Seth & Mary Munday], b. Nov. 22, 1809	2	139
Deborah, d. Sam[ue]ll & Hanna, b. May 30, 1729	1	18
Debora, m. Gideon **LOUNSBERY**, Jan. 14, 1747/8, by Rev. Noah Welles	1	84
Eliza, m. John **LEEDS**, Nov. 21, 1826, by Rev. Daniel Smith	2	185
Elizabeth, m. Robert **HUSTIS**, Jan. 9, 16[55]	1	55
Elizabeth, d. Clement & Elizabeth, b. Mar. 25, 1718	1	24
Elizabeth, m. Joseph **BROWN**, Apr. 21, 1720, by Rev. Mr. Davenport	1	96
Elizabeth, d. Sam[ue]ll & Hannah, b. Apr. 27, 1740	1	42
Elizabeth, m. Silvanus **HOIT**, Aug. 20, 1761, by Rev. Mr. Wells	1	144
Elizabeth, d. Clement & Judeth, was on June 7, [ ], 17 years old	1	121
Esther, d. James & Rachel, b. Sept. 30, 1770	1	178-9
[E]unice, d. Clement & Judeth, was on Nov. 3, 1713, 35 years old	1	121
Eunice, d. Moses & Mary, b. May 20, 1724	1	3
Ezra, s. [James & Rachell], b. Feb. 20, 1780	2	68
Ferroy, s. Clement & Elizabeth, b. Nov. 9, 1720	1	24
George, m. Louisa **SCOFIELD**, b. of Stamford, Oct. 14, 1832, by Rev. Daniel Smith	2	236
Hannah, d. Sam[ue]ll & Hannah, b. Nov. 1, 1737	1	36
Hannah, m. Samuel **CRESSEY**, Apr. 5, 1759, by Rev. Noah Welles	1	136
Hannah, d. Samuel & Abigail, b. Oct. 26, 1768	1	180
Hannah, m. Samuel **DEAN**, Dec. 9, 1790, by Rev. John Shephard	2	53
Harriet, d. [Samuel, Jr. & Patty], b. Aug. 6, 1803	2	47
Harvey, s. [Samuel, Jr. & Patty], b. June 24, 1795	2	47
Hezekia[h], s. Clement & Elizabeth, b. Apr. 20, 1713	1	24
Isaac, s. Samuel & Abigail, b. June 10, 1766	1	180
Isaac, s. Peter & Susanna, b. Aug. 16, 1788	2	39
James, m. Rachel **NEWMAN**, Nov. 8, 1767, in Greenwich, by Rev. Mr. Strong	1	178-9
James, s. James & Rachal, b. Aug. 31, 1768	1	178-9
Jemima, d. Clement & Elizabeth, b. May 10, 1716	1	24
John, s. Moses, b. Dec. 26, 1714	1	121

	Vol.	Page
BUXTON, BUXSTON (cont.),		
John, s. Sam[ue]ll & Hannah, b. Oct. 1, 1742	1	56
John, s. Sam[ue]ll & Abigail, b. Sept. 20, 1761	1	141
John, s. [James & Rachell], b. July 19, 1785	2	68
John H., m. Clarissa A. **BISHOP**, Dec. [ ], 1842, by Rev. J. W. Alvord, Jr.	2	266
John Newman, s. [Seth & Mary Munday], b. Jan. 9, 1806	2	139
Jonas S., m. Rebeckah **WEED**, b. of Stamford, June 13, 1820, by Rev. Daniel Smith	2	141
Jonas Seeley, s. Peter & Susanna, b. Mar. 27, 1792	2	39
Jonathan, s. Sam[ue]ll & Abigail, b. May 8, 1757	1	124
Jonathan, s. Samuell & Abigail, b. Jan. 16, 1781	2	8
Joseph A., m. Sally M. **WILMOT**, b. of Stamford, July 29, 1832, by Rev. Daniel Smith	2	235
Judah, w. Clement, Sr., d. Feb. 15, 1722/3	1	152
Keziah, d. Clement & Elizabeth, b. Apr. 20, 1713	1	121
Lydia, d. Charles & Marcy, b. Aug. 6, 1746	1	75
Lydia, d. Charles & Mary, b. Feb. 12, 1747/8	1	76
Lydia, d. Charles & Mary, d. Mar. 25, 1748	1	76
Marcy, d. Moses & Mary, b. Jan. 2, 1721	1	1
Marcy, d. Charles & Marcy, b. Oct. 21, 1744	1	63
Martha, d. Moses & Mary, b. Aug. 22, 1719	1	1
Martha, m. Jonas **SCOFIELD**, Apr. 2, 1744, by Sam[ue]ll Hoit	1	100
Mary, d. Moses & Mary, b. Mar. 6, 1716/17	1	146
Mary, d. Samuel & Abigail, b. Sept. 9, 1770	1	180
Mary, d. [James & Rachell], b. June 12, 1783	2	68
Mercy, b. Nov. 5, 1692	1	130
Mercy, m. Joseph **FERRIS**, Jan. 30, 1717/18, by Capt. Joseph Bishop, J. P.	1	106
Mercy, m. Joseph **FERRIS**, Jan. 30, 1717/18, by Capt. Joseph Bishop, J. P.	1	112
Moses, b. Aug. 21, 1686	1	130
Moses, m. Mary **MILLER**, Dec. 11, 1712, by Samuel Hoit, J. P.	1	130
Munson, s. Samuel & Abigail, b. Feb. 2, 1773	1	189
Munson, s. [James & Rachell], b. June 26, 1787	2	68
Newman, s. James & Rachel, b. Oct. 24, 1773	2	68
Patty, w. [Samuel, Jr.], d. Nov. 3, 1807	2	47
Peter, s. Samuel, Jr. & Abigail, b. Aug. 11, 1759	1	141
Peter, m. Susanna **SEELEY**, Nov. 18, 1784, by Reuben Scofield	2	39
Peter Knap[p], s. [Peter & Susanna], b. Oct. 11, 1794	2	39
Rachel*, d. Moses & Mary, b. Mar. 7, 1727 *(Arnold copy has "Rachel **BURLESTON**")	1	12
Reachall, m. James **WEED**, June 8, 1749, by Jonathan Maltbie, J. P.	1	86
Rachel, see Rachel **WEED**	1	169
Rachal E., m. Noah **WEBB**, Feb. 6, 1832, by Rev. A. S. Todd	2	215
Rachel Elizabeth, d. [Seth & Mary Munday], b. Apr. 30, 1812	2	139
R[e]uben, s. Clement & Elizabeth, b. Aug. 2, 1723	1	24
Sally, m. Albert **CLOCK**, Oct. 20, 1805, by Reuben Scofield, J. P.	2	111

	Vol.	Page

BUXTON, BUXSTON (cont.),
   Sally Maria, d. [Seth & Mary Munday], b. Jan. 22, 1808   2   139
   Samuel, s. Clement & Judeth, was on July 15, 1713, 14 yrs. old   1   121
   Samuel, m. Susannah **BELL**, Feb. 23, 1726/7, by Joseph Bishop   1   8
   Sam[ue]ll, s. Sam[ue]ll & Hannah, b. Nov. 27, 1731   1   19
   Samuel, Jr., m. Abigail **KNAP[P]**, June 19, 1755, by Abraham Davenport   1   124
   Samuel, s. Samuel & Abigail, b. Jan. 17, 1763   1   180
   Samuel, Jr., m. Patty **DAVENPORT**, Apr. 1, 1793, by Rev. John Shephard   2   47
   Samuel, Jr., m. 2nd w. Abigail **WEBB**, Mar. 20, 1808, by Rev. Frederic Smith   2   47
   Samuel Joseph, s. [Samuel, Jr. & Abigail], b. Mar. 23, 1809   2   47
   Sarah, m. [   ]h **STEVENS**, June 24, 1680   1   96
   Sarah, [twin with Abigaill], d. Clement & Judeth, was on Aug. 24, 1713, 24 yrs. old   1   121
   Sarah, m. Jonathan **HOLLY**, s. Jonathan, decd., Apr. 25, 1717, by Capt. Joseph Bishop, J. P.   1   145
   Sarah, d. Moses & Mary, b. Jan. 19, 1737/8   1   35
   Sarah, m. Amos **PENOYER**, Apr. 14, 1766, by Col. Jonathan Hoit, J. P.   1   155
   Sarah, d. [James & Rachell], b. Feb. 2, 1781   2   68
   Seth, s. [James & Rachell], b. Jan. 15, 1778   2   68
   Seth, m. Mary Munday **WATERBURY**, Mar. 24, 1805, by Ebenezer Davenport, J. P.   2   139
   Stephen, s. [Peter & Susanna], b. Mar. 19, 1797   2   39
   Unica, m. Peter **BROWN**, 5th mo. 22, [16]58   1   74
   Unica, m. Samuel **SCOFIELD**, Feb. 10, 1703/4   1   134
   William, s. [Samuel, Jr. & Patty], b. Sept. 3, 1801   2   47
   William, m. Anna M. **WILMOTT**, Dec. 13, 1827, by Rev. Daniel Smith   2   196
   -----, d. Aug. 2, 1657   1   20
BYERS, Catharine, d. wid. Margaret, b. June 16, 1795, in New York   2   109
   Margaret, wid., m. Silas **GARNSEY**, Feb. 27, 1800, in New York, by Rev. George Strebeck   2   109
CAMP, Susanna K., m. James **KELLOGG**, Jr., [   ], 1822, by Rev. Jonathan Judd   2   160
CAMPBELL, Geo[rge] T., of New York, m. Martha E. **ROSBOROUGH**, of Stamford, Jan. 1, 1850, by Rev. I. Jennings   2   302
CANADA, CONADA, James, s. Christopher & Sarah, b. Oct. 11, 1766   1   195
   Sarah, m. John **BELL**, Dec. 18, 1768, by Rev. Moses Mather   1   195
   Thomas, m. Mahola **CHURCH**, Nov. 23, 1837, by Rev. Daniel Smith   2   248
CANFIELD, David W., of New York, m. Caroline **SHAW**, of Stamford, Oct. 13, 1834, by Rev. Ambrose S. Todd   2   229
CANNEDY, [see under **KENNEDY**]
CAREY, [see under **COREY**]
CARTER, John, m. Emily **SCOFIELD**, b. of Stamford, Jan. 15, [probably 1844], by George Brown   2   268

	Vol.	Page
CATCHAM, [see under **KETCHAM**]		
CEELEY, [see under **SEELY**]		
CHADEAYNE, James, s. [Robert & Mary], b. Aug. 24, 1800	2	105
Mary Elizabeth, d. [Robert & Mary], b. Dec. 30, 1807	2	105
Phebe, d. [Robert & Mary], b. Aug. 7, 1805	2	105
Robert, m. Mary **NICHOLS**, Mar. 16, 1800, by Rev. Daniel Smith	2	105
Samuel, s. [Robert & Mary], b. Nov. 9, 1802	2	105
CHAPMAN, Jacob Loder, s. [William E. & Margaret], b. Feb. 1, 1788	2	45
John, s. W[illia]m E. & Margaret, b. May 5, 1785	2	13
Margaret, m. Wiliam **TARBELL**, July 7, 1799, by W[illia]m Fansher, J. P.	2	94
Martha, m. Frances **BROWN**, 10th mo. 17, [16]57	1	74
Martha, d. W[illia]m E. & Margaret, b. Mar. 1, 1783	2	13
Polly, d. W[illia]m E. & Margaret, b. May 25, 1786	2	45
Sally, d. [William E. & Margaret], b. Aug. 11, 1791	2	45
William Elles, m. Margaret **LODER**, Jan. 1, 1782, by Rev. Ebenezer Dibble	2	13
CHASON, Mary*, m. David **LINES**, Jan. 14, 1747/8, by Rev. Joseph Lanson *(Mary **CHESON**?)	1	80
CHESSIER, [see also **CHESTER**], Marcy, m. Joshua* **NORTON**, Mar. 29, 1727/8, by Sam[ue]ll Peck, J. P. *(Huntington's Register gives "Hugh")	1	12
CHESTER, CHESTHER, CHESSER, [see also **CHESSIER**], Richard, m. Mercy **JUNE**, Mar. 5, 1718/19, by Capt. Joseph Bishop, J. P.	1	106
Richard, his w. [ ], d. Dec. 31, 1718	1	138
Richard, d. Jan. 11, 1726/7	1	7
CHICHESTER, CHITETSTER, CHIDIESTER, CHICESTER, Abigail, d. Daniel & Abigail, b. Apr. 28, 1727	1	50
Abraham, s. Daniel & Abigail, b. Aug. 5, 1725	1	50
Abraham, m. Jerusha **STEVENS**, Nov. 5, 1752, by Rev. John Eyels	1	120
Abraham, s. Abraham & Jerusha, b. Sept. 8, 1755	1	120
Alanson, s. [David & Mary], b. July 8, 1791	2	51
Billy, s. [David & Mary], b. Jan. 13, 1797	2	51
Cynthia, d. [Stephen & Betsey], b. Feb. 19, 1801	2	58
Daniel, m. Abigail **BISHOP**, May 4, 1722, by Joseph Bishop	1	50
Daniel, s. Daniel & Abigail, b. Apr. 6, 1738	1	50
Daniel, m. [ ]	1	8
David, s. [Abraham], b. Aug. 26, 1757	1	173-4
David, m. Mary **NICKOLS**, Feb. 17, 1784, by Rev. Justus Mitchell	2	51
David, s. [David & Mary], b. July 22, 1789	2	51
Enoch, s. [David & Mary], b. July 11, 1793	2	51
Harriet, d. [Stephen & Betsey], b. Dec. 11, 1799	2	58
Isaac, s. [David & Mary], b. Nov. 21, 1786	2	51
James Hervey, s. [Stephen & Betsey], b. May 8, 1797	2	58
Jerusha, [d. Abraham], b. Feb. 4, 1762	1	173-4
Lewis, s. [Nathan & Theodosia], b. Mar. 21, 1795	2	58

	Vol.	Page
CHICHESTER, CHITETSTER, CHIDIESTER, CHICESTER (cont.),		
Martha, d. Abraham & Jerusha, b. Sept. 10, 1753	1	120
Martha, of Stamford, m. John **JOHNSON**, of Greenwich, Jan. 1, 1762, by Jonathan Hoit, J. P.	1	172
Nancy, d. [Nathan & Theodosia], b. Feb. 21, 1789	2	58
Nathan, s. [Abraham], b. Nov. 28, 1759	1	173-4
Nathan, m. Theodosia **WEBB**, Jan. 4, 1786, by Rev. William Seward	2	58
Polly, d. [David & Mary], b. Apr. 17, 1785; d. Sept. 29, 1794	2	51
Polly, d. [Nathan & Theodosia], b. Mar. 22, 1797	2	58
Polly, d. [David & Mary], b. Oct. 8, 1798	2	51
Sally, d. [Nathan & Theodosia], b. May 16, 1792	2	58
Stephen, s. [Abraham], b. Aug. 26, 1770	1	173-4
Stephen, m. Betsey **WEED**, June 8, 1796, by Rev. Amzi Lewis	2	58
Susannah, d. Dan[ie]ll & Abigail, b. Dec. 4, 1733	1	50
CHILD, Edmund Bramhall, s. Caleb & Sarah, b. Dec. 23, 1800	2	86
CHIGSTON*, John, m. Elizabeth **PECK**, Feb. 27, 1734/5, by Jonathan Hoit, J. P. *("**CLUXTON**" in Huntington's Register)	1	28
CHURCH, Abel, m. Candice **ARCHIBALD**, Mar. 13, 1836, by Rev. Ambrose S. Todd	2	230
Mahola, m. Thomas **CONADA**, Nov. 23, 1837, by Rev. Daniel Smith	2	248
CHURCHILL, Abigail, d. Nehemiah & Martha, b. Feb. 17, 1717/18	1	105
Nehemiah, m. Martha **GREEN**, May 3, 1716, by Capt. Joseph Bishop, J. P.	1	106
CLAPP, Benjamin A., of Tarrytown, N.Y., m. Hannah Elizabeth **GAYLER**, of Stamford, May 10, 1847, by Rev. Ambrose S. Todd	2	288
John, m. Mrs. Ruth **FERIS**, Jan. 19, 1707/8, by Rev. John Davenport	1	128
CLARK, CLARKE, [see also **CLOCK**], Abygal, d. Willia[m], b. Nov. 10, 1701	1	109
Abigail of Bedford, m. Clemens **YOUNG**, of Stanford, Nov. 24, 1748, in Bedford, by Sam[ue]ll Sackitt	1	78
Andrew, m. Rebeckah **JONES**, Oct. 9, 1783, by Rev. John Avery	2	10
Comfort, m. Albert **CLOCK**, Aug. 29, 1750, by Rev. Moses Mather	1	104
David H., m. Emily F. **HOLLY**, Dec. 27, 1852, by Rev. Ambrose S. Todd	2	308
Elizabeth, d. Matthew & Zerviah, b. Sept. 12, 1768	1	195
Elizabeth, d. Matthew & Zerviah, d. Nov. 25, 1769	1	195
Elizabeth, d. Matthew & Zerviah, b. Sept. 5, 1772	1	195
Elizabeth, m. Lemuel **MEAD**, Feb. 3, 1793, by Rev. Robert Morris	2	59
Han[n]ah, of Stratford, m. Ephraim **STEVENS**, of Stamford, Aug. 22, 1711, by Rev. Timothy Cuttler, of Stratford	1	143
Hannah E., m. William H. **SCOFIELD**, Dec. 19, 1847, by Rev. Aaron Rogers	2	291
Mary, d. Matthew & Zerviah, b. Aug. 2, 1774	1	195

	Vol.	Page
CLARK, CLARKE, [see also **CLOCK**] (cont.),		
Mary, d. Matthew & Zerviah, d. Sept. 22, 1776	1	195
Matthew, m. Zerviah **YOUNGS**, Jan. 7, 1768, by Rev. Moses Mather	1	195
Philip M., of Bedford, N.Y., m. Susan **LOUNSBURY**, of Stamford, Oct. 4, 1852, by Rev. Shaler J. Hillyer	2	308
Rebeckah, d. Andrew & Rebeckah, b. May 22, 1785	2	10
Rebeckah, m. Anthony **SMITH**, June 25, 1807, in Washington, by Rev. Ebenezer Porter	2	100
Sarah J., m. William **SCOFIELD**, May 23, 1837, by Rev. Daniel Smith	2	247
Sarah L., m. Nathan H. **BATES**, b. of Darien, May 16, 1848, by Rev. Ambrose S. Todd	2	292
William, s. Matthew & Zerviah, b. July 30, 1770	1	195
William, s. Matthew & Zerviah, d. Aug 10, 1774	1	195
CLARKSON, [see under **CLUXTON**]		
CLASON, CLASSON, CLASSEN, CLAYSON, CLAUSON, CLOISON, Abigail, d. Stephen & Abigail, b. Apr. 19, 1710	1	131
Abigail, m. Abraham **AMBLER**, Apr. 4, 1717, by Capt. Joseph Bishop, J. P.	1	112
Abigail, m. Abraham **AMBLER**, Apr. 4, 1717, by Capt. Joseph Bishop, J. P.	1	145
Abigail, of Bedford, m. Daniel **HOLLY**, of Stamford, Sept. 12, 1717, by Capt. Joseph Bishop, J. P.	1	96
Abigail, d. Stephen & Martha, b. July 8, 1768	1	201
Abigail, m. Lewis **PENNOYER**, b. of Stamford, Dec. 31, 1822, by Rev. Henry Fuller	2	161
Abigail, m. William **STEVENS**, b. of Stamford, Nov. 14, 1824, by Rev. Henry Fuller	2	173
Ard, s. Stephen & Martha, b. June 21, 1772	1	201
Benjamin, s. Stephen & Martha, b. Apr. 9, 1775	1	201
Betsey, d. [Samuel & Hannah], b. Mar. 13, 1774	2	73
Calvin, s. [Solomon & Ruth], b. Sept. 24, 1797	2	81
Calvin, m. Eliza **WHEATON**, b. of Stamford, June 18, 1828, by Rev. Farnum Knowlton	2	192
Catharine, d. [Samuel & Mary], b. May 9, 1804	2	92
David, Sr., d. Mar. 29, 1721	1	138
David, s. Stephen & Ruth, b. Nov. 9, 1738	1	59
Deborah, d. David, b. Nov. 2, 1695	1	109
Editha J., m. Sandford **SMITH**, b. of Stamford, Dec. 13, 1830, by Rev. Daniel Smith	2	233
Elizabeth, m. Francis **DANN**, Nov. 19, 1685	1	113
Elizabeth, wid., d. May 10, 1714	1	143
Ezra, s. Jonathan & Mary, b. Feb. 15, 1754	1	107
Hannah, w. Sam[ue]ll, d. Mar. 8, 1720/1	1	138
Hannah, d. Jonathan & Elizabeth, b. May 28, 1722	1	150
Hannah, m. Ebenezer **HOIT**, Jr., Jan. 24, 1739/40, by Rev. Mr. Wright	1	41
Hannah, d. Jonathan, Jr. & Mary, b. Dec. 1, 1749	1	83

CLASON, CLASSON, CLASSEN, CLAYSON, CLAUSON, CLOISON (cont.),

	Vol.	Page
Hannah, d. Jonathan & Elizabeth, b. July 5, 1750	1	88
Hannah, m. Nathan **SCOFIELD**, Apr. 29, 1759, by Rev. Noah Welles	1	134
Hannah, m. Nathan **SCOFIELD**, Apr. 29, 1759, by Rev. Mr. Wells	1	164
Hannah, d. [Samuel & Hannah], b. July 11, 1768	2	73
Hannah, m. Ezra **LOCKWOOD**, May 4, 1769, by Rev. Ebenezer Davenport	1	196
Hannah, m. Jonathan **SCOFIELD**, Jr., May 27, 1777, by Messenger Palmer, J. P.	2	7
Henry, s. [Samuel & Mary], b. July 11, 1798	2	92
Hephzibah, d. David, b. Nov. 4, 1698	1	109
Hepzibah, m. Richard **BELL***, Feb. 25, 1719/20, by Capt. Joseph Bishop, J. P. *(Richard **BATES** in Huntington's Register)	1	96
Hester, m. Daniel **WHITNE**, Nov. 7, 1745, by Rev. Ephraim Bostwick, of Greenwich	1	67
Isaac, s. Stephen & Martha, b. Apr. 18, 1763	1	201
Jacob, s. Jonathan & Mary, b. July 6, 1758	1	128
James, s. Stephen & Ruth, b. Jan. 18, 1742/3	1	59
James, s. [Samuel & Hannah], b. Mar. 27, 1777	2	73
Jane, m. Nathaniel **LOUNSBERY**, Jr., May 21, 1776, by Rev. John Geno(?)	2	25
Jemima, m. Jagger **HOIT**, Jan. 21, 1740/1, by Jonathan Maltbie, J. P.	1	47
Jonathan, s. Stephen [& Elizabeth], b. 12th mo. 11, 1655	1	18
Jonathan, m. Sarah **ROBERTS**, 10th mo. 16, 1680	1	18
Jonathan, d. 4th mo. 10, 1685	1	18
Jonathan, of Stamford, m. Elizabeth **JONES*** of Long Island, May 14, 1719, by Capt. Joseph Bishop, J. P. *("James" in Huntington's Register)	1	112
Jonathan, s. Jonathan & Elizabeth, b. May 6, 1728	1	12
Jonathan, Jr., m. Mary **WEBB**, Oct. 10, 1746, by Jonathan Hoit	1	84
Jonath[an], s. Jonathan & Mary, b. June 17, 1747	1	75
Jonathan, Jr., m. Elizabeth **CURTICE**, Jan. 5, 1749, in Greenwich, by Nathan[ie]ll Peck	1	88
Josiah, s. Jonathan & Mary, b. Jan. 2, 1763	1	154
Justus, m. Azubah **SATERLEY**, Feb. 7, 1752, by Jonathan Maltbie	1	94
Lettee, d. [Samuel & Mary], b. June 7, 1802	2	92
Lewis, s. [Solomon & Ruth], b. Mar. 15, 1800	2	81
Luther, s. [Solomon & Ruth], b. Jan. 11, 1795	2	81
Lydia, d. [Samuel & Hannah], b. July 14, 1779	2	73
Martha, d. [Solomon & Ruth], b. May 5, 1791	2	81
Mary, d. David, b. Aug. 17, 1689	1	109
Mary, m. Petter **JUNE**, Jr., Nov. 4, 1705	1	125
Mary, w. David, d. May 6, 1710	1	137
Mary, d. Jonathan & Elizabeth, b. 1st day of year, 1720/1	1	150

CLASON, CLASSON, CLASSEN, CLAYSON, CLAUSON, CLOISON (cont.),

	Vol.	Page
Mary, d. Jonathan & Elizabeth, d. Mar. 15, 1724/5	1	4
Mary, m. Amos **WEED**, Apr. 14, 1747, by Jonathan Maltbie	1	86
Mary, d. Jonathan & Mary, b. Jan. 27, 1752	1	96
Mary, d. Nov. 8, 1759	1	134
Mary, d. [Samuel & Mary], b. Oct. 7, 1792	2	92
Mercy, m. John **WEBSTER**, the evening following the 18th day of Dec., 1728, by Joseph Bishop, J. P.	1	11
Nathaniel, s. [Samuel & Hannah], b. Dec. 11, 1766	2	73
Noah, s. Jonathan & Mary, b. May 19, 1756	1	118
Phebe J., of Stamford, m. Albert C. **WILSON**, of Bedford, N.Y., Oct. 8, 1838, by Rev. Edw[ar]d Oldrin	2	252
Philip, s. Jonathan & Mary, b. May 27, 1765	1	154
Rebeca, d. Stephen, b. Mar. 1, [16]59/60	1	98
Rebecca, d. [Samuel & Mary], b. May 26, 1800	2	92
Ruth, d. [Solomon & Ruth], b. Apr. 14, 1792	2	81
Sally K., of Stamford, m. Joseph **BENTON***, of Poundridge, Dec. 26, 1824, by Rev. Henry Fuller *(**BOUTON**?)	2	175
Samuel, m. Han[n]a[h] **DUNHAM**, Dec. 7, 1693	1	96
Samuel, d. May 6, 1723	1	152
Sam[ue]ll, s. Stephen & Ruth, b. Dec. 21, 1740	1	59
Samuel, m. Hannah **BRIGGS**, Sept. 22, 1763, by Rev. Benjamin Strong	2	73
Samuel, s. [Samuel & Hannah], b. Jan. 5, 1772	2	73
Samuel, b. Jan. 5, 1772; m. Mary **WEBB**, Feb. 9, 1792, by Rev. John Shephard	2	92
Sarah, w. Jonathan, d. 6th mo. 30, 1684	1	18
Sarah, m. James **STUARD**, Mar. 29, 1727/8, by Sam[ue]ll Peck, J. P.	1	12
Sarah, d. [Samuel & Hannah], b. Oct. 28, 1782	2	73
Seth, s. Stephen & Martha, b. Dec. 18, 1764	1	201
Seth, s. [Solomon & Ruth], b. Dec. 12, 1798	2	81
Seymour, s. [Samuel & Hannah], b. Jan. 9, 1786	2	73
Smith, s. [Solomon & Ruth], b. Apr. 28, 1790	2	81
Solomon, s. Stephen & Martha, b. Sept. 15, 1766	1	201
Solomon, m. wid. Ruth **SMITH**, Oct. 18, 1789, by Reuben Scofield	2	81
Solomon, s. [Solomon & Ruth], b. Apr. 8, 1793	2	81
Stephen, m. Elizabeth **PEREMENT**, 11th mo. 11, 1654	1	18
Stephen, s. Stephen [& Elizabeth], b. 12th mo. 17, 1657	1	18
Stephen, had s. [ ], b. May 18, 1662	1	98
Stephen, s. Jonathan [& Sarah], b. 10th mo. 2, 1681	1	18
Stephen, m. Abigail **GREEN**, Apr. 27, 1709, by Justice Hoit	1	131
Stephen, s. Stephen & Abigail, b. Mar. 25, 1714	1	133
Stephen, m. Ruth **JUNE**, July 29, 1736	1	31
Stephen, s. Stephen & Ruth, b. Dec. 1, 1736	1	35
Stephen, m. Martha **WHELPLEY**, Dec. 9, 1762, by Rev. Mr. Todd	1	201

	Vol.	Page
CLASON, CLASSON, CLASSEN, CLAYSON, CLAUSON, CLOISON (cont.),		
Stephen, s. Stephen & Martha, b. Mar. 24, 1770	1	201
Stephen, s. [Stephen & Martha], d. Mar. 29, 1777	1	201
Stephen, 7th s. Stephen & Martha, b. Sept. 15, 1778	1	201
Susanah, d. Stephen & Abigail, b. Dec. 2, 1716	1	133
Susannah, m. John **LONGWELL**, Dec. 18, 1735, by Sam[ue]ll Hoit, J. P.	1	30
Thirza, d. [Samuel & Mary], b. Mar. 5, 1795	2	92
Waitstill, m. Jabes **HOLLY**, Nov. 9, 1727, by Jonathan Hoit, J. P.	1	37
-----, m. Mary **HOM[E]S**, Jan. 12, 1692	1	96
CLASSON, [see under **CLASON**]		
CLAUSON, [see under **CLASON**]		
CLEMENCE, [see under **CLEMENTS**]		
CLEMENTS, CLEMENCE, Elizabeth, m. John **BUELL**, 9th mo. 23, 1694	1	104
Charity, m. Daniell **LOCKWOOD**, Nov. 5, 1702	1	127
Elizabeth, wid., d. Mar. 17, 1727/8	1	10
Han[n]a[h], m. Caleb **KNAP[P]**, 9th mo. 23, 1694	1	104
Hester, m. Benjamin **GREEN**, Mar. 26, 1696	1	124
Mary, m. John **BUTLER**, 9th mo. 23, 1694	1	104
Sarah, m. Zacharieh **DIB[B]LE**, Aug. 13, 1698	1	104
CLOCK, [see also **CLARK**], Abraham, s. John & Deborah, b. Dec. 1, 1734	1	28
Abraham, m. Elizabeth **WARING**, June 25, 1787, by Rev. Moses Mather	2	61
Abram, s. [John & Sarah], b. Apr. 13, 1793	2	60
Albert, s. John & Deborah, b. May 19, 1729	1	13
Albert, m. Comfort **CLARK**, Aug. 29, 1750, by Rev. Moses Mather	1	104
Albert, s. Nathaniel & Sarah, b. Dec. 20, 1773	1	199
Albert, m. Sally **BUXTON**, Oct. 20, 1805, by Reuben Scofield, J. P.	2	111
Alfred, s. [Henry & Hannah], b. Dec. 13, 1802	2	120
Anne, m. Nathaniel **SLASON**, Jr., Dec. 18, 1795, by Rev. Moses Mather	2	61
Betsey, d. [Abraham & Elizabeth], b. May 23, 1791	2	61
Cate, d. Nathaniel & Sarah, b. Aug. 8, 1778	1	199
Cathreen, d. John & Deborah, b. Jan. 11, 1705/6	1	6
Catharine, d. [Henry & Hannah], b. July 15, 1796	2	120
Celina, d. [James & Mary], b. Feb. 11, 1806	2	108
Celina, d. [James & Mary], b. Dec. 18, 1808	2	108
Derius*, s. [Henry & Hannah], b. Jan. 7, 1808 *(Darius)	2	120
David, s. [John & Sarah], b. Oct. 24, 1801	2	60
Debby, d. [John & Sarah], b. Mar. 10, 1799	2	60
Debby Ann, d. [James & Mary], b. Oct. 9, 1807	2	108
Deborah, d. John & Deborah, b. Aug. 20, 1727	1	10
Deborah, m. Nathan **WEED**, Jr., Mar. 9, 1755, by Abraham Davenport	1	119

	Vol.	Page
CLOCK, [see also **CLARK**] (cont.),		
Deborah, d. [Nathaniell & Sarah], b. Apr. 30, 1791	2	13
Eliza, d. [Henry & Hannah], b. May 1, 1806	2	120
Elizabeth, d. Nathan[ie]ll & Sarah, b. May 25, 1783	2	13
Hannah, d. John & Hannah, b. June 30, 1760	1	138
Hannah, d. [John & Sarah], b. June 2, 1797	2	60
Hannah, m. Enos **WILMUT**, Feb. 15, 1798, by Rev. Moses Mather	2	79
Henry, s. Nathan[ie]ll & Sarah, b. Sept. 13, 1785; d. Sept. 15, 1787	2	13
Henry, s. [Nathaniell & Sarah], b. Apr. 29, 1794	2	13
Henry, m. Hannah **WARING**, May 17, 1795, by Rev. Moses Mather	2	120
Hette, d. [Martin & Tammy], b. Aug. 29, 1792	2	75
Hiram, s. [Martin & Tammy], b. Oct. 16, 1794	2	75
Jacob, s. John & Deborah, b. Sept. 14, 1738	1	38
Jacob Weed, s. [Jonas & Sarah], b. Aug. 9, 1793	2	11
James, s. Nathaniel & Sarah, b. Nov. 13, 1780	2	13
James, s. [Henry & Hannah], b. Mar. 2, 1800	2	120
James, m. Mary **BATES**, Mar. 31, 1805, in New York, by Rev. John Williams	2	108
John, m. Deborah **SCOFIELD**, Mar. 21, 1725, by Samuell Peck, J. P.	1	4
John, s. John & Deborah, b. Aug. 8, 1731	1	19
John, d. May 15, 1746	1	103
John, s. Albert & Comfort, b. Nov. 22, 1753	1	104
John, m. Hannah **KNAP[P]**, Dec. 24, 1755, by Jonathan Maltbie	1	117
John, m. Sarah **FANSHER**, Jan. 17, 1789, by Rev. Moses Mather	2	60
Jonas, s. John & Hannah, b. Sept. 9, 1756	1	119
Jonas, m. wid. Sarah **WEED**, Sept. 16, 1784, by Rev. John Avery	2	11
Jonathan, s. John & Deborah, b. Oct. 10, 1745	1	103
Levina, d. [Albert & Sally], b. Oct. 10, 1808	2	111
Lewis, s. [Abraham & Elizabeth], b. July 7, 1787	2	61
Lewis E., s. [Henry & Hannah], b. Jan. 6, 1804	2	120
Martha, d. [John & Sarah], b. Feb. 3, 1790	2	60
Martin, s. John & Deborah, b. May 18, 1733	1	25
Martin, m. Thankfull **BATES**, Nov. 16, 1757, by Rev. Moses Mather	1	125
Martin, m. Tammy **SHERWOOD**, Dec. 14, 1789, by Rev. Bennit Benedict	2	75
Mary, d. [Nathaniell & Sarah], b. Aug. 8, 1788	2	13
Morris Bates, s. [James & Mary], b. Aug. 15, 1809	2	108
Munson, s. [Albert & Sally], b. Feb. 9, 1807	2	111
Nancy, d. Jonas & Sarah, b. Nov. 2, 1785	2	11
Nathaniel, s. Albert & Comfort, b. Apr. 13, 1751	1	104
Nathaniel, m. Sarah **HOW**, Apr. 28, 1773, by Rev. Moses Mather	1	199
Peter, d. John & Deborah, b. Mar. 9, 1740/1	1	52
Phebe, d. Albert & Comfort, b. Mar. 21, 1756	1	117
Phebe, m. Joseph **SELLECK**, Dec. 31, 1786, by Rev. John Avery	2	31

	Vol.	Page
CLOCK, [see also **CLARK**] (cont.),		
Phebe, d. [Abraham & Elizabeth], b. Sept. 1, 1789	2	61
Polly, m. Selleck **SEELEY**, Sept. 10, 1808, by Rev. William Fisher	2	111
Rebecca, d. [Martin & Tammy], b. Dec. 28, 1798	2	75
Sally, d. [Jonas & Sarah], b. Oct. 2, 1789	2	11
Sally, m. Hezekiah **WEED**, Jr., Feb. 18, 1810, by Rev. Frederick Smith	2	125
Samuel, s. [Martin & Tammy], b. Feb. 12, 1796	2	75
Samuel, m. Polly **REED**, Mar. 1, 1818, by Rev. Greenleaf Webb	2	136
Sarah, d. John & Deborah, b. Nov. 9, 1736	1	38
Sarah, m. John **WEED**, July 27, 1758, by Rev. Mr. Wells	1	184
Sarah, d. Nathaniel & Sarah, b. Oct. 17, 1776	1	199
Will[ia]m H., s. [Henry & Hannah], b. Mar. 29, 1798	2	120
CLOISON, [see under **CLASON**]		
CLOSE, Elizabeth, m. Nathan **REED**, Nov. 4, 1773, by Rev. William Seward	2	64
Hanna[h], m. [Jos]hua **KNAP[P]**, June 9, 1657	1	20
Henry, m. Arney **REYNOLDS**, Sept. 29, 1813, in Pound Ridge, N. Y., by Rev. Platt Buffitt	2	131
John Will[ia]m, s. [Henry & Arney], b. Sept. 7, 1817	2	131
Mary, m. Samuel **HOLLY**, June 25, 1668	1	102
Mary Elizabeth, d. [Henry & Arney], b. Dec. 30, 1815	2	131
CLUXTON, CLAXSTON, CLUGSTON, Abigail, d. John & Elizabeth, b. Mar. 22, 1737/8	1	42
Ann, d. John & Elizabeth, b. July 3, 1726	1	42
Deborah, d. John & Elizabeth, b. Sept. 18, 1729	1	42
Elizabeth, d. John & Elizabeth, b. Sept. 27, 1720	1	42
Elizabeth, w. John, d. Aug. last day, 1730	1	16
John, s. Jno & Elizabeth, b. Apr. 25, 1719	1	146
John, s. Jno & Elizabeth, d. Dec. 19, 1719	1	138
John, s. John & Elizabeth, b. Aug. 7, 1722	1	42
John*, m. Elizabeth **PECK**, Feb. 27, 1734/5, by Jonathan Hoit *(Arnold copy has "John **CHIGSTON**")	1	28
John, m. Elizabeth **PECK**, Feb. 27, 1734/5, in Greenwich, by Jonathan Hoit, J. P.	1	42
Mary, d. Sept. 2, 1730	1	16
Mary, d. John & Elizabeth, b. Feb. 13, 1736/7	1	42
Sam[ue]ll, s. John, d. Apr. 24, 1730	1	15
Samuel, s. John & Elizabeth, b. Dec. 6, 1735	1	42
COBB, Mary, m. Jered **WATERS**, Feb. 1, 1834, by Elijah Hebard, Elder	2	221
COCKS, [see under **COX**]		
COE, Sarah, m. Nathaniel **STEVENS**, Feb. 16, 1742/3, by Jonathan Hoit, J. P.	1	57
COGGER, Henry, of Hamden, late of England, m. Martha Jane **BROWN**, Stamford, Mar. 16, 1834, by Rev. Ambrose S. Todd	2	229
COGSHALL, COGGSHALL, [see also **COGSWELL**], Aaron, s. Dun-		

	Vol.	Page

COGSHALL, COGGSHALL, [see also **COGSWELL**] (cont.),
    lap & Hannah, b. Feb. 22, 1782 — 2, 3
    Aaron, b. Feb. 22, 1782; m. Parmellee **TREDWELL**, May 8, 1803, in New Canaan, by Rev. Hezekiah Whitlock — 2, 119
    Anne, d. Dunlap & Hannah, b. May 26, 1792 — 2, 3
    Archibald, s. Dunlap & Hannah, b. Feb. 25, 1786 — 2, 3
    Archibald, s. Dunlap & Hannah, b. May 11, 1790 — 2, 3
    Caroline, d. [Aaron & Parmelee], b. Nov. 20, 1803 — 2, 119
    Carolina, m. Harvey **SCOFIELD**, Apr. 7, 1822, by Henry Hoit, 3rd — 2, 156
    Cressey, s. Dunlap & Hannah, b. June 30, 1775 — 1, 190
    Daniel, s. Dunlap & Hannah, b. Feb. 29, 1784 — 2, 3
    David Hoit, s. Dunlap & Hannah, b. Aug. 26, 1770 — 1, 190
    Dunlap, m. Hannah **HOIT**, Dec. 7, 1769, by Rev. Mr. Dibble — 1, 190
    Dunlap, s. Dunlap & Hannah, b. July 29, 1779 — 2, 3
    Edward, s. [Aaron & Parmelee], b. Mar. 29, 1807 — 2, 119
    Hannah, d. Dunlap & Hannah, b. Feb. 26, 1772 — 1, 190
    Henry, s. [Aaron & Parmelee], b. July 18, 1805 — 2, 119
    Martha, Mrs., m. Perez **FITCH**, Sept. 4, 1753, by Rev. Mr. Whittlese, of Milford — 1, 108
    Martha, m. David **HOLLY**, Nov. 13, 1788, by Col. Abraham Davenport — 2, 33
    Mehetable, m. James **DAVENPORT**, Nov. 6, 1796, by Rev. W[illia]m Lockwood, of Milford — 2, 66
    Polly, d. Dunlap & Hannah, b. Sept. 15, 1777 — 2, 3
    Polly, m. Hezekiah **BISHOP**, Jan. 31, 1796, by Reuben Scofield — 2, 74
    Sally, d. [Aaron & Parmelee], b. Sept. 7, 1811 — 2, 119
    Sarah, d. Dunlap & Hannah, b. Oct. 23, 1773 — 1, 190
    William, s. [Aaron & Parmelee], b. Feb. 6, 1809 — 2, 119

COGSWELL, [see also **COGSHALL**], Alice, d. James & Elizabeth, b. June 15, 1777 — 1, 195
    Elizabeth, w. Dr. James, d. Nov. 15, 1779 — 2, 1
    James, Dr., of Preston, m. Elizabeth **DAVENPORT**, May 4, 1775, by Rev. Mr. Welles — 1, 193
    James, Dr., m. Mrs. Abigail **LLOYD**, May 18, 1783, by Rev. Nathan Perkins — 2, 1
    James Lloyd, s. James & Abigail, b. Apr. 26, 1784 — 2, 1

COLEGROVE, Livingstone, m. Emeline A. **NICHOLS**, b. of Stamford, Sept. 10, 1845, by Rev. Peter C. Oakley — 2, 280

COMSTOCK, Abram, s. Enoch & Anne, b. Jan. 26, 1777 — 2, 38
    Cephas, s. Enoch & Anne, b. Oct. 17, 1785 — 2, 38
    Ellis, d. Enoch & Anne, b. Apr. 5, 1782 — 2, 38
    Enoch, m. Anne **WEED**, Dec. 3, 1772, by Abraham Davenport — 2, 38
    John, s. [Enoch & Anne], b. May 21, 1795 — 2, 38
    Linus, s. Enoch & Anne, b. Mar. 19, 1788 — 2, 38
    Nancy, d. Enoch & Anne, b. Aug. 27, 1779 — 2, 38
    Ruth, d. Enoch & Anne, b. Mar. 27, 1777 [sic] — 2, 38
    Samuel, m. Else **THORP**, July 14, 1785, by Rev. John Avery — 2, 47
    Samuel, s. [Samuel & Else], b. July 8, 1788 — 2, 47

	Vol.	Page
COMSTOCK (cont.),		
Samuel, Sr., d. Dec. 6, 1788	2	47
Stephen, s. [Samuel & Else], b. Aug. 3, 1786	2	47
Watts, s. Enoch & Anne, b. Dec. 19, 1790	2	38
CONADA, [see under **CANADA**]		
CONLEY, Seth, of New Canaan, m. Ann E. **HOLLEY**, of Stamford, Mar. 20, 1842, by Rev. Gad N. Smith	2	264
CONVERSE, Josiah, of Troy, m. Rhua Ann **LOCKWOOD**, of Stamford, Sept. 12, 1824, by Henry Hoit, Jr.	2	172
CONWAY, Michael, of Floyd Cty., of Oneida, N. Y., m. Sarah **JANE** of Stamford, Aug. 31, 1823, by Henry Hoit, Jr.	2	166
COOK, COOKE, Henry, m. Mehitabel **SMITH**, b. of Stamford, Nov. 10, 1822, by Henry Hoit, Jr.	2	159
Sarah L., m. Frederick A. **LYON**, Mar. 10, 1850, by Rev. J. J. Twiss	2	303
Seth S., m. Mary L. **LOUNSBURY**, b. of Stamford, Sept. 29, 1851, by Rev. Shaler J. Hellyer	2	306
COOPER, Abraham, m. Candice **WASSON**, Mar. 2, 1821, by Rev. Daniel Smith	2	148
John, m. Mary **COX**, b. of Stamford, Nov. 28, 1830, by Rev. John Ellis	2	211
COPP, John, m. Mary **PHELPS**, wid. of Ephraim, Mar. 15, 1697/8	1	122
John, m. Mary **PHELPS**, Mar. 16, 1698	1	104
COREY, CORY, Benjamin, s. Ben & Sarah, b. Aug. 7, 1724	1	3
Elnathan, s. Thomas & Miriam, was on May 4, 1720, 8 yrs. old	1	132
Griffing, s. Thomas & Miriam, b. Jan. 15, 1727/8	1	11
Jane, d. Thomas & Meriam, was on Feb. 17, 1720, ae 6 yrs.	1	132
Kiziah, d. Thomas & Miriam, b. Sept. 6, 1721	1	11
Mariam, d. Thomas & Miriam, b. Oct. 6, 1723	1	11
Martha, d. Thomas & Miriam, b. Jan. 20, 1726/7	1	11
Mary, d. Thomas & Meriam, was on Oct. 6, 1720, 4 yrs. old	1	132
Miriam, w. Thomas, d. Jan. 25, 1727/8	1	11
Thomas, s. Thomas & Meriam, was on Feb. 10, 1720, 1 year old	1	132
CORNELL, Mary, m. Joseph **SMITH**, Dec. 7, 1708, at Danbury, by Rev. Mr. Shove	1	129
COX, COCKS, COCK, Angeline, d. [Richard & Elizabeth], b. Aug. 22, 1809	2	113
Angeline, m. Augustus **HANFORD**, b. of Stamford, Nov. 26, 1828, by Rev. Henry Fuller	2	194
Mary, m. John **COOPER**, b. of Stamford, Nov. 28, 1830, by Rev. John Ellis	2	211
Richard, m. Elizabeth **McCORMICK**, Oct. 22, 1808, by Rev. Daniel Smith	2	113
Richard, m. Mrs. Clarissa **SMITH**, b. of North Stamford, Aug. 26, 1848, by Rev. W. W. Brewer	2	293
Rob[er]t, m. Sally **JESSUP**, Apr. 24, 1831, by Rev. John Ellis	2	213
William, m. Martha **SWAN**, b. of Greenwich, Oct. 3, 1836, by Rev. John Ellis	2	227
COZINE, Platt, m. Maria Isabella **MILLS**, June 29, 1823, by J. M.		

	Vol.	Page
COZINE (cont.),		
Babbet, V. D. M.	2	16
CRABB, Deborah, m. W[illia]m H. **KAINWORTHY**, May 11, 1843, by Rev. Ambrose S. Todd	2	272
Francis R., m. Rebecca N. **FINCH**, b. of Stamford, Mar. 30, 1845, by Rev. Addison Parker	2	278
Juliette, of Stamford, m. Abijah **KINCH***, of Greenwich, Feb. 19, 1834, by Rev. Henry Fuller *(**FINCH**?)	2	223
Sarah A., m. Josephus S. **WEED**, b. of Stamford, Dec. 21, 1831, by Rev. Platt Buffett, of Stanwich	2	214
Sarah Jane, of Stamford, m. George **PECK**, of Greenwich, Mar. 2, 1840, by Rev. Edward Oldrin	2	258
CRANE, Mercy, m. Jonathan **BELL**, 8th mo. 22, 1662	1	108
CRAWFORD, Abigail, d. Thomas & Abigail, b. Nov. 17, 1769	1	172
Abigail, m. Shubael **LOCKWOOD**, Oct. 11, 1792, by Rev. Ebenezer Dibble	2	46
Abigail, d. [John & Anne], b. Dec. 4, 1795	2	73
Andrew, s. [John & Anne], b. Aug. 20, 1799	2	73
Anna, d. [John & Anne], b. May 9, 1805	2	73
Eliza, d. [John & Anne], b. May 9, 1810	2	73
Emily, d. [John & Anne], b. Sept. 12, 1812	2	73
Hannah, d. [John & Anne], b. Nov. 29, 1797	2	73
Joanna, d. James & Abigail, b. Nov. 24, 1765	1	164
John, s. James & Abigail, b. July 2, 1767	1	164
John, m. Anne **MESNARD**, Apr. 5, 1792, by Reuben Scofield	2	73
John James, s. James & Abigail, b. Jan. 10, 1763; d. Apr. 21, 1766	1	164
Polly, d. [John & Anne], b. May 5, 1794	2	73
Sally, d. [John & Anne], b. Jan. 3, 1793	2	73
Thomas, s. [John & Anne], b. Dec. 30, 1802	2	73
William, s. [John & Anne], b. Sept. 7, 1807	2	73
CRISSEY, CRESSEY, CRISSY, Abygall, w. John, d. Dec. 8, [1706]	1	135
Abigail, d. John, b. Mar. 8, 1695	1	109
Abigail, d. Nathaniel & Hannah, b. Sept. 6, 1707	1	11
Abigail, d. Jonathan & Ann, b. Nov. 16, 1711	1	129
Abigail, d. John & Rebecca, b. Sept. 22, 1712	1	127
Abigail, d. Jonathan & Ann, d. Aug. 14, 1714	1	126
Abigail, d. Nathaniel & Hannah, b. Sept. 6, 1727	1	9
Abigail, m. Obadiah **SEELEY**, Jr., May 10, 1750, by Rev. Ebenezer Dibble	1	87
Abigail, d. Ebenezer & Bethiah, b. Sept. 28, 1761	1	142-3
Abigail, m. Gilbert **SCOFIELD**, July 4, 1782, by Rev. Ebenezer Dibble	2	99
Ann, w. Jonathan, d. Apr. 8, 1715	1	138
Ann, d. Martha, d. July 21, 1731	1	19
Ann, d. Ebenezer & Bethiah, b. Aug. 13, 1768	1	168
Bethiah, d. Nathan[ie]ll & Hannah, b. Feb. 23, 1738/9	1	38
Bethiah, d. Ebenezer & Bethiah, b. June 4, 1759	1	135
Bethiah, w. Ebenezer, d. Sept. 21, 1782	2	5
David, s. John & Rebecka, b. Sept. 12, 1708	1	124

	Vol.	Page
CRISSEY, CRESSEY, CRISSY (cont.),		
Deborah, d. John, b. Feb. 14, 1698	1	109
Deborah, m. Joseph **FERRIS**, Feb. 8, 1719/20, by Rev. John Davenport	1	86
Ebenezer, s. Moses & Hannah, b. Dec. last day, 1732	1	22
Ebenezer, s. Nathan[ie]ll & Hannah, b. Oct. 21, 1733	1	37
Ebenezer, m. Bethiah **BELL**, June 5, 1759, by Rev. Moses Mather	1	135
Ebenezer, s. Ebenezer & Bethyiah, b. Mar. 15, 1764	1	153
Ebenezer, m. Mary **SMITH**, Jan. 26, 1785, by Reuben Scofield, J. P.	2	4
Elizabeth, d. Jonathan & Ann, b. Aug. [ ]	1	121
Elizabeth, m. Moses **KNAP[P]**, Oct. 31, 169[ ]* *168- in Huntington's Register)	1	101
Elizabeth, d. Jonathan & Ann, d. Sept. 10, 1714	1	126
Elizabeth, d. Moses & Hannah, b. Dec. 28, 1740	1	44
Elizabeth, m. John **BISHOP**, June 18, 1766, by Rev. Noah Wells	1	155
Erastus, of New Canaan, m. Mary M. **DAN**, of Stamford, Oct. 18, 1841, by Rev. Henry Fuller	2	263
Experience*, m. Sam[ue]ll **FERRIS**, Feb. 26, 1729/30, by Joseph Bishop, J. P. *(Arnold copy has "Susana?")	1	15
Hannah, d. Nathan[ie]ll & Hannah, b. July 14, 1730	1	37
Hannah, d. Moses & Hannah, b. Jan. last day, 1735	1	29
Hannah, w. Nathan[ie]ll, d. May 15, 1739	1	38
Hannah, d. Ebenezer & Bethiah, b. Mar. 24, 1766	1	168
Hannah Maria, m. John B. **FAIRBANKS**, b. of Stamford, Nov. 6, 1821, by Rev. Daniel Smith	2	152
Holly, s. John & Sarah, b. June 10, 1754	1	108
Jemima, d. Jonathan & Rebecca, b. Mar. 17, 1716/17	1	133
John, s. William, b. May 15, 1665	1	109
[John*], m. Abigail **KNAP[P]**, Jan. 12, 1692 *(Supplied from Huntington's Register & the date therein is "Dec. 1")	1	96
John, s. John, b. Feb. 2, 1696	1	109
John, s. Nathaniel & Hannah, b. Apr. 14, 1729	1	13
John, m. Sarah **HOLLY**, on the evening following the 10th day Mar., 1754, by Jonathan Hoit	1	108
John, m. Martha **DAVENPORT**, Apr. 7, 1757, by Abraham Davenport	1	122
John, s. John & Martha, b. Dec. 26, 1757	1	125
John, s. Ebenezer & Bethiah, b. Nov. 1, 1775	1	182-3
John, b. [Nov.] 24, [ ]; d. Nov. 30, [ ]	1	135
Jonathan, m. Ann **POWELL**, b. of Stamford, Dec. 15, 1705, by Rev. John Davenport	1	128
Jonathan, m. Rebecka **WEED**, Aug. 2, 1716, by Rev. Jno Davenport	1	145
Martha, d. Jonathan, b. July 15, 1706	1	109
Martha, had d. Ann, d. July 21, 1731	1	19
Mary, m. John **HOLLY**, Mar. 10, 1697	1	123
Mary, d. John, b. Jan. 15, 1704/5	1	109
Mary, m. Andrew **BISHOP**, Mar. 7, 1734, by Jonathan Hoit, J. P.	1	26

	Vol.	Page
CRISSEY, CRESSEY, CRISSY (cont.),		
Moses, s. John, b. Feb. 14, 1701/2	1	109
Moses, m. Hannah **HOLMES**, Dec. 25, 1729, by Jonathan Hoit, J. P.	1	14
Moses, s. Moses & Hannah, b. Sept. 23, 1730	1	17
Nathaniell, s. John, b. Sept. 16, 1700	1	109
Nathaniel, m. Hannah **HOIT**, Dec. 1, 1726	1	8
Nathan[ie]ll, s. Nathan[ie]ll & Hannah, b. Sept. 26, 1731	1	37
Nathaniel, m. Martha **BISHOP**, Dec. 3, 1748, by Rev. Mr. Silliman	1	81
Nathaniel, Jr., m. Mary **HOIT**, Apr. 26, 1781, by Rev. Ebenezer Dibble	2	14
Nathaniel, s. Nathan[ie]ll, Jr. & Mary, b. May 12, 1782	2	14
Rebecca, w. John, d. Aug. 21, 1727	1	9
Sam[ue]ll, s. Nathan[ie]ll & Hannah, b. Mar. 28, 1734	1	37
Samuel, m. Hannah **BUXSTON**, Apr. 5, 1759, by Rev. Noah Welles	1	136
Samuel, s. Ebenezer & Bethiah, b. Jan. 18, 1771	1	182-3
Samuel Hoyt, s. Nath[anie]ll & Mary, b. Apr. 1, 1787; d. May 5, 1789	2	9
Sarah, d. John, b. Sept. 25, 1693	1	109
Sarah, m. John **GREEN**, Nov. 7, 1717, by Capt. Joseph Bishop, J. P.	1	145
Sarah, d. Jonathan & Rebecca, b. Aug. 24, 1721	1	149
Sarah, d. Nathan[ie]ll & Hannah, b. Oct. 9, 1735	1	37
Sarah, w. John, d. June 11, 1754	1	108
Sarah, d. Ebenezer & Bethiah, b. Feb. 15, 1773	1	182-3
Silvanus, s. Moses & Hannah, b. Apr. 21, 1737	1	33
Susana?*, m. Sam[ue]ll **FERRIS**, Feb. 26, 1729/30, by Joseph Bishop, J. P. *("Experience" in Huntington's Register)	1	15
William, s. Jno & Rebecka, b. Nov. 7, 1710	1	124
William, s. Moses & Hannah, b. Mar. 28, 1738	1	38
CROSBY, Solomon L., of New York, m. Frederica **WARING**, of Stamford, Jan. 24, 1851, by Rev. Ambrose S. Todd	2	305
CROSS, CROS, Abygall, d. Nathaniell & Abigall, b. Apr. 8, 1694	1	109
Abigail, d. Nathaniell & Abigail, d. Sept. 5, 1710	1	109
Deborah, d. Nathaniell & Han[n]ah (2nd w.), b. Jan. 17, 1701/2	1	109
Deborah, m. John **KNAPP**, May 23, 1723, by Rev. John Davenport	1	0
Han[n]ah, d. Nathaniell & Abigall, b. July 23, 1687	1	109
Han[n]ah, m. John **WATERBURY**, Nov. 30, 1710, by Samuel Hoit, J. P.	1	124
Hannah, m. Samuel **PALMORE**, Mar. 31, 1715, by Samuel Peck, J. P., of Greenwich	1	145
John, s. Nathaniell & Hannah, was on Jan. 16, 1714, 7 yrs. old	1	133
Margary, m. Robert **BETTS***, Jan. 26, 16[ ] *("**BATES**" in Huntington's Register)	1	19
Mary, d. Nathaniel & Hanah, b. Apr. 15, 171[ ]	1	131
Mary, m. Benjamin **WEBB**, Oct. 5, 1732, by Jonathan Hoit, J. P.	1	24

	Vol.	Page
CROSS, CROS (cont.),		
Nathaniell, m. Han[n]a[h] **KNAP[P]**, Nov. 6, 1696	1	104
Nathaniell, s. Nathaniell & Hannah, b. Apr. 13, 1703	1	109
Nathaniel, d. Oct. 28, 1714	1	126
Sarah, d. Nathaniel & Hannah, was on Nov. 15, 1714, 9 yrs. old	1	133
Sarah, m. Israel **HOLLY**, Feb. 25, 1724/5, by Joseph Bishop	1	4
CURTIS, CURTISS, CURTICE, Alfred, s. [Ezekiel & Sarah], b. Sept. 9, 1811	2	126
Betsey, of North Stamford, m. Stephen **PROVOST**, of Poundridge, [Sept.] 14, [1829], by Rev. Henry Fuller	2	203
Elizabeth, m. Jonathan **CLASON**, Jr., Jan. 5, 1749, in Greenwich, by Nathan[ie]ll Peck	1	88
Elizabeth, d. Timothy & Rebecca, b. Mar. 31, 1771	1	176
Ezekiel, s. Timothy & Rebecca, b. June 1, 1775	1	196
Ezekiel, m. wid. Sarah **WILMUT**, Sept. 27, 1803, at Poundridge, N. Y., by Ezra Lockwood, J. P.	2	126
Ezekiel, of Stamford, m. Sarah **WEED**, of Greenwich, Feb. 8, 1827, by Rev. Henry Fuller	2	186
Henry, m. Diantha **STEVENS**, b. of Stamford, Dec. 13, 1821, by Rev. Henry Fuller	2	152
Hiram, m. Mary F. **JONES**, b. of North Stamford, Oct. 15, 1849, by W. W. Brewer	2	300
Jeremiah, s. Timothy & Susannah, b. Dec. 30, 1753	1	101
John S., s. [Ezekiel & Sarah], b. July 26, 1804	2	126
John Wix, s. John & Polly, b. Mar. 13, 1800	2	4
Jonathan, s. Timothy & Susannah, b. Mar. 16, 1742/3	1	57
Jonathan, s. Hannah **SMITH**, d. John, b. Feb. 12, 1763	1	147
Jonathan, m. Hannah **HOIT**, Dec. 1, 1767, by Col. Jonathan Hoit, J. P.	1	166
Nathaniel, s. Timothy & Susannah, b. Aug. 16, 1746	1	70
Phebe, d. Timothy & Susannah, b. June 18, 1741	1	46
Phebe, d. Timothy & Rebecca, b. Dec. 31, 1769	1	172
Ruth, d. Jonathan & Hannah, b. May 9, 1770	1	175
Ruth, m. Henry **INGRAHAM**, Jan. 24, 1798, by Rev. Daniel Smith	2	71
Sally, d. [Ezekiel & Sarah], b. Oct. 12, 1808	2	126
Sally M., of Stamford, m. John **PROVOST**, of Poundridge, N. Y., Feb. 3, 1824, by Rev. Henry Fuller	2	170
Sarah, d. Timothy & Susannah, b. Oct. 14, 1749	1	83
Sarah, d. Timothy & Rebecca, b. June 26, 1773	1	196
Timothy, m. Susannah **SMITH**, Feb. 2, 1738/9, by Jonathan Maltbie, J. P.	1	40
Timothy, s. Timothy & Susannah, b. Nov. 21, 1744	1	63
Timothy, m. Rebecca **SCOFIELD**, Oct. [ ], 1767, by Rev. Mr. Wells	1	172
CUTTER, Albert, of New York, m. Susan Schuyler **HARVEY**, of Stamford, Sept. 16, 1844, by Rev. Ambrose S. Todd	2	273

DAN, [see under **DANN**]
DANE, [see under **DEAN**]

	Vol.	Page
DANIEL, DANIELL, [see also **DeMILL**], Abraham*, s. Peeter & Abigail, b. Dec. 21, 1735 *("**DeMILL**" in Huntington's Register)	1	29
Abraham, s. Richard & Bethiah, b. Sept. 24, 1752	1	101
Elizabeth, d. Peter & Abigaill, b. July 29, 1742	1	53
Hannah, d. Petter & Abigail, b. Feb. 3, 1732/3	1	23
Hannah, d. Peter & Hannah, d. Feb. 10, 1736/7	1	32
Joseph, s. Peter & Abigail, b. Feb. 27, 1740/1	1	53
Mary*, m. Nathaniel **SELLECK**, June 30, 1736, by Jonathan Hoit, J. P. *("Mary **DeMILL**" in Huntington's Register)	1	32
Mary*, d. Peter & Abigail, b. Apr. 14, 1738 *("Mary **DeMILL**?")	1	53
Mary*, m. Thomas **JONES**, Dec. 6, 1744, by Rev. Benjamin Strong *("Mary **DeMILL**"?)	1	105
Petter*, s. Petter & Abigail, b. May 23, 1731 *(Petter **DeMILL**?)	1	23
Peter*, s. Peter & Hannah, d. Feb. 5, 1736/7 *(Peter **DeMILL**?)	1	32
Peter, s. Peter & Abigaill, b. Oct. 1, 1739	1	53
Plena, of New Jersey, m. Polly **WARDWELL**, of Stamford, Jan. 22, 1827, by Rev. Daniel Smith	2	186
Richard, m. Bethiah **HOIT**, Mar. 1, 1750, by Rev. Noah Welles	1	101
Selah, m. Mary Ann **NEWMAN**, Nov. 5, 1820, by Rev. Jonathan Judd	2	145
DANN, DAN, Abigail, d. Francis & Elizabeth, was on Mar. 30, 1716/17, 17 years old	1	139
Abraham, s. John & Deborah, b. Dec. 10, 1735	1	136
Abraham, s. John & Deborah, b. Dec. 10, 1735	1	203
Aquilla Henry, s. Reuben & Mary, b. July 7, 1790	2	33
Barsheba, d. Reuben & Mary, b. Apr. 17, 1776	2	33
Betsey, m. Daniel **SLASON**, June 19, 1796, by W[illia]m Fansher, J. P.	2	71
Charity, d. Reuben & Mary, b. Apr. 5, 1788	2	33
Charles L., s. Lounsbery & Sally, b. Oct. 22, 1824	2	143
Charles Webb, s. Nathan & Sarah, b. Aug. 27, 1782	2	27
David, m. Hanah **LOCKWOOD**, Sept. 17, 1724	1	8
David, [s. David & Hannah], b. July 9, 1731	1	27
David, [s. David], was on July 9, 1734, 3 years old	1	28
David, s. David & Hannah, b. May 11, 1739	1	49
Deborah, [d. David & Hannah], b. June 13, 1729	1	27
Deborah, d. John & Deborah, b. Aug. 14, 1733	1	136
Deborah, d. John & Deborah, b. Aug. 14, 1733	1	203
Deborah, [d. David], was on June 13, 1734, 5 years old	1	28
Ebenezer, d. May 29, [ ], in the 29th y. of his age	1	136
Ebenezer, s. John & Deborah, b. June 11, 1725	1	136
Ebenezer, s. John & Deborah, b. June 11, 1725	1	203
Ebenezer, m. Sarah **SHEARWOOD**, Nov. 8, 1744, in Greenwich, by Rev. Abraham Todd	1	92

	Vol.	Page
DANN, DAN (cont.),		
Ebenezer, s. Ebenezer & Sarah, b. Dec. 27, 1745	1	92
Ebenezer, s. [John & Deborah], d. May 29, [1753*], in the 29th y. of his age *(From Huntington's Register)	1	203
Edward, s. Nathan & Elizabeth, b. Jan. 25, [ ]	1	185
Elizabeth, d. Francis, b. Aug. 27, 1686	1	107
Elizabeth, [d. David & Hannah], b. July 23, 1727	1	27
Elizabeth, [d. David], was on July 23, 1734, 7 years old	1	28
Elizabeth, d. Ebenezer & Sarah, b. May 3, 1750	1	92
Elizabeth, m. Philip **KENNEDY**, Jan. 7, 1754, by Nathaniel Peck	1	121
Ezperience, d. Reuben & Mary, b. Mar. 15, 1779	2	33
Ezra, s. Ebenezer & Sarah, b. Dec. 28, 1747	1	92
Francis, m. Elizabeth **CLASON**, Nov. 19, 1685	1	113
Francis, d. Dec. 18, [1706(?)]	1	135
Frances, d. Mar. 19, 1723/4	1	2
Francis, s. John & Deborah, b. May 30, 1727; m. Mary **BROWN**, d. John & Sarah, Dec. 21, 1749, in North Castle, by Justis Gilbard	1	97
Frances, child of John & Deborah, b. May 30, 1727	1	136
Francis, s. John & Deborah, b. May 30, 1727	1	203
Francis, s. Reuben & Mary, b. Aug. 9, 1786	2	33
Frederick, s. Reuben & Mary, b. Oct. 19, 1781	2	33
Hannah, d. David & Hannah, b. Sept. 23, 1725	1	27
Hannah, [d. David], was on Sept. 23, 1734, 9 years old	1	28
Hannah, d. John & Sarah, b. Aug. 9, 1746	1	91
Hannah, d. John & Sarah, b. Nov. 6, 1751	1	105
Hannah, m. Titus **LOCKWOOD**, Feb. 13, 1769, by Rev. Mr. Wells	1	184
Hesta, m. David **JONES**, b. of Stamford, Dec. 15, 1823, by Rev. Henry Fuller	2	169
Isaac, s. Nathan & Sarah, b. Dec. 8, 1784	2	27
James, s. John & Deborah, b. Apr. 27, 1731	1	136
James, s. John & Deborah, b. Apr. 27, 1731	1	203
Jane, d. Frances & Mary, b. Sept. 18, 1750	1	97
Jemima, d. John & Daborah, b. Sept. 19, 1742	1	136
Jemima, d. John & Deborah, b. Sept. 19, 1742	1	203
John, m. Deborah **GREEN**, Oct. 1, 1719, by Capt. Joseph Bishop, J. P.	1	112
John, m. Daborah **GREEN**, Oct. 1, 1719, by Joseph Bishop	1	136
John, m. Deborah **GREEN**, Oct. 1, 1719, by Joseph Bishop, J. P.	1	203
John, s. John & Deborah, b. Feb. 19, 1720; d. same year	1	136
John, s. John & Deborah, b. June 1, 1721	1	111
John, s. John & Deborah, b. June 1, 1721	1	136
John, s. John & Deborah, b. July 16, 1721	1	203
John, Jr., m. Sarah **DELIVAN**, Oct. 22, 1741, by Jonathan Maltbie, J. P.	1	47
John, s. John & Sarah, b. Feb. 22, 1749/50	1	91
John, s. Nathan & Sarah, b. June 26, 1788	2	27
Jonathan, s. Francis & Elizabeth, was on Nov. 9, 1716, 7 years old	1	139

	Vol.	Page

DANN, DAN (cont.),

	Vol.	Page
Jonathan, s. Frances & Mary, b. Mar. 7, 1752	1	97
Joseph, s. John & Deborah, b. Feb. 11, 1720	1	203
Levina*, d. John & Sarah, b. Mar. 27, 1742 *("Lucina" in Arnold copy)	1	91
Lounsbery, s. Reuben & Mary, b. June 18, 1780	2	33
Lounsbery, m. Sally **BANKS**, June 27, 1823	2	143
Lucina*, d. John & Sarah, b. Mar. 27, 1742 *("Levina" in Huntington's Register)	1	91
Lucretia, m. John **WEED**, 4th, Nov. 7, 1797, by Rev. Daniel Smith	2	78
Lydya, d. Nathaniel & Lydya, b. June 10, 1753	1	107
Mary M., of Stamford, m. Erastus **CRESSY**, of New Canaan, Oct. 18, 1841, by Rev. Henry Fuller	2	263
Nancy, d. Squire & Rachal, b. Aug. 4, 1782	2	1
Nathan, s. Nathaniel & Lydya, b. Dec. 9, 1749	1	107
Nathan, m. Elizabeth **STEVENS**, Sept. 23, 1771	1	185
Nathan, m. Sarah **WHEELER**, July 26, 1776, by Rev. Noah Welles	2	27
Nathaniel, s. John & Deborah, b. July 10, 1723	1	203
Nathaniel, s. John & Deborah, b. July 16, 1723	1	107
Nathaniel, s. John & Deborah, b. July 16, 1723	1	136
Nathaniel, m. Lydya **STEVENS**, Nov. 8, 1748, by Rev. John Eyles	1	107
Patience, d. Reuben & Mary, b. Nov. 16, 1777	2	33
Polly, d. [Squire & Rachel], b. June 19, 1780	2	7
Rebecca, d. Francis & Elizabeth, was on Aug. 25, 1716, 10 yrs. old	1	139
Reuben, s. John & Deborah, b. Jan. 1, 1738; d. Aug. 7, 1739	1	136
Reuben, s. John & Deborah, b. Jan. 1, 1738; d. Nov. 4, 1739	1	203
Reuben, s. John & Daborah, b. Apr. 17, 1740	1	136
Reuben, s. John & Deborah, b. Apr. 17, 1740	1	203
Reuben, m. Mary **LOUNSBERY**, b. of Stamford, July 6, 1775, by Benjamin Weed	1	192
Sarah, d. David & Hannah, b. Feb. 23, 1740/1	1	49
Sarah, d. John & Sarah, b. Sept. 15, 1744	1	91
Selleck, s. John & Sarah, b. Nov. 6, 1753	1	105
Silas, [s. David & Hannah], b. Oct. 7, 1733	1	27
Silas, [s. David], was on Oct. 7, 1734, 1 year old	1	28
Silvanus, s. [Squire & Rachel], b. Oct. 25, 1778	2	7
Silvanus, m. Betsey **SMITH**, b. of Stamford, Apr. 20, 1823, by Henry Hoit, Jr.	2	165
Sylvanus, of Stamford, m. Mrs. Delia A. **YOUNGS**, of Greenwich, Aug. 16, 1829, by Rev. Farnum Knowlton	2	202
Squier, s. Nathaniel & Lydya, b. Nov. 27, 1750	1	107
Squire, m. Rachel **LOCKWOOD**, June 18, 1778, by Nathaniel Bouton, J. P.	2	7
Thaddeus, s. John & Deborah, b. Feb. 28, 1729	1	136
Thaddeus, s. John & Deborah, b. Feb. 28, 1729	1	203

	Vol.	Page
DANN, DAN (cont.),		
William, s. John & Sarah, b. Nov. 23, 1748	1	91
DASKUM, Philander, m. Betsey A. **INGRAHAM**, Oct. 23, 1827, by Rev. Daniel Smith	2	196
William, m. Abigail **WEED**, July 24, 1833, by Rev. Daniel Smith	2	238
DAVENPORT, Abigail, d. John, b. July [ ], 1690	1	110
Abigail, d. [Deodate & Elizabeth], b. July 14, 1775	2	77
Abigail, w. James, d. [ ]	2	66
Abigail Fitch, d. [James & Mehetable], b. Nov. 17, 1791	2	66
Abraham, of Stanford, m. Mrs. Elizabeth **HUNTINGTON**, of Windham, Nov. 16, 1750, in Windham, by Rev. Stephen Whit, of Windham	1	94
Abraham, s. Abraham & Elizabeth, b. Oct. 21, 1753	1	103
Abraham, s. Abraham, d. Oct. 25, 1754	1	108
Abraham, s. Silas & Mary, b. Oct. 30, 1767	2	23
Abraham, Hon., m. wid. Martha **FITCH**, Aug. 8, 1776, by Rev. Dr. Welles	1	194
Abraham, m. Polly **BROWN**, Oct. 26, 1793, by Rev. Daniel Smith	2	57
Adolphus, s. [William & Theodore], b. Feb. 9, 1805	2	81
Anne, d. [Deodate & Elizabeth], b. Nov. 14, 1779	2	77
Betsey, d. [Deodate & Elizabeth], b. Oct. 12, 1777	2	77
Betsey Cogshall, d. [James & Abigail], b. Jan. 27, 1781	2	66
Catharine, d. Silas & Mary, b. Feb. 24, 1783	2	23
Catharine, d. [Abraham & Polly], b. Jan. 22, 1816	2	57
Catharine Brown, d. [Abraham & Polly], b. Jan. 16, 1812	2	57
Charles, s. [Sam[ue]ll & Betsey], b. Nov. 2, 1804	2	35
Clarisa, d. [Deodate & Elizabeth], b. Apr. 25, 1782	2	77
Daborah, d. Joseph & Hannah, b. Jan. 30, 1757	1	122
Deodate, s. Jno [& Martha], b. Oct. 23, 170[6?]	1	110
Deodate, s. John & Sarah, b. Jan. 5, 1729	1	20
Deodate, m. Lydia **RAMOND**, June 16, 1757, by Abraham Davenport	1	128
Deodate, s. [Deodate & Lydia], b. June 2, 1766	2	77
Deodate, s. Deodate & Lydia, b. June 2, 1766	1	186
Deodate, m. wid. Elizabeth **JONES**, Sept. 28, 1774, by Rev. Jonathan Ingersoll	2	77
Ebenezer, s. John & Sarah, b. Mar. 15, 1731/2	1	25
Ebenezer, s. Silas & Mary, b. May 9, 1773	2	23
Ebenezer Charles, s. [Abraham & Polly], b. Oct. 9, 1809	2	57
Elizabeth, d. John [& Martha], b. Aug. 28, 170[ ]	1	110
Elizabeth, d. John & Sarah, b. Apr. 1, 1735	1	30
Elizabeth, d. Abraham & Elizabeth, b. Sept. 16, 1756	1	118
Elizabeth, wid. Rev. John, d. June 11, 1757	1	127
Elizabeth, d. [Deodate & Lydia], b. Mar. 20, 1773; d. May 30, 1792	2	77
Elizabeth, d. Deodate & Lydia, b. Mar. 20, 1773	1	186
Elizabeth, w. Col. Abraham, d. Dec. 17, 1773	1	185
Elizabeth, m. Dr. James **COGSWELL**, of Preston, May 4, 1775,		

	Vol.	Page
DAVENPORT (cont.),		
by Rev. Mr. Welles	1	193
Elizabeth, d. [Abraham & Polly], b. Jan. 5, 1802	2	57
Elizabeth, twin with Mary, d. [John A. & Eliza M.], b. Aug. 7, 1814	2	122
Elizabeth, of Stamford, m. Charles **BURRALL**, of New York, Dec. 27, 1824, by Rev. Daniel Smith	2	175
Elizabeth Huntington, d. John & Mary S., b. Mar. 4, 1781	2	1
Emily, d. William & Nancy, b. Sept. 7, 1817	2	81
Frances Louisa, d. [James & Mehetable], b. Nov. 10, 1795	2	66
George, m. Amanda B. **FULLER**, b. of Stamford, Nov. 25, 1841, by Rev. Henry Fuller	2	263
Gold, s. John, b. Sept. 6, 1728	1	11
Gold, d. Jan. 26, 1752	1	96
Goold, s. Joseph & Hannah, b. Oct. 5, 1761	1	145
Hannah, d. Joseph & Hannah, b. May 19, 1755	1	112
Hannah, w. Joseph, d. Mar. 15, 1769	1	168
Harriet, d. [Abraham & Polly], b. Feb. 28, 1806	2	57
Hezekiah, m. Ruth **KETCHAM**, Dec. 7, 173[ ]*, at the Crump Ponds, by Rev. Mr. Sackett *(1763)	1	153
Hezekiah, s. John & Sarah, b. Jan. 14, 1737/8	1	35
Hezekiah Ralsa, s. [William & Theodore], b. Feb. 24, 1801	2	81
Huntington, s. Abraham & Elizabeth, b. Apr. 18, 1761	1	140
Huntington, s. Col. Abraham & Elizabeth, d. on the evening following the 22nd day of Oct., 1769	1	169
James, s. Abraham & Elizabeth, b. Oct. 12, 1758	1	129
James, m. Abigail **FITCH**, May 7, 1780, by Abraham Davenport	2	66
James, s. John & Prudence, b. Feb. 2, 1787	2	34
James, m. Mehetable **COGSHALL**, Nov. 6, 1796, by Rev. W[il-lia]m Lockwood, of Milford	2	66
James, d. [ ], 1797	2	66
James Radcliff, s. [John A. & Eliza M.], b. Nov. 15, 1812	2	122
James Silus, s. [Abraham & Polly], b. Nov. 3, 1797	2	57
John, m. Mrs. Martha **SELLECK**, Apr. 18, 169[5?]	1	110
John, s. Jno [& Martha], b. Jan. 21, 169[8?]	1	110
John, m. Sarah **BISHOP**, Sept. 6, 1721, by Rev. Mr. Davenport	1	112
John, s. John & Sarah, b. Jan. 15, 1723/4	1	1
John, Rev., d. Feb 5, 1730/1	1	17
John, d. Nov. 17, 1742	1	56
John, m. Deborah **AMBLER**, June 2, 1748, by Jonathan Maltbie, J. P.	1	79
John, s. John & Deborah, b. May 24, 1749	1	82
John, s. Abraham & Elizabeth, b. Jan. 5, 1752	1	94
John, d. June 23, 1756	1	118
John, s. [Deodate & Lydia], b. Jan. 11, 1771	2	77
John, s. Deodate & Lydia, b. Jan. 11, 1771	1	186
John, m. Prudence **BELL**, June 4, 1772, by Rev. Mr. Wells	1	178-9
John, s. John & Prudence, b. Oct. 27, 1773	1	196
John, Jr., m. Mary Silvester **WELLES**, May 7, 1780, by Abraham		

STAMFORD VITAL RECORDS 63

	Vol.	Page
DAVENPORT (cont.),		
Davenport	2	1
John, his negro Jacob, m. Sib, a servant of Samuel **JARVIS**, Oct. 5, 1789, by Edward Coe; Robbin, s. Jacob & Sib, b. June 1, 1793 & Tamar, d. Jacob & Sib, b. Jan. 5, 1796	2	50
John, Maj., had servant Daniel **JACKLIN**, m. Jude, Nov. 26, 1797, by Rev. Daniel Smith	2	82
John, s. [Theodore & Harriet G.], b. Aug. 28, 1840	2	261
John A., m. Eliza M. **WHEELER**, Feb. 10, 1806, in Red Hook, Dutchess Cty., N. Y., by Jere Rameyn	2	122
John Alfred, s. John & Mary S., b. Jan. 21, 1783	2	1
John Sidney, s. [John A. & Eliza M.], b. Sept. 26, 1808	2	122
Joseph, s. John & Sarah, b. Aug. 9, 1725	1	5
Joseph, s. Joseph & Hannah, b. Mar. 28, 1765	1	154
Joseph, m. Hannah **AMBLER**, July 5, 1753, by Abraham Davenport	1	105
Joseph, s. Joseph, d. Oct. 28, 1766	1	156-7
Josiah, s. John & Sarah, b. Aug. 6, 1739	1	39
Julia, d. [Abraham & Polly], b. June 5, 1795	2	57
Julia, m. John **BURRALL**, June 23, 1830, by Rev. Daniel Smith	2	210
Julia Ann, d. [John & Prudence], b. Nov. 30, 1794	2	34
Julia Matilda, d. [John A. & Eliza M.], b. Dec. 26, 1806, in New York City	2	122
Lydia, d. Deodate & Lydia, b. Apr. 3, 1758	1	128
Lydia, w. Deodate, d. Mar. 20, 1773	2	77
Lydia, m. Peter **BISHOP**, July 23, 1781, by Abraham Weed	2	86
Martha, d. Jno [& Martha], b. Feb. 10, 16[ ]* *(1700 in Huntington's Register)	1	110
Martha, w. Rev. John, d. Dec. 1, 1712	1	110
Martha, d. John & Sarah, b. Feb. 20, 1730/1	1	20
Martha, m. John **CRISSEY**, Apr. 7, 1757, by Abraham Davenport	1	122
Martha, d. Joseph & Hannah, b. Oct. 18, 1759	1	135
Mary, d. Deodate & Lydia, b. June 2, 1764	1	186
Mary, d. [Deodate & Lydia], b. June 2, 1764	2	77
Mary, d. Silas & Mary, b. Nov. 17, 1770	2	23
Mary, d. [Abraham & Polly], b. Mar. 14, 1804	2	57
Mary, twin with Elizabeth, d. [John A. & Eliza M.], b. Aug. 7, 1814	2	122
Mary Ann, d. [James & Mehetable], b. Nov. 11, 1793	2	66
Mary Ann, d. [William & Theodore], b. Apr. 23, 1803	2	81
Mary Ann, m. Ralph **HOYT**, b. of Stamford, Feb. 28, 1827, by Rev. Henry Fuller	2	187
Mary Caroline, d. [Theodore & Harriet G.], b. Nov. 9, 1836	2	261
Mary Theodosia, d. [John A. & Eliza M.], b. Dec. 8, 1810, in New York City	2	122
Mary Welles, d. John & Mary S., b. Sept. 12, 1785	2	1
Matilda, d. [John & Mary S.], b. Apr. 17, 1798	2	1
Matilda, of Stamford, m. Rev. Peter **LOCKWOOD**, of Bridgeport, Oct. 2, 1822, by Rev. Daniel Smith	2	158

	Vol.	Page
DAVENPORT (cont.),		
Nancy, d. Silas & Mary, b. Dec. 21, 1765	2	23
Nancy, d. Silas & Mary, b. Dec. 21, 1765	1	155
Nancy, m. David **MALTBIE**, Nov. 19, 1786, by James Davenport	2	23
Nathan, s. John & Sarah, b. Jan. 15, 1726/7	1	11
Nathan, s. [Deodate & Lydia], b. Aug. 8, 1768	2	77
Nathan, s. Deodate & Lydia, b. Aug. 8, 1768	1	186
Patty, m. Samuel **BUXTON**, Jr., Apr. 1, 1793, by Rev. John Shephard	2	47
Polly, m. Amzi **SCOFIELD**, Nov. 24, 1819, by Rev. Mr. Bonny, of New Canaan	2	139
Puella, child of Hezekiah & Ruth, b. Aug. 25, 1764	1	153
Rebecca, d. [John & Mary S.], b. July 7, 1795	2	1
Rhoda, d. John & Deborah, b. Jan. 4, 1754	1	104
Rhoda, m. Thaddeus **HUSTED**, May 31, 1775, by Benj[amin] Weed, J. P.	1	197
Robert, s. [Thedore & Harriet G.], b. Sept. 23, 1838	2	261
Rufus, s. Silas & Mary, b. Oct. 18, 1775	2	23
Sally, d. John & Prudence, b. Mar. 5, 1783	2	34
Samuel, s. Deodate & Lydia, b. Apr. 3, 1762	1	186
Samuel Abraham, s. [Abraham & Polly], b. Dec. 24, 1799	2	57
Sarah, d. Jno [& Martha], b. July 17, 17[02(?)]	1	110
Sarah, d. John & Deborah, b. Jan. 7, 1750/1	1	90
Sarah, d. Deodate & Lydia, b. Feb. 13, 1760	1	186
Sarah, d. Deodate & Lydia, b. June 2, 1762	2	77
Sarah, m. Monmouth **LOUNSBERY**, Apr. 18, 1770, by Rev. Mr. Wells	1	173-4
Sarah, d. [William & Nancy], b. June 10, 1815	2	81
Sikes(?)*, s. John & Sarah, b. May 13, 1736 *(Silas)	1	35
Silas, m. Mary **WEBB**, Mar. 7, 1765, by Rev. Mr. Wells	1	155
Silas, m. Mary **WEBB**, Mar. 7, 1765, by Rev. Noah Welles	2	23
Silas, s. [William & Nancy], b. Mar. 16, 1811	2	81
Stephen, s. John & Sarah, b. Apr. 9, 1741	1	47
Stephen, s. John & Deborah, b. Mar. 9, 1752	1	96
Thaddeus, s. John & Sarah, b. Feb. 3, 1733/4	1	25
Theodore, s. Jno [& Martha], b. Nov. 2, 170[3]	1	110
Theodora, d. Rev. John [& Martha], b. Nov. 2, 170[3]; d. Feb. 15, [1712] (Dates supplied from Huntington's Register)	1	110
Theodora, d. John & Prudence, b. Sept. 27, 1779	1	196
Theodore, s. [John & Mary S.], b. Jan. 26, 1792	2	1
Theodore, m. William **DAVENPORT**, Nov. 17, 1799, by Rev. Amzi Lewis	2	81
Theodora, w. [William], d. Oct. 29, 1809	2	81
Theodore, s. Theodore & Harriett G., b. Feb. 25, 1834, in New York City	2	261
Theodosia, d. John & Mary S., b. Jan. 31, 1789	2	1
William, s. John & Prudence, b. Mar. 25, 1781	1	196
William, m. Theodore **DAVENPORT**, Nov. 17, 1799, by Rev. Amzi Lewis	2	81

	Vol.	Page
DAVENPORT (cont.),		
Wiliam, m. Nancy **HOYT**, June 17, 1810, by Rev. Daniel Smith	2	81
William, s. [William & Nancy], b. Apr. 22, 1813	2	81
William, Jr., m. Clarisa A. **ROCKWELL**, b. of Stamford, Feb. 3, 1834, by Rev. Henry Fuller	2	222
DAVIS, Aaron, s. Abraham & Mary, b. May 2, 1778	2	15
Abraham, m. Mary **SMITH**, Aug. 1, 1776, by Abraham Davenport	2	15
Gould S., m. Elsey **STEVENS**, b. of Stamford, Nov. 2, 1826, by Rev. Henry Fuller	2	184
Hezekiah, s. Richard & Martha, b. Dec. 2, 1729	1	49
Ira, m. Catharine **NEWMAN**, b. of Stamford, Sept. 14, 1826, by Rev. Henry Fuller	2	182
John, s. Richard & Martha, b. Dec. 7, 1731	1	49
John W., of New York, m. Mary **JUNE**, of Stamford, Feb. 6, 1826, by Rev. Noble W. Thomas	2	181
Mary, d. Richard & Martha, b. Feb. 24, 1727/8	1	49
Polly, d. Abraham & Mary, b. Sept. 29, 1780	2	15
Polly, m. James **GORMAN***, Nov. 8, 1798, by Rev. Platt Buffett *("**JERMAN**" in Huntington's Register)	2	112
Sarah, d. Richard & Martha, b. Nov. 7, 1733	1	49
Thadeus, s. Richard & Martha, b. June 30, 1738	1	49
DAY, Elias, m. Sarah **SMITH**, July [ ], 1769, by Rev. Mr. Strong	1	177
Sarah, d. Elias & Sarah, b. Mar. 1, 1771	1	177
Sarah, w. Elias, d. Mar. 6, 1771	1	177
DAYTON, William, of Bridgeport, m. Maria **WATERBURY**, of Stamford, Nov. 15, 1835, by Rev. Daniel Smith	2	241
DEAL, George, m. Olive **WATROUS**, Feb. 27, 1782, by Benjamin Weed	2	58
DEAN, DEEN, DEANE, DANE, Aaron, s. Ebenezer & Keziah, b. Aug. 16, 1767	1	176
Aaron, s. [Samuel & Hannah], b. Oct. 22, 1798	2	53
Aaron, m. Eunice **McCORMIC**, b. of Stamford, Dec. 10, 1820, by John Auger, J. P.	2	145
Abigail, d. John & Ann, b. July 29, 1736	1	46
Abigail, w. John, Sr., d. Mar. 11, 1739/40	1	43
Albert, s. [Lebbeus & Rue], b. Mar. 5, 1805	2	109
Alfred, [twin with Alsey], s. [Lebbeus & Rue], b. Feb. 7, 1807	2	109
Alsey, [twin with Alfred], s. [Lebbeus & Rue], b. Feb. 7, 1807	2	109
Ann, d. John & Ann, b. Sept. 7, 1733	1	46
Ebenezer, s. John & Ann, b. Oct. 7, 1727	1	13
Ebenezer, m. Keziah **ROBERTS**, Dec. [ ], 1762, by Rev. Mr. Eells	1	176
Ebenezer, s. Ebenezer & Keziah, b. July 4, 1765	1	176
Ebenezer, s. [Lebbeus & Rue], b. Oct. 27, 1798	2	109
Elizabeth, m. Robert **ARNOLD**, Feb. 1, 1727/8, by Jonathan Hoit, J. P.	1	15
Esther, m. James **SCOFIELD**, Jr., Sept. 25, 1758, in Norwalk, by Rev. Mr. Dickinson	1	167

	Vol.	Page
DEAN, DEEN, DEANE, DANE (cont.),		
George, s. [Lebbeus & Rue], b. May 7, 1803	2	109
Hannah, d. John & Ann, b. Nov. [ ], 1730	1	46
Henry, s. [Samuel & Hannah], b. Oct. 22, 1791	2	53
Hette, d. [Samuel & Hannah], b. Sept. 6, 1793; d. Mar. 20, 1796	2	53
Isaac, s. [Samuel & Hannah], b. Jan. 3, 1801	2	53
John, s. Samuell, b. Dec. 10, 1659	1	98
John, d. Mar. 17, 1705/6	1	135
John, m. Ann **BISHOP**, Jan. 20, 1723/4, by Joseph Bishop	1	1
John, s. John & Ann, b. Nov. 2, 1724	1	3
John, s. John & Ann, b. July 7, 1726	1	13
John*, Sr., d. Mar. 28, 1740 *("John **DEAN**, Sr.")	1	43
John, s. Ebenezer & Keziah, b. Sept. 2, 1772	1	185
John, s. [Samuel & Hannah], b. June 9, 1794	2	53
Joseph, s. Samuell, b. Apr. 6, 1661	1	98
Josiah, s. John & Ann, b. Mar. 14, 1737/8	1	46
Julia, d. [Samuel & Hannah], b. May 10, 1804	2	53
Julia Ann, of Stamford, m. Thomas **ROBERTSON**, of New York City, Sept. 10, 1827, by Rev. Henry Fuller	2	189
Keziah, d. Ebenezer & Keziah, b. April 24, 1764	1	176
Lebbeus, m. Rue **WEED**, Dec. 29, 1795, by Rev. Amzi Lewis	2	109
Mercy, m. Ebenezer **SEELEY**, Jan. 22, 1718/19, by Capt. Joseph Bishop, J. P.	1	106
Nathan, s. John & Ann, b. May 19, 1729	1	13
Polly, d. W[illia]m **DEAN** & Hannah **SITCHEL**, b. May 5, 1790	2	70
Polly, d. [Lebbeus & Rue], b. Oct. 24, 1796	2	109
Samuell, d. Dec. 27, 1703	1	135
Samuel, s. Ebenezer & Keziah, b. Mar. 21, 1763	1	176
Samuel, m. Hannah **BUXTON**, Dec. 9, 1790, by Rev. John Shephard	2	53
Samuel, s. [Samuel & Hannah], b. May 10, 1796	2	53
Samuel, s. [Lebbeus & Rue], b. Feb. 24, 1800	2	109
Sarah, d. John & Ann, b. May 11, 1735	1	46
Sarah, d. Ebenezer & Keziah, b. Aug. 28, 1770	1	176
Sarah, of Stamford, m. John G. **QUACKENBASS**, b. of Stamford, Jan. 11, 1842, by Rev. Shaler J. Hillyer	2	264
Thankfull, d. John & Ann, b. Oct. 8, 1739	1	46
DeFOREST, DeFREES, DUFREES, FREES, Abigail, d. John & Mary, b. Aug. 26, 1769	1	171
Anthony*, m. Martha **JONES**, Aug. 15, 1739 *(Anthony **DeFOREST**)	1	106
Anthony, s. Stephen & Sarah, b. Nov. 28, 1770	1	182-3
Benjamin, s. Stephen & Sarah, b. Mar. 1, 1773	1	182-3
Ebenezer, s. Anthony & Martha, b. July 9, 1749	1	106
Elizabeth, d. Anthony & Martha, b. May 23, 1740	1	106
John, s. Anthony & Martha, b. Aug. 16, 1742	1	106
Martha, d. Anthony & Martha, b. June 3, 1753	1	106
Mary, d. John & Mary, b. Nov. 17, 1764	1	171
Mary, m. Israel **SLASON**, Sept. 9, 1783, by Rev. Justus Mitchell	2	31

	Vol.	Page
DeFOREST, DeFREES, DUFREES, FREES (cont.),		
Reuben, s. Anthony & Martha, b. Dec. 14, 1755	1	124
Reuben, s. Anthony & Martha, b. Dec. 14, 1755	1	155
Stephen, s. Anthony & Martha, b. Mar. 24, 1748	1	106
Stephen, s. Stephen & Sarah, b. Mar. 1, 1768	1	182-3
DeFREES, [see under **DeFOREST**]		
DELAPLAINE, Sarah, m. Sam[ue]ll S. S. **HOYT**, May 31, 1806, in Newtown, L. I., by Rev. [ ] Woodhull	2	102
DELAVAN, DELIVAN, DELEVAN, DELOVAN, Abraham, s. Cornelius, d. Oct. 27, 1732	1	21
Abraham, s. Timothy & Hannah, b. Sept. 8, 1739	1	56
Catareane, d. Keziah **DELIVAN**, b. May 1, 1748; reputed f. Daniel **TUTTLE**	1	81
Cornelius, m. Deborah **GREEN**, Oct 3. 1712, by Justice Holly	1	130
Cornelius, see Deborah **GREEN**	1	141
Cornelius & w. Deborah, had child d. Nov. 7, 1712	1	128
Deborah, d. Cornelius & Deborah, b. Nov. 13, 1719	1	146
John, s. Cornelius & Deborah, b. Nov. 16, 1715	1	133
John, s. Timothy & Hannah, b. Jan. 30, 1743	1	101
John, s. Timothy & Hannah, b. Jan. 30, 1743/4	1	56
John, m. Mary **HOIT**, Jan. 5, 1748/9, by Rev. Noah Welles	1	80
John, s. John & Mary, b. Oct. 21, 1750	1	89
Keziah, had d. Catareane, b. May 1, 1748; reputed f. Daniel **TUTTLE**	1	81
Keziah, m. Ezekiel **HOGE**, Jan. 31, 1750/1, by Jonathan Hoit	1	98
Martha, d. Cornelius, d. Jan. 6, 1732/3	1	21
Martha, d. Cornelius & Martha, b. [1722(?)]	1	149
Matthew, s. Timothy & Hannah, b. Dec. 20, 1741	1	56
Nathaniel, s. Timothy & Hannah, b. Sept. 14, 1746	1	101
Olive, m. John **WATERS**, June 17, 1753, by Rev. J. Hartwick	1	106
Samuel, s. Timothy & Hannah, b. Mar. 23, 1752	1	101
Sarah, d. Cornelius & Deborah, b. Oct. 27, 1717	1	139
Sarah, m. John **DAN**, Jr., Oct. 22, 1741, by Jonathan Maltbie, J. P.	1	47
Timothy, s. Cornelius & Deborah, b. July 29, 1713	1	121
Timothy, m. Hannah **BOUTTON**, b. of Stanford, Feb. 23, 1737/8, in Norwalk, by Rev. John Eyeels, of Canaan	1	56
Timothy, s. Timothy & Hannah, b. May 27, 1738	1	56
DeMILL, DENNILL, [see also **DANIEL**], Abigail*, d. Peter & Abigail, b. Apr. 21, 1744 *("Abigail **DeMILL**" in Huntington's Register)	1	65
Abraham*, s. Peeter & Abigail, b. Dec. 21, 1735 *(Arnold copy has "Abraham **DANIELL**")	1	29
Abraham, m. Mary **KING**, Oct. 5, 1756, by Rev. Ebenezer Dibble	1	119
Elizabeth*, d. Peter & Abigaill, b. July 29, 1742 *(Elizabeth **DANIEL**?)	1	53
Elizabeth, m. Peter **QUINTARD**, Sept. 14, 1761, by Jonathan Maltbie, J. P.	1	151
Elizabeth Sarah, d. Peter & Sophia, b. Aug. 10, 1796	2	72
Hannah, d. Petter & Abigail, b. Feb. 3, 1732/3	1	23

	Vol.	Page
DeMILL, DENNILL, [see also **DANIEL**] (cont.),		
Hannah, d. Peter & Hannah, d. Feb. 10, 1736/7	1	32
Hannah, m. Jonathan **BATES,** Jr., Apr. 2, 1747, by Jonathan Hoit, J. P.	1	89
John, s. Peter & Abigail, b. Dec. 28, 1748	1	85
Joseph, s. Peter & Abigail, b. Feb. 27, 1740/1	1	53
Joseph, m. Sarah **HOLLY,** Jan. 13, 1791, by Rev. Ebenezer Dibble	2	67
Mary, m. Nathaniel **SELLECK,** June 31, 1726	1	53
Mary*, m. Nathaniel **SELLECK,** June 30, 1736, by Jonathan Hoit, J. P. *(Arnold copy has "Mary **DANIELL**")	1	32
Mary, d. Peter & Abigail, b. Apr. 14, 1738	1	53
Mary*, m.Thomas **JONES,** Dec. 6, 1744, by Rev. Benjamin Strong *(Arnold copy has "Mary **DANIEL**")	1	105
Mary, d. Susannah **BUN[N]EL,** b. Jan. 12, 1756	1	145
Mary, w. Abraham, d. Nov. 18, 1759	1	134
Peter, Capt., d. Sept. 10, 1722	1	138
Petter, s. Petter & Abigail, b. May 23, 1731	1	23
Peter, s. Peter & Hannah, d. Feb. 5, 1736/7	1	32
Peter, s. Peter & Abigaill, b. Oct. 1, 1739	1	53
DENT, Marianna, Mrs., m. Squire **PALMER,** b. of Stamford, Nov. 26, 1837, by Rev. William Biddle	2	245
DIBBLE, DEBBLE, DEBBEL, Abigail, d. Jonathan & Sarah, b. Mar. 31, 1743	1	58
Abigail, m. Jonathan **SMITH,** Jr., Mar. 16, 1757, by Rev. Noah Welles	1	139
Abigail, d. Reuben & Anna, b. Mar. 13, 1762	1	154
Abigail, d. George & Phebe, b. Aug. 20, 1770	1	184
Ann, d. Ruben & Ann, b. Dec. 16, 1739	1	42
Anna, d. Reuben & Anna, b. Mar. 14, 1765	1	154
Anne, Jr., m. Isaac **BELL,** Jr., July 5, 1801, by Rev. Marmaduke Earl	2	83
Benjamin, s. Zachary & Sarah, b. June 11, 1711	1	122
Benjamin, of Stanford, m. Dorcas **ABBOTT,** of Norwalk, Jan. 22, 1739/40, in Norwalk, by Rev. William Gaylord, of Wilton	1	42
Catteren, d. Reuben & An[n], b. Aug. 28, 1744	1	70
Charles H., of Orange, N. Y., m. Sally Ann **WEBB,** of Stamford, Oct. 14, 1845, by Rev. Peter C. Oakley	2	280
David, s. Zachariah, b. Feb. 19, 1703/4	1	117
David, m. Abigail **BOLT,** Oct. 27, 1727, by Nathan Hoit, J. P.	1	12
Deborah, d. Jonathan & Sarah, b. June 26, 1739	1	51
Deborah, d. George & Phebe, b. July 25, 1768	1	184
Ebinezur, s. Zachariah, b. July 18, 1706	1	117
Ebenezer, s. David & Abigaill, b. May 1, 1728	1	23
Ebenezer, s. Ebenezer & Joannah, b. Dec. 19, 1737	1	39
Ebenezer, s. Ebenezer, d. Mar. 31, 1745	1	64
Ebenezer, m. Elizabeth **SLASON,** July 21, 1749, by Jonathan Hoit	1	86
Edward, of Danbury, m. Elizabeth A. **SCOFIELD,** of Stamford, Dec. 6, 1842, by Rev. J. W. Alvord, Jr.	2	265
Elenor, d. Zacriah & Sarah, b. June 8, 1731	1	25

	Vol.	Page

DIBBLE, DEBBLE, DEBBEL (cont.),

	Vol.	Page
Elizabeth, d. David & Abigail, b. Oct. 17, 1739	1	40
Elizabeth, d. Jon[a]th[an] & Sarah, b. Apr. 25, 1745	1	71
Elizabeth, m. Joshua **GRAY**, May 20, 1766, by Jonathan Hoit, J. P.	1	196
Elizabeth, d. [George & Phebe], b. Mar. 4, 1779	2	95
Ester, d. Zachariah & Reachal, b. Feb. 16, 1755	1	113
Ezra, m. Clarisa **WEED**, Dec. 25, 1808, by Rev. Amzi Lewis	2	127
Frederick, s. Rev. Ebenezer & Joannah, b. Dec. 2, 1753	1	104
Fyler*, s. Ebenezer & Joannah, b. Jan. 18, 1741/2 *(Arnold copy has "Sylis")	1	53
Fyler, m. Polly **JARVIS**, June 18, 1763, by Rev. Mr. Dibble	1	152
George, s. Jonathan & Sarah, b. Dec. 2, 1740	1	51
George, m. Phebe **JESUP**, June 20, 1762, by Rev. Mr. Strong	1	184
George Dan, s. George & Phebe, b. Jan. 7, 1773	1	184
Grace, d. [George & Phebe], b. May 8, 1790	2	95
Hannah, d. Benj[ami]n & Dorcas, b. Oct. 8, 1740	1	43
Hannah, P., m. Gabriell **HUBBARD**, Feb. 28, 1811, in Greenwich, by Rev. Platt Buffett	2	132
Jabez*, s. Zac[ha]riah & Sarah, b. May 9, 1733 *(Arnold copy has "Julius")	1	25
Jane, d. Ebenezer & Elizabeth, b. Oct. 23, 1749	1	86
Joannah, d. Ebenezer & Joannah, b. June 15, 1739	1	39
John, s. Zachariah, b. Oct. 22, 1701	1	117
John, s. David & Abigaill, b. Feb. 1, 1729/30	1	23
John, s. Zacharyah, & Reachal, b. June 6, 1751	1	95
John, s. Reuben & Ann, b. Dec. 28, 1758	1	139
John, s. [George & Phebe], b. June 26, 1782	2	95
Jonathan, m. Sarah **JESSUP**, Nov. 11, 1736, by Rev. Benjamin Strong, of Stanwich	1	36
Jonathan, d. Apr. 17, 1760, in the 49th y. of his age	1	140
Jonathan, s. George & Phebe, b. Oct. 10, 1762	1	184
Jonathan, s. [George & Phebe], b. Mar. 4, 1788	2	95
Josiah, s. George & Phebe, b. Nov. 22, 1774	2	95
Julius*, s. Zacriah & Sarah, b. May 9, 1733 *("Jabez" in Huntington's Register)	1	25
Mary, d. Zaccariah & Sarah, b. Apr. 16, 1729	1	13
Mary, d. Ebenezer & Joanna, b. July 15, 1750	1	91
Mary Ann, d. [George & Phebe], b. Jan 1, 1785	2	95
Nathan, s. Zachariah & Reachel, b. Nov. 29, 1741	1	48
Peggy, d. Fyler & Polly, b. Nov. 26, 1767	1	163
Phebe, d. [George & Phebe], b. Feb. 4, 1777	2	95
Polly, d. Samuel **JARVIS** & Martha **JARVIS**, d. May [ ], 1826, in Province of New Brunswick, in the 80th y. of her age	2	140
Ralph, s. Fyler & Polly, b. Oct. 22, 1769	1	171
Ruben, s. Zachariah & Sarah, b. Oct. 2, 1708	1	117
Ruben, s. David & Abigail, b. Feb. 6, 1732/3	1	23
Reuben, m. Ann **WATERBERY**, Mar. 3, 1736/7, by Jonathan Hoit, J. P.	1	33

	Vol.	Page
DIBBLE, DEBBLE, DEBBEL (cont.),		
Reuben, m. Ann **SHERWOOD**, Mar. 16, 1758, by Rev. Noah Welles	1	129
Rhoda, d. Reuben & Ann, b. May 2, 1741	1	46
Sally, m. John **WEED**, 4th, sailor, Dec. 2, 1798, by Rev. Marmaduke Earl	2	112
Salle Munday, d. Fyler & Polly, b. Nov. 22, 1774	1	189
Samuel, s. George & Phebe, b. Aug. 2, 1764	1	184
Samuel Benjamin, s. [Ezra & Clarisa], b. Sept. 1, 1813	2	127
Sarah, d. Zachriah & Sarah, b. Sept. 7, 1726	1	6
Sarah, w. Zacriah, d. Jan. 2, 1735/6	1	30
Sarah, d. Jonathan & Sarah, b. Oct. 11, 1737	1	36
Sarah, d. George & Phebe, b. Oct. 17, 1766	1	184
Sarah, d. Reuben & Ann, b. Jan. 16, 1771	1	180
Seth, s. Zachriah & Reachal, b. Apr. 6, 1747	1	83
Susannah, d. Ruben & Ann, b. Mar. 7, 1737/8	1	38
Sylis*, s. Ebenezer & Joannah, b. Jan. 18, 1741/2 *(Fyler)	1	53
Tabitha, m. John **MILLS**, Oct. 30, 1728, by Sam[ue]ll Peck, J. P.	1	12
Thankfull, d. Zacriah & Sarah, b. Sept. 7, 1735	1	30
Walter, s. Fyler & Polly, b. Feb. 7, 1764	1	152
William, s. Fyler & Polly, b. Jan. 14, 1766	1	158
Will[ia]m Henry, s. [Ezra & Clarisa], b. Jan. 4, 1811	2	127
Zachariah, m. Sara **WATERBURY**, 3rd mo. 10, [16]66	1	74
Zachariah, s. Zachariah, b. Dec. 19, 1667	1	76
Zachariah, m. Sarah **CLEMENTS**, Aug. 13, 1698	1	104
Zacaria, s. Zacaria, b. July 16, 1699	1	117
Zaccariah, d. Jan. 22, 1711/12	1	131
Zacriah, m. Sarah **STURGES**, June 15, 1725	1	8
Zacchus, s. Zachariah & Reachel, b. Oct. 6, 1744	1	70
DICKS, Peter, m. Phely **SMITH**, Sept. 18, 1828, by Rev. Daniel Smith	2	197
DILL, Sally, m. John **WILLMUT**, Nov. 15, 1807, by Rev. Will[ia]m Fisher	2	108
DINGEE, Asenath, m. Kilburn S. **HOIT**, b. of Norwalk, [Oct.] 3, [1829], by Rev. John Ellis	2	203
DISBROW, DISBORROW, Ja[me]s, m. Mrs. Susan **FERRIS**, Nov. 2, 1845, by Rev. J. W. Alvord, Jr.	2	281
Peter, m. Sarah **KNAP[P]**, Apr. 6, 165[ ]	1	19
Peter, m. Sarah **KNAP[P]**, 2nd mo. 6, [16]57	1	74
DIXON, DIXSON, Adam, m. Angeline **MINOR**, Dec. 9, 1837, by Rev. Daniel Smith	2	249
Anne, m. Ebenezer **WATERBURY**, Jr., Nov 27, 1808, by Rev. Ebenezer Ferris	2	116
Catharine, b. Apr. 4, 1808	2	296
Catharine, of New York City, m. Edwin **SCOFIELD**, Jr., of Stamford, Apr. 15, 1832, by Rev. Mr. Sommers, in New York	2	296
Hugh, s. John & Rachel, b. Oct. 29, 1770	1	175
John, s. John & Ruth, b. Nov. 25, 1761	1	144
John, m. Ruth **HOIT**, Dec. 17, 1761, in Norwalk, by Rev. Mr. Eells	1	144

	Vol.	Page
DIXON, DIXSON (cont.),		
John, m. Rachel **SHERWOOD**, Dec. 3, 1769, by Rev. Mr. Dibble	1	175
Joseph, of Greenwich, m. Hellen **SOUTHARD**, of Stamford, June 23, 1839, by Rev. James M. Stickney	2	254
Sally, m. Obediah **SCOFIELD**, May 2, 1807, by Rev. Rich[ar]d Andrews, in Pound Ridge, N. Y.	2	107
Thomas P., m. Eliza **HOYT**, Dec. 4, 1823, by Rev. Daniel Smith	2	168
Thomas P., m. Catherine **LEEDS**, b. of Stamford, Feb. [ ], 1827, by Rev. Ambrose S. Todd	2	168
DODGE, Charlotte, m. Abraham **QUINTARD**, Jan. 11, 1802, by Rev. Mr. Robertson	2	85
DOGHEARTY, Andrew, m. Deborah **WEED**, June 24, 1760, by Jonathan Maltie, J. P.	2	6
DORRANCE*, Samuel, s. Timothy & Ruth, b. Feb. 27, 1771 *("Samuel **LAWRENCE**" in Huntington's Register)	1	175
DOTY, Lewis, m. Caroline **MARSHALL**, May 3, 1826, by Rev. Daniel Smith	2	185
Susan A., m. Stephen **PECK**, Dec 23, 1847, by Rev. Aaron Rogers	2	291
DREW, Elizabeth, w. John, d. Mar. 25, 1716	1	138
John, Dr., m. Elizabeth **GREEN**, Feb. 4, 1714, by Joseph Bishop, J. P.	1	145
Marcy, m. Jonathan **WEED**, Jan. 7, 1735/6, by Sam[ue]ll Hoit, J. P.	1	45
Marcy, m. Jonathan **WEED**, Jan. 8, 1735/6, by Sam[ue]ll Hoit, J. P.	1	30
Marcy, d. Dr. John & Elizabeth, b. Jan. 5, 17[ ]	1	127
DRUMMOND, Eveline, Mrs., m. Isaac **HOW**, Nov. 26, 1835, by Rev. John Ellis	2	226
DUFFE, John Andrew, s. [Robert & Harriet], b. July 3, 1814	2	101
Robert, m. Harriet **SMITH**, Mar. 7, 1813, by Rev. Frederick Smith	2	101
Roberts, s. [Robert & Harriet], b. Dec. [ ], in New York	2	101
DUFREES, [see under **DeFOREST**]		
DUNHAM, [see also **DUNIAN**], Han[n]a[h], m. Samuel **CLASON**, Dec. 7, 1693	1	96
DUNIAN, [see also **DUNHAM**], David, m. Ann **ADAMS**, Dec. 31, 1844, by Rev. Peter C. Oakley	2	274
DUNNING, DUNING, John, of Wilton, d. Dec. 22, 1733/4	1	36
Mary, d. John & Sarah, b. Nov. 8, 1734	1	36
Sam[ue]ll, [s. John, of Wilton], d. Apr. 12, 1735	1	36
Sarah, m. Sam[ue]ll **WEED**, Dec. 9, 1737, by Rev. Mr. Gaylord, of Wilton	1	34
Sarah, of Norwalk, m. Joseph **JUDSON**, of Stanford, Oct. 5, 1740, by Rev. William Gaylord, of Wilton	1	44
EARL, Anna Delia Montague, d. [Rev. Marmaduke & Mary], b. Aug. 18, 1794	2	45
Henry, s. [Rev. Marmaduke & Mary], b. Dec. 3, 1798	2	45
Issac Ferris, s. [Rev. Marmaduke & Mary], b. Jan. 17, 1793	2	45
Marmaduke, Rev., m. Mary **FERRIS**, Apr. 22, 1792, by Rev. Ebenezer Ferris	2	45

	Vol.	Page
EARL (cont.),		
Morris, s. [Rev. Marmaduke & Mary], b. Sept. 29, 1796	2	45
EATON, Mary S., m. W[illia]m, H. **SEELEY**, [s. John & Abigail H.], Sept. 3, 1844, in Waterloo, N. Y.	2	138
EDSAL, Mellesent, m. Nehemiah **FINN**, Oct. 17, 1779, by Rev. Amzi Lewis	2	36
ELLAS, Frances S., m. Sarah E. **HOYT**, May 9, 1838, by Rev. Ambrose S. Todd	2	260
ELLLIOT, ELIOT, Marget*, w. Jo., d. 6th mo. 17, [16]58 *(Mary?)	1	20
Marget, w. John, d. 6th mo. 17, [16]58	1	20
Ruth*, m. Jno **YOUNG**, Dec. 30, 1690 *(Arnold copy has "Ruth HOIT")	1	101
Sarah, m. Thomas **ROBERTS**, 11th mo. 27, [16]58	1	74
ELLSWORTH, Frances, m. Joseph **WOOD**, May 10, 1809, at Windsor, by Rev. [ ] Rowland	2	116
EMERY, EMRY, [see also **ENERY**], Martha, d. Martha **TRAYNER**, b. Dec. 25, 1754	1	193
Martha, d. Martha **GREEN**, b. Dec. 25, 1754	1	139
ENERY, [see also **EMERY**], Esther, m. David **BOUTTON**, Jan. 20, 1745, by Rev. Richard Connor, in Norwalk	1	117
-----, d. about latter end Oct. or first Nov., 1759	1	134
ENGLISH, Martha, m. Nehemiah **SCOFIELD**, June 24, 1751, by Jonathan Maltbie, J. P.	1	91
ENNIS, Alexander, of Rye, m. Eliza **YOUNGS**, of Stamford, Oct. 27, 1833, by Rev. Nehemiah Sherwood	2	221
ERRET, -----, Mr., d. Mar. 21, 1730/1	1	18
EVERY, [see under **AVERY**]		
FAIRBANKS, John B., m. Hannah Maria **CRISSEY**, b. of Stamford, Nov. 6, 1821, by Rev. Daniel Smith	2	152
FAIRCHILD, Alonzo, m. Rebecca **HOYT**, b. of Stamford, June 18, 1848, by D. A. Bishop, Elder	2	293
Deborah, m. Bowen **ALLEN**, b. of Stamford, [ ], 14, 1847, by Rev. Aaron Rogers	2	289
Phebe, m. David **HOLLY**, Jr., Mar. 29, 1798, by Rev. William Welles	2	88
FANCHER, FANSHER, FRANSHER, Abigail, d. John & Eunice, b. Apr. 15, 1744	1	76
David, s. John & Eunice, b. Feb. 11, 1747	1	76
David, m. Martha **HOLMES**, June 7, 1764, by Col. Jonathan Hoyt	2	60
David, s. [David & Martha], b. Dec. 28, 1765	2	60
David, Jr., m. Mary **HOW**, May 26, 1788, by Rev. Moses Mather	2	60
Elias, s. [David, Jr. & Mary], b. Jan. 19, 1793	2	60
Hannah, m. Joseph **GARNSEY**, June 6, 1728, by Jonathan Hoit, J. P.	1	10
Hannah, d. [David & Martha], b. Nov. 4, 1777	2	60
Henry, s. [David, Jr. & Mary], b. Oct. 4, 1797	2	60
John, m. Eunice **BUTTON***, Nov. 15, 1736, by Jonathan Hoit *(**BOUTON**)	1	76

	Vol.	Page
FANCHER, FANSHER, FRANSHER (cont.),		
John, m. Eunice **BOUTON**, Nov. 19, 1736, by Jonathan Hoit, J. P.	1	31
John, s. John & Eunice, b. July 15, 1737	1	76
Martha, d. [David & Martha], b. May 13, 1780	2	60
Mary, d. Silvanus & Prissiler, b. Feb. 16, 1758	1	138
Mary, d. [David, Jr. & Mary], b. Mar. 18, 1795	2	60
Nathaniel, s. John & Eunice, b. May 30, 1742	1	76
Rebecca, d. [David & Martha], b. Jan. 12, 1771	2	60
Sarah, d. [David & Martha], b. Sept. 24, 1767	2	60
Sarah, m. John **CLOCK**, Jan. 17, 1789, by Rev. Moses Mather	2	60
Silvanus, m. Presilia **SMITH**, Oct. 2, 1755, by Rev. Moses Mather	1	113
William, s. John & Eunice, b. Nov. 13, 1739	1	76
William, s. [David, Jr. & Mary], b. Jan. 21, 1791	2	60
FARNALLS, John, m. Delia **HICKS**, b. of Stamford, Jan. 14, [probably 1844], by George Brown	2	268
FARRINGTON, Thomas O., m. Louisa **FINNEY**, b. of Stamford, June 24, 1833, by Rev. Daniel Smith	2	238
FERRIS, FARRIS, FERRE, FERIS, FERRICE, Abel, Jr., m. Mrs. Sarah **HOYT**, b. of Greenwich, this day, [Aug. 28, 1842], by Addison Parker	2	264
Abigaill, d. Joseph, b. Apr. 13, 1701	1	117
Abigail, m. John **PENOR***, Apr. 15, 1725, by Rev. John Davenport *(**PENOYER**)	1	4
Abigail, d. Ransford & Elizabeth, b. Apr. 14, 1779	2	24
Alexander, m. Mrs. Maria **TAPTNER**, May 7, 1848, by Rev. J. Jennings	2	298
Apollos, s. Ransford & Elizabeth, b. Jan. 22, 1789	2	24
Azuba, d. [Simeon & Nancy], b. Sept. 16, 1793	2	53
Benjamin, s. Benjamin & Sarah, b. Sept. 22, 1708* *(1709?)	1	122
Benjamin, d. July 10, 1710	1	143
Benjamin, s. Peter & Martha, b. June 20, 1764	1	151
Caroline E., of Stamford, m. John D. **SCOFIELD**, of Darien, Oct. 4, 1839, by Rev. James M. Stickney	2	256
Debro, m. Jonathan **BELL**, Jan. 14, 1701/2	1	144
Deborah, d. Joseph, b. Aug. 27, 1706	1	117
Deborah, d. Joseph & Deborah, b. May 2, 1722	1	150
Deborah, m. Joseph **HUSTED**, Dec. 2, 1731, by Capt. Jonathan Hoit, J. P.	1	19
Deborah, m. Epenetus **WEBB**, Dec. 31, 1741, by Jonathan Hoit, J. P.	1	55
Deborah, w. Joseph, d. May 31, 1748	1	77
Deborah, d. Ransford & Elizabeth, b. Mar. 7, 1777	2	24
Deborah, m. Stephen **HOLLY**, Jr., Jan. 5, 1780, by Rev. Mr. Murdock	2	33
Ebenezer, s. Sam[ue]ll & Experance, b. Aug 7, 1734	1	26
Ebenezer, s. Sam[ue]ll & Experance, b. Nov. 17, 1735	1	29
Ebenezer, m. Abigail **ROE**, Sept. 10, 1760, by John Ferris	1	137
Ebenezer H. of Greenwich, m. Sarah **PALMER**, of Stamford, July 4, 1841, by Rev. James M. Stickney	2	262

	Vol.	Page
FERRIS, FARRIS, FERRE, FERIS, FERRICE (cont.),		
Eliza, m. Alfred Husted **MEADE**, Jan. 30, 1845, by Rev. Frederick H. Ayres, of Longridge	2	278
Elizabeth, d. Peter, b. 11 mo. 28, 1659	1	98
Elizabeth, d. Peter, d. 2nd mo. 5, 1660	1	98
Elizabeth, d. Peter, b. Jan. 2, 1664	1	76
Elizabeth, d. Joseph, b. Mar. 19, 1698/9	1	117
Elizabeth*, m. Clement **BUXTON**, Jr., Apr. 4, 1711, in Danbury, by Mr. Bebee, J. P. *(Arnold copy has "Elizabeth **FERRE**")	1	130
Elizabeth, m. Joseph **PARDY**, the night following the 25th day Dec. 1723, by Joseph Bishop	1	1
Elizabeth, m. Silas **SELLECK**, Jan. 12, 1737/8, by Rev. Ebenezer Wright	1	53
Elizabeth, d. Nathan & Abigail, b. Jan. 6, 1762	1	142-3
Elizabeth, d. Ransford & Elizabeth, b. Nov. 1, 1781	2	24
Frances E., of Stamford, m. Henry V. **LOCKWOOD**, of Stanwich, Aug. 11, 1839, by Rev. James M. Stickney	2	254
Han[n]ah, m. John **KNAP[P]**, June 10, 1692	1	126
Han[n]ah, d. Joseph, b. June 20, 1704	1	117
Hannah, m. John **WATERBERY**, Jr., Sept. 22, 1737, by Jonathan Hoit, J. P.	1	37
Hannah*, of Greenwich, m. John **SMITH**, of Stamford, Mar. 27, 1740, in Greenwich, by Rev. Mr. Todd, of Greenwich *(Arnold copy has "Hannah **LEWIS**")	1	45
Henry, m. Jane **JUNE**, Dec. 23, 1821, by Henry Hoit	2	153
Isaac, s. [Simeon & Nancy], b. Apr. 20, 1795	2	53
Isaac, m. Mary **SWAN**, b. of Greenwich, Nov. 3, 1830, by Rev. John Ellis	2	208
Jeffery, his w. [ ], d. 5th mo. 31, [16]58	1	20
Jerusha, m. James E. **BROWN**, Aug. 4, 1833, by Elijah Hebard, Elder	2	220
John, m. Ruth **BROWN**, Feb. 23, 1755, by Abraham Davenport	1	122
Jonah, m. Anne **SMITH**, Dec. 2, 1784, by Rev. William Seward	2	13
Joseph, s. Peter, b. 6th mo. 20, [16]57	1	74
Joseph, m. Ruth **KNAP[P]**, 9th mo. 20, [16]57	1	74
Joseph, s. Joseph, [b.] Mar. 31, 1688	1	117
Joseph, m. Mercy **BUXTON**, Jan. 30, 1717/18, by Capt. Joseph Bishop, J. P.	1	106
Joseph, m. Mercy **BUXTON**, Jan. 30, 1717/18, by Capt. Joseph Bishop, J. P.	1	112
Joseph, m. Deborah **CRISSEY**, Feb. 8, 1719/20, in Stamford, by Rev. John Davenport	1	96
Joseph, Sr., d. Apr. 7, 1733	1	22
Joseph, soldier, d. Dec. 18, 1756, at New Filford, on his return in the expedition towards Crown Point	1	120
Joseph, m. Sally **LOCKWOOD**, Aug. 16, 1820, by Henry Hoit	2	144
Lucretia, d. Ransford & Elizabeth, b. Dec. 28, 1774	2	24
Mary, d. Peter, b. May 2, 1662	1	76

	Vol.	Page
FERRIS, FARRIS, FERRE, FERIS, FERRICE (cont.),		
Mary, d. Joseph, b. Dec. 12, 1690	1	117
Mary, d. Peter & Mercy, b. Mar. 22, [1716/17]	1	122
Mary, d. Joseph & Deborah, b. Sept. 29, 1723	1	0
Mary, m. John **BATES**, 3rd, Jan. 22, 1745/6, by Rev. Mosses Mather	1	80
Mary, d. Samuel & Mary, b. Jan. 17, 1749/50	1	87
Mary, d. John & Ruth, b. Apr. 5, 1756	1	122
Mary, m. Rev. Marmaduke **EARL**, Apr. 22, 1792, by Rev. Ebenezer Ferris	2	45
Mary, b. Feb. 25, 1797; m. Smith **LOCKWOOD**, May 14, 1815	2	139
Mary Ann, d. Jonah & Anne, b. Jan. 8, 1786	2	13
Mercy, w. Joseph, d. May 24, 1718	1	126
Nathan, s. Joseph, b. Oct. [22], 1694	1	117
Nathan, m. Abigail **HAUSTED**, Nov. 14, 1760, by Rev. Mr. Wells	1	142-3
Nathaniel, s. Sam[ue]ll & Experance, b. May 15, 1733	1	25
Nathaniel, m. Elizabeth **FINNEY**, Aug. 4, 1835, by Rev. Daniel Smith	2	240
Peter, s. Peter & Sarah, d. July 28, [ ]	1	137
Petter, m. Elizabeth **RENEALLS**, July 15, 1654	1	55
Peter, s. Joseph, b. 9th mo. 8, 1660	1	98
Peter, m. Mrs. Ruth **WEED**, b. of Stamford, July 23, 1705, by Rev. John Davenport	1	128
Petter, Jr., m. Sarah **HOIT**, b. of Stamford, Apr. 11, 1706, by Rev. John Davenport	1	128
Peter, Sr., d. Sept. 28, 1706	1	135
Peter, m. Mercy **HOIT**, June 15, 1716, by Rev. John Davenport	1	145
Peter, s. Peter & Mercy, b. June 22, 1719	1	146
Peter, s. Peter & Mercy, d. July 3, 1719	1	138
Peter, d. Jan. 2, 1736/7	1	31
Peter, m. Martha **WEED**, Oct. 1, 1761, by Rev. Mr. Wells	1	148-9
Peter, s. Peter & Martha, b. Aug. 12, 1762	1	148-9
Polly A., m. Nathaniel **SCOFIELD**, b. of Stamford, Jan. 17, 1826, by Rev. Daniel Smith	2	180
Rachel, m. Samuel **BATES**, Dec. 21, 1727, by Jonathan Hoit, J. P.	1	9
Ransford, s. Ransford & Elizabeth, b. Sept. 15, 1786	2	24
Ransford Avery, m. Elizabeth **JANE**, May 25, 1772, by Rev. Ebenezer Davenport	2	24
Rhode, m. Jacob **JANE**, Dec. 25, 1751, by Rev. Benjamin Strong	1	103
Ruth, Mrs., m. John **CLAPP**, Jan. 19, 1707/8, by Rev. John Davenport	1	128
Sally, m. Noah **WARING**, July 28, 1791, by Rev. W[illia]m Seward	2	83
Samuell, s. Joseph, b. Sept. 5, 1696	1	117
Sam[ue]ll, m. Susana(?)* **CRESSEY**, Feb. 26, 1729/30, by Joseph Bishop, J. P. *("Experience" in Huntington's Register)	1	15
Sam[ue]ll, s. Sam[ue]ll & Experience, b. Oct. 17, 1730	1	17
Sarah, Mrs., m. Nathaniel **POND**, Sept. 20, 1711, by Rev. Mr. John Davenport	1	129

	Vol.	Page

FERRIS, FARRIS, FERRE, FERIS, FERRICE (cont.),

	Vol.	Page
Sarah, w. Peter, d. Dec. 10, 1715	1	128
Sarah, d. Sam[ue]ll & Experance, b. Apr. 14, 1732	1	25
Sarah, of Greenwich, m. Nathan **BISHOP**, of Stanford, Nov. 9, 1742, in Greenwich, by Rev. Mr. Todd	1	58
Sarah, d. Jonah & Anne, b. Dec. 19, 1788	2	13
Sarah, m. Smith **SCOFIELD**, Apr. 2, 1803, in Greenwich, by John Mackay, J. P.	1	101
Simeon, s. Ransford A. & Elizabeth, b. Aug. 25, 1772	2	24
Simeon, s. Ransford Avery & Elizabeth, b. Aug. 25, 1772	1	193
Simeon, m. Nancy **SIMMONS**, Oct. 14, 1792, by Reuben Scofield	2	53
Susan, Mrs., m. Ja[me]s **DISBROW**, Nov. 2, 1845, by Rev. J. W. Alvord, Jr.	2	281
Susan D., m. David C. **SCOFIELD**, b. of Stamford, June 23, 1841, by Rev. James M. Stickney	2	262
Susana, w. Jeffery, d. Dec. 23, 1660, at Greenwich	1	98
FERRY, Lucien, s. [Peter Peyre & Ann], b. Oct. 31, 1811	2	121
Milo, m. Caroline **STREET**, b. of Norwalk, Oct. 12, 1829, by Rev. John Ellis	2	202
Peter Peyre, m. Ann **JONES**, Oct. 27, 1809, in New York	2	121
FINCH, Abygaill, d. Sam[ue]ll & Sarah, b. July 15, 1697	1	122
Abigaill, m. Samuell **BLACKLEY**, Apr. 6, 1699	1	104
Abigail, d. Sam[ue]ll & Sarah, d. Jan. 23, 1715	1	126
Abigail, d. Joseph & Abigail, b. Jan. 20, 1733/4	1	26
Abigail, d. James & Abigail, b. Apr. 5, 1755	1	118
Abijah, see also Abijah **KINCH**		
Abraham, s. Isa[a]c, [ ], July 5, 1665	1	76
Ann, d. Nov. 9, 1703	1	135
Ann, d. Nathaniel & Hannah, b. Oct. 12, 1733	1	25
Benjamin, s. Isaac, b. June 29, 1695	1	122
Benjamin, s. Joseph, b. Oct. 8, 1707	1	122
Bethiah, d. Iseak & Mary, b. Feb. 26, 1704/5	1	122
Comfort, m. John **HOW**, July 27, 1710, by Samuel Hoit, J. P.	1	124
Elizabeth, d. Jos., b. Nov. 14, 1669	1	76
Elizabeth, d. Joseph & Abigail, b. Sept. 23, 1710	1	137
Elizabeth, m. Epenetus **LOUNSBERY**, Jan. 25, 1749/50, by Rev. Noah Welles	1	85
Easther, m. Ira **MILLER**, b. of Stanwich, Sept. 3, 1828, by Rev. Platt Buffett	2	192
Han[n]ah, d. Sam[ue]ll & Sarah, b. Mar. 23, 1700/1	1	122
Hannah, m. Joseph **HOIT**, June 6, 1728, by Rev. John Davenport	1	10
Isa[a]c, m. Elizabeth **BASSET**, 8th mo. [ ], [16]58	1	74
Isaac, his s. [ ], b. Apr. 12, 1662	1	98
Iseak, m. Mary **RUDDLE***, Apr. 27, 1704 *("RUNDLE" in Huntington's Register)	1	122
Jacob, s. Isaac, b.Oct. 9, 1691; d. 2nd mo. 15, 1702	1	102
Jeams, s. John & Sarah, b. Apr. 23, 1725	1	4
James, m. Abigail **SEELEY**, Aug. 18, 1749, by Jonathan Hoit, J. P.	1	82

	Vol.	Page
FINCH (cont.),		
James, s. James & Abigail, b. Feb. 9, 1753	1	118
James, s. Lydia **FINCH**, b. Sept. 15, 1767	2	74
James, m. Rebecca **BROWN**, Mar. 16, 1797, by Rev. Daniel Smith	2	74
James, s. [James & Rebecca], b. Dec. 28, 1806	2	74
James, m. Abigail **HOYT**, b. of Stamford, Aug. 25, 1833, by Rev. John Ellis. Int. Pub.	2	220
James, m. Sarah A. **LOCKWOOD**, b. of Stamford, Feb. 25, 1844, by Addison Parker	2	269
Jemima, d. John & Sarah, b. May 3, o. s., 1752	1	175
John, d. Sept. 5, 1657	1	20
John. d. 7th mo. 5, 1657	1	19
John, s. Isa[a]c, b. 9 mo. 20, 1659	1	98
John, s. John & Sarah, b. June 28, 1720	1	132
John, d. Nov. 6, 1747	1	78
John, m. Sarah **PENOYER**, June 14, 1750, by Rev. Robert Silliman	1	87
John, s. James & Abigail, b. Aug. 20, 1757	1	140
John, m. Abigail **BUXTON**, July 11, 1769, in Greenwich, by Rev. Mr. Davenport	1	169
Joseph, m. Elizabeth **AUSTIN**, Nov. 23, 16[ ]	1	113
Joseph, m. Abigaill **SEELEY**, Aug. 7, 1703	1	122
Joseph, s. Joseph & Abigaill, b. Aug. 6, 1704	1	122
Joseph, m. Abigail **HUNT**, Mar. 29, 1733, by Jonathan Hoit, J. P.	1	22
Joseph, s. Joseph, Jr. & Abigaill, b. Feb. 17, 1738/9	1	40
Joseph, Sr., d. Dec. 18, 1752	1	100
Lydia, had s. James, b. Sept. 15, 1767	2	74
Martha, m. John **GREEN**, 7th mo. [ ], [16]58	1	74
Martha, d. Isack, b. Jan. 19, 1672	1	76
Martha, d. Sam[ue]ll & Sarah, b. July 23, 1703	1	122
Martha, m. John **LEWIS**, Apr. 23, 1739, by Sam[ue]ll Hoit, J. P.	1	44
Mary, d. Sam[ue]ll & Sarah, b. Mar. 2, 1692/3	1	122
Mary, m. Nathan **HOIT**, June 3, 1714, by his f. Dea. Samuel Hoit	1	129
Mary, d. John & Mary, b. Aug. 12, 1732	1	22
Mercy, m. Phinehas **SCOFIELD**, Jan. 12, 1797, by Rev. Daniel Smith	2	87
Milicent, d. James & Abigail, b. June 19, 1751	1	118
Nathaniel, s. John & Sarah, b. Apr. 29, 1722	1	149
Nathaniel, s. Nathaniel & Hannah, b. Sept. 19, 1737	1	34
Nathaniel, m. Hannah **SCOFIELD**, Dec. 15, 1743, in Ridgefield, by Rev. Mr. Ingersoll, of Ridgefield	1	59
Peter, s. Nathaniel & Hannah, b. Dec. 29, 1735	1	34
Rebecca, d. Isaac, b. Mar. 17, 1682/3	1	102
Rebecca, m. Benjamin **BRUSH**, Feb. 22, 1775, by Rev. W[illia]m Seward	2	52
Rebecca, m. Ebenezer **WARRING**, b. of Stamford, Dec. 3, 1826, by Rev. John Ellis	2	184
Rebecca N., m. Francis R. **CRABB**, b. of Stamford, Mar. 30, 1845, by Rev. Addison Parker	2	278

	Vol.	Page
FINCH (cont.),		
Reynold, s. John & Sarah, b. Feb. 19, n. s., 1755	1	175
Rhoda, m. Israel **WATERBURY,** Nov. 7, 1791	2	57
Rhoda, m. Jonathan **MILLER,** Apr. 6, 1797, by Rev. Daniel Smith	2	87
Ruth, m. Samuel **SEELEY,** Sept. 20, 1787, by Rev. Justus Mitchell	2	59
[Sa]muel, m. Sarah **GOLD,** Dec. 5, 1692	1	96
Samuell, Sr., d. Apr. 23, 1698	1	135
Sam[ue]ll, Sergt., d. May 6, 1751	1	91
Samuel, s. Joseph, Jr. & Abigail, b. Nov. 26, 1751	1	100
Sarah, m. Jonathan **HOLLY,** Dec. 2, 168[6(?)]	1	101
Sarah, d. Isaac, b. 11th mo. 23, 1686	1	102
Sarah, d. Sam[ue]ll & Sarah, b. Sept. 25, 1695	1	122
Sarah, wid., d. Mar. 19, 1712/13	1	126
Sarah, m. Jonathan **NEWMAN,** Dec. 1, 1714, by Sam[ue]ll Peck, J. P.	1	106
Sarah, d. Sam[ue]ll & Sarah, d. Jan. 23, 1715	1	126
Sarah, d. John & Sarah, b. Apr. 7, 1728	1	11
Sarah, d. Joseph & Abigail, b. Mar. 24, 1734/5	1	30
Sarah, m. Isaac **JONES,** July 7, 1776, by Rev. Noah Welles	2	6
Seth, s. Nathaniel & Hannah, b. Oct. 12, 1742	1	57
Stephen, s. [James & Rebecca], b. June 29, 1798	2	74
Stephen B., m. Julia Ann **WEBB,** Oct. 14, 1821, by Rev. Jonathan Judd	2	154
Susanna, m. [O]badiah **SEELEY,** Dec. 5, 1692	1	96
Susanah, d. Sam[ue]ll & Sarah, b. Mar. 3, 1693/4	1	122
Susannah, m. Isaac **BISHOP,** [ ] 22, 1718, by Rev. Jno Davenport	1	106
Susannah, d. James & Abigail, b. Mar. 4, 1760	1	140
Thankful, m. Asahel **WEED,** Jr., May 16, 1793, by Rev. Justus Mitchell	2	44
Titus, s. John & Sarah, b. Aug. 13, 1730	1	17
William, s. [James & Rebecca], b. Mar. 18, 1802	2	74
Zuriel, s. Nathan[ie]ll & Hannah, b. June 3, 1740	1	42
FINCHLEY, George, m. Hannah **WEBB,** Nov. 4, 1779, by Mr. Burrit	1	200
George, m. Sarah **SELLECK,** Jan. 17, 1789, by W[illia]m Fancher	2	33
Hannah, w. George, d. Nov. 10, 1787	2	33
Nancy, d. George & Hannah, b. July 21, 1784	2	10
Polly Winters, d. George & Hannah, b. May 19, 1782	2	7
FINN, Mellesent, Mrs., m. John **SHEPHERD,** June 7, 1783, by Rev. David Marinus	2	36
Nehemiah, m. Mellesent **EDSAL,** Oct. 17, 1779, by Rev. Amzi Lewis	2	36
Nehemiah, d. [sic] Nehemiah & Mellesent, b. Nov. 18, 1780	2	36
FINNEY, Daniel, s. Daniel & Phebe, b. Dec. 5, 1764	1	159-160
Elizabeth, m. Nathaniel **FERRIS,** Aug. 4, 1835, by Rev. Daniel Smith	2	240

	Vol.	Page
FINNEY (cont.),		
Louisa, m. Thomas O. **FARRINGTON**, b. of Stamford, June 24, 1833, by Rev. Daniel Smith	2	238
Mary, d. Daniel & Phebe, b. Sept. 17, 1763	1	159-160
Mary A., m. Silas **MOREHOUSE**, b. of Stamford, Aug. 11, 1832, by Rev. John Ellis. Int. Pub.	2	217
Phebe, d. Dan[ie]ll & Phebe, b. Sept. 3, 1767	1	180
Sarah, d. Dan[ie]ll & Phebe, b. Aug. 27, 1769	1	180
Seduthan, s. Dan[ie]ll & Phebe, b. June 13, 1771	1	180
FITCH, Abigail, d. Perez & Martha, b. Mar. 29, 1766	1	158
Abigail, m. James **DAVENPORT**, May 7, 1780, by Abraham Davenport	2	66
Betsey, d. Perez & Martha, b. Oct. 4, 1765	1	158
Betsey, d. W[illia]m & Elizabeth, b. May 22, 1789	2	30
Cate, d. W[illia]m & Elizabeth, b. July 8, 1782; d. July 9, 1782	2	1
Catharine, d. W[illia]m & Elizabeth, b. July 1, 1783	2	1
Elizabeth, m. John **SHIDDEN***, May 2, 1814, by Rev. Jonathan Judd *("SEYMOUR" in Huntington's Register)	2	138
Hilpah, m. Harry **BUSH**, Sept. 10, 1820, by Henry Hoit	2	141
Martha, d. Perez & Martha, b. July 20, 1754	1	108
Martha, wid., m. Hon. Abraham **DAVENPORT**, Aug. 8, 1776, by Rev. Dr. Welles	1	194
Perez, m. Mrs. Martha **COGGESHALL**, Sept. 4, 1753, by Rev. Mr. Whittlese, of Milford	1	108
Samuel, s. Perez & Martha, b. Aug. 20, 1768	1	171
Samuel, s. W[illia]m & Elizabeth, b. Aug. 25, 1785	2	1
William, s. Perez & Martha, b. Oct. 10, 1756	1	124
William, m. Elizabeth **HOLLY**, Oct. 12, 1781, by Abraham Davenport	2	1
FOULDS, James, m. Matilda A. **THORN**, b. of Stamford, Dec. 2, 1845, by Peter C. Oakley	2	282
FOUNTAIN, Eneos, m. Elizabeth **SMITH**, July [ ], 1779, by Rev. Mr. Elles	1	203
Hanna, m. Joseph **WATERBURY**, Mar. 12, 1718/19, by Capt. James Olmsted, J. P.	1	96
Joseph, s. Eneos & Elizabeth, b. Jan. 3, 1780	1	203
Mary, d. A[a]ron & Mary (**BEBEE**, d. Samuel of New London), m. Jno **MILLS**, Oct. 25, 1702, in Fairfield, by Major Peter Burr	1	145
Moses, s. Sam[ue]ll & Martha, b. June 3, 1776	1	197
Samuel, m. Martha **SCOFIELD**, Nov. 23, 1774, by Abraham Davenport	1	197
Samuel, s. Sam[ue]ll & Martha, b. June 6, 1778	1	197
FOWLER, Joseph G., m. Sarah **RAYMOND**, Oct. 14, 1844, by Rev. Frederick H. Ayres, of Longridge	2	278
FREES, [see under **DeFOREST**]		
FRENCH, Henry H., of Trumble, m. Ann Eliza **WILMOT**, of Stamford, June 22, [1828] at the house of Mr. Willmot, by Ebenezer Platt	2	192

	Vol.	Page
FRITH, Catereen, d. Daniel & Rebeckah, b. July 15, 1753	1	104
Daniel, m. Rebeckah **SCOFIELD**, Nov. 23, 1752, by Rev. Moses Mather	1	104
Daniel, d. May 2, 1753	1	104
FROST, Deborah, d. [Stephen & Elizabeth], b. June 11, 1794	2	43
Elizabeth, of Fairfield, m. Nathaniel **GREEN**, of Stamford, Feb. 16, 1721/2, by Rev. Daniel Chapman	1	112
Elizabeth, w. Stephen, d. Mar. 21, 1795	2	43
Hiram L., m. Julia **SMITH**, b. of Stamford, Jan. 22, 1826, by Rev. Noble W. Thomas	2	180
Stephen, m. Elizabeth **LOCKWOOD**, Jan. 13, 1793, by Rev. Robert Morris	2	43
FULLER, Amanda B., m. George **DAVENPORT**, b. of Stamford, Nov. 25, 1841, by Rev. Henry Fuller	2	263
FURBUSH, Rebeckah, m. Sam[ue]ll **HARDY**, May 12, 1698* *(1693?)	1	123
GAGE, Sarah E., m. John A. **WESTERVELT**, Nov. 4, 1852, by Rev. Ambrose S. Todd	2	308
GALE, GALES, Amy, d. Isaac & Anne, b. Aug. 13, 1784	2	18
Betsey, d. W[illia]m & Rebecca, b. Dec. 19, 1770	1	203
Isaac, s. William & Rebeckah, b. Nov. 17, 1760	1	139
Isaac, s. W[illia]m & Rebecca, b. Sept. 27, 1768	1	203
Isaac, m. Anne **LOCKWOOD**, July 4, 1779, by Rev. William Seward	2	18
Jeremiah, s. W[illia]m & Rebecca, b. Jan. 21, 1780	1	203
John, s. Joseph & Rebeckah, b. Oct. 9, 1732	1	47
John, m. Sarah **WATERBERY**, Sept. 21*, 1752, by Rev. Mr. Sturggent * (20th?)	1	102
John, s. John & Sarah, b. May 28, 1753	1	102
Joseph, s. William & Rebecca, b. Dec. 14, 1764	1	203
Josiah, s. Joseph & Rebeckah, b. June 5, 1742	1	56
Josiah, s. Isaac & Anne, b. Mar. 18, 1780	2	18
Mary, d. Joseph & Rebeckah, b. Mar. 25, 1740	1	47
Mary, m. Abraham **SMITH**, Jan. 28, 1759, by Rev. Mr. Wells	1	145
Nat[han], s. W[illia]m & Rebecca, b. Oct. 20, 1766	1	203
Nathaniel, s. Reuben & Martha, b. Jan. 1, 1790	2	16
Noah, s. Joseph & Rebeckah, b. Oct. 31, 1751	1	105
Noah, s. Joseph & Rebeckah, b. Oct. 31, 1751	1	203
Polly, d. Reuben & Martha, b. Apr. 5, 1787	2	16
Rebeckah, d. Joseph & Rebeckah, b. Oct. 22, 1744	1	63
Rebecca, d. Isaac & Anne, b. Apr. 6, 1782	2	18
Reuben, s. William & Rebeckah, b. Jan. 30, 1763	1	148-9
Reuben, m. Martha **REYNOLDS**, June [ ], 1782, by Charles Webb, J. P.	2	16
Rogger, s. Joseph & Rebeckah, b. Nov. 4, 1737	1	47
Rufus, s. W[illia]m & Rebecca, b. July 14, 1774	1	203
Sally, d. Reuben & Martha, b. Sept. 13, 1782	2	16
Samuel, s. Joseph & Rebeckah, b. Dec. 6, 1748	1	84
Sarah, d. Joseph & Rebeck[a], b. June 21*, 1747 *(20th?)	1	74

	Vol.	Page

GALE, GALES (cont.),
   Sarah, d. John & Sarah, b. July 8, 1755 — 1, 128
   Seymour, s. Isaac & Anne, b. July 1, 1787 — 2, 18
   Silvanus, s. John & Sarah, b. Mar. 25, 1758 — 1, 128
   William, s. Joseph & Rebeckah, b. May 29, 1735 — 1, 47
   William, m. Rebeckah **JAGGER**, July 4, 1758, by Rev. Noah Welles — 1, 130-1
   William, s. William & Rebeckah, b. Feb. 10, 1759 — 1, 130-1
   William, s. Reuben & Martha, b. Oct. 3, 1784 — 2, 16

GARNSEY, [see under **GUERNSEY**]

GAY, Ann Elizabeth, m. Edmond **LOCKWOOD**, b. of Stamford, Oct. 9, 1832, by Rev. Daniel Smith — 2, 236
   Royal L., m. Ann **SHEPHERD**, b. of Stamford, Jan. 15, 1826, by Rev. Daniel Smith — 2, 180

GAYLER, Hannah Elizabeth, of Stamford, m. Benjamin A. **CLAPP**, of Tarrytown, N. Y., May 10, 1847, by Rev. Ambrose S. Todd — 2, 288

GIBBS, GIBS, Elizabeth, had d. Elsey, b. Oct. 31, 1790. Recorded by desire of Mrs. Jonathan Brown — 2, 100
   Elsey, d. Elizabeth **GIBBS**, b. Oct. 31, 1790. Recorded by desire of Mrs. Jonathan Brown — 2, 100
   Margaret, m. Steven **HOLMES**, Sept. 7, 1704, by Mr. Darengs — 1, 123
   Mary *, m. Cary **LEEDS**, Feb. 6, 1757 *("Mary **GILES**" in Huntington's Register) — 1, 167

GIBSON, John, m. Elizabeth **HARDENBURGH** (colored), Oct. 8, 1836, by Rev. Daniel Smith — 2, 242

GILBERT, Maria, m. John J. **LEEDS**, June 24, 1821, by Rev. Jonathan Judd — 2, 153

GILES, Mary *, m. Cary **LEEDS**, Feb. 6, 1757 * (Arnold copy has "Mary **GIBBS**") — 1, 167

GILLESPEE, James Stewart, of New York, m. Hannah Maria **WEBB**, of Stamford, Feb. 21, 1850, by Rev. I. Jennings — 2, 304

GIVENS, Thomas, m. Lydia L. **HOLLY**, Dec. 31, [probably 1843], by George Brown — 2, 268

GODARD, Elizabeth, m. Henry **WATERBURY**, Jr., Apr. 13, 1810, in New York — 2, 134

GODFRY, Mary, m. Ebenezer **MILLS**, b. of Fairfield, Dec. 25, 1840, by Rev. John Tackaberry — 2, 259

GOGAN, Harriet, d. Christopher & Hannah, b. July 6, 1820 — 2, 155
   James Henry, s. Christopher & Hannah, b. Oct. 2, 1826 — 2, 155
   Jane, d. Christopher & Hannah, b. July 16, 1818 — 2, 155
   Jane A., m. Joseph P. **TOBIAS**, b. of Stamford, Dec. 22, 1839, by Rev. James M. Stickney — 2, 256
   Thomas, s. Christopher & Hannah, b. Jan. 31, 1824 — 2, 155

GOLD, [see also **GOULD**], Abigail, m. Jonathan **SELLECK**, Jan. 5, 1685 — 1, 101
   Abigail, d. Oct. 1, 1722 — 1, 138
   Hannah, [m.] John **SEAMAR**, [ ] — 1, 8
   Han[n]a[h], m. [Abraham]* **AMBLER**, Jan. 12, 1692
     * (Supplied from Huntington's Register) — 1, 96

	Vol.	Page

GOLD, [see also **GOULD**] (cont.),
   Hannah, Sr., Mrs., m. Samuel **HOIT**, Sr., b. of Stamford, Sept. 20,
      1714, by Capt. Joseph Bishop, J. P.   1   129
   John, Sr., d. July 14, 1712   1   131
   John, had child d. Sept. 8, 1712   1   130
   John, Jr., d. Mar. 27, 1720   1   138
   Sarah, m. Samuel **FINCH**, Dec. 5, 1692   1   96

GOLDSBERRY, GOOLDSBERY, GOOLSBERY, Enoch, s. Sarah
   GOOLDSBERRY, b. Apr. 28, 1770   1   178-9
   Joseph, s. John & Abigail, b. Feb. 14, 1735/6   1   39
   Samuel, s. John & Abigaill, b. Dec. 16, 1737   1   39
   Sarah, d. John & Abigaill, b. July 6, 1736   1   39
   Sarah, had s. Enoch, b. Apr. 28, 1770   1   178-9
   Sarah, m. Nathaniel **HOIT**, Jan. 5, 1778, by Abraham Davenport   2   23
   Thankfull, d. John & Abigaill, b. Aug. 4, 1733   1   39

GOODRICH, Benjamin, s. Benjamin & Hannah, b. Jan. 17, 1741/2   1   53

GORHAM, GORUM, [see also **GORMAN & JERMAN**], Abigail, w.
   Daniel, d. [   ]   2   10
   Abigail, d. George & Hannah, b. Feb. 6, 1731, in Rey*
      *(Rye?)   1   112
   Abigail, m. Josiah **SCOFIELD**, 3rd, Mar. 12, 1751, by Rev. Ebenezer Dibble   1   98
   Alfred, s. Daniel & Jane, b. Feb. 25, 1790   2   10
   Charlotte, d. Daniel & Jane, b. May 24, 1788   2   10
   Daniel, s. George & Hannah, b. May 17, 1737, in Rey*
      *(Rye?)   1   112
   Daniel, m. Abigail **WATERBURY**, Jan. 25, 1766, by Rev. Ebenezer Dibble   2   10
   Daniel, s. Daniel & Abigail, b. June 13, 1772; d. [   ]   2   10
   Daniel, m. Jane **BATES**, July 15, 1780, by Rev. Moses Mather   2   10
   Daniel, s. Daniel & Jane, b. Sept. 28, 1783   2   10
   Deborah, d. George & Hannah, b. May 23, 1748   1   112
   George, m. Hannah **BANKS**, July 20, 1726, by Rev. Stephen Church, of England   1   112
   George, s. George & Hannah, b. Sept. 4, 1744   1   112
   George, s. Daniel & Jane, b. Feb. 22, 1787   2   10
   Hannah, d. George & Hannah, b. Feb. 19, 1728, in Rye   1   112
   Hannah, m. Thomas **SMITH**, Dec. 14, 1754, by Rev. Mr. Whitmore   1   113
   Hannah, d. Daniel & Abigail, b. Dec. 23, 1767; d. Nov. 26, 1770   2   10
   Hannah, d. Daniel & Abigail, b. Mar. 29, 1775; d. Feb. 27, 1782   2   10
   Henry, s. [Daniel & Jane], b. Aug. 28, 1792   2   10
   John, s. Daniel & Abigail, b. Dec. 9, 1769   2   10
   Jonathan, s. George & Hannah, b. Jan. 25, 1740   1   112
   Joseph, s. George & Hannah, b. Feb. 5, 1745/6   1   112
   Joseph, s. Daniel & Jane, b. Mar 4, 1785   2   10
   Mary, d. Shubael & Mary, b. Dec. 14, 1748   1   83
   Phebe, d. George & Hannah, b. May 26, 1735, in Rey*
      *(Rye?)   1   112

	Vol.	Page
GORHAM, GORUM, [see also **GORMAN & JERMAN**] (cont.),		
Phebe, m. Samuel **SEWARD**, Apr. 18, 1758, by Rev. Ebenezer Dibble	1	136
Phebe, d. [Daniel & Jane], b. Jan. 17, 1795	2	10
Polly, d. Daniel & Jane, b. Feb. 3, 1782	2	10
Puella, d. George & Hannah, b. Nov. 16, 1730, in Rye	1	112
Samuel, s. Daniel & Jane, b. Oct. 26, 1780	2	10
Sarah, d. George & Hannah, b. Aug. 4, 1742	1	112
Shubael, s. George & Hannah, b. Apr. 11, 1727, in Greenwich	1	112
Shubel, m. Mary **SELLECK**, Aug. 23, 1748, by Rev. Mr. Wikitmore	1	83
Shubael, s. Shubael & Mary, b. Oct. 26, 1750	1	94
GORMAN, [see also **GORHAM & JERMAN**], Alva, [child of James & Polly], b. Aug. 14, 1803	2	112
Charity*, m. Lounsbery **PALMER**, Feb. 7, 1808, by Rev. W[il-lia]m Fisher *("Charity **GORHAM**" in Huntington's Register)	2	114
Eliza, d. [James & Polly], b. July 13, 1801	2	112
Hanford *, s. [James & Polly], b. Oct. 7, 1807 *("Hanford **JERMAN**" in Huntington's Register)	2	112
James *, m. Polly **DAVIS**, Nov. 8, 1798, by Rev. Platt Buffet *(Huntington's Register has "James **JERMAN**")	2	112
Mary Ann *, [d. James & Polly], b. May 23, 1806 * ("Mary Ann **JERMAN**"?)	2	112
Polly *, m. Isaac **GRAY**, July 18, 1801, by Rev, Dr. Mather * ("Polly **GORHAM**" in Huntington's Register)	2	112
GOULD, GOOLD, [see also **GOLD**], Ann, m. John **PETTET**, b. of Stamford, Jan. 16, 1706/7, by Rev. John Davenport	1	128
Hannah, d. John & Hannah, d. Dec. 12, 1715	1	128
Henry B. of Bridgeport, m. Mary E. **WHITE**, of Stamford, this day, [June 19, 1843], by Rev. J. W. Alvord, Jr.	2	266
John, m. Hannah **HIGINNBOTHEM**, Apr. 3, 1707, by Mr. Peck	1	128
John, s. John & Hannah, b. Nov. 17, 1707	1	124
GRAVES, Benony, s. Willia[m], d. Apr. 12, 1657	1	19
Sarah, d. Sept. 13, 1656	1	19
GRAY, Abigail, d. Joshua & Elizabeth, b. Feb. 9, 1769	1	196
Alfred, s. [Isaac & Polly], b. Sept. 19, 1811	2	112
Cary Holly, s. [Joseph & Hannah], b. Aug. 16, 1800	2	41
Caty, d. Joseph & Hannah, b. June 5, 1791	2	41
Daniel, m. Patience* **WATERBURY**, Nov. 15, 1765, by Col. Jonathan Hoit, J. P. *("Prudence"?)	1	164
Daniel, s. Daniel & Prudence, b. Sept. 22, 1774	1	201
Eleanor, d. [Philip & Hannah], b. Jan. 11, 1796	2	72
Elizabeth, wid., m. George **SLAUSON**, Jan. 22, 1775, by Thomas Youngs, J. P.	1	196
Elizabeth, d. Joseph & Hannah, b. July 21, 1787	2	41
Elizabeth, d. [Isaac & Polly], b. July 14, 1813	2	112
George Washington, s. Daniel [& Prudence], b. Nov. 23, 1776; d. Jan. 22, 1777	1	201

	Vol.	Page

GRAY (cont.),
Hannah, d. Joseph & Hannah, b. Aug. 16, 1783	2	41
Hannah, d. [Isaac & Polly], b. Sept. 30, 1809	2	112
Henry, s. [Isaac & Polly], b. Sept. 25, 1815	2	112
Isaac, m. Polly **GORMAN**, July 18, 1801, by Rev. Dr. Mather	2	112
Isaac, s. [Isaac & Polly], b. Oct. 10, 1805	2	112
James, s. Daniel & Prudence, b. Mar. 24, 1769	1	170
Jane, d. [Isaac & Polly], b. Aug. 20, 1807	2	112
Jeanette A., m. John D. **LOCKWOOD**, Feb. 3, 1845, by Rev. Ambrose S. Todd	2	276
Joseph, m. Hannah **LEEDS**, Nov. 1, 1781, by Rev. Moses Mather	2	5
Joseph Alfred, s. Joseph & Hannah, b. Aug. 26, 1793	2	41
Joshua, m. Elizabeth **DIBBLE**, May 20, 1766, by Jonathan Hoit, J. P.	1	196
Julia Ann, m. Darius **STEVENS**, b. of Stamford, Mar. 27, 1836, by Rev. Ambrose S. Todd	2	231
Marcy, m. Daniel **WEED**, Jr., Nov. about middle, 1752, by Jonathan Maltbie	1	138
Mary, d. Daniel & Prudence, b. May 18, 1767	1	164
Mary, m. Miles **WEED**, Jr., Mar. 22, 1769, by Noah Welles	2	14
Molly, d. Joseph & Hannah, b. Sept. 7, 1785	2	41
Nancy, d. Daniel & Prudence, b. Jan. 10, 1778	1	201
Philip, s. Daniel & Prudence, b. Nov. 24, 1770	1	201
Philip, m. Hannah **MATTHIAS**, Nov. 6, 1791, by Rev. Moses Mather	2	72
Prudence, d. Daniel & Prudence, b. Dec. 16, 1772	1	201
Prudence, m. Henry **WHITNEY**, Jan. 8, 1789, by Rev. Moses Mather	2	37
Rebecca, d. [Joseph & Hannah], b. July 30, 1798	2	41
Rebecca, d. [Joseph & Hannah], d. Aug. 24, 1799	2	41
Sally, d. Daniel & Prudence, b. Mar. 16, 1782	2	5
Sally, d. Joseph & Hannah, b. Aug. 26, 1789	2	41
Sarah J., m. James H. **HOYT**, Jan. 31, 1838, by Rev. Amborse S. Todd	2	246
Stephen, s. [Isaac & Polly], b. Oct. 25, 1802	2	112
William, of Stamford, m. Sarah **ADAMS**, of Greenwich, Apr. 16, 1843, by Rev. Addison Parker	2	266
W[illia]m Leeds, s. [Joseph & Hannah], b. June 24, 1796	2	41
William Matthias, s. [Philip & Hannah], b. Dec. 29, 1793	2	72
-----, Mr., d. Dec. 14, [ ]	1	135

GREEN, Abigail, m. Stephen **CLASON**, Apr. 27, 1709, by Justice Hoit
	1	131
Abigail, d. David & Kerinahappuck, b. May 15, 1740	1	95
Abraham, s. Benjamin & Rebecca, b. Sept. 15, 1734	1	27
Abraham, s. Elliott & Mercy, b. Oct. 26, 1766	1	201
Amos, s. Benjamin & Rebecca, b. Feb. 18, 1739/40	1	42
Amos, s. Elliott & Mercy, b. Jan. 9, 1779	1	201
Asael, m. Mary **PETTIT**, Aug. 18, 1755, by Rev. Moses Mather	1	119
Benjamin had [d.], b. Apr. 19, 1684; [d.],		

	Vol.	Page
GREEN (cont.),		
b. July 8, 1686 & [d.], b. July 20, 1690	1	120
Benjamin, s. Benjamin [& w. Susan], b. Nov. 5, 1693	1	120
Benjamin, m. Hester **CLEMENCE**, Mar. 26, 1696	1	124
Benjamin, m. Mary **HOMES**, Feb. 3, 1712/13, by Joseph Bishop, J. P.	1	129
Benjamin, d. Mar. 6, 1726/7	1	8
Benjamin, m. Rebecca **WEED**, July 2, 1730, by John Davenport	1	16
Benjamin, s. Benjamin & Rebecca, b. Mar. 7, 1730/1	1	18
Charles, s. Benjamin & Hester, b. Apr. 25, 1710	1	127
Daniel, s. Nathaniel & Elizabeth, b. Nov. 23, 1728	1	13
David, s. Jno & Abigail, b. [ ], was 15 years old Feb. last wk., 1715	1	117
David, m. Kerenahappuck **JUNE**, Sept. [ ], 1734, in North Castle, by Justice Pellum	1	95
Debro, d. Benjamin & Hester, b. Apr. 25, 1701	1	124
Deborah, had child b. Sept. 6, 1712; reputed f. Cornelius **DELAVAN**	1	141
Deborah, m. Cornelius **DELAVAN**, Oct. 3, 1712, by Justice Holly	1	130
Deborah, m. John **DAN**, Oct. 1, 1719, by Capt. Joseph Bishop, J. P.	1	112
Daborah, m. John **DAN**, Oct. 1, 1719, by Joseph Bishop	1	136
Deborah, m. John **DAN**, Oct. 1, 1719, by Joseph Bishop, J. P.	1	203
Ebinezer, s. Benjamin & Esther, b. Mar. 18, 1704/5	1	124
Elijah, s. Nathaniel & Elizabeth, b. Feb. 16, 1731/2	1	21
Elizabeth, d. Joseph, b. Aug. 5, 1683	1	107
Elizabeth, m. Dr. John **DREW**, Feb. 4, 1714, by Joseph Bishop, J. P.	1	145
Elizabeth, d. Jno & Sarah, b. Sept. 25, 1716	1	146
Elliet, s. Benjamin & Rebeckah, b. Mar. 18, 1742/3	1	57
Elliott, m. Mercy **SEELEY**, Apr. 22, 1766, by Rev. Ebenezer Dibble	1	201
Elliott, s. Elliott & Mercy, b. Dec. 23, 1767	1	201
Elliott, d. Nov. 8, 1778	1	201
Hannah, d. Elliott & Mercy, b. Jan. 13, 1773	1	201
Hannah, m. John **WARRING**, Jr., Feb. 23, 1797, by Rev. Daniel Smith	2	82
Hester, d. Benjamin & Hester, b. Dec. 19, 1696	1	124
Hester, w. Benjamin, d. Apr. 8, [17]	1	137
Isaac, s. Nathaniel & Elizabeth, b. July 17, 1734	1	27
Johanna, d. Benjamin & Hester, b. Mar. 14, 1702/3	1	124
John, m. Martha **FINCH**, 7th mo. [ ], [16]58	1	74
John, s. Joseph, b. Sept. 22, 1691	1	107
John, m. Sarah **CRISSY**, Nov. 7, 1717, by Capt. Joseph Bishop, J. P.	1	145
John, s. Elliott & Mercy, b. Jan. 23, 1777	1	201
Jonathan, s. John & Abigail, b. [ ]; was 13 years old May [ ], 1715	1	117
Joseph, s. Joseph, b. Jan. 23, 1687	1	107

GREEN (cont.),

	Vol.	Page
Joseph, d. July 15, 1710	1	124
Joseph, m. Sarah **BROWN**, Jan. 10, 1711/2, by Elisha Holly, J. P.	1	124
Joseph & w. Sarah, had 1st child b. Aug. 3, 17[ ]	1	124
Marcy, m. Benjamin **BOUNNEL**, the evening after the 1st day of Oct., 1723, by Joseph Bishop	1	0
Martha, m. Nehemiah **CHURCHILL**, May 3, 1716, by Capt. Joseph Bishop, J. P.	1	106
Martha, d. David & Kerinahappuck, b. Feb. 14, 1738	1	95
Martha, had d. Martha **EMRY**, b. Dec. 25, 1754	1	139
Mary, w. Jo., d. 9th mo. 14, [16]57	1	20
Mary, d. Joseph, b. May 30, 1681	1	107
Mary, m. John **PERRY**, Apr. 10, 1707, by Capt. Selleck, J. P.	1	121
Mary, m. Ebenezer **HOIT**, Jr., Nov. 1, 1749, by Jonathan Maltbie, J. P.	1	83
Mercy, d. Joseph & Elizabeth, was on Apr. [ ], 1714, 20 years old	1	133
Mercey, d. Elliott & Mercy, b. Apr. 19, 1771	1	201
Nathan, s. Benjamin & Esther, b. Dec. 3, 1706	1	124
Nathaniel, s. Nathaniel & Elizabeth, b. Oct. 1, 1705	1	9
Nathaniel, s. Joseph, was on Sept. 11, 1714, 17 years old	1	133
Nathaniel, of Stamford, m. Elizabeth **FROST**, of Fairfield, Feb. 16, 1721/2, by Rev. Daniel Chapman	1	112
Reuben, s. Benjamin & Hester, b. Jan. 26, 1708/9	1	124
Samuel, s. John & Abigail, b. May 1, [ ], was 21 years of age May 1, 1715	1	117
Sarah, m. Stephen **HOLM[E]S**, Sept. 7, 1710, by Samuel Hoit, J. P.	1	124
Sarah, m. Theophilus **BISHOP**, June 7, 1733, by Jonathan Hoit, J. P.	1	23
Sarah, d. David & Kerinahappuck, b. Mar. 30, 1743	1	95
Sarah, m. Benjamin **BELDING**, Feb. 5, 1746/7, by Jonathan Hoit, J. P.	1	79
Sarah, m. Isaiah **JONES**, Dec. 17, 1766, by Jonathan Maltbie, J. P.	1	165
Sarah, m. Stephen **HOLMES**, Jr., Sept. 7, [ ], by Samuel Hoit, J. P.	1	143
Sarah, d. Elliott & Mercy, b. Dec. 23, 1774	1	201
Susan, w. Ben[jamin], d. Nov. [ ], 1694	1	120
Susannah, m. Peter **SCOT[T]**, July 4, 1754, by Abraham Davenport	1	111
Waightstill, d. Joseph, b. Nov. 26, 1685	1	107
Waitstill, m. David **WATERBERY**, Apr. 10, 1707, by Capt. Selleck, J. P.	1	137
William, s. Elliott & Mercy, b. Aug. 3, 1769	1	201
GRIFFING, Richard, of Richmond, Mass., m. Cornelia **SCOFIELD**, of Stamford, Nov. 27, 1850, by Rev. I. Jennings	2	304
GRIFFITH, Abram, m. Maria **WILLIAMS**, (colored), Dec. 7, 1837, by Rev. Ambrose S. Todd	2	245

	Vol.	Page
GUERNSEY, GARNSEY, Abigail, m. Peter SCOFIELD, Jr., Aug. 16, 1767, by Rev. Mr. Wells	1	162
Abigail, d. Sam[ue]ll & Mary, b. Aug. 10, 1773	1	194
Albert Prevost, s. [Silas & Margaret], b. Feb. 27, 1805, in New York	2	109
Asa, s. Ezra & Sarah, b. Dec. 5, 1776	2	28
Asa B. Robinson, s. [Silas & Margaret], b. July 21, 1803, in New York	2	109
Catherine G., d. [Ezra, Jr. & Lonah], b. June 10, 1804, in New York; d. Sept. 13, 1805	2	121
Charlott[e], d. Zaccheas & Sarah, b. Dec. 17, 1771	1	176
Comfort, m. Jesse BELL, Nov. 8, 1767, by Rev. Mr. Mather	1	187
Debro, d. Joseph, b. Sept. 10, 1704	1	124
Deborah, d. Jonathan & Deborah, b. Sept. 13, 1728	1	18
Deborah, m. David WEED, June 5, 1734, by Jonathan Hoit, J. P.	1	26
Edmond Sylvester, s. [Silas & Margaret], b. June 5, 1809	2	109
Edward W., of Elizabethtown, N. J., m. Francis A.WEED, of Stamford, Mar. 10, 1846, by Rev. Henry Fuller	2	283
Elizabeth, d. Michael & Elizabeth, b. Sept. 17, 1765	1	159-160
Elizabeth, d. Michael & Elizabeth, b. Dec. 3, 1769	1	171
Elizabeth, d. [Ezra, Jr. & Lonah*], b. Oct. 7, 1817 *(Lanrah?)	2	121
Enoch, s. Sam[ue]ll & Mary, b. May 27, 1770	1	194
Ezra, s. Jonathan, decd. & Deborah, b. Mar. 29, 1750	1	95
Ezra, m. Sarah SEEKINGS, Mar. 3, 1771, by Rev. Samuel West, of Dartmouth	2	28
Ezra, s. Ezra & Sarah, b. Apr. 12, 1780	2	28
Ezra, Jr., m. Lonah* BENNETT, July 31, 1803, in New York, by John Wilson, Elder *("Lanrah" in Huntington's Register)	2	121
Hannah, d. Joseph, b. Jan. 27, 1702	1	124
Hannah, d. Joseph & Hannah, b. Sept. 2, 1729	1	18
Hannah, m. Thomas POTTS, Jan. 1, 1735/6, by Samuel Hoit, J. P.	1	30
Hannah, d. Michael & Elizabeth, b. Oct. 24, 1763	1	159-160
Henry, s. [Solomon & Betsey], b. Feb. 22, 1821	2	126
Isaac, s. Samuel & Mary, b. Sept. 17, 1763	1	151
Isaac, s. Sam[ue]ll & Mary, b. Sept. 28, 1767	1	194
Jacob Scofield, s. [Solomon & Betsey], b. May 29, 1819	2	126
Jesse H., s. [Ezra, Jr. & Lonah*], b. June 5, 1809, in New York *(Lanrah?)	2	121
John, s. Joseph, b. May 23, 1697	1	124
John, s. Michael & Elizabeth, b. Nov. 21, 1766	1	159-160
Jonathan, s. Joseph, b. Nov. 14, 1701	1	124
Jonathan, s. Jonathan & Deborah, b. Mar. 12, 1729/30	1	18
Jonathan, s. Samuel & Mary, b. Oct. 22, 1761	1	151
Jonathan, d. Dec. 25, 1749	1	95
[J]oseph, m. Rose WATERBURY, 3rd mo. 11, [16]59	1	74
Joseph, s. Joseph, b. June 30, 1662	1	76
[Joseph*], m. Mary LOCKWOOD, Mar. 3, 1693 * (Supplied from Huntington's Register)	1	96

GUERNSEY, GARNSEY (cont.),

Joseph, m. Mary **LOCKWOOD**, Mar. 2, 1692/3	1	124
Joseph, s. Joseph, b. Apr. 23, 1695	1	124
Joseph, m. Hannah **FANCHER**, June 6, 1728, by Jonathan Hoit, J. P.	1	10
Joseph, s. Joseph & Hannah, b. Jan. 11, 1730	1	18
Joseph, s. Joseph & Hannah, b. Sept. 18, 1736	1	34
Lydia, d. Michael & Elizabeth, b. July 5, 1771	1	178-9
Mary, d. Joseph, b. Dec. 8, 1693	1	124
Mary, m. Benjamin **BISHOP**, Apr. 25, 1728, by Joseph Bishop	1	10
Mary, d. Jonathan & Deborah, d. fore part Dec. 1751	1	95
Peter, s. Zaccheas & Sarah, b. Nov. 17, 1768	1	176
Peter Prevost*, s. [Silas & Margaret], b. Mar. 8, 1807, in Stamford * ("Peter Prue" in Huntington's Register)	2	109
Phebe, d. [Ezra, Jr., & Lonah*], b. Aug. 23, 1814; d. Dec. 11, 1816 *(Lanrah?)	2	121
Rhoda, d. Michael & Elizabeth, b. May 26, 1768	1	171
Rose, d. Joseph, b. Apr. 11, 1699	1	124
Rosetta B., d. [Ezra, Jr. & Lonah*], b. Feb. 13, 1806, in New York *(Lanrah?)	2	121
Rosetta B., of Stamford, m. John **MILLER**, of Utica, Nov. 29, 1830, by Rev. Daniel J.'Wright	2	212
Sally, d. Ezra & Sarah, b. Mar. 17, 1782	2	28
Sally, m. Daniel **KNAP[P]**, Feb. 18, 1786, by Rev. John Avery	2	28
Samuel, m. Mary **SKELDING**, Sept. 22, 1761	1	151
Samuel, m. wid. Mary **SKELDING**, Feb. 1, 1767, by Rev. Noah Welles	1	194
Sarah, d. Zaccheas & Sarah, b. Sept. 20, 1766	1	176
Sarah C., d. [Ezra, Jr. & Lonah*], b. Sept. 22, 1807, in New York; d. Aug. 5, 1809 *(Lanrah?)	2	121
Silas, s. Ezra & Sarah, b. Apr. 8, 1778	2	28
Silas, m. wid. Margaret **BYERS**, Feb. 27, 1800, in New York, by Rev. George Strebeck	2	109
Solomon, s. Ezra & Sarah, b. May 25, 1787	2	28
Solomon, m. Betsey **SCOFIELD**, Mar. 16, 1813, by Rev. Daniel Smith	2	126
Solomon S., s. [Ezra, Jr. & Lonah*], b. Dec. 7, 1811 *(Lanrah?)	2	121
Susannah, m. Daniel **WEED**, Nov. 16, 1732, by Jonathan Hoit, J. P.	1	21
Walter Seekins, s. [Silas & Margaret], b. Feb. 10, 1801, in New York	2	109
William, s. Joseph & Hannah, b. Sept. 11, 1734	1	34
William, s. [Solomon & Betsey], b. Oct. 7, 1817	2	126
Will[ia]m Henry, s. [Solomon & Betsey], b. Oct. 15, 1815	2	126
Zaccheas, m. Sarah **PECK**, May 6, 1766, by Jonathan Maltbie, J. P.	1	176
-----sh*, m. Mary **LOCKWOOD**, Mar. 3, 1693 *("Joseph" in Huntington's Register)	1	96

HAIT, [see under **HOYT**]

	Vol.	Page
HALL, Barbara, of Stamford, m. William **WATERBURY**, of Darien, Oct. 2, 1827, by Rev. Daniel Smith	2	189
Jonathan M. of Stamford, m. Sarah D. **WARING**, of Poundridge, N. Y., Nov. 2, 1834, by Shaler J. Hillyer	2	224
HALLCRAFT, Elizabeth, m. Jeremiah **LAKEWOOD**, Jr., Aug. 7, 1784, in Pound Ridge, N. Y., by Will[ia]m Fansher, J. P.	2	118
HAMILTON, Burrett W., of Bridgeport, m. Catherine **MAGIE**, of Stamford, July 21, 1844, by Addison Parker	2	272
Henry, m. Ruth **WATERBURY**, Dec. 5, 1826, by Rev. John Ellis	2	184
John S., m. Julia A. **SCOFIELD**, b. of Stamford, May 13, 1850, by Rev. H. F. Pease	2	303
Sally, of New Canaan, m. John E. **KELLY**, of New York, Sept. 7, 1828, by Rev. A. S. Todd	2	201
Zolmon, of New Canaan, m. Sally M. **WILMOT**, of Stamford, Apr. 27, 1823, by Henry Hoit, Jr.	2	165
HANFORD, HANDFORD, Abigail, m. Jonathan **BROWN**, July 1, 1760, by Jonathan Hoit	1	137
Abigail, m. Joseph **BROWN**, Dec. 1, 1785, by Rev. Justus Mitchell	2	11
Augustus, m. Angeline **COCKS**, b. of Stamford, Nov. 26, 1828, by Rev. Henry Fuller	2	194
Deborah *, m. Charles **KNAP[P]**, Jr., Apr. 23, 1757, by Rev. Mr. Wells *("Deborah **HUSTED**" in Huntington's Register)	1	171
Dinah, m. Samuel **HOIT**, 4th, Apr. 6, 1749, by Jonathan Hoit	1	81
Emeline, m. Benj[ami]n M. **WEED**, b. of Stamford, Dec. 10, 1828, by Rev. Henry Fuller	2	194
Mary B., m. Joseph **SCOFIELD**, b. of Stamford, Oct. 8, 1837, by Rev. Henry Fuller	2	244
Sally L., of Stamford, m. Edgar **LOUNSBURY**, of North Castle, N. Y., Jan. 7, 1824, by Rev. Henry Fuller	2	170
HARDENBURGH, Elizabeth, m. John **GIBSON** (colored), Oct. 8, 1836, by Rev. Daniel Smith	2	242
HARDY, Daniell, s. Sam[ue]ll & Rebeckah, b. Aug. 8, 1701	1	123
Han[n]ah, d. Sam[ue]ll & Rebeckah, b. July 6, 1693	1	123
Mary, d. Rich[ard], b. 2nd mo. 30, [16]59	1	74
Phinehas, s. Sam[ue]ll & Rebeckah, b. Oct. 12, 1703/4	1	123
Rebeckah, d. Sam[ue]ll & Rebeka, b. Dec. 28, 1687	1	123
Samuel, s. Richard, b. 10 16[ ]	1	19
Samuel, m. Rebecca **HUBBY**, Nov. 18, 1686	1	101
Sam[ue]ll, m. Rebeckah **FURBUSH**, 2nd w. May 12, 1698* *(1693?)	1	123
Samuel, s. Sam[ue]ll & Rebeckah, b. July 31, 1699	1	123
-----, wid., d. Dec. 13, 1707	1	138
HARRIS, Anne, m. Cary **LEEDS**, Jr., May 17, 1798, by Rev. [ ] Nash	2	91
Elizabeth, [d. Robert & Elizabeth], b. Sept. 7, 1727	1	10
Ephraim, [s. Robert & Elizabeth], b. July 31, 1725	1	10
Ezekiel, s. Robert & Elizabeth, b. Oct. 19, 1714	1	10
Hannah, d. Jan. 18, 1872* *(1782?)	2	9

	Vol.	Page

HARRIS (cont.),

	Vol.	Page
James, [s. Robert & Elizabeth], b. Nov. 10, 1730	1	10
Mary, d. [Robert & Elizabeth], b. Nov. 16, 1716	1	10
Robert, [s. Robert & Elizabeth], b. Oct. 31, 1720	1	10
Sarah, [d. Robert & Elizabeth], b. Feb. 28, 1722/3	1	10
Thomas, [s. Robert & Elizabeth], b. June 15, 1718	1	10

HARSON, [see also **HARTSHORN**], Cornelius, m. Mary **SKELDING**,

Sept. 27, 1819, by Rev. William Parrell, in Bloomingale	2	37
Julia Ann, d. [Cornelius & Mary], b. Sept. 13, 1821	2	37
Sarah Elizabeth, d. [Cornelius & Mary], b. Mar. 15, 1824	2	37

HART, Moses, s. Jacob & Ester, b. May 3, 1748 — 1 — 78
Samuel, s. Jacob & Ester, b. Oct. 15, 1749 — 1 — 83

HARTFORD, Susan, of Stamford, m. Lewis **SLOCUM**, of Greenwich, Dec. 21, 1824, by Rev. Henry Fuller — 2 — 175

HARTSHORN, [see also **HARSON**], Jonathan, had child d. [ ], bd. Dec. 30, 1718 — 1 — 138
Thomas, s. Jonathan & Luci, b. Oct. 3, 1720 — 1 — 150

HARVEY, Emma Eliza, m. Robert **TUCKER**, M. D., Feb. 15, 1841, by Rev. Ambrose S. Todd — 2 — 260
Susan Schuyler, of Stamford, m. Albert **CUTTER**, of New York, Sept. 16, 1844, by Rev. Ambrose S. Todd — 2 — 273
Thomas M., m. Ellen J. **REED**, b. of New York, June 20, 1833, at St. John's Church, by Rev. Ambrose S. Todd — 2 — 228

HATTOCK, W[illia]m H. H., m. Elizabeth **NEWMAN**, Feb. 24, 1842, by Rev. Ambrose S. Todd — 2 — 270

HAWLEY, Charles, m. Mary S. **HOLLY**, Jan. 28, 1821, by Rev. Jonathan Judd — 2 — 153
Charles Elisha, (s. Elisha & Electer, b. June 16, 1817), changed his name from Charles Smith **HAWLEY** and it was so recorded by his mother on Aug. 26, 1835 — 2 — 129
Charles Smith, s. [Elisha & Electer], b. June 16, 1817 — 2 — 129
Elisha, m. Electer **SMITH**, Jan. 6, 1813, by Rev. Daniel Smith — 2 — 129
Sarah Elizabeth, d. [Elisha & Electer], b. Apr. 11, 1815 — 2 — 129

HAXTON, Charlotte, [w. Dyer], d. Sept. 7, 1810 — 2 — 95
Dyer, m. wid. Charlotte **BROWN**, Sept. 29, 1805, by Rev. Daniel Smith — 2 — 95
Dyer, m. Sarah **HOYT**, Feb. 17, 1811, by Rev. Daniel Smith — 2 — 95
Louisa Charlotte, d. [Dyer & Charlotte], b. May 27, 1810; d. Sept. 15, 1810 — 2 — 95

HAYDEN, Esther, m. Samuel **BIRCHARD**, Nov. 24, 1768, in Middlesex, by Rev. Mr. Mather — 1 — 192

HAYES, Abigail, m. Philo **WEED**, Nov. 11, 1802, by Rev. Amzi Lewis — 2 — 115
W[illia]m m. Sarah E. **LOCKWOOD**, b. of Stamford, Dec. 2, 1850, by Rev. I. Jennings — 2 — 305

HAZARD, Anne, m. Rev. John **AVERY**, Apr. 4, 1782, by Rev. Hezekiah Ripley — 2 — 7

HENMAN, [see under **HINMAN**]

HENNESEE, John, m. Fanny **QUINTARD**, Dec. 10, 1809, by Rev.

STAMFORD VITAL RECORDS 91

	Vol.	Page

HENNESEE (cont.),
    [ ] Hasgill, in Rye, N. Y.   2   116
HEUSTED, [see under **HUSTED**]
HICKOX, HICKCOX, HICKOK, HISCOX, [see also **HITCHCOCK**], Abigail, d. Benjamin & Sarah, b. Nov. 13, 1718   1   146
    Benjamin, m. Sara **SELLECK**, Feb. 3, 1713/14, by Capt. Joseph Bishop, J. P.   1   145
    Bethell, s. Benjamin & Sarah, b. Jan. 4, 1720/1   1   132
    Betsy, d. [Samuel & Zilpha], b. May 14, 1794   2   49
    Ebenezer, s. [Samuel & Zilpha], b. Sept. 23, 1790   2   49
    George, s. [Samuel & Zilpha], b. Nov. 5, 1795   2   49
    Harry, s. [Samuel & Zilpha], b. Sept. 20, 1781   2   49
    Jacob, s. [Samuel & Zilpha], b. Mar. 5, 1778   2   49
    Morehouse, s. [Samuel & Zilpha], b. Nov. 3, 1787   2   49
    Samuel, m. Zilpha **SCOFIELD**, Nov. 4, 1773, by Rev. Mr. Dibble   1   185
    Samuel, m. Zilpha **SCOFIELD**, Nov. 4, 1773, by Rev Ebenezer Dibble   2   49
    Samuel, s. [Samuel & Zilpha], b. Oct 18, 1774   2   49
    Silas, b. Jan. 8, 1714/15   1   121
HICKS, Delia, m. John **FARNALLS**, b. of Stamford, Jan. 14, [probably 1844], by George Brown   2   268
    George, m. Hager **ARCHIBALD**, b. of Stamford, Jan. 2, 1837, by Rev. Ambrose S. Todd   2   231
HIGINBOTHEM, HIGGINBOTHAM, HIGINGBOTHAM, HIGUMBOTHUM, HIGINNBOTHEM, [E]unice, w. Richard, d. May 24, 1710   1   143
    Hannah, m. John **GOOLD**, Apr. 3, 1707, by Mr. Peck   1   128
    Rebekah, m. Joseph **WEED**, Dec. 10, 1701   1   136
    Richard, m. Youne* **WATERBURY**, b. of Stamford, Dec. 11, 1707, by Rev. John Davenport   *(Eunice)   1   128
    Richard, d. Nov. 22, 1731   1   19
    -----, Mrs., d. Dec. 18, [ ]   1   135
HILMAN, Abigail, m. Michael **LOUNSBERY**, Apr. 27, 1769, in Egertown, Mass., by Ebenezer Smith, J. P.   1   171
[HINMAN], HENMAN, Hannah, m. Ebenezer **BATES**, Nov. 22, 1758, by Rev. Moses Mather   1   134
    Mary, m. Ebenezer **SELLECK**, May 5, 1753, in Bedford, by Mr. Holmes, J. P.   1   153
HITCHCOCK, [see also **HICKOX**], Fordyce, m. Margaret **BURGHER**, July 13, 1847, by Rev. B. B. Hallock   2   288
HOBBY, HOBBIE, Ann Augusta, m. John **LYON** (colored), Dec. 6, 1832, by Rev. Daniel Smith   2   237
    Jane A., m. John A. **PECK**, Oct. 31, 1847, by Rev. W[illia]m B. Hoyt   2   289
HOGE, HOGES, Ezekiel, m. Keziah **DELEVAN**, Jan. 31, 1750/1, by Jonathan Hoit   1   98
    Ezekial, s. Ezekiel & Keziah, b. Nov. 3, 1751   1   98
    John, s. Ezekiel & Keziah, b. Oct. 9, 1756   1   118

	Vol.	Page
HOGE, HOGES (cont.),		
Keziah, d. Ezekiel & Keziah, b. June 9, 1760	1	136
Samuel, s. Ezekiel & Keziah, b. Sept. 4, 1753	1	107
HOLLOBARD, Leninah, had s. Nathaniell **SEELEY**, 4th, b. Jan. 8, 1744/5; reputed f. Nathaniell Seeley, 3rd	1	69
Leninah, m. Nathaniell **SEELEY**, 3rd, Feb. 14, 1744/5, by Sam[ue]ll Hoit, J. P.	1	69
HOLLY, Abby, d. Abraham & Mary, b. July 14, 1778	1	198
Abigail, d. John, b. July 6, 1682	1	107
Abygall, d. John, ship[ ], b. Dec. 15, 1697	1	123
Abigail, d. Elisha & Martha, b. June 8, 1700	1	104
Abigail, d. Elisha & Martha, b. June 8, 1700	1	130
Abigail, m. David **WEBSTER**, June 13, 1706, by Capt. Selleck, J. P.	1	137
Abigail, d. Jno & Abigail, of Newfield, was on Mar. 4, 1716/17 4 years old	1	133
Aabigail, m. Joseph **WHITING**, Apr. 21, 1720, by Rev. Mr. Davenport	1	96
Abigail, d. Eliphilit & Marcy, b. May 2, 1723	1	9
Abigail, d. John & Abigaill, d. May 28, 1729	1	13
Abigail, d. Jabez & Waitstill, b. Aug. 9, 1732	1	37
Abigail, d. Elisha & Rebecca, b. June 16, 1736	1	31
Abigall, d. David & Mathah, b. Feb. 21, 1739/40	1	42
Abigail, d. David & Margirie, b. Aug. 1, 1740; d. 20th of the same month	1	43
Abigail, m. Reuben **SCOFIELD**, Nov. 26, 1741, by Jonathan Maltbie, J. P.	1	48
Abigail, d. Francis & Abigail, b. Nov. 28, 1749	1	84
Abigail, m. Incres **HOLLY**, July 2, 1753, by Jonathan Hoit	1	102
Abigail, m. Israel **SMITH**, May 29, 1757, by Rev. Mr. Wells	1	145
Abigail, d. Increase & Abigail, d. July 17, 1773	1	197
Abigail Elizabeth, d. [John W[illia]m & Rebecca], b. May 23, 1797	2	18
Abraham, s. Elisha & Rebecca, b. Jan. 12, 1732/3	1	23
Abraham, s. David & Sarah, b. Apr. 17, 1746	1	73
Abraham, m. Mary **WEBB**, Jan. 12, 1758, by Rev. Benjamin Strong	1	127
Abraham, s. Abraham & Mary, b. Nov. 23, 1758	1	129
Alexander Newman, s. [Isaac, Jr. & Levina], b. Oct. 9, 1801	2	62
Alexander Newman, m. Emily **LEEDS**, b. of Stamford, Mar. 30, 1823, by Rev. Ambrose S. Todd	2	163
Alfred A., m. Mary C. **TILLMAN**, b. of Stamford, June 22, 1836, by Rev. Daniel Smith	2	241
Alfred Apollos, s. [John W[illia]m & Rebecca], b. July 4, 1800	2	18
Ann E., of Stamford, m. Seth **CONLEY**, of New Canaan, Mar. 20, 1842, by Rev. Gad N. Smith	2	264
Anna Gertrude, d. [W[illia]m H. & Caroline], b. Sept. 9, 1828; d. Aug. 31, 1831	2	188
Anna Gertrude, d. [W[illia]m H. & Caroline], b. June 22, 1832	2	188

STAMFORD VITAL RECORDS

	Vol	Page
HOLLY (cont.),		
Augustus, s. [David & Martha], b. Aug. 17, 1795; d. May 1, 1796	2	33
Benjamin, s. Samuel, b. Oct. 4, 1684	1	107
Benjamin, d. Nov. 19, 1733	1	24
Bethiah, m. Jonas **WEED**, Nov. 16, 167[ ]	1	113
Bethiah, d. Jonathan, b. Feb. 4, 1697/8; d. Jan. 20, 1698/9	1	120
Bethiah, d. Charles & Elizabeth, b. Apr. 21, 1733	1	23
Betsey, d. [Isaac & Deborah], b. Apr. 1, 1792	2	58
Bezaleel, s. John, Ship[ ], b. Oct. 28, 1706	1	123
Caroline Frances, d. [William H. & Caroline], b. Mar. 10, 1834	2	188
Catharine Elena, d. [Isaac & Elena], b. Sept. 17, 1817	2	69
Charles, s. Jonathan, b. Apr. 21, 1694	1	120
Charles, m. Elizabeth **BRADLEY**, Jan. 16, 1717/18, by Capt. Joseph Bishop, J. P.	1	145
Charles Frederick, s. [Isaac & Elena], b. Sept. 4, 1819	2	69
Charles H., m. Sarah E. **SARLES**, Jan. 2, 1849, by Rev. Walter W. Brewer	2	295
Clary, d. Stephen & Deborah, b. Oct. 27, 1790	2	33
Daniel, s. John, Jr., b. 3rd mo. 9th da., 1680; d. 6th mo. 4, [16]80	1	107
Daniell, s. Sam[ue]ll, b. Jan. 31, 1686/7	1	102
Daniel, of Stamford, m. Abigail **CLASON**, of Bedford, Sept. 12, 1717, by Capt. Joseph Bishop, J. P.	1	96
David, s. Jonathan, b. Jan. 16, 1695/6	1	120
David, s. John & Susannah, b. July 27, 1708	1	123
David, s. Joseph & Waitstill, b. Mar. 11, 1718/19	1	132
David, m. Margery **WEBB**, May 10, 1722, by Capt. Joseph Bishop, J. P.	1	112
David, s. David & Margary, b. Sept. 1, 1726	1	6
David, m. Martha **HOIT**, July 18, 1734, by Jonathan Hoit, J. P.	1	26
David, of Stamford, m. wid. Sarah **LITTLE**, of Norwalk, July 28, 1743, in Norwalk, by Rev. Mr. Silliman, of Canaan	1	73
David, d. Apr. 6, 1751	1	91
David, s. Increase & Abigail, b. Aug. 4, 1754	1	108
David, s. John, 3rd & Elizabeth, b. Apr. 23, 1768	1	180
David, s. Newman & Sarah, b. Apr. 14, 1772	2	9
David, m. Martha **COGGESHALL**, Nov. 13, 1788, by Col. Abraham Davenport	2	33
David, s. David & Martha, b. Sept. 19, 1789	2	33
David, Jr., m. Phebe **FAIRCHILD**, Mar. 29, 1798, by Rev. William Welles	2	88
David, had servant Merriam, b. Apr. 3, 1813	2	105
David, Jr., m. Sarah C. **SMITH**, b. of Stamford, Jan. 19, 1824, by Rev. Ambrose S. Todd	2	170
David F., m. Rebecca Ann **BROWN**, b. of Stamford, Apr. 6, 1828, by Rev. A. S. Todd	2	200
David Fitch, s. [Isaac, Jr. & Levina], b. Sept. 18, 1803	2	62
David Fitch, of Stamford, m. Pheobe **WATERBURY**, of Darien, Oct. 15, 1846, by Rev. Ambrose S. Todd	2	286
David S., of Darien, m. Nancy M. **HOYT**, of Stamford, Oct. 9,		

HOLLY (cont.),

	Vol.	Page
1825, by Rev. Henry Fuller	2	178
Deborah, d. Jonathan, b. Mar. 11, 1705/6	1	120
Deborah, d. Israel & Sarah, b. July 14, 1736	1	39
Ebenezer, s. John, ship [ ], b. Mar. 31, 1698/9	1	123
Ebenezer, s. Eliphilit & Mary, b. Jan. 30, 1730/1	1	20
Ebenezer, m. Martha BROWN, June 3, 1754, by Jonathan Maltbie, J. P.	1	106
Ebenezer, s. Ebenezer & Martha, b. Sept. 26, 1758	1	130-1
Edwin S., m. Mary E. HOWE, Aug. 31, 1828, by Rev. A. S. Todd	2	200
Edwin Selleck, s. [Isaac, Jr. & Levina], b. Jan. 4, 1800	2	62
Edwin Selleck, s. [Edwin S. & Mary E.] b. Feb. 14, 1838	2	200
[Eliph]alet, s. Elisha, b. Mar. 29, 1690	1	104
Eliphalet, s. Elisha & Martha, b. Mar. 29, 1690	1	130
Eliphalet, m. Mercy PENOYER, [ ], 1714, by Rev. Mr. Davenport	1	145
Eliphalet, s. Eliphalet & Mercy, b. Dec. 16, 1716	1	133
Eliphilit, s. Eliphilit & Mercy, d. Mar. 12, 1722/3	1	22
Eliphalit, d. Oct. 28, 1744	1	63
Elisha, s. John, b. 1st mo. 6, [16]59	1	74
Elisha, m. Martha HOMES, Dec. 2, 168[ ]	1	101
Elisha, m. Martha HOLM[E]S, Dec. 2, 1686	1	130
Elisha, had s. [ ], b. 9th mo. 10, 1687	1	104
Elisha, s. Elisha & Martha, b. Nov. 10, 1687	1	130
Elisha, m. Rebecca BISHOP, Jan. 24, 1716/17, by Capt. Joseph Bishop, J. P.	1	106
Elisha, s. Elisha, Jr. & Rebecca, b. Oct. 31, 1717	1	140
Elisha, s. Elisha & Elizabeth, d. Dec. 19, 1717	1	138
Elisha, Sr., d. Oct. 28, 1719	1	132
Elisha, s. Elisha & Rebecca, b. Sept. 21, 1726	1	7
Elisha, d. May 14, 1752	1	96
Elisha, s. Stephen & Hannah, b. Mar. 8, 1755	1	116
Elizabeth, d. Elisha & Martha, b. Jan. 28, 1693/4	1	104
Elizabeth, d. Elisha & Martha, b. Jan. 28, 1693/4	1	130
Elizabeth, d. John, b. Mar. 4, 1697/8	1	120
Elizabeth, w. Capt. Increase, d. Dec. 5, 171[ ]	1	143
Elizabeth, m. Thomas WATERBURY, Apr. 26, 1716, by Rev. Mr. Davenport	1	106
Elizabeth, d. Charles & Elizabeth, b. Nov. 20, 1718	1	146
Elizabeth, d. Nathan & Sarah, b. May 9, 1719	1	146
Elizabeth, m. Nathaniel SEELY, Apr. 12, 1722, by Capt. Joseph Bishop, J. P.	1	112
Elizabeth, d. Joseph & Waitstill, b. Mar. 15, 1726	1	14
Elizabeth, d. John & Hannah, b. Dec. 10, 1733	1	24
Elizabeth, m. Ebenezer ARES, Feb. 14, 1739/40, by Sam[ue]ll Hoit, J. P.	1	44
Elizabeth, m. John WO[O]STER, July 20, 1757, by Jonathan Maltbie	1	132
Elizabeth, d. John, 3rd & Elizabeth, b. Dec. 23, 1765	1	180

	Vol.	Page

HOLLY (cont.),

	Vol.	Page
Elizabeth, d. Abraham [& Mary], b. Jan. 25, 1770	1	172
Elizabeth, m. William **FITCH**, Oct. 12, 1781, by Abraham Davenport	2	1
Elizabeth, m. David **WATERBURY**, 3rd, Nov. 16, 1783, by Rev. Ebenezer Dibble	2	34
Elizabeth, wid., m. Dr. John **WILSON**, June 16, 1787, by John Davenport, J. P.	2	18
Elizabeth A., d. John W., of Stamford, m. W[illia]m E. **McKENNY**, of New York, Dec. 8, 1823, by Rev. Ambrose S. Todd	2	169
Elizabeth King, d. [David & Martha], b. Nov. 28, 1800	2	33
Elnathan, s. Elisha & Martha, b. Mar. 20, 1696	1	104
Elnathan, s. Elisha & Martha, b. Mar. 20, 1696	1	130
Elnathan, s. Eliphilit & Marcy, b. Mar. 29, 1725	1	9
Elnathan, s. Ebenezer & Martha, b. Dec. 22, 1756	1	121
Elnathan, s. Abraham & Mary, b. Aug. 27, 1765	1	172
Emily F., m. David H. **CLARK**, Dec. 27, 1852, by Rev. Ambrose S. Todd	2	308
Febee, see under Phebe		
Francis, s. John & Abigail, d. Feb. 21, 1714	1	126
Francis, s. Jno & Abigail, b. Jan. 15, 1720/1	1	111
Francis, m. Abigail **WEBB**, Jan. 1, 1748/9, by Jonathan Hoit, J. P.	1	84
Francis, had d. Ruma, b. July 25, 1769	1	169
George, s. [Isaac & Deborah], b. Aug. 23, 1796	2	58
George T., m. Sarah J. **KELLOGG**, Oct. 3, 1852, by Rev. Ambrose S. Todd	2	307
George Talbott, s. [Isaac, Jr. & Levina], b. Nov. 7, 1812	2	62
George Talbot, s. Isaac & Levina, d. Aug. 6, 1818	2	69
George Talbot, s. [Isaac & Elena], b. Mar. 6, 1822	2	69
Hannah, w. John, d. Jan. 24, [1712*] *(Supplied from Huntington's Register)	1	137
Han[n]ah, d. Samuell, b. Aug. 15, 1676	1	102
Han[n]a[h], m. Samuell **HOYTE**, Nov. 16, 167[ ]	1	113
Hannah, d. John & Hannah, b. Nov. 20, 1694	1	54
Han[n]a[h], d. John, b. Nov. 20, 1694	1	120
Han[n]ah, d. Sam[ue]ll, d. Apr. 10, 1700	1	102
Han[n]a[h], [twin with Joseph], d. Jo[hn], Jr., ship[ ], b. Nov. 18, 1702	1	123
Han[n]ah, d. John & Abigail, b. Jan. 12, 1722	1	111
Hannah, m. Joseph **BISHOP**, Feb. 21, 1722/3, by Rev. John Davenport	1	54
Han[n]ah, m. Joseph **BISHOP**, Feb. 21, 1722/3, by Rev. John Davenport	1	151
Hannah, d. Joseph & Waitstill, b. Sept. 23, 1724	1	3
Hannah, [twin with Sarah], d. Nathan & Sarah, b. Nov. 16, 1726	1	7
Hannah, d. Jabez & Waitstill, b. Aug. 14, 1728	1	37
Hannah, d. John & Hannah, b. June 25, 1729	1	20
Hannah, m. Jonathan **BEACH**, Feb. 26, 1740/1, by Rev. Ebenezer		

	Vol.	Page
HOLLY (cont.),		
Wright	1	46
Hannah, d. Ens. John, d. Sept. 20, 1745	1	66
Hannah, d. Francis & Abigail, b. Aug. 20, 1755	1	113
Hannah, w. Stephen, d. May 26, 1761	1	141
Hannah, d. Stephen & Lowis, b. Feb. 11, 1770	1	171
Hannah, d. John, 3rd & Elizabeth, b. Oct. 23, 1771	1	180
Hannah, m. Alexander **BISHOP**, Jr., Apr. 20, 1772, by Rev. Mr. Dibble	1	178-9
Hannah, m. Cary **LEEDS**, Dec. 7, 1776, by Rev. Ebenezer Dibble	2	54
Hannah, m. David **LOCKWOOD**, Nov. 7, 1779, by Rev. Moses Mather	2	76
Hannah, d. Newman & Sarah, b. Dec. 24, 1783	2	9
Hannah Maria, d. [Isaac, Jr. & Levina], b. May 23, 1810	2	62
Henry, s. Francis & Abigail, b. June 27, 1764	1	153
Henry Holbart, s. [Edwin S. & Mary E.], b. Aug. 20, 1840	2	200
Increase, m. Elizabeth **NEWMAN**, Apr. 2, 1679	1	113
Increase, [twin with John], s. Jonathan, b. Dec. 2, 1703	1	120
Increase, s. Charles & Elizabeth, b. Mar. 2, 1726/7	1	8
Increase, d. Mar. 1, 1726/7	1	8
Increase, s. David & Margary, b. on about Apr. 30, 1730	1	73
Increase, s. David & Margary, b. May 12, 1730	1	22
Increase, Capt., d. May 20, 1732	1	21
Incre[a]s[e], m. Abigail **HOLLY**, July 2, 1753, by Jonathan Hoit	1	102
Isaac, s. David & Sarah, b. June 13, 1744	1	73
Isaac, s. Stephen & Lois, b. Dec. 24, 1764	1	169
Isaac, s. Nathan, Jr. & Hannah, b. May 26, 1768	1	181
Isaac, m. Deborah **WATERS**, Jan. 27, 1790, by Rev. John Shepard	2	58
Isaac, s. [Isaac & Deborah], b. Apr. 27, 1794	2	58
Isaac, Jr., m. Levina **BISHOP**, Dec. 20, 1795, by Rev. Ebenezer Dibble	2	62
Isaac, m. Elena **BISHOP**, Apr. 14, 1816, by Rev. Jonathan Judd	2	69
Isaac, d. Jan. 22, 1827	2	69
Israel, s. Elisha & Martha, b. Jan. 16, 1697/8	1	104
Israel, s. Elisha & Martha, b. Jan. 16, 1697/8	1	130
Israel, m. Sarah **CROSS**, Feb. 25, 1724/5, by Joseph Bishop	1	4
Israel, s. Israel & Sarah, b. Apr. 3, 1728	1	15
Jabez, s. Jonathan, b. Nov. 20, 1699	1	120
Jabes, m. Waitstill **CLASON**, Nov. 9, 1727, by Jonathan Hoit, J. P.	1	37
Jabes, s. Jabes & Waitstill, b. Feb. 8, 1741/2	1	45
Jared, s. Abraham & Mary, b. Jan. 14, 1775	1	194
Jedediah, s. Selleck & Marcy, b. Sept. 15, 1744	1	66
Jemima, d. John & Hannah, b. May 1, 1738	1	35
Jemima, d. Jabez & Waitstill, b. Dec. 10, 1739	1	45
Jemima, m. John **HOIT**, July 7, 1766, by Jonathan Hoit, J. P.	1	162
Joanna, d. Jno & Abaigail, of Newfield, was on Sept. 5, 1717, 2 years old	1	133
Joanna, d. Nathan & Sarah, b. Feb. 6, 1736/7	1	36
John, s. Samuell, b. Apr. 20, 1670	1	102

STAMFORD VITAL RECORDS 97

	Vol.	Page
HOLLY (cont.),		
John, s. Increase, b. Feb. 29, 1679	1	107
John, m. Hannah **NEWMAN**, Apr. 2, 1679	1	54
John, m. Han[n]ah **NEWMAN**, Apr. 2, 1679	1	113
John, d. May 25, 1681, in the 63rd year of his age	1	74
John, d. May 25, 1681	1	102
John, s. John, b. Apr. 14, 1685	1	120
John, m. Mary **CRESSY**, Mar. 10*, 1697 *(Mar. 19, in Huntington's Register)	1	123
John, s. Elisha & Martha, b. Nov. 20, 1702; d. Dec. 8, 1702	1	130
John, [twin with Increase], s. Jonathan, b. Dec. 2, 1703	1	120
John, s. Jonathan, d. Dec. 20, 1703	1	120
John, cooper, m. Susana **SELLECK**, Jan. 6, 1703/4	1	123
John, s. John, cooper, & Susanna, b. Sept. 13, 1704; d. Nov. 28, [ ]	1	123
John, 2nd, s. John, cooper, b. Nov. 10, 1705	1	123
John, m. Abigail **HOIT**, b. of Stamford, Jan. 1, 1707/8, by Rev. John Davenport	1	128
John, s. John & Abigall, of Newfield Ridge, b. Nov. 12, 1708	1	129
John & w. Susana, had child d. June 20, 171[ ]	1	132
John, s. Joseph & Waitstill, b. Sept. 1, 1715	1	105
Jno, cooper & Susannah, had child b. May 19, 1716	1	133
John, Sr., d. Sept. 22, 1716	1	108
Jno, cooper, d. Dec. 20, [1718*] *(Supplied from Huntington's Register)	1	138
John, s. Eliphalet & Mercy, b. Feb. 18, 1720/1	1	132
John, m. Hannah **SLASON**, Jan. 9, 1728/9, by Rev. John Davenport	1	12
John, s. David & Margary, b. Oct. 11, 1735	1	30
John, s. John & Hannah, b. Feb. 2, 1735/6	1	30
John, s. David & Martha, b. Oct. 28, 1736	1	32
John, s. Eliphilit & Mary, d. Dec. 25, 1737	1	34
John, Jr., m. Mary **HOLLY**, Mar. 25, 1758, by Jonathan Hoit	1	127
John, s. Frances & Abigail, b. Oct. 4, 1758	1	133
John, s. Ens. John, m. Elizabeth **KING**, Jan. 28, 1760, by Rev. Ebenezer Dibble	1	144
John, s. John, Jr. & Mary, b. Dec. 28, 1760	1	146
John, s. Newman & Sarah, b. July 5, 1775	2	9
John Albert, s. [David & Martha], b. Aug. 8, 1793	2	33
John Fairchild, s. [David, Jr. & Phebe], b. Dec. 30, 1798	2	88
John Isaac, s. [Isaac, Jr. & Levina], b. Sept. 25, 1796	2	62
John Isaac, s. Isaac & Levina, d. June 24, 1822	2	69
John Isaac, s. [Isaac & Elena], b. Apr. 6, 1824	2	69
John Isaac, s. [Isaac & Elena], d. Aug. 18, 1825	2	69
John Isaac, s. [Edwin S. & Mary E.], b. Aug. 19, 1843	2	200
John Melancthan, s. John W[illia]m & Rebecca, b. Oct. 1, 1793	2	18
John William, s. John, 3rd & Elizabeth, b. Mar. 8, 1762	1	142-3
John W[illia]m, m. Rebecca **WELLES**, Mar. 8, 1787, by James Davenport	2	18

	Vol.	Page
HOLLY (cont.),		
Jno W[illia]m, his servant Annette **SELINA**, d. Flora, b. Mar. 20, 1803, & Henry **PRIMUS**, s. Flora, b. Aug. 25, 1807	2	110
John Wilson, s. [William H & Caroline], b. Sept. 22, 1838	2	188
Jonah, s. Stephen & Lois, b. Nov. 26, 1767	1	169
Jonathan, s. Increase, b. Feb. 23, 1684	1	113
Jonathan, m. Sarah **FINCH**, Dec. 2, 168[6(?)]	1	101
Jonathan, s. Jonathan, b. Aug. 16, 1687	1	120
Jonathan, Sr., d. Oct. 12, 1712	1	138
Jonathan, s. Jonathan, decd., m. Ssarah **BUXTON**, of Stamford, Apr. 25, 1717, by Capt. Joseph Bishop, J. P.	1	145
Jonathan, s. Charles & Elizabeth, b. June 13, 1720	1	132
Jonathan, s. Joseph & Waitstill, b. Apr. 16, 1721	1	149
Johathan, s. Capt. Increase, decd., d. Aug. 7, 1745	1	65
Jonathan, s. Charles, d. July 17, 1747, at Rye Harbour	1	81
Joseph, s. Samuell, b. Apr. 2, 1678	1	102
Joseph, s. Increase, b. Mar. 24, 1686/7	1	113
Joseph, [twin with Han[n]a[h], s. Jo[hn], Jr., ship[ ]; b. Nov. 18, 1702	1	123
Joseph, s. John, d. May 19, 1706	1	135
Joseph, s. John, ship[ ], d. July 19, 1706	1	123
Joseph, m. Waitstill **WEBB**, June 18, 1713, by Elisha Holly, J. P.	1	105
Joseph, s. Joseph & Waitstill, b. June 18, 1714	1	105
Joseph Blackman, s. Newman & Sarah, b. July 29, 1778	2	9
Josiah, s. Joseph & Waitstill, b. June 25, 17[ ]	1	105
Josiah, s. John & Hannah, d. Dec. 12, 1715	1	126
Josiah, s. Jno & Abigail, of Newfield, b. June 1, 1717	1	133
Josiah, s. Frances & Abigail, b. Sept. 18, 1760	1	141
Josiah, s. Newman & Sarah, b. Jan. 21, 1781	2	9
Josias, s. John, b. Feb. 27, 1689/90	1	120
Josias, s. Joseph & Waitstill, d. June 10, 1737	1	35
Julia Ann, d. Isaac & Elana, b. Apr. 26, 1826	2	69
Kezia, d. John & Hannah, b. Sept. 12, 1740; d. Dec. 27, 1740	1	43
Keziah, d. Jabez & Waittstill, b. July 18, 1748	1	87
Keziah, d. Jabez & Waitstill, b. July 18, 1748	1	92
Levina, w. Isaac, d. Oct. 16, 1815	2	69
Lusian*, d. Abraham & Mary, b. Mar. 2, 1773 *(Lucy Ann)	1	194
Lidia, d. Eliphalet & Mercy, b. Feb. 5, 1718/19	1	146
Lidia, m. Ruben **WEED**, June 28, 1739, by Jonathan Hoit, J. P.	1	39
Lydia L., m. Thomas **GIVENS**, Dec. 31, [probably 1843], by George Brown	2	268
Marcy, m. Selleck **HOLLY**, June 18, 1740, by Jonath[an] Maltbie, J. P.	1	66
Marcy, w. Selleck, d. Aug. 18, 1745	1	66
Marcy, m. Charles **WEBB**, July 16, 1747, by Rev. Mr. Wells	1	74
Marcy, m. Samuel **LINES**, Feb. 28, 1748/9, by Rev. Ebenezer Dibble	1	86
Marcy, d. Frances & Abigail, b. July 27, 1752	1	97
Margaret, d. Israel & Sarah, b. May 20, 1739	1	39

HOLLY (cont.),

	Vol.	Page
Margary, w. David, d. Apr. 19, 1742	1	55
Maria, of Stamford, m. Reuben **SMITH**, of New Canaan, Dec. 8, 1824, by Rev. Henry Fuller	2	173
Maria Theodosia, d. John W[illia]m & Rebecca, b. Aug. 24, 1788	2	18
Martha, d. [ ]	1	1
Martha, d. Elisha, b. Dec. 28, 1691	1	104
Martha, d. Elisha & Martha, b. Dec. 28, 1691	1	130
Martha, m. Cary **LEEDS**, Dec. 10, 1713, by Elisha Holly, J. P.	1	129
Martha, d. Elisha & Rebecca, b. Sept. 28, 1723	1	0
Martha, wid. Elisha, d. Aug. 4, 1724	1	2
Martha, d. David & Margary, b. Sept. 15, 1728	1	22
Martha, d. Israel & Sarah, b. June 27, 1732	1	39
Martha, d. David & Martha, b. June 10, 1735	1	30
Martha, m. Ezekiel **SMITH**, July 9, 1747, by Rev. Noah Welles	1	93
Martha, m. John **HUNT**, June 15, 1749, by Jonathan Hoit, J. P.	1	82
Martha, m. John **HUNT**, June 15, 1749, by Jonathan Hoit	1	203
Martha, d. Ebenezer & Martha, b. Jan. 3, 1755	1	111
Martha, m. Samuel **WATERBERY**, Mar. 24, 1757, by Jonathan Hoit	1	126
Martha, m. James **ROGERS**, May 23, 1771, by Rev. Mr. Wells	1	177
Martha, w. [David], d. Dec. 3, 1804	2	33
Martha C., m. John **BISSELL**, Sept. 5, 1830, by Rev. A. S. Todd	2	207
Martha Coggeshall, d. [David & Martha], b. Dec. 2, 1804	2	33
Mary, d. Samuel, b. 2nd mo. 26, 1680	1	107
Mary, m. John **SCOFIELD**, Dec. 23, 1703	1	134
Mary, [twin with Sarah], d. Elisha & Martha, b. May 5, 1705	1	104
Mary, [twin with Sarah], d. Elisha & Martha, b. May 5, 1705	1	130
Mary, d. Elisha & Martha, d. May 8, 1705	1	104
Mary, d. Elisha & Martha, d. May 8, 1705	1	130
Mary, wid., d. Apr. 7, 1714	1	126
Mary, d. Eliphilit & Mary, b. Feb. 11, 1728/9	1	20
Mary, w. Nathaniel, d. Apr. 27, 1730	1	15
Mary, d. Jos[eph] & Waitstill, b. Jan. 13, 1730/1	1	25
Mary, d. Eliphilit & Mercy, b. Jan. 10, 1734	1	28
Mary, d. Jabez & Waitstill, b. May 24, 1735	1	37
Mary, m. Benjamin **JONES**, Dec. 4, 1735, by Sam[ue]ll Hoit, J. P.	1	30
Mary, d. Joseph & Waitstill, b. Apr. 20, 1737	1	35
Mary, d. Reuben & Jemima, b. Dec. 17, 1750	1	90
Mary, d. Frances & Abigail, b. Apr. 14, 1754	1	107
Mary, m. Nathan **BROWN**, Oct. 14, 1754, by Rev. Noah Welles	1	116
Mary, m. John **HOLLY**, Jr., Mar. 15, 1758, by Jonathan Hoit	1	127
Mary, d. John, Jr. & Mary, b. Oct. 14, 1758	1	135
Mary, d. Abraham & Mary, b. Apr. 1, 1763	1	147
Mary, m. John **JESUP**, Feb. 2, 1770, by Charles Webb, J. P.	1	172
Mary, d. Ebenezer & Martha, b. Mar. 26, 1771	1	177
Mary, d. [Isaac, Jr. & Levina], b. Aug. 13, 1805	2	62
Mary, m. Charles Edwin **SMITH**, b. of Stamford Apr. 10, 1834, by Rev. Platt Buffett, of Stanwich	2	223

HOLLY (cont.),

	Vol.	Page
Mary, m. Thomas R. **SMITH**, June 8, 1841, by Rev. Ambrose S. Todd	2	270
Mary E., m. Charles E. **WILMOT**, b. of Stamford, May 6, 1846, by Rev. Peter C. Oakley	2	284
Mary Elizabeth, d. [Edwin S. & Mary E.], b. Oct. 28, 1832	2	200
Mary S., m. Charles **HAWLEY**, Jan. 28, 1821, by Rev. Jonathan Judd	2	153
Mary Stiles, d. [David & Martha], b. Mar. 27, 1797	2	33
Mercy, d. Jno & Abigail, b. Apr. 12, 1719	1	111
Mercy, d. Eliphilit & Marcy, d. Dec. 16, 1726	1	7
Mercy, d. Selleck & Abigail, b. Nov. 7, 1761	1	145
Molly, d. Newman & Sarah, b. July 9, 1773	2	9
Nancy E., of Stamford, m. Sam[ue]l **HOLMES**, of New York, June 29, 1830, by A. S. Todd	2	206
Nancy Elizabeth, d. [Isaac, Jr. & Levina], b. Feb. 9, 1808	2	62
Nathan, s. Increase, b. Sept. 26, 1692	1	113
Nathan, m. Sarah **WEBB**, on the eve following the 1st day of May, 1718, by Capt. Joseph Bishop, J. P.	1	119
Nathan, s. Nathan & Sarah, b. Feb. 26, 1728/9	1	36
Nathan, s. Nathan & Sarah, b. Feb. 26, 1729	1	20
Nathaniel, s. John, b. Feb. 9, 1686/7	1	120
Nathaniel, s. Israel & Sarah, b. May 26, 1730	1	39
Nathaniel, d. June 1, 1758 (fell in a cellar May 25, 1758)	1	127
Newman, s. John, cooper & Susana, b. Aug. 28, 1717	1	133
Newman, s. David & Martha, b. Dec. 8, 1749	1	84
Newman, m. Hellenah **BISHOP**, Feb. 15, 1753, by Rev. Ebenezer Dibble	1	100
Newman, d. Aug. 2, 1757	1	123
Newman, m. Sarah **BLACKMAN**, Feb. 22, 1771, by Ebenezer Dibble	2	9
Newman, s. Newman & Sarah, b. Nov. 23, 1779	2	9
Noah, s. John, Jr. ship[ ], b. Jan. 3, 1700/1	1	123
Permelia, d. Increase & Abigail, b. Feb. 4, 1757	1	120
Febee, d. Reuben & Jemima, b. Apr. 3, 1749	1	88
Phebe, d. Stephen & Deborah, b. Jan. 5, 1788	2	33
Rachel, d. David & Margary, b. May 11, 1733	1	30
Rebeckah, m. Nathaniel **WATERBERY**, Dec. 29, 1743, by Jon[a]th[an] Hoit, J. P.	1	68
Rebeckah, d. Stephen & Hannah, b. July 12, 1752	1	99
Rebecca, d. Abraham & Mary, b. May 31, 1767	1	172
R[e]uben, s. Eliphilit & Marcy, b. Jan. 17, 1726/7	1	9
Reuben, m. Jemima **WHETTON**, Jan. 3, 1748/9, by Jonathan Maltbie, J. P.	1	88
Rhoda, d. Frances & Abigail, b. July 17, 1766	1	159-160
Ruhami, d. Ebenezer & Martha, b. Sept. 17, 1760	1	138
Ruma, d. Frances, b. July 25, 1769	1	169
Rhuhama, d. Francis & Abigail, d. Sept. 23, 1812	2	82
Sally, d. Ebenezer & Martha, b. July 20, 1775	1	192

	Vol.	Page
HOLLY (cont.),		
Sally, d. Stephen & Deborah, b. May 4, 1784	2	33
Sally, m. William **SCOFIELD**, Feb. 5, 1804, by Rev. Platt Buffet	2	91
Samuel, m. Mary **CLOSE**, June 25, 1668	1	102
Samuell, s. Samuell, b. May 10, 1672	1	102
Samuell, s. John, ship[ ], b. Oct. 20, 1704	1	123
Sam[ue]ll, d. May 13, 1709, in the 68th y. of his age	1	74
Samuel, s. Jno, d. May 13, 1709	1	136
Samuel, s. Francis & Abigail, b. May 26, 1751	1	91
Samuel, m. Phebe **NICHOLS**, May 18, 1800, by Rev. Marmaduke Earl	2	82
Samuel, d. Aug. 2, 1821	2	82
Sarah, d. Jonathan, b. Dec. 4, 1690	1	120
Sarah, d. John, b. Sept. 30, 1701	1	120
Sarah, [twin with Mary], d. Elisha & Martha, b. May 5, 1705	1	104
Sarah, [twin with Mary], d. Elisha & Martha, b. May 5, 1705	1	130
Sarah, d. Charles & Elizabeth, b. Apr. 28, 1723	1	0
Sarah, d. David & Mercy, b. May 23, 1723	1	2
Sarah, d. David & Mercy, d. June 29, 1723	1	2
Sarah, d. David & Margery, b. Sept. 25, 1724	1	4
Sarah, m. Eliphilit **SEELY**, Dec. 10, 1724, by Joseph Bishop	1	3
Sarah, d. Israell & Sarah, b. Sept. 14, 1725	1	7
Sarah, [twin with Hannah], d. Nathan & Sarah, b. Nov. 16, 1726	1	7
Sarah, m. Obadiah **SEELEY**, June 22, 1727, by Jonathan Hoit, J. P.	1	9
Sarah, d. John & Hannah, b. Aug. 7, 1731	1	20
Sarah, d. Jos. & Waitstill, b. Dec. last day, 1732	1	25
Sarah, d. Jonathan, d. Dec. 18, 1733	1	24
Sarah, d. Jabez & Waitstill, b. July 30, 1737	1	37
Sarah, d. David & Martha, b. Oct. 22, 1742	1	57
Sarah, m. John **SCOFIELD**, Jr., Dec. 30, 1742, by Sam[ue]ll Hoit	1	56
Sarah, m. Michael **WARRING**, May 17, 1745, by Rev. Benjamin Strong	1	98
Sarah, m. David **MALTBIE**, s. Jonathan, Sept. 28, 1749, by his f. Jonathan Maltbie, J. P.	1	81
Sarah, wid., d. Jan. 16, 1750/1, in the 88th y. of her age	1	90
Sarah, m. John **CRISSEY**, on the evening following the 10th day Mar., 1754, by Jonathan Hoit	1	108
Sarah, d. Francis & Abigail, b. Mar. 1, 1757	1	133
Sarah, d. Increase & Abigail, b. Dec. 29, 1760	1	140
Sarah, d. Increase & Abigail, b. Jan. 28, 1763	1	197
Sarah, d. Ebenezer & Martha, b. Feb. 6, 1763	1	148-9
Sarah, d. Nathan, Jr. & Hannah, b. May 7, 1766	1	181
Sarah, m. Doty* **WEED**, Apr. 8, 1787, by Rev. Moses Mather *(Daty?)	2	67
Sarah, m. Joseph **DEMILL**, Jan 13, 1791, by Rev. Ebenezer Dibble	2	67
Sarah J., of Stamford, m. Jacob S. Suydam, of Brooklyn, N. Y., Jan. 8, 1850, by H. F. Pease	2	301

HOLLY (cont.),

	Vol.	Page
Sarah Levina, d. [Edwin S. & Mary E.], b. Sept. 22, 1830	2	200
Selleck, s. John & Susanna, b. Oct. 18, 1713	1	130
Selleck, m. Marcy HOLLY, June 18, 1740, by Jonath[an] Malbtie, J. P.	1	66
Selleck, s. Selleck & Marcy, b. Sept. 28, 1740	1	66
Selleck, d. Oct. 21, 1758	1	129
Selleck, m. Abigail WATERBERY, Aug. 21, 1761, by Rev. Ebenezer Dibble	1	144
Shadrack, s. Ebenezer & Martha, b. Apr. 13, 1773	1	181
Sidney Augustus, s. [David & Martha], b. June 11, 1802	2	33
Silas, s. Stephen & Deborah, b. Nov. 16, 1781	2	33
Silvanus, s. Joseph & Waitstill, b. Feb. 11, 1728	1	14
Stephen, s. Elisha & Rebecca, b. Oct. 19, 1728	1	12
Stephen, m. Hannah MARSHAL[L], Oct. 9, 1751, in Greenwich, by Nathaniel Peck	1	94
Stephen, s. Abraham & Mary, b. Oct. 15, 1760	1	138
Stephen, of Stamford, m. Lowis MEAD, of Greenwich, Apr. 19, 1762, in Greenwich, by Rev. Mr. Todd	1	146
Stephen, s. Stephen & Lowis, b. Jan. 12, 1763	1	146
Stephen, Jr. m. Deborah FERRIS, Jan. 5, 1780, by Rev. Mr. Murdock	2	33
Susanna, w. Daniell, d. June 25, 1710	1	130
Susanna, d. John, cooper & Susanna, b. Apr. 8, 1711	1	130
Susannah, m. Alexander BISHOP, Oct. 22, 1734, by Rev. Ebenezer Wright	1	27
Susannah, wid., d. Sept. 20, 1745	1	66
Susannah, d. Newman & Helenah, b. Aug. 18, 1755	1	112
Susannah, d. Newman & Helenah, b. Sept. 14, 1756	1	119
Susannah, m. Abijah BISHOP, Sept. 13, 1773, in St. John's Church, by Rev. Ebenezer Dibble	1	182-3
Susannah, m. Abijah BISHOP, Sept. 13, 1773, by Rev. Ebenezer Dibble	2	36
Waitstill, d. Joseph & Waitstill, b. Jan. 22, 1722/3	1	0
Waitstill, d. Jabez & Waitstill, b. July 24, 1730	1	37
Walter, s. Ebenezer & Martha, b. July 3, 1767	1	161
Walter, s. Increase & Abigail, b. Mar. 20, 1770	1	197
W[illia]m Coggeshall, s. [David & Martha], b. Aug. 8, 1791	2	33
W[illia]m H., m. Caroline WEBB, Sept. 16, 1827, by Rev. A. S. Todd	2	188
William Henry, s. [Isaac, Jr. & Levina], b. May 5, 1798	2	62
William Webb, s. [William H. & Caroline], b. Aug 31, 1837; d. Sept. 5, 1837	2	188
-----than, s. John, b. Mar. 1, 1661/2	1	98
HOLMES, HOMES, Abigall, m. John HOIT, Apr. 30, 1702	1	123
Abigail*, m. Joseph JESSUP, Aug. 14, 1734, in Fairfield, by Rev. Daniel Chapman, of Greens Farms *("Abigail JAMES" in Huntington's Register)	1	39
Abigail, of Greenwich, m. Jon[a]th[an] MALTBIE, Jr., of Stan-		

	Vol.	Page

HOLMES, HOMES (cont.),
ford, Feb. 27, [1744], in Greenwich, by Rev. Mr. Todd, of Greenwich	1	63
Betsey, d. John, Jr. & Sarah, b. Aug. 15, 1770	1	187
Betsey, m. Uriah **WATERBURY**, Oct. 11, 1792, by Rev. Moses Mather	2	56
Catherine, d. [John, Jr. & Nancy], b. Nov. 30, 1809	2	130
Deborah, d. John & Rebecca, b. Aug. 29, 1736	1	31
Deborah, m. Israel **SMITH**, Jan. 21, 1762, by Rev. Mr. Wells	1	145
Elizabeth, m. John **YOUNGS**, Feb. 6, 1736, in Norwalk, by Joseph Platt, J. P.	1	73
Epenetus, s. Jon[a]th[an], & Sarah, b. Oct. 30, 1722	1	64
Epenetus, m. Sarah **MEAD**, Feb. 9, 1743/4, in Greenwich, by Rev. Abraham Todd	1	64
Han[n]ah, d. Steven & Margaret, b. Jan. 15, 1704/5	1	123
Han[n]ah, d. Steven & Margaret, d. Apr. 19, 1705	1	135
Hannah, m. Moses **CRESSEY**, Dec. 25, 1729, by Jonathan Hoit, J. P.	1	14
Hannah, m. Thaddeus **HOIT**, Apr. 28, 1766, by Col. Jonathan Hoit, J. P.	1	195
Hannah, d. John, Jr. & Sarah, b. Nov. 15, 1771	1	187
John, m. Rachell **WATERBURY**, 3rd mo. 11, [16]59	1	74
John, s. John, b. Oct. 18, 1660	1	98
John, m. Marcy **BELL**, Jan. 15, 1701/2	1	123
John, s. John & Marcy, b. May 21, 1703	1	123
John, d. July 6, 1703	1	123
John, m. Rebecca **BELL**, Nov. 27, 1729, by Jonathan Hoit. J. P.	1	14
John, s. John & Rebecca, b. July 24, 1732	1	25
John, Jr., m. Sarah **HOIT**, Jan. 30, 1769, by Rev. Mr. Wells	1	187
John, s. John & Sarah, b. July 17, 1776	1	199
John, Jr., m. Nancy **BISHOP**, Feb. 17, 1805, by Rev. Daniel Smith	2	130
John, s. [John, Jr. & Nancy], b. Mar. 16, 1806	2	130
John L., of New York City, m. Mary Ann E. W. **AYRES**, of Stamford, Jan. 13, 1850, by Rev. Frederick H. Ayres	2	301
Jonathan, s. Epenetus & Sarah, b. Sept. 28, 1746	1	72
Marcy, m. Samuell **HOIT**, July 13, 1704	1	123
Marcy, d. John & Rebecca, b. Jan. 9, 1730	1	18
Marcy*, m. Samuel **JEFFREY**, Sept. 21, 1756, by Rev. Noah Welles *(Mercy?)	1	122
Martha, m. Elisha **HOLLY**, Dec. 2, 168[6]	1	101
Martha, m. Elisha **HOLLY**, Dec. 2, 1686	1	130
Martha, wid., d. Mar. 13, 1727/8	1	10
Martha, d. John & Rebeckah, b. Apr. 26, 1741	1	51
Martha, m. Jonathan **WEEKS**, June 11, 1747, by Rev. Benjamin Strong	1	101
Martha, m. David **FRANCHER**, June 7, 1764, by Col. Jonathan Hoyt	2	60
Mary, of Greenwich, m. John **WEBB**, of Stamford, [ ], by Rev. Abraham Todd, of Greenwich	1	44

	Vol.	Page
HOLMES, HOMES (cont.),		
Mary, d. John, b. Sept. 25, 1662	1	76
Mary, m. [ ] **CLASON**, Jan. 12, 1692	1	96
Mary, m. Benjamin **GREEN**, Feb. 3, 1712/13, by Joseph Bishop, J. P.	1	129
Mary, d. John & Sarah, b. July 11, 1779	1	199
Mary, d. [John, Jr. & Nancy], b. Oct. 18, 1813	2	130
Mercey, m. Samuel **JEFFREY**, Sept. 22, 1756, by Rev. Noah Welles	2	56
Rachel, d. John, b. Dec. 7, 1669	1	76
Rebeckah, m. Jonathan **JAGGER**, Aug. 22, 1700	1	125
Rebeckah, d. John & Rebeckah, b. Jan. 29, 1738/9	1	51
Rebecca, m. Samuel **PELTON**, Feb. 17, 1763, by Col. Jonathan Hoit, J. P.	1	148-9
Rebecca, d. John & Sarah, b. Nov. 14, 1777	1	199
Rebecca, m. Silas **SCOFIELD**, Feb. 15, 1803, by Rev. Daniel Smith	2	125
Rebeckah, d. [John, Jr. & Nancy], b. Oct. 2, 1811	2	130
Rose, of Bedford, m. John **WESTCOT**, Apr. 9, 1802	1	121
Samuel, of Stamford, m. Anne **ORRY**, of Stratford, Nov. 4, 1725, by Jos. Curtice, J. P.	1	5
Samuel, s. Samuel & Ann, b. Oct. 28, 1726	1	7
Sam[ue]ll, d. June 16, 1734	1	26
Sam[ue]l, of New York, m. Nancy E. **HOLLY**, of Stamford, June 29, 1830, by Rev. A. S. Todd	2	206
Sarah, m. John **WATERBERY**, Jan. 16, 1706/7, by Capt. Selleck, J. P.	1	136
Sarah, w. Steven, d. Sept. 15, 1713	1	143
Sarah, d. Epenetus & Sarah, b. Nov. 6, 1744	1	64
Sarah, of Greenwich, m. Silas **BISHOP**, of Stamford, May 25, 1763, in Greenwich, by Rev. Mr. Todd	1	172
Sarah, d. John, Jr. & Sarah, b. Feb. 9, 1773	1	187
Sarah, d. [John, Jr. & Nancy], b. Nov. 8, 1807	2	130
Stephen, s. John, b. Jan. 14, 1664	1	76
Stephen, m. Mary **HUBBY**, Nov. 18, 1686	1	101
Stephen, Sr., d. May 15, 1710	1	143
Stephen, m. Sarah **GREEN**, Sept. 7, 1710, by Samuel Hoit, J. P.	1	124
Stephen, had child d. Aug. 11, 1712	1	143
Stephen, Jr., [& w. Sarah] had Twins, b. May 3, [ ]; both d. about same time	1	143
Stephen, Jr., m. Sarah **GREEN**, Sept. 7, [ ], by Samuel Hoit, J. P.	1	143
Stephen, m. Margaret **GIB[B]S***, Sept. 7, 1704, by Mr. Darengs *("GIBE" in Huntington's Register)	1	123
HOOKER, Susannah, Mrs., m. Nathan **SELLECK**, Aug. 12, 1708, by Mr. Haines, of Hosford	1	115
HOPPER, Gertrude, m. Henry N. **WEED**, b. of Stamford, Mar. 16, 1845, by Rev. Addison Parker	2	277
HOWE, HOW, HOWES, Abigail, d. David & Rebeckah, b. Sept. 3,		

	Vol.	Page

HOWE, HOW, HOWES (cont.),

	Vol.	Page
1750	1	139
Abigaill, w. Isaac, d. July 30, 1735	1	29
Betsey, d. Princes & Lucene, b. Nov. 24, 1765	2	15
Betsey, of Greenwich, m. Rufus **KNAP[P]**, June 18, 1817, in Greenwich, by Rev. Isaac Lewis	2	102
Bowers, s. Isaac & Elizabeth, b. Oct. 6, 1718	1	146
Bowers, s. David & Rebeckah, b. Aug. 8, 1752	1	139
David, s. Isaac & Elizabeth, b. Jan. 14, 1720/1	1	132
David, m. Rebeckah **WHITING**, Mar. 20, 1745/6, by Rev. Mosses Mather	1	79
Ebenezer, s. Isaac & Elizabeth, b. Aug. 4, 1723	1	0
Ebenezer, m. Mary **BROWN**, Sept. 4, 1753, by Abraham Davenport	1	102
Ebenezer, s. Ebenezer & Mary, b. Jan. 29, 1757	1	122
Elizabeth, d. Nathaniel & Sarah, b. June 17, 1736	1	31
Elizabeth, d. David & Rebeckah, b. Sept. 29, 1760	1	139
Elizabeth, d. James & Sarah, b. Apr. 22, 1763	1	154
Elizabeth, m. Thaddeus **BELL**, Jr., May 4, 1780, by Rev. Moses Mather	2	22
Elizabeth, m. Jesse **SELLECK**, Jan. 26, 1786, by Rev. Moses Mather	2	14
Elizabeth, d. [Jacob, Jr. & Elizabeth, b. July 13, 1803	2	80
Epenetus, m. Mary **MEAD**, Feb. 7, 1739/40, by Rev. Mr. Todd, of Greenwich	1	43
Epenetus, s. Epenetus & Mary, b. Jan. 9, 1740/1	1	68
Ester, d. Epenetus & Mary, b. Sept. 16, 1746	1	75
Hannah, m. Daniel **BRIDGGS**, Jr., Feb. 4, 1736/7, in Greenwich, by Rev. Benjamin Strong	1	50
Hannah, d. Nathaniel & Sarah, b. Feb. 23, 1740/1	1	51
Isaac, Ens., d. May 7, 1733, at New York	1	23
Isaac, m. Abigail **WEBB**, Aug. 15, 1734, by Rev. Ebenezer Wright	1	26
Isaac, s. Epenetus & Mary, b. Oct. 17, 1742	1	68
Isaac, of Darien, m. Mariah **WHITE**, of Stamford, July 2, 1820, by Henry Hoit	2	142
Isaac, m. Mrs. Eveline **DRUMMOND**, Nov. 26, 1835, by Rev. John Ellis	2	226
Isabel, d. Princes & Lucene, b. June 26, 1768	2	15
Jacob, s. David & Rebeckah, b. Oct. 16, 1746	1	79
Jacob, Jr., m. Elizabeth **SEELEY**, Nov. 29, 1798, by Reuben Scofield	2	80
Jeames, s. Isaac & Elizabeth, b. Dec. 18, 1725	1	5
James, m. Sarah **WARRING**, Aug. 20, 1752, by Rev. Moses Mather	1	104
James, s. James & Sarah, b. Apr. 29, 1759	1	137
John, m. Comfort **FINCH**, July 27, 1710, by Samuel Hoit, J. P.	1	124
John, s. [Jacob, Jr. & Elizabeth], b. July 25, 1801	2	80
Lydia, d. [Jacob, Jr. & Elizabeth], b. Oct. 2, 1805	2	80
Mary, d. Epenetus & Mary, b. Dec. 8, 1744	1	68

Mary, m. David **FANSHER**, Jr., May 26, 1788, by Rev. Moses

HOWE, HOW, HOWES (cont.),

	Vol.	Page
Mather	2	60
Mary E., m. Edwin S. **HOLLY**, Aug. 31, 1828, by Rev. A. S. Todd	2	200
Nathan, s. Ebenezer & Mary, b. Apr. 29, 1754	1	122
Nathaniel, m. Sarah **BATES**, the evening following the 5th day of Nov. 1729, by Rev. John Davenport	1	13
Nathaniel, s. Nathaniel & Sarah, b. Mar. 7, 1729/30	1	16
Noah, s. Princes & Lucene, b. Aug. 6, 1763	2	15
Polly, d. Princes & Lucene, b. Jan. 23, 1771	2	15
Princes, m. Lucene **LEE**, Nov. 18, 1762, by Rev. Jeremiah Leaming	2	15
Rebeckah, d. David & Rebeckah, b. Apr. 7, 1755	1	139
Rebecca, m. Benjamin **SCOFIELD**, Mar. 10, 1773, by Rev. Moses Mather	2	51
Sally, d. [Jacob, Jr. & Elizabeth], b. Sept. 20, 1799	2	80
Sam[ue]ll, s. Nathaniel & Sarah, b. Mar. 20, 1732	1	20
Samuel, s. Princes & Lucene, b. May 12, 1774	2	15
Sarah, d. Nathaniel & Sarah, b. Apr. 19, 1734	1	26
Sarah, d. James & Sarah, b. May 26, 1753	1	104
Sarah, m. Nathaniel **CLARK**, Apr. 28, 1773, by Rev. Moses Mather	1	199
Sarah, m. Jeremiah **ANDREWS**, June 30, 1784, by Rev. Moses Mather	2	119
Sarah, m. Stephen **LOCKWOOD**, b. of Stamford, Apr. 19, 1849, by Rev. James Hepburn	2	298
Uriah, s. Nathan[ie]ll & Sarah, b. Oct. 8, 1738	1	37
HOYT, HOIT, HAIT, HOYTE, HOIGHT, Abigail, d. Joshua, b. Aug. 20, 1685	1	117
Abigail, d. Sam[ue]ll & Susana, b. Oct. 26, 1703	1	123
Abigail, m. John **HOLLY**, b. of Stamford, Jan. 1, 1707/8, by Rev. John Davenport	1	128
Abigail, d. John & Abigail, b. Jan. 15, 1712/13	1	117
Abigail, d. Nathan & Mary, b. Jan. 2, 1721/2	1	149
Abigaill, w. Benjamin, d. the night following the 4th day Mar. 1729/30	1	15
Abigail, m. Joseph **BLACKLEY**, Jan. 27, 1736/7, by Jonathan Hoit, J. P.	1	32
Abigail, d. Ebenezer & Marsey, b. Oct. 9, 1740; d. Feb. 27, 1796	1	46
Abigail, d. Jonathan & Sarah, b. Aug. 14, 1755	1	130-1
Abigail, d. Joseph, Jr. & Deborah, b. Oct. 13, 1759	1	134
Abigail, m. John **HOIT**, Jr., Dec. 31, 1761, by Rev. Mr. Wells	1	147
Abigail, m. John **HOIT**, Jr., Dec. 31, 1761, by Rev. Noah Welles	2	12
Abigail, m. Samuel **JES[S]UP**, Oct. 11, 1763, by Jonathan Malbie, J. P.	1	164
Abigail, d. Sam[ue]ll & Dinah, b. Feb. 6, 1765; m. Uzal **KNAP[P]**, s. Nath[anie]ll & Jemima, Feb. 14, 1788, by Rev. John Avery	2	88
Abigail, d. Samuell, 3rd & Dinah, b. Feb. 8, 1765	1	156-7
Abigail, d. Silas & Sarah, b. Jan. 22, 1767	1	194

STAMFORD VITAL RECORDS 107

	Vol.	Page
HOYT, HOIT, HAIT, HOYTE, HOIGHT (cont.),		
Abigail, d. John, Jr. & Abigail, b. Oct. 31, 1767	1	186
Abigail, d. John & Abigail, b. Oct. 31, 1767	2	12
Abigail, m. Abraham **SCOFIELD**, Apr. 26, 1769, by Rev. Mr. Wells	1	169
Abigail, d. James & Hannah, b. May 20, 1775	1	198
Abigail, m. Benj[ami]n **SMITH**, Dec. 7, 1775, by Rev. Noah Welles	1	203
Abigail, m. George **MILLS**, Nov. 8, 1787, by Rev. John Avery	2	29
Abigail, w. John, 3rd, d. Sept. 1, 1793	2	30
Abigail, w. John, Jr., d. Feb. 27, 1796	2	12
Abigail, m. James **FINCH**, b. of Stamford, Aug. 25, 1833, by Rev. John Ellis. Int. Pub.	2	220
Abraham, s. Benjamin, Jr., b. June 16, 1704	1	123
Abraham, m. Hannah **BATES**, Nov. 27, 1729, by Jonathan Hoit, J. P.	1	13
Abraham, s. Abraham & Hannah, b. Oct. 13, 1732	1	22
Abraham, s. Abraham, d. Aug. 20, 1745	1	65
Abraham, m. wid. Hannah **BLACKLEY**, June 3, 1748, by Jonathan Maltbie, J. P.	1	90
Abraham, s. Thaddeus & Hannah, b. Oct. 16, 1770	1	195
Abraham, m. Sarah **KNAP[P]**, July 13, 1802, by Rev. Daniel Smith	2	93
Albert, [twin with Alfred], s. [Ezra & Mercey], b. Sept. 30, 1797	2	53
Albert Sylvester, s. [Frederick & Abigail], b. Sept. 16, 1805	2	129
Alfred, [twin with Albert], s. [Ezra & Mercey], b. Sept. 30, 1797	2	53
Alfred, s. [Silas, Jr. & Charlotte], b. Jan. 13, 1813	2	126
Alpheas, s. David, Jr. & Sarah, b. Apr. 6, 1774	1	185
Amos, s. Jagger & Jemima, b. Nov. 5. 1741	1	47
Amos, s. Peter & Sarah, b. Nov. 30, 1762	1	146
Amos, s. [Salmon & Hannah], b. July 15, 1801	2	63
Ann Seymour, d. Sam[ue]ll & Mary, b. Dec. 7, 1790	2	21
Ann Seymour, m. John **TILLMAN**, May 3, 1814, by Rev. Daniel Smith	2	127
Anna, d. [Josiah & Elizabeth], b. July 13, 1768	2	67
Anne, [w. Samuel, 5th], d. Apr. 25, 1784	2	21
Asael, s. Joseph, Jr. & Deborah, b. Mar. 25, 1767	1	176
Asahel, s. Jesse & Lydia, b. Jan. 17, 1790	2	34
Augustus, s. [Frederick & Abigail], b. Nov. 24, 1789	2	129
Bates, s. Abraham & Hannah, b. July 7, 1754	1	109
Bates, s. Thaddeus & Hannah, b. Aug. 27, 1784	2	22
Bates, m. Elizabeth **ANDREWS**, Sept. 27, 1806, by Rev. Daniel Smith	2	129
Belding, s. Sam[ue]ll & Hannah, b. Aug. 27, 1788	2	26
Benjamin, m. Hanna **WEED**, Jan. 5, 1670	1	113
Benjamin, s. Benjamin, b. Dec. 9, 1671	1	76
Benjamin, m. Elizabeth **JAGGER**, June 10, 1697	1	104
Benjamin, s. Benjamin, b. Apr. 24, 1700	1	123
Benjamin, s. Benjamin & Elizabeth, b. June 13, 1718	1	121

	Vol.	Page
HOYT, HOIT, HAIT, HOYTE, HOIGHT (cont.),		
Benjamin, s. Mary **BROWN**, d. Nov. 8, 1726	1	5
Benjamin, d. Jan. 26, 1735/6, in the 21st* year of his age *("91st year" in the Huntington's Register)	1	30
Benjamin, s. Charles & Hannah, b. June 8, 1742	1	99
Benjamin, s. Jeremiah & Lydia, b. Jan. 16, 1747/8	1	82
Benjamin, s. Jonas & Elizabeth, b. Nov. 2, 1754	1	117
Benjamin, s. John & Abigail, b. Feb. 19, 1768	2	12
Benj[ami]n, s. John, Jr. & Abigail, b. Feb. 19, 1769	1	186
Benjamin, s. Sam[ue]ll & Hannah, b. Sept. 8, 1782	2	26
Benjamin, s. Silas & Sarah, b. Jan. 16, 1791	2	39
Benjamin, m. Elizabeth **REED**, Dec. 23, 1792, by Rev. John Davenport	2	39
Benj[ami]n, s. [Benj[ami]n & Elizabeth], b. July 28, 1798; d. Feb. 13, 1801	2	39
Benjamin, s. Benj[ami]n & Betsey, b. Nov. 26, 1802	2	92
Benjamin, m. Arna* **SMITH**, Jan. 9, 1816, by Rev. Daniel Smith *(Anna?)	2	118
Benjamin Franklin, s. [Benjamin & Arna], b. Oct. 27, 1816	2	118
Bethiah, m. Richard **DANIEL**, Mar. 1, 1750, by Rev. Noah Welles	1	101
Betsy, d. Peter & Sarah, b. Oct. 19, 1764	1	155
Betsey, d. Sam[ue]ll & Hannah, b. Jan. 21, 1778	2	26
Betsey, d. Thaddeus & Hannah, b. June 12, 1778	2	22
Betsey, d. Elijah, b. Sept. 11, 1780; m. Augustus **SCOFIELD**, s. Nath[anie]ll & Keziah, Mar. 21, 1804, by Rev. Daniel Smith	2	90
Betsey, d. [Frederick & Abigail], b. Sept. 16, 1797	2	129
Betsey, d. [Benjamin & Elizabeth], b. Aug. 5, 1800	2	39
Betsey, m. Leander **HOYT**, Nov. 11, 1806, in Norwalk, by Rev. Nathan Feltch	2	176
Betsey, m. Levi **SCOFIELD**, Apr. 21, 1816, by Rev. Daniel Smith	2	128
Betsey Ann, d. [William & Anne], b. May 5, 1800	2	24
Billy, s. Thaddeus & Hannah, b. July 30, 1774	1	195
Billy, m. Sally **WOOD**, Dec. 26, 1799, by Rev. Platt Buffet	2	93
Caleb, s. James, 3rd & Hannah, b. Feb. 9, 1766	1	168
Caroline, d. [Henry, Jr. & Sarah], b. Nov. 23, 1813	2	90
Caroline, m. John **WARREN**, b. of Stamford, Nov. 13, 1836, by Rev. Daniel Smith	2	242
Caroline Delaplaine, d. [Sam[ue]ll S. S. & Sarah], b. July 10, 1816, in New York	2	102
Caroline Shaw, d. [Roswell & Nancy E.], b. Sept. 6, 1839	2	232
Cary, s. Nathan[ie]ll, Jr. & Elizabeth, b. Jan. 26, 1753	1	190
Catherine, m. John **SCOFIELD**, b. of Stamford, this day, [Dec. 21, 1842], by Rev. J. W. Alvord, Jr.	2	265
Charles, s. Joshua & Mary, b. Apr. 20, 1710	1	120
Charles, m. Hannah **BISHOP**, Aug. 4, 1736, by Jonathan Hoit	1	99
Charles, s. [Bates & Elizabeth], b. Oct. 17, 1809	2	129
Charles D., m. Nancy A. **BARNUM**, b. of Stamford, [Sept.] 4, [1836], by Rev. John Ellis	2	227
Charles E., m. Hannah **SLAUSON**, b. of Stamford, Oct. 7, 1838,		

	Vol.	Page
HOYT, HOIT, HAIT, HOYTE, HOIGHT (cont.),		
by Rev. Edw[ar]d Oldrin	2	252
Charles Edward, s. [Elihu & Abigail], b. May 8, 1815	2	143
Charles Henry, s. [Darius & Harriet], b. Sept. 17, 1813	2	96
Charles Rufus, s. [James & Abigail], b. July 26, 1816	2	143
Charles Webb, s. [Shadrach & Mary], b. Dec. 4, 1804	2	80
Charlotte, d. [Epenetus & Hannah], b. Nov. 2, 1790	2	32
Clare, d. Joseph & Jane, b. Jan. 27, 1766	1	203
Clarra, d. Capt. Joseph & Jane, b. Jan. 28, 1766	1	163
Clara, m. Elijah **LOUNSBERY**, May 6, 1784, by Rev. Justus Mitchell	2	35
Clarissa, d. [Henry, Jr. & Sarah], b. Oct. 11, 1811	2	90
Daniel, s. Jonas, b. Aug. 16, 1706	1	123
Daniel, m. Jemimah **LOUNSBERY**, Apr. 29, 1731, by Jonathan Hoit, J. P.	1	18
Daniel, s. Daniel & Jemimah, b. Feb. 21, 1731/2	1	20
Daniel, s. [Enos & Mary], b. Nov. 4, 1794	2	35
Darius, s. Thaddeus & Hannah, b. Jan. 30, 1776	1	195
Darius, m. Harriet **BATES**, Sept. 14, 1806, by Rev. Daniel Smith	2	96
David, s. Benjamin, Jr., b. June 23, 1702	1	123
David, m. Hanah **HOITT**, June 22, 1727, by Jonathan Hoit, J. P.	1	9
David, s. James & Mary, b. Oct. 3, 1728	1	25
David, s. David & Hannah, b. Feb. 21, 1730/1	1	19
David, 3rd, m. Sarah **LOCKWOOD**, Mar. 16, 1758, by Rev. Noah Wells	1	138
David, s. David, Jr. & Sarah, b. Feb. 13, 1772	1	177
David, Jr., m. wid. Hannah **HOYT**, June 24, 1778, by Benjamin Weed	2	37
David, s. Silas & Sarah, b. Dec. 13, 1784	2	8
David Brown, s. [Henry, Jr. & Sarah], b. Aug. 16, 1807	2	90
David Wood, s. [Billy & Sally], b. Nov. 6, 1804; d. July 6, 1805	2	93
Deborah, d. Benjamin, Jr., b. Aug. 9, 1698	1	123
Deborah, d. Sam[ue]ll, [black]smith & Mary, b. July 30, 1721	1	149
Deborah, m. Stephen **AMBLER**, Dec. 14, 1721, by Capt. Joseph Bishop, J. P.	1	112
Deborah, d. Jeremiah & Lidya, b. Mar. 17, 1749/50	1	90
Delanson, s. [Silvanus & Sally], b. Mar. 13, 1794	2	54
Delia Ann, d. [Elihu & Abigail], b. Sept. 24, 1810	2	143
Deodate, s. Ebenezer & Mercy, b. Sept. 18, 1738	1	38
Deodate, m. Mary **WEED**, Nov. 20, 1784, by Rev. Solomon Wolcot	2	4
D-----d, s. [Shadrach, Jr. & Hannah], b. Jan 3, 1805; d. May [ ], 1805	2	97
Ebenezer, s. Samuell, b. Nov. 29, 1689; d. [ ]	1	117
Ebinezer, s. John & Abigail, b. May 9, 1707	1	123
Ebenezer, s. Benjamin & Elizabeth, b. Oct. 1, 1712/13	1	127
Ebenezer, s. Benson & Mary, b. Feb. 15, 1719	1	146
Ebenezer, s. Dea. John, d. May 16, 1730	1	16
Ebenezer, s. Capt. Jonathan, b. May 27, 1730	1	16

	Vol.	Page

HOYT, HOIT, HAIT, HOYTE, HOIGHT (cont.),

	Vol.	Page
Ebenezer, Jr., m. Hannah **CLASON**, Jan. 24, 1739/40, by Rev. Mr. Wright	1	41
Ebenezer, s. John & Elizabeth, b. July 31, 1743	1	58
Ebenezer, s. Sergt. John, d. Nov. 2, 1744	1	63
Ebenezer, Col. his s. [ ], d. Oct. 28, 1746	1	74
Ebenezer, s. Jonathan, Jr. & Sarah, b. July 15, 1749	1	88
Ebenezer, Jr., m. Mary **GREEN**, Nov. 1, 1749, by Jonathan Maltbie, J. P.	1	83
Ebenezer, s. Nathaniel, Jr. & Elizabeth, b. Apr. 24, 1764	1	190
Ebenezer, d. Aug. 20, 1785	2	17
Ebenezer, s. [William, 3rd & Mary], b. June 16, 1813	2	110
Edward, s. [William & Anne], b. Aug. 18, 1804	2	24
Edwin, s. [Abraham & Sarah], b. May 15, 1804	2	93
Eleanor, d. [Benj[ami]n & Betsey], b. Nov. 3, 1810	2	92
Elihu, b. May 1, 1784; m. Abigail **BURNS**, Jan 21, 1805, by Rev. Daniel Smith	2	143
Elihu, s. [Sam[ue]ll & Hannah], b. July 13, 1795	2	12
Elihu, s. [Epenetus & Hannah], b. Dec. 20, 1801	2	32
Eliphalet, [twin with Elisha], s. James, 3rd & Hannah, b. Feb. 12, 1770	1	198
Elisha, [twin with Eliphalet], s. James & Hannah, 3rd, b. Feb. 12, 1770	1	198
Eliza, m. Thomas P. **DIXON**, Dec. 4, 1823, by Rev. Daniel Smith	2	168
Elizabeth, d. Capt. Sam[ue]ll & Mary, b. Feb. [ ]	1	149
Elizabeth, d. Benjamin & Elizabeth, b. Sept. 26, 1710	1	131
Elizabeth, d. Benjamin & Elizabeth, d. July 31, 1712	1	126
Elizabeth, d. Samuel & Mary, b. Nov. 27, 1713	1	121
Elizabeth, d. Samuel & Mary, d. Feb. 14, 1713/14	1	108
Elizabeth, d. Samuel & Mary, b. Feb. 17, 1721/2	1	150
Elizabeth, d. David & Hannah, b. June 4, 1729	1	19
Elizabeth, d. Dan[ie]ll & Jemimah, b. Dec. 22, 1738	1	37
Elizabeth, d. Nathaniel & Elizabeth, b. Jan. 2, 1745/6	1	80
Elizabeth, d. Nehemiah & Ruth, b. Aug. 20, 1746	1	76
Elizabeth, m. Nathan **MIDDLEBROOKS**, Nov. 2, 1749, by Rev. Noah Welles	1	101
Elizabeth, m. Charles **WEED**, b. of Stamford, Jan. 28, 1762, by Rev. Mr. Wells	1	142-3
Elizabeth, m. Stephen **WEBB**, Mar. 2, 1769, by Rev. Mr. Davenport, of Greenwich	1	176
Elizabeth, d. John & Abigail, b. Mar. 24, 1772	2	12
Elizabeth, d. John, Jr. & Abigail, b. Mar. 24, 1772	1	186
Elizabeth, m. John **LARKIN**, Sept. 4, 1791, by Rev. John Avery	2	34
Elizabeth, d. [Bates & Elizabeth], b. Dec. 19, 1814	2	129
Elizabeth, Ferris, d. [Sam[ue]ll S. S. & Sarah], b. Mar. 17, 1814, in New York; d. May 1, 1815, in New York	2	102
Ellizabeth Smith, d. [Shadrach & Mary], June 29, 1799	2	80
Emelina, d. [Henry, Jr. & Sarah], b. Aug. 27, 1806	2	90
Emiline, d. [Benj[ami]n & Betsey], b. June 2, 1805	2	92

HOYT, HOIT, HAIT, HOYTE, HOIGHT (cont.),

	Vol.	Page
Emeline, d. [Silas, Jr. & Charlotte], b. Feb. 12, 1808	2	126
Emeline, m. Benjamin **WEED**, b. of Stamford, Dec. 18, 1828, by Rev. Henry Fuller	2	194
Emeline, of Stamford, m. Amzi **AYRES**, of New Canaan, May 9, 1831, by Rev. Daniel Smith	2	234
Emeline, m. William **HOYT**, b. of Stamford, Oct. 3, 1832, by Rev. Daniel Smith	2	236
Emely, d. [Samuell & Hannah], b. July 18, 1797; d. [ ]	2	12
Emely, d. [Samuell & Hannah], b. Feb. 17, 1800	2	12
Emily, d. [Shadrach, Jr. & Hannah], b. Apr. 17, 1825	2	97
Emily Delaplaine, d. [Samuel S. S.], b. Jan. 12, 1823, in New York	2	137
Enoch, s. Peter & Sarah, b. July 8, 1771	1	177
Enoch, m. Hannah **LOCKWOOD**, July 20, 1805, by Rev. Daniel Smith	2	94
Enos, s. James, 3rd & Hannah, b. Sept. 24, 1767	1	168
Epenetus, m. Hannah **WEED**, Dec. 21, 1787, by Rev. Justus Mitchell	2	32
Esther, d. Nathan, Jr. & Sarah, b. June [ ], 1760	1	150
Esther, m. Jacob **WHITE**, Jr., May 15, 1783, by Rev. John Avery	2	22
Ezrah, s. Abraham & Hannah, b. Apr. 23, 1737	1	33
Ezra, d. Dec. 28, 1755, at Albany (soldier)	1	113
Ezra, s. Jonathan & Sarah, b. Mar. 6, 1756	1	194
Ezra, s. Silas & Sarah, b. Apr. 16, 1766	1	194
Ezra, m. Mercey **JEFFREY**, May 10, 1790, by Rev. Robert Morris	2	53
Ezra, s. [Ezra & Mercey], b. Sept. 24, 1795	2	53
Ezra C., of Danbury, m. July N. **OSBORN**, of Stamford, Oct. 15, 1844, by Rev. J. W. Alvord, Jr.	2	275
Ezra Scofield, s. [Ralph, Jr. & Deborah], b. Aug. 31, 1818	2	124
Frances, d. [Shadrach, Jr. & Hannah], b. Sept. 14, 1819	2	97
Frederick, s. Samuel, 3rd & Sarah, b. June 16, 1763	1	158
Frederick, s. Thaddeus & Hannah, b. Jan. 24, 1767	1	195
Frederick, m. Abigail **LOCKWOOD**, May 10, 1788, by Rev. John Avery	2	129
George, s. [Billy & Sally], b. Aug. 28, 1813; d. Oct. 10, 1838	2	93
George Allen, s. [Darius & Harriet], b. Aug. 16, 1811	2	96
George Augustus, twin with Nathaniel Rufus, s. [Samuel S. S.], b. Oct. 25, 1818, in [New] York	2	137
George Edwin, s. [Shadrach, Jr. & Hannah], b. May 6, 1817	2	97
Gloriania, d. John & Abigail, b. Jan. 5, 1782; d. July 4, 1783	2	12
Gloriania, d. John & Abigail, b. Jan. 20, 1791; d. Apr. 20, 1793	2	30
Hanford, s. Samuel, 4th & Dinah, b. Dec. 31, 1750	1	93
Hannah, w. Thaddeus, d. Apr. 12, [ ]	2	22
Han[n]a[h], d. Samuel, b. Mar. 23, 1679/80	1	107
Han[n]ah, d. Joshua, b. Sept. 1, 1681	1	117
Han[n]ah, m. Daniell **SCOFIELD**, Apr. 17, 1701	1	134
Han[n]ah, d. John & Abigaill, b. Mar. 9, 1702/3	1	123
Han[n]ah, m. Abraham **BELL**, Apr. 6, 1704	1	144

HOYT, HOIT, HAIT, HOYTE, HOIGHT (cont.),

	Vol.	Page
Han[n]ah, d. Samuell & Marcy, b. June 30, 1705	1	123
Hannah, w. Dea. S[amuel], d. Dec. 7, 1710	1	130
Han[n]a[h], d. Jonathan & Millesent, b. Jan. 8, 1710/11	1	137
Han[n]ah, w. Benjamin, Sr., d. Nov. 9, 1711	1	131
Hannah, d. Benjamin S. & Elizabeth, b. Sept. 8, 1716	1	133
Hannah, m. Nathaniel **CRESSEY**, Dec. 1, 1726	1	8
Han[n]ah, m. David **HOIT**, June 22, 1727, by Jonathan Hoit, J. P.	1	9
Hannah, d. Joseph & Hannah, b. Oct. 23, 1729; d. Dec. 25, 1729	1	14
Hannah, d. Abraham & Hannah, b. Dec. 25, 1730	1	17
Hanna[h], m. Deliverance **SLASON**, Jan. 17, 1733/4, by Jonathan Hoit, J. P.	1	25
Hannah, m. Josiah **HOIT**, Aug. 15, 1734, by Rev. Ebenezer Wright	1	26
Hannah, d. Josiah & Hannah, b. Mar. 26, 1740	1	41
Hannah, d. Ebenezer & Hannah, b. Sept. 20, 1742	1	56
Hannah, w. Ebenezer, d. Nov. 21, 1745	1	70
Hannah, d. Ebenezer & Marcy, b. Nov. 17, 1749	1	89
Hannah, d. Nathaniel, Jr. & Elizabeth, b. Oct. 4, o. s., 1750	1	190
Hannah, m. James **SAINT JOHN**, Sept. 19, 1753, by Abraham Davenport, J. P.	1	147
Hannah, d. David & Sarah, b. Apr. 30, 1760	1	138
Hannah, d. Silvanus & Elizabeth, b. Sept. 7, 1763	1	151
Hannah, m. Jonathan **CURTICE**, Dec. 1, 1767, by Col. Jonathan Hoit, J. P.	1	166
Hannah, d. Joseph & Jane, b. Jan. 28, 1768	1	203
Hannah, d. Samuel, 3rd & Sarah, b. Feb. 14, 1768	1	167
Hannah, d. Thaddeus & Hannah, b. Oct. 16, 1768	1	195
Hannah, m. Dunlap **COGSHALL**, Dec. 7, 1769, by Rev. Mr. Dibble	1	190
Hannah, d. Joseph, 5th & Hannah, b. Dec. 25, 1772	1	181
Hannah, d. Sam[ue]ll & Hannah, b. Aug. 16, 1773; d. Aug. 30, 1773	2	26
Hannah, d. Sam[ue]ll & Hannah, b. Nov. 16, 1776; d. Feb. 21, 1777	2	26
Hannah, wid., m. David **HOYT**, Jr., June 24, 1778, by Benjamin Weed	2	37
Hannah, d. Uriah & Jane, b. Aug. 5, 1779	2	41
Hannah, m. Asahel **WEED**, Apr. 21, 1780, by Sam[ue]ll C. Silliman	2	4
Hannah, d. Jesse & Lydia, b. Oct. 28, 1785	2	34
Hannah, d. Sam[ue]ll & Hannah, b. Oct. 6, 1786	2	26
Hannah*, m. Timothy **REYNOLDS**, Feb. 25, 1796, by Rev. Isaac Lewis *(Arnold copy has "Hannah **WAIT**")	2	91
Hannah, m. William Henry **STEVENS**, May 18, 1797, by Dr. Ebenezer Dibble	2	85
Hannah, d. [Frederick & Abigail], b. Jan. 9, 1804	2	129
Hannah, d. [Salmon & Hannah], b. June 10, 1805	2	63
Hannah, of Stamford, m. Benjamin **WEED**, of Darien, Sept. 17,		

	Vol.	Page

HOYT, HOIT, HAIT, HOYTE, HOIGHT (cont.),

	Vol.	Page
1820, by Rev. Daniel Smith	2	143
Hannah, m. Charles T. **LEEDS**, b. of Stamford, May 2, 1826, by Rev. Daniel Smith	2	185
Hannah E., m. James A. **SHAW**, Feb. 13, 1848, by Rev. J. Jennings	2	292
Hannah Webb, d. [William & Anne], b. Nov. 29, 1795; d. Dec. 30, 1796	2	24
Harriet, d. Sam[ue]ll & Hannah, b. July 17, 1783	2	12
Harvey, of Bridgeport, m. Emily F. **SELLECK**, of Stamford, Apr. 16, 1849, by Rev. H. F. Pease	2	299
Henry, s. Sam[ue]ll, 3rd & Dinah, b. Aug. 7, 1761	1	142-3
Henry, s. Sam[ue]ll & Hannah, b. Oct. 2, 1774	2	26
Henry, s. John & Jemima, b. May 11, 1776	1	189
Henry, [twin with Ruah], s. David, Jr. & Hannah, b. Dec. 31, 1780	2	37
Henry, Jr., m. Sarah **BROWN**, Nov. 13, 1803, by Reuben Scofield	2	90
Henry, m. Betsey **WATERBURY**, b. of Stamford, Oct. 28, 1822, by Rev. Daniel Smith	2	159
Henry B., s. [Henry, Jr. & Sarah], b. Mar. 4, 1817	2	90
Henry Edwin, s. Sam[ue]ll & Betsey, b. Oct. 26, 1791	2	35
[Hezekiah & w. Hannah], had s. [ ], b. [ ]; d. [ ]	2	120
Hezekiah, s. Sam[ue]ll & Mary, b. Jan. 10, 1743/4	1	59
Hezekiah, s. Samuel & Mary, b. May 5, 1746	1	72
Hezekiah, s. Joseph, Jr. & Deborah, b. May 19, 1763	1	151
Hezekiah, s. Joseph, Jr. & Deborah, b. Dec. 23, 1772	1	189
Hezekiah, m. Hannah **WATERBURY**, Feb. 5, 1804, by Rev. Daniel Smith	2	120
Isaac, s. Abraham & Hannah, b. Sept. 14, 1734	1	27
Isaac, m. Mary **SKELDING**, Aug. 5, 1761, b. Rev. Mr. Wells	1	144
Isaac, s. Isaac & Mary, b. Aug. 14, 1767	1	168
Isaac, m. Sarah **HOIT**, May 26, 1768, by Rev. Mr. Wells	1	168
Isaac, s. [Josiah & Elizabeth], b. Aug. 14, 1775	2	67
Isaac, s. [James & Sarah], b. Sept. 11, 1789	2	78
Isaac, m. Hannah **WEED**, Jan. 11, 1829, by Rev. D. Smith	2	199
Israel, s. Sam[ue]ll, [black]smith, d. Sept. 25, [17]	1	137
Israel, s. Daniel & Jemimah, b. Nov. 18, 1733	1	24
Israel, s. Josiah & Hannah, b. Sept. 15, 1745	1	66
Israel, s. Jonathan, 3rd & Sarah, b. Apr. 3, 1752; d. May 27, 1752	1	96
Israel, m. Ruth **SCOFIELD**, Nov. 11, 1766, by Col. Jonathan Hoit, J. P.	1	166
Jacob, s. David, Jr. & Sarah, b. Apr. 8, 1762	1	146
Jagger, s. Benjamin & Elizabeth, b. Dec. 21, 1714	1	122
Jagger, m. Sarah **WEED**, Nov. 1, 1739, by Samuel Hoit, J. P.	1	44
Jagger, m. Jemima **CLASON**, Jan. 21, 1740/1, by Jonathan Maltbie, J. P.	1	47
Jagger, s. Jeremiah & Lidya, b. Apr. 26, 1752	1	101

	Vol.	Page
HOYT, HOIT, HAIT, HOYTE, HOIGHT (cont.),		
James, m. Mary **WATERBERY**, Oct. 7, 1726	1	8
James, s. James & Mary, b. Dec. 7, 1742	1	120
James, s. Sam[ue]ll, 3rd & Abigail, b. Feb. 17, 1742/3	1	63
James, s. Lieut. Joseph & Jane, b. June 19, 1755	1	116
James, s. James, 3rd & Hannah, b. Oct. 30, 1764	1	168
James, 3rd, m. Hannah **JONES**, Jan. 22, 1765, by Rev. Mr. Wells	1	168
James, 3rd, d. July 14, 1775	1	193
James, m. Sarah **KNAP[P]**, May 20, 1789, by Rev. John Shephard	2	78
James, s. [James & Sarah], b. Aug. 25, 1792	2	78
James, [twin with Lydia], s. [Benj[ami]n & Betsey], b. Sept. 19, 1807	2	92
James, m. Abigail **NICHOLS**, Nov. 6, 1813, by Rev. Frederick Smith	2	143
James Albert, s. [Elihu & Abigail], b. June 16, 1812	2	143
James Edward, s. [James & Abigail], b. Aug. 12, 1814	2	143
James H., m. Sarah J. **GRAY**, Jan. 31, 1838, by Rev. Ambrose S. Todd	2	246
James H., m. Hannah E. **SMITH**, b. of Stamford, Jan. 1, 1851, by Rev. Ambrose S. Todd	2	305
James Henry, s. [Billy & Sally], b. Apr. 14, 18[ ]	2	93
James Harvey, s. [Bates & Elizabeth], b. Aug. 25, 1812	2	129
James Hervey, s. [Salmon & Hannah], b. Feb. 6, 1798	2	63
James Malbie, s. Sam[ue]ll & Hannah, b. July 11, 1785	2	12
James Rufus, s. [Shadrach & Mary], b. Mar. 10, 1801	2	80
James Shaw, s. [Shadrach, Jr. & Hannah], b. Nov. 5, 1802	2	97
Jane, m. Uriah **HOIT**, Nov. 5, 1773, by Rev. Mr. Dibble	1	189
Jane, d. Uriah & Jane, b. Jan. 19, 1777	2	41
Jane, d. Uriah & Jane, d. Feb. 25, 1795	2	41
Jehieel, s. Job & Elizabeth, b. Nov. 11, 1730	1	26
Jemima, d. Jonas & Sarah, b. Oct. 3, 1710	1	131
Jemima, d. Jonas, decd., d. Nov. 21, 1716	1	143
Jemimah, d. Daniel & Jemimah, b. Aug. 13, 1735	1	29
Jemima, d. Jagger & Jemima, b. Oct. [ ], 1745	1	72
Jemima, d. John & Jemima, b. Nov. 23, 1767	1	163
Jeremiah, m. Lydia **WEED**, May 27, 1736, by Sam[ue]ll Hoit, J. P.	1	31
Jeremiah, s. Jeremiah & Lydia, b. Apr. 21, 1744	1	61
Jerem* Bates, s. [Darius & Harriet], b. Oct. 27, 1807 *(Jerome?)	2	96
Jerusha, d. Joshua, b. Dec. 8, 1698	1	123
Jessey, child Joseph, Jr. & Deborah, b. Feb. 16, 1761	1	145
Jesse, Jr., m. Lydia **HUNT**, Dec. 28, 1783, by Reuben Scofield	2	34
Joanna, d. Sam[ue]ll & Mary, b. Jan. 14, 1716/17	1	139
Joanna, d. Sam[ue]ll & Mary, d. Mar. 12, 1717	1	126
Job, s. Joshua & Mary, b. Jan. 22, 1703/4	1	123
Job, d. Oct. 13, 1754, in North Castle, [N. Y.]	1	109
Job, s. Nathan[ie]ll & Sarah, d. Sept. 17, 1777	2	23
John, s. Samuel, b. Jan. 9, 1675	1	107

HOYT, HOIT, HAIT, HOYTE, HOIGHT (cont.),

	Vol.	Page
John m. Abigall **HOMES**, Apr. 30, 1702	1	123
John, s. John & Abigall, b. Nov. 19, 1704	1	123
John, Dea., d. Dec. 10, 1732	1	21
John, s. David & Hannah, b. Dec. 29, 1732	1	22
John, s. Job & Elizabeth, b. Mar. 25, 1733	1	26
John, s. Sam[ue]ll, 3rd & Abigail, b. Nov. 24, 1740	1	63
John, m. Elizabeth **WATERBERY**, Feb. 18, 1741/2, by Jonathan Hoit, J. P.	1	48
John, s. John & Elizabeth, b. Sept. 11, 1748; d. Nov. 13, 1749	1	83
John, s. John, d. Nov. 13, 1749	1	63
John, s. John & Elizabeth, b. Sept. 13, 1751	1	94
John, Sergt., d. Aug. 2, 1759	1	133
John, Jr., m. Abigail **HOIT**, Dec. 31, 1761, by Rev. Mr. Wells	1	147
John, Jr., m. Abigail **HOIT**, Dec. 31, 1761, by Rev. Noah Welles	2	12
John, s. John, Jr. & Abigail, b. Dec. 2, 1765	1	186
John, s. John & Abigail, b. Dec. 2, 1765	2	12
John, m. Jemima **HOLLY**, July 7, 1766, by Jonathan Hoit, J. P.	1	162
John & w. Jemima, had s. [ ], b. sometime in Dec., 1766; d. sometime in Feb., 1767	1	162
John, s. John & Jemima, b. Sept. 11, 1770	1	189
John, 3rd, m. Abigail **SMITH**, Jan. 22, 1790, by Rev. John Avery, of Stamford	2	30
John, Jr., m. Rebecca **JEFFREY**, Nov. 12, 1797, by Rev. Daniel Smith	2	12
John, d. Mar. 1, 1825	2	12
John Murray, s. [Leander & Betsey], b. Jan. 28, 1811	2	176
John Robins Playmert, s. [Sam[ue]ll S. S. & Sarah], b. Feb. 16, 1808, in New York	2	102
John William, s. [William & Anne], b. Apr. 28, 1802	2	24
Jonas, m. Sarah **SMITH**, b. of Stamford, Dec. 15, 1705, by Rev. John Davenport	1	128
Jonas, d. Dec. 3, 1711	1	131
Jonas, s. Benjamin & Elizabeth, b. May 8, 1720	1	132
Jonas, m. Elizabeth **SMITH**, June 20, 1751, by Rev. Mr. Strong	1	95
Jonas, s. Jonas & Elizabeth, b. Feb. 29, 1752	1	95
Jonathan, s. Samuell, b. June 11, 1683; d. [ ], ae 6 wks.	1	107
Jonathan, s. Samuell, b. June 11, 1683	1	117
Jonathan, m. Mellesent **PENOYER**, Apr. 1, 1710, by Samuel Hoit, J. P.	1	124
Jonathan, s. Jonathan & Hannah, b. July 30, 1713	1	121
Jonathan, s. Sam[ue]ll & Mary, b. Jan. 14, 1716/17	1	140
Jonathan, Jr., m. Sarah **BATES**, Apr. 3, 1746, by Jon[a]th[an] Hoit, J. P.	1	68
Jonathan, s. Jonathan, Jr. & Sarah, b. Dec. 18, 1747	1	81
Jonathan, 3rd, m. Sarah **SMITH**, Oct. 4, 1750, by Rev. Benjamin Strong	1	88
Jonathan, s. Jonathan & Sarah, b. May 24, 1753	1	105
Jonathan, s. Jonathan & Sarah, b. May 24, 1753	1	130-1

	Vol.	Page
HOYT, HOIT, HAIT, HOYTE, HOIGHT (cont.),		
Joseph, s. Samuell, b. June 12, 1686	1	117
Joseph, s. Capt. Jonathan & Milisent, b. Aug. 2, 1725	1	4
Joseph, m. Hannah **FINCH**, June 6, 1728, by Rev. John Davenport	1	10
Joseph, brother of Dea. John, d. May 20, 1730	1	15
Joseph, s. Sam[ue]ll & Mary, b. Dec. 12, 1739	1	41
Joseph, m. Jean **KING**, Apr. 6, 1749, by Jonathan Hoit	1	81
Joseph, s. Joseph & Jane, b. Oct. 12, 1750	1	88
Joseph, Jr., m. Deborah **BELL**, Apr. 2, 1759, by Rev. Noah Welles	1	134
Joseph, 5th, m. Hannah **SEELEY**, June 11, 1771, by Benjamin Weed, J. P.	1	181
Joseph, 3rd, m. Sarah **WEED**, June 27, 1773, by Rev. Mr. Wells	1	186
Joseph A., m. Ann M. **BETTS**, Apr. 18, 1832, by Rev. John Ellis	2	216
Joseph Alfred, s. [Hezekiah & Hannah], b. Oct. 24, 1811	2	120
Joseph, Smith, s. Joseph, decd. & Hannah, b. Oct. 29, 1796, in North Stamford	2	95
Joseph Warren, s. John, Jr. & Abigail, b. Sept. 4, 1775	1	193
Joseph Warren, s. John & Abigail, b. Sept. 4, 1775; d. Sept. 18, 1776	2	12
Joseph Warren, s. John, Jr. & Abigail, d. Sept. 15, 1776	1	194
Joseph Warren, s. John & Abigail, Jr., b. Nov. 11, 1779	1	199
Joseph Warren, s. John & Abigail, b. Nov. 11, 1779	2	12
Joshua, s. Joshua, b. Oct. 4, 1671	1	76
Joshua, s. Joshua, b. Oct. 4, 1671	1	117
Joshua, m. Mary **PICKIT**, Mar. 16, 1698	1	104
Joshua, s. Joshua, b. June 7, 1700	1	123
Joshua, d. on the evening following the 1st day of Jan. 1744/5	1	63
Josiah, s. Sam[ue]ll, blacksmith, b. Nov. 24, 1701	1	123
Josiah, m. Hannah **HOIT**, Aug. 15, 1734, by Rev. Ebenezer Wright	1	26
Josiah, s. Josiah & Hannah, b. Mar. 14, 1741	1	53
Josiah, m. Elizabeth **TUTTLE**, Jan. 13, 1763, by Rev. Moses Mather	2	67
Josiah, m. Elizabeth **SMITH**, Jan. 10, 1764, in Salem, by [ ] Benedict, J. P.	1	173-4
Josiah, s. Israel & Ruth, b. Aug. 15, 1766	1	166
Josiah, s. [Josiah & Elizabeth], b. June 12, 1773	2	67
Jotham, s. [Epenetus & Hannah], b. Mar. 30, 1793	2	32
Kilburn S., m. Asenath **DINGEE**, b. of Norfolk, [Oct.] 3, [1829], by Rev. John Ellis	2	203
Leander, s. John & Abigail, b. Sept. 11, 1783	2	12
Leander, m. Betsey **HOYT**, Nov. 11, 1806, in Norwalk, by Rev. Nathan Feltch	2	176
Levina, d. [William & Anne], b. Nov. 16, 1793	2	24
Lissee, d. Silvanus & Elizabeth, b. Oct. 8, 1765	1	156-7
Lidia*, d. Jeremiah & Lidia, b. May 20, 1737 *(Lydia?)	1	34
Lydia, m. Jonathan **BELL**, Jr., Feb. 9, 1748/9, by Jonathan Hoit,		

	Vol.	Page
HOYT, HOIT, HAIT, HOYTE, HOIGHT (cont.),		
J. P.	1	80
Lydia, m. Abijah **SEELEY**, May 18, 1758, by Rev. Ebenezer Dibble	1	132
Lydia, [twin with James], d. [Benj[ami]n & Betsey], b. Sept. 19, 1807	2	92
Marcy, d. James & Mary, b. July 2, 1731	1	25
Marcy, d. Ebenezer & Marcy, b. July 1, 1746	1	72
Marcy, m. John **WILLIAMSON**, Sept. 17, 1746, by Rev. Robert Silliman	1	94
Maria, d. Benjamin, b. Jan. 3, 1676	1	76
Maria, [twin with Sally], d. Sam[ue]ll & Hannah, b. May 15, 1787	2	12
Maria, d. [Elihu & Abigail], b. June 27, 1807	2	143
Maria, of Stamford, m. Reuben S. **WEED**, late of Scarsdale, N. Y., Nov. 23, 1828, by Rev. Henry Fuller	2	193
Maria, of Stamford, m. William G. **NICHOLS**, of Fairfield, July 14, 1833, by Rev. John Ellis	2	219
Maria Louisa, d. [Roswell & Nancy E.], b. Sept. 7, 1837	2	232
Maria Louisa, d. [Roswell & Nancy E.], d. Apr. 5, 1841	2	232
Maria Louisa, d. [Roswell & Nancy E.], b. Apr. 29, 1844	2	232
Martha, d. John & Abigail, b. Dec. 18, 1709	1	130
Martha, d. Sam[ue]ll & Mary, b. Oct. 3, 1719	1	132
Martha, d. Joshua & Mary, d. July 24, 1731	1	19
Martha, m. David **HOLLY**, July 18, 1734, by Jonathan Hoit, J. P.	1	26
Martha, d. James & Mary, b. Jan. 30, 1737	1	120
Martha, d. Samuel, 3rd & Martha, b. Mar. 4, 1748/9	1	96
Martha, m. William **STONE**, Sept. 16, 1753, by Rev. John Eyels	1	120
Martha, d. Nathan[ie]ll, Jr. & Elizabeth, b. Feb. 18, 1755	1	190
Martha, m. Eliphalet **WEED**, Dec. 26, 1769, by Rev. Mr. Noah Welles	1	197
Mary, d. Joshua, b. Dec. 22, [16]	1	117
Mary, d. Joshua, b. Dec. 22, 1664	1	76
Mary, d. Benjamin, b. Sept. 20, 1673	1	76
Mary, m. Joseph **WEBB**, Feb. 23, 1698	1	104
Mary, d. Joshua & Mary, Jr., b. Feb. 25, 1701/2	1	123
Mary, d. Samuell, blacksmith & Mary, b. Sept. 23, 1708	1	123
Mary, d. Samuel & Mary, b. Feb. 20, 1711/12	1	130
Mary, m. Joseph **BROWN**, Jan. 12, 1725/6, by Rev. Seth Shaw, of Danbury	1	5
Mary, w. Joshua, d. Nov. 10, 1732	1	21
Mary, d. James & Mary, b. July 14, 1733	1	25
Mary, m. Joseph **SCOFIELD**, Jan. 6, 1736/7, by Jonathan Hoit, J. P.	1	32
Mary, d. Sam[ue]ll & Mary, b. Aug. 27, 1741	1	48
Mary, d. Nehemiah & Ruth, b. Feb. 7, 1747/8	1	76
Mary, d. Samuel & Mary, b. Sept. 7, 1748	1	87
Mary, m. John **DELEVAN**, Jan. 5, 1748/9, by Rev. Noah Welles	1	80
Mary, m. Nathan **STEVENS**, Jr., Apr. 14, 1751, by Rev. John		

HOYT, HOIT, HAIT, HOYTE, HOIGHT (cont.),

	Vol.	Page
Eyels	1	120
Mary, d. Sergt. Abraham, d. Nov. 17, 1754	1	109
Mary, d. Samuel & Sarah, b. Oct. 1, 1760	1	141
Mary, m. James **SKELDING**, June 9, 1763, by Rev. Mr. Mead	1	148-9
Mary, d. Isaac & Mary, b. June 11, 1763	1	168
Mary, d. Capt. Joseph & Jane, b. July 27, 1764	1	153
Mary, d. David, Jr. & Sarah, b. June 14, 1767	1	177
Mary, d. John, Jr. & Abigail, b. Feb. 28, 1774	1	186
Mary, d. John & Abigail, b. Feb. 28, 1774; d. Oct. 11, 1774	2	12
Mary, d. John, Jr. & Abigail, d. Oct. 11, 1774	1	194
Mary, d. John, Jr. & Abigail, b. June 10, 1777	1	195
Mary, d. John & Abigail, b. June 10, 1777	2	12
Mary, m. Nathaniel **CRISSEY**, Jr., Apr. 26, 1781, by Rev. Ebenezer Dibble	2	14
Mary, d. Thaddeus & Hannah, b. Nov. 2, 1782	2	22
Mary, m. Silvanus **SEELEY**, Jr., Nov. 20, 1783, by Rev. Justus Mitchell	2	20
Mary, d. Sam[ue]ll & Hannah, b. July 25, 1784	2	26
Mary, m. Enos **WEED**, Jr., Aug. 19, 1784, by Rev. Mr. Mead, of Salem	2	35
Mary, wid., m. Samuel **HOIT**, 5th, Nov. 1, 1784, by Rev. John Avery	2	21
Mary, d. [Epenetus & Hannah], b. July 29, 1797	2	32
Mary, m. Nathan Hoyt **REED**, Nov. 28, 1797, by Rev. Daniel Smith	2	62
Mary, d. [Ezra & Mercey], b. Jan. 6, 1801	2	53
Mary, d. [Shadrach & Mary], b. Jan. 20, 1803	2	80
Mary, m. James **STEVENS**, May 30, 1812, by Rev. Frederick Smith	2	124
Mary, w. Sam[ue]ll, 5th (now Sam[ue]ll), d. Aug. 27, 1814	2	63
Mary Ann, d. [Bates & Elizabeth], b. May 15, 1807	2	129
Mary Ann, d. [Sam[ue]ll S. S. & Sarah], b. Mar. 18, 1812	2	102
Mary C., m. Alva **SCOFIELD**, b. of Stamford, Dec. 14, 1845, by Rev. Peter C. Oakley	2	282
Mary E., m. Charles **BROWN**, b. of Stamford, June 30, 1836, by Rev. Daniel Smith	2	241
Mary Elizabeth, d. [Silas, Jr. & Charlotte], b. Jan. 2, 1810	2	126
Mary Elizabeth, d. [Shadrach, Jr. & Hannah], b. July 10, 1813	2	97
Mary Emmaline, d. [William, 3rd & Mary], b. July 16, 1807	2	110
Maurice, s. [Frederick & Abigail], b. Feb. 23, 1791	2	129
Melancthan, s. John & Abigail, b. Sept. 17, 1770	2	12
Melancthan, s. John, Jr. & Abigail, b. Sept. 17, 1770	1	186
Mercy, d. Samuell & Mercy, b. July 27, 1711	1	126
Mercy, m. Peter **FERRIS**, June 15, 1716, by Rev. John Davenport	1	145
Mercey, d. [Josiah & Elizabeth], b. Dec. 6, 1770	2	67
Mercy, wid., m. Abaham **LEEDS**, Mar. 6, 1784, by Rev. Ebenezer Dibble	2	56
Mercey, d. May 14, 1787	2	17

	Vol.	Page
HOYT, HOIT, HAIT, HOYTE, HOIGHT (cont.),		
Mellisent, d. Capt. Jonathan & Milesent, b. Oct. 14, 1722	1	150
Milisent, d. Col. Jonathan, m. Ebenezer **WEED**, s. Lieut. Ebenezer, Mar. 8, 1743/4, by Jonathan Hoit, J. P.	1	61
Malisent, d. Nathan[ie]ll, Jr. & Elizabeth, b. Jan. 29, 1760	1	190
Meriam, d. Jacob & Ester, b. Aug. 28, 1753	1	102
Miriam, d. Joseph, 5th & Hannah, b. Aug. 20, 1771	1	181
Moses, s. Joshua, b. Oct. 7, 1683	1	117
Moses, d. Nov. 2, 1731	1	19
Nancy, d. Samuel, Jr. & Dinah, b. Dec. 15, 1767	1	167
Nancy, d. David, Jr. & Sarah, b. Nov. 1, 1769	1	177
Nancy, d. Neazer & Prudence, b. Mar. 12, 1781	2	4
Nancy, d. Silas & Sarah, b. June 21, 1782	2	8
Nancy, m. William **DAVENPORT**, June 17, 1810, by Rev. Daniel Smith	2	81
Nancy M., of Stamford, m. David S. **HOLLY**, of Darien, Oct. 9, 1825, by Rev. Henry Fuller	2	178
Nathan, s. Samuell, b. Mar. 24, 1691	1	117
Nathan, m. Mary **FINCH**, June 3, 1714, by his f. Dea. Samuel Hoit	1	129
Nathan, s. Nathan & Mary, b. Feb. 6, 1723/4	1	1
Nathan, Jr., m. Sarah **JEFFREY**, Mar. 23, 1758, by Rev. Mr. Wells	1	150
Nathaniell, s. Samuell, b. Apr. 1, 1694	1	117
Nathaniel, s. Jonathan & Mellesent, b. Sept. 9, 1715	1	133
Nathaniel, s. Col. [ ], m. Elizabeth **LEEDS**, Jan. 31, 1744/5, by Jonathan Hoit	1	80
Nathaniel, s. Nathaniel & Elizabeth, b. Aug. 21, 1748	1	80
Nathaniel, m. Sarah **GOOLSBERY**, Jan. 5, 1778, by Abraham Davenport	2	23
Nathaniel, s. Dea. [ ], d. July 27, [ ]	1	137
Nathaniel Rufus, twin with George Augustus, s. [Samuel S. S.], b. Oct. 25, 1818, in [New] York	2	137
Nathnaiel Weed, s. Sam[ue]ll & Mary, b. June 12, 1785; d. Oct. 14, 1786	2	21
Nathaniel Weed, s. Sam[ue]ll & Mary, b. Apr. 6, 1788	2	21
Nezer, s. Ebenezer & Marcy, b. Nov. 8, 1751	1	96
Neazer, m. Prudence **WEED**, Dec. 3, 1778, by Benj[ami]n, Weed, J. P.	1	198
Neazer, m. Prudence **WEED**, Dec. 3, 1778, by Benj[ami]n Weed, J. P.	2	4
Nehemiah, s. Sam[ue]ll, [black]smith & Mary, was on Apr. 13, 1721, 3 years old	1	149
Nehemiah, m. Ruth **PECK**, Nov. 25, 1742, by Rev. Ebenezer Wright	1	56
Noah, s. Jonathan & Sarah, b. Mar. 24, 1759	1	194
Noah Wilcox, s. [Leander & Betsey], b. Jan. 3, 1817	2	176
Oliver, s. [Ezra & Mercey], b. Dec. 14, 1803	2	53
Peter, s. David & Hannah, b. Feb. 16, 1738	1	156-7

HOYT, HOIT, HAIT, HOYTE, HOIGHT (cont.),

	Vol.	Page
Peter, m. Sarah **HOIT**, Apr. 5, 1762, by Jonathan Hoit, J. P.	1	142-3
Peter, s. Peter & Sarah, b. Oct. 16, 1768	1	170
Phebe, d. Jonathan & Sarah, b. Aug. 15, 1757	1	130-1
Philip Lockwood, s. [Enoch & Hannah], b. Nov. 29, 1809	2	94
Pickit, s. Charles & Hannah, b. July 31, 1737	1	43
Pickit, s. Charles & Hannah, b. July 31, 1737	1	99
Pierson, s. Charles & Hannah, b. May 12, 1745	1	99
Polly, d. Silas & Sarah, b. May 26, 1773	1	194
Polly Esther, m. Ezra **KNAPP**, Sept. 8, 1805, by Rev. Daniel Smith	2	127
Prudence, d. Ebenezer & Hannah, b. July 19, 1744	1	63
Rachel, d. Samuel, [black]smith & Mary, was on Jan. 31, 1721/2 7 years old	1	149
Rachal, m. David **SMITH**, Nov. 30, 1731, by Sam[ue]ll Hoit	1	50
Reachal, d. Abram & Hannah, b. Aug. 7, 1745	1	65
Reachal, d. Abraham, d. Sept. 9, 1745	1	65
Ralph, s. W[illia]m & Anne, b. Dec. 3, 1787; d. Nov. 8, 1788	2	24
Ralph, s. [William & Anne], b. Oct. 3, 1789	2	24
Ralph, Jr., m. Deborah **WEED**, Mar. 25, 1814, by Rev. Amzi Lewis	2	124
Ralph, m. Mary Ann **DAVENPORT**, b. of Stamford, Feb. 28, 1827, by Rev. Henry Fuller	2	187
Rebecca, d. Joshua, b. Sept. 21, [16]	1	117
Rebecca, d. Joshua, b. Sept. 21, 1667	1	76
Rebeckah, d. Sam[ue]ll & Susana, b. Aug. 8, 1705	1	123
Rebecca, d. Joshua, b. June 9, 1712	1	120
Rebecca, w. Samuel, Sr., d. Dec. 8, 1713	1	128
Rebeccah, m. Sam[ue]ll **WEED**, Apr. 1, 1741, by Jonathan Hoit	1	56
Rebecca, d. Thaddeus & Hannah, b. Sept. 19, 1780	2	22
Rebecca, m. John **BROWN**, Jr., Nov. 14, 1804, by Rev. Daniel Smith	2	96
Rebecca, m. Alonzo **FAIRCHILD**, b. of Stamford, June 18, 1848, by D. A. Bishop, Elder	2	293
Reuben, s. John & Jemima, b. Mar. 17, 1773	1	189
Ruama, d. James & Mary, b. Mar. 20, 1740	1	120
Ruama, d. Rhoda **HOYT**, b. June 2, 1787	2	67
Rheuamah, m. Charles G. **LOCKWOOD**, b. of Stamford, Dec. 23, 1849, by Rev. H. F. Pease	2	300
Rhoda, d. Nathan[ie]ll, Jr. & Elizabeth, b. Nov. 18, 1757	1	190
Rhoda, d. [Josiah & Elizabeth], b. Apr. 11, 1764	2	67
Rhoda, had d. Ruama, b. June 2, 1787	2	67
Rhoda, m. James **WEBB**, Dec. 23, 1813, in Bedford, by Rev. Ebenezer Grant	2	137
Rhoda, of New Canaan, m. Daniel **BALDING**, of York State, Nov. 21, 1830, by Rev. John Ellis	2	211
Rozewell, s. [Billy & Sally], b. Aug. 20, 1802	2	93
Roswell, m. Nancy E. **SHAW**, b. of Stamford, Oct. 17, 1836, by Rev. Ambrose S. Todd	2	232

	Vol.	Page

HOYT, HOIT, HAIT, HOYTE, HOIGHT (cont.),

	Vol.	Page
Ruah, [twin with Henry], d. David, Jr. & Hannah, b. Dec. 31, 1780	2	37
Rufus, s. James, 3rd & Hannah, b. Oct. 7, 1771	1	198
Rufus, s. Sam[ue]ll & Mary, b. Dec. 7, 1792	2	21
Rufus, s. [James & Sarah], b. Feb. 1, 1795	2	78
Rufus, m. Harriet WEED, b. of Stamford, Oct. 10, 1824, by Rev. Daniel Smith	2	173
Ruth, m. Jno YOUNG, Dec. 30, 1690	1	101
Ruth, d. Josiah & Hannah, b. Sept. 14, 1737	1	34
Ruth, d. Nehemiah & Ruth, b. July 13, 1744	1	76
Ruth, m. John DIXON, Dec. 17, 1761, in Norwalk, by Rev. Mr. Eells	1	144
Ruth, m. Timothy LAWRENCE, Nov. [ ], 1764, by Rev. Mr. Strong	1	171
Ruth, of Stamford, m. John HUBBARD, of Courtlandtown, N. Y., May 9, 1833, by Rev. Platt Buffett, of Stanwich	2	218
Sally, d. Peter & Sarah, b. June 16, 1766	1	155
Sally, m. Jonathan WATERBURY, Jr., Jan. 4, 1787, by Rev. John Avery	2	19
Sally, [twin with Maria], d. Sam[ue]ll & Hannah, b. May 15, 1787	2	12
Sally, [twin with Maria], d. Sam[ue]ll & Hannah, d. June 1, 1787	2	12
Sally, d. Benj[ami]n & Elizabeth, b. Feb. 23, 1794	2	39
Sally Wood, d. [Billy & Sally], b. June 1, 1806; d. May 12, 1808	2	93
Salmon, s. Peter & Sarah, b. Feb. 15, 1774	1	185
Salmon, m. Hannah HUSTED, Dec. 23, 1796, by Rev. Daniel Smith	2	63
Salome, d. Sam[ue]ll, 3rd & Sarah, b. Feb. 5, 1770	1	173-4
Salome, s. Uriah & Jane, b. July 12, 1781	2	41
Sam, s. Ben, d. Aug. 29, 1706	1	135
Samuel, s. Samuel & Mary, b. Feb. 8, [ ]	1	121
Samuell, m. Han[n]a[h] HOLLY, Nov. 16, 167[ ]	1	113
Samuel, s. Samuel, b. July 27, 1673	1	107
Samuel, s. Joshua, b. July 3, 1678	1	117
Sam[ue]ll, s. Samuell & Mary, d. Oct. 19, 17[ ]	1	137
Sam[ue]ll, [black]smith, m. Susana SLASON, Oct. 24, 1700	1	123
Samuell, m. Marcy HOLMES, July 13, 1704	1	123
Samuell, m. Mary JAGGER, Mar. 29, 1704/5	1	123
Sam[ue]ll, m. Mary WEED, Dec. 31, 1707, by Dea. Hoit, J. P.	1	121
Sam[ue]ll, m. Mary WEED, Dec. 31, 1707	1	123
Samuel, s. Sam[ue]ll & Mercy, b. Mar. 17, 1709	1	126
Samuell, s. Samuell, [blacksmith] & Mary, b. Jan. 28, 1709/10	1	125
Samuel, s. Dea. [ ], d. Dec. 9, 1711	1	131
Sam[ue]ll, s. Samuel, blacksmith & Mary, b. Mar. 7, 1712/13	1	122
Samuel, Sr., m. Mrs. Hannah GOLD, Sr., b. of Stamford, Sept. 20, 1714, by Capt. Joseph Bishop, J. P.	1	129
Sam[ue]ll, Dea., d. Apr. 7, 1720	1	110
Samuel, s. Jonathan & Milesent, b. June 30, 1720	1	111
Samuel, Capt. had child b. July 30, 1724; d. Aug. 1, 1724	1	2

	Vol.	Page

HOYT, HOIT, HAIT, HOYTE, HOIGHT (cont.),

	Vol.	Page
Samuell, m. Mary **BLACKLEY**, May 29, 1735, by Rev. Ebenezer Wright	1	29
Sam[ue]ll, 4th, s. Josiah & Hannah, b. Feb. 8, 1738/9	1	38
Sam[ue]ll, 3rd, m. Abigail **BELL**, Mar. 8, 1738/9, by Jonathan Hoit, J. P.	1	37
Samuel, s. Nehemiah & Ruth, b. June 4, 1745	1	76
Samuel, 5th, m. Sarah **SEELEY**, Sept. 8, 1748, by Jonathan Hoit	1	85
Samuel, s. Nehemiah, d. Feb. 19, 1748/9	1	80
Samuel, 4th, m. Dinah **HANDFORD**, Apr. 6, 1749, by Jonathan Hoit	1	81
Samuel, s. Josiah & Hannah, b. Sept. 9, 1749	1	83
Samuel, s. Samuel, 3rd & Martha, b. Mar. 26, 1751	1	96
Samuel, s. Samuel, 4th & Dinah, b. Oct. 21, 1752	1	109
Samuel, s. Samuel & Sarah, b. Jan 10, 1753* *(Arnold copy says "Perhaps 1752 & d. Apr. 11, 1753")	1	112
Samuel, s. Samuel & Sarah, [d. ?], Apr. 11, 1753	1	112
Samuel, s. Samuel & Sarah, b. Apr. 29, 1753	1	112
Sam[ue]ll, 3rd, d. Apr. 6, 1756	1	116
Samuel, s. John & Abigail, b. Nov. 8, 1762	2	12
Samuel, s. John, Jr. & Abigail, b. Nov. 8, 1762	1	147
Samuel, 4th, m. Hannah **BELDING**, Dec. 27, 1770, by Rev. Mr. Todd	2	26
Samuel, s. Sam[ue]ll & Hannah, b. Dec. 28, 1771; d. Nov. 21, 1776	2	26
Samuel, s. Sam[ue]ll & Hannah, b. Mar. 28, 1780	2	26
Samuel, 4th, m. Hannah **MALTBIE**, Oct. 16, 1781, by Rev. Moses Mather	2	12
Samuel, 5th, m. Anne **SEYMOUR**, Sept. 5, 1783, by Rev. Justus Mitchell	2	21
Samuel, 5th, m. wid. Mary **HOIT**, Nov. 1, 1784, by Rev. John Avery	2	21
Samuel, 6th, m. Betsey **WEBB**, Nov. 8, 1790, by Rev. John Avery	2	35
Samuel, s. Uriah & Jane, b. Apr. 12, 1792; d. Dec. 10, 1792	2	41
Samuel, s. Uriah & Jane, b. Mar. 9, 1794	2	41
Samuel Augustin, s. [Sam[ue]ll S. S. & Sarah], b. Dec. 21, 1809; d. Sept. 26, 1812, in New York	2	102
Samuel Blackley, s. Sam[ue]ll & Hannah, b. Mar. 22, 1793	2	12
Samuel Hustead, s. [William & Anne], b. Aug. 21, 1791	2	24
Samuel Jeffrey, s. [Ezra & Mercey], b. Dec. 16, 1793	2	53
Sam[ue]ll S. S., m. Sarah **DELAPLAINE**, May 31, 1806, in Newtown, L. I., by Rev. [ ] Woodhull	2	102
Samuel Still Seymour, s. Sam[ue]l & Anne, b. Apr. 14, 1784	2	21
Samuel Webb, s. [Sam[ue]ll & Betsey], b. Feb. 7, 1794; d. Sept. [ ], 1796	2	35
Sarah, d. Joshua, b. Apr. 17, 1674	1	117
Sarah, d. Joshua, b. Apr. 1, 1706	1	123
Sarah, m. Petter **FERRIS**, Jr., b. of Stamford, Apr. 11, 1706, by		

	Vol.	Page
HOYT, HOIT, HAIT, HOYTE, HOIGHT (cont.),		
Rev. John Davenport	1	128
Sarah, m. Thomas **JUNE**, Feb. 17, 1714, by Capt. Joseph Bishop, J. P.	1	106
Sarah, m. Daniel **NEWMAN**, Jr., Sept. 27, 1735, by Rev. Benjamin Strong	1	50
Sarah, m. Joseph **SMITH**, Jan. 6, 1736/7, by Jonathan Hoit, J. P.	1	32
Sarah, d. Daniel & Jemimah, b. Feb. 27, 1736/7	1	33
Sarah, d. Sam[ue]ll & Mary, b. Apr. 13, 1736	1	32
Sarah, d. Capt. Jonathan, b. Mar. 1, 1736/7	1	34
Sarah, d. Jeremiah & Lidiah, b. Feb. 22, 1738/9	1	44
Sarah, w. Jagger, d. June 30, 1740	1	44
Sarah, d. Abraham & Hannah, b. Feb. 3, 1740/1	1	45
Sarah, d. Jagger & Jemima, b. July 16, 1743	1	65
Sarah, d. Sam[ue]ll & Sarah, b. Mar. 28, 1749	1	85
Sarah, d. Sam[ue]ll, 5th & Sarah, d. Aug. 6, 1750	1	91
Sarah, d. Samuel, 4th & Dinah, b. June 23, 1755	1	112
Sarah, d. Samuel, 4th & Sarah, b. Apr. 19, 1757	1	130-1
Sarah, d. Nathan, Jr. & Sarah, b. Feb. 22, 1759	1	150
Sarah, d. Nathan[ie]ll, Jr. & Elizabeth, b. Mar. 11, 1762	1	190
Sarah, m. Peter **HOIT**, Apr. 5, 1762, by Jonathan Hoit, J. P.	1	142-3
Sarah, d. David, Jr. & Sarah, b. July 16, 1764	1	153
Sarah, m. Isaac **HOIT**, May 26, 1768, by Rev. Mr. Wells	1	168
Sarah, m. John **HOLMES**, Jr., Jan. 30, 1769, by Rev. Mr. Wells	1	187
Sarah, d. Silas & Sarah, b. Mar. 28, 1771	1	194
Sarah, d. Joseph, 3rd & Sarah, b. Jan. 27, 1774	1	186
Sarah, m. Seymore **TALLMADGE**, Apr. 7, 1774, by Rev. Ebenezer Dibble	2	68
Sarah, w. Nathaniel, d. Feb. 1, 1777	2	23
Sarah, d. Uriah & Jane, b. Feb. 4, 1783	2	41
Sarah, m. Jonas **SCOFIELD**, July 13, 1786, by Rev. John Avery	2	83
Sarah, d. [James & Sarah], b. Feb. 24, 1799	2	78
Sarah, d. [Enoch & Hannah], b. June 20, 1806	2	94
Sarah, m. Dyer **HAXTON**, Feb. 17, 1811, by Rev. Daniel Smith	2	95
Sarah, m. Jacob W. **LEEDS**, b. of Stamford, Sept. 8, 1822, by Rev. Daniel Smith	2	157
Sarah, Mrs., m. Abel **FERRIS**, Jr., b. of Greenwich, this day, [Aug. 28, 1842], by Addison Parker	2	264
Sarah B., of Stamford, m. Frederick **PECK**, of Greenwich, Sept. 25, 1831, by Rev. Daniel Smith	2	234
Sarah Brown, d. [Henry, Jr. & Sarah], b. Aug. 28, 1809	2	90
Sarah E., m. Frances S. **ELLAS**, May 9, 1838, by Rev. Ambrose S. Todd	2	260
Sarah Ward, d. James & Sarah, b. Feb. 24, 1799	2	78
Selleck, s. Jonathan, Jr. & Sarah, b. Nov. 11, 1753	1	110
Seth, s. Samuel, 3rd & Dinah, b. Dec. 25, 1757; d. Jan. 27, following	1	138
Seth, s. Samuel, 3rd & Dinah, b. Mar. 29, 1759	1	138
Seymore, s. [Benj[ami]n & Elizabeth], b. Mar. 22, 1796	2	39

HOYT, HOIT, HAIT, HOYTE, HOIGHT (cont.),

	Vol.	Page
Shadrach, s. James & Hannah, b. July 22, 1773	1	198
Shadrack, s. David, Jr. & Sarah, b. May 7, 1776	1	195
Shadrach, m. Mary **WEBB**, Sept. 8, 1798, by Rev. Daniel Smith	2	80
Shadrach, Jr., m. Hannah **SHAW**, Jan. 1, 1802, by Rev. Daviel Smith	2	97
Silas, s. Abraham & Hannah, b. Mar. 2, 1738/9	1	42
Silas, m. Sarah **LOCKWOOD**, Nov. 16, 1765, by Rev. Noah Welles	1	194
Silas, s. Silas & Sarah, b. Nov. 8, 1775	1	194
Silas, Jr., m. Charlotte **SMITH**, Feb. 22, 1807, by Rev. Platt Buffett	2	126
Silvanus, s. Jagger & Sarah, b. June 22, 1740	1	44
Silvanus, s. James & Mary, b. Dec. 2, 1745	1	120
Silvanus, m. Elizabeth **BUXTON**, Aug. 20, 1761, by Rev. Mr. Wells	1	144
Silvanus, m. Sally **SCOFIELD**, May 2, 1793, by Rev. Marmaduke Earl	2	54
Somon, d. 7th mo. 1, 1657	1	19
Simon, d. Sept. 1, 1657	1	20
Simon, s. Benjamin, b. Mar. 11, 1678	1	102
Susana, d. Sam[ue]ll & Susana, b. Mar. 24, 1706/7	1	123
Susana, w. Samuell, [black]smith, d. Mar. 26, 1706/7	1	138
Susana, d. Sam[ue]ll & Mercy, b. May 4, 1707	1	123
Susannah, m. Moses **SMITH**, Apr. 21, 1725, in Greenwich, by Samuel Peck, J. P.	1	47
Susannah, d. Josiah & Hannah, b. Apr. 14, 1744	1	61
Susannah, d. Ebenezer & Marsey, b. Sept. 18, 1754	1	199
Susanna, b. Sept. 18, 1754; m. Abishai **WEED**, Nov. 23, 1785, by Rev. Justus Mitchell	2	73
Susannah, d. Israel & Ruth, b. Dec. 22, 1766	1	166
Thaddeus, s. Job & Elizabeth, b. May 8, 1729	1	26
Thaddeus, s. Abraham & Hannah, b. Jan. 26, 1742/3	1	59
Thaddeus, m. Hannah **HOLMES**, Apr. 28, 1766, by Col. Jonathan Hoit, J. P.	1	195
Thaddeus, s. Thaddeus & Hannah, b. Aug. 21, 1772	1	195
Thaddeus, m. Sally **LOCKWOOD**, [ ], by Rev. Richard Andrews	2	96
Theodore, s. [Ralph, Jr. & Deborah], b. Jan. 20, 1815	2	124
Theodosia, d. Joseph & Jane, b. Mar. 4, 1771	1	203
Theodosius, d. Silas & Sarah, b. Apr. 1, 1779	2	8
Theodosia, m. Sturges P. **THORP**, Feb. 2, 1806, by Rev. Daniel Smith	2	99
Theodosia Delaplaine, d. [Samuel S. S.], b. Oct. 28, 1820, in New York	2	137
Uriah, s. Sam[ue]ll, 5th & Sarah, b. Nov. 15, 1750	1	91
Uriah, m. Jane **HOIT**, Nov. 5, 1773, by Rev. Mr. Dibble	1	189
Uriah, s. Uriah & Jane, b. Nov. 11, 1774	1	189
Warren, s. Joseph & Jane, b. Nov. 29, 1761	1	144

STAMFORD VITAL RECORDS 125

	Vol.	Page
HOYT, HOIT, HAIT, HOYTE, HOIGHT (cont.),		
Waterbery, s. James & Mary, b. June 5, 1735	1	34
Waterbery, s. James & Mary, b. Aug. 17, 1736	1	120
Waterbery, m. Hannah **REED**, Dec. 17, 1755, by Rev. Moses Mather	1	120
William, s. Ebenezer & Marcy, b. Apr. 25, 1743	1	60
William, s. Joseph & Jane, b. Sept. 14, 1752	1	97
William, s. John, Jr. & Abigail, b. Aug. 1, 1764	1	153
William, s. John & Abigail, b. Aug. 1, 1764	2	12
William s. Neazer & Prudence, b. Apr. 29, 1783	2	4
William, m. Anne **HUSTEAD**, Dec. 20, 1786, by Rev. John Avery	2	24
William, s. [James & Sarah], b. May 24, 1797; d. Oct. 15, 1797	2	78
William, s. [Billy & Sally], b. Aug. 25, 1800	2	93
William, 3rd, m. Mary **AUGER**, Sept. 9, 1806, in Northford, by Rev. [ ] Noyes	2	110
William, m. Emeline **HOYT**, b. of Stamford, Oct. 3, 1832, by Rev. Daniel Smith	2	236
W[illia]m, of South Middletown, N. Y., m. Amelia Jane **WEED**, of Stamford, Mar. 24, 1845, by Rev. Addison Parker	2	278
William Augustus, s. [Shadrach, Jr. & Hannah], b. June 28, 1807	2	97
Will[ia]m Augustus, s. [Darius & Harriet], b. Nov. 24, 1809	2	96
Wi[llia]m C., Rev. of Durham N. Y., m. Betsey **WARDWELL**, of Stamford, May 7, 1838, by Rev. Aaron S. Hill	2	251
William Henry, s. [Elihu & Abigail], b. Jan. 30, 1819	2	143
W[illia]m Wallace, m. Sarah Frances **SCOFIELD**, Mar. 31, 1844, by Rev. J. W. Alvord, Jr.	2	269
-----, wid., d. Jan. 27, 1729/30	1	14
HUBBARD, HUBBART, Alexander, s. [Dr. Nathaniel & Mary], b. June 3, 1804	2	183
Arch, s. [Dr. Nathaniel & Mary], b. Oct. 4, 1798, in Greenwich, Conn.	2	183
Cornelia, d. [Dr. Nathaniel & Mary], b. May 16, 1817	2	183
Cornelia, of Stamford, m. William E. **MARSHAL**, of Greenwich, Aug. 4, 1838, by Rev. Platt Buffett	2	251
Eleanor, [d. Dr. Nathaniel & Mary], b. Oct. 10, 1812 (Entry supplied from Huntington's Register)	2	183
Eleanor S., of Stamford, m. James **MILLER**, of Bedford, Aug. 4, 1840, by Rev. Platt Buffett	2	259
Elizabeth, d. Nathan[ie]ll & Mary, b. May 18, 1743	1	62
Elizabeth, m. Dr. Platt **TOWNSEND**, Apr. 26, 1760, by Rev. Ebenezer Dibble	1	140
Ellen, d. [Gabriell & Hannah P.], b. Aug. 1, 1813	2	132
Frances, d. [Dr. Nathaniel & Mary], b. Aug. 17, 1821	2	183
Gabriell, m. Hannah P. **DIBBLE**, Feb. 28, 1811, in Greenwich, by Rev. Platt Buffett	2	132
George Dibble, s. [Gabriell & Hannah P.], b. Nov. 19, 1816	2	132
George Mackay, s. [Dr. Nathaniel & Mary], b. Oct. 10, 1812	2	183
Henry, s. [Dr. Nathaniel & Mary], b. Aug. 17, 1800, in Carmel		

	Vol.	Page
HUBBARD, HUBBART (cont.),		
Dutchess Cty., N. Y.	2	183
Isaac, s. Nathaniel & Mary, b. July 1, 1747	1	74
John, of Courtlandtown, N. Y., m. Ruth **HOIT**, of Stamford, May 9, 1833, by Rev. Platt Buffett, of Stanwich	2	218
John Wheaton, s. [Dr. Nathaniel & Mary], b. May 26, 1808	2	183
Julia A., m. Lyman H. **SMITH**, b. of Stamford, Feb. 20, 1832, by Rev. Platt Buffett, of Stanwich	2	215
Julia Ann, d. [Dr. Nathaniel & Mary], b. Mar. 7, 1802	2	183
Margret, d. Nathan[ie]ll & Mary, b. May 29, 754	1	108
Mary, m. Dr. Nathaniel **HUBBARD**, [ ], by Rev. Platt Buffett, of Stanwich	2	183
Mary, d. Nathaniel & Mary, b. Nov. 23, 1751	1	105
Mary, d. [Dr. Nathaniel & Mary], b. Oct. 28, 1806	2	183
Mary, d. Dr. Nath[an], m. William A. **LOCKWOOD**, b. of Stamford, Apr. 27, 1831, by Rev. Platt Buffett, of Stanwich	2	214
May, Mrs. had servant Lucy d. Lucy, b. Mar. 13, 1792	2	37
Nathan[ie]ll, m. Mary **QUINTARD**, May 19, 1742, by Rev. James Whitmore	1	62
Nathaniel, s. Nathaniel & Mary, b. Apr. 29, 1745	1	65
Nathaniel, Dr., m. Mary **HUBBARD**, [ ], by Rev. Platt Buffett, of Stanwick	2	183
Nathaniel, m. Hannah **BETTS**, Mar. 24, 1851, by Rev. J. J. Twiss	2	306
Platt, s. [Gabriell & Hannah P.], b. Nov. 19, 1811	2	132
Platt, s. [Gabriell & Hannah P.], d. Jan. 30, 1816	2	132
Sarah T., of Greenwich, m. Abraham **JUNE**, of Troy, N. Y., this day, [June 8, 1840], by Rev. Platt Buffett	2	258
Sarah Thomas, d. [Dr. Nathaniel & Mary], b. Feb. 17, 1815	2	183
Theodore, s. [Gabriell & Hannah P.], b. May 14, 1815; d. Aug. 28, 1816	2	132
William s. [Dr. Nathaniel & Mary], b. July 24, 1819	2	183
William, s. Nathan[ie]ll & Mary, b. Sept. 17, 1749	1	85
HUBBELL, Mary, m. James **KNAP[P]**, Jr., Feb. 1, 1781, by Rev. Mr. Elles	2	6
HUBBY, Mary, m. Stephen **HOMES**, Nov. 18, 1686	1	101
Rebecca, m. Samuel **HARDY**, Nov. 18, 1686	1	101
HULL, Elizabeth, d. Josiah & Hannah, b. June 7, 1737	1	42
Ester, d. Josiah * & Ester, b. Oct. 29, 1754 *("Joseph" in Huntington's Register)	1	110
Esther, m. Samuel **REED**, Jr., Dec. 25, 1774, by Rev. Mr. Dibble	1	202
Hannah, d. Josia[h] & Ester, b. Sept. 22, 1752	1	97
Hannah, m. Thomas **SLAUSON**, Mar. 15, 1774, by Rev. Ebenezer Dibble	1	202
Josia[h]*, m. Ester **SEELEY**, Nov. 11, 1751, in Ammawalk, by Robert Yewman, J. P. *("Joseph" in Huntington Register)	1	97
Lemuel B., Rev. of Reading, m. Polly **WATERBURY**, of Darien, Oct. 18, 1824, by Rev. Ambrose S. Todd	2	174
Samuel, s. Josiah, decd. & Hannah, b. Mar. 2, 1740/1	1	48

	Vol.	Page
HUNT, Abigail, m. Joseph **FINCH**, Mar. 29, 1733, by Jonathan Hoit, J. P.	1	22
Benjamin*, s. Joseph & Elizabeth, d. Sept. 27, 1724 *(Arnold copy has "Benjamin Smith")	1	2
Elizabeth, w. Joseph, d. Jan. 31, 1757	1	123
Hannah, m. Abraham **YOUNGS**, Nov. 29, 1748, in Kay*, by Rev. Mr. Smith *(Probably "Rye")	1	79
Hannah, d. John & Martha, b. July 13, 1758	1	137
James M., m. Charlotte **VALENTINE**, Sept. 12, 1825, by Rev. A. S. Todd	2	179
John, m. Martha **HOLLY**, June 15, 1749, by Jonathan Hoit, J. P.	1	82
John, m. Martha **HOLLY**, June 15, 1749, by Jonathan Hoit	1	203
John, s. John & Martha, b. July 21, 1755	1	113
Joseph, had child d. Jan. 22, 1715	1	126
Joseph, d. May 29, 1757	1	123
Lydia, m. Jesse **HOYT**, Jr., Dec. 28, 1783, by Reuben Scofield	2	34
Mary, d. John & Martha, b. Sept. 2, 1752	1	98
HUNTINGTON, Elizabeth, Mrs. of Windham, m. Abraham **DAVENPORT**, of Stamford, Nov. 16, 1750, in Windham, by Rev. Stephen Whit, of Windham	1	94
HUSTED, HAUSTED, HEUSTED, HUSTEAD, Abigail, d. Joseph & Deborah, b. Feb. last day, 1737/8	1	35
Abigail, d. Zebulon & Abigail, b. Dec. 30, 1740	1	48
Abigail, m. Nathan **FERRIS**, Nov. 14, 1760, by Rev. Mr. Wells	1	142-3
Abigail, m. Peter **WEED**, Jan. 7, 1762	1	164
Anna, m. Benjamin **SCOFIELD**, Jr., Dec. 18, 1800, by Ebenezer Davenport	2	85
Anna, m. Israel **SMITH**, b. of Stamford, Oct. 27, 1822, by Rev. Henry Fuller	2	160
Anne, m. William **HOIT**, Dec. 20, 1786, by Rev. John Avery	2	24
Charles E., m. Julia A. **KNAPP**, b. of Stamford, Dec. 25, 1837, by Rev. Ambrose S. Todd	2	246
Charles Edward, s. [Peter & Hannah], b. July 7, 1813	2	126
Charles Edward, s. [John & Rebecca], b. Aug. 31, 1816	2	64
Charles Henry, m. Cordelia **LOCKWOOD**, d. of Oliver, b. of Stamford, Nov. 12, 1848, by Rev. Frederick H. Ayres	2	294
Deborah, d. Joseph & Deborah, b. Aug. 5, 1732	1	21
Deborah, d. Joseph & Deborah, b. Apr. 1, 1736	1	31
Deborah, m. Charles **KNAP[P]**, Jr., Apr. 23, 1757, by Rev. Mr. Wells *(Arnold copy has "Deborah **HANFORD**")	1	171
Eliza, d. [Peter & Hannah], b. Apr. 6, 1808	2	126
Eliza, m. Harris **SCOFIELD**, Mar. [ ], 1843, by Rev. Ambrose S. Todd	2	271
Elizabeth, d. Joseph & Deborah, b. Aug. 7, 1734	1	27
Elisabeth, of Stamford, m. John **ADDAMS**, of Greenwich, Sept. 5, [1717(?)], by Capt. Joseph Bishop, J. P.	1	145
Elizabeth, d. Joseph & Deborah, b. Oct. 25, 1741	1	48
Hannah, d. Zebulin & Abigail, b. Mar. 14, 1742/3	1	89
Hannah, m. Salmon **HOYT**, Dec. 23, 1796, by Rev. Daniel Smith	2	63

HUSTED, HAUSTED, HEUSTED, HUSTEAD (cont.),

	Vol.	Page
Hannah, d. [Peter & Hannah], b. June 14, 1798	2	126
Henry Peter, s. [Peter & Hannah], b. Mar. 30, 1803	2	126
James, s. Zebulon & Abigail, b. Aug. 11, 1748	1	89
James Harvey, s. [John & Rebecca], b. Aug. 1, 1807; d. Dec. 24, 1809	2	64
James Harvey, 2nd s. [John & Rebecca], b. Oct. 27, 1809	2	64
Jane, m. Frederick **SMITH**, Feb. 5, 1792, by Rev. Ebenezer Ferris	2	46
John, s. Jonathan & Hannah, b. Aug. 1, 1773	1	191
John, m. Rebecca **LEEDS**, Dec. 22, 1796, by Rev. Ebenezer Dibble	2	64
John, s. [Peter & Hannah], b. Feb. 22, 1801	2	126
John, m. Sally **BROWN**, (colored), May 15, 1842, by Rev. Ambrose S. Todd	2	271
Jonathan, m. Hannah **WATERBERY**, Apr. 6, 1769, by Rev. Mr. Dibble	1	191
Jonathan, s. Jonathan & Hannah, b. July 7, 1771	1	191
Joseph, m. Deborah **FERRIS**, Dec. 2, 1731, by Capt. Jonathan Hoit, J. P.	1	19
Joseph, s. Joseph & Deborah, b. June 17, 1733; d. [June] 23, 1733	1	23
Joseph, s. Joseph & Deborah, b. Oct. 11, 1739	1	39
Joseph, s. Prudence **SCOFIELD**, b. Feb. 9, 1761	1	145
Joseph, Jr., of Stamford, m. Sarah **ROGERS**, of Greenwich, Jan. 12, 1764, by Rev. Mr. Wells	1	151
Lyman, s. [Peter & Hannah], b. May 5, 1810	2	126
Mary, d. Joseph & Deborah, b. Jan. 26, 1745/6	1	68
Mary, m. Joseph **WEBB**, Jr., July 28, 1767, by Rev. Mr. Wells	1	161
Nancy E., of Stamford, m. W[illia]m K. **REYNOLDS**, of South Salem, N. Y., Jan. 8, 1837, by Rev. Ambrose S. Todd	2	232
Nancy Elizabeth, d. [John & Rebecca], b. Jan. 2, 1813	2	64
Nathan Ralsey, s. [John & Rebecca], b. Oct. 20, 1804	2	64
Nathaniel, s. Zebulon & Abigail, b. May 19, 1746	1	89
Nathaniel, s. Joseph & Deborah, b. Mar. 29, 1748	1	77
Nathaniel, m. Mary **WEED**, Nov. 19, 1778, by Benj[ami]n Weed, J. P.	1	197
Peter, s. Jonathan & Hannah, b. July 10, 1775	1	191
Peter, m. Hannah **LEED**, Jan. [ ], 1796, by Dr. Ebenezer Dibble	2	126
Polly, d. [Peter & Hannah], b. Mar. 6, 1796	2	126
Rebecca A., m. Benjamin **SMITH**, Oct. 1, 1820, by Rev. Jonathan Judd	2	142
Rebecca Ann, d. [John & Rebecca], b. Mar. 2, 1802	2	64
Sam[ue]ll, s. Zebulon & Abigail, b. Feb. 22, 1733	1	24
Samuel, s. Zebulon & Abigail, b. Oct. 7, 1738	1	48
Sarah, w. Samuel, d. Nov. 30, 1717	1	138
Sarah, d. Zebulon & Abigail, b. Nov. 22, 1736	1	48
Sarah, d. Joseph & Deborah, b. Jan. 1, 1743/4	1	59
Sarah, m. Josiah **WATERBURY**, Nov. 22, 1759, by Rev. Noah Welles	1	198
Sherman, s. [Peter & Hannah], b. Mar. 5, 1806	2	126

	Vol.	Page
HUSTED, HAUSTED, HEUSTED, HUSTEAD (cont.),		
Sherman, m. Almira **WILMOT**, b. of Stamford, May 27, 1829, by Rev. Daniel Smith	2	201
Thaddeus, s. Zebulon & Abigail, b. Aug. last day, 1750	1	89
Thaddeus, m. Rhoda **DAVENPORT**, May 31, 1775, by Benj[ami]n Weed, J. P.	1	197
W[illia]m John, s. [John & Rebecca], b. Apr. 30, 1800	2	64
HUSTIS, Robert, m. Elizabeth **BUCKSTON**, Jan. 9, 16[55*] *(Supplied from Huntington's Register)	1	55
HUTTON, Mary, d. Sam[ue]ll & Rebeckah, b. May 24, 1754	1	110
Rebeckah, d. Samuel & Rebeckah, b. Feb. 25, 1746/7	1	72
Samuel, s. Samuel & Rebeckah, b. Feb. 20, 1757	1	130-1
HUYCK, Angelica E., m. William S. **WOOD**, Oct. 31, 1830, by Rev. Daniel Smith	2	210
HYATT, Ezbel, m. Cornelius **JOANES**, 8th mo. 6, [16]57	1	74
Tho[mas], d. Sept. 9, 1656	1	19
INGERSOLL, Abigail, d. Samuel & Elizabeth, b. Jan. 2, 1753	1	101
Anne, d. Sam[ue]ll & Elizabeth, b. Oct. 15, 1744	1	86
Benjamin, s. Samuel & Elizabeth, b. Jan. 28, 1750	1	90
Cordelia, m. Charles W[illia]m **SCOFIELD**, Nov. 30, 1842, by Rev. Frederick H. Ayres, of Longridge	2	278
Daniel, m. Martha **BRIDGGS**, Apr. 7, 1741, by Rev. Mr. Strong, of Stanwick Parish	1	51
Deborah, m. Joseph M. **SMITH**, b. of Stamford, Mar. 21, 1841, by Rev. Platt Buffett	2	261
Elizabeth, d. Sam[ue]ll & Elizabeth, b. Nov. 22, 1737	1	51
Gideon, s. Josiah & Rebeckah, b. Mar. 16, 1742/3	1	58
Hannah, d. Samuel **JARVIS** & Martha **JARVIS**, d. Apr. 23, 1829, in New York City, in the 71st y. of her age	2	140
Harriet, m. Edward **SCOFIELD**, b. of Stamford, May 5, 1822, by Rev. Henry Fuller	2	157
Jemima, s. Samuel & Elizabeth, b. Jan. 24, 1739/40	1	51
Jemima, d. Sam[ue]ll & Elizabeth, b. Jan. 24, 1740/1	1	86
John, s. Simon & Hannah, b. Oct. 18, 1734	1	28
John Jarvis, of Greenwich, m. Betsey **AYRES**, Sept. 27, 1843, by Rev. Frederick H. Ayres, of Longridge	2	278
Josiah, m. Rebeckah **RUNDEL**, June 16, 1742, in Greenwich, by Rev. Mr. Todd	1	58
Josiah, s. Josiah & Rebeckah, d. Sept. 10, 1744	1	71
Lydia, d. Sam[ue]ll & Elizabeth, b. July 1, 1742	1	86
Polly, m. Samuel C. **SCOFIELD**, b. of North Stamford, Jan. 15, 1822, by Rev. Henry Fuller	2	154
Rebeckah, m. John **JAGGER**, Nov. 6, 1732, in Greenwich, by Sam[ue]ll Peck	1	87
Rebeckah, d. Josiah & Rebeckah, b. Nov. 16, 1746	1	71
Reuhema, d. Samuel & Elizabeth, b. Aug. 4, 1755	1	117
Samuel, m. Elizabeth **ROWLE**, May 15, 1735, at Bedford, by Jonathan Miller	1	51
Sam[ue]ll, s. Sam[ue]ll & Elizabeth, b. Dec. 24, 1746	1	86

	Vol.	Page
INGERSOLL (cont.),		
Sam[ue]ll, s. Sam[ue]ll & Elizabeth, d. Jan. 23, 1746/7	1	86
Sam[ue]ll, s. Sam[ue]ll & Elizabeth, b. Jan. 3, 1747/6	1	86
Sarah, of Stanwich, m. Rev. Farnum **KNOWLTON**, of Stamford, July 18, 1830, by Rev. John Ellis	2	206
Simon, m. Hannah **PALMER**, Jan. 17, 1733/4, by Rev. Mr. Foot, of Greenwich	1	28
INGRAHAM, Betsey A., m. Philander **DASKUM**, Oct. 23, 1827, by Rev. Daniel Smith	2	196
Henry, m. Ruth **CURTICE**, Jan. 24, 1798, by Rev. Daniel Smith	2	71
Mary, d. [Henry & Ruth], b. June 2, 1801	2	71
William H., m. Mary **KNAPP**, b. of Stamford, May 27, 1833, by Rev. Daniel Smith	2	238
IRVIN, Thomas, m. Abby M. **BOUTON**, b. of Stamford, Feb. 24, 1847, by Rev. Aaron Rogers	2	287
JACKLIN, Belinda, d. [Daniel & Jude], b. Apr. 11, 1798 (negro)	2	82
Daniel & w. Jude (negro), had s. Robert, b. Feb. 22, 1801; Benjamin, b. Oct. 31, 1802 & Daniel, b. Oct. 14, 1804	2	82
JACKSON, Charity, m. Abel **KNAP[P]**, Dec. 24, 1797, by Rev. Daniel Smith *("Charity **JUDSON**" in Huntington's register)	2	71
John, had d. [ ], b. July 21, 1662	1	98
JAGGER, Elizabeth, d. Jerimy, b. Sept. 18, [1657; d. Dec. 17, 1657]	1	20
Elizabeth, m. Robert **USHER**, 3rd mo. 12, [16]59	1	74
Elizabeth, m. Benjamin **HOIT**, June 10, 1697	1	104
Han[n]ah, d. Jonathan & Rebeckah, b. Aug. 12, 1701	1	125
Hannah, m. Thomas **NEWMAN**, June 20, 1723, by Rev. Mr. Davenport	1	50
Hannah, d. John & Rebeckah, b. May 30, 1741	1	87
Jeremiah, d. Oct. 6, 1706	1	135
Jeremia, s. Jonathan & Rebecca, d. Feb. 18, [ ]	1	137
Jeremiah, s. Jonathan & Rebecca, d. Feb. 12, 1710/11	1	131
Jeremiah, s. John & Rebeckah, b. June 17, 1736	1	87
Jerimy, d. 6th m. 14, [16]58	1	64
John, s. Jonathan & Rebeckah, b. Dec. 7, 1702	1	125
John, m. Rebeckah **INGERSOLL**, Nov. 6, 1732, in Greenwich, by Sam[ue]ll Peck	1	87
John, s. John & Rebeckah, b. Jan. 24, 1732/3	1	87
John, d. Mar. 31, 1743	1	57
John, Sr., d. Mar. 31, 1743	1	87
Jonathan, m. Rebeckah **HOMES**, Aug. 22, 1700	1	125
Jonathan [& w. Rebeckah] had 2 s. 1 d., b. Dec. 14, 1704; d. all on same day	1	125
Jonathan, d. Feb. 24, 1705/6	1	135
Jonathan, s. Jonathan & Rebecca, b. Dec. 15, 1715	1	104
Jonathan, Sergt., d. May 8, 1752, in the 77th y. of his age	1	96
Jonathan, d. Sept. 8, 1755, in retreat near Lake George	1	113
Mary, m. Samuell **HOIT**, Mar. 29, 1704/5	1	123
Mary, d. Jonathan & Rebeckah, b. Dec. 6, 1705; d. Feb. 24, 1705/6	1	125

	Vol.	Page
JAGGER (cont.),		
Mary, d. Jonathan & Rebeckah, b. June 20, 1719	1	146
Nathaniel, s. John & Rebeckah, b. Dec. 19, 1739	1	87
Nehemiah, s. John, decd. & Rebeckah, b May 2, 1743; d. Feb. 10, 1744/5	1	87
Rebecca, d. Jonathan & Rebecca, d. Nov. last day, 1732	1	21
Rebeckah, d. John & Rebeckah, b. July 16, 1734	1	87
Rebeckah, w. Sergt. Jonathan, d. Apr. 1, 1749	1	80
Rebeckah, m. William **GALE**, July 4, 1758, by Rev. Noah Welles	1	130-1
Reuben, s. John & Rebeckah, b. Feb. 28, 1738/9	1	87
Sary, m. John **WEBSTER**, Apr. 9, 1702	1	121
JAMES, Abigail*, m. Joseph **JESSUP**, Aug. 14, 1734, in Fairfield, by Rev. Daniel Chapman, of Greens Farms *(Arnold copy has "Abigail **HOLMES**")	1	39
Ellizabeth*, of Long Island, m. Jonathan **CLASON**, of Stamford, May 14, 1719, by Capt. Joseph Bishop, J. P. *(Arnold copy has "Elizabeth **JONES**")	1	112
Elizabeth, d. Peter & Marcy, b. Sept. 26, 1757	1	125
Marcy, d. Peter & Mary, b. May 20, 1759	1	133
Peter, m. Mary Marcy **NACH***, Mar. 31, 1757, by Rev. Moses Mather *(**NASH**)	1	125
JARVIS, JARVICE, JARVISE, Albertine Seymour, d. [Seymour & Isabell, b. Feb. 11, 1814	2	94
Elizabeth, d. June 13, 1842	2	31
Hannah, d. Samuel & Martha, b. Sept. 27, 1758	1	142-3
Hannah, see also Hannah **INGERSOLL**	2	140
Harriet Dobson, d. Sam[ue]ll & Elizabeth, b. Apr. 28, 1785	2	31
Harriet Elizabeth, d. [Seymour & Isabell], b. May 16, 1810	2	94
John, s. Samuel & Martha, b. Oct. 11, 1752	1	100
John, d. Feb. [ ], 1845, in St. Johns, New Brunswick, in the 93rd y. of his age	2	140
Lavina, d. Samuel & Martha, b. Oct. 5, 1761	1	142-3
Lavinia Todd, [d. Seymour & Isabell], b. Nov. 27, 1811	2	94
Levina, see under Levina **TODD**	2	140
Martha, d. Samuel & Martha, b. Dec. 27, 1748	1	79
Martha, wid., d. Dec. 1, 1803	2	94
Martha, see also Martha **KING**	2	140
Martha Margaret, d. [Seymour & Isabell], b. May 21, 1807	2	94
Mary Hannah, d. [Seymour & Isabell], b. Jan 6, 1809	2	94
Munson, s. Sam[ue]ll & Martha, b. Oct. 11, 1742	1	59
Munson, m. Mary **ARNOLD**, Mar. 4, 1770, in St. John's Church, by Rev. Mr. Dibble	1	173-4
Munson, s. Samuel & Martha, d. Oct. 7, 1825, in St. John, New Brunswick, in the 83rd y. of his age	2	140
Polly, d. Sam[ue]ll & Martha, b. Feb. 21, 1746/7	1	73
Polly, m. Fyler **DIBBLE**, June 18, 1763, by Rev. Mr. Dibble	1	152
Polly, see also Polly **DIBBLE**	2	140
Polly Marvin, d. Sam[ue]ll & Elizabeth, b. Dec. 29, 1772	2	31
Sally Burrel, d. Sam[ue]ll & Elizabeth, b. Nov. 4, 1774	2	31

	Vol.	Page

JARVIS, JARVICE, JARVISE (cont.),
Sam[ue]ll, s. Sam[ue]ll & Martha, b. July 4, 1745	1	67
Samuel, of Greenwich, m. Elizabeth **MARVIN**, of Rye, Oct. [ ], 1771, by Rev. Mr. Avery, in Rye	2	31
Samuel, of Stamford, s. Samuel, of Norwalk, d. Sept. 1, 1780, in New York City	2	94
Samuel, had negroes Sib, m. Jacob servant of John Davenport, Oct. 5, 1789, by Edward Coe; Robbin, s. Jacob & Sib, b. June 1, 1793, & Tamar, d. Jacob & Sib, b. Jan. 5, 1796	2	50
Samuel, d. Oct. 9, 1838	2	31
Samuel Odell, s. [Seymour & Isabell], b. Jan. 26, 1806	2	94
Sarah, d. Samuel & Martha, b. Nov. 28, 1750	1	89
Sarah Peters, d. [Seymour & Isabell], b. Apr. 9, 1817	2	94
Semore, s. Samuel & Martha, b. Sept. 20, 1754	1	109
Seymore, s. Samuel & Martha, d. May 26, 1768	1	165
Seymore, s. Samuel & Martha, b. Dec. 22, 1768	1	169
Seymour, m. Isabell **ODELL**, Dec. 22, 1804, at Yonkers, N. Y., by Rev. Elias Cooper	2	94
Seymour, s. Samuel & Martha, d. Oct. 4, 1843, in the 75th y. of his age	2	140
William, s. Samuel & Martha, b. Sept. 11, 1756	1	123
William, s. Samuel & Martha, d. Aug. 13, 1817, in York, Upper Canada, in the 61st y. of his age	2	140

JEFFERY, JEFERS, JEFFERS, Ebenezer, s. John & Sarah, b.
May 21, 1734	1	26
Ebenezer, s. [Samuel & Mercey], b. Sept. 30, 1773; d. Nov. 13, 1776	2	56
Elizabeth, d. John & Sarah, b. Nov. 4, 1730	1	18
Hannah, d. John & Sarah, b. Mar. 11, 1739/40	1	42
Hannah, d. Samuel & Mercy, b. Nov. 24, 1761	1	145
Hannah, d. Samuel & Mercy, b. Nov. 24, 1761	1	165
Hannah, d. [Samuel & Mercey], b. Nov. 24, 1761	2	56
Hannah, m. Isaac **SMITH**, 3rd, May 3, 1792, by Rev. Robert Morris	2	75
John, m. Sarah **BISHOP**, Dec. 14, 1721, by Capt. Joseph Bishop, J. P.	1	112
John, s. John & Sarah, b. Oct. 10, 1722	1	21
Martha, d. [Samuel & Mercey], b. June 29, 1771	2	56
Mary, d. John & Sarah, b. Oct. 9, 1732	1	21
Mary, d. Feb. 1, 1743/4	1	59
Mary, d. [Samuel & Mercey], b. Nov. 3, 1768	2	56
Mary, d. [Samuel & Mercey], d. Mar. 30, 1780	2	56
Mercey, d. [Samuel & Mercey], b. Jan. 7, 1764	2	56
Mercey, m.Ezra **HOYT**, May 10, 1790, by Rev. Robert Morris	2	53
Rebecca, d. Samuel & Mercy, b. June 27, 1757	1	165
Rebecca, d. [Samuel & Mercey], b. June 27, 1757	2	56
Rebecca, m. John **HOYT**, Jr., Nov. 12, 1797, by Rev. Daniel Smith	2	12
Sam[ue]ll, s. John & Sarah, b. Sept. 4, 1728	1	11

	Vol.	Page
JEFFERY, JEFERS, JEFFERS (cont.),		
Samuel, m. Marcy **HOLMES**, Sept. 21, 1756, by Rev. Noah Welles	1	122
Samuel. m. Mercey **HOLMES**, Sept. 22, 1756, by Rev. Noah Welles	2	56
Samuel, s. Samuel & Mercy, b. May 1, 1766	1	165
Samuel, s. [Samuel & Mercey], b. May 1, 1766	2	56
Samuel, s. [Samuel & Mercey], d. Sept. 20, 1778	2	56
Sarah, d. John & Sarah, b. May 3, 1727	1	8
Sarah, w. John & sister to Ebenezer & Thomas **BISHOP**; d. Nov. 27, 1743	1	58
Sarah, m. Nathan **HOIT**, Jr., Mar. 23, 1758, by Rev. Mr. Wells	1	150
Sarah, d. Sam[ue]ll & Mercy, b. Oct. 15, 1759	1	165
Sarah, d. [Samuel & Mercy], b. Oct.15, 1759	2	56
Sarah, d. [Samuel & Mercey], b. Nov. 3, 1789	2	56
Thomas, s. John & Sarah, b. July 14, 1736	1	33
JERMAN, [see also **GORHAM & GORMAN**], Alva*, [child of James & Polly], b. Aug. 14, 1803 *(Arnold copy has "Alva **GORMAN**")	2	112
Eliza*, d. [James & Polly], b. July 13, 1801 *(Arnold copy has "Eliza **GORMAN**")	2	112
Hanford*, s. [James & Polly], b. Oct. 7, 1807 *(Arnold copy has "Hanford **GORMAN**")	2	112
James*, m. Polly **DAVIS**, Nov. 8, 1798, by Rev. Platt Buffett *(Arnold copy has "James **GORMAN**")	2	112
Mary Ann*, d. [James & Polly], b. May 23, 1806 *(Arnold copy has "Mary Ann **GORMAN**")	2	112
JESSUP, JESUP, Abigail, w. Joseph, d. May 6, 1743	1	74
Deborah, m. Obadiah **STEVENS**, Feb. 23, 1740/1, by Jonathan Hoit, J. P.	1	46
Ebenezer, s. Joseph & Abigaill, b. July 31, 1739	1	39
Edward, d. Dec. 28, 1732	1	21
Edward, s. Joseph & Abigail, b. Dec. 4, 1735	1	39
Elizabeth, wid., d. Oct. 2, 1747	1	74
Isaac, s. Samuel & Abigail, b. Oct. 13, 1765	1	164
John, m. Mary **HOLLY**, Feb. 2, 1770, by Charles Webb, J. P.	1	172
Joseph, m. Abigail **HOLMES***, Aug. 14, 1734, in Fairfield, by Rev. Daniel Chapman, of Greens Farms *("**JAMES**" in Huntington's Register)	1	39
Joseph, s. Joseph & Abigaill, b. Sept. 20, 1737	1	39
Leah, d. Joseph & Abigail, b. June 23, 1734	1	39
Leah, d. Joseph, d. Nov. 16, 1742	1	74
Maria, m. Joseph D. **WARREN**, b. of Stamford, Nov. 13, 1831, by Rev. Daniel Smith	2	235
Phebe, m. George **DIBBLE**, June 20, 1762, by Rev. Mr. Strong	1	184
Sally, m. Daniel **LOCKWOOD**, May 9, 1802	2	155
Sally, m. Rob[ert] **COX**, Apr. 24, 1831, by Rev. John Ellis	2	213
Samuel, m. Abigail **HOIT**, Oct. 11, 1763, by Jonathan Maltbie, J. P.	1	164

	Vol.	Page

JESSUP, JESUP (cont.),

	Vol.	Page
Sarah, m. Jonathan **DIBBLE**, Nov. 11, 1736, by Rev. Benjamin Strong, of Stanwich	1	36
Sarah, m. Wilse **WEBB**, July 15, 1792, by Charles Webb, J. P.	2	49
JOHNSON, Abigail, d. John & Martha, b. June 21, 1765	1	172
Ann, m. Reuben **KNAP[P]**, Oct. 20, 1757, by Rev.Mr. Nott	1	135
Catharine, of Norwalk, m. Elisha **YATES**, of Stamford, July 16, 1843, by Rev. J. W. Alvord, Jr.	2	267
David, m. Hannah **BATES**, b. of Stamford, Oct. 5, 1834, by Rev. Oliver V. Amerman	2	223
Deborah, m. Jonas **WEED**, 3rd, Jan. 1, 1787, by Rev. Robert Morris	2	70
Guy W[illia]m Augustus, m. Sally **LOUNSBERY**, Aug. 7, 1803, by Reuben Scofield	2	93
John, of Greenwich, m. Martha **CHICESTER**, of Stamford, Jan. 1, 1762, by Jonathan Hoit, J. P.	1	172
John, d. Sept. 24, 1765	1	172
John Henry, s. [Guy W[illia]m Augustus & Sally], b. Feb. 25, 1805	2	93
Mary, d. John & Martha, b. Oct. 30, 1762	1	172
JONES, JOANES, JOHNES, Abigail, d. Isaac & Sarah, b. May 15, 1780	2	6
Almira, d. [Ephraim & Anne], b. Dec. 6, 1800	2	106
Ann, m. Peter Peyre **FERRY**, Oct. 27, 1809, in New York	2	121
Anne, d. [Ephraim & Lydiah], b. Dec. 9, 1781	2	106
Anne, m. James **SCOFIELD**, 3rd, Apr. 17, 1803, by Rev. Amzi Lewis	2	122
Benjamin, m. Mary **HOLLY**, Dec. 4, 1735, by Sam[ue]ll Hoit, J. P.	1	30
Benjamin, s. Benjamin & Mary, b. Oct. 16, 1736	1	34
Benj[ami]n, s. Selleck & Rebecca, b. Sept. 25, 1775	1	195
Benjamin, s. Isaac & Sarah, b. Mar. 15, 1788	2	11
Benjamin, s. [Lewis & Sally], b. Mar. 16, 1797	2	42
Catharine, d. Isaac & Sarah, b. Dec. 14, 1781	2	6
Cornelius, m. Ezbel **HYATT**, 8th mo. 6, [16]57	1	74
Cornelius, had children [E]benezer, ae 11 yrs, Aug. 20, [1658]; -----ry, ae 10 yrs, Feb. next; [Cor]nelius, ae 8 yrs. beginning of Nov. last; [ ], 6 yr. old May next; [ ], ae 3 yr. last June; entered Dec. 17, 1657/8	1	72
Cornelius, s. Joseph, b. Mar. 1, 1687/8	1	102
David, m. Hesta **DAN**, b. of Stamford, Dec. 15, 1823, by Rev. Henry Fuller	2	169
Davis, s. Thomas & Mary, b. June 29, 1765	1	171
Deborah, d. Cornelius,b. May 30, 1712	1	120
Ebenezer, s. Benjamin & Mary, b. Dec. 20, 1743	1	60
Ebenezer, m. Sarah **LOCKWOOD**, May 14, 1774, by Charles Webb, J. P.	2	6
Ebenezer, s. Ebenezer & Sarah, b. Jan. 17, 1788	2	6
Ebenezer, Jr., m. Ruamah **WATERBURY**, Dec. 3, 1789, by Rev. John Avery	2	47

	Vol.	Page

JONES, JOANES, JOHNES (cont.),

	Vol.	Page
Elbert, m. Marietta **AYRES**, b. of Stamford, Feb. 14, 1847, at Longridge, by Rev. Frederick H. Ayres	2	287
Eliza, of Stamford, m. Edwin **SARLES**, of Poundridge, Jan. 1, 1828, by Rev. Henry Fuller	2	191
Elizabeth*, of Long Island, m. Jonathan **CLASON**, of Stamford, May 14, 1719, by Capt. Joseph Bishop, J. P. *("Elizabeth JAMES" in Huntington's Register)	1	112
Elizabeth, wid., m. Deodate **DAVENPORT**, Sept. 28, 1774, by Rev. Jonathan Ingersoll	2	77
Elizabeth, d. Selleck & Rebecca, b. Sept. 14, 1777	1	195
Ephraim, m. Lydiah **BISHOP**, Apr. 1, 1779, by Rev. Moses Mather	2	106
Ephraim, s. [Ephraim & Lydiah], b. July 9, 1780; d. Jan. 27, 1781	2	106
[Ephraim], m. 2nd w. Anne **BISHOP**, Apr. 1, 1794, by Reuben Scofield, J. P.	2	106
Han[n]a[h], d. Joseph, b. Mar. 16, 1679/80	1	102
Hannah, m. James **HOIT**, 3rd, Jan. 22, 1765, by Rev. Mr. Wells	1	168
Hannah, d. Isaiah & Sarah, b. Oct. 31, 1767	1	165
Hannah, d. [Ebenezer, Jr. & Ruamah], b. Oct. 16, 1790	2	47
Hannah, m. Lewis Selleck **LOCKWOOD**, Nov. 17, 1800, by William Fansher	2	97
Ira, s. [Ephraim & Lydiah], b. May 10, 1784	2	106
Ira, s. [Ephraim & Anne], d. Jan. 4, 1803	2	106
Isaac, m. Sarah **FINCH**, July 7, 1776, by Rev. Noah Welles	2	6
Isaac, s. Isaac & Sarah, b. May 27, 1785	2	11
Isaac W., m. Polly **WATERBURY**, b. of Stamford, Feb. 8, 1827, by Rev. Henry Fuller	2	186
Isaac Wheelock, s. [Ephraim & Anne], b. Dec. 17, 1805	2	106
Isaiah, m. Sarah **GREEN**, Dec. 17, 1766, by Jonathan Maltbie, J. P.	1	165
James Ferris, s. Isaac & Sarah, b. Aug. 3, 1778	2	6
Jemima, d. John & Elizabeth, b. Apr. 30, 1721	1	111
John, m. Mrs. Mindwell **STEBBINS**, b. of Bedford, Mar. 8, 1704/5, by Rev. John Davenport	1	128
John, s. Jno & Elizabeth, was on July 9, 1713, 3 years old	1	139
John, s. Lewis & Sally, b. Feb. 12, 1793	2	42
Joseph, s. Joseph, b. Dec. 20, 1682	1	102
Joseph, s. Benjamin & Mary, b. July 16, 1738	1	42
Josiah, m. Sarah **SMITH**, Nov. 4, 1773, by Rev. Mr. Wells	1	187
Lewis, s. Benjamin & Mary, b. Dec. 20, 1745	1	69
Lewis, m. Sally **MASTERS**, May 9, 1790, by Rev. Ebenezer Ferris	2	42
Loisa Jane, of Stamford, m. Henry **WARDWELL**, of New Canaan, Dec. 2, 1838, by Rev. Edw[ar]d Oldrin	2	253
Lucy, d. [Ephraim & Anne], b. Sept. 25, 1803; d. Oct. 7, 1804	2	106
Lydiah, d. [Ephraim & Lydiah], b. Apr. 6, 1787	2	106
Lydiah, w. [Ephraim], d. Dec. 1, 1792	2	106
Lidia, m. Willi[a]m **PROVOST**, Dec. 22, 1808, by Reuben Sco-		

	Vol.	Page
JONES, JOANES, JOHNES (cont.),		
field, J. P.	2	113
Margaret, m. Selleck **SCOFIELD**, Nov. 29, 1790, by Rev. John Shepherd	2	50
Martha, d. Jno & Elizabeth, b. Oct. 19, 1716	1	139
Martha, m. Anthony **FREES***, Aug. 15, 1739 *(**DeFOREST**)	1	106
Mary, d. Joseph, b. Jan. 4, 1677	1	102
Mary, d. Benjamin & Mary, b. Feb. 17, 1739/40	1	42
Mary E., of Stamford, m. Stephen R. **WHELPLEY**, of Dedford, Westchester Cyt., N. Y., Oct. 12, 1846, by Rev. Geo[rge] Waterbury	2	285
Mary F., m. Hiram **CURTIS**, b. of North Stamford, Oct. 15, 1849, by W. W. Brewer	2	300
Nathan, s. Cornelius & Hannah, b. Mar. 25, 1714	1	122
Oliver, s. Lewis & Sally, b. Oct. 8, 1794	2	42
Phebe, d. Lewis & Sally, b. Jan. 23, 1791	2	42
Prudence, d. Benjamin & Mary, b. Jan. 1, 1741/2	1	48
Prudence, d. Selleck & Rebecca, b. May 12, 1779	1	195
Rachal, d. [Ephraim & Lydiah], b. Aug. 2, 1789	2	106
Rebecca, d. Corn[elius] & Hanna, b. Dec. 15, 1708/9	1	136
Rebeckah, m. Andrew **CLARK**, Oct. 9, 1783, by Rev. John Avery	2	10
Reuben, s. Thomas & Mary, b. Apr. 22, 1748	1	105
Rheua, d. Ebenezer & Sarah, b. Feb. 27, 1775	2	6
Rufus, s. Ebenezer & Sarah, b. Jan. 9, 1777	2	6
Sally, d. Ebenezer & Sarah, b. May 24, 1783	2	6
Sally, d. [Ephraim & Anne], b. Aug. 18, 1798	2	106
Samuel, s. Joseph, b. Mar. 1, 1684/5	1	102
Samuell, s. Cornelius & Hanna, b. Feb. 7, 1709/10	1	136
Samuel, s. Thomas & Mary, b. Jan. 2, 1747	1	105
Sarah, d. Thomas & Mary, b. May 18, 1750	1	105
Sarah, m. Silvanus **SEELEY**, Feb. 4, 1755, by Abraham Davenport	1	111
Selleck, m. Rebecca **JUDSON**, Jan. 15, 1775, by Dr. Noah Wells	1	195
Selleck, d. May 15, 1781	1	195
Selleck, s. Isaac & Sarah, b. Dec. 7, 1783	2	11
Squire, s. Thomas & Mary, b. Aug. 31, 1752	1	105
Thaddeus S., of Poundridge, N. Y., m. Hannah **WATERBURY**, of Stamford, Feb. 4, 1824, by Rev. Henry Fuller	2	171
Thomas, s. John & Elizabeth, b. [ ] 14, 1719/20	1	111
Thomas, m. Mary **DANIEL***, Dec. 6, 1744, by Rev. Benjamin Strong *(**DeMILL**?)	1	105
Watson, m. Polly **STEVENS**, b. of Stamford, Feb. 5, 1823, by Rev. Henry Fuller	2	162
William, s. [Ebenezer, Jr. & Ruamah], b. June 30, 1793	2	47
JUDD, Grant, m. Hannah M. **KNAPP**, b. of Stamford, Mar. 26, 1845, by Peter C. Oakley	2	278
JUDSON, Amos, s. Joseph & Sarah, b. June 27, 1749	1	201
Amos, s. John & Charity, b. Oct. 14, 1787	2	41
Charity, d. John & Charity, b. June 14, 1777	2	41
Charity*, m. Abel **KNAP[P]**, Dec. 24, 1797, by Rev. Daniel Smith		

	Vol.	Page
JUDSON (cont.),		
*(Arnold copy has "Charity **JACKSON**")	2	71
Charles, s. [John, Jr. & Polly], b. Oct. 7, 1805	2	111
Hannah, d. Joseph & Sarah, b. June 20, 1751	1	201
Hannah, m. Stephen **SLASON**, Dec. 31, 1769, by Abraham Davenport	1	173-4
Hannah Maria, d. [John, Jr. & Polly], b. July 31, 1813	2	111
James, s. John & Charity, b. Dec. 25, 1768	1	195
James, m. Anne **MOREHOUSE**, Nov. 20, 1790, by Rev. John Avery	2	49
John, s. Joseph & Sarah, b. Apr. 18, 1746	1	73
John, m. Charity **SMITH**, Mar. 17, 1768, by Rev. Noah Welles	1	195
John, s. John & Charity, b. June 30, 1772	1	195
John, Jr., m. Polly **WAR[D]WELL**, Dec. 23, 1798, by Rev. Daniel Smith	2	111
John Will[ia]m, s. [John, Jr. & Polly], b. June 2, 1810	2	111
Joseph, of Stanford, m. Sarah **DUNNING**, of Norwalk, Oct. 5, 1740, by Rev. William Gaylord, of Wilton	1	44
Joseph, s. Joseph & Sarah, b. Oct. 26, 1744	1	62
Joseph, m. Rebecca **RIDER**, Mar. 27, 1744, in Rochester, in the Bay Goverment, by Ivery Hovey	1	141
Joseph, s. John & Charity, b. Feb. 21, 1783	2	41
Joseph, s. [John, Jr. & Polly], b. July 16, 1803	2	111
Lewis, s. John & Charity, b. Mar. 22, 1779	2	41
Mary, d. John & Charity, b. July 30, 1770	1	195
Mary, m. Solomon **SMITH**, Jr., Jan. 20, 1791, by Rev. John Avery	2	49
Mary Catharine, d. [John, Jr. & Polly], b. Sept. 11, 1807	2	111
Rebeckah, d. Joseph & Sarah, b. Sept. 2, 1753	1	105
Rebecca, m. Selleck **JONES**, Jan. 15, 1775, by Dr. Noah Wells	1	195
Rebecca, d. John & Charity, b. Mar. 23, 1781	2	41
Samuel, s. [John, Jr. & Polly], b. Apr. 4, 1801	2	111
Sarah, d. Joseph & Sarah, b. Dec. 18, 1741	1	48
Sarah, d. Joseph & Sarah, b. Dec. 18, 1741	1	49
Sarah, w. Joseph, d. Sept. 9, 1753	1	105
Sarah, m. Epenetus **WEBB**, May 30, 1762, by Rev. Mr. Welles	1	145
Sarah, d. John & Charity, b. Nov. 3, 1773	1	195
Sarah, m. Benjamin **PERRINE**, Oct. 11, 1796, by Rev. Daniel Smith	2	107
JUNE, Abner, s. Peter & Mary, b. Jan. 21, 1722; d. Sept. 20, 1722	1	4
Abner, s. Thomas & Sarah, b. Jan. 25, 1723/4	1	1
Abner, m. Sarah **SMITH**, June 11, 1772, by Rev. Mr. Welles	1	184
Abner, s. Abner & Sarah, b. Aug. 1, 1773	1	184
Abraham, s. Ithiell* & Mary, b. Dec. 22, 1734 *("Hiell" in Huntington's Register)	1	27
Abraham, s. Ithiel & Mary, b. Dec. 21, 1735	1	106
Abraham, of Troy, N. Y., m. Sarah T. **HUBBARD**, of Greenwich, this day [June 8, 1840], by Rev. Platt Buffett	2	258
Alexander, s. [Joel & Polly], b. July 12, 1812	2	135
Andrew, s. [William, Jr. & Mary], b. Sept. 4, 1795	2	51

	Vol.	Page
JUNE (cont.),		
Andrew, m. Electa **NEWMAN**, Nov. 19, 1820, by Henry Hoit, 3rd	2	146
Asehell*, s. Petter, [Jr. & Mary], b. Oct. 8, 1707 *("Jeniel" in Huntington's Register)	1	125
Azubah, d. Simeon & Azubah, b. Oct. 5, 1743	1	58
Azubah, d. Simeon, d. Oct. 17, 1745	1	66
Azubah, d. Simeon & Azubah, b. Mar. 11, 1750/1	1	93
Azubah, m. Samuel **SMITH**, Jr., July 23, 1772, by Rev. Mr. Wells	1	181
Azubah, m. Samuel **SMITH**, Jr., July 23, 1772, by Rev. Noah Welles	2	40
Benjamin, s. Jacob & Rhoda, b. Feb. 13, 1756	1	135
Betsey, d. Nath[anie]ll & Hannah, b. June 29, 1782	2	19
Betsey, m. Eber **SMITH**, Oct. 25, 1801, by Rev. Marmaduke Earl	2	87
Deborah, d. James & Ruth, b. Sept. 15, 1717	1	104
Daborah, d. Simeon & Azubah, b. July 29, 1756	1	119
Deborah, m. Hezekiah **WEBB**, July [ ], by Rev. Platt Buffett	2	124
Elijah, s. Peter & Mary, b. Aug. 14, 1724	1	4
Elijah, s. Peter & Mary, d. Aug. 25, 1724	1	4
Eliza, d. [Joel & Polly], b. Sept. 1, 1821	2	135
Elizabeth, d. Ezra & Elizabeth, b. June 13, 1747	1	76
Elizabeth, d. Simeon & Azubah, b. Apr. 11, 1753	1	101
Elizabeth, m. Ransford Avery **FERRIS**, May 25, 1772, by Rev. Ebenezer Davenport	2	24
Ezarah, s. Thomas & Sarah, b. June 20, 1722	1	150
Ezra, m. Elizabeth **NEWMAN**, Jan. 13, 1746/7, by Rev. Mr. Benj[ami]n Strong	1	76
Ezra, s. Ezra & Elizabeth, b. Feb. 20, 1751	1	104
George, of Stamford, m. Polly P. **NICHOLS**, of Stamford, Mar. 4, 1850, by Rev. Charles Gorse. Witness Thomas Benedict Caulfields	2	303
Hannah, d. Thomas & Sarah, b. Oct. 22, 1715	1	105
Hannah. m. Nathaniel **BRIDGGS**, Feb. 26, 1733/4, by Rev. Mr. Wright	1	50
Hannah, d. Nath[anie]ll & Hannah, b. July 9, 1780	2	19
Hannah, m. John **BRIGGS**, Dec. 24, 1782, by Charles Webb	2	43
Harvey, m. Thirza **LOCKWOOD**, b. of Stamford, [Sept.] 26, [1828], by Rev. Farnum Knowlton, at Thaddeus Lockwood	2	193
Isaac, s. Ithiel & Mary, b. Apr. 3, 1737	1	106
Isaac, s. [Nath[anie]ll & Hannah], b. May 23, 1792	2	19
Ithiel*, s. Ithiell & Mary, b. Mar. 8, 1733 *("Jehiel" in Huntington's Register)	1	24
Ithiel, s. Ithiel & Mary, b. Mar. 8, 1733	1	106
Jacob, s. Thomas & Sarah, b. Jan. 27, 1727/8	1	10
Jacob, m. Rhode **FERRIS**, Dec. 25, 1751, by Rev. Benjamin Strong	1	103
Jacob, s. Jacob & Rhode, b. Apr. 17, 1752	1	103
Jacob, d. May 7, 1758	1	135

	Vol.	Page
JUNE (cont.),		
James, s. Peter, b. June 29, 1687	1	107
James, s. James & Ruth, b. Apr. 7, 1722	1	150
Jane, m. Henry **FERRIS**, Dec. 23, 1821, by Henry Hoit	2	153
Jehiel*, s. Petter, [Jr. & Mary], b. Oct. 8, 1707 *(Arnold copy has "Asehell")	1	125
Jemima, d. Ezra & Elizabeth, b. Apr. 13, 1749	1	104
Jemima, d. William & Eunice, b. Nov. 25, 1773	1	201
Jerusia*, d. Thomas & Sarah, b. Sept. 20, 1718 *(Jemima?)	1	146
Joanna, d. James, Jr. & Magdalene, b. Apr. 13, 1754	1	105
Joel, s. Joel & Patty, b. Feb. 9, 1787	2	135
Joel, m. Polly **JUNE**, July 12, 1806, by Rev. Daniel Smith	2	135
John, s. Peter & Mary, b. Jan. 22, 1715/6	1	133
John Odle, s. [Joel & Polly], b. July 14, 1819	2	135
Joseph, m. Sally **JUNE**, b. of Stamford, Dec. 28, 1823, by Henry Hoit	2	169
Joshua, m. wid. Phebe **BELLAMY**, Sept. 14, 1778, by Rev. Mr. Phillips	1	202
Joshua, s. Joshua & Phebe, b. Dec. 24, 1778	1	202
Justus Burnett, s. Joshua & Phebe, b. May 27, 1783	2	9
Kerenahappuck, m. David **GREEN**, Sept. [ ], 1734, in North Castle, by Justice Pellum	1	95
Keziah, d. Ithiel & Mary, b. July 30, 1742	1	92
Keziah, d. Ithiel & Mary, b. July 30, 1742	1	106
Letta*, m. Jacob **WEED**, b. of Stamford, Nov. 19, 1821, by Rev. Henry Fuller *(Arnold copy has "Zetta")	2	152
Leui, [child of Simeon & Azubah], b. June 14, 1741	1	46
Leui, s. Simeon, d. Sept. 13, 1745	1	66
Lydia Brown, d. [Joel & Polly], b. Dec. 15, 1824	2	135
Maria, m. Nathan **SWAN**, b. of Stamford, Dec. 28, 1831, by Rev. Henry Fuller	2	216
Martha, m. Elijah **LOUNSBERY**, Oct. 21, 1790, by Rev. John Shepherd	2	35
Mary, d. Peter, b. July 30, 1699	1	107
Mary, d. Peter & Mary, b. Aug. 14, 1713	1	121
Mary, d. Peter & Sarah, d. Dec. 10, 1715	1	128
Mary, d. Thomas & Sarah, b. Nov. 12, 1716	1	105
Mary, d. Petter & Mary, d. Aug. 10, 1724	1	2
Mary, d. Simon & Azubah, b. Mar. 17, 1734/5	1	28
Mary, wid., d. June 1, 1745	1	65
Mary, of Stamford, m. John W. **DAVIS**, of New York, Feb. 6, 1826, by Rev. Noble W. Thomas	2	181
Mercy, d. Peter, b. Dec. 11, 1692	1	107
Mercy, m. Richard **CHESTER**, Mar. 5, 1718/19, by Capt. Joseph Bishop, J. P.	1	106
Mercy, d. James & Ruth, b. Jan. 24, 1719/20	1	132
Mercy, d. James & Ruth, b. Jan. 24, 1719/20	1	150
Nancy, d. [Nathaniel & Hannah], b. Nov. 1, 1794	2	19
Nancy, m. Lewis **LOCKWOOD**, b. of Stamford, Jan 5, 1823, by		

	Vol.	Page

JUNE (cont.),
Henry Hoit, Jr.	2	161
Nathaniel, s. Zebud & Sarah, b. July18, 1749	1	82
Nathaniel, m. Hannah **BRIGGS**, Dec. 10, 1772, by Rev. Mr. Strong	1	202
Nathaniel, s. Nathaniel & Hannah, b. May 20, 1778	1	202
Peter, d. Mar. 1, [ ]	1	135
Peter, s. Peter, b. Nov. 22, 1683	1	107
Petter, Jr., m. Mary **CLOISON**, Nov. 4, 1705	1	125
Petter, s. Peeter & Mary, b. Oct. 26, 1710	1	124
Peter, d. May 4, 1744	1	61
Phinias, s. Jacob & Rhode, b. Sept. 23, 1753	1	103
Polly, d. Joshua & Phebe, b. July 27, 1781	2	9
Polly, m. Joel **JUNE**, July 12, 1806, by Rev. Daniel Smith	2	135
Prudence, d. Nathaniel & Hannah, b. Mar. 7, 1775	1	202
Rachal, d. Thomas & Tamar, b. July 11, 1774	1	62
Rachal, d. William & Eunis, b. Sept. 9, 1766	1	176
Rhoda, d. Jacob & Rhoda, b. Feb. 20, 1758	1	135
Ruth, m. Stephen **CLASON**, July 29, 1736	1	31
Ruth, d. James & Ruth, b. June 5, [17]	1	104
Sally, m. Joseph **JUNE**, b. of Stamford, Dec. 28, 1823, by Henry Hoit	2	169
Sarah, d. Peter, b. Jan 30, 1680	1	107
Sarah, d. Peter & Mary, b. Aug. 4, 1720	1	132
Sarah, w. Thomas, d. Mar. 12, 1736/7	1	33
Sarah, d. Zabad & Sarah, b. Apr. 19, 1751	1	91
Sarah, of Stamford, m. Michael **CONWAY**, of Floyd Cty., of Oneida, N. Y., Aug. 31, 1823, by Henry Hoit, Jr.	2	166
Silas, s. Ezra & Elizabeth, b. May 4, 1753	1	104
Simeon, s. Petter, Jr. [& Mary], b. Dec. 15, 1705	1	125
Simeon, m. Azubah **BISHOP**, Apr. 4, 1734, by Nathaniel Peck, J. P.	1	36
Simeon, s. Simeon & Azubah, b. Mar. 9, 1736/7	1	36
Simeon, s. Simeon, d. Oct. 7, 1745	1	66
Simeon, s. Simeon & Azubah, b. Mar. 9, 1745/6	1	69
Stephen, s. Simeon & Zubah, b. May 9, 1739	1	38
Stephen, d. Aug. 11, 1747	1	66
Stephen, s. Simeon & Azubah, b. June 28, 1748	1	79
Stephen, s. W[illia]m & Eunice, b. Mar. 28, 1779	1	201
Tamer, d. Thomas & Tamer, b. May 6, 1739	1	49
Tamar, d. William & Eunis, b. Mar. 25, 1771	1	176
Theodocia, d. W[illia]m & Eunice, b. Aug. 7, 1776	1	201
Theodore, m. Elmeretta **REYNOLDS**, Dec. 28, 1843, by Rev. Frederick H. Ayers, of Longridge	2	278
Thomas, s. Peter, b. July 23, 1690	1	107
Thomas, s. Thomas & Sarah, b. Jan. [ ], [17]	1	149
Thomas, m. Sarah **HOIT**, Feb. 17, 1714, by Capt. Joseph Bishop, J. P.	1	106
William, s. Thomas & Tamer, b. Apr. 15, 1741	1	49

	Vol.	Page

JUNE (cont.),

	Vol.	Page
William, m. Eunice **SMITH**, Jan. 14, 1766, by Rev. Benjamin Strong	1	176
William, s. William & Eunis, b. Nov. 25, 1768	1	176
William, Jr., m. Mary **NICHOLS**, Oct. 3, 1794, by Rev. Daniel Smith	2	51
W[illia]m S., m. Ann Eliza **BATES**, b. of Stamford, Nov. 29, 1843, by Rev. George Brown	2	268
Wynant, s. James, Jr. & Magdelinah, b. Feb. 12, 1746/7	1	93
Zabud, s. James & Ruth, b. Dec. 13, 1723	1	1
Zabud, s. Nath[anie]ll & Hannah, b. Mar. 20, 1784	2	19
Zeabud, m. Sarah **NEWMAN**, Aug. 11, 1748, by Rev. Benjamin Strong, of Stanwick	1	77
Zetta*, m. Jacob **WEED**, b. of Stamford, Nov. 19, 1821, by Rev. Henry Fuller *("Letta **JUNE**" in Huntington's Register)	2	152

KAINWORTHY, [see under **KENWORTHY**]

KEELER, [see also **KELLER**], Charles Henry, s. [William & Deborah],

	Vol.	Page
b. Apr. 24, 1809	2	95
George Edwin, s. [William & Deborah], b. Dec. 22, 1805	2	95
James Stevens, s. [Samuel & Lydia], b. May 7, 1804	2	87
Mary Ann, d. [Samuel & Lydia], b. May 7, 1802	2	87
Sally Esther, d. [Samuel & Lydia], b. Feb. 24, 1799	2	87
Samuel, m. Lydia **WATERBURY**, July 29, 1798, by Rev. Marmaduke Earl	2	87
Samuel, of New Canaan, m. Matilda **AYRES**, Apr. 8, 1844, by Rev. Frederick H. Ayers, of Longridge	2	278
William, m. Deborah **LOUNSBERY**, Dec. 22, 1804, by Rev. [ ] Whitlock	2	95
William, m. Lucinda **BECKWITH**, Oct. 4, 1832, by Rev. John Ellis. Int. Pub.	2	217

KELLER, [see also **KEELER**], Lucinda Smith, m. George Roswell **WEED**, Nov. 23, 1836, by Rev. William Biddle   2   228

KELLOGG, James, Jr., m. Susanna K. **CAMP**, [   ], 1822,

	Vol.	Page
by Rev. Jonathan Judd	2	160
Mary, m. Charles **WHITING**, Oct. 10, 1761 [sic], by Rev. Moses Mather	2	63
Sarah J., m. George T. **HOLLY**, Oct. 3, 1852, by Rev. Ambrose S. Todd	2	307

KELLY, Frances, m. Margaret **ROBERTS**, b. of Stamford, Jan. 11,

	Vol.	Page
1845, by Peter C. Oakley	2	276
John E., of New York, m. Sally **HAMILTON**, of New Canaan, Sept. 7, 1828, by Rev. A. S. Todd	2	201

KENNEDY, CANNEDY, Billee, s. Philip & Abigail, b. Sept. 7, 1759   1   161

	Vol.	Page
Hannah, d. Philip & Elizabeth, b. Aug. 11, 1754	1	121
James, s. Philip & Elizabeth, b. Feb. 27, 1756	1	121
Jemima, d. Philip & Abigail, b. Mar. 6, 1766	1	161
Joseph, s. Philip & Abigail, b. Aug. 22, 1762	1	161
Judeth, d. Philip & Abigail, b. Sept. 1, 1764	1	161
Philip, m. Elizabeth **DANN**, Jan. 7, 1754, by Nathaniel Peck	1	121

	Vol.	Page
KENWORTHY, KAINWORTHY, Elizabeth, d. [Thomas & Martha], b. Oct. 18, 1801	2	48
Loranna, d. [Thomas & Martha], b. Mar. 18, 1791	2	48
Martha, d. [William H. & Deborah], b. Mar. 24, 1845; d. July 30, 1850	2	272
Martha, d. [William H. & Deborah], b. Aug 8, 1850	2	272
Matilda, of Stamford, m. John **BONES**, of Norwalk, Dec. 6, 1837, by Aaron S. Hill	2	245
Sarah Elizabeth, d. [William H. & Deborah], b. Jan. 7, 1848	2	272
Thomas, m. Martha **LODER**, Feb. 14, 1790, by Rev. Ebenezer Dibble	2	48
Thomas, s. [Thomas & Martha], b. Apr. 12, 1792	2	48
William, s. [Thomas & Martha], b. July 28, 1793	2	48
W[illia]m H., m. Deborah **CRABB**, May 11, 1843, by Rev. Ambrose S. Todd	2	272
William Henry, s. [Willam H. & Deborah], b. Mar. 21, 1852	2	272
KETCHAM, KEETCHAM, Hannah, d. John & Hannah, b. Apr. 21, 1729	1	60
John, of Huntingtown, m. Hannah **BISHOP**, of Stanford, June 11, 1728, by Rev. John Davenport	1	10
John, m. Hannah **BISHOP**, June 11, 1728, by Rev. John Davenport	1	60
Jonas, s. John & Hannah, b. Oct. 19, 1732	1	60
Joseph, s. John & Hannah, b. July 29, 1731	1	60
Martha, twin with Zophar, d. John & Hannah, b. June 14, 1734	1	60
Rebeckah, d. John & Hannah, b. Apr. 6, 1737	1	60
Ruth, d. John & Hannah, b. Apr. 4, 1740	1	60
Ruth, m. Hezekiah **DAVENPORT**, Dec. 7, 173[ ]*, at the Crump Ponds, by Rev. Mr. Sackett *(1763)	1	153
Sarah, d. John & Hannah, b. June 6, 1730	1	60
Zophar, twin with Martha, child of John & Hanah, b. June 14, 1734	1	60
KINCH*, Abijah, of Greenwich, m. Juliette **CRABB**, of Stamford, Feb. 19, 1834, by Rev. Henry Fuller *(Abijah **FINCH**?)	2	223
KING, Betse, d. Will[ia]m, & Olive, b. Apr. 29, 1772	1	181
Deborah, d. William & Deborah, b. Mar. 18, 1728	1	12
Elizabeth, d. William & Deborah, b. May 4, 1741	1	55
Elizabeth, m. John **HOLLY**, s. Ens. John, Jan 28, 1760, by Rev. Ebenezer Dibble	1	144
Hannah, d. William & Deborah, b. Dec. 29, 1731	1	20
Hannah, d. William, d. Jan. 10, 1734/5	1	27
Hannah, d. William & Hannah, b. July 6, 1737	1	34
Hannah, m. William **MONDAY**, June 10, 1755, by Rev. Mr. Dibble	1	113
Jane, d. William & Deborah, b. Mar. 18, 1730	1	20
Jean, m. Joseph **HOIT**, Apr. 6, 1749, by Jonathan Hoit	1	81
John, s. William & Olive, b. July 22, 1769	1	181
Martha, d. Samuel **JARVIS** & Martha **JARVIS**, d. [ ], 1784, in Halifax, Nova Scotia, in the 36th y. of her age	2	140

STAMFORD VITAL RECORDS 143

	Vol.	Page
KING (cont.),		
Mary, m. Abraham **DEMILL**, Oct. 5, 1756, by Rev. Ebenezer Dibble	1	119
William, m. Deborah **KNAP[P]**, Dec. 1, 1726	1	8
William, s. William & Deborah, b. June 25, 1743	1	58
William, m. Ollive **BOARDMAN**, Jan. 11, 1765, by Rev. Mr. Dibble	1	153
KINWORTHY, [see under **KENWORTHY**]		
KITCHEL, Grace, m. [Jo]nathan **BELL**, Mar. 22, 1693	1	96
KNAP[P], Abel, s. Nathan & Mary, b. June 15, 1776	2	6
Abel, m. Charity **JACKSON***, Dec. 24, 1797, by Rev. Daniel Smith *("**JUDSON**" in Huntington's Register)	2	71
Abigail, m. [ ]**RESSEY**, Jan. 12, 1692 *(Huntington's Register gives "m. John **CRESSY**, Dec. 1")	1	96
Abygall, d. Caleb, b. Jan. 9, 1701/2	1	127
Abigail, d. Peter & Mary, b. Feb. 4, 1734/5	1	28
Abigail, m. Samuel **BUXSTON**, Jr., June 19, 1755, by Abraham Davenport	1	124
Abigail, d. [Samuel & Susannah], b. Mar. 26, 1765; d. Jan. 3, 1766	2	48
Abigail, d. [Samuel & Susannah], b. Sept. 26, 1766	2	48
Abigail, d. [Jacob & Mary], b. Dec. 28, 1783	2	104
Abigail, d. Peter & Sarah, b. Apr. 25, 1787	2	15
Abigail, m. Shadrach **SCOFIELD**, June 20, 1802, by Rev. Daniel Smith	2	90
Abigail Jane, d. [Uzal & Abigail], b. Aug. 20, 1809	2	88
Abraham, s. Moses & Jemimah, b. Dec. 28, 1737	1	34
Abraham, m. Elizabeth **WRIGHT**, Sept. 17, 1770, by Abraham Davenport	1	172
Abraham Bell. s. Noah, b. Nov. 18, 1834	2	268
Adam, s. Nathan & Mary, b. Jan. 31, 1771	2	6
Adam, m. Phebe **BIGSBY**, Aug. 8, 1793, by Rev. Mr. Burnit, of Norwalk	2	63
Alanson H., m. Sarah **THORP**, b. of Stamford, Dec. 30, 1832, by Rev. Daniel Smith	2	237
Alanson Hoyt, s. [Ezra & Polly Esther], b. Feb. 1, 1809	2	127
Alfred, s. [Abel & Charity], b. Jan 1, 1800	2	71
Almira, d. [Smith & Nancy], b. May 5, 1814	2	133
Amos, s. Sam[ue]ll & Martha, b. Feb. 28, 1738/9	1	45
Amos, s. Daniel & Sally, b. Jan. 22, 1787	2	28
Ann Eliza, d. [Luther & Hannah], b. May 26, 1823	2	137
Benjamin, [twin with Ruben], s. Caleb & Hannah, b. Aug. 1, 1717, in Norwalk	1	133
Benjamin, s. [Rufus & Elizabeth], b. Apr. 9, 1809	2	102
Berthia, d. Charles & Berthia, b. June 12, 1738	1	36
Bethiah, d. [Hezekiah & Mary], b. Jan. 15, 1795	2	104
Betsey, d. Charles, Jr. & Deborah, b. May 5, 1766	1	162
Betsey, m. Thomas **LOUNSBERY**, Apr. 4, 1793, by Rev. Robert Morris	2	48
Betsey, m. John **PARDEE**, Jr., Sept. 19, 1793, by Rev. Daniel		

KNAP[P] (cont.)

	Vol.	Page
Smith	2	44
Betsey, m. Selleck **WHITNEY**, Jan. 26, 1805, by Rev. Daniel Smith	2	98
Boutton, s. Reuben & Mary, b. Mar. 9, 1750	1	135
[Cal]eb, s. Caleb, b. Nov. 24, 1661	1	98
Caleb, m. Han[n]a[h] **CLEMENTS**, 9th mo. 23, 1694	1	104
Caleb, s. Caleb, b. Sept. 30, 1695	1	127
Caleb, s. Sam[ue]ll & Martha, b. Dec. 12, 1731	1	20
Caleb, s. Nathan & Rebecca, b. June 2, 1764	2	6
Caroline H., of Stamford, m. Henry **SMITH**, of New York, Nov. 4, 1844, by Rev. J. W. Alvord, Jr.	2	275
Charity, m. Isaac **BELL**, Mar. 28, 1813, by Rev. Daniel Smith	2	85
Charles, s. Jo[hn] & Han[n]ah, b. near May 9, 1703	1	126
Charles, m. Burthiah **WEED**, June 17, 1731, by Jonathan Hoit, J. P.	1	19
Charles, m. Bertha* **WEED**, June 17, 1731, by Jonathan Hoit, J. P. *(Bethia)	1	22
Charles, s. Charles & Bethiah, b. July 18, 1732	1	21
Charles, s. Charles & Hannah, b. Feb. 5, 1740/1	1	49
Charles, Jr., m. Deborah **HANFORD***, Apr. 23, 1757, by Rev. Mr. Wells *("**HUSTED**" in Huntington's Register)	1	171
Charles, s. Sylvanus & Abigail, b. Oct. 19, 1779	1	199
Charles, m. Elizabeth **LOCKWOOD**, Apr. 4, 1804, by Rev. Daniel Smith	2	104
Charles Hezekiah, s. [Luther & Hannah], b. Aug. 23, 1825	2	137
Charles Silvanus, s. [Charles & Elizabeth}, b. July 27, 1816	2	104
Charles W[illia]m, m. Cornelia **WATERBURY**, Mar. 3, 1829, by Rev. Daniel Smith	2	199
Charles William, s. [William & Rebecca], b. Dec. 25, 1830	2	187
Clara, d. [Samuel, Jr. & Naomi], b. June 14, 1793	2	46
Daniel, s. Samuel & Martha, b. Sept. 25, 1741	1	51
Daniel, m. Sally **GARNSEY**, Feb. 18, 1786, by Rev. John Avery	2	28
David, s. Samuel & Martha, b. Nov. 20, 1725	1	5
David, m. Angeline **LEEDS**, b. of Stamford, Apr. 14, 1829, by Rev. A. S. Todd	2	201
Deborah, d. John & Han[n]ah, b. June 28, 1705	1	126
Deborah, m. William **KING**, Dec. 1, 1726	1	8
Deborah, d. John & Deborah, b. June 2, 1730	1	17
Deborah, w. John, d. Dec. 4, 1735	1	29
Deborah, d. Peter & Mary, b. Sept. 2, 1739	1	43
Deborah, m. Amos **SMITH**, Oct. 17, 1765, by Rev. Mr. Wells	1	156-7
Ebenezer, s. Moses & Jemimah, b. Aug. 4, 1734	1	27
Ebenezer, s. Abraham & Elizabeth, b. Dec. 1, 1770	1	173-4
Edson, s. [Uzal & Abigail], b. Jan. 15, 1806	2	88
Elijah, m. Polly **WARING**, b. of Stamford, Mar. 18, 1821, by Henry Hoit, 3rd	2	149
Eliner, w. Nickolas, d. 6th mo. 16, [16]58	1	20
Eliner, w. Nicholas, d. 6th mo. 16, [16]58	1	20

STAMFORD VITAL RECORDS

	Vol.	Page
KNAP[P] (cont.),		
Eliza, d. [Joshua & Phebe or Ruth], b. Jan. 6, 1798	2	62
Elizabeth, d. Moses, Jr., b. Sept. 7, 1690	1	104
Elizabeth, d. Peeter & Elizabeth, b. June 14, 1728	1	12
Elizabeth, w. Petter, d. May 12, 1733	1	23
Elizabeth, d. Sam[ue]ll & Martha, b. Dec. 20, 1733	1	25
Elizabeth, m. Charles **SMITH**, June 10, 1736, in Greenwich, by Rev. Benj[amin] Strong	1	50
Elizabeth, m. Israel **LEEDS**, Jan. 27, 1757, by Rev. Noah Welles	1	124
Elizabeth, d. [Rufus & Elizabeth], b. Jan. 9, 1817; d. same day	2	102
Elizabeth, w. [Rufus], d. Jan. 14, 1817	2	102
Elizabeth, d. [Rufus & Betsey], b. Apr. 30, 1818	2	102
Elizabeth Caroline, d. [William & Rebecca], b. Mar. 1, 1828	2	187
Elizabeth Jane, d. [Peter, Jr. & Sarah], b. Dec. 16, 1807	2	100
Elizabeth Jane, m. Ebenezer H. **WATSON**, Nov. 18, 1829, by Rev. Daniel Smith	2	209
Epenetus, s. Charles & Bathiah, b. May 19, 1742	1	53
Epenetus, s. Silvanus & Abigail, b. June 5, 1785	2	8
Ezra, s. Peter & Sarah, b. Aug. 4, 1781	1	200
Ezra, m. Polly Esther **HOYT**, Sept. 8, 1805, by Rev. Daniel Smith	2	127
Fanny, d. [Samuel, Jr. & Naomi], b. Apr. 28, 1788	2	46
George Hanford, s. [Ezra & Polly Esther], b. Jan. 1, 1807	2	127
Gideon, s. Charles & Bethiah, b. Dec. 1, 1744	1	63
Hanford, s. [Uzal & Abigail], b. Oct. 24, 1790	2	88
Hana, d. Joshua, b. Mar. 26, 1660	1	98
Han[n]a[h], m. Nathaniel **CROSS**, Nov. 6, 1696	1	104
Han[n]ah, d. John & Han[n]ah, b. Mar. 15, 1698/9	1	126
Han[n]ah, d. Caleb & Han[n]ah, b. Apr. 10, 1710	1	126
Hannah, m. Isaac **QUINTARD**, July 16, 1716, by Rev. John Davenport	1	106
Hannah, w. Capt. John, d. Sept. 10, 1724	1	2
Hannah, d. Sam[ue]ll & Martha, b. Jan. 22, 1726	1	8
Hannah, d. Samuel & Martha, d. Mar. 2, 1726/7	1	8
Han[n]ah, d. Peeter & Elizabeth, b. Apr. 21, 1727	1	12
Hannah, d. Charles & Berthia, b. Mar. 29, 1736	1	33
Hannah, d. John, Jr., d. Mar. 30, 1741	1	45
Hannah, d. John & Abigail, b. Nov. 18, 1741	1	51
Hannah, m. John **CLOCK**, Dec. 24, 1755, by Jonathan Maltbie	1	117
Hannah, m. Jacob **SCOFIELD**, Jan. 15, 1760, by Rev. Mr. Wells	1	152
Hannah, d. [Hezekiah & Mary], b. Mar. 12, 1778	2	104
Hannah, m. John **WEED**, Jr., Dec. 11, 1783, by Rev. John Avery	2	96
Hannah, m. Isaac **WARDWELL**, Mar. 24, 1799, by Rev. Daniel Smith	2	84
Hannah, b. [ ], in Greenwich; m. James **SKELDING**, Jr., Dec. 29, 1800, by Rev. Calvin White	2	98
Hannah M., m. Grant **JUDD**, b. of Stamford, Mar. 26, 1845, by Peter C. Oakley	2	278
Hannah Maria, d. [Ezra & Polly Esther], b. Apr. 23, 1814	2	127
Harriet, d. [Smith & Nancy], b. Sept. 12, 1811	2	133

	Vol.	Page

KNAP[P] (cont.),

	Vol.	Page
Henry, s. John & Sally, b. May 21, 1790	2	39
Hezekiah, s. Charles & Bethiah, b. Oct. 14, 1749	1	83
Hezekiah, m. Mary **PECK**, Sept. 7, 1775, by Rev. Mr. Murdock, in Greenwich	2	104
Hezekiah, s. [Rufus & Elizabeth], b. Feb. 17, 1806	2	102
Hezekiah, s. [Rufus & Elizabeth], d. Dec. 28, 1816	2	102
Isaac, s. [Mosses & Jemima], b. Apr. 14, 1750	1	88
Isaac, s. [Samuel & Susannah], b. Oct. 19, 1778	2	48
Isaac, s. [Jacob & Mary], b. Apr. 24, 1793	2	104
Isaac, s. [Rufus & Elizabeth], b. Jan. 5, 1805	2	102
Israel, s. John & Abigail, b. Mar. 28, 1738	1	43
Israel, s. [Joshua & Phebe or Ruth], b. Mar. 30, 1796	2	62
Jabes, s. Mosses & Jemima, b. June 24, 1741	1	48
Jacob, s. [Samuel & Susannah], b. July 25, 1761	2	48
Jacob, s. Sam[ue]ll & Susannah, b. July 25, 1761	1	147
Jacob, m. Mary **SMITH**, Dec. 31, 1780, by Charles Webb, J. P.	2	104
James, s. Sam[ue]ll & Martha, b. May 15, 1728	1	13
James, Jr., m. Mary **HUBBELL**, Feb. 1, 1781, by Rev. Mr. Elles	2	6
James Bennett, s. [Peter, Jr. & Sarah], b. Nov. 30, 1809	2	100
Jean, child Moses & Jemima, b. Mar. 3, 1747/8	1	78
Jehiel Hubbell, s. James & Mary, b. Oct. 29, 1782	2	6
Jemima, d. Moses & Jemima, b. Jan. 9, 1732	1	22
Jemima, m. David **WATERBERY**, 4th, Dec. 12, 1751, by Rev. Noah Welles	1	108
Jeremiah, s. John & Sally, b. Aug. 30, 1791	2	39
John, s. Caleb, b. July 25, 1664	1	76
John, m. Han[n]ah **FERRIS**, June 10, 1692	1	126
John, s. John, b. Aug. 14, 1697	1	127
John, s. Samuel & Martha, b. Oct. 12, 1721	1	4
John, m. Deborah **CROSS**, May 23, 1723, by Rev. John Davenport	1	0
John, Capt., m. Mrs. Martha **WEED***, Dec. 21, 1727, by Jonathan Hoit, J. P. *(Arnold copy has "**MEED**")	1	9
John, m. Abigail **HOIT**, July 1, 1736	1	31
John, 3rd, m. Hannah **BLACKMAN**, Jan. 11, 1749/50, by Rev. Noah Welles	1	89
John, s. John, 3rd & Hannah, b. Oct. 23, 1750	1	89
John, s. Nathan & Sarah, b. May 26, 1788	2	24
John, Jr., m. Sally **LOUNSBERY**, Dec. 25, 1788, by Rev. John Shepherd	2	39
John, s. [Rufus & Elizabeth], b. Oct. 17, 1812	2	102
John Will[ia]m, s. [Charles & Elizabeth], b. Sept. 30, 1807	2	104
Jonas, s. Charles & Bethiah, b. Apr. 25, 1740	1	45
Jonathan, s. Caleb & Hannah, b. Jan. 12, 1712/13	1	136
Jonathan, s. Peter & Sarah, b. June 17, 1775	1	200
Joseph, s. Caleb, b. Dec. 10, 1706	1	126
Joseph, s. John, Jr. & Hannah, b. Dec. 4, 1753	1	119
Joseph Selleck, s. [Luther & Hannah], b. Mar. 15, 1818	2	137

	Vol.	Page

KNAP[P] (cont.),

	Vol.	Page
[Jos]hua, m. Hanna[h] **CLOSE**, June 9, 1657	1	20
Joshua, s. Caleb, b. Apr. 10, 1704	1	126
Joshua, s. [Samuel & Susannah], b. Jan. 30, 1763	2	48
Joshua, s. Sam[ue]ll & Susannah, b. Jan. 30, 1763	1	147
Joshua, m. Phebe* **NICHOLS**, Sept. 18, 1791, by Charles Webb *(or "Ruth")	2	62
Joshua, m. Mary **PROVOST**, b. of Stamford, Jan. 23, 1840, by Rev. Edward Oldrin	2	257
Josiah, s. John, Jr. & Hannah, b. Jan. 4, 1756	1	119
Julia A., m. Charles E. **HUSTED**, b. of Stamford, Dec. 25, 1837, by Rev. Ambrose S. Todd	2	246
Levina, d. [Uzal & Abigail], b. Jan. 30, 1793	2	88
Leydema, d. Peter & Sarah, b. Mar. 23, 1785	2	15
Lorenzo E., s. [Charles & Elizabeth], b. Jan. 26, 1821	1	104
Lorenzo E., m. Ann Maria **WATERBURY**, Nov. 13, 1843, by Rev. J. W. Alvord, Jr.	2	267
Luther, s. [Hezekiah & Mary], b. Aug. 25, 1788	2	104
Luther, m. Hannah **SELLECK**, Oct. 25, 1814, by Rev. Daniel Smith	2	137
Lidde, m. Thomas **PENOIR***, May 22, 1685 *(**PENOYER**)	1	101
Lidiah*, m. Clemence **YOUNG**, Nov. 19, 1750, in Norwalk, by Rev. Moses Dickenson *("Lidiah **NASH**" in Huntington's Register)	1	88
Marcy Esther, d. [Ezra & Polly Esther], b. Feb. 16, 1819	2	127
Martha, d. Ens. Sam[ue]ll & Martha, b. Jan. 28, 1729/30	1	17
Martha, d. Sam[ue]ll & Martha, d. Mar. 15, 1734/5	1	29
Mary, m. Samuel **WEBB**, [ ]	1	199
Mary, d. Petter & Elizabeth, b. May 4, 1733	1	23
Mary, d. John & Abigail, b. Mar. 1, 1746/7	1	75
Mary, w. Boutton, d. Mar. 14, 1750	1	135
Mary, m. John **ARNOLD**, Apr. 8, 1751, by Rev. Ebenezer Dibble	1	92
Mary, d. Peter & Sarah, b. Apr. 16, 1771	1	200
Mary, d. [Samuel & Susanah], b. Mar. 27, 1774	2	48
Mary, d. [Jacob & Mary], b. Mar. 15, 1781	2	104
Mary, m. Abraham **QUINTARD**, Oct. [ ], 1794, by Charles Webb	2	85
Mary, m. Rufus **NEWMAN**, Apr. 10, 1796, by Rev. Daniel Smith	2	79
Mary, [twin with Sally], d. [Rufus & Elizabeth], b. Sept. 18, 1807; d. Apr. 3, 1808	2	102
Mary, d. [Smith & Nancy], b. Sept. 17, 1809	2	133
Mary, m. William H. **INGRAHAM**, b. of Stamford, May 27, 1833, by Rev. Daniel Smith	2	238
Mary Belden, d. Silvanus & Abigail, b. July 13, 1783	2	8
Mary E., of Stamford, m. Elias **TAYLER**, of Poughkeepsie, N. Y., June 25, 1823, by Rev. Daniel Smith	2	166
Mary Elizabeth, d. [Charles & Elizabeth], b. Dec. 28, 1804	2	104
Mary Elizabeth, d. [Rufus & Elizabeth], b. Feb. 5, 1811	2	102
Mary J., m. Seth H. **LOUNSBERY**, Nov. 25, 1845, by Rev. J. W. Alvord, Jr.	2	281

	Vol.	Page

KNAP[P] (cont.),

Mary Sackett, d. [Nathan & Mary], b. Mar. 28, 1785	2	6
Mary Sackett, m. Abraham **LOCKWOOD**, June 23, 1803, by Rev. Daniel Smith	2	100
Moses, m. Elizabeth **CRISSEY**, Oct. 31, 169[ ]* *(168[ ]?)	1	101
Moses, s. John & Han[n]ah, b. Aug. 6, 1709	1	125
Moses, m. Jemimah **MEED***, Nov. 25, 1731, by Joshua Knap, J. P. *("**WEED**" in Huntington's Register)	1	22
Moses, s. Moses & Jenniah*, b. June 5, 1736 *(Jemima)	1	31
Moses, m. Rachel **WEED**, alias **BUXSTON**, May 12, 1767, by Jonathan Maltbie, J. P.	1	169
Nancy, d. [Samuel & Susannah], b. June 13, 1785	2	48
Nancy, d. [Uzal & Abigail], b. Apr. 30, 1798	2	88
Nancy, m. Isaac **LOUNSBERY**, b. of Stamford, Oct. 29, 1820, by G. S. Webb	2	147
Nathan, s. Sam[ue]ll & Martha, b. June 12, 1735	1	29
Nathan, m. Rebecca **WARDWELL**, Sept. 23, 1761, by Rev. Mr. Wells	1	150
Nathan, s. Nathan & Rebecca, b. Sept. 2, 1762	1	150
Nathan, m. Mary **LOCKWOOD**, Jan. 22, 1770, by Rev. Mr. Todd, of Horse Neck	2	6
Nathan, Jr., m. Sarah **MOREHOUSE**, July 26, 1787, by Rev. Moses Mather	2	24
Nathan, d. Jan. 27, 1797	2	6
Nathaniel, s. John & Deborah, b. Nov. 29, 1726	1	6
Nathaniel, m. Jemima **WARD**, May 31, 1751, by Rev. Mr. Beer?, in Norwalk	1	111
Nathaniel, s. Nathaniel & Jemima, b. July 6, 1753	1	111
Nathaniel, s. [Uzal & Abigail], b. Oct. 22, 1800	2	88
Nathaniel, d. Feb. 22, 1812	2	48
Nicholas, m. Unica **BROWN**, 1st mo. 9, [16]59	1	74
Noah, s. Nathan & Mary, b. Dec. 5, 1773	2	6
Noah, s. Nathan & Mary, d. May 24, 1777	2	6
Noah, s. Nathan & Mary, b. May 1, 1781	2	6
Noah, s. [Abel & Charity], b. June 30, 1802	2	71
Noah Franklin, s. Noah, b. Feb. 28, 1838	2	268
Petter, s. John & Han[n]ah, b. near Aug. 15, 1701	1	126
Petter, m. Elizabeth **SLASON**, June last day, 1726, by Rev. Mr. Davenport	1	12
Peter, m. Mary **SLOAN**, Mar. 21, 1733/4, by Jonathan Hoit, J. P.	1	25
Peter, m. Sarah **REYNOLDS**, Feb. 1, 1770, by Rev. Noah Welles	1	200
Peter, s. Peter & Sarah, b. July 14, 1779	1	200
Peter, Jr., m. Sarah **BENNETT**, Feb. 26, 1807, in New York, by Rev. [ ] McClay	2	100
Peter Will[ia]m, s. [Ezra & Polly Esther], b. Feb. 11, 1812	2	127
Phebe, d. Moses & Jemima, b. June 19, 1743	1	58
Phebe Selleck, d. [Luther & Hannah], b. July 19, 1815	2	137
Polly, d. [Hezekiah & Mary], b. July 18, 1776	2	104
Polly, m. Rufus **NEWMAN**, Apr. 10, 1796, by Rev. Daniel Smith	2	119

	Vol.	Page
KNAP[P] (cont.),		
Polly Peck, d. [Luther & Hannah], b. June 6, 1821	2	137
Prudence, d. [Samuel & Susanah], b. July 17, 1776	2	48
Prudence, m. Ebenezer **WATERBURY**, Apr. 11, 1793, by Rev. Robert Morris	2	103
Raymond, s. [Uzal & Abigail], b. Oct. 30, 1794	2	88
Rebeckah, d. John & Abigail, b. Jan. 9, 1739/40	1	43
Rebecca, d. Nathan & Rebecca, b. Feb. 17, 1767	2	6
Rebecca, w. Nathan, d. Feb. 17, 1767	2	6
Rebecca, m. Hezekiah **WEED**, Jr., Oct. 28, 1779, by Rev. Moses Mather	2	21
Rebecca, d. [Nathan & Sarah], b. May 18, 1790	2	24
Rebecca, d. [Joshua & Phebe or Ruth], b. June 13, 1793	2	62
Rebecca, d. Ebenezer **WEBB**, Jr., of Stamford, m. Lewis L. G. **WHITNEY**, of Norwalk, Jan. 6, 1839, by Rev. Daniel Smith	2	285
R[e]uben, [twin with Benjamin], s. Caleb & Hannah, b. Aug. 1, 1717, in Norwalk	1	133
Reuben, s. Samuel & Martha, b. Apr. 3, 1724	1	4
Reuben, m. Mary **BOUTTON**, June 1, 1749, by Rev. Noah Welles	1	135
Reuben, m. Ann **JOHNSON**, Oct. 20, 1757, by Rev. Mr. Nott	1	135
Ruamah, d. Daniel & Sally, b. Mar. 27, 1789	2	28
Rufus, s. [Hezekiah & Mary], b. Aug. 19, 1781	2	104
Rufus, m. Elizabeth **SCOFIELD**, Feb. 7, 1804, by Rev. Daniel Smith	2	102
Rufus, m. 2nd w. Betsey **HOW**, of Greenwich, June 18, 1817, in Greenwich, by Rev. Isaac Lewis	2	102
Ruth, m. Joseph **FERRIS**, 9th mo. 20, [16]57	1	74
Sally, d. [Hezekiah & Mary], b. Nov. 18, 1785	2	104
Sally, d. [Joshua & Phebe or Ruth], b. Aug. 30, 1799	2	62
Sally, m. John **SCOFIELD**, Jr., Feb. 9, 1806, by Rev. Daniel Smith	2	125
Sally, [twin with Mary], d. [Rufus & Elizabeth], b. Sept. 18, 1807	2	102
Sally Maria, d. [Uzal & Abigail], b. Apr. 17, 1803	2	88
Samuel, s. John, b. Aug. 27, 1695	1	127
Sam[ue]ll, m. Martha **SLASON**, Dec. 15, 1720, by Rev. John Davenport	1	96
Samuel, s. Samuel & Martha, b. Dec. 2, 1722	1	4
Sam[ue]ll, s. John & Abigail, b. May 9, 1744	1	75
Sam[ue]ll, Lieut., m. Mrs. Marcy **BOUTTON**, Mar. 15, 1748/9, by Rev. Noah Welles	1	80
Samuel, Jr., d. Aug. 21, 1751	1	92
Samuel, s. Nathaniel & Jemima, b. Mar. 1, 1752	1	111
Samuel, s. Reuben & Ann, b. Aug. 13, 1758	1	135
Samuel, m. Susannah **SCOFIELD**, Apr. 2, 1761, by Rev. Noah Welles	2	48
Sam[ue]ll, m. Susannah **SCOFIELD**, Apr. 2, 1761, by Rev. Mr. Wells	1	147
Samuel, s. [Samuel & Susannah], b. Dec. 29, 1768	2	48
Samuel, Jr., m. Naomi **PALMER**, Nov. 29, 1787, by Rev. Robert Morris	2	46

KNAP[P] (cont.),

	Vol.	Page
Samuel, d. Dec. 22, 1810	2	48
Samuel Ward, s. [Uzal & Abigail], b. Dec. 1, 1788	2	88
Sarah, m. Peter **DISBORROW**, Apr. 6, 165[ ]	1	19
Sarah, m. Peter **DISBROW**, 2nd mo. 6, [16]57	1	74
Sarah, d. Caleb, b. Jan. 18, 1699/1700	1	127
Sarah, d. Petter & Elizabeth, b. Jan. 5, 1730	1	18
Sarah, d. Charles & Rebeckah, b. Apr. 22, 1734	1	26
Sarah, d. Moses & Jemima, b. Aug. 2, 1745	1	69
Sarah, d. John, Jr. & Hannah, b. Feb. 29, 1752	1	97
Sarah, m. Austin **SMITH**, Aug. 17, 1752, by Jonathan Hoit	1	111
Sarah, d. Charles, Jr. & Deborah, b. Nov. 30, 1759	1	134
Sarah, m. Justus **WEED**, Jan. 28, 1767, by Rev. Mr. Wells	1	166
Sarah, d. Sylvanus & Abigail, b. June 5, 1769	1	170
Sarah, d. Peter & Sarah, b. Apr. 16, 1773	1	200
Sarah, m. Alexander **MILLS**, Oct. 26, 1788, by Charles Webb	2	31
Sarah, m. James **HOYT**, May 20, 1789, by Rev. John Shephard	2	78
Sarah, m. Abraham **HOYT**, July 13, 1802, by Rev. Daniel Smith	2	93
Sarah Ann, d. [Smith & Nancy], b. Feb. 24, 1818	2	133
Silvanus, s. Charles & Bethiah, b. Nov. 30, 1746	1	71
Silvanus, m. Abigail **WEED**, May 7, 1767, by Rev. Mr. Wells	1	171
Smith, s. [Jacob & Mary], b. July 3, 1787	2	104
Smith, m. Nancy **MEAD**, Nov. 29, 1808, by Rev. Frederick Smith	2	133
Sophiah Virginia, d. Noah, b. June 29, 1842	2	268
Stephen, s. [Samuel & Susannah], b. Jan. 16, 1772	2	48
Stephen L., m. Hannah E. **BATES**, Apr. 18, 1842, by Rev. Ambrose S. Todd	2	271
Susan J., of Greenwich, m. Charles E. **THORN**, of New York, Oct. 20, 1830, by Rev. A. S. Todd	2	207
Susannah, d. John & Abigail, b. Mar. 27, 1737	1	43
Susannah, d. [Samuel & Susannah], b. Mar. 22, 1781	2	48
Tamsion, child of Moses & Jemima, b. July 28, 1739	1	39
Thankfull, d. Sam[ue]ll & Martha, b. Dec. 24, 1736; d. Apr. 6, 1739	1	45
Theodore, s. [Ezra & Polly Esther], b. Jan. 2, 1817	2	127
Thomas, s. Reuben & Ann, b. Nov. 2, 1759	1	135
Uzal, s. Nath[aniel]l & Jemima, b. Oct. 22, 1763; m. Abigail **HOYT**, d. Sam[ue]ll & Dinah, Feb. 14, 1788, by Rev. John Avery	2	88
Walter, s.[Joshua & Phebe or Ruth], b. Oct. 10, 1791	2	62
William, s. Caleb, b. Dec. 15, 1697	1	127
William, s. Charles, Jr. & Deborah, b. Oct. 10, 1769	1	170
William, of Fairfield, m. Rebecca **WEBB**, of Stamford, Mar. 14, 1827, by Rev. Daniel Smith	2	187
William H., m. Delia A. **BELL**, b. of Stamford, Dec. 23, 1827, by Rev. Henry Fuller	2	190
William Henry, s. [Jacob & Mary], b. Apr. 26, 1806	2	104
Will[ia]m Rufus, s. [Rufus & Elizabeth], b. June 23, 1815	2	102
Zalmon, m. Nancy **BROWN**, b. of Stamford, Mar. 22, 1825, by Noble W. Thomas, Elder	2	177

	Vol.	Page
KNIFFING, Alanson, of Carmel, N. Y., m. Mary **YOUNGS**, of Stamford, Feb. 1, 1846, by Rev. H. H. Rouse	2	283
KNOWLES, Elizabeth, m. Joseph **BISHOP**, Nov. 3, 1691, by Jonathan Bell	1	54
Elizabeth, m. Joseph **BISHOP**, Nov. 3, 1691	1	101
KNOWLTON, Farnum, Rev. of Stamford, m. Sarah **INGERSOLL**, of Stanwich, July 18, 1830, by Rev. John Ellis	2	206
LAKEWOOD, [see under **LOCKWOOD**]		
LANCASTER, Joseph B., of Albany, N. Y., m. Julia **WEED**, of Stamford, Feb. 4, 1829, by Rev. John Ellis	2	195
LANE, John W., m. Mary E. **BLAKEMAN**, Sept. 22, 1838, by Rev. Ambrose S. Todd	2	260
LANGWELL, [see also **LONGWELL**], David, s. John & Susanah, b. Feb. 3, 1736/7	1	34
David, m. Sarah **TILER**, July 26, 1771, in Salem, by Rev. Mr. Mead	1	184
Hugh, s. John & Susannah, b. Apr. 2, 1738	1	35
John, s. John & Susannah, b. Aug. 7, 1746	1	70
John, s. David & Sarah, b. Jan. 29, 1772	1	184
Sarah, d. John & Susannah, b. Feb. 28, 1739/40	1	35
Stephen, s. John & Susannah, b. Apr. 15, 1748	1	77
LAPHAM, Cushion, m. Catharine **NEWMAN**, Nov. 23, 1808, by Rev. Evan Roger, in Rye, N. Y.	2	117
Will[ia]m Cushion, s. [Cushion & Catharine], b. May 18, 1810	2	117
LARKIN, Delia, m. Charles F. **BISHOP**, Feb. 15, 1820, in New York, by Rev. Mr. Feltus	2	140
Delia H*., d. John & Elizabeth, b. July 26, 1792 *("Delia Hoyt" in Huntington's Register)	2	34
James, s. [John & Elizabeth], b. Aug. 9, 1795	2	34
James, brother John, d. Oct. 20, 1795	2	34
John, m. Elizabeth **HOYT**, Sept. 4, 1791, by Rev. John Avery	2	34
John Thompson, s. [John & Elizabeth], b. Apr. 27, 1794; d. Sept. 4, 1794	2	34
LAURIE, Patrick, of Newton Stewart in the Cty. of Galloway, Scotland, m. Mary **WOODEN**, of Stamford, Mar. 12, 1823, by Rev. Daniel Smith	2	164
LAW, Sarrah, m. John **SELLECK**, Oct. 28, 1669	1	102
LAWRENCE, Betsey, d. Timothy & Ruth, b. Sept. 6, 1781	2	38
Deborah, d. Timothy & Ruth, b. Jan. 14, 1787	2	38
Mary, d. Timothy & Ruth, b. Apr. 17, 1777	2	38
Philander, s. Timothy & Ruth, b. Feb. 26, 1774	2	38
Ruth, d. Timothy & Ruth, b. Oct. 6, 1768	1	171
Samuel*, s. Timothy & Ruth, b. Feb. 27, 1771 *(Arnold copy has "Samuel Dorrance")	1	175
Sarah, d. Timothy & Ruth, b. Nov. 18, 1773	2	38
Sarah, m. David **STREET**, Oct. 11, 1795	2	68
Timothy, m. Ruth **HOIT**, Nov. [ ], 1764, by Rev. Mr. Strong	1	171
Timothy, s. Timothy & Ruth, b. Dec. 16, 1766	1	171
LEE, Lucene, m. Princes **HOWES**, Nov. 18, 1762, by Rev. Jeremiah		

	Vol.	Page
LEE (cont.),		
Leaming	2	15
LEEDS, Abigail, d. [Abraham & Mercy], b. Sept. 19, 1789	2	56
Abraham, m. wid. Mercy **HOYT**, Mar. 6, 1784, by Rev. Ebenezer Dibble	2	56
Abram, s. Isaac & Elizabeth, b. Feb. 26, 1761	1	141
Angeline, d. [Cary Holly & Sarah], b. Oct. 9, 1811, in Flushing, L. I.	2	130
Angeline, m. David **KNAPP**, b. of Stamford, Apr. 14, 1829, by Rev. A. S. Todd	2	201
Cary, m. Martha **HOLLY**, Dec. 10, 1713, by Elisha Holly, J. P.	1	129
Carey, d. June 7, 1730	1	15
Carey, s. wid. Martha, b. Sept. 4, 1730	1	60
Cary, m. Mary **GIBBS***, Feb. 6, 1757 *(**GILES**?)	1	167
Care, child of Israel & Elizabeth, b. Feb. 11, 1758	1	129
Cary, m. Hannah **HOLLY**, Dec. 7, 1776, by Rev. Ebenezer Dibble	2	54
Cary, Jr., m. Anne **HARRIS**, May 17, 1798, by Rev. [ ] Nash	2	91
Cary Holly, s. [Cary & Hannah], b. Aug. 8, 1777	2	54
Cary Holly, m. Sarah **SMITH**, Dec. 21, 1800, by Rev. Robert White	2	130
Catee, d. [Elisha, Jr. & Sarah], b. July 31, 1804	2	57
Catharine, m. Thomas P. **DIXON**, b. of Stamford, Feb. [ ], 1827, by Rev. Ambrose S. Todd	2	168
Charles Henry, s. [John W. & Eliza], b. Jan. 19, 1820	2	138
Charles T., m. Hannah **HOYT**, b. of Stamford, May 2, 1826, by Rev. Daniel Smith	2	185
Charles Thorp, s. [Elisha, Jr. & Sarah], b. July 28, 1797	2	57
Charles Thorp, s. [Elisha, Jr. & Sarah], b. Mar. 27, 1802	2	57
Cornelia, d. [Cary Holly & Sarah], b. Oct. 3, 1813, in Flushing, L. I.	2	130
Cornelia, of Stamford, m. Selleck **WATERBURY**, of New York, Oct. 28, 1832, by Rev. A. S. Todd	2	219
Cornelia Boardman, d. [John W. & Eliza], b. Sept. 13, 1835; d. Feb. 26, 1837	2	138
Edward Francis, s. [John W. & Eliza], b. Nov. 18, 1838	2	138
Elisha, m. Sarah **SEELEY**, Mar. 6, 1750, by Jonathan Hoit, J. P.	1	180
Elisha Jr., m. Sarah **THORP**, Jan. 27, 1791, by Rev. Ebenezer Dibble	2	57
Elisha, d. Mar. 10, 1813, ae 45	2	57
Eliza, d. [Elisha, Jr. & Sarah], b. Feb. 24, 1800	2	57
Eliza, m. John W. **LEEDS**, Jan. 24, 1819, by Rev. Jonathan Judd	2	138
Elizabeth, d. Cary & Martha, b. Apr. 16, [17]	1	149
Elizabeth, m. Nathaniel **HOIT**, s. Col. [ ], Jan. 31, 1744/5, by Jonathan Hoit	1	80
Elizabeth, d. Elisha & Sarah, b. Nov. 6, 1758	1	180
Elizabeth, m. Dr. [ ] **BROWN**, Feb. 11, 1794, by Rev. Ebenezer Dibble	2	69
Elizabeth, d. [Abraham & Mercy], b. Feb. 4, 1795	2	56

	Vol.	Page
LEEDS (cont.),		
Elizabeth, w. [Isaac], d. Feb. 1, 1801	2	87
Emeline, d. [John W. & Eliza], b. Nov. 23, 1826; d. Dec. 11, 1826	2	138
Emilia, d. [Cary Holly & Sarah], b. Nov. 4, 1804	2	130
Emily, m. Alexander Newman **HOLLY**, b. of Stamford, Mar. 30, 1823, by Rev. Ambrose S. Todd	2	163
Emily Irene, d. [John W. & Eliza], b. Apr. 12, 1841	2	138
Giddeon, s. Caree & Martha, b. May 4, 1716	1	140
Gideon, m. Rebecca **RUNDEL**, Dec. 18, 1751, by Rev. Ebenezer Dibble	1	120
Gideon, s. Cary & Mary, b. Feb. 9, 1760	1	167
Gideon, m. Lydia **RAYMOND**, Oct. 15, 1785, by Rev. Ebenezer Dibble	2	29
Gideon, s. Gideon & Lydia, b. Sept. 19, 1787	2	29
Gideon, s. [Cary, Jr. & Anne], b. May 29, 1803	2	91
Hannah, d. Israel & Elizabeth, b. Nov. 29, 1763	1	148-9
Hannah, m. Joseph **GRAY**, Nov. 1, 1781, by Rev. Moses Mather	2	5
Hannah, d. [Cary & Hannah], b. June 27, 1794	2	54
Hannah, m. Peter **HUSTED**, Jan. [ ], 1796, by Dr. Ebenezer Dibble	2	126
Hannah, of Stamford, m. Lawrence **WESSLES**, of New York, Jan. 8, 1826, by Rev. A. S. Todd	2	179
Harry, s. [John, Jr. & Honour], b. Oct. 24, 1802; d. Aug. 11, 1825, ae 22 yrs.	2	57
Honour, [w. John, Jr.], d. Aug. 22, 1849, ae 83 yrs.	2	57
Isaac, d. Feb. 18, 1786	2	87
Israell, s. Cary & Martha, b. Sept. 29, 1719	1	146
Israel, m. Elizabeth **KNAP[P]**, Jan. 27, 1757, by Rev. Noah Welles	1	124
Jacob W., m. Sarah **HOYT**, b. of Stamford, Sept. 8, 1822, by Rev. Daniel Smith	2	157
Jacob W., d. Oct. 9, 1824, ae 25 yrs.	2	157
Jacob Williams, s. [John, Jr. & Honour], b. June 1, 1799	2	157
James Henry, s. [Selleck & Susannah], b. Sept. 5, 1811	2	130
James Henry, m. Abigail Jane **PORTER**, Jan. 3, 1847, by Rev. Ambrose S. Todd	2	286
James T., m. Eliza C. **BROWN**, b. of Stamford, June 15, 1847, by Rev. Ambrose S. Todd	2	288
Jerusha, d. Cary & Mary, b. Feb. 10, 1767	1	167
John, s. Cary & Martha, b. Dec. 13, 1714	1	140
John, d. July 24, 1746	1	69
John, s. Elisha & Sarah, b. Sept. 22, 1750	1	180
John, s. Cary & Mary, b. July 31, 1764	1	167
John, Jr., m. Honour **WILLIAMS**, Dec. 6, 1796, in Weathersfield, by Rev. [ ] Chapin	2	57
John, m. Eliza **BUXTON**, Nov. 21, 1826, by Rev. Daniel Smith	2	185
John, d. Sept. 15, 1831, ae 67 yrs.	2	57
John Henry Sanford, s. John William & Harriet Ellen, b. Mar. 18, 1864, at New York	2	140
John J., m. Maria **GILBERT**, June 24, 1821, by Rev. Jonathan		

	Vol.	Page
LEEDS (cont.),		
Judd	2	153
John James, s. [Cary & Hannah], b. Aug. 1, 1797	2	54
John W., m. Eliza **LEEDS**, Jan. 24, 1819, by Rev. Jonathan Judd	2	138
John William, s. [John, Jr. & Honour], b. Aug.18, 1797	2	57
John William, s. [John W. & Eliza], b. June 8, 1831	2	138
John William, Jr., m. Harriet Ellen **WILLIAMS**, Apr. 22, 1862, at New York Ascension Church, by Rev. John Cotton Smith	2	140
John William, Jr., d. Oct. 16, 1864	2	140
Joseph H., m. Mariah E. **SCOFIELD**, Feb. 17, 1833, by Rev. A. S. Todd	2	219
Joseph Harris, s. [Cary, Jr. & Anne], b. Mar. 4, 1799	2	91
Josephine Eliza, d. [John W. & Eliza], b. Oct. 31, 1828	2	138
Lorenzo, s. [Cary Holly & Sarah], b. July 27, 1806	2	130
Lucey, d. [Cary, Jr. & Anne], b. Apr. 4, 1801	2	91
Lucy, m. Henry **BROWN**, Sept. 6, 1829, by Rev. Daniel Smith	2	208
Lydia, d. Gideon & Lydia, b. Dec. 20, 1785	2	29
Martha, wid. had s. Carey, b. Sept. 4, 1730	1	60
Martha, d. Elisha & Sarah, b. Dec. 27, 1756	1	180
Martha, m. Samuel **PENOYER**, Nov. 11, 1762, by Rev. Mr. Wells	1	161
Mary, Mrs., m. Abraham **BELL**, Mar. 10, 1714, by Nathan Gold, Dept. Gov.	1	129
Mary, d. Elisha & Sarah, b. May 12, 1752	1	180
Mary, m.Thaddeus **BELL**, Dec. 14, 1753, by Col. Jonathan Hoit, J. P.	1	165
Mary, d. Cary & Mary, b. Dec. 8, 1757	1	167
Mary C., m. W[illia]m T. **MINOR**, Apr. 16, 1849, by Rev. Ambrose S. Todd	2	298
Mary Catherine, d. [John W. & Eliza], b. Aug. 25, 1824	2	138
Polly, d. [Cary & Hannah], b. Mar. 17, 1782	2	54
Polly, d. [Elisha, Jr. & Sarah], b. Mar. 18, 1795	2	57
Polly, m. Peter **BROWN**, Aug. 25, 1814, in New York, by Rev. Mitchell B. Bull	2	129
Rebecca, m. John **HUSTED**, Dec. 22, 1796, by Rev. Ebenezer Dibble	2	64
Sally, d. [Cary & Hannah], b. Apr. 22, 1787	2	54
Samuel, s. [Cary Holly & Sarah], b. Oct. 9, 1809, in Flushing, L. I.	2	130
Sam[ue]l, m. Rebecca **SCOFIELD**, b. of Stamford, Jan. 15, 1837, by Rev. Ambrose S. Todd	2	232
Sarah, d. Elisha & Sarah, b. Oct. 9, 1754	1	180
Sarah, d. [Elisha, Jr. & Sarah], b. Oct. 8, 1791	2	57
Sarah Elizabeth, d. [John W. & Eliza], b. June 18, 1822	2	138
Sarah Elizabeth, m. Sam[ue]l **LOCKWOOD**, Jr., Sept. 10, 1846, by Rev. Ambrose S. Todd	2	285
Sarah M., m. Jeremiah N. **AYRES**, b. of Stamford, June 21, 1849, by Rev. Ambrose S. Todd	2	299
Selleck, s. [Abraham & Mercy], b. Jan. 8, 1785	2	56

	Vol.	Page
LEEDS (cont.),		
Selleck, m. Susannah **WEED**, Jan. 1, 1810, by Rev. Frederick Smith	2	130
Selleck Holly, s. [Selleck & Susannah], b. Mar. 6, 1814, in Montgomery, N. Y.	2	130
Sylvester, s. [Cary Holly & Sarah], b. Feb. 1, 1808	2	130
Theodore, s. [Jacob W. & Sarah], b. Apr. 25, 1823; d. Oct. 15, 1828	2	157
William, s. Cary & Mary, b. Apr. 19, 1762	1	167
William, s. [Abraham & Mercy], b. Apr. 13, 1787	2	56
William Edward, s. [Elisha, Jr. & Sarah], b. Mar. 17, 1807	2	57
LEEK, Isaac Quintard, s. John & Hannah, b. Apr. 28, 1775	1	190
John, of New Haven, m. Hannah **QUINTARD**, of Stamford, June 12, 1774, by Rev. Mr. Dibble	1	190
LEWIS, Amzi, Rev., m. 2nd w. wid. Hulda **WARING**, Oct. 14, 1807, by Rev. Sam[ue]l Fisher	2	110
Clarissa Howard, [d. Rev. Amzi], d. Jan. 31, 1801, in Newtown, L. I.	2	110
Elanor S., m. Russel P. **MORGAN**, b. of Bridgeport, July 5, 1852, by Rev. Albert Nash	2	307
Hannah*, of Greenwich, m. John **SMITH**, of Stamford, Mar. 27, 1740, in Greenwich, by Rev. Mr. Todd, of Greenwich *("**FERRIS**" in Huntington's Register)	1	45
James, s. John & Martha, b. Mar. 27, 1741/2	1	55
James, s. Jonathan & Milesent, b. July15, 1775	1	193
John, m. Martha **FINCH**, Apr. 23, 1739, by Sam[ue]ll Hoit, J. P.	1	44
John, m. Melisent **WEED**, Mar. 20, 1774, by Rev. Mr. Dibble	1	193
Mary*, Mrs., m. Abraham **BELL**, Mar. 10, 1714, by Nathan Gold, Dep. Gov. *(Arnold copy has "Mary **LEEDS**")	1	129
Mary, d. Jonathan & Millesent, b. Apr. 28, 1778	2	13
Millesent, d. Jonathan & Mellesent, b. Sept. 19, 1783	2	13
Rachel McLaughlin, d. [Rev. Amzi], d. Feb. 11, 1798	2	110
Sarah, wid. of Fairfield, m. John **BISHOP**, of Stamford, Jan. 5, [1725/6], by Rev. Daniel Chapman, of Fairfield	1	5
Sarah, d. John & Martha, b. Aug. 11, 1739	1	44
Sarah, m. David **PICKET**, Mar. 18, 1769, by Rev. Mr. Dibble	1	171
Sarah, d. Jonathan & Melsent, b. Mar. 22, 1781	2	13
Sarah, w. [Rev. Amzi], d. June 1, 1806	2	110
Will[ia]m S., s. [Rev. Amzi], d. Oct. 30, 1796	1	110
LINES, David, m. Mary **CHASON**, Jan. 14, 1747/8, by Rev. Joseph Lanson	1	80
Ester, d. David & Mary, b. Jan. 12, 1755	1	112
Lydia, d. David & Mary, b. Aug. 14, 1770	1	175
Mary, d. David & Mary, b. Apr. 9, 1749	1	80
Nancy, d. David & Mary, b. Feb. 28, 1757	1	128
Nancy, m. Justus **WHITNEY**, July 2, 1781, by Charles Webb	2	60
Pol[l]ey, d. David & Mary, b. Jan. 21, 1752	1	96
Pollee, d. David & Mary, b. Jan. 21, 1753	1	99
Rebeckah, d. Sam[ue]ll & Marcy, b. Apr. 11, 1750	1	86

BARBOUR COLLECTION

	Vol.	Page
LINES (cont.),		
Samuel, m. Marcy **HOLLY**, Feb. 28, 1748/9, by Rev. Ebenezer Dibble	1	86
LINTWORTH, Nancy, m. Peter **SMITH**, Jan. 17, 1787, by Rev. John Avery	2	25
LINUS, Milo, Dr. of North Sharon, m. Julia Ann **SMITH**, of Stamford, Oct. 5, 1820, by Rev. Daniel Smith	2	144
LITTLE, Benjamin, s. James & Desire, b. Dec. 31, 1769	1	171
Benjamin, s. John & Sarah, b. Nov. 11, 1790	2	38
Ebenezer, s. James & Desire, b. Aug. 13, 1763	1	154
Ezra, s. James & Desire, b. Jan. 12, 1772	2	32
Henry, s. James & Desire, b. Jan. 19, 1774	2	32
Henry, s. [John & Sarah], b. Mar. 31, 1796	2	38
Henry, of Darien, m. Adaline **WEBB**, of Stamford, Feb. 9, 1829, by Rev. John Ellis	2	195
James, m. Desire **BROWN**, Feb. 9, 1761, by Rev. Mr. Mather	1	154
James, s. James & Bethia [or Desire], b. Nov. 29, 1767	1	165
John, s. James & Desire, b. Dec. 17, 1761	1	154
John, m. Sarah **WATERBURY**, July 17, 1783, by Rev. Moses Mather	2	38
Justus, s. James & Desire, b. Jan. 15, 1777	2	32
Mary, d. James & Desire, b. Mar. 24, 1780	2	32
Polly, d. [John & Sarah], b. June 4, 1798	2	38
Ruamah, d. John & Sarah, b. Sept. 2, 1784	2	38
Sarah, wid. of Norwalk, m. David **HOLLY**, of Stanford, July 28, 1743, in Norwalk, by Rev. Mr. Silliman, of Canaan	1	73
Sarah, d. James & Desire, b. Oct. 20, 1765	1	154
Sarah, d. John & Sarah, b. June 15, 1788	2	38
Sarah, m. Warren **LITTLE**, b. of Darien, Feb. 2, 1829, by Rev. John Ellis	2	195
Warren, m. Sarah **LITTLE**, b. of Darien, Feb. 2, 1829, by Rev. John Ellis	2	195
LITTLEFIELD, Hannah, m. Samuel Bush (colored), Dec. [ ], 1784, by Rev. John Avery	2	27
LLOYD, Abigail, d. John & Sarah, b. Feb. 13, 1750; bp. Mar. 3, 1750, by Rev. Ebenezer Dibble	1	159-160
Abigail, Mrs., m. Dr. James **COGSWELL**, May 18, 1783, by Rev. Nathan Perkins	2	1
Henry, s. John & Sarah, b. July 22, 1743; christened, Aug. 5, 1743, by Rev. Richard Canor, of Norwalk	1	61
John, s. John & Sarah, b. Feb. 22, 1744, was christened Mar. 31, 1745, by Rev. Samuel Seabury, of Hamsted, L. I.	1	66
Rebecca, d. John & Sarah, b. Jan. 2, 1746/7; bp. June 29, 1749, by Rev. Ebenezer Dibble	1	159-160
Sarah, d. John & Sarah, b. July 2, 1753; bp. July 29, 1753, by Rev. Ebenezer Dibble	1	159-160
LOCKWOOD, LAKEWOOD, Abigail, d. Daniel & Charity, b. Aug. last day, 1724	1	3
Abigail, m. Samuel **PENOYER**, Sept. 13, 1744, by Jon[a]th[an] Hoit	1	64

	Vol.	Page

LOCKWOOD, LAKEWOOD (cont.),

	Vol.	Page
Abigail, d. John & Sarah, b. July 25, 1750	1	88
Abigail, d. Dan[ie]ll, Jr. & Mary, b. Mar. 7, 1761	1	162
Abigail, d. Daniel & Mary, b. Mar. 27, 1761	1	140
Abigail, [twin with Ebenezer], d. Isaac & Rebecca, b. May 20, 1768	1	167
Abigail, d. Jeremiah & Abigail, b. June 5, 1772	1	180
Abigail, m. James **LOUNSBERY**, May 5, 1775, by Benjamin Weed, J. P.	1	182-3
Abigail, m. Frederick **HOYT**, May 10, 1788, by Rev. John Avery	2	129
Abigail*, d. [Jeremiah, Jr. & Elizabeth], b. Feb. 15, 1789; d. Oct. 24, 1807 *(Written "Abigail **LAKEWOOD**")	2	118
Abigail Jane, m. Mally **SMITH**, Aug. 25, 1839, by Thomas Brewer	2	254
Abraham, s. Jeremiah & Abigail, b. Aug. 28, 1770	1	173-4
Abraham, m. Mary Sackett **KNAPP**, June 23, 1803, by Rev. Daniel Smith	2	100
Abraham, s. [Abraham & Mary Sackett], b. Feb. 21, 1810	2	100
Adam Knapp, s. [Abraham & Mary Sackett], b. Jan 31, 1805, in Greenwich	2	100
Amanda F., of Stamford, m. Andrew **BARTISS**, of New Canaan, Aug. 3, 1829, by Rev. Henry Fuller	2	203
Amanda M., m. Benjamin M. **ADAMS**, Nov. 2, 1846, by Rev. Aaron Rogers	2	286
Amanda Malvina, d. [William & Hannah], b. Dec. 18, 1806	2	98
Anne, m. Isaac **GALE**, July 4, 1779, by Rev. William Seward	2	18
Anne, d. Reuben & Mary, b. Feb. 5, 1781	2	34
Augustus, s. Isaac & Rebecca, b. Nov. 24, 1776	1	197
A[u]gustus, m. Elizabeth **PECK**, Jan. 1, 1800, by Rev. Daniel Smith	2	100
Betsey, d. Isaac & Rebecca, b. Feb. 7, 1770	1	181
Betsey, d. Titus & Hannah, b. Apr. 21, 1770	1	184
Betsey*, d. [Jeremiah, Jr. & Elizabeth], b. Nov. 8, 1787 *(Written "Betsey **LAKEWOOD**")	2	118
Betsey, d. [Daniel & Sally], b. July 25, 1810; d. Aug. 25, 1810	2	155
Betsey, d. [Daniel & Sally], b. May 21, 1812	2	155
Betsey, d. [Smith & Mary], b. June 9, 1817	2	139
Betsey, m. Isaiah **SMITH**, Jr., b. of Stamford, [Sept.] 22, [1830], by Rev. John Ellis	2	206
Betsey M., m. Stephen **LOCKWOOD**, May 20, 1821, by Henry Hoit, 3rd	2	151
Caroline E., m. Joseph J. **SMITH**, Aug. 1, 1837, by Rev. Daniel Smith	2	248
Catharine, d. [Charles & Elizabeth], b. Dec. 7, 1792	2	57
Catharine, m. Simeon H. **MINOR**, May 31, 1812, by Rev. Jonathan Judd	2	135
Catharine Knap[p], d. [Shubael & Abigail], b. July 12, 1793	2	46
Cephas, m. Emeline **SHERWOOD**, b. of Stamford, Mar. 29, 1826, by Rev. Henry Fuller	2	181

	Vol.	Page
LOCKWOOD, LAKEWOOD (cont.),		
Charles, m. Elizabeth **WATERBURY**, Nov. 25, 1789, by Rev. Mr. Cook	2	57
Charles G., m. Rheuamah **HOYT**, b. of Stamford, Dec. 23, 1849, by Rev. H. F. Pease	2	300
Charles H., m. Mary E. **NUGENT**, b. of Stamford, this day, [Nov. 1, 1847], by Rev. J. J. Jennings	2	290
Charles M., m. Phebe W. **TODD**, b. of Stamford, Sept. 24, 1834, by Shaler J. Hillyer	2	224
Charlotte, d. Jonathan & Hannah, b. May 20, 1784	2	16
Cordelia, d. of Oliver, m. Charles Henry **HUSTED**, b. of Stamford, Nov. 12, 1848, by Rev. Frederick H. Ayres	2	294
Daniell, m. Charity **CLEMENCE**, Nov. 5, 1702	1	127
Daniell, s. Daniell & Charity, b. Dec. 13, 1703	1	127
Daniel, m. Mary **WEEB***, Apr. 5, 1734, by Rev. Mr. Wright *(**WEBB**)	1	25
Daniell, s. Daniel & Mary, b. Jan. 5, 1734/5	1	27
Daniel, Jr., b. June 21, 1745; m. wid. Tabitha **SELLECK**, June 21, 1774, by Rev. Mr. Eells	2	70
Daniel, s. Robert & Reachal, b. June 11, 1746, in Salem	1	107
Daniel, Jr., m. Mary **BELLAMY**, Mar. 17, 1754, by Jonathan Maltbie, J. P.	1	140
Daniel, s. Daniel & Mary, b. Jan. 21, 1769	1	197
Daniel, m. Sally **JESSUP**, May 9, 1802	2	155
Daniel, d. Nov. 28, 1807	2	108
Daniel, m. Sally **PALMER**, Apr. 11, 1830, by Rev. Daniel Smith	2	209
Daniel, m. Lydia **PROVOST**, b. of Stamford, Apr. 14, 1839, by Thomas Brewer	2	253
Daniel Lyman, s. [Daniel & Sally], b. May 2, 1808	2	155
David, s. Robert & Reachal, b. Dec. 1, 1748, in Salem	1	107
David, s. Jeremiah & Abigail, b. May 16, 1758	1	173-4
David, s. Timothy & Elizabeth, b. Oct. 9, 1767	2	61
David, s. Timothy & Elizabeth, b. Oct. 9, 1768	1	181
David, m. Hannah **HOLLY**, Nov. 7, 1779, by Rev. Moses Mather	2	76
David, 3rd, m. Sarah **TRYON**, Dec. 15, 1792, by Rev. John Shepard	2	61
Davis, m. Reuben* **WATERBURY**, May 12, 1816, by Rev. Will[ia]m Fisher *("Rebecca" in Huntington's Register)	2	133
Deborah, d. Daniell & Charity, b. Feb. 23, 1705/6	1	127
Deborah, m. Nathaniel **WELL**, Nov. 24, 1731, by Zacrey Mills, J. P.	1	21
Deborah, d. Daniel & Mary, b. Dec. 3, 1736	1	32
Deborah, m. Gideon **SEELEY**, July 11, 1754, by Rev. Noah Welles	1	203
Deborah, m. Gideon **SEELEY**, July 11, 1755, by Rev. Noah Welles	1	112
Delia Maria, d. [Agustus & Elizabeth], b. Aug. 10, 1806	2	100
Delia Maria, of Stamford, m. Henry Knapp **SKELDING**, of New York, Apr. 3, 1823, by Rev. Daniel Smith	2	165

	Vol.	Page
LOCKWOOD, LAKEWOOD (cont.),		
Ebenezer, s. Daniel & Charity, b. Feb. 2, 1710	1	127
Ebenezer, s. Daniel, d. May 17, 1730	1	16
Ebenezer, s. Jeremiah & Abigail, b. Nov. 12, 1766	1	173-4
Ebenezer, [twin with Abigail], s. Isaac & Rebecca, b. May 20, 1768	1	167
Ebenezer*, s. [Jeremiah, Jr. & Elizabeth], b. Oct. 20, 1799 *(Written "Ebenezer **LAKEWOOD**")	2	118
Edmund, m. Hanna[h] **SCOTT**, Jan. 7, 16[55] (Year supplied from Huntington's Register)	1	55
Edmund, s. Daniel & Charity, b. Nov. 11, 1719	1	132
Edmond, d. Feb. 8, 1739/40	1	42
Edmond, m. Hannah **SCOFIELD**, Apr. 7, 1742	1	58
Edmond, s. Edmon[d] & Hannah, b. Mar. 26, 1743	1	58
Edmund, m. Elizabeth **BISHOP**, June 25, 1771, by Rev. Mr. Wells	1	185
Edmund, s. [Agustus & Elizabeth], b. Feb. 24, 1803	2	100
Edmond, m. Ann Elizabeth **GAY**, b. of Stamford, Oct. 9, 1832, by Rev. Daniel Smith	2	236
Edwin, m. Amanda **PLATT**, b. of Stamford, Jan. 2, 1831, by Rev. Henry Fuller	2	213
Eliakim, s. Joseph & Sarah, b. Feb. last day, 1728/9	1	24
Eliphalet, m. Prudence **SKELDING**, Jan. 16, 1776, by Benj[ami]n Weed	1	194
Eliza, d. [Agustus & Elizabeth], b. Dec. 12, 1800	2	100
Eliza, m. Erastus H. **WEED**, Jan. 31, 1816, by Rev. Mr. Hershall, of New York	2	131
Elizabeth, m. John **BATES**, Jan. 18, 1693/4	1	120
Elizabeth, d. Joseph, b. May 15, 1708	1	127
Elizabeth, w. Joseph, d. Dec. 16, 1715	1	128
Elizabeth, d. Joseph & Sarah, b. Mar. 7, 1733	1	24
Elizabeth, of Greenwich, m. Epenetus **WEBB**, of Stamford, June 28, 1739, in Greenwich, by Rev. Mr. Bosstick	1	41
Elizabeth, d. Daniel & Mary, b. Mar. 7, 1771	1	197
Elizabeth, m. Amos **LOUNSBERY**, June 14, 1781, by Rev. Ebenezer Dibble	2	5
Elizabeth, m. Stephen **FROST**, Jan. 13, 1793, by Rev. Robert Morris	2	43
Elizabeth, m. Charles **KNAP[P]**, Apr. 4, 1804, by Rev. Daniel Smith	2	104
Elizabeth, m. Benjamin S. **MATTHEWS**, b. of Stamford, Dec. 25, 1848, by Rev. H. F. Pease	2	295
Esther, d. [Daniel, Jr. & Tabitha], b. Jan. 21, 1777	2	70
Esther Jarvis, m. Nathaniel **WEBB**, 3rd, June 1, 1781, by Rev. Ebenezer Dibble	2	10
Ezra, s. Edmond & Hannah, b. May 30, 1747	1	87
Ezra, m. Hannah **CLAUSON**, May 4, 1769, by Rev. Ebenezer Davenport	1	196
Ezra, s. Ezra & Hannah, b. Nov. 14, 1769	1	196
Ezra, s. Reuben & Lydia, b. July 27, 1773	1	182-3

	Vol.	Page

LOCKWOOD, LAKEWOOD (cont.),

	Vol.	Page
Ezra, m. Hannah **PECK**, Oct. 18, 1795, by Rev. Abner Benedict	2	54
Ezra, s. [Samuel & Sally], b. June 1, 1799	2	90
Ezra, m. Eliza **SCOFIELD**, b. of Stamford, Oct. 12, 1823, by Rev. Daniel Smith	2	168
Frederick, s. Isaac & Rebecca, b. Dec. 16, 1765	1	164
Frederick, s. Isaac & Rebecca, b. July 23, 1780	1	203
George*, s. [Jeremiah, Jr. & Elizabeth], b. Feb. 24, 1805; d. Feb. 21, 1805 (*Written "George **LAKEWOOD**")	2	118
George Washington, s. [Lewis Selleck & Hannah], b. Nov. 21, 1801	2	97
Han[n]a[h], d. Joseph, b. Mar. 24, 1701	1	127
Han[n]ah, wid., d. Apr. 12, 1706	1	135
Han[n]ah, m. David **DANN**, Sept. 17, 1724	1	8
Hannah, d. Nathan[ie]ll & Mary, b. Dec. 13, 1743	1	59
Hannah, d. Edmond & Hannah, b. Nov. 29, 1750	1	90
Hannah, d. Ezra & Hannah, b. Sept. 8, 1773	1	196
Hannah, d. [David & Hannah], b. Sept. 2, 1787	2	76
Hannah, d. [Charles & Elizabeth], b. Aug 30, 1794	2	57
Hannah, d. Ezra & Hannah, b. Sept. 25, 1796	2	54
Hannah, m. Will[ia]m **LOCKWOOD**, Aug. 16, 1803, by Rev. Sam[ue]ll Sturgis	2	98
Hannah, m. Enoch **HOYT**, July 20, 1805, by Rev. Daniel Smith	2	94
Harriet, m. Alfred **AYRES**, b. of Stamford, Apr. 15, 1821, by Henry Hoit, 3rd	2	150
Harriet M., d. Nathaniel, m. Alvin **WEED**, b. of North Stamford, Nov. 21, 1848, by Rev. W. H. Megie	2	294
Harvey S., m. Eliza F. **MATHEWS**, b. of Stamford, Sept. 4, 1839, by Rev. Edw[ar]d Oldrin	2	255
Henry, s. Jeremiah & Abigail, b. Jan. 30, 1763	1	173-4
Henry*, s. [Jeremiah, Jr. & Elizabeth], b. Aug. 20, 1786; d. Dec. 21, 1786 * (Written "Henry **LAKEWOOD**")	2	118
Henry, m. Mrs. Susan **SCOFIELD**, b. of Stamford, Oct. 8, 1837, by Rev. William Biddle	2	244
Henry Davis, s. [Davis & Reuben*], b. Mar. 2, 1817 *(Rebecca)	2	133
Henry V., of Stanwich, m. Frances E. **FERRICE**, of Stamford, Aug. 11, 1839, by Rev. James M. Stickney	2	254
Isaac, s. Daniel & Mary, b. May 21, 1741	1	47
Isaac, m. Rebecca **SEELEY**, Apr. 16, 1762, by Rev. Mr. Wells	1	145
Isaac, s. Isaac & Rebecca, b. Nov. 4, 1762	1	146
Isaac, s. Jonathan & Hannah, b. Apr. 3, 1786	2	16
Isaac Lewis, twin with Rebecca Ann, s. [Lewis & Sally], b. Aug. 23, 1807	2	94
Israel, s. Joseph, b. June 4, 1710	1	127
Israel, m. Susannah **SMITH**, Sept. 1, 1748, by Rev. Robert Silliman	1	84
Israel, of Greenwich, m. Sally **SCOFIELD**, of Stamford, Jan. 20, 1828, by Rev. Daniel Smith	2	197
Jacob, s. Edmon & Hannah, b. Oct. 13, 1753	1	99
Jacob, s. [David, 3rd & Sarah], b. Jan. 30, 1794	2	61

	Vol.	Page

LOCKWOOD, LAKEWOOD (cont.),

	Vol.	Page
Jacob Lewis, s. [Lewis, Jr. & Priscilla], b. June 24, 1817	2	133
James, s. Joseph & Margary, b. July 15, 1722	1	150
James, m. Mary **NORTON**, Sept. 5, 1741, by Jonathan Hoit, J. P.	1	49
James, m. Prudence **TRYON**, Aug. 4, 1796, by Rev. Daniel Smith	2	91
James, m. Elizabeth **LOUNSBURY**, b. of Stamford, Jan. 1, 1834, by Rev. Henry Fuller	2	222
James Pierce, s. [Daniel, Jr. & Tabitha], b. Aug. 26, 1781	2	70
Jared, m. Betsey **SKELDING**, Dec. 23, 1780, by Charles Webb, J. P.	2	12
Jeremiah, m. Abigail **SMITH**, Jan. 8, 1758, by Jonathan Hoit, J. P.	1	173-4
Jeremiah, Jr., m. Elizabeth **HALLCRAFT**, Aug. 7, 1784, in Pound Ridge, N. Y., by Will[ia]m Fansher, J. P. (Written "**LAKEWOOD**")	2	118
Jeremiah, s. Jeremiah & Abigail, b. Dec. 24, 1764	1	173-4
Jeremiah*, s. [Jeremiah, Jr. & Elizabeth], b. Aug. 18, 1791 *(Written "Jeremiah **LAKEWOOD**")	2	118
John, s. Joseph, b. Sept. 18, 1703	1	127
John, m. Sarah **SCOFIELD**, Apr. 8, 1737, by Sam[ue]ll Hoit, J. P.	1	33
John, s. John & Sarah, b. Jan. 10, 1737/8	1	34
John*, s. [Jeremiah, Jr. & Elizabeth], b. Dec. 25, 1793 *(Written "John **LAKEWOOD**")	2	118
John D., m. Jeanette A. **GREY**, Feb. 3, 1845, by Rev. Ambrose S. Todd	2	276
John W., m. Huldah J. **SCOFIELD**, b. of Stamford, May 13, 1849, by Walter W. Brewer	2	299
Jonathan, s. Daniel & Charity, b. Nov. 4, 1707	1	127
Jonathan, m. Freelove **WRIGHT**, Nov. 8, 1733, by Nathaniel Peck, J. P.	1	24
Jonathan, Jr., m. Hannah **SMITH**, Jan. 8, 1784, by Rev. William Seward	2	16
Joseph, m. Elizabeth **AYERS**, May 19, 1698	1	104
Joseph, s. Joseph, b. May 15, 1699	1	127
Joseph, m. Margary **WEBB**, Aug. 10, 1715, by Capt. Joseph Bishop, J. P.	1	119
Joseph, had child d. Dec. 17, 1715	1	128
Joseph, s. Joseph & Sarah, b. June last day, 1731	1	24
Joshua Squire, s. [Daniel, Jr. & Tabitha], b. Feb. 14, 1787	2	70
Josiah, s. John & Sarah, b. Sept. 25, 1741	1	57
Julia Ann*, twin with Sally Ann, d. [Jeremiah, Jr. & Elizabeth], b. Aug. 7, 1802 *(Written "Julia Ann **LAKEWOOD**")	2	118
Leander, s. Reuben & Mary, b. Feb. 22, 1787	2	34
Lewis, s. Reuben & Mary, b. Nov. 14, 1782	2	34
Lewis, m. Sally **LOCKWOOD**, Dec. 15, 1805, by Rev. Ebenezer Ferris	2	94
Lewis, s. [Abraham & Mary Sackett], b. Mar. 29, 1807, in Greenwich	2	100
Lewis, Jr., m. Priscilla **MEAD**, May 29, 1816, by Rev. Frederick Smith	2	133

	Vol.	Page
LOCKWOOD, LAKEWOOD (cont.),		
Lewis, m. Nancy Jane, b. of Stamford, Jan. 5, 1823, by Henry Hoit, Jr.	2	161
Lewis Selleck, s. [Daniel, Jr. & Tabitha], b. Sept. 3, 1779	2	70
Lewis Selleck, m. Hannah **JONES**, Nov. 17, 1800, by William Fansher	2	97
Lydya, d. Robert & Reachal, b. Feb. 9, 1741, in Norwalk	1	107
Lydia, w. Reuben, d. July 30, 1773	1	182-3
Margary, w. Joseph, d. Jan. 2, 1736/7	1	31
Maria, d. [Charles & Elizabeth], b. Apr. 22, 1790	2	57
Maria Eliza, d. [Daniel & Sally], b. Oct. 5, 1820	2	155
Martha, d. Nathaniel & Mary, b. Sept. 11, 1747	1	77
Martha, d. Daniel, Jr. & Mary, b. Mar. 17, 1763	1	148-9
Mary, m. Joseph **GARNSEY**, Mar. 2, 1692/3	1	124
Mary, m. [ ]sh* **GARNSEY**, Mar. 3, 1693 *(Joseph in Huntington's Register)	1	96
Mary, w. Daniel, d. May 28, 1741	1	47
Mary, d. James & Mary, b. Mar. 3, 1741/2	1	49
Mary, d. Nathaniel & Mary, b. Apr. 24, 1757	1	123
Mary, d. Dan[ie]ll & Mary, b. May 6, 1759	1	140
Mary, d. Isaac & Rebecca, b. Nov. 11, 1763	1	164
Mary, d. Dan[ie]ll, Jr. & Mary, b. Apr. 1, 1765	1	162
Mary, m. Nathan **KNAP[P]**, Jan. 22, 1770, by Rev. Mr. Todd, of Horse Neck	2	6
Mary, m. Daniel **SMITH**, Apr. 12, 1784, by Rev. John Avery	2	2
Mary, d. [James & Prudence], b. Dec. 28, 1796	2	91
Mary, d. [Lewis & Sally], b. Oct. 1, 1806	2	94
Mary, m. Obadiah **SCOFIELD**, Nov. 29, 1809, in Pound Ridge, N. Y., by Rev. Richard Andrews	2	107
Mary Rebecca, d. [Agustus & Elizabeth], b. Feb. 25, 1818	2	100
Mercey, m. Ezekiel **SMITH**, Mar. 8, 1789, by Rev. Ebenezer Dibble	2	30
Michael Boomhoward, s. [Smith & Mary], b. Jan. 3, 1816	2	139
Millisent, d. Nathaniel & Mary, b. Aug. 13, 1749	1	88
Nancy, d. Daniel & Mary, b. Mar. 7, 1778	1	197
Nancy, d. Jared & Betsey, b. Jan. 12, 1785	2	12
Nancy, d. [Smith & Mary], b. Jan. 23, 1822	2	139
Nathan, s. Joseph & Margery, b. Mar. 25, 1719	1	146
Nathan, s. Joseph & Margary, d. Mar. 25, 1730/1	1	18
Nathan, s. Nathaniel & Mary, b. July 17, 1754	1	117
Nathan, s. [Abraham & Mary Sackett], b. Aug. 13, 1813	2	100
Nathaniell, s. Joseph, b. Apr. 1, 1706	1	127
Nathaniel, s. Joseph & Elizabeth, d. Dec. 11, 1715	1	128
Nathaniell, s. Joseph & Margery, b. May 20, 1717	1	105
Nathaniel, m. Mary **PACK**, Jan. 2, 1742/3, by Samuel Hoit, J. P.	1	57
Nathaniel, s. Nathaniel & Mary, b. July 19, 1751	1	93
Nathaniel, s. Nathaniel & Mary, b. July 19, 1751	1	117
Noah, s. [Abraham & Mary Sackett]], b. May 1, 1815	2	100
Orice, s. Jared & Betsey, b. Dec. 15, 1782	2	12

STAMFORD VITAL RECORDS 163

	Vol.	Page
LOCKWOOD, LAKEWOOD (cont.),		
Peter, s. Titus & Hannah, b. Feb. 28, 1772	1	184
Peter, s. Isaac & Rebecca, b. Aug. 11, 1772	1	181
Peter, Rev. of Bridgeport, m. Matilda **DAVENPORT**, of Stamford, Oct. 2, 1822, by Rev. Daniel Smith	2	158
Phebe, d. [Daniel, Jr. & Tabitha], b. Dec. 8, 1783	2	70
Polly, d. Ezra & Hannah, b. May 28, 1777	1	196
Polly, d. Reuben & Mary, b. Dec. 14, 1784	2	34
Polly*, d. [Jeremiah, Jr. & Elizabeth], b. Feb. 27, 1796 *(Written "Polly **LAKEWOOD**")	2	118
Priscilla, of Greenwich, m. James Alfred **WILLMOT**, of Stamford, Feb. 24, 1822, by Rev. Daniel Smith	2	156
Rachel, d. Nathaniel & Mary, b. July 21, 1759	1	139
Rachel, m. Squire **DAN**, June 18, 1778, by Nathaniel Bouten, J. P.	2	7
Rebeckah, d. Nathaniel & Mary, b. Sept. 5, 1745	1	77
Rebecca, d. Isaac & Rebecca, b. July 24, 1774	1	187
Rebecca, m. George W. **WEED**, b. of Stamford, Jan. 14, 1845, by Peter C. Oakley	2	282
Rebecca Ann, twin with Isaac Lewis, d. [Lewis & Sally], b. Aug. 23, 1807	2	94
Reuben, s. John & Sarah, b. July 3, 1743	1	57
Reuben, m. Mary **MEAD**, Nov. 5, 1774, by Benj[ami]n Weed, J. P.	1	203
Robert, m. Reuben* **STEVENS**, June [ ], 1739, by Rev. John Eylyes *(Probably "Rachal")	1	107
Ruah, d. Daniel & Mary, b. Apr. 30, 1773	1	197
Rehua* Ann, d. [Daniel & Sally], b. Apr. 23, 1803 *(Rhua)	2	155
Rhua Ann, of Stamford, m. Josiah **CONVERSE**, of Troy, Sept. 12, 1824, by Henry Hoit, Jr.	2	172
Ruamah, d. Reuben & Mary, b. Nov. 3, 1776	1	197
Rufus, s. Ezra & Hannah, b. May 21, 1771	1	196
Rufus, s. Isaac & Rebecca, b. Sept. 9, 1778	1	197
Rufus Allen, s. [Daniel & Sally], b. Nov. 15, 1804	2	155
Sally, m. Thaddeus **HOYT**, [ ], by Rev. Richard Andrews	2	96
Sally, d. [David & Hannah], b. Dec. 8, 1782	2	76
Sally, m. Samuel **LOCKWOOD**, Sept. 9, 1798, by Rev. Daniel Smith	2	90
Sally, m. Lewis **LOCKWOOD**, Dec. 15, 1805, by Rev. Ebenezer Ferris	2	94
Sally, m. Joseph **FERRIS**, Aug. 16, 1820, by Henry Hoit	2	144
Sally, m. Hiram **SCOFIELD**, b. of Stamford, Dec. 19, 1820, by Rev. Daniel Smith	2	147
Sally Ann*, twin with Julia Ann, d. [Jeremiah, Jr. & Elizabeth], b. Aug. 7, 1802; d. Mar. 24, 1803 *(Written "Sally Ann **LAKEWOOD**")	2	118
Sally Ann, d. [Lewis Selleck & Hannah], b. July 18, 1803	2	97
Samuel, s. Daniel, Jr. & Mary, b. Dec. 6, 1766	1	162
Samuel, s. Timothy & Elizabeth, b. Jan. 14, 1773	1	181

	Vol.	Page

LOCKWOOD, LAKEWOOD (cont.),

	Vol.	Page
Samuel, m. Sally **LOCKWOOD**, Sept. 9, 1798, by Rev. Daniel Smith	2	90
Sam[ue]l, M. D., m. Maria **BRYAN**, Aug. 17, 1841, by Rev. Ambrose S. Todd	2	270
Sam[ue]l, Jr., m. Sarah Elizabeth **LEEDS**, Sept. 10, 1846, by Rev. Ambrose S. Todd	2	285
Sam[ue]l, m. Phebe **SEELEY**, b. of Stamford, Dec. 17, 1849, by Rev. I. Jennings	2	302
Samuel Mills, s. Jared & Betsey, b. Jan. 28, 1787	2	12
Sarah, m. Nathaniell **SELLECK**, Jan. 25, 1699/1700	1	134
Sarah, m. Micall **LOUNSBERY**, June 19, 1707, by Capt. Selleck, J. P.	1	127
Sarah, d. Dan[ie]ll, Jr. & Mercy, b. Nov. 11, 1738	1	37
Sarah, d. Robert & Reachal, b. Nov. 18, 1740, in Norwalk	1	107
Sarah, d. Dan[ie]ll & Mary, b. Feb. 27, 1755	1	140
Sarah, m. David **HOIT**, 3rd, Mar. 16, 1758, by Rev. Noah Wells	1	138
Sarah, m. Silas **HOIT**, Nov. 16, 1765, by Rev. Noah Welles	1	194
Sarah, m. Ebenezer **JONES**, May 14, 1774, by Charles Webb, J. P.	2	6
Sarah, d. Reuben & Mary, b. Jan. 19, 1778	1	203
Sarah*, d. [Jeremiah, Jr. & Elizabeth], b. June 14, 1785 *(Written "Sarah **LAKEWOOD**")	2	118
Sarah A., m. James **FINCH**, b. of Stamford, Feb. 25, 1844, by Addison Parker	2	269
Sarah E., m. W[illia]m **HAYES**, b. of Stamford, Dec. 2, 1850, by Rev. I. Jennings	2	305
Shubael, m. Abigail **CRAWFORD**, Oct. 11, 1792, by Rev. Ebenezer Dibble	2	46
Silvanus, s. Titus & Hannah, b. Mar. 1, 1774	1	184
Smith, b. May 10, 1789; m. Mary **FERRIS**, May 14, 1815	2	139
Solomon Morgan, s. [Daniel & Sally], b. Mar. 6, 1814	2	155
Solomon Morgan, s. [Daniel & Sally], d. July 11, 1814	2	155
Solomon Morgan, s. [Daniel & Sally], b. July 24, 1818	2	155
Stephen, m. Betsey M. **LOCKWOOD**, May 20, 1821, by Henry Hoit, 3rd	2	151
Stephen, m. Sally **WEED**, b. of Stamford, Apr. 4, 1828, by Rev. Farnum Knowlton	2	191
Stephen, m. Sarah **HOWE**, b. of Stamford, Apr. 19, 1849, by Rev. James Hepburn	2	298
Thankful, m. Rufus **WEBB**, Apr. 13, 1806, by Jabez Fitch	2	94
Thirza, m. Harvey **JUNE**, b. of Stamford, [Sept.] 26, [1828], at Thaddeus Lockwood, by Rev. Farnum Knowlton	2	193
Timothy, m. Elizabeth **WEED**, Feb. 6, 1767	1	181
Titus, m. Hannah **DAN**, Feb. 13, 1769, by Rev. Mr. Wells	1	184
Uriah, of Greenwich, m. Rebecca **SMITH**, of Stamford, Sept. 24, 1827, by Rev. John Ellis	2	188
William, s. Ezra & Hannah, b. May 28, 1775	1	196
William, s. Reuben & Mary, b. July 31, 1789	2	34
William, s. [Charles & Elizabeth], b. July 30, 1795	2	57

	Vol.	Page
LOCKWOOD, LAKEWOOD (cont.),		
Will[ia]m, m. Hannah **LOCKWOOD**, Aug. 16, 1803, by Rev. Sam[ue]ll Sturgis	2	98
William A., m. Julia **PECK**, b. of Stamford, Jan. 20, 1831, by Rev. Daniel Smith	2	233
William A., m. Mary **HUBBARD**, d. Dr. Nath[an], b. of Stamford, Apr. 27, 1831, by Rev. Platt Buffett, of Stanwich	2	214
William Augustus, s. [Daniel & Sally], b. May 4, 1806	2	155
William Augustus, s. [Agustus & Elizabeth], b. May 25, 1810	2	100
Will[ia]m R., s. [William & Hannah], b. Nov. 13, 1805	2	98
LODER, LOWDER, Abigail, d. Daniel & Margaret, b. Dec. 30, 1732	1	22
Betse, d. John & Hannah, b. July 9, 1763	1	148-9
Daniel, s. Daniel & Margarett, b. Mar. 16, 1730/1	1	18
Daniel, Jr., m. Mary **TRION**, Jan. 11, 1758, by Jonathan Hoit	1	128
Hannah, d. John & Hannah, b. Oct. 20, 1761	1	144
Jacob, s. Daniel & Margaret, b. Aug. 13, 1734	1	25
Jacob, s. Daniel & Margaret, b. Apr. 18, 1747	1	72
Jane, had s. John **MILLER**, b. Oct. 30, 1763	1	150
Jason, s. Daniel & Margaret, b. Dec. 30, 1742	1	56
John, s. Dan[ie]ll & Margaret, b. Aug. 1, 1736	1	31
John, m. Hannah **SERWOOD***, Oct. 30, 1760, by Rev. Ebenezer Dibble *(SHERWOOD)	1	139
Margret, d. Daniel & Mary, b. May 21, 1758	1	128
Margaret, m. William Elles **CHAPMAN**, Jan. 1, 1782, by Rev. Ebenezer Dibble	2	13
Martha, d. Dan[ie]ll & Margaret, b. Aug. 3, 1738	1	37
Martha, d. Nov. 8, 1759	1	134
Martha, m. Thomas **KINWORTHY**, Feb. 14, 1790, by Rev. Ebenezer Dibble	2	48
Mary, d. Daniel & Martha, b. Sept. 6, 1717	1	141
Mary, d. Daniel & Margaret, b. Mar. 12, 1740/1	1	53
Mary, m. Epenetus **WEBB**, Jr., Dec. 29, 1763, by Rev. Mr. Wells	1	150
LONGWELL, [see also **LANGWELL**], Betsey, d. Stephen & Jane, b. Apr. 6, 1785	2	7
Hugh, s. David & Sarah, b. Apr. 10, 1775	1	196
Isaac, s. [Stephen & Jane], b. May 17, 1778	2	7
John, m. Susannah **CLASSEN**, Dec. 18, 1735, by Sam[ue]ll Hoit, J. P.	1	30
Ruamah, d. [Stephen & Jane], b. Sept. 3, 1780	2	7
Ruamah, d. Stephen & Jane, b. Apr. 25, 1787	2	7
Selleck, s. [Stephen & Jane], b. Apr. 15, 1782	2	7
Stephen, m. Jane **SELLECK**, Sept. 8, 1774, by Abraham Davenport	2	7
Susannah, d. [Stephen & Jane], b. Jan. 31, 1775	2	7
LOUNSBURY, LOUNSBERY, LOUNSBERRY, Abigail, d. Michael & Sarah, b. Sept. 11, 1719	1	132
Abigail, d. Michael & Sarah, b. Sept. 11, 1719	1	150
Abigail*, m. Jacob **WHITE**, Aug. 16, 1747, by Rev. Benjamin Strong *(Arnold copy has "Elizabeth")	1	95

	Vol.	Page
LOUNSBURY, LOUNSBERY, LOUNSBERRY (cont.),		
Abigail, d. [Nathaniell & Jane], b. Sept. 12, 1796	2	25
Amasa, s. Nath[anie]ll & Jane, b. Jan. 6, 1779	2	25
Amos, s. Gideon & Deborah, b. July 14, 1759	1	161
Amos, m. Elizabeth **LOCKWOOD**, June 14, 1781, by Rev. Ebenezer Dibble	2	5
Amos Lockwood, s. Amos & Elizabeth, b. Sept. 28, 1787	2	22
Angelina, d. [John & Jerusha], b. Mar. 19, 1801	2	17
Anna, m. Isaac **WEED**, b. of Stamford, Nov. 23, 1831, by Rev. Henry Fuller	2	216
Anne, d. [Jacob & Bethiah], b. Jan. 13, 1791; d. Apr. 30, 1792	2	75
Benjamin, s. Monmouth & Jemimah, b. Dec. 23, 1742	1	56
Benjamin, s. Elijah & Martha, b. June 26, 1791	2	35
Betsey, d. Monmouth & Sarah, b. Aug. 7, 1775	1	193
Betsey, d. James & Abigail, b. Aug. 21, 1783	2	3
Betsey, w. [Thomas], d. Nov. 27, 1811	2	48
Betsey Ann, d. [Thomas & Betsey], b. Nov. 5, 1805	2	48
Cate, d. [Enos & Cate], b. Mar. 29, 1801	2	86
Charlotte, d. [John & Jerusha], b. Jan. 18, 1802	2	17
Charlotte, of Stamford, m. William **TAYLOR**, of New Canaan, July 25, 1822, by John Auger, J. P.	2	157
Clara, d. Elijah & Clara, b. July 29, 1787	2	35
Clara, w. Elijah, d. Apr. 2, 1790	2	35
David, s. Nathaniel & Eunice, b. Jan. 24, 1752	1	133
David, m. wid. Mary **WEBB**, Jan. 16, 1776, by Abraham Davenport	1	196
David, s. Nath[anie]ll & Jane, b. June 20, 1777; d. July 20, 1777	2	25
Debbe, d. Amos & Elizabeth, b. Mar. 7, 1784	2	5
Debee, d. [Jared & Betsey], b. Mar. 4, 1806	2	105
Deborah, m. William **KEELER**, Dec. 22, 1804, by Rev. [ ] Whitlock	2	95
Deidama, d. [Jacob & Bethiah], b. Apr. 27, 1777	2	75
Edgar, of North Castle, N. Y., m. Sally L. **HANFORD**, of Stamford, Jan. 7, 1824, by Rev. Henry Fuller	2	170
Edwin, s. [Thomas & Betsey], b. Aug. 1, 1799	2	48
Edwin, m. Nancy **PECK**, b. of Stamford, Feb. 12, 1823, by Rev. Daniel Smith	2	162
Elihu, s. [Enos & Cate], b. July 19, 1797	2	86
Elijah, s. Gideon & Deborah, b. Oct. 21, 1757	1	161
Elijah, m. Clara **HOYT**, May 6, 1784, by Rev. Justus Mitchell	2	35
Elijah, s. Elijah & Clara, b. Sept. 13, 1785	2	35
Elijah, m. Martha **JUNE**, Oct. 21, 1790, by Rev. John Shepherd	2	35
Elisha Seeley, twin with Polly Seeley, s. [Enos & Cate], b. Jan. 7, 1809	2	86
Elizabeth, d. Mical & Sarah, b. June 15, 1708	1	127
Elizabeth, d. Monmouth & Jemima, b. July 25, 1741	1	55
Elizabeth, d. Monmouth & Jemima, b. July 27, 1741	1	49
Elizabeth, d. Monmouth & Jemima, b. June 2, 1745	1	65
Elizabeth, d. Monmouth & Jemima, b. Sept. 6, 1746	1	71

	Vol.	Page
LOUNSBURY, LOUNSBERY, LOUNSBERRY (cont.),		
Elizabeth*, m. Jacob **WHITE**, Aug. 16, 1747, by Rev. Benjamin Strong *("Abigail" in Huntington's Register)	1	95
Elizabeth, d. Epenetus & Elizabeth, b. Oct. 27, 1750	1	90
Elizabeth, m. Phineas **WATERBERY**, Mar. 10, 1761, by Jonathan Hoit, J. P.	1	166
Elizabeth, d. Amos & Eliza[be]th, b. Mar. 30, 1782	2	5
Elizabeth, w. Enos, d. June 4, 1794	2	86
Elizabeth, d. [Enos & Cate], b. July 16, 1798	2	86
Elizabeth, m. James **LOCKWOOD**, b. of Stamford, Jan. 1, 1834, by Rev. Henry Fuller	2	222
Emma Augusta, m. Benjamin F. **BATES**, May 14, 1849, by Rev. H. F. Pease	2	299
Enos, s. Nathan & Elizabeth, b. May 31, 1763	1	148-9
Enos, m. Elizabeth **SCOFIELD**, Feb. 13, 1783, by Reuben Scofield	2	86
Enos, s. [Enos & Elizabeth], b. May 22, 1784	2	86
Enos, m. Cate **WATERBURY**, Aug. 3, 1796, by Rev. Marmaduke Earl	2	86
Epenetus, s. Henry & Mercy, b. Feb. 14, 1716/17	1	139
Epenetus, m. Elizabeth **FINCH**, Jan. 25, 1749/50, by Rev. Noah Welles	1	85
Esther, d. [John & Jerusha], b. Jan. 3, 1797	2	17
Eunice, d. Nathaniel & Eunice, b. June 4, 1760	1	136
Eunis, d. Nathan[ie]ll & Eunis, b. Apr. 17, 1762	1	145
Ezra, s. Michael & Abigail, b. Aug. 21, 1778	1	201
Ezra, s. Michael & Abigail, d. June 30, 1793	2	2
Ezra, m. Phebe **SCOFIELD**, b. of Stamford, Sept. 12, 1822, by John B. Matthias	2	158
Frederick, s. [John & Jerusha], b. Mar. 1, 1795	2	17
George, of North Castle, N. Y., m. Louisa **SCOFIELD**, of Stamford, Oct. 25, 1826, by Rev. Platt Buffett, of Stanwick	2	182
Gideon, m. Debora **BUXSTON**, Jan. 14, 1747/8, by Rev. Noah Welles	1	84
Gideon, s. Gideon & Deborah, b. Aug. 7, 1751	1	106
Hannah, d. Henry & Mercy, was on Sept. 2, 1716, 3 years old	1	139
Hannah, m. Sam[ue]ll **SCOFIELD**, Jr., May 3, 1739, by Sam[ue]ll Hoit, J. P.	1	45
Hannah, d. Joshua & Hannah, b. Feb. 20, 1739/40	1	43
Hannah, w. Joshua, d. Mar. 20, 1749/50	1	90
Hannah, d. Gideon & Deborah, b. Mar. 31, 1756	1	161
Hannah, m. Obadiah **SEELEY**, Nov. 5, 1774, by Rev. Ebenezer Dibble	2	44
Hannah, d. James & Abigail, b. Sept. 20, 1779	2	3
Hannah, d. David & Mary, b. Jan. 8, 1781	2	21
Hannah, d. Elijah & Clara, b. May 14, 1789	2	35
Hannah, d. [Elijah & Clara], d. Feb. 6, 1790	2	35
Hannah, d. [John & Jerusha], b. Apr. 14, 1798	2	17
Hannah, m. Abijah **BISHOP**, Jr., Nov. 20, 1800, by Rev. Calvin		

LOUNSBURY, LOUNSBERY, LOUNSBERRY (cont.),

	Vol.	Page
White	2	68
Harriet, d. [John & Jerusha], b. Sept. 3, 1799	2	17
Harvey, s. Michael & Abigail, b. Sept. 7, 1787	2	2
Henery, s. Richard & Elizabeth, b. Aug. 15, 1684	1	108
Henry, s. Henry & Mercy, was on Dec. 17, 1716, 7 years old	1	139
Henry, s. Amos & Elizabeth, b. Jan. 15, 1785	2	12
Isaac, s. James & Abigail, b. Sept. 12, 1776	2	3
Isaac, s. [Enos & Cate], b. July 26, 1803	2	86
Isaac, m. Nancy **KNAPP**, b. of Stamford, Oct. 29, 1820, by G. S. Webb	2	147
Jacob, s. Nathaniel & Eunice, b. Mar. 7, 1753	1	133
Jacob, m. Bethiah **NEWMAN**, Oct. 1, 1774, by Rev. William Seward	2	75
James, s. Gideon & Deborah, b. Sept. 14, 1749	1	84
James, m. Abigail **LOCKWOOD**, May 5, 1775, by Benjamin Weed, J. P.	1	182-3
James, s. [Jacob & Bethiah], b. June 19, 1784	2	75
James, s. Michael & Abigail, b. Mar. 15, 1785	2	2
Jane, d. Epenetus & Elizabeth, b. Sept. 24, 1753	1	106
Jared, s. James & Abigail, b. Nov. 6, 1773	1	190
Jared, m. Betsey **BUXTON**, Dec. 31, 1801, by Reuben Scofield, J. P.	2	105
Jemima, d. Michael & Sarah, was on Mar. 17, 17[ ], 2 years old	1	127
Jemimah, m. Daniel **HOIT**, Apr. 29, 1731, by Jonathan Hoit, J. P.	1	18
Jemima, d. Monmouth & Jemimah, b. Dec. 4, 1751	1	93
Jemima, m. Jesse **WARRING**, Jan. 5, 1775, by Rev. Mr. Wells	1	192
Jemima, d. Monmouth & Sarah, b. Apr. 23, 1781	2	9
John, s. Gideon & Deborah, b. Mar. 18, 1753	1	106
John, s. Gideon & Deborah, b. Apr. 27, 1764	1	161
John, s. Michael & Abigail, b. Aug. 25, 1770	1	173-4
John, m. Jerusha **WEBB**, Jan. 12, 1786, by Rev. Ebenezer Dibble	2	17
John, s. [Nathaniell & Jane], b. Sept. 4, 1794	2	25
John Davenport, s. [Monmouth & Sarah], b. May 5, 1792	2	9
John Henry, s. [Nathaniell & Jane], b. Aug. 30, 1791; d. Oct. 18, 1793	2	25
Jonathan, s. Michael & Sarah, b. Oct. 20, 1721	1	150
Joseph, s. Michael & Abigail, b. Mar. 8, 1776	1	194
Joseph, s. [Enos & Cate], b. Mar. 5, 1812	2	86
Joshua, s. Michaell & Sarah, b. July 1, 1716	1	139
Joshua, m. Hannah **SCOFIELD**, May 3, 1739/40, by Sam[ue]ll Hoit, J. P.	1	43
Joshua, s. Joshua & Hannah, b. Oct. 4, 1745	1	72
Julia Ann, d. [John & Jerusha], b. Nov. 5, 1804	2	17
Julian[ne], m. Samuel **MILLER**, Feb. 26, 1823, by B. Glover	2	163
Justus, s. Nath[anie]ll & Jane, b. Apr. 10, 1781	2	25
Lewis, s. [Jacob & Bethiah], b. Feb. 11, 1780	2	75
Lidia, d. Joshua & Hannah, b. Dec. 17, 1743	1	72
Lydia, d. Michael & Abigail, b. Oct. 21, 1780	1	201

	Vol.	Page
LOUNSBURY, LOUNSBERY, LOUNSBERRY (cont.),		
Lydia, d. [John & Jerusha], b. Aug. 28, 1791	2	17
Malmouth*, s. Malmouth & Jemima, b. July 31, 1748		
*(Monmouth)	1	77
Malmouth, see also Monmouth		
Marcy, d. Nathaniel & Eunice, b. Feb. 25, 1755	1	133
Martha, d. Joshua & Hannah, b. Oct. 22, 1748	1	90
Mary*, m. Charles **BUXSTON**, May 6, 1742, by Sam[ue]ll Hoit, J. P. *(Marcy)	1	63
Mary, m. Nathaniel **NEWMAN**, Jr., Nov. 19, 1747, by Nathaniel Pack, J. P.	1	79
Mary, d. Nathaniel & Eunice, b. Oct. 3, 1749	1	133
Mary, m. Reuben **DAN**, b. of Stamford, July 6, 1775, by Benjamin Weed	1	192
Mary Ann, d. [Jacob & Bethiah], b. Jan. 13, 1793	2	75
Mary Ann, d. [Jared & Betsey], b. July 20, 1804	2	105
Mary L., m. Seth S. **COOK**, b. of Stamford, Sept. 29, 1851, by Rev. Shaler J. Hellyer	2	306
Mercy, d. Henry & Mercy, was on Mar. 12, 1716/17, 6 years old	1	139
Micall, m. Sarah **LOCKWOOD**, June 19, 1707, by Capt. Selleck, J. P.	1	127
Michael, s. Michael & Sarah, was 3 years old Jan. 23, 1712	1	127
Michaell, Jr., d. Nov. 16, 1730	1	17
Michael, d. Jan. 20, 1730/1	1	17
Mikil, s. Monmouth & Jemima, b. Sept. 12, 1744	1	65
Michael, m. Abigail **HILMAN**, Apr. 27, 1769, in Egertown, Mass., by Ebenezer Smith, J. P.	1	171
Minor, s. [Enos & Cate], b. July 13, 1802	2	86
Marmurth*, s. Michaell & Sarah, b. Dec. 20, 17[ ] *(Murmurth?)	1	127
Monmouth, m. Sarah **DAVENPORT**, Apr. 18, 1770, by Rev. Mr. Wells	1	173-4
Monmouth, s. Monmouth & Sarah, b. Nov. 1, 1772	1	181
Monmouth, see also Malmouth		
Nancy, d. Monmouth & Sarah, b. June 14, 1779	1	201
Nancy, d. [Enos & Cate], b. Oct. 3, 1804	2	86
Nathan, s. Nathaniel & Eunice, b. Jan. 3, 1751	1	133
Nathan, m. Elizabeth **TALMAGE**, Mar. 22, 1759, by Rev. Robert Silliman	1	132
Nathan, s. Nathan & Elizabeth, b. Jan. 5, 1760	1	134
Nathan, s. David & Mary, b. June 7, 1784	2	21
Nathan, s. [Enos & Cate], b. Apr. 13, 1807	2	86
Nathaniel, s. Henry & Mercy, was on Feb. 4, 1716/17, 2 years old	1	139
Nathaniel, m. Eunice **BROWN**, Jan. 14, 1748, by Nathaniel Peck	1	133
Nathaniel, s. Nathaniel & Eunice, b. Aug. 21, 1748	1	133
Nathaniel, Jr., m. Jane **CLAUSON***, May 21, 1776, by Rev. John Geno *(CLASON)	2	25
Nehemiah, s. Michael & Sarah, b. Dec. 23, 1717	1	133
Nehemiah, m. Sarah **WEBB**, Feb. 8, 1744/5, by Rev. Ebenezer		

	Vol.	Page
LOUNSBURY, LOUNSBERY, LOUNSBERRY (cont.),		
Wright		
Nehemiah, s. [Jacob & Bethiah], b. June 19, 1782	1	64
Peter, s. Nathaniel & Eunice, b. Oct. 7, 1757	2	75
Polly, d. Monmouth & Sarah, b. June 2, 1777	1	133
Polly, d. Nath[anie]ll & Jane, b. June 11, 1786	1	201
Polly, d. [Thomas & Betsey], b. Sept. 10, 1809	2	25
Polly Seeley, twin with Elisha Seeley, d. [Enos & Cate], b. Jan. 7, 1809	2	48
Polly Webb, d. [John & Jerusha], b. Feb. 29, 1788	2	86
Prudence, d. Monmouth & Sarah, b. June 6, 1783	2	17
Rachel, d. Henry & Mercy, b. Jan. 15, 1718/19	2	9
Reachel, d. Epenetus & Elizabeth, b. Jan. 6, 1752	1	146
Rebecca, d. David & Mary, b. Apr. 8, 1779	1	106
Ruah, d. Michael & Abigail, b. Feb. 25, 1772	1	199
Rufus, s. Michael & Abigail, b. Mar. 11, 1774	1	178-9
Rufus, s. Michael & Abigail, d. Sept. 18, 1776	1	185
Rufus, s. [Amos & Elizabeth], b. Jan. 16, 1795	1	194
Rufus, s. [Jared & Betsey], b. Mar. 31, 1803	2	22
Sally, d. Monmouth & Sarah, b. Feb. 24, 1771	2	105
Sally, d. Nath[anie]ll & Jane, b. Jan. 7, 1784	1	173-4
Sally, m. John **KNAP[P]**, Jr., Dec. 25, 1788, by Rev. John Shepherd	2	25
	2	39
Sally, d. [John & Jerusha], b. Oct. 27, 1789	2	17
Sally, d. Amos & Elizabeth, b. July 22, 1790	2	22
Sally, m. Joseph **BISHOP**, Nov. 18, 1795, by Rev. Daniel Smith	2	56
Sally, m. Guy W[illia]m Augustus **JOHNSON**, Aug. 7, 1803, by Reuben Scofield	2	93
Sally, d. [Enos & Cate], b. Feb. 5, 1806	2	86
Sally Ann, d. [Thomas & Betsey], b. Oct. 14, 1807	2	48
Samuel, s. Gideon & Deborah, b. May 31, 1767	1	161
Samuel, s. [Jacob & Bethiah], b. Nov. 10, 1775	2	75
Samuel, s. James & Abigail, b. July 1, 1787	2	3
Samuel, s. Nath[anie]ll & Jane, b. July 3, 1789	2	25
Samuel, s. [Thomas & Betsey], b. Nov. 2, 1794	2	48
Samuel, s. [Amos & Elizabeth], b. Oct. 3, 1797	2	22
Sarah, d. Michael & Sarah, b. June 13, 1708	1	127
Sarah, d. Joshua & Hannah, b. Feb. 26, 1740/1	1	48
Sarah, d. David & Mary, b. May 29, 1776	1	196
Sebra, d. Michael & Abigail, b. Jan. 14, 1783	2	2
Seeley, s. [Enos & Elizabeth], b. June 16, 1786	2	86
Seth H., m. Mary J. **KNAPP**, Nov. 25, 1845, by Rev. J. W. Alvord, Jr.	2	281
Shadrack, s. [Jacob & Bethiah], b. Feb. 3, 1787	2	75
Silvanus, s. [Enos & Elizabeth], b. June 20, 1791	2	86
Stephen, s. [John & Jerusha], b. Mar. 11, 1793	2	17
Susan, of Stamford, m. Philip M. **CLARK**, of Bedford, N. Y., Oct. 4, 1852, by Rev. Shaler J. Hillyer	2	308
Tamar, s. Monmouth & Jemima, b. Sept. 11, 1755	1	118

	Vol.	Page
LOUNSBURY, LOUNSBERY, LOUNSBERRY (cont.),		
Tamar, d. [Monmouth & Sarah], b. June [ ], 1790	2	9
Thomas, s. Monmouth & Jemima, b. Jan. 16, 1739/40	1	42
Thomas, m. Betsey **KNAP[P]**, Apr. 4, 1793, by Rev. Robert Morris	2	48
Thomas, d. Mar. 11, 1812	2	48
William, s. Monmouth & Jemimah, b. Feb. 28, 1749/50	1	86
William, s. Monmouth & Jemima, b. Aug. 5, 1753	1	103
William, s. David & Mary, b. Sept. 20, 1787	2	21
William, s. [Enos & Elizabeth], b. June 6, 1788	2	86
William, s. [Thomas & Betsey], b. Nov. 16, 1796	2	48
William White, s. John & Jerusha, b. Dec. 9, 1786	2	17
LOWDER, [see under **LODER**]		
LYON, Abigall, m. John **BANKS**, Apr. 3, 1672	1	113
Frederick A., m. Sarah L. **COOK**, Mar. 10, 1850, by Rev. J. J. Twiss	2	303
John, m. Ann Augusta **HOBBY** (colored), Dec. 6, 1832, Rev. Daniel Smith	2	237
McCLOUGH, Sarah, d. Daniel & Elizabeth, b. Sept. 28, 1745	1	67
McCORMICK, McCORMIC, Charles Henry, s. [Alixender], b. Feb. 11, 1809	2	118
Elizabeth, m. Richard **COCK**, Oct. 22, 1808, by Rev. Daniel Smith	2	113
Eunice, m. Aaron **DEAN**, b. of Stamford, Dec. 10, 1820, by John Auger, J. P.	2	145
Mary, d. [Alixender], b. Mar. 18, 1812	2	118
Polly, Mrs., m. William **WATERBURY**, b. of Stamford, May 25, 1829, by Rev. John Ellis	2	202
Rachel, m. Epenetus Webb **NICHOLS**, Mar. 25, 1810, by Rev. Daniel Smith	2	123
McDONALD, McDONOLDS, Emily C., m. Hawley **ADAMS**, b. of Stamford, Jan. 26, 1845, by Rev. P. C. Oakley	2	276
Robert, m. Mary **SCOFIELD**, b. of Stamford, Mar. 6, 1825, by Noble W. Thomas, Elder	2	176
McKENNY, W[illia]m E., of New York, m. Elizabeth A. **HOLLY**, d. John W., of Stamford, Dec. 8, 1823, by Rev. Ambrose S. Todd	2	169
MAGIE, Catharine, of Stamford, m. Burrett W. **HAMILTON**, of Bridgeport, July 21, 1844, by Addison Parker	2	272
MAINE*, Ab[i]ga[i]ll, w. Jacob, d. Nov. 19, 1706 *("**MOEN**" in Huntington's Register)	1	135
MAKEMAN, Clarissa M., of Stamford, m. Sam[ue]l **ABBOTT**, of New Canaan, Apr. 14, 1844, by Rev. Ambrose S. Todd	2	272
MALLET, Betsey, m. Charles H. **NICHOLS**, b. of Stamford, Jan. 21, 1849, by Rev. H. F. Pease	2	295
MALTBY, MALTBIE, Abigail, d. Jonathan & Sarah, b. Aug. 26, 1725	1	5
Abigail, of Stanford, m. Samuel **SQUIER**, Jr., of Fairfield, Feb. 26, 1743/4, by Jonathan Maltbie, J. P.	1	60
Abigail, wid., d. on the evening following the 9th day, Aug. 1747	1	76

MALTBY, MALTBIE (cont.),

	Vol.	Page
Abigail, d. David & Sarah, b. July 21, 1756	1	120
Abigail, m. Samuel **WEBB**, June 6, 1782, by Rev. John Avery	2	17
Albert Sylvester, s. [David], b. [ ]	2	102
Charles David, s. [David & Nancy], b. Dec. 30, 1796	2	23
David, s. Jonathan & Sarah, b. Feb. 7, 1727/8	1	10
David, s. Jonathan, m. Sarah **HOLLY**, Sept. 28, 1749, by his f. Jonathan Maltbie, J. P.	1	81
David, s. David & Sarah, b. Aug. 22, 1753	1	103
David, s. David, d. Jan [ ], 1758	1	133
David, s. David & Sarah, b. Apr. 4, 1759	1	133
David, d. Oct. 5, 1767	1	163
David, m. Nancy **DAVENPORT**, Nov. 19, 1786, by James Davenport	2	23
David, had servant Sylva, d. Dean, b. June 24, 1796	2	55
David, d. Nov. 24, 1807, in New York	2	102
Ebenezer Davenport, s. [David], b. [ ]	2	102
Elizabeth, Mrs., m. Thaddeus **BETTS**, on the evening following the 15th May, 1754, by Rev. Noah Welles	1	108
Hannah, d. Capt. Jonathan & Sarah, b. Oct. 30, 1741	1	47
Hannah, d. David & Sarah, b. Oct. 10, 1751	1	94
Hannah, d. David & Sarah, b. Apr. 29, 1762	1	144
Hannah, m. Samuel **HOIT**, 4th, Oct. 16, 1781, by Rev. Moses Mather	2	12
James, s. Sam[ue]ll & Hannah, b. May 31, 1782; d. July 5, 1782	2	12
James Rufus, s. [David & Nancy], b. May 12, 1793	2	23
John Robert, s. [David & Nancy], b. Apr. 7, 1795	2	23
Jonathan, m. Mrs. Sarah **POTTER**, Sept. 25, 1719, in Stamford, by Rev. John Davenport, of Stamford	1	96
Jonathan, s. Jonathan & Sarah, b. June 29, 1720	1	111
Jon[a]th[an], Jr., of Stanford, m. Abigail **HOLMES**, of Greenwich, Feb. 27, [1744], in Greenwich, by Rev. Mr. Todd, of Greenwich	1	63
Jon[a]th[an], 3rd, s. Jon[a]th[an], Jr. & Abigail, b. Dec. 17, 1744	1	63
Jonathan, Jr., d. Aug. 13, 1745	1	63
Mary, d. Jonathan & Sarah, b. Mar. 14, 1733/4	1	25
Mary, m. David **WATERBERY**, Jr., May 15, 1758, by Jonathan Maltbie	1	127
Mary Catharine, d. [David & Nancy], b. Jan. 11, 1791	2	23
Sarah, d. Jonathan & Sarah, b. July 5, 1731	1	19
Sarah, d. Capt. Jonathan, d. May 14, 1748	1	77
Sarah, d. David & Sarah, b. May 1, 1750	1	90
Sarah, m. Stephen **NEWMAN**, Nov. 11, 1766, by Jonathan Maltbie, J. P.	1	163
W[illia]m Davenport, s. David & Nancy, b. Jan. 4, 1789	2	23

MARINE*, Jacob, m. Mrs. Abigaill **SELLECK**, Jan. 11, 1704/5, by John Davenport   *("**MOEN**" in Huntington's Register) | 1 | 128

MARKS, Naomi, d. Nehemiah & Naomi, b. Mar. 17, [17   ] | 1 | 7

MARSHALL, MARSHAL, Abigail, d. Nehemiah & Pacience, b. Nov.

	Vol.	Page
MARSHALL, MARSHAL (cont.),		
29, 1754	1	113
Arza, d. [Silvanus & Mary], b. Oct. 22, 1801	2	114
Arza, m. Mary **SMITH**, b. of Stamford, Feb. 26, 1826, by Rev. Platt Buffett, of Stanwick	2	181
Bethiah, d. Nehemiah & Pactience, b. July 11, 1743	1	62
Bethiah, d. Nehemiah, d. Oct. 11, 1746	1	81
Bethiah, d. Nehemiah & Pactience, b. Dec. 23, 1750	1	94
Caroline, m. Lewis **DOTY**, May 3, 1826, by Rev. Daniel Smith	2	185
Deliann, d. [Silvanus & Mary], b. July 7, 1806	2	114
Elizabeth, d. Nehemiah & Paceyence, b. Mar. 1, 1758	1	129
Hannah, m. Stephen **HOLLY**, Oct. 9, 1751, in Greenwich, by Nathaniel Peck	1	94
Henry, s. Nehemiah & Pactience, b. Aug. 17, 1748	1	81
Jessy, child of Nehemiah & Patience, b. Mar. 15, 1765	1	155
Joseph Doria, s. [Silvanus & Mary], b. Nov. 10, 1804	2	114
Mary, d. Nehemiah & Peatience, b. Oct. 13, 1752	1	102
Nehemiah, m. Pactience **WEBB**, Apr. 4, 1743, by Sam[ue]ll Hoit, J. P.	1	62
Nehemiah, s. Nehemiah & Pactience, b. Aug. 29, 1744	1	62
Nehemiah, s. Nehemiah, d. Sept. 19, 1744	1	81
Nehemiah, s. Nehemiah & Pactience, b. Jan. 2, 1745/6	1	81
Sarah, d. Nehemiah & Peashance, b. Mar. 26, 1760	1	136
Silvanus, m. Mary **SMITH**, Mar. 29, 1801, by Rev. Platt Buffet	2	114
Thya, child of Nehemiah & Patience, b. July 12, 1762	1	155
Will[ia]m Augustus, s. [Silvanus & Mary], b. Mar. 8, 1803	2	114
William E., of Greenwich, m. Cornelia **HUBBARD**, of Stamford, Aug. 4, 1838, by Rev. Platt Buffett	2	251
MARTIN, Nellie, m. Reuben **MEAD**, Jr., June 16, 1784, by Charles Webb, J. P.	2	29
MARVIN, MARVINE, Amos Smith, s. [Epenetus & Mary], b. Sept. 18, 1798	2	61
Charles Mills, s. [Epenetus & Mary], b. Mar. 13, 1802	2	61
Eliza Smith, d. [Epenetus & Mary], b. June 14, 1796	2	61
Elizabeth, of Rye, m. Samuel **JARVIS**, of Greenwich, Oct. [ ], 1771, by Rev. Mr. Avery, in Rye	2	31
Epenetus, m. Mary **SMITH**, Mar. 27, 1794, by Rev. Daniel Smith	2	61
Hannah, m. Nathaniel **BATES**, Jr., Nov. 8, 1750, in Norwalk, by Rev. William Gallard	1	92
Ichabod, s. [Epenetus & Mary], b. Nov. 5, 1800	2	61
Sam[ue]ll, Capt., d. July 19, 1739	1	42
MASTERS, Sally, m. Lewis **JONES**, May 9, 1790, by Rev. Ebenezer Ferris	2	42
MATHER, MATHA, Betsey, d. Joseph & Sarah, b. Mar. 23, 1794	2	49
Catharine, d. [Noyes & Chloe], b. May 14, 1800	2	27
Chloe, w. Noyes, d. Sept. [ ], 1807	2	27
Clara, d. Joseph & Sarah, b. July 31, 1787	2	5
David Scott, s. [Joseph & Sarah], b. Dec. 14, 1795	2	49
Elihu, s. [Noyes & Chloe], b. July 21, 1792	2	27

	Vol.	Page
MATHER, MATHA (cont.),		
Elizabeth, w. Rev. Moses, d. Dec. 18, 1757	1	129
Elizabeth Whiting, [twin with James Lewis], d. [Noyes & Chloe], b. Mar. 5, 1795	2	27
Hannah, d. Rev. Moses & Hannah, b. May 20, 1751	1	100
Hannah, w. Rev. Moses, d. Apr. 23, 1755	1	111
Hannah, d. Joseph & Sarah, b. [ ]	2	5
Henry, s. Noyes & Chloe, b. Jan. 25, 1783	2	27
Isaac, s. Rev. Moses & Rebecca, b. Dec. 6, 1764	1	162
Isaac, [twin with Raymond], s. [Samuel & Sarah], b. Jan. 10, 1791	2	59
Isaac Raymond, [twin with John Noyes], s. [Noyes & Chloe], b. Oct. 1, 1789	2	27
James Lewis, [twin with Elizabeth Whiting], s. [Noyes & Chloe], b. Mar. 5, 1795	2	27
John, s. Mosses & Hannah, b. Sept. 20, 1747	1	75
John, s. [Samuel & Sarah], b. Dec. 23, 1794	2	59
John Noyes, [twin with Isaac Raymond], s. [Noyes & Chloe], b. Oct. 1, 1789	2	27
Joseph, s. Moses & Hannah, b. July 21, 1753	1	102
Joseph, m. Sarah **SCOTT**, May 29, 1777, by Rev. Jonathan Ingersoll, of Ridgefield	2	5
Joseph, s. Joseph & Sarah, b. Sept. 30, 1789	2	5
Lewis, s. [Samuel & Sarah], b. Dec. 9, 1792	2	59
Moses, m. Mrs. Hannah **BELL**, Sept. 10, 1746, by Rev. Benjamin Strong	1	70
Moses, Rev., m. Mrs. Elizabeth **WHITING**, Jan. 1, 1756, by Rev. Noah Welles	1	123
Moses, Rev., m. Mrs. Rebeckah **RAYMOND**, Aug. 23, 1758, by Rev. Moses Dickerson	1	129
Moses, s. Rev. Moses & Rebecca, b. Nov. 13, 1760	1	162
Moses, s. Joseph & Sarah, b. May 21, 1782	2	5
Nancy, d. Joseph & Sarah, b. Jan. 27, 1792	2	5
Nancy, m. Rufus **BELL**, Jan. 14, 1810, by Rev. Will[ia]m Fisher	2	117
Noyes, s. Rev. Moses & Elizabeth, b. Sept. 21, 1756	1	123
Noyes, m. Chloe **WATERBERRY**, Feb. 13, 1782, by Rev. Moses Mather	2	27
Noyes, d. Nov. 21, 1807	2	27
Phebe, d. [Joseph & Sarah], b. Nov. 27, 1797	2	49
Raina, d. Joseph & Sarah, b. May 4, 1784	2	5
Raymond, s. Rev. Moses & Rebecca, b. Jan. 31, 1763	1	162
Raymond, [twin with Isaac], s. [Samuel & Sarah], b. Jan. 10, 1791	2	59
Samuel, s. Rev. Moses & Rebecca, b. Dec. 19, 1765	1	162
Samuel, m. Sarah **SCOFIELD**, May 2, 1790, by Rev. Moses Mather	2	59
Samuel, s. [Samuel & Sarah], b. Mar. 23, 1796	2	59
Sarah, d. Joseph & Sarah, b. Mar. 28, 1780	2	5
Sarah, m. Noyes **RICHARDS**, Apr. 4, 1798, by Rev. Moses Mather	2	123
Susannah Mead, d. Noyes & Chloe, b. Apr. 24, 1787	2	27

	Vol.	Page
MATHER, MATHA (cont.),		
William, s. [Noyes & Chloe], b. Apr. 12, 1797	2	27
MATTHEWS, MATHEWS, [see also **MATTHIAS**], Benjamin S., m. Elizabeth **LOCKWOOD**, b. of Stamford, Dec. 25, 1848, by Rev. H. F. Pease	2	295
Eliza F., m. Harvey S. **LOCKWOOD**, b. of Stamford, Sept. 4, 1839, by Rev. Edw[ar]d Oldrin	2	255
MATTHIAS, [see also **MATTHEWS**], Elizabeth, d. Job & Prudence, b. Nov. 22, 1771	1	181
Elizabeth, m. Ebenezer **ADAMS**, Dec. 29, 1792, by Rev. Ebenezer Dibble	2	48
Hannah, d. William & Bethiah, b. July 21, 1770	1	189
Hannah, m. Philip **GRAY**, Nov. 6, 1791, by Rev. Moses Mather	2	72
Job, m. Prudence **MOREHOUSE**, Jan. 5, 1770, by Rev. Mr. Dibble	1	181
John, s. William & Bethiah, b. Aug. 2, 1773	1	189
Joshua Morehouse, s. Job & Prudence, b. Mar. 5, 1773	1	181
Phebe Ann, m. Sands **ADAMS**, b. of Stamford, Mar. 3, 1823, by Rev. John Jarvis Matthias	2	162
William, m. Bethiah **PETTIT**, Oct. 22, 1769, by Rev. Mr. Mather	1	189
MEAD, MEED, MEADE, Abigail, d. Gershom & Sarah, b. Apr. 1, 1749	1	130-1
Alfred Husted, m. Eliza **FERRIS**, Jan. 30, 1845, by Rev. Frederick H. Ayres, of Longridge	2	278
Anne, d. Ezra & Elizabeth, b. July 6, 1771	1	182-3
Anne, d. [Lemuel & Elizabeth], b. Nov. 4, 1795	2	59
Benjamin, m. Sarah **WATERBURY**, May 15, 1700	1	120
Benjamin, m. Sarah **WATERBERY**, May 15, 1700	1	137
Eber, s. Ezra & Elizabeth, b. May 24, 1765	1	155
Eliphalet*, m. James **WATERBERY**, Jr., May 13, 1780, by Charles Webb, J. P. *(Probably "Elizabeth")	2	3
Elizabeth, d. Ezra & Elizabeth, b. Jan. 3, 1755	1	113
Elizabeth*, m. James **WATERBERY**, Jr., May 13, 1780, by Charles Webb, J. P. *(Arnold copy has "Eliphalet")	2	3
Eunice, wid., m. Benjamin **WEED**, 3rd, May 27, 1779, by Rev. William Seward	2	18
Ezra, m. Elizabeth **SHEARWOOD**, Dec. 27, 1751, by Jonathan Maltbie, J. P.	1	94
Ezra, s. Ezra & Elizabeth, b. Nov. 1, 1752	1	100
Gershom, s. John & Sarah, b. June 21, 1719	1	130-1
Han[n]ah, m. John **SCOFIELD**, July 12, 1677	1	102
Hannah, m. John **SCOFIELD**, July 13, 1677	1	134
Hannah, Mrs., m. Lieut. John **BATES**, Jan. 15, 1727/8, by Ebenezer Meed, J. P.	1	9
Hannah, d. Ezra & Elizabeth, b. Apr. 16, 1767	1	164
Hannah, m. Reuben **ADAMS**, Sept. 29, 1795, by Charles Webb	2	52
Isaac, s. Ezra & Elizabeth, b. Jan. 30, 1762	1	147
Jemimah, m. Moses **KNAP[P]**, Nov. 25, 1731, by Joshua Knap[p], J. P.	1	22

MEAD, MEED, MEADE (cont.),

	Vol.	Page
John, s. Ezra & Elizabeth, b. Oct. 25, 1759	1	134
Joseph, s. John, b. 2nd mo. [16]	1	19
Lemuel, s. Ezra & Elizabeth, b. Sept. 10, 1769	1	182-3
Lemuel, m. Elizabeth **CLARK**, Feb. 3, 1793, by Rev. Robert Morris	2	59
Lowis, of Greenwich, m. Stephen **HOLLY**, of Stamford, Apr. 19, 1762, in Greenwich, by Rev. Mr. Todd	1	146
Martha*, Mrs., m. Capt. John **KNAP[P]**, Dec. 21, 1727, by Jonathan Hoit, J. P. *(Martha **WEED**)	1	9
Mary, m. Benjamin **WATERBERY**, Jan. 12, 1726/7, by Capt. Jonathan Hoit	1	7
Mary, m. Epenetus **HOW**, Feb. 7, 1739/40, in Greenwich, by Rev. Mr. Todd, of Greenwich	1	43
Mary, m. John **SCOFIELD** (Sergt.), Nov. 17, 1743, in Greenwich, by Rev. Mr. Todd	1	59
Mary, m. Daniel **BOUTON**, Dec. 31, 1767, by Rev. Mr. Todd	1	199
Mary, m. Reuben **LOCKWOOD**, Nov. 5, 1774, by Benj[ami]n Weed, J. P.	1	203
Nancy, d. Reuben & Nellie, b. July 15, 1787	2	29
Nancy, m. Smith **KNAPP**, Nov. 29, 1808, by Rev. Frederick Smith	2	133
Nathan, s. Ezra & Elizabeth, b. Mar. 27, 1757	1	126
Nathan, s. Reuben & Nellie, b. July 14, 1785	2	29
Peter, s. Gershom & Sarah, b. Feb. 20, 1743	1	130-1
Philip(?), w. Wil[l]ia[m], d. 7th mo. 19, 1657	1	19
Prissilla, d. [Lemuel & Elizabeth], b. Apr. 18, 1794	2	59
Priscilla, m. Lewis **LOCKWOOD**, Jr., May 29, 1816, by Rev. Frederick Smith	2	133
Rachel, m. Charles **WEED**, 3rd, Jan. 3, 1794, by Rev. Dr. Isaac Lewis	2	50
Reuben, s. Ezra & Elizabeth, b. Aug. 15, 1763	1	155
Reuben, Jr., m. Nellie **MARTIN**, June 16, 1784, by Charles Webb, J. P.	2	29
Samuel B., m. Elizabeth **WEBB**, b. of Stamford, Oct. 29, 1844, by Peter C. Oakley. Witnesses Lyman Hoyt, Harvey Hoyt	2	274
Sarah, m. Jonathan **WATERBURY**, Jan. 21, 1713/14, by Josha Knap, J. P.	1	145
Sarah, m. Epenetus **HOLM[E]S**, Feb. 9, 1743/4, in Greenwich, by Rev. Abraham Todd	1	64
W[illia]m Clark, s. [Lemuel & Elizabeth], b. Mar. 29, 1805	2	59
-----*, m. Mary **BROWN**, Dec. 4, 1654 *("Joseph **MEAD**" in Huntington's Register)	1	55

MENTOR, Phebe, d. Tho[ma]s & Hannah, b. Feb. 25, 1787   2   79
Richard, s. Thomas & Hannah, b. Nov. 23, 1784   2   79
MERRETT, George*, m. Hannah **RIGHT**, Apr. 9, 1761, by Rev. Noah Wells   *("George **MORRIT**" in Huntington's Register)   1   140
MERWIN, Miles, m. Sarah **SCOFIELD**, Nov. 30, [16   ]   1   113
MESNARD, Anne, m. John **CRAWFORD**, Apr. 5, 1792, by Reuben Scofield   2   73

	Vol.	Page
MIDDLEBROOK, MIDDLEBROOKS, Mary, d. Nathan & Elizabeth, b. Mar. 16, 1753	1	101
Nathan, m. Elizabeth **HOIT**, Nov. 2, 1749, by Rev. Noah Welles	1	101
MILLER, Ann, m. Daniel **YOUNGS**, b. of Stamford, Oct. 20, 1822, by Henry Hoit, Jr.	2	159
Anne, ae 20 yrs., 6 mos., 16 das., m. Horace **WATERBURY**, ae 23 yrs., 3 mos., 19 das., Dec. 18, 1812, in Pound Ridge, by Rev. Richard Andrews	2	123
Caroline, m. Seth **BETTS**, b. of Greenwich, Mar. 13, 1834, by Rev. John Ellis	2	222
Eliza, m. William **TODD**, b. of Stamford, Apr. 29, 1838, by Shaler J. Hillyer	2	250
Ira, m. Easther **FINCH**, b. of Stanwich, Sept. 3, 1828, by Rev. Platt Buffett	2	192
James, of Bedford, m. Eleanor S. **HUBBARD**, of Stamford, Aug. 4, 1840, by Rev. Platt Buffett	2	259
John, s. Jane Loder, b. Oct. 30, 1763	1	150
John, of Utica, m. Rosetta B. **GARNSEY**, of Stamford, Nov. 29, 1830, by Rev. Daniel J. Wright	2	212
Jonathan, m. Rhoda **FINCH**, Apr. 6, 1797, by Rev. Daniel Smith	2	87
Levi, of New York, m. Jane **WEBB**, of Stamford, Nov. 22, 1831, by Rev. A. S. Todd	2	215
Maria L., m. A. J. **BELL**, Jan. 30, 1848, by Rev. J. Jennings	2	292
Mary, m. Moses **BUXTON**, Dec. 11, 1712, by Samuel Hoit, J. P.	1	130
Mehetable, d. [Jonathan & Rhoda], b. July 27, 1798	2	87
Ozias N., of New Haven, m. Lydia Adelia **BUCKHOUT**, of Stamford, Jan. 14, 1849, by Rev. Frederick H. Ayres, of Longridge	2	296
Philip, m. Mary E. **WEED**, Dec. 25, 1828, by Rev. Daniel Smith	2	198
Samuel, m. Julian **LOUNSBURY**, Feb. 26, 1823, by B. Glover	2	163
Sarah, d. John, b. Nov. 10, 1662	1	76
Sarah, m. Jonathan **WEBB**, Apr. 26, 1737, by Sam[ue]ll Hoit, J. P.	1	33
Seeley, s. [Jonathan & Rhoda], b. Feb. 1, 1800	2	87
Seeley, m. Sally **SCOFIELD**, b. of Stamford, June 26, 1831, by Rev. Daniel J. Wright	2	214
Seth, s. [Jonathan & Rhoda], b. Dec. 11, 1801	2	87
Seth, m. Amy **BUXTON**, b. of Stamford, Apr. 24, 1825, by Rev. Henry Fuller	2	178
William, formerly of Bedford, m. Rhua **WEBB**, of Stamford, Oct. 24, 1830, by Daniel J. Wright, Elder	2	208
MILLS, MILL, Abigail, d. Jno & Mary, b. [ ]	1	141
Abigail, d. Jon & Mary, b. Mar. 2, 1719/20	1	132
Abigail, d. George & Abigail, b. Mar. 1, 1765	1	153
Abigail, d. George & Abigail, b. May 10, 1789	2	29
Abram, m. Mary A. **WHITNEY**, b. of Stamford, Aug. 14, 1836, by Rev. John Ellis	2	227
Alexander, s. George & Abigail, b. July 17, 1761	1	140
Alexander, m. Sarah **KNAP[P]**, Oct. 26, 1788, by Charles Webb	2	31
Charles, s. Alexander & Sarah, b. Apr. 17, 1789	2	31
Charles, s. [Alexander & Sarah], d. Oct. 10, 1790	2	31

MILLS, MILL (cont.),

	Vol.	Page
Charles, 2nd, s. [Alexander & Sarah], b. June 22, 1791	2	31
Deborah, d. [Nathaniel & Hannah], b. Sept. 9, 1798	2	45
Deborah, m. Michael **WELCH**, Aug. 29, 1830, by Rev. Daniel Smith	2	210
Ebenezer, m. Mary **GODFRY**, b. of Fairfield, Dec. 25, 1840, by Rev. John Tackaberry	2	259
Finnetta, d. [Nathaniel & Hannah], b. Nov. 10, 1791	2	45
George, m. Abigail **WEED**, Aug. 12, 1760, by Rev. Noah Wells	1	140
George, s. George & Abigail, b. May 3, 1763	1	148-9
George, m. Abigail **HOYT**, Nov. 8, 1787, by Rev. John Avery	2	29
George, s. [George & Abigail], b. Jan. 20, 1793	2	29
Hannah, m. John **SCOFIELD**, 3rd, Mar. 4, 1743/4, by Rev. Ebenezer Wright	1	90
James, s. Jno & Mary, b. [ ]	1	122
James Alexander, s. [George & Abigail], b. Feb. 10, 1806	2	112
John, d. Dec 11, [ ]	1	135
Jno, of Stamford, m. Mary **FOUNTAIN**, d. A[a]ron & Mary (**BEBEE**, d. Samuel, of New London), Oct. 25, 1702, by Major Peter Burr, in Fairfield	1	145
John, s. John & Mary, b. Feb. 20, 1709/10	1	131
John, d. Dec. 1, 1723	1	0
John, m. Tabitha **DIBBLE**, Oct. 30, 1728, by Sam[ue]ll Peck, J. P.	1	12
John Lorenzo, s. [George & Abigail], b. Mar. 22, 1809	2	112
Juliann, d. George & Abigail, b. July 13, 1799	2	112
Maria, d. Sam[ue]ll & Mary, b. May 19, 1791	2	39
Maria Isabella, m. Platt **COZINE**, June 29, 1823, by J. M. Babbet, V. D. M	2	166
Mary, d. John & Mary, b. Nov. 24, 1706	1	131
Mary, m. Joseph **PANGMAN**, Nov. 28, 1729, by Jonathan Hoit, J. P.	1	14
Mary, wid., d. Nov. 19, 1732	1	21
Mary, d. [George & Abigail], b. Dec. 24, 1796	2	29
Nathaniel, m. Hannah **SMITH**, Nov. 26, 1789, by Rev. John Avery	2	45
Polly Smith, d. [Nathaniel & Hannah], b. July 30, 1795	2	45
Rebecca, d. George & Abigail, b. Dec. 9, 1766	1	164
Rebecca, m. Joseph **SMITH**, 3rd, Oct. 2, 1791, by Charles Webb	2	76
Rebecca Almira, d. [George & Abigail], b. Dec. 11, 1803	2	112
Rhoda, d. [Nathaniel & Hannah], b. Apr. 11, 1793	2	45
Richard, his s. [ ], d. Dec. 25, 1660	1	98
Robert, s. Jno & Mary, b. [ ]	1	122
Samuel, m. Mary **WEED**, Aug. 3, 1789, by Rev. John Shephard	2	39
Sarah, d. John & Mary, b. Sept. 27, 1703	1	131
Sarah, d. [George & Abigail], b. Dec. 23, 1790	2	29
Silas, s. [George & Abigail], b. Jan. 3, 1795; d. Feb. 20, 1796	2	29
Theodosia, d. [George & Abigail], b. Dec. 7, 1801	2	112
William, s. John, b. Feb. 26, 1712	1	122

MINOR, Angeline, m. Adam **DIXON**, Dec. 9, 1837, by Rev. Daniel Smith   2   249

	Vol.	Page
MINOR (cont.),		
Catharine, w. [Simeon H.], d. Mar. 29, 1819	2	135
George Albert, s. [Simeon H. & Catharine], b. June 10, 1817	2	135
James Hinman, s. [Simeon H. & Catharine], b. Nov. 17, 1813	2	135
Simeon H., m. Catharine **LOCKWOOD**, May 31, 1812, by Rev. Jonathan Judd	2	135
W[illia]m T., m. Mary C. **LEEDS**, Apr. 16, 1849, by Rev. Ambrose S. Todd	2	298
William Thomas, s. [Simeon H. & Catharine], b. Oct. 3, 1815	2	135
MOEN, Ab[i]ga[i]ll, w. Jacob, d. Nov. 19, 1706	1	135
Jacob*, m. Mrs. Abigaill **SELLECK**, Jan. 11, 1704/5, by John Davenport *(Arnold copy has "Jacob **MARINE**")	1	128
MONDAY, [see under **MUNDAY**]		
MOREHOUSE, MORHOUSE, Ann, d. Joshua & Ann, b. Jan. 16, 1728/9	1	36
Ann, m. Samuel **BATES**, Mar. 19, 1752, by Rev. Mr. Mather	1	191
Anne, m. James **JUDSON**, Nov. 20, 1790, by Rev. John Avery	2	49
Ebenezer, m. Catharine Davenport **WEBB**, Apr. 21, 1825, by Rev. Daniel Smith	2	177
Elizabeth, m. John **AMBLER**, May 12, 1721, by Rev. John Davenport	1	96
Gershom, s. John & Mary, b. June 9, 1750	1	98
John, s. Joshua & Ann, b. Jan. 17, 1726/7	1	36
John, m. Mary **REED**, Nov. about 7th, 1749, by Rev. Moses Mather	1	98
Joshua, s. Joshua & Ann, b. Dec. 7, 1724	1	36
Joshua, Jr., m. Abigail **BISHOP**, Oct. 27, 1746, by Rev. Moses Marther	1	92
Prudence, d. Joshua, Jr. & Abigail, b. Dec. 1, 1750	1	92
Prudence, m. Job **MATTHIAS**, Jan. 5, 1770, by Rev. Mr. Dibble	1	181
Rhoda, m. David **STREET**, Apr. 8, 1788	2	68
Samuel, s. Joshua, b. May 20, 1720, in Elizabeth Town, N. J.	1	149
Sam[ue]ll, s. Joshua, d. Mar. 12, 1744/5	1	65
Sarah, d. Joshua, b. Mar. [ ], [17]	1	149
Sarah, m. Ezekiel **SMITH**, Oct. 3, 1778, by Rev. Ebenezer Dibble	2	30
Sarah, m. Nathan **KNAP[P]**, Jr., July 26, 1787, by Rev. Moses Mather	2	24
Silas, m. Mary A. **FINNEY**, b. of Stamford, Aug. 11, 1832, by Rev. John Ellis. Int. Pub.	2	217
MORGAN, MORGIN, Margret, d. Mary, b. Jan. 16, 1731	1	29
Mary, had d. Margret, b. Jan. 16, 1731	1	29
Russel P., m. Elanor S. **LEWIS**, b. of Bridgeport, July 5, 1852, by Rev. Albert Nash	2	307
Thomas, m. Maria **ROBERTS**, b. of Stamford, Dec. 15, 1839, by Rev. Edward Oldrin	2	256
[**MORRIS**], **MORIS**, Mercy, m. David **WEBSTER**, Dec. 1, 1709, by Justice Hoit	1	124
MORRIT*, George, m. Hannah **RIGHT**, Apr. 9, 1761, by Rev. Noah Wells *(Arnold copy has "George **MERRET**")	1	140

	Vol.	Page

MORSE, [see also **MOSS**], Mary, m. James **PARCETON**, the evening following the 4th day June 1731, by Sam[ue]ll Peck, J. P. 1 19
MOSS, [see also **MORSE**], Mary, d. John & Abigail, b. Mar. [ ], 1712/3 1 132
MOTT, John, m. Abigail **AYRES**, Mar. 1, 1721/22, by Capt. Joseph Bishop, J. P. 1 112
    Jonathan, s. John & Abigail, d. Aug. 14, 1737 1 34
    Phebe, m. Sam **BISHOP**, Jan. 18, 1794, at Jerico, L. I. 2 66
MUNDAY, MONDAY, Nathaniel, s. William & Hannah, b. Nov. 26, 1755 1 113
    Sarah, wid. Nath[anie]l, d. Aug. 14, 1807, in the 57th year of her age 2 32
    Sarah Ann, d. William & Hannah, b. Sept. 5, 1757 1 156-7
    William, m. Hannah **KING**, June 10, 1755, by Rev. Mr. Dibble 1 113
MUNSON, David, m. Pamela **WATERBURY**, b. of Stamford, Jan. 16, 1821, by John Auger, J. P. 2 148
MYERS, Christiania M., of Woodstock, N. Y., m. John E. **BOUTON**, of Stamford, Mar. 19, 1862, by Aaron B. Fancher, J.P. Witness William A. Hoyt 2 296
NASH, NACH, George, of New Canaan, m. Mary Ann **SCOFIELD**, of Stamford, Nov. 13, 1833, by Rev. Henry Fuller 2 220
    Harvey, of Bridgeport, m. Emily **WILMOT**, of Stamford, Nov. 26, 1833, by Rev. Daniel Smith 2 239
    Lidiah*, m. Clemence **YOUNG**, Nov. 19, 1750, in Norwalk, by Rev. Moses Dickenson   *(Arnold Copy has "Lidiah **KNAPP**") 1 88
    Mary Marcy, m. Peter **JAMES**, Mar. 31, 1757, by Rev. Moses Mather 1 125
    Sarah, m. Joseph **WHITING**, Feb. 14, 1760, by Rev. Moses Mather 1 139
NAUDAIN, Lewis, s. Andrew & Susanna, b. Jan. 5, 1714 1 140
NELSON, Letty, of Stamford, m. Alfred **BUSH**, of Greenwich, Aug. 19, 1827, by Rev. Daniel Smith 2 187
NEWKERK, Susannah, m. John **WATERBURY**, Sr., Dec. 21, 1710, by Samuel Peck, J. P. 1 104
NEWMAN, NUMAN, Abigail, d. John & Abigail, was on July 10, 1717, 3 years old 1 140
    Abigail, w. John, d. Oct. 7, 1729 1 13
    Abigail, d. John & Mary, b. Aug. 17, 1739 1 49
    Abigail, d. Isaac & Abigail, b. Oct. 19, 1756 1 121
    Abner, s. Daniel & Sarah, b. July 24, 1748 1 77
    Abraham, s. Nathaniel & Sarah, b. July 8, 1729 1 13
    Abraham, m. Judeth **REYNOLDS**, Jan. 31, 1754, by Rev. Benjamin Strong 1 129
    Abraham, s. Abraham & Judith, b. Jan. 13, 1759 1 134
    Agustus Ralph, s. [Andrew & Mary], b. Jan. 29, 1808 2 95
    Alexander Sylvester, s. [Andrew & Mary], b. July 6, 1806 2 95
    Amos, s. Benjamin & Susanna, b. June 10, 1756 1 132
    Amy, d. Isaac & Abigail, b. Jan. 2, 1758 1 127

	Vol.	Page
NEWMAN, NUMAN (cont.),		
Andrew, s. Stephen & Sarah, b. Dec. 10, 1785	2	11
Andrew, m. Mary **PECK**, Sept. 20, 1805, by Rev. Ammi Rogers	2	95
Ann Eliza, d. [Maltbie & Nancy], b. Feb. 16, 1802	2	97
Ann Eliza, m. Andrew **BISHOP**, b. of Stamford, Feb. 1, 1824, by Rev. Daniel Smith	2	171
Anna, d. [Nathaniell, 2nd & Thankful], b. Feb. 24, 1809	2	113
Anne, m. Nehemiah **SMITH**, Nov. 5, 1769, by Rev. Benjamin Strong	2	16
Arter*, s. Jonathan & Sarah, b. May 8, 1740 *("Austin" in Huntington's Register)	1	55
Benjamin, s. John & Abigail, b. Jan. 22, 1717/18	1	140
Benjamin, m. Susannah **BANKS**, May 20, 1745, by Rev. Benj[a-mi]n Strong	1	75
Benjamin, s. Benjamin & Susannah, b. Feb. 9, 1745/6	1	75
Bethiah, m. Jacob **LOUNSBERY**, Oct. 1, 1774, by Rev. William Seward	2	75
Caleb, s. Dan[ie]ll & Sarah, b. June 16, 1743	1	63
Cate, d. Stephen & Sarah, b. Nov. 2, 1782	2	11
Catharine, m. Cushion **LAPHAM**, Nov. 23, 1808, by Rev. Evan Roger, in Rye, N. Y.	2	117
Catharine, m. Ira **DAVIS**, b. of Stamford, Sept. 14, 1826, by Rev. Henry Fuller	2	182
Charles Edwin, s. [Maltbie & Nancy], b. May 6, 1812	2	97
Clark, s. Israel & Jemima, b. Dec. 5, 1769	1	202
Daniell, s. John & Abigall, b. Oct. 31, 1708	1	129
Daniel, s. Thomas & Hannah, b. May 3, 1728	1	50
Daniel, Jr., m. Sarah **HOIT**, Sept. 27, 1735, by Rev. Benjamin Strong	1	50
Daniel, d. sometime in Sept. 1760, at Saratoga (soldier)	1	138
David, s. Jonathan & Sarah, b. Jan. 17, 1724/5	1	3
Edwin, s. [Nathaniell, 2nd & Thankful], b. June 15, 1803	2	113
Electa, d. [Nathaniell & Martha], b. Dec. 25, 1799	2	29
Electa, m. Andrew **JUNE**, Nov. 19, 1820, by Henry Hoit, 3rd	2	146
Elias, s. Nathaniel, Jr. & Mary, b. May 12, 1756	1	121
Elizabeth, m. Increase **HOLLY**, Apr. 2, 1679	1	113
Elizabeth, m. Daniell **BRIGGS**, Nov. 24, 1704, by Rev. Tho[ma]s Pritchard, of Rye	1	144
Elizabeth, d. Jonathan & Sarah, b. Feb. 2, 1722/3	1	3
Elizabeth, m. Ezra **JANE**, Jan. 13, 1746/7, by Rev. Mr. Benj[ami]n Strong	1	76
Elizabeth, m. Austin **SMITH**, Jr., Jan. 11, 1781, by Rev. W[il-lia]m Seward	2	5
Elizabeth, d. [Nathaniell & Martha], b. Jan. 25, 1797	2	29
Elizabeth, m. W[illia]m H. H. **HATTOCK**, Feb. 24, 1842, by Rev. Ambrose S. Todd	2	270
Elnathan, s. John, 3rd & Mary, b. Oct. 15, 1760	1	140
Emily Gertrude, d. [Maltbie & Nancy], b. Nov. 3, 1809	2	97
Ezra, s. John & Mary, b. Nov. 10, 1733	1	26

NEWMAN, NUMAN (cont.),

	Vol.	Page
Ezra, s. John & Mary, b. June 10, 1737	1	34
Frances L., m. Jeremiah N. **AYRES**, Mar. 12, 1837, by Rev. Ambrose S. Todd	2	243
George, d. June 29, 1744	1	61
George Smith, s. [Maltbie & Nancy], b. Oct. 4, 1801	2	97
Hannah, d. William, b. Jan. 29, 1657	1	20
Hana, d. W[illia]m, b. 11th mo. 29, 1657	1	74
Hannah, m. John **HOLLY**, Apr. 2, 1679	1	54
Han[n]ah, m. John **HOLLY**, Apr. 2, 1679	1	113
Hannah, d. Thomas & Hannah, b. June 22, 1730	1	50
Hannah, m. Joseph **BISHOP**, Feb. 6, 1746/7, by Rev. Benjamin Strong, of Stanwich	1	54
Hannah, d. [Rufus & Polly], b. Nov. 13, 1801	2	119
Henry, s. Nath[anie]ll & Martha, b. May 26, 1789	2	29
Hezekiah, s. [Rufus & Polly], b. May 6, 1800	2	119
Hudson B., of Harpswell, Me., m. Elizabeth A. **ROGERS**, of Stamford, Aug. 25, 1851, by Rev. F. E. M. Barkelor (from W[illia]m Davenport)	2	306
Isaac, s. Nathaniel, b. June 3, 1731	1	29
Isaac, m. Abigail **WEBB**, Mar. 11, 1756, by Rev. Benjamin Strong	1	121
Israel, s. Nathaniel & Sarah, b. Aug. 3, 1743	1	59
Israel, m. Jemima **PECK**, Aug. 14, 1765, by Rev. Benjamin Strong	1	202
Jacob, s. Nathaniel, b. Sept. 1, 1734	1	29
James, s. Nathaniel & Mary, b. Oct. 12, 1749	1	84
James Maltbie, s. [Maltbie & Nancy], b. Nov. 16, 1806	2	97
Jemima, d. Nathaniel, Jr. & Marcy, b. Nov. 3, 1752	1	99
Jemima, m. John **SMITH**, 3rd, Dec. 31, 1797, by Rev. Mr. Buffet	2	69
Jeremiah, s. Thomas & Hannah, b. May 29, 1726	1	50
Jerusha, d. Nathaniel, Jr. & Mary, b. Mar. 25, 1758	1	129
John, m. Abigaill **WATERBURY**, Jan. 29, 1707/8, by Dea. Hoit, J. P.	1	121
John, s. Jno & Abigail, was on Sept. 9, 1717, 7 years old	1	140
John, s. John & Mary, b. June 23, 1735	1	31
John, s, Daniel & Sarah, b. May 28, 1741	1	50
John, s. [Nathaniell & Martha], b. Jan. 16, 1793	2	29
John, s. [Rufus & Polly], b. Feb 23, 1799	2	119
Jonathan, s. William, b. Apr. 21, 1661	1	98
Jonathan, m. Sarah **FINCH**, Dec. 1, 1714, by Sam[ue]l Peck, J. P.	1	106
Jonathan, s. Jonathan & Sarah, b. Aug. 15, 1716	1	140
Jonathan, Jr., m. Sarah **ARTER***, Oct. 12, 1738, in Greenwich, by Rev. Benjamin Strong, of Greenwich *(AUSTIN in Huntington's Register)	1	55
Joshua, s. Samuel & Sarah, b. Apr. 24, 1751	1	94
Judeth, d. Abraham & Judeth, b. Dec. 7, 1754	1	129
Lois, d. Abraham & Judeth, b. Nov. 16, 1756	1	129
Luther, s. [Rufus & Polly], b. Sept. 2, 1807	2	119
Lydia, d. Samuel & Sarah, b. Mar. 7, 1756	1	121
Lydia, d. Israel & Jemima, b. Feb. 18, 1780	1	202

	Vol.	Page
NEWMAN, NUMAN (cont.),		
Maltbie, s. Stephen & Sarah, b. Sept. 1, 1773	1	201
Maltbie, m. Nancy **SMITH,** Aug. 15, 1800, by Rev. Dr. McKnight, of New York	2	97
Martha, w. Nathaniel, d. Jan. 4, 1802	2	29
Mary, d. William, d. 10th mo. 18, 1659	1	98
Mary, d. John & Mary, b. Mar. 18, 1731/2	1	26
Mary, m. Timothy **WHIT[E],** June 30, 174[ ]	1	51
Mary, d. Nathaniel, Jr. & Mary, b. July 19, 1748	1	79
Mary, m. Ebenezer **SMITH,** Jr., July 4, 1753, by Rev. Benjamin Strong	1	117
Mary, d. Israel & Jemima, b. July 12, 1775	1	202
Mary, d. [Nathaniell & Martha], b. Mar. 7, 1795	2	29
Mary Ann, d. [Rufus & Polly], b. Jan. 14, 1798	2	119
Mary Ann, d. [Rufus & Mary], b. Jan. [ ]	2	79
Mary Ann, m. Selah **DANIELS,** Nov. 5, 1820, by Rev. Jonathan Judd	2	145
Mary Catharine, d. [Stephen & Amy], b. Jan. 20, 1807	2	103
Moses, s. Nathaniel, Jr. & Mary, b. Sept. 15, 1754	1	121
Nathaniel, s. Nathaniel & Sarah, b. Apr. 4, 1724	1	6
Nathaniel, Jr., m. Mary **LOUNSBERY,** Nov. 19, 1747, by Nathaniel Pack, J. P.	1	79
Nathaniel, m. Martha **SMITH,** Sept. 10, 1788, by William Fansher	2	29
Nath[anie]ll, 2nd, m. Thankful **SHERWOOD,** [ ], by Reuben Scofield, J. P.	2	113
Patty, d. [Nathaniell, 2nd & Thankful], b. Aug. 11, 1805	2	113
Peter, s. Nathaniel, Jr. & Mary, b. Jan. 29, 1750/1	1	91
Phebe, d. Israel & Jemima, b. Dec. 22, 1783	2	1
Prudence, d. John & Mary, b. Jan. 2, 1749/50	1	86
Reachal, d. John & Mary, b. Apr. 15, 1745	1	65
Rachel, m. James **BUXTON,** Nov. 8, 1767, in Greenwich, by Rev. Mr. Strong	1	178-9
Ralph, s. Stephen & Sarah, b. Oct. 6, 1771	1	201
Rebecca, d. Thomas & Hannah, b. June 2, 1735	1	50
Rebeckah, m. Silvanus **BROWN,** Mar. 5, 1759, by Rev. Noah Welles	1	130-1
Rebecca, d. Stephen & Sarah, b. Oct. 8, 1769	1	201
Rebecca, d. [Stephen & Sarah], b. Nov. 6, 1788	2	11
Rebecca, m. John K. **BISHOP,** Oct. 25, 1812, by Rev. Jonathan Judd	2	122
Rebecca E., m. W[illia]m L. **SMITH,** Oct. 17, 1830, by Rev. A. S. Todd	2	207
Reuben, s. Israel & Jemima, b. Aug. 3, 1777	1	202
Rufus, s. Stephen & Sarah, b. Apr. 11, 1767	1	163
Rufus, m. Mary **KNAP[P],** Apr. 10, 1796, by Rev. Daniel Smith	2	79
Rufus, m. Polly **KNAPP,** Apr. 10, 1796, by Rev. Daniel Smith	2	119
Rufus, s. [Rufus & Polly], b. Nov. 6, 1810	2	119
Rufus, m. Mary H. **PALMER,** b. of Stamford, Jan. 8, 1837, by Rev. Aaron S. Hill	2	228

NEWMAN, NUMAN (cont.),

	Vol.	Page
Sally, d. Stephen & Sarah, b. Apr. 2, 1778	1	201
Sally Ann, m. Lemuel **SHERWOOD**, b. of Stamford, Apr. 15, 1821, by Henry Hoit, 3rd	2	150
Sally Maltbie, d. [Rufus & Polly], b. Oct. 20, 1803	2	119
Sam[ue]ll, m. Sarah **PECK**, Dec. 14, 1748, by Rev. Benjamin Strong, in North Castle	1	84
Samuel, s. Sam[ue]ll & Sarah, b. Sept. 9, 1749	1	84
Sarah, d. Jno & Abigail, was on July 17, 1717, 4 years old	1	140
Sarah, d. Jonathan & Sarah, b. June 13, 1718	1	105
Sarah, d. Nathaniel & Sarah, b. Aug. 24, 1727	1	11
Sarah, m. Zeubud **JUNE**, Aug. 11, 1748, by Rev. Benjamin Strong, of Stanwick	1	77
Sarah, d. Samuel & Sarah, b. July 4, 1753	1	102
Sarah, d. Israel & Jemima, b. Feb. 22, 1773	1	202
Sarah L., m. W[illia]m P. **BROWN**, b. of Stamford, Apr. 25, 1836, by Rev. Ambrose S. Todd	2	231
Sarah M., m. Morris **BISHOP**, June 6, 1830, by Rev. A. S. Todd	2	205
Shuball, s. Benjamin & Susanna, b. June 26, 1750	1	88
Silas, s. Jonathan & Sarah, b. June 7, 1742	1	55
Stephen, s. Thomas & Hannah, b. Jan. 10, 1738/9	1	50
Stephen, m. Sarah **MALTBIE**, Nov. 11, 1766, by Jonathan Maltbie, J. P.	1	163
Stephen, s. Stephen & Sarah, b. Sept. 26, 1775	1	201
Stephen, m. Amy **SMITH**, June 30, 1802, by Ebenezer Davenport, J. P.	2	103
Susanah, [d. Nathaniel & Sarah], b. May 28, 1725	1	6
Thankfull, d. John & Mary, b. Apr. 20, 1743	1	65
Thomas, m. Hannah **JAGGER**, June 20, 1723, by Rev. Mr. Davenport	1	50
Thomas, s. Thomas & Hannah, b. July 24, 1724	1	50
Thomas, d. Sept. 15, 1743	1	68
Thomas, s. Thomas, decd., m. Silence **RIGHT**, d. John, Jan. 10, 1744/5, by Rev. Mr. Strong	1	68
Thomas, of Keacot, d. May 6, 1759	1	132
William, s. Stephen & Sarah, b. Sept. 26, 1780	2	11
William, s. [Stephen & Amy], b. Dec. 10, 1804	2	103
William Drake, s. [Maltbie & Nancy], b. May 16, 1814	2	97
Zadock, m. Rebecca **WEBB**, Mar. 25, 1792, by Rev. John Shepherd	2	45
Zadock, m. Catharine **SHEPHERD**, May 8, 1834, by Rev. Daniel Smith	2	239
Zebulon, s. Samuel & Sarah, b. Sept. 22, 1760	1	138
Zeta, d. [Nathaniell & Martha], b. May 19, 1791	2	29

NICHOLS, NICKLES, Abigail, d. Moses & Sarah, b. Oct. 2, 1789   2   13

Abigail, m. James **HOYT**, Nov. 6, 1813, Rev. Frederick Smith	2	143
Abraham, s. Thomas & Catarenee, b. Dec. 23, 1750	1	102
Abraham, s. Robert & Elizabeth, b. May 20, 1771	1	186
Ann, m. Seth **WEBB**, Jan. 10, 1790, by Charles Webb	2	37

	Vol.	Page

NICHOLS, NICKLES (cont.),

	Vol.	Page
Ann, m. Usal **WEED**, Oct. 2, 1817, in New York, by Rev. James Phettice	2	136
Charles H., m. Betsey **MALLET**, b. of Stamford, Jan. 21, 1849, by Rev. H. F. Pease	2	295
David, s. Robert & Elizabeth, b. Sept. 11, 1774	1	199
Elizabeth, m. John **SCOFIELD**, 4th, Jan. 14, 1773, in Greenwich, by Abraham Davenport, J. P.	1	184
Emeline A., m. Livingstone **COLEGROVE**, b. of Stamford, Sept. 10, 1845, by Rev. Peter C. Oakley	2	280
Epenetus Webb, s. Moses & Sarah, b. Feb. 11, 1787	2	13
Epenetus Webb, m. Rachel **McCORMICK**, Mar. 25, 1810, by Rev. Daniel Smith	2	123
Febe, see under Phebe		
George, s. [Epenetus Webb & Rachel], b. Sept. 22, 1813	2	123
James, Jr., m. Abigail **RUNDELL**, Nov. 23, 1785, by Rev. Robert Morris	2	20
Joseph, s. Robert & Elizabeth, b. Jan. 1, 1761	1	141
Mary, d. Robert & Elizabeth, b. Feb. 8, 1766	1	186
Mary, b. [ ], 1777; m. Robert **CHADEAYNE**, Mar. 16, 1800, by Rev. Daniel Smith	2	105
Mary, m. David **CHICHESTER**, Feb. 17, 1784, by Rev. Justus Mitchell	2	51
Mary, m. William **JUNE**, Jr., Oct. 3, 1794, by Rev. Daniel Smith	2	51
Moses, m. Sarah **WEBB**, Aug. 31, 1786, by Rev. John Avery	2	13
Moses Smith, s. James & Abigail, b. Oct. 14, 1787	2	20
Noah, s. Robert & Elizabeth, b. Feb. 27, 1773	1	186
Phebe*, m. Joshua **KNAP[P]**, Sept. 18, 1791, by Charles Webb *(or "Ruth")	2	62
Phebe, m. Samuel **HOLLY**, May 18, 1800, by Rev. Marmaduke Earl	2	82
Febe, d. Thomas & Catarenee, b. Mar. 4, 1753	1	102
Polly P., m. George **JUNE**, b. of Stamford, Mar. 4, 1850, by Rev. Charles Gorse. Witness Thomas Benedict Caulfields	2	303
Reuel, s. Robert & Elizabeth, b. Nov. 25, 1778	1	199
Robert, s. Robert & Elizabeth, b. Oct. 18, 1768	1	186
Ruth, d. Robert & Elizabeth, b. Aug. 10, 1763	1	186
Ruth, see Phebe NICHOLS	2	62
Samuel, m. Abigail **SMITH**, b. of Stamford, Mar. 11, 1823, by Rev. Daniel Smith	2	164
Sarah, d. Robert & Elizabeth, b. Aug. 10, 1769	1	186
Sarah, m. John **SCOFIELD**, 4th, Jan. 14, 1773, in Greenwich, by Abraham Davenport, J. P.	2	103
Sarah, wid., m. Isaac **SMITH**, Aug. 25, 1800, in New York, by Rev. John O. Kunze	2	117
Sarah R., m. W[illia]m H. **WARREN**, b. of Stamford, Dec. 20, [probably 1843], by George Brown	2	268
Sukey, d. James & Abigail, b. Apr. 17, 1786	2	20
Theodosia, m. Mark **SMITH**, b. of Stamford, Jan. 11, 1830, by		

	Vol.	Page
NICHOLS, NICKLES (cont.),		
Rev. John Ellis	2	204
William, s. [Epenetus Webb & Rachel], b. Nov. 20, 1810	2	123
William G., of Fairfield, m. Maria **HOIT**, of Stamford, July 14, 1833, by Rev. John Ellis	2	219
NORTON, Hugh, d. May 12, 1738	1	35
Hugh*, m. Marcy **CHESSIER**, Mar. 29, 1727/8, by Sam[ue]ll Peck, J. P. *(Arnold copy has "Joshua")	1	12
James, s. Hugh & Marcy, b. May [ ], 1729	1	116
Joshua*, m. Marcy **CHESSIER**, Mar. 29, 1727/8, by Sam[ue]ll Peck, J. P. *("Hugh" in Huntington's Register)	1	12
Mary, m. James **LOCKWOOD**, Sept. 5, 1741, by Jonathan Hoit, J. P.	1	49
Mercy, w. Hugh, d. Mar. 11, 1734	1	28
William, s. Hue & Marcy, d. Aug. 16, 1731	1	19
NOYES, James, s. Ezekial & Keziah, b. Nov. 1, 1757	1	126
NUGENT, Mary E., m. Charles H. **LOCKWOOD**, b. of Stamford, this day, [Nov. 1, 1847], by Rev. J. J. Jennings	2	290
ODELL, Isabell, m. Seymour **JARVIS**, Dec. 22, 1804, at Yonkers, N. Y., by Rev. Elias Cooper	2	94
OGILBY, Robert, m. Elizabeth Mary Ann **TODD**, Oct. 11, 1848, by Rev. Ambrose S. Todd	2	293
OLIVER, William, had s. [ ], b. 9th mo. 19, 1659	1	98
-----ll, s. William, b. Apr. 14, 1662	1	98
ORRY, Anne, of Stratford, m. Samuel **HOLMES**, of Stamford, Nov. 4, 1725, by Jos. Curtice, J. P.	1	5
OSBORN, OSBURN, Abner, m. Marcy **PETTIT**, May 13, 1752, by Abraham Davenport	1	97
Benjamin, s. Abner & Mercy, b. Dec. 16, 1760	1	165
Catharine N., m. E. S. **BENEDICT**, May 25, 1845, by Rev. J. W. Alvord	2	279
David, s. Abner & Mercy, b. Apr. 19, 1765	1	165
Ebenezer, s. Abner & Mary, b. Oct. 24, 1756	1	119
July N., of Stamford, m. Ezra C. **HOYT**, of Danbury, Oct. 15, 1844, by Rev. J. W. Alvord, Jr.	2	275
Mary, d. Abner & Mercy, b. Oct. 3, 1761	1	165
Samuel, s. Abner & Marcy, b. July 14, 1753	1	103
PACK, PACTH, Mary, m. Nathaniel **LOCKWOOD**, Jan. 2, 1742/3, by Samuel Hoit, J. P.	1	57
Quinton, m. Marcy **AMBLER**, Apr. 9, 1746, by Sam[ue]ll Hoit	1	78
Rebeckah, d. Quinton & Marcy, b. July 17, 1748	1	78
Thompson, s. Quinton & Marcy, b. Sept. 28, 1750	1	90
PAGET, Mary J., m. George W. **YOUNGS**, b. of Stamford, May 28, 1843, by Rev. Addison Parker	2	266
PALMER, PALMORE, Catharine, m. Christopher **SHEPERD**, b. of Stamford, Apr. 3, 1831, by Rev. Platt Buffett, of Stanwich	2	213
Eliza Warren, of Stamford, m. Samuel **ROBERTS**, of Greenwich, May 4, 1846, by Rev. Peter C. Oakley	2	284
Finetta M., of Stamford, m. Amaziah E. **BAKER**, of New York,		

	Vol.	Page

PALMER, PALMORE (cont.),
    Nov. 24, 1831, by Rev. Daniel Smith   2   235
Floyd T., m. Julia A. **PALMER**, b. of Stamford, Dec. 17, 1837,
    by Rev. Ambrose S. Todd   2   246
Hannah, d. Samuel & Hannah, b. Dec. 21, 1715   1   140
Hannah, m. Simon **INGERSOLL**, Jan. 17, 1733/4, by Rev. Mr.
    Foot, of Greenwich   1   28
Hannah, d. Seth & Deborah, b. Sept. 22, 1770   2   28
Hannah, m. Isaac **QUINTARD**, Jr., Mar. 20, 1786, by Rev. Benjamin Cole, of Oyster Bay   2   28
Hannah E., m. William **TRAVIS**, Mar. 28, 1830, by Rev. Daniel
    Smith   2   209
Hannah Elizabeth, d. [Squires & Elizabeth], b. July 2, 1811   2   155
Hetty, m. Frederick **PLATT**, Mar. 25, 1810, by Rev. Frederick
    Smith   2   120
James Benjamin, s. [Squires & Elizabeth], b. Jan. 14, 1821   2   155
Jane, had d. Margaretta, b. Mar. 27, 1817   2   132
John Thompson, s. [Squires & Elizabeth], b. Aug. 22, 1809   2   155
Julia A., m. Floyd T. **PALMER**, b. of Stamford, Dec. 17, 1837,
    by Rev. Ambrose S. Todd   2   246
Lois, d. Martha **TRAYNER**, b. Apr. 5, 1756   1   193
Lois, m. William **WATERBURY**, Mar. 29, 1778, by Abraham
    Davenport   2   89
Lounsbery, m. Charity **GORMAN***, Feb. 7, 1808, by Rev. W[illia]m Fisher   *("**GORHAM**" in Huntington's Register)   2   114
Margaretta, d. Jane, b. Mar. 27, 1817   2   132
Mary H., m. Rufus **NEWMAN**, b. of Stamford, Jan. 8, 1837, by
    Rev. Aaron S. Hill   2   228
Mary Hester, d. [Squires & Elizabeth], b. Sept. 2, 1815   2   155
Melton I., of Greenwich, m. Mary Jane **STEVENS**, d. of John,
    of Stamford, Feb. 14, 1845, by W[illia]m H. Holly, J. P.   2   277
Messenger, had servant Jack, s. James & Lucy, servant of wid.
    Mary **HUBBARD**, b. May 16, 1799   2   79
Naomi, m. Samuel **KNAP[P]**, Jr., Nov. 29, 1787, by Rev. Robert
    Morris   2   46
Nathaniel T., m. Maria **ADAMS**, Dec. 24, 1827, by Rev. Daniel
    Smith   2   197
Phebe, d. [Lounsbery & Charity], b. Dec. 6, 1808   2   114
Rebecca Newman, d. [Squires & Elizabeth], b. Feb. 23, 1818   2   155
Sally, m. Daniel **LOCKWOOD**, Apr. 11, 1830, by Rev. Daniel
    Smith   2   209
Sally Ann, d. [Squires & Elizabeth], b. May 5, 1813   2   155
Samuel, m. Hannah **CROSS**, Mar. 31, 1715, by Samuel Peck, of
    Greenwich, J. P.   1   145
Sarah, of Stamford, m. Ebenezer H. **FERRIS**, of Greenwich, July
    4, 1841, by Rev. James M. Stickney   2   262
Sarah, see Sarah **STOCKDALE**   1   162
Squire, m. Mrs. Marianna **DENT**, b. of Stamford, Nov. 26, 1837,
    by Rev. William Biddle   2   245

	Vol.	Page
PALMER, PALMORE (cont.),		
Squires, m. Elizabeth **THOMPSON**, Dec. 14, 1806, by Rev. Daniel Smith	2	155
William Henry, s. [Squires & Elizabeth], b. Oct. 5, 1807	2	155
PANGBORN, Daborah, d. Timothy & Daborah, b. Apr. 29, 1758	1	126
Elizabeth, d. Timothy & Deborah, b. May 17, 1746	1	69
Hannah, d. Timothy & Deborah, b. Dec. 22, 1743	1	66
Noah, s. Timothy & Deborah, b. Dec. 18, 1750	1	89
Richard, s. Timothy & Deborah, b. Mar. 7, 1754	1	105
Sarah, d. Timothy & Deborah, b. Oct. 18, 1748	1	78
Stephen, s. Timothy & Deborah, b. June 27, 1756	1	105
Stephen, s. Timothy & Daborah, b. July 6, 1756	1	124
Timothy, m. Deborah **YOUNGS**, Oct. 15, 1742, in Kint, by Sam[ue]ll Lewis, J. P.	1	66
PANGMAN, Joseph, m. Mary **MILLS**, Nov. 28, 1729, by Jonathan Hoit, J. P.	1	14
PARDEE, PARDY, PARDAY, PERDY, David, s. Joseph & Elizabeth, b. Dec. 2, 1738	1	38
Elizabeth, d. Joseph & Elizabeth, b. Aug. 26, 1728	1	12
Elizabeth, d. Joseph & Elizabeth, d. May 10, 1730	1	21
Elizabeth, d. Joseph & Elizabeth, b. Apr. 24, 1734	1	26
Elizabeth, d. Joshua & Elizabeth, b. Sept. 22, 1763	1	151
Elizabeth, d. John & Sarah, b. Aug. 19, 1773	1	193
Ezra, s. John & Sarah, b. Aug. 8, 1775	1	193
John, s. Joseph & Elizabeth, b. May 28, 1737	1	34
John, m. Sarah **WEBB**, Jan. 23, 1767, by Rev. Mr. Wells	1	158
John, s. John & Sarah, b. June 20, 1770	1	178-9
John, Jr., m. Betsey **KNAP[P]**, Sept. 19, 1793, by Rev. Daniel Smith	2	44
Joseph, m. Elizabeth **FERRIS**, the night following the 25th day Dec. 1723, by Joseph Bishop	1	1
Joseph, s. Joseph & Elizabeth, b. Jan. 4, 1725/6	1	9
Joseph, s. Joseph & Elizabeth, d. Nov. 1, 1745	1	79
Joshua, s. Joseph & Elizabeth, b. May 9, 1730	1	21
Joshua, m. Elizabeth **WEBB**, Jan. 13, 1763, by Rev. Mr. Wells	1	151
Mary, d. Joseph & Elizabeth, b. Sept. 23, 1724	1	9
Mary, d. John & Sarah, b. June 16, 1768	1	166
Nathan, s. Joseph & Elizabeth, b. June 23, 1732	1	21
Nathaniel, s. Joseph & Elizabeth, b. Oct. 5, 1740	1	46
Sarah, d. John & Sarah, b. Nov. 1, 1766	1	158
PARKETON, PARKETING, PECKETING, PERETING, Ann, d. James & Mary, b. Apr. 7, 1732; d. same mo. 26th da.	1	20
Ann, d. James & Mary, b. Apr. 1, 1736	1	52
Ann, d. James & Mary, b. July 26, 1736	1	52
Bashebah, child James & Mary, b. Feb. 10, 1734/5	1	52
Denne, s. James & Mary, b. Oct. 2, 1739	1	52
James, m. Mary **MORSE**, the evening following the 4th day June 1731, by Sam[ue]ll Peck, J. P.	1	19
James, s. James & Mary, b. Sept. 11, 1737	1	52

STAMFORD VITAL RECORDS

	Vol.	Page
PARKETON, PARKETING, PECKETING, PERETING (cont.),		
James, s. Denne & Hannah, b. May 1, 1775	2	66
Jesse, child James & Mary, b. June 28, 1744	1	76
John, s. James & Mary, b. Apr. 14, 1741	1	52
John, s. Denne & Hannah, b. Feb. 26, 1777	2	66
Martha, d. Noah & Martha, b. Aug. 13, 1769	1	178-9
Mary, d. James & Mary, b. Sept. 8, 1733	1	23
Mary, d. James & Mary, b. Sept. 8, 1733	1	52
Mary, d. Noah & Jane, b. June 12, 1766	1	163
Mary, w. Noah, d. sometime in Nov. 1767	1	163
Noah, s. James & Mary, b. Jan. 29, 1745/6	1	76
Noah, m. Jane **POTTS**, June or July [ ], 1765, by Rev. Mr. Eells	1	163
Susannah, d. James & Mary, b. Nov. [ ], 1747	1	76
Susannah, m. Reuben **SMITH**, [ ], 1768, by Rev. Mr. Eells	1	177
PAYNE, Augustus Wellington, of New York, m. Anne Virginia **QUINTARD**, of Stamford, Nov. 20, 1850, by Rev. Ambrose S. Todd	2	304
PECK, Abigail, b. Feb. 5, 1748; m. Nathaniel **SMITH**, Jr., Jan. 26, 1769, in Greenwich, by Rev. Ebenezer Davenport	2	101
Ann, m. James **SCOFIELD**, b. of Stamford, Nov. 6, 1844, by Rev. Addison Parker	2	273
Caroline, d. [Ebenezer & Elizabeth], b. Aug. 5, 1802; d. Jan. 8, 1804	2	128
Ebenezer, b. Mar. 22, 1771, in Greenwich; m. Elizabeth **RAYMOND**, Nov. 8, 1799, in Norwalk, by Rev. Moses Mather	2	128
Edmond, s. [Ebenezer & Elizabeth], b. May 9, 1812	2	128
Elizabeth, m. John **CHIGSTON***, Feb. 27, 1734/5, by Jonathan Hoit, J. P. *("**CLUXTON**" in Huntington's Register)	1	28
Elizabeth, m. John **CLUGSTON**, Feb. 27, 1734/5, in Greenwich, by Jonathan Hoit, J. P.	1	42
Elizabeth, m. Agustus **LOCKWOOD**, Jan. 1, 1800, by Rev. Daniel Smith	2	100
Elizabeth, d. [Ebenezer & Elizabeth], b. May 2, 1808; d. May 2, 1808	2	128
Frederick, of Greenwich, m. Sarah B. **HOYT**, of Stamford, Sept. 25, 1831, by Rev. Daniel Smith	2	234
George, of Greenwich, m. Sarah Jane **CRABB**, of Stamford, Mar. 2, 1840, by Rev. Edward Oldrin	2	258
Hannah, m. Ezra **LOCKWOOD**, Oct. 18, 1795, by Rev. Abner Benedict	2	54
Jemima, m. Israel **NEWMAN**, Aug. 14, 1765, by Rev. Benjamin Strong	1	202
John A., m. Jane A. **HOBBIE**, Oct. 31, 1847, by Rev. W[illia]m B. Hoyt	2	289
Julia, m. William A. **LOCKWOOD**, b. of Stamford, Jan. 20, 1831, by Rev. Daniel Smith	2	233
Julia Ann, d. [Ebenezer & Elizabeth], b. Apr. 10, 1805	2	128

	Vol.	Page
PECK (cont.),		
Lucretia, of Stamford, m. Edward H. **TAYLOR**, of Northampton, Mass., Dec. 4, 1851, by Rev. J. J. Twiss. Int. Pub.	2	306
Mary, m. Charles **BELDING**, Jan. 26, 1748/9, in Greenwich, by Nathaniell Peck, J. P.	1	80
Mary, m. Hezekiah **KNAP[P]**, Sept. 7, 1775, by Rev. Mr. Murdock, in Greenwich	2	104
Mary, m. Andrew **NEWMAN**, Sept. 20, 1805, by Rev. Ammi Rogers	2	95
Nancy, d. [Ebenezer & Elizabeth], b. Oct. 9, 1800	2	128
Nancy, m. Edwin **LOUNSBURY**, b. of Stamford, Feb. 12, 1823, by Rev. Daniel Smith	2	162
Ruth, m. Nehemiah **HOIT**, Nov. 25, 1742, Rev. Ebenezer Wright	1	56
Sarah, m. Sam[ue]ll **NEWMAN**, Dec. 14, 1748, in North Castle, by Rev. Benjamin Strong	1	84
Sarah, m. Zaccheas **GARNSEY**, May 6, 1766, by Jonathan Maltbie, J. P.	1	176
Stephen, m. Susan A. **DOTY**, Dec. 23, 1847, by Rev. Aaron Rogers	2	291
PECKETING, [see under **PARKETON**]		
PELTON, Hannah, d. Samuel & Rebecca, b. July 1, 1768	1	177
John, s. Samuel & Rebecca, b. Feb. 27, 1766	1	177
Richard, s. Sam[ue]ll & Rebecca, b. May 24, 1779	2	60
Robert, s. Robert & Rebecca, b. Jan. 4, 1764	1	154
Robert, s. Samuel & Rebecca, b. Mar. 15, 1771	1	177
Robert, s. Sam[ue]ll & Rebecca, b. Mar. 15, 1771	2	60
Samuel, s. Robert & Martha, b. Dec. 21, 1739	1	55
Samuel, m. Rebecca **HOLMES**, Feb. 17, 1763, by Col. Jonathan Hoit, J. P.	1	148-9
Samuel, s. Sam[ue]ll & Rebecca, b. Oct. 11, 1776	2	60
Sarah, d. Robert & Martha, b. Sept. 3, 1742	1	55
Sarah, d. Robert & Martha, b. June 19, 1744	1	71
William, s. Robert & Martha, b. Feb. last day, 1746/7	1	71
PENDELL, William, of New York, m. Elizabeth **SMITH**, of Stamford, Sept. 2, 1833, by Rev. Daniel Smith	2	239
PENNE, [see also **PERRINE**], Benjamin*, m. Sarah **JUDSON**, Oct. 11, 1796, by Rev. Daniel Smith *(Given as "Benjamin **PERRINE**" in Huntington's Register)	2	107
PENOYER, PAYNOYR, PENIOYNE, PENNOYER, PENOIR, PINOYR, BENOYER, Abigail, d. Thomas, b. 8th mo. 13, 1686	1	102
Abigail, d. John & Abigail, b. Apr. 27, 1730	1	16
Abigail, d. Sam[ue]ll & Theophilus*, b. Sept. 2, 1730 *(Theophila)	2	11
Abigail, w. John, d. Apr. 12, 1737	1	33
Abigail, m. Hezekiah **BOUGHTON**, Oct. 12, 1749, by Rev. Robert Silliman	2	11
Abigail, d. Sam[ue]ll & Abigail, b. Sept. 7, 1756	1	161
Abigail, d. [Isaac & Susanna], b. May 31, 1789	2	70

	Vol.	Page

PENOYER, PAYNOYR, PENIOYNE, PENNOYER, PENOIR, PINOYR, BENOYER (cont.),

	Vol.	Page
Abraham, s. Sam[ue]ll & Martha, b. Jan. 30, 1764	1	161
Alanson, s. [Isaac & Susanna], b. Dec. 6, 1787	2	70
Amos, s. Robert, b. Mar. 29, 1658	1	20
Amos, m. Sarah **BUXSTON**, Apr. 14, 1766, by Col. Jonathan Hoit, J. P.	1	155
Charity, d. Sam[ue]ll & Abigail, b. Feb. 4, 1746	1	161
David, s. Ruben & Palinipey*, b. Mar. 24, 1734/5 *(Penelope)	1	29
Elizabeth, d. Ruben & Palinipey, b. Oct. 27, 1729	1	29
Elizabeth, d. John & Elizabeth, b. Oct. 20, 1744	1	56
Elizabeth, m. Aaron **WEED**, Jan. 11, 1764, by Rev. Mr. Wells	1	152
Gould Selleck, s. Sam[ue]ll & Abigail, b. Jan. 16, 1748	1	161
Hannah, d. Sam[ue]ll & Martha, b. Dec. 6, 1766	1	161
Hannah, d. [Isaac & Susanna], b. Sept. 4, 1792	2	70
Henry, s. [Isaac & Susanna], b. Jan. 12, 1777	2	70
Isaac, s. Sam[ue]ll & Abigail, b. Nov. 28, 1751	1	161
Isaac, m. Susanna **BISHOP**, Aug. 24, 1774[sic], by Benjamin Weed	2	70
Israel, s. John & Elizabeth, b. Mar. 6, 1742/3	1	57
Jacob, s. John & Elizabeth, [b.] July 23, 1740	1	43
Jacob, s. [Isaac & Susanna], b. Sept. 12, 1779	2	70
Jesse, s. [Isaac & Susanna], b. Dec. 6, 1775	2	70
John, s. Thomas, b. May 26, 1698	1	131
John, m. Abigail **FERRIS**, Apr. 15, 1725, by Rev. John Davenport	1	4
John, s. John & Abigail, b. Dec. 19, 1727	1	16
John, m. Elizabeth **BISHOP**, Feb. 10, 1737/8, by Jonathan Hoit, J. P.	1	34
John, s. [Isaac & Susanna], b. June 16, 1781	2	70
Jonathan, s. Sam[ue]ll & Theophila, d. Feb. 4, 1726/7	1	7
Jonathan, s. John & Abigail, b. Sept. 26, 1732	1	23
Joseph, s. John & Abigail, b. Sept. 24, 1734	1	27
Lewis, s. [Isaac & Susanna], b. May 25, 1774[sic]	2	70
Lewis, m. Abigail **CLAUSON**, b. of Stamford, Dec. 31, 1822, by Rev. Henry Fuller	2	161
Lidia, d. Thomas & Lidia, b. Feb. 9, 1709/10	1	125
Lidia, w. Thomas, d. Feb. 9, 1709/10	1	125
Lydia, d. Sam[ue]ll & Theophilee, b. Apr. 15, 1724	2	83
Lydiah, d. Reuben & Penelope, b. June 12, 1747	1	74
Lydia, m. Nathaniel **BOUTON**, Apr. 15, 1755, by Rev. Robert Silliman	2	83
Martha, d. Robert, b. Sept. 26, 1664	1	76
Martha, m. Henery **RICH**, 10th mo. 21, 1680	1	101
Mary, d. Robert, b. Nov. 25, 1660	1	98
Mary, d. Thomas, b. Nov. 22, 1688	1	131
Mary, m. Benjamin **WEED**, Feb. 27, 1706/7, by Capt. Selleck, J. P.	1	121
Mary, d. John & Elizabeth, b. Aug. 1, 1744	1	62

	Vol.	Page
PENOYER, PAYNOYR, PENIOYNE, PENNOYER, PENOIR, PINOYR, BENOYER (cont.),		
Mellesent, d. Thomas, b. Apr. 13, 1691	1	131
Mellesent, m. Jonathan **HOIT**, Apr. 1, 1710, by Samuel Hoit, J. P.	1	124
Millesent, d. Sam[ue]ll & Abigail, b. Feb. 5, 1750	1	161
Mercy, d. Thomas, b. Sept. 28, 1693	1	131
Mercy, m. Eliphalet **HOLLY**, [ ], 1714, by Rev. Mr. Davenport	1	145
Penelopy, d. Reuben & Penelopy, b. July 10, 1737	1	45
Polly, d. [Isaac & Susanna], b. Jan. 25, 1783; d. Sept. 28, 1783	2	70
Polly, d. [Isaac & Susanna], b. Mar. 8, 1785; d. Feb. 8, 1786	2	70
Reuben*, m. Penelophy **RENALS**, Nov. 6, 1728, by Sam[ue]ll Peck, J. P. *(Written "Reuben **PENIOYNE**")	1	12
Reuben, s. Reuben & Penelepy, b. Sept. 22, 1742	1	58
Rhoda, d. Sam[ue]ll & Martha, b. Sept. 25, 1765	1	161
Samuel, s. [Thomas & Anne], b. Oct. 7, 1687	1	188
Samuel, s. Thomas, b. Apr. 3, 1696	1	131
Samuel, m. Theophola **SELLECK**, Feb. 25, 1719, by Rev. John Davenport	1	96
Samuel, m. Theophila **SELLECK**, Feb. 25, 1720	1	168
Samuel, s. Samuell & Theophila, b. Nov. 18, 1720	1	132
Samuel, s. Samuel & Theophila, b. Nov. 18, 1720	1	168
Samuel, m. Abigail **LOCKWOOD**, Sept. 13, 1744, by Jon[a]th[an] Hoit	1	64
Sam[ue]ll, s. Sam[ue]ll & Abigail, b. Aug. 24, 1754	1	161
Samuel, d. June 5, 1761	1	168
Samuel, m. Martha **LEEDS**, Nov. 11, 1762, by Rev. Mr. Wells	1	161
Samuel, m. Parnel **TUTTLE**, May 23, 1776, by Rev. Isaac Lewis	2	70
Samuel, d. Mar. 13, 1782	2	48
Samuel, s. [Isaac & Susanna], b. July 21, 1784	2	70
Sarah, m. John **FINCH**, June 14, 1750, by Rev. Robert Silliman	1	87
Thomas, m. Lidde **KNAP[P]**, May 22, 1685	1	101
Tho[ma]s, s. Robert, b. 4th mo. 29, [16]58	1	74
Thomas, m. Anne **RICH**, Sept. 16, 1686	1	188
Thomas, d. Nov. 21, 1724	1	0
Thomas, d. the night following the 21st day Nov., 1724	1	3
Thomas, s. Ruben & Palinipey*, b. July 24, 1732 *(Penelope)	1	29
William, s. Reuben & Penelope, b. Feb. 15, 1744/5	1	67
William, s. Reuben & Penelope, b. Feb. 15, 1744/5	1	70
Ziporah, d. Reuben & Penelopy, b. Jan. 27, 1739/40	1	45
PEREMENT, Elizabeth, m. Stephen **CLAYSON**, 11th mo., 11, 1654	1	18
PERETING, [see under **PARKETON**]		
PERRINE, Benjamin, m. Sarah **JUDSON**, Oct. 11, 1796, by Rev. Daniel Smith	2	107
Benjamin, s. [Benjamin & Sarah], b. Feb. 28, 1799	2	107
Hannah, d. Joseph & Bethiah, b. Dec. 2, 1759	1	135
John Roberts, s. [Benjamin & Sarah], b. July 13, 1797	2	107
Julian, d. [Benjamin & Sarah], b. June 15, 1803	2	107

STAMFORD VITAL RECORDS 193

	Vol.	Page
PERRINE (cont.),		
Mary Catharine, d. [Benjamin & Sarah], b. Jan. 15, 1812	2	107
Robert Simpson, s. [Benjamin & Sarah], b. Mar. 29, 1809	2	107
Sally, d. [Benjamin & Sarah], b. May 1, 1801	2	107
Sophia, d. [Benjamin & Sarah], b. Mar. 14, 1805	2	107
William, s. Benjamin & Sarah], b. Feb. 6, 1807	2	107
PERRY, David, s. John & Mary, b. Oct. 16, 1709	1	125
Elizabeth, d. John & Mary, b. Jan. 26, 1707/8	1	131
John, m. Mary **GREEN**, Apr. 10, 1707, by Capt. Selleck, J. P.	1	121
Mary, d. John & Mary, b. Oct. 4, 1711	1	130
Mary, w. John, d. Oct. 12, 1714	1	126
Mary Elizabeth, d. William & Ann, b. Nov. 23, 1830	2	30
PERVARCE, [see under **PROVOST**]		
PETTET, PETTIT, PETET, Abel, s. John & Marsy, b. Nov. 29, 1739	1	41
Abigail, d. Jonathan & Hannah, [ ], Oct. 2, 1732	1	22
Ann, d. Jno & An[n], b. Apr. 27, 1708	1	84
Ann, d. John & Ann, 2nd w., b. Apr. 27, 1708	1	131
Ann, wid. Jno, d. Jan. 26, 1719/20	1	138
Beatilia*, d. John & Mercy, b. Oct. 13, 1733 *(Bethia?)	1	24
Bethia, d. John & Mary, b. Oct. 13, 1733	1	88
Bethiah, m. William **MATTHIAS**, Oct. 22, 1769, by Rev. Mr. Mather	1	189
David, s. John, b. July 20, [16]	1	19
David, s. John, b. July 20, 1654	1	55
David, s. John, b. 5th mo. 28, [16]57	1	64
David, d. Oct. 21, 1726	1	6
Debrow, d. 9th mo. 7, [16]57	1	20
Ebenezer, b. Jan. 17, 1700/1	1	84
Ebinezer, s. John & Mary, b. Jan. 17, 1700/1	1	131
Ebenezer, m. Susannah **SEELEY**, Jan. 1, 1729, by Jonathan Hoit, J. P.	1	14
Ebenezer, d. Feb. 3, 1731/2	1	20
Elizabeth, m. Nathaniel **SCOFIELD**, Jan. 21, 1713/4, by Joshua Knapp, J. P.	1	129
Elizabeth, d. Jonathan & Hannah, b. Apr. 8, 1735	1	30
Enos, s. John & Marcy, b. July 4, 1744	1	62
Hannah, d. Jonathan & Hannah, b. Mar. 14, 1716/17	1	149
Hannah, d. Oct. 10, 1739	1	42
Hannah, d. John & Hannah, b. Mar. 18, 1749/50	1	86
Hezekiah, s. John & Marcy, b. Sept. 8, 1746	1	70
Jeames, s. Jonathan & Hannah, b. Mar. 24, 1725	1	5
Joel, s. John & Marcy, b. June 4, 1742	1	55
John, m. Mary **BAT[E]S**, Oct. 4, 1693	1	96
Jno, [b.] Mar. 8, 1694/5	1	84
John, s. John & Mary, b. Mar. 8, 1694/5	1	131
John, m. Ann **GOOLD**, b. of Stamford, Jan. 16, 1706/7, by Rev. John Davenport	1	128
John, d. Dec. 17, 1715	1	126

	Vol.	Page

PETTET, PETTIT, PETET (cont.),

	Vol.	Page
John, s. Jonathan & Hannah, b. Feb. 7, 1720/1	1	149
John, m. Marcy **BISHOP**, the evening following the 10th day of July, 1729, by Joseph Bishop, J. P.	1	13
John, s. John & Mary, b. July 19, 1735	1	29
Jonathan, s. John, b. Feb. 23, [16]	1	19
Jonath[an], b. Oct. latter end, 1693	1	84
Jonathan, s. John & Mary, b. Oct. latter end, 1693	1	131
Jonathan, s. Jonathan & Hannah, b. Feb. 27, 1718/19	1	149
Marcy, d. Jonathan & Hannah, b. July 22, 1730	1	17
Marcy, m. Abner **OSBEN**, May 13, 1752, by Abraham Davenport	1	97
Mary, w. John, d. Oct. 23, 1702	1	131
Mary, d. Jno & An[n], b. Mar. 19, 1711	1	84
Mary, d. John & Ann, b. Mar. 19, 1711	1	127
Mary, d. Jonathan & Han[n]ah, b. Mar. 6, 1722/3	1	0
Mary, d. John & Mercy, b. Apr. 18, 1730	1	16
Mary, m. John **BOUTON**, Feb. 18, 1731/2, by Jonathan Hoit, J. P.	1	20
Mary, m. Ebenezer **WO[O]STER**, Nov. 22, 1748, by Rev. Moses Mather	1	88
Mary, m. Asael **GREEN**, Aug. 18, 1755, by Rev. Moses Mather	1	119
Mercy, d. John & Ann, d. Dec. 15, 1712	1	126
Sam[ue]ll, b. Feb. 21, 1698/9	1	84
Samuell, s. John & Mary, b. Feb. 21, 1698/9	1	131
Sam[ue]ll, s. John & Mary, b. Oct. 20, 1737	1	34
Samuel, d. Apr. 7, 1729	1	12
Sarah, d. John, b. 6th mo. 27, [16]66	1	100
Sarah, b. Feb. 8, 1696/7	1	84
Sarah, d. John & Mary, b. Feb. 8, 1696/7	1	131
Sarah, m. David **WEED**, May 31, 1723, by Joseph Bishop, J. P.	1	0
Sarah, d. Jonathan & Hannah, b. July 1, 1727	1	9
Susannah, d. Ebenezer & Susannah, b. Oct. 24, 1730	1	17
Susannah, m. Benjamin **BISHOP**, Apr. 5, 1739, by Jonathan Hoit, J. P.	1	38
Susannah, m. Nehemiah **WEED**, Apr. 5, 1750, by Rev. Noah Welles	1	86
-----ry, w. John, d. 3 mo. 20, 1657	1	19
-----*, m. Sarrah **SCOFIELD**, 5th mo. 13, [16]65 *(John?)	1	100
-----m, s. John, b. 8th mo. 26, [16]68	1	100
----el, s. John, b. 6th mo. 20, [16]72	1	100
---rey, d. John, b. 9th mo. 5th, [16]74	1	100
PHELPS, Mary, m. John **COPP**, Mar. 16, 1698	1	104
Mary, wid. of Ephraim, m. John **COPP**, Mar. 15, 1697/8	1	122
PHILIPS, Frances, m. Prince **WARING** (colored), Oct. 30, 1831, by Rev. Daniel Smith	2	234
PICKIT, David, m. Sarah **LEWIS**, Mar. 18, 1769, by Rev. Mr. Dibble	1	171
Gould, s. David & Sarah, b. Feb. 4, 1770	1	171
Hannah, d. David & Sarah, b. July 25, 1771	1	182-3
John Lewis, s. David & Sarah, b. July 9, 1773	1	182-3
Mary, m. Joshua **HOIT**, Mar. 16, 1698	1	104

	Vol.	Page
PIERSON, Susana, m. Jonathan **BELL**, Oct. 31, 1672	1	108
Susana, m. Benjamin **BISHOP**, 6th mo. 24, 1696	1	104
PLATT, PLACTT, Amanda, m. Edwin **LOCKWOOD**, b. of Stamford, Jan. 2, 1831, by Rev. Henry Fuller	2	213
Frederick, m. Hetty **PALMER**, Mar. 25, 1810, by Rev. Frederick Smith	2	120
Joseph Youngs, s. Stephen & Jane, b. [ ], 1762	1	177
Sarah Elizabeth **FERRIS**, Mrs., m. Samuel Hoit **REYNOLDS**, b. of Stamford, Jan. 19, 1848, by Rev. Frederick H. Ayres, of Longridge	2	291
Stephen, m. Tamar **YOUNGS**, Dec. 31, 1757, by Rev. Moses Mather	1	126
Stephen, m. Jane **ROGERS**, Aug. 31, 1760	1	177
Tamar, d. Stephen & Jane, b. Dec. 12, 1764	1	177
POND, Abigail, d. Nathaniel, b. Apr. 18, 1698	1	131
Elizabeth, d. Nathaniel, b. Nov. 22, 1699	1	131
Elizabeth, w. Nathaniel, d. May 11, 1711	1	131
Elisabeth, d. Nat[han], d. Dec. 17, [ ]	1	135
Han[n]ah, d. Nathaniell & Elizabeth, b. Feb. 13, 1702/3	1	131
Han[n]ah, d. Nat[han], d. Dec. 28, [ ]	1	135
Israel, s. Nathaniel & Sarah, b. Dec. 7, 1714	1	133
Israel, s. Nathaniel & Sarah, d. Apr. 3, 1715	1	132
Josiah, s. Nathaniel, b. June 13, 1701	1	131
Naomi, d. Nathaniel & Elizabeth, b. Mar. 22, 1704/5	1	131
Naomy, m. Abraham **WEED**, Jan. 11, 1707/8, by Rev. John Davenport	1	9
Nathaniel, m. Mrs. Sarah **FERRIS**, Sept. 20, 1711, by Rev. Mr. John Davenport	1	129
Nathaniel, s. Nathaniel & Sarah, b. Nov. 18, 1712	1	129
Nathaniel, d. Aug. 23, 1716	1	138
Sarah, w. Nathaniel, d. Jan. 5, 1715/6	1	126
POPINO, Sherlote, m. Samuel **SEELEY**, May 13, 1709, by Samuel Hoit, J. P.	1	136
PORTER, Abigail Jane, m. James Henry **LEEDS**, Jan. 3, 1847, by Rev. Ambrose S. Todd	2	286
Daniel, d. the evening following the 13th day of Feb., 1728/9	1	12
Daniel, m. Rebecca A. **WILMOT**, Dec. 28, 1828, by Rev. Daniel Smith	2	199
Rebecca Ann, m. Robert **BROOKS**, of New York, July 2, 1837, by Rev. Daniel Smith	2	248
POTTER, John, m. Sarah **SELLECK**, Aug. 30, 1698	1	104
Sarah, Mrs., m. Jonathan **MALTBIE**, Sept. 25, 1719, in Stamford, by Rev. John Davenport, of Stamford	1	96
POTTS, Betsey, d. David & Hannah, b. Aug. 1, 1775	1	191
Betsey, m. James **WATERS**, Mar. 10, 1829, by Rev. Farnum Knowlton	2	200
Hannah, d. David & Hannah, b. Jan. 22, 1763	1	148-9
Jane, m. Noah **PARKETON**, June or July [ ], 1765, by Rev. Mr. Eells	1	163

	Vol.	Page

POTTS (cont.),

Rebeckah, m. John **AYRES**, Apr. 6, 1749, by Jonathan Maltbie	1	84
Sarah, m. Jacob **STEVENS**, Jan. 1, 1768, by Rev. Mr. Elles	1	200
Thomas, m. Hannah **GARNSEY**, Jan. 1, 1735/6, by Samuel Hoit, J. P.	1	30

POWELL, Ann, m. Jonathan **CRISSEY**, b. of Stamford, Dec. 15, 1705, by Rev. John Davenport   1   128

POWERS, Kezia, m. Enos **WEED**, 3rd, Nov. 13, 1793   2   66

PRICE, Laura S., of Stamford, m. Seth S. **BOUTON**, of Norwalk, Jan. 21, 1852, by Rev. J. J. Twiss. Int. Pub.   2   306

William, of Norwalk, m. Deborah Ann **TRYON**, of Darien, Jan. 13, 1828, by Rev. John Ellis   2   190

PRIGTER*, Abiga[i]ll, m. Daniell **BUR[R]**, Feb. [   ], 166[   ]
*(Arnold copy has "**BRUSTER**")   1   113

PRINDLE, Mary, m. Jacob **STEVENS**, Sept. 11, 1771, by Rev. John Beach   1   200

PROVOST, PROVORST, PROVORSE, PROVAST, PERVARCE, PROVEST, Caroline M., m. Ebenezer **WILMOTT**, July 20, 1841, by Rev. E. S. Raymond, of Troy, N. Y.   2   262

Charles Edward, s. [William & Lidia], b. Aug. 15, 1813	2	113
Daniel, m. Elizabeth **BISHOP**, Feb. 17, 1784, by Rev. John Avery	2	102
Elizabeth, d. [Daniel & Elizabeth], b. July 3, 1787	2	102
Elizabeth, b. July 3, 1787; m. Benjamin **WARING**, Nov. 26, 1806, by Reuben Scofield, J. P.	2	107
Harriet Elizabeth, d. [William & Lidia], b. Dec. 31, 1815	2	113
Harry, s. Sam[ue]ll & Abigail, b. Sept. 22, 1791	2	38
Henry Sylvester, s. [William & Lidia], b. May 26, 1818	2	113
John, of Poundridge, N. Y., m. Sally M. **CURTISS**, of Stamford, Feb. 3, 1824, by Rev. Henry Fuller	2	170
John Y., of Bridgeport, m. Mary **WILMOT**, of Stamford, Nov. 24, 1834, by Rev. Daniel Smith	2	240
John Youngs, s. [William & Lidia], b. Oct. 13, 1811	2	113
Levi, s. [Daniel & Elizabeth], b. Feb. 26, 1790	2	102
Lydia, d. [Daniel & Elizabeth], b. Nov. 23, 1794	2	102
Lydia, m. Daniel **LOCKWOOD**, b. of Stamford, Apr. 14, 1839, by Thomas Brewer	2	253
Mary, m. Joshua **KNAPP**, b. of Stamford, Jan. 23, 1840, by Rev. Edward Oldrin	2	257
Samuel, m. Sarah **BISHOP**, Jan. 5, 1764, by Col. Jonathan Hoit, J. P.	1	150
Samuel, m. Abigail **WATERBURY**, Feb. 16, 1789, by Ebenezer Lockwood	2	38
Stephen, of Poundridge, m. Betsey **CURTISS**, of North Stamford, [Sept.] 14, [1829], by Rev. Henry Fuller	2	203
Stephen B., s. [Daniel & Elizabeth], b. Apr. 23, 1792	2	102
Stephen B., m. Catharine **TILLMAN**, b. of Stamford, Apr. 5, 1821, by Rev. Daniel Smith	2	149
Thomas, of Poundridge, m. Almira **STEVENS**, of North Stamford, [Sept.] 15, [1829], by Rev. Henry Fuller	2	204

	Vol.	Page
PROVOST, PROVORST, PROVORSE, PROVAST, PERVARCE, PROVEST (cont.),		
William, s. [Daniel & Elizabeth], b. Mar. 9, 1785	2	102
Willi[a]m, m. Lidia **JONES**, Dec. 22, 1808, by Reuben Scofield, J. P.	2	113
Will[ia]m Jones, s. [William & Lidia], b. Nov. 13, 1809	2	113
PROWET, Henry M., of New York, m. Sarah Jane **YOUNGS**, of Stamford, May 28, 1838, by Rev. William Biddle	2	251
PURDY, [see under **PARDEE**]		
QUACKENBASS, John G., of New York, m. Sarah **DEAN**, of Stamford, Jan. 11, 1842, by Rev. Shaler J. Hillyer	2	264
QUIMBEY, An[n], m. George **STUCKEY**, 9th mo. 28, [16]57	1	74
QUINTARD, Abraham, s. Peter & Elizabeth, b. May 29, 1772	1	185
Abraham, m. Mary **KNAP[P]**, Oct. [ ], 1794, by Charles Webb	2	85
Abraham, m. Charlotte **DODGE**, Jan. 11, 1802, by Rev. Mr. Robertson	2	85
Ann, d. [Abraham & Charlotte], b. June 6, 1811	2	85
Anna Virginia, of Stamford, m. Augustus Wellington **PAYNE**, of New York, Nov. 20, 1850, by Rev. Ambrose S. Todd	2	304
Betsey, d. Isaac & Lucretia, b. Feb. 21, 1763	1	147
Charles, s. [Abraham & Charlotte], b. Dec. 19, 1802	2	85
Debby, d. Isaac & Hannah, b. Aug. 26, 1787	2	28
Debby, d. [Isaac & Hannah], d. Feb. 11, 1792	2	28
Elizabeth, d. [Abraham & Charlotte], b. June 14, 1809	2	85
Fanny, d. Peter & Elizabeth, b. May 11, 1766	1	156-7
Fanny, m. John **HENNESEE**, Dec. 10, 1809, by Rev. [ ] Hasgill, in Rye, N. Y.	2	116
Hannah, d. Isaac & Hannah, b. June 28, 1724	1	12
Hannah, d. Isaac & Lucrece, b. Feb. 14, 1756	1	122
Hannah, of Stamford, m. John **LEEK**, of New Haven, June 12, 1774, by Rev. Mr. Dibble	1	190
Hannah Elizabeth, d. Isaac & Hannah, b. July 3, 1802	2	28
Hannah Elizabeth, m. Peter **SMITH**, Mar. 30, 1823, by Rev. Ambrose S. Todd	2	164
Isaac, s. Isaac & Hannah, b. Dec. 29, [17]	1	12
Isaac, m. Hannah **KNAP[P]**, July 16, 1716, by Rev. John Davenport	1	106
Isaac & Hannah, had two s. [ ], b. Apr. 3, 1721	1	139
Isaac, d. Feb. last day, 1738/9	1	42
Isaac, m. Lucrece **BURROCH**, Oct. 10, 1754, by Rev. Samuel Burd	1	122
Isaac, s. Peter & Elizabeth, b. Apr. 28, 1764	1	151
Isaac, Jr., m. Hannah **PALMER**, Mar. 20, 1786, by Rev. Benjamin Cole, of Oyster Bay	2	28
Isaac, s. [Isaac & Hannah], b. May 15, 1794	2	28
Lucretia Burras, d. Isaac & Lucretia, b. Feb. 10, 1760	1	140
Lydda, d. Isaac & Lucretia, b. June 23, 1758	1	128
Lydia, m. John **WILSON**, Jr., Aug. 12, 1778, by Rev. Ebenezer Dibble	2	5

	Vol.	Page
QUINTARD (cont.)		
Mary, d. Isaac & Hannah, b. Oct. 21, 1722	1	150
Mary, m. Nathan[ie]ll **HUBBARD**, May 19, 1742, by Rev. James Whitmore	1	62
Mary, d. Peter & Elizabeth, b. Sept. 3, 1762	1	151
Mary, w. Abraham, d. June 23, 1801	2	85
Peeter, s. Isaac & Hannah, b Oct. 29, 1730	1	19
Peter, m. Elizabeth **DEMILL**, Sept. 14, 1761, by Jonathan Maltbie, J. P.	1	151
Peter, s. Peter & Elizabeth, b. July 25, 1768	1	185
Peter, had servants Het, d. Peg, b. Aug. 13, 1790; Ginne, d. Peg, b. Oct. 10, 1793; Sylve, d. Peg, b. Oct. 15, 1795 & Zilpha, d. Peg, b. June 6, 1797	2	55
Peter D'Mill, s. [Isaac & Hannah], b. Oct. 31, 1796	2	28
Polly, d. [Abraham & Charlotte], b. Sept. 25, 1805	2	85
Robert, s. [Isaac & Hannah], b. Jan. 15, 1799	2	28
Sarah Knap[p], d. [Abraham & Mary], b. Dec. 13, 1795	2	85
Seth Palmer, s. [Isaac & Hannah], b. Feb. 18, 1792	2	28
Seth W[illia]m, s. Isaac & Hannah, b. Dec. 27, 1789	2	28
William Knap[p], s. [Abraham & Mary], b. May 26, 1798	2	85
RACHEL, Daniel P., m. Mary A. **STUDWELL**, b. of Stamford, Apr. 7, 1850, by Rev. H. F. Pease	2	303
RAECH, John, m. Elizabeth **SHASSPACH**, b. of Stamford, Mar. 7, 1847, by Rev. J. J. Jennings	2	290
RANDALL, [see also **RUNDELL**], Catharine Ann, m. George Washington **SMITH**, b. of Stamford, Jan. 7, 1840, by Rev. Platt Buffett, of Stanwich	2	257
RATLIFFE, RATLEFF, Mary, d. William, b. Oct. 27, 1662	1	76
[William*], m. Elizabeth **THELE**, 8th mo. 28, [16]59		
*(Supplied from Huntington's Register)	1	100
RAYMOND, RAMOND, Betsey, d. [Stephen & Mary], b. Jan. 27, 1791	2	67
Delia, d. [Stephen & Mary], b. May 28, 1795	2	67
Elizabeth, b. Apr. 18, 1777, in Norwalk; m. Ebenezer **PECK**, Nov. 8, 1799, in Norwalk, by Rev. Moses Mather	2	128
Ezra, m. Martha **WARING**, Nov. 22, 1792, by Rev. William [ ]	2	89
Harry, s. [Ezra & Martha], b. Oct. 29, 1793	2	89
Hettey, d. [Ezra & Martha], b. Jan. 26, 1797	2	89
James, s. [Stephen & Mary], b. May 8, 1789	2	67
Jane, m. Jasper W. **SMITH**, b. of Stamford, May 17, 1832, by Rev. Platt Buffett, of Stanwich	2	217
Lydia, m. Deodate **DAVENPORT**, June 16, 1757, by Abraham Davenport	1	128
Lydia, m. Gideon **LEEDS**, Oct. 15, 1785, by Rev. Ebenezer Dibble	2	29
Mary, m. Sands **SELLECK**, Aug. 10, 1742, by Rev. Moses Dickerson	1	137
Nancy Lynch, d. [Ezra & Martha], b. Feb 1, 1800	2	89

	Vol.	Page

RAYMOND, RAMOND (cont.)

	Vol.	Page
Rebeckah, Mrs., m. Rev. Moses **MATHER**, Aug. 23, 1758, by Moses Dickerson	1	129
Richard, m. Hannah **AYRES**, b. of Stamford, Dec. 27, 1826, by Rev. Platt Buffett, of Stanwich	2	183
Sally, d. [Stephen & Mary], b. Dec. 6, 1787	2	67
Sally, of Norwalk, m. Lorenzo D. **STEVENS**, June 25, 1837, by Rev. William Biddle	2	243
Sarah, m. Henry **BROWN**, Mar. 8, 1796, by Rev. Daniel Smith	2	54
Sarah, m. Joseph G. **FOWLER**, Oct. 14, 1844, by Rev. Frederick H. Ayres, of Longridge	2	278
Stephen, m. Mary **SELLECK**, May 27, 1787, by Rev. Moses Mather	2	67
Susanna, d. [Stephen & Mary], b. Mar. 9, 1793	2	67
William, s. [Ezra & Martha], b. May 22, 1802	2	89
William, m. Sarah **SCOFIELD**, b. of Stamford, Nov. 26, [1828], by Rev. Platt Buffett	2	193
REED, Asahel, s. Sam[ue]ll & Esther, b. Jan. 30, 1780	1	202
Asahel, s. Sam[ue]l, b. Mar. 20, 1813	2	134
Benj[ami]n Hoyt, s. Nathan W.* & Mary, b. Aug. 3, 1813 *(Nathan H.)	2	62
Betsey, d. Timothy & Susannah, b. Sept. 16, 1778	2	15
Betsey, d. [Samuel & Polly], b. Apr. 7, 1811	2	74
Clarisa, d. [Samuel & Polly], b. Mar. 10, 1805	2	74
Desire, d. Elias & Mary, b. Sept. 28, 1743	1	77
Elias, m. Mary **TODD**, Mar. 13, 1740, by Jonathan Hoit, J. P.	1	53
Elizabeth, m. Joseph **AMBLER**, Oct. 17, 1751, by Rev. Moses Mather	1	100
Elizabeth, d. [Nathan & Elizabeth], b. Jan. 8, 1776	2	64
Elizabeth, m. Benjamin **HOYT**, Dec. 23, 1792, by Rev. John Davenport	2	39
Ellen J., m. Thomas M. **HARVEY**, b. of New York, June 20, 1833, at St. John's Church, by Rev. Ambrose S. Todd	2	228
Esther, wid., m. Frances **WILMUT**, Nov. [ ], 1787, by Rev. Ebenezer Dibble	2	110
Esther, d. [Samuel & Polly], b. Feb. 22, 1809	2	74
[E]unice, m. Jonathan **BELL**, Jan. 24, 1716/17, in Norwalk, by Rev. Mr. Buckingham	1	106
Ezra, s. Timothy & Susannah, b. May 30, 1776	2	15
George, s. [Samuel & Polly], b. Jan. 13, 1803	2	74
Hannah, m. Waterbery **HOIT**, Dec. 17, 1755, by Rev. Moses Mather	1	120
Hannah, d. [Nathan & Elizabeth], b. May 27, 1794	2	64
Henry Lewis, s. [Samuel & Polly], b. Feb. 23, 1807	2	74
Isaac Blakeley, s. [Nathan Hoyt & Mary], b. Mar. 8, 1800	2	62
Jacob William, s. [Nathan Hoyt & Mary], b. July 28, 1801	2	62
James Cornelius Harrison, s. [Nathan Hoyt & Mary], b. Aug. 2, 1811	2	62
John Hoyt, s. [Nathan Hoyt & Mary], b. Nov. 9, 1807	2	62

REED (cont.),

	Vol.	Page
Josiah, m. Sibbell **BELDING**, Dec. 20, 1752, by Nathan Belding	1	104
Josiah, s. Josiah & Sibbell, b. Oct. 29, 1753	1	104
Lebbeus, s. Timothy & Susannah, b. Feb. 20, 1774	2	15
Martha, d. Elias & Mary, b. Nov. 24, 1745; d. Feb. 4, 1745/6	1	77
Martha, d. Elias & Mary, b. Nov. 9, 1746	1	77
Martha Angeline, d. [Nathan Hoyt & Mary], b. June 1, 1806	2	62
Mary, d. Elias & Mary, b. Dec. 12, 1740	1	53
Mary, m. John **MOREHOUSE**, Nov. about 7, 1749, by Rev. Moses Mather	1	98
Mary, m. Henry **SCOFIELD**, Apr. 26, 1789, by Rev. Moses Mather	2	36
Mary, d. [Nathan Hoyt & Mary], b. Apr. 10, 1802; d. Apr. 13, 1803	2	62
Mary Abigail, d. [Nathan Hoyt & Mary], b. Oct. 2, 1804	2	62
Nancy, d. Timothy & Susannah, b. Apr. 8, 1786	2	15
Nathan, m. Elizabeth **CLOSE**, Nov. 4, 1773, by Rev. William Seward	2	64
Nathan, s. [Nathan & Elizabeth], b. Apr. 21, 1785	2	64
Nathan Hoyt, m. Mary **HOYT**, Nov. 28, 1797, by Rev. Daniel Smith	2	62
Polly, d. [Nathan & Elizabeth], b. May 25, 1781	2	64
Polly, d. Timothy & Susannah, b. Apr. 21, 1784	2	15
Polly, d. [Samuel & Polly], b. July 5, 1798	2	74
Polly, m. Samuel **CLARK**, Mar. 1, 1818, by Rev. Greenleaf Webb	2	136
Rufus, s. Timothy & Susannah, b. July 10, 1788	2	15
Rufus, s. [Nathan & Elizabeth], b. Feb. 12, 1789	2	64
Sally, d. [Sam[ue]l], b. June 29, 1815	2	134
Samuel, Jr., m. Esther **HULL**, Dec. 25, 1774, by Rev. Mr. Dibble	1	202
Samuel, s. Sam[ue]ll & Esther, b. Oct. 3, 1777	1	202
Samuel, m. Polly **WEED**, Mar. 12, 1797, by Joseph Silliman	2	74
Samuel, s. [Samuel & Polly], b. Sept. 2, 1800	2	74
Sarah, d. Timothy & Susannah, b. Oct. 25, 1769	1	172
Sarah, d. Timothy & Susannah, b. Oct. 25, 1769	2	15
Sarah Elizabeth, d. [Nathan Hoyt & Mary], b. July 26, 1815, in Manearsneck West Chester Cty., N. Y.	2	62
Stephen, s. John, Jr. & Sarah, b. Jan. 23, 1764	1	152
Susannah, d. Timothy & Susannah, b. May 15, 1765	1	153
Susannah, d. Timothy & Susannah, b. May 15, 1765	2	15
Susanna, w. Timothy, d. Oct. 10, 1793	2	15
Thaddeus, s. Timothy & Susannah, b. July 29, 1780	2	15
Timothy, m. Susannah **WEED**, Nov. 18, 1762, by Rev. Robert Silliman	2	15
Timothy, s. Timothy & Susannah, b. Apr. 1, 1772	2	15
Uriah, s. Timothy & Susannah, b. Oct. 23, 1767	1	167
Uriah, s. Timothy & Susannah, b. Oct. 23, 1767	2	15
William, s. [Sam[ue]l], b. Aug. 20, 1817	2	134

	Vol.	Page

REYNOLDS, RENOLDS, REANOLDS, REANOLLS, RENEALLS,
Abigail, m. Briggs **REYNOLDS**, May 31, 1830, by Rev.
  Farnum Knowlton — 2 — 205
Ann Maria, m. Harvey Smith **WEED**, b. of Stamford, Aug. 3,
  1845, by Peter C. Oakley — 2 — 279
Arney, m. Henry **CLOSE**, Sept. 29, 1813, in Pound Ridge, N. Y.,
  by Rev. Platt Buffitt — 2 — 131
Briggs, m. Abigail **REYNOLDS**, May 31, 1830, by Rev. Farnum
  Knowlton — 2 — 205
Catharine B., m. W[illia]m A. **STUDWELL**, b. of Stamford, Feb.
  7, [probably 1844, by George Brown] — 2 — 268
Elizabeth, m. Petter **FERRIS**, July 15, 1654 — 1 — 55
Elmeretta, m. Theodore **JUNE**, Dec. 28, 1843, by Rev. Frederick
  H. Ayres, of Longridge — 2 — 278
Hannah, w. Timothy, d. [   ] — 2 — 91
Henry A., m. Phebe H. **SCOFIELD**, b. of Stamford, July 25,
  1836, by Rev. Aaron S. Hill — 2 — 226
Hepzabah, m. Richard **SCOFIELD**, Jan. 19, 1803, by Rev. Daniel
  Smith — 2 — 105
Judeth, m. Abraham **NEWMAN**, Jan. 31, 1754, by Rev. Benjamin
  Strong — 1 — 129
Martha, m. Reuben **GALE**, June [   ], 1782, by Charles Webb,
  J. P. — 2 — 16
Penelophy, m. Reuben **PENIOYNE***, Nov. 6, 1728, by Sam]ue]ll
  Peck, J. P.   ***(PENOYER)** — 1 — 12
Ruth, w. Hezecah, d. Sept. 18, 1732 — 1 — 21
Ruth, m. Silvanus **SCOFIELD**, 3rd, Oct. 17, 1795, by Rev. Ebenezer Ferris — 2 — 86
Samuel Hoyt, s. [Timothy & Hannah], b. June 20, 1811 — 2 — 91
Samuel Hoit, m. Mrs. Sarah Elizabeth Ferris **PLATT**, b. of
  Stamford, Jan. 19, 1848, by Rev. Frederick H. Ayres, of
  Longridge — 2 — 291
Sarah, d. 6th mo. 31, 1657 — 1 — 19
Sarra, d. Aug. 31, 1657 — 1 — 20
Sarah, m. Peter **KNAP[P]**, Feb. 1, 1770, by Rev. Noah Welles — 1 — 200
Sarah, m. Josiah **SMITH**, Mar. 29, 1784, by Rev. William Seward — 2 — 31
Timothy, m. Hannah **WAIT**,* Feb. 25, 1796, by Rev. Isaac Lewis
  *(Probably "**HAIT**." See Huntington's Register) — 2 — 91
Timothy, d. Feb. [   ], 1816 — 2 — 91
Timothy, m. Prudence **SMITH**, Nov. 10, 1827, by Rev. Daniel
  Smith — 2 — 196
W[illia]m K., of South Salem, N. Y., m. Nancy E. **HUSTED**, of
  Stamford, Jan. 8, 1837, by Rev. Ambrose S. Todd — 2 — 232
RIBLET, Charles S., m Sarah E. **ADAMS**, b. of Stamford, Dec. 27,
  1848, by Rev. H. F. Pease — 2 — 295
RICH, Anne, m. Thomas **PENOYER**, Sept. 16, 1686 — 1 — 188
Henery, m. Martha **PENOIR**, 10th mo. 21, 1680 — 1 — 101
RICHARDS, Charlotte, d. [Noyes & Sarah], b. Apr. 16, 1806 — 2 — 123
Elizabeth, d. [Noyes & Sarah], b. Oct. 6, 1811 — 2 — 123

	Vol.	Page
RICHARDS (cont.),		
Esther*, d. Samuel & Esther, b. Oct. 13, 1771 *("Esther **BIRCHARD?**")	1	192
Esther, d. [Noyes & Sarah], b. Sept 11, 1803	2	123
Isaac, s. [Noyes & Sarah], b. June 11, 1809	2	123
John, of Greenwich, m. Roxana **BUTT**, of Stamford, Dec. 5, 1824, by Rev. Ambrose S. Todd	2	174
Lewis*, s. Sam[ue]ll & Esther, b. Nov. 7, 1773 *("Lewis **BIRCHARD?**")	1	192
Mary, m. Jonathan **WARRING**, Feb. 24, 1736, by Rev. Mr. Dickerson, in Norwalk	1	109
Noyse*, s. Sam[ue]ll & Esther, b. Nov. 22, 1775 *("Noyse **BIRCHARD?**")	1	192
Noyes, m. Sarah **MATHER**, Apr. 4, 1798, by Rev. Moses Mather	2	123
Polly, d. [Noyes & Sarah], b. July 1, 1801	2	123
Sally, d. [Noyes & Sarah], b. Mar. 1, 1799	2	123
Samuel*, s. Samuel & Esther, b. Apr. 27, 1770 *("Samuel **BIRCHARD?**")	1	192
RIDER, Rebecca, m. Joseph **JUDSON**, Mar. 27, 1755, in Rochester, in the Bay Goverment, by Ivery Hovey	1	141
RIGGS, Elizabeth, d. Miles & Elizabeth, b. Dec. 17, 1742	1	56
Joseph, s. Miles & Elizabeth, b. May 18, 1738	1	36
Josiah, s. Miles & Elizabeth, b. May 18, 1736	1	33
Miles, m. Elizabeth **WHITNEE**, June 26, 1735, in Norwalk, by Rev. Mr. Buckingham	1	45
Sarah, d. Miles & Elizabeth, b. Oct. 22, 1740	1	43
William L., m. Julia Ann **BISHOP**, Nov. 27, 1828, by Rev. Daniel Smith	2	198
RIKER, Gilbert K., of New York, m. Martha M. **WEED**, of Stamford, Feb. 2, 1846, by Rev. Ambrose S. Todd	2	283
RILLO, Judah*, m. Nathan **WEED**, Oct. 16, 1750, by Rev. Mosses Mather *(Huntington's Register gives "Judith **RILLIGE**")	1	90
ROBERTS, Aaron, s. John & Keziah, b. Jan. 20, 1744/5	1	67
Amos, m. Deborah **SELLECK**, July 15, 1779, by Rev. Moses Mather	2	11
Amos, m. Deborah **SELLECK**, July 15, 1779, by Rev. Moses Mather	2	89
Amos Selleck, s. [Amos & Deborah], b. May 2, 1789	2	89
Catharine, d. Amos & Deborah, b. Aug. 17, 1780	2	11
Catharine, d. [Amos & Deborah], b. Aug. 17, 1780	2	89
David, s. Ezekiel & Sarah, b. May 8, 1754	1	108
David, s. [Amos & Deborah], b. Apr. 22, 1782	2	89
Deborah, d. [Amos & Deborah], b. Feb. 27, 1802	2	89
Elizabeth, m. Daniel **BOUTON**, July 12, 1733, by Jonathan Hoit, J. P.	1	23
Ezekiel, s. Zachariah & Elizabeth, b. May 21, 1716	1	139
Ezekiel, s. Zachariah & Elizabeth, d. Aug. 4, 1717	1	138
Ezekiel, m. Sarah **SCOFIELD**, June 8, 1743, in Bedford, by Rev.		

	Vol.	Page
ROBERTS (cont.),		
Mr. Sturgent	1	60
Ezekiel, s. Ezekiel & Sarah, b. Mar. 17, 1743/4	1	60
Ezekiel, s. Ezekiel, b. Dec. 12, 1747	1	76
Ezekiel, s. Amos & Sarah, b. Nov. 11, 1751	1	94
Ezekiel, s. Ezekiel & Sarah, b. Jan. 11, 1768	1	172
Fitch, m. Mary Elizabeth **SMITH**, Dec. 10, 1828, by Rev. Daniel Smith	2	198
Hannah, d. Ezekiah & Sarah, b. Oct. 6, 1749	1	83
Henry, m. Sarah **ROBERTS**, b. of Stamford, Apr. 29, 1838, by Rev. Aaron S. Hill	2	250
John, s. John & Keziah, b. July 26, 1741	1	67
Justus, s. Ezekiel & Sarah, b. Sept. 24, 1763	1	159-160
Justus, s. [Amos & Deborah], b. May 12, 1791	2	89
Keziah, d. John & Keziah, b. Aug. 31, 1738	1	67
Keziah, m. Ebenezer **DEAN**, Dec. [ ], 1762, by Rev. Mr. Eells	1	176
Margaret, m. Frances **KELLY**, b. of Stamford, Jan. 11, 1845, by Peter C. Oakley	2	276
Maria, m. Thomas **MORGAN**, b. of Stamford, Dec. 15, 1839, by Rev. Edward Oldrin	2	256
Martha, d. Zachariah & Elizabeth, b. Dec. 7, 1720	1	111
Mary, d. Ezekiel & Sarah, b. Feb. 8, 1765	1	159-160
Mary, d. [Amos & Deborah], b. July 6, 1785	2	89
Nathan, s. [Amos & Deborah], b. July 4, 1797	2	89
Phebe, d. [Amos & Deborah], b. Aug. 8, 1794	2	89
Reachal, d. John & Keziah, b. Aug. 1, 1743	1	67
Samuel, of Greenwich, m. Eliza Warren **PALMER**, of Stamford, May 4, 1846, by Rev. Peter C. Oakley	2	284
[Sa]rah, d. Thomas, b. Sept. 4, 1661	1	98
Sarah, m. Jonathan **CLAYSON**, 10th mo. 16, 1680	1	18
Sarah, d. Ezekiel & Sarah, b. Jan. 22, 1745/6	1	68
Sarah, d. [Amos & Deborah], b. June 19, 1787	2	89
Sarah, m. Henry **ROBERTS**, b. of Stamford, Apr. 29, 1838, by Rev. Aaron S. Hill	2	250
Susana, m. [ ], Apr. 10, 1683	1	120
Thankfull, d. John & Keziah, b. Aug. 8, 1733	1	67
Thomas, m. Sarah **ELIOT**, 11th mo. 27, [16]58	1	74
Zachariah, s. Ezekiel & Sarah, b. Aug. 11, 1756	1	159-160
ROBERTSON, Thomas, of New York City, m. Julia Ann **DEAN**, of Stamford, Sept. 10, 1827, by Rev. Henry Fuller	2	189
ROCK, Hittabel, d. Sept. 14, 1656	1	19
ROCKWELL, Clarisa A., m. William **DAVENPORT**, Jr., b. of Stamford, Feb. 3, 1834, by Rev. Henry Fuller	2	222
John, his child d. 5th mo. 31, [16]58	1	20
ROE, Abigail, m. Ebenezer **FERRIS**, Sept. 10, 1760, by John Ferris	1	137
ROGERS, Anna, m. Abraham **SELLECK**, June 6, 1762, in Norwalk, by Rev. Mr. Leaming	1	152
Edward, s. James & Martha, b. Oct. 10, 1771	1	177
Elizabeth A., of Stamford, m. Hudson B. **NEWMAN**, of Harps-		

	Vol.	Page
ROGERS (cont.),		
well, Me., Aug. 25, 1851, by Rev. F. E. M. Barkelor (from W[illia]m Davenport)	2	306
Fitch, d. June 26, 1828	2	18
James, m. Martha **HOLLY**, May 23, 1771, by Rev. Mr. Wells	1	177
Jane, m. Stephen **PLATT**, Aug. 31, 1760	1	177
Sarah, of Greenwich, m. Joseph **HUSTED**, Jr., of Stamford, Jan. 12, 1764, by Rev. Mr. Wells	1	151
ROSBOROUGH, Martha E., of Stamford, m. Geo[rge] T. **CAMPBELL**, of New York, Jan. 1, 1850, by Rev. I. Jennings	2	302
ROSE, Rebecca, m. Obadiah **STEVENS**, Dec. 18, 1678	1	101
ROSS, Sylvia, b. Oct. 4, 1794, in Danby, Cty. of Rutland Vt.; m. Nathaniel **WARREN**, s. Michael & Jerusha, July 8, 1812, in Township of Loisguiel, Cty. of Prescott, Eastern District, Province of Upper Canada, by P. F. LeRoy, J. P.	2	136
ROWLE, Elizabeth, m. Samuel **INGERSOLL**, May 15, 1735, at Bedford, by Jonathan Miller	1	51
RUDDLE*, Mary, m. Iseak **FINCH**, Apr. 27, 1704 *("RUNDLE" in Huntington's Register)	1	122
RUNDELL, RUNDEL, [see also **RANDALL**], Abigail, m. James **NICHOLS**, Jr., Nov 23, 1785, by Rev. Robert Morris	2	20
Mary*, m. Iseak **FINCH**, Apr. 27, 1704 *(Arnold copy has "Mary **RUDDLE**")	1	122
Rebeckah, m. Josiah **INGERSOLL**, June 16, 1742, in Greenwich, by Rev. Mr. Todd	1	58
Rebeckah, m. Gideon **LEEDS**, Dec. 18, 1751, by Rev. Ebenezer Dibble	1	120
RUX, Mary, m. Joseph **SCOFIELD**, Jr., Nov. 26, 1761, by Rev. Mr. Mather	1	189
SAINT JOHN, Abraham, s. James & Hannah, b. Oct. 3, 1754	1	147
Abraham, s. James & Hannah, b. Oct. 30, 1754	1	116
Betsey, m. Samuel **WATERBURY**, July 9, 1809, in New York, by Rev. Philip Milldollar	2	132
Ezra, s. James & Hannah, b. Nov. 2, 1765	1	158
Ezra, m. Rhua **SCOFIELD**, Mar. 4, 1810, by Elder Ebenezer Ferris	2	116
Hannah, d. James & Hannah, b. Oct. 8, 1758	1	147
Hannah, d. James, d. Nov. 29, 1807	2	132
Hannah, w. James, d. Sept. 10, 1814	2	132
James, m. Hannah **HOIT**, Sept. 19, 1753, by Abraham Davenport, J. P.	1	147
James, s. James & Hannah, b. Jan. 14, 1761	1	147
John, s. James & Hannah, b. June 9, 1769	1	170
Mary, m. Wix **SEELEY**, Nov. 4, 1756, in Norwalk, by Rev. Mr. Silliman	1	192
Mary, d. [Ezra & Rhua], b. Dec. 7, 1810	2	116
Sarah, d. James & Hannah, b. Nov. 8, 1756	1	119
Sarah, d. James & Hannah, b. Nov. 8, 1756	1	147
William, s. [Ezra & Rhua], b. July 3, 1813	2	116

	Vol.	Page
SANDS, Mary, Mrs., m. Nathan **SELLECK**, Dec. [ ], 1710, by Rev. Mr. Piard, of Jamakco, L. I.	1	115
Sarah, Mrs., m. Nathan **SELLECK**, Jan. 1, 17[ ], by Rev. Mr. Thomas, of Hemsted	1	115
SANFORD, Lois, m. Samuel **STEVENS**, Aug. 15, 1769, by Rev. Mr. Judson, of Newtown	1	196
SARLES, [see under **SEARLES**]		
SATERLEY, Azubah, m. Justus **CLASON**, Feb. 7, 1752, by Jonathan Maltbie	1	94
SAYR, Daniel, of LeFeyette, N. J., m. Rebecca Ann **WEBB**, of Stamford, May 4, 1840, by Rev. Edward Oldrin	2	258
SCOFIELD, SCOLFIELD, Abigaill, m. Sam[ue]ll **WEED**, Apr. 17, 1701	1	136
Abigail, [twin with Hannah], d. Daniell, Jr., b. Sept. 6, 1706	1	134
Abigail, d. Daniell, Jr., d. Sept. 25, 1706	1	134
Abigail, d. Samuel & Hannah, b. Apr. 11, 1725	1	4
Abigail, d. Samuel & Hannah, d. Nov. 30, 1726	1	6
Abigail, d. Sam[ue]ll & Hannah, b. Dec. 27, 1730	1	46
Abigail, m. William **BLANCHER**, Feb. 29, 1743/4, by Samuel Hoit, J. P.	1	60
Abigail, d. Reuben & Abigail, b. Nov. 30, 1744	1	67
Abigail, d. Joseph & Mary, b. Apr. 23, 1748	1	77
Abigail, m. Nathaniel **SMITH**, Jr., June 15, 1752, in Rye, by Justice Pardee	1	100
Abigail, d. Jacob & Hannah, b. May 10, 1772	1	198
Abigail, w. Sam[ue]ll, 4th, d. Aug. 31, 1782	2	29
Abigail, d. [Gilbert & Abigail], b. Dec 3, 1787	2	99
Abigail, d. [Hoit & Abigail], b. May 29, 1789	2	1
Abigail, d. Jacob & Abigail, b. July 27, 1792	2	2
Abigail, m. Ezekiel **SCOFIELD**, Dec. 21, 1793, by Rev. Abner Benedict	2	55
Abijah, s. Hoit & Abigail, b. July 29, 1783	2	1
Abraham, s. Samuell & Hanna, b. May 29, 1721	1	111
Abraham, s. Samuel & Hanah, b. Dec. 17, 1723	1	1
Abraham, s. Samuel & Hanah, d. Dec. 27, 1723	1	1
Abraham, s. Sam[ue]ll & Hannah, b. Dec. 20, 1727	1	46
Abraham, s. Nathaniel & Elizabeth, b. Feb. 17, 1736/7	1	49
Abraham, m. Louis* **WEED**, Nov. 22, 1752, by Rev. Mr. Silliman *(Lois)	1	102
Abraham, s. Abraham & Lois, b. Dec. 12, 1753	1	106
Abraham, s. Abraham & Lowis, b. Dec. 12, 1753	1	152
Abraham, m. Abigail **HOIT**, Apr. 26, 1769, by Rev. Mr. Wells	1	169
Abraham, 3rd, m. Mary **SMITH**, Nov. [ ], 1774, by Abraham Davenport	1	200
Albert, s. [Rufus & Mary], b. June 27, 1811	2	88
Albert Henry, s. [James, 3rd & Anne], b. July 29, 1809	2	122
Alexander, s. [Smith & Sarah], b. Jan. 8, 1804	2	101
Alexander, s. [Shadrach & Abigail], b. Sept. 10, 1804	2	90
Alfred, s. David & Betsey, b. Nov. 18, 1788	2	36

SCOFIELD, SCOLFIELD (cont.),

	Vol.	Page
Alfred, s. [Silas & Rebecca], b. May 27, 1805	2	125
Alfred, m. Eliza **BELL**, July 5, 1821, by Henry Hoit, 3rd	2	151
Alva, m. Mary C. **HOYT**, b. of Stamford, Dec. 14, 1845, by Rev. Peter C. Oakley	2	282
Amos, s. Ebenezer & Mary, b. June 25, 1743	1	59
Amos, s. Neazer & Thankful, b. Feb. 28, 1778	2	32
Amos, s. Neazer & Thankfull, b. Feb. 28, 1778	1	196
Amos, m. Mary **SCOFIELD**, b. of Stamford, Dec. 24, 1827, by Rev. Henry Fuller	2	191
Ame*, d. Abraham & Lowis, b. Nov. 8, 1760 *(Amy)	1	152
Amy, m. Enos **SCOFIELD**, Aug. 22, 1779, by Abraham Davenport	2	6
Amzi, s. [Warren & Lydia], b. Sept. 26, 1794	2	121
Amzi, m. Polly **DAVENPORT**, Nov. 24, 1819, by Rev. Mr. Bonny, of New Canaan	2	139
Anna, m. Darius **WALTON**, Nov. 16, 1823, by Rev. Daniel Smith	2	168
Annanias, s. Joseph & Anna, b. Jan. 14, 1771	2	15
Asenath, d. [Hezekiah & Mary], b. Jan. 25, 1774	2	20
Ashbel, s. [Gilbert & Abigail], b. Mar. 31, 1794	2	99
Augustus, s. Nath[anie]ll & Keziah, b. Apr. 13, 1781; m. Betsey **HOYT**, d. Elijah, Mar. 21, 1804, by Rev. Daniel Smith	2	90
Augustus, m. 2nd w. Mary **WEED**, Aug. 4, 1815, by Rev. [ ] Stamford, in New York	2	90
Azariah, s. Uriah & Elizabeth, b. Feb. 1, 1776; of New York; m. Ruhamah **SCOFIELD**, of St. Johns, N. B., Nov. 10, 1805, by Rev. Amzi Lewis	2	115
Benjamin, s. Reuben & Abigail, b. Nov. 5, 1751	1	139
Benjamin, m. Rebecca **HOW**, Mar. 10, 1773 by Rev. Moses Mather	2	51
Benjamin, s. [Benjamin & Rebecca], b. Mar. 22, 1779	2	51
Benjamin, s. [John, 4th & Sarah], b. June 21, 1783	2	103
Benjamin, Jr., m. Anna **HUSTED**, Dec. 18, 1800, by Ebenezer Davenport	2	85
Benjamin, s. [John, 4th & Sarah], d. Oct. 20, 1801	2	103
Benjamin, s. [Silas & Rebecca], b. Mar. 2, 1804	2	125
Betsey, d. Joseph, 3rd & Anna, b. Oct. 2, 1766	1	169
Betsey, d. [Gilbert & Abigail], b. Oct. 4, 1782	2	99
Betsey, m. David **SCOFIELD**, Sept. 27, 1787, by Rev. John Shepherd	2	36
Betsey, d. Jacob & Abigail, b. Dec. 9, 1787	2	2
Betsey, m. Solomon **GARNSEY**, Mar. 16, 1813, by Rev. Daniel Smith	2	126
Betsey, m. Ebenezer T. **WEBB**, b. of Stamford, Apr. 11, 1825, by Noble W. Thomas, Elder	2	177
Billy, s. Josiah & Deborah, b. Sept. 10, 1751	1	98
Caroline Matilda, d. [Rufus & Mary], b. July 15, 1806; d. Apr. 15, 1807	2	88
Catey, d. Sam[ue]ll, 4th & Abigail, b. Sept. 14, 1776	2	29

	Vol.	Page
SCOFIELD, SCOLFIELD (cont.),		
Catharine, [w. Edwin, Jr.], d. Feb. 7, 1873	2	296
Charles Edwin, s. [Edwin, Jr. & Catharine], b. Apr. 28, 1838	2	296
Charles Ephraim, s. [James, 3rd & Anne], b. Dec. 7, 1817	2	122
Charles W[illia]m, m. Cordelia **INGERSOLL**, Nov. 30, 1842, by Rev. Frederick H. Ayres, of Longridge	2	278
Chloe, d. David & Eunice, b. Mar. 1, 1757	1	123
Clarassa, d. Peter & Hannah, b. Feb. 3, 1784	2	25
Clarissa M., of Stamford, m. Thomas Newton **SELEY**, of Canaan, Feb. 24, 1841, by Rev. Platt Buffett	2	261
Cornelia, of Stamford, m. Richard **GRIFFING**, of Richmond, Mass., Nov. 27, 1850, by Rev. I Jennings	2	304
Daniell, m. Hanah **HOIT**, Apr. 17, 1701	1	134
Daniell, s. Dan[ie]ll, Jr., b. Mar. 14, 1703/4	1	134
Daniell, Jr., d. Sept. 25, 1706	1	135
Daniel, Sr., d. Oct. 10, 1714	1	126
Daniel, s. Nathan, b. Jan. 5, 1732/3	1	22
Daniel, s. Nathan & Sarah, d. Mar. 19, 1735/6	1	30
Daniel, s. Nathan & Sarah, b. Aug. 18, 1737	1	34
Daniel, d. July 28, 1745	1	65
Daniel, m. Mary **STEVENS**, Oct. 3, 1759, by Rev. Mr. Silliman	1	144
Darius, s. [Robert & Hannah], b. Jan. 27, 1801	2	125
Darius B., m. Lydia **SCOFIELD**, b. of Stamford, Mar. 12, 1838, by Rev. Henry Fuller	2	250
David, s. Richard, b. May 4, 1706	1	134
David, s. Nathaniel & Elizabeth, b. May 13, 1727	1	49
David, m. Sarah **SLASON**, the evening following the 18th day Dec. 1729, by Jonathan Hoit, J. P.	1	14
David, m. Sarah **SLASON**, Dec. 18, 1730	1	52
David, s. David & Sarah, b. Feb. 26, 1732/3	1	52
David, m. Eunice **SEELEY**, May 16, 1750, by Rev. Mr. Welles	1	91
David, s. Samuel, 3rd & Elizabeth, b. Sept. 18, 1764	1	155
David, m. Betsey **SCOFIELD**, Sept. 27, 1787, by Rev. John Shepherd	2	36
David C., m. Susan D. **FERRIS**, b. of Stamford, June 23, 1841, by Rev. James M. Stickney	2	262
David L., of Morristown, N. J., m. Josephine **WEBB**, of Stamford, Jan. 1, 1850, by J. Y. Twiss	2	300
David Lyman, s. [James, 3rd & Anne], b. July 22, 1816	2	122
Debro, d. Richard, b. Feb. 14, 1702/3	1	134
Deborah, m. John **CLOCK**, Mar. 21, 1725, by Samuell Peck, J. P.	1	4
Deborah, d. Josiah & Deborah, b. Nov. 27, 1749	1	85
Deborah, m. Jonathan **AYRES**, July 21, 1771, by Benjamin Weed	2	84
Delia Ann, d. [William, Jr. & Lydia], b. Mar. 28, 1804	2	108
Deodate, s. Miles & Ruth, b. Apr. 28, 1754	1	125
Docia, d. Peter & Hannah, b. Aug. 25, 1774	1	194
Ebenezer, s. John & Hannah, b. June 26, 1685	1	134
Ebenezer, m. Ruth **SLATER**, Apr. 10, 1712, by Justice Hoit	1	130

SCOFIELD, SCOLFIELD (cont.),

	Vol.	Page
Ebenezer, s. Ebenezer & Ruth, b. Jan. 23, 1713	1	129
Ebenezer, d. Aug. 2, 1725	1	4
Ebenezer, m. Mary **SMITH**, Dec. 18, 1735, by Rev. Mr. Wright	1	38
Ebenezer, s. Ebenezer & Mary, b. Sept. 11, 1736	1	38
Ebenezer, s. Neazer & Thankfull, b. Sept. 6, 1776	1	196
Ebenezer, s. Neazer & Thankful, b. Sept. 6, 1776	2	32
Ebenezer Crissey, s. [Gilbert & Abigail], b. July 20, 1791	2	99
Eber, s. [Hezekiah & Mary], b. Dec. 5, 1769	2	20
Edward, s. Hezekiah & Mary, b. Dec. 22, 1763	2	20
Edward, m. Harriet **INGERSOLL**, b. of Stamford, May 5, 1822, by Rev. Henry Fuller	2	157
Edward Ralse, s. [James, 3rd & Anne], b. Mar. 17, 1808	2	122
Edwin, s. [Ezekiel & Abigail], b. Aug. 17, 1794	2	55
Edwin, s. [Jonas & Sarah], b. Dec. 9, 1803	2	83
Edwin, Jr., of Stamford, m. Catharine Dixon, of New York City, Apr. 15, 1832, by Rev. Mr. Sommers, in New York	2	296
Eli, m. Susannah **BELL**, Oct. 3, 1753, by Rev. Noah Welles	1	111
Eli, s. Eli & Susannah, b. July 5, 1754	1	111
Eli, d. Feb. 8, 1776	1	192
Eli, see also Ely		
Elihu, s. [Jonas & Sarah], b. Jan. 10, 1791	2	83
Elijah, s. Sam[ue]ll, 3rd & Elizabeth, b. June 17, 1746	1	70
Elijah, s. Sam[ue]ll, 3rd & Elizabeth, b. Feb. 21, 1760	1	138
Elijah, s. Samuel & Abigail, b. Dec. 11, 1775	1	196
Eliza, d. [Robert & Hannah], b. July 15, 1799	2	125
Eliza, m. Ezra **LOCKWOOD**, b. of Stamford, Oct. 12, 1823, by Rev. Daniel Smith	2	168
Eliza M., m. William W. **YOUNGS**, b. of Stamford, Nov. 9, 1832, by Rev. Platt Buffett, of Stanwich	2	218
Elizabeth, d. Richard, b. Nov. 27, 1655	1	55
Elizabeth, d. Nathaniel & Elizabeth, b. Aug. 11, 1726	1	49
Elizabeth, d. Sam[ue]ll & 2nd w. Hannah, b. Dec. 26, 1740	1	46
Elizabeth, d. Nathaniell, Jr. & Susannah, b. Dec. 1, 1745	1	69
Elizabeth, d. Samuel, 3rd & Elizabeth, b. Apr. 14, 1750	1	85
Elizabeth, d. Nehemiah & Martha, b. Dec. 1, 1751	1	96
Elizabeth, d. Abraham & Lowis, b. Nov. 10, 1763	1	152
Elizabeth, d. Reuben & Lydya, b. Mar. 5, 1766	1	159-160
Elizabeth, d. Joseph, Jr. & Mary, b. May 30, 1768	1	189
Elizabeth, d. Nathan, Jr. & Mercy, b. Aug. 29, 1768	1	166
Elizabeth, m. Nehemiah **BATES**, Nov. 13, 1772, by Abraham Davenport	1	203
Elizabeth, d. [John, 4th & Sarah], b. July 15, 1781	2	103
Elizabeth, m. Enos **LOUNSBERY**, Feb. 13, 1783, by Reuben Scofield	2	86
Elizabeth, d. [Neazer & Thankful], b. Apr. 11, 1791	2	32
Elizabeth, m. Samuel **WEED**, Jr., Mar. 20, 1796, by Rev. Marmaduke Earl	2	74
Elizabeth, m. Rufus **KNAPP**, Feb. 7, 1804, by Rev. Daniel Smith	2	102

	Vol.	Page
SCOFIELD, SCOLFIELD (cont.),		
Elizabeth, d. [Azariah & Ruhamah], b. May 20, 1807, in New York	2	115
Elizabeth A., of Stamford, m. Edward **DIBBLE**, of Danbury, Dec. 6, 1842, by Rev. J. W. Alvord, Jr.	2	265
Elizabeth Lydia, m. Obadiah **STEVENS**, Jr., Aug. 9, 1764, by Col. Jonathan Hoit, J. P.	1	164
Elizabeth Maria, d. [Frederick & Maria], b. Jan. 6, 1806	2	114
Elizabeth Nichols, d. [James, 3rd & Anne], b. Aug. 26, 1812	2	122
Elnathan, s. Reuben & Abigail, b. Feb. 21, 1746/7	1	86
Elsa, d. [Selleck & Margaret], b. Mar. 21, 1792	2	50
Elsee, d. Nathaniel, Jr. & Susannah, b. July 17, 1757	1	127
Ely, s. Sam[ue]ll & Hanna, b. Jan. 1, 1717	1	146
Ely, see also Eli		
Emily, d. [Richard & Hepzabah], b. May 4, 1809	2	105
Emily, d. [Robert & Hannah], b. May 13, 1811	2	125
Emily, m. William **WEED**, b. of Stamford, Jan. 18, 1835, by Rev. Daniel Smith	2	240
Emily, m. John **CARTER**, b. of Stamford, Jan. 15, [probably 1844], by George Brown	2	268
Emily Caroline, d. [Frederick & Maria], b. Jan. 1, 1808	2	114
Emma Frances, d. [Edwin, Jr. & Catharine], b. Oct. 26, 1843	2	296
Enos, s. Abraham & Lowis, b. Jan. 26, 1757	1	152
Enos, m. Amy **SCOFIELD**, Aug. 22, 1779, by Abraham Davenport	2	6
Epenetus, [twin with Silvanus], s. John & Hannah, b. Dec. 1, 1744	1	90
Epenetus, m. Susannah **BATES**, July 12, 1771, by Rev. Mr. Wells	1	176
Ephraim, s. Jacob & Hannah, b. Feb. 5, 1764	1	152
Ester, d. [Hezekiah & Mary], b. Jan. 7, 1772	2	20
Esther, d. [William, Jr. & Lydia], b. May 19, 1806	2	108
Eugenie Elizabeth, d. [Edwin, Jr. & Catharine], b. Dec. 23, 1849	2	296
Eunis, d. Sam[ue]ll & Eunis, b. Sept. 9, 1707	1	11
[E]unice, m. Joseph **SCOFIELD**, Aug. 11, 1709	1	125
Eunis, m. Elijah **SEELEY**, June 26, 1728, by Jonathan Hoit, J. P.	1	11
Eunice, m. David **SLASON**, Apr. latter end, 1735, by Jonathan Hoit	1	52
[E]unice, d. Joseph & Mary, b. Jan. 8, 1742/3	1	57
Eunice, wid., d. Feb. 18, 1742/3	1	57
Eunice, d. David & Eunice, b. May 16, 1752	1	123
Ezekiel, s. Samuel, 3rd & Elizabeth, b. July 30, 1767	1	163
Ezekiel, s. Jacob & Hannah, b. Aug. 11, 1774	1	198
Ezekiel, m. Abigail **SCOFIELD**, Dec. 21, 1793, by Rev. Abner Benedict	2	55
Ezra, s. Reuben & Abigail, b. Mar. 12, 1748/9	1	86
Ezra, s. [Benjamin & Rebecca], b. Apr. 14, 1781	2	51
Ezra, 3rd, m. Sarah **WEED**, Sept. 4, 1806, by Rev. Amzi Lewis	2	98
Frederick, s. [Benjamin & Rebecca], b. Apr. 22, 1775	2	51
Frederick, s. Jacob & Abigail, b. Aug. 13, 1778	2	2
Frederick, m. Maria **STARR**, Oct. 16, 1803, by Rev. Israel Ward, in Danbury	2	114

	Vol.	Page

SCOFIELD, SCOLFIELD (cont.),
Frederick B., m. Mary J. **BROWN**, b. of Stamford, Mar. 19, 1849,
 by Rev. Shaler J. Hillyer — 2 — 297
George, s. [Robert & Hannah], b. Sept. 10, 1805 — 2 — 125
George, m. Mary **SCOFIELD**, Feb. 11, 1838, by Rev. Daniel
 Smith — 2 — 249
Geo[rge], m. Sarah Elizabeth **WEED**, b. of Stamford, this day,
 [Dec. 21, 1847], by Rev. J. Jennings — 2 — 290
George Starr, s. [Frederick & Maria], b. June 11, 1810 — 2 — 114
Gershom, s. Josiah, 3rd & Abigail, b. June 23, 1751 — 1 — 98
Gideon, m. Hannah **WEED**, Feb. 16, 1768, by Jonathan Hoit, J. P. — 1 — 175
Gideon, s. Gideon & Hannah, b. Feb. 9, 1769 — 1 — 175
Gideon, Jr., s. Gideon & Hannah, d. Oct. 27, 1795 — 2 — 80
Gilbert, s. James, Jr. & Esther, b. Mar. 26, 1759 — 1 — 167
Gilbert, m. Abigail **CRESSEY**, July 4, 1782, by Rev. Ebenezer
 Dibble — 2 — 99
Hanford, s. [Richard & Hepzabah], b. Nov. 3, 1810 [sic] — 2 — 105
Han[n]a[h], m. Joseph **WEBB**, Jan. 8, 1672 — 1 — 102
Han[n]a[h], m. Joseph **WEBB**, 11th mo. 8 da., 1672 — 1 — 113
Hannah, d. Richard [& Ruth], b. Nov. 14, 1700 — 1 — 134
Hannah, d. Sam[ue]ll & Yonne, b. Nov. 14, 1704 — 1 — 134
Hannah, [twin with Abigail], d. Daniell, Jr., b. Sept. 6, 1706 — 1 — 134
Hannah, d. Ebenezer & Ruth, b. June 8, 1716 — 1 — 133
Hanna, d. Sam[ue]ll & Hanna, b. Dec. 11, 1718 — 1 — 146
Hanah, d. Samuel & [E]unis, d. May 5, 1724 — 1 — 2
Hannah, w. Sam[ue]ll, d. Nov. 14, 1739 — 1 — 40
Hannah, m. Joshua **LOUNSBERY**, May 3, 1739/40, by Sam[ue]ll
 Hoit, J. P. — 1 — 43
Hannah, d. Jonathan & Hannah, b. June 4, 1741 — 1 — 49
Hannah, m. Edmond **LOCKWOOD**, Apr. 7, 1742 — 1 — 58
Hannah, d. Nathan & Sarah, b. [   ] 4, 1741/2 — 1 — 58
Hannah, m. Nathaniel **FINCH**, Dec. 15, 1743, in Ridgefield, by
 Rev. Mr. Ingersoll, of Ridgefield — 1 — 59
Hannah, d. Joseph & Mary, b. July 22, 1746 — 1 — 71
Hannah, d. Nathaniel, Jr. & Susannah, b. Mar. [   ], 1751 — 1 — 92
Hannah, d. Nathaniel, Jr. & Susannah, b. Oct. 28, 1753 — 1 — 127
Hannah, [twin with Stephen], d. Samuel, 3rd & Elizabeth, b. Apr.
 8, 1756 — 1 — 122
Hannah, d. Joseph, Jr. & Mary, b. July 3, 1763 — 1 — 189
Hannah, m. Ethan **SMITH**, May 7, 1769, by Rev. Mr. Wells — 1 — 176
Hannah, d. Jacob & Hannah, b. Jan. 18, 1777 — 1 — 198
Hannah, m. Charles Steward **AUSTIN**, Jan. 15, 1782, by Rev. Mr.
 Murdock — 2 — 6
Hannah, d. Neazer & Thankful, b. Jan. 31, 1787 — 2 — 32
Hannah, d. [Jacob & Abigail], b. July 24, 1795 — 2 — 2
Hannah E., m. Leander **BOSTWICK**, Sept. 1, 1843, by Rev. J. W.
 Alvord, Jr. — 2 — 267
Hannah Maria, d. [James, 3rd & Anne], b. Oct. 7, 1814 — 2 — 122
Harris, s. [Hoit & Abigail], b. Mar. 17, 1794 — 2 — 1

	Vol.	Page
SCOFIELD, SCOLFIELD (cont.),		
Harris, m. Eliza **HUSTED**, Mar. [ ], 1843, by Rev. Ambrose S. Todd	2	271
Harvey, m. Carolina **COGGSHALL**, Apr. 7, 1822, by Henry Hoit, 3rd	2	156
Henry, s. Joseph, Jr. & Mary, b. May 31, 1762	1	189
Henry, m. Mary **REED**, Apr. 26, 1789, by Rev. Moses Mather	2	36
Henry, s. Henry & Mary, b. May 6, 1790	2	36
Henry, s. [Benjamin, Jr. & Anna], b. Sept. 17, 1801	2	85
Henry M., of Norwalk, m. Mary A. **SCOFIELD**, of Stamford, Jan. 21, 1866, by Aaron B. Fancher, J. P. Witnesses, Joseph Scofield, of Darien, Charles L. Fancher, of Poundridge	2	309
Henry W., of Stamford, m. Sally S. **SCOFIELD**, of Darien, Dec. 30, 1821, by Rev. Daniel Smith	2	141
Henry Willys, s. [Gilbert & Abigail], b. June 10, 1799	2	99
Hezekiah, s. Josiah & Sarah, b. Dec. 23, 1739	1	49
Hezekiah, m. Mary **THORP**, Dec. 23, 1762, by Rev. Noah Wells	2	20
Hezekiah, s. [Hezekiah & Mary], b. Apr. 28, 1782	2	20
Hezekiah, d. Nov. 27, 1787	2	20
Hyram, s. [Phinehas & Mercy], b. Oct. 3, 1797	2	87
Hiram, m. Sally **LOCKWOOD**, b. of Stamford, Dec. 19, 1820, by Rev. Daniel Smith	2	147
Hoit, s. Joseph & Mary, b. June 1, 1756	1	137
Hoit, m. Abigail **WEED**, Apr. 6, 1783, by Rev. Moses Mather	2	1
Holly, s. [Robert & Hannah], b. Mar. 6, 1813	2	125
Horace, s. [Augustus & Betsey], b. Nov. 29, 1804	2	90
Horace, m. Martha **SMITH**, b. of Stamford, Nov. 22, 1827, by Rev. John Ellis	2	190
Huldah J., m. John W. **LOCKWOOD**, b. of Stamford, May 13, 1849, by Walter W. Brewer	2	299
Isaac, s. Samuel & Hannah, b. June 13, 1720	1	111
Isaac, m. Joannah **WEED**, Jan. 2, 1745/6, by Sam[ue]ll Hoit, J. P.	1	72
Isaac, m. Johannah **WEED**, Jan. 2, 1745/6, by Sam[ue]ll Hoit	1	76
Isaac, [twin with Rebecca], s. [Benjamin & Rebecca], b. Sept. 14, 1789	2	51
Israel, s. Nathan & Sarah, b. Oct. 4, 1734	1	29
Israel, s. Nathan & Sarah, d. Mar. 17, 1735/6	1	30
Israel, s. Nathan & Sarah, b. May 30, 1748	1	78
Israel, Jr., s. Israel & Sarah, b. July 7, 1784	2	120
Israel, m. Catharine **WATERBURY**, Aug. 9, 1835, by Rev. Ambrose S. Todd	2	230
Jacob, s. Josiah & Sarah, b. Oct. 27, 1741	1	49
Jacob, s. John, Jr. & Susannah, b. May 24, 1751	1	92
Jacob, m. Hannah **KNAP[P]**, Jan. 15, 1760, by Rev. Mr. Wells	1	152
Jacob, s. Jacob & Hannah, b. Oct. 6, 1762	1	152
Jacob, Jr., m. Abigail **WARDWELL**, Sept. 28, 1777, by Abraham Davenport	2	2
James, s. Richard [& Ruth], b. Apr. 1, 1696	1	134
Jeams, m. Elizabeth **WEED**, Jan. 24, 1722/3, by Rev. John Daven-		

SCOFIELD, SCOLFIELD (cont.),

	Vol.	Page
port	1	112
James, s. John & Sarah, b. Mar. 14, 1746/7	1	87
James, s. Nehemiah & Martha, b. Apr. 18, 1753	1	102
James, Jr., m. Esther **DEAN**, Sept. 25, 1758, in Norwalk, by Rev. Mr. Dickinson	1	167
James, s. James, Jr. & Esther, b. Mar. 19, 1763	1	167
James, s. [John, 4th & Sarah], b. Sept. 22, 1778	2	103
James, 3rd, m. Anne **JONES**, Apr. 17, 1803, by Rev Amzi Lewis	2	122
James, m. Ann **PECK**, b. of Stamford, Nov. 6, 1844, by Rev. Addison Parker	2	273
James Bell, s. [Robert & Hannah], b. May 10, 1807	2	125
James Jones, s. [James, 3rd & Anne], b. Aug. 22, 1803	2	122
Jared, s. James, Jr. & Esther, b. Mar. 21, 1767	1	167
Jeremiah, s. Richard, b. Apr. 1, 1691	1	134
Jeremiah, m. Abigail **WEED**, Jan. 20, 1714, by Joseph Bishop, J. P.	1	145
Jermia[h], s. Jeremi[h] & Abigail, b. Nov. 7, 1715	1	146
[Je]erimy, s. Richard, [ ] 1st mo. 10, [16]58	1	74
Jerusha, d. Nathan & Marcy, b. Mar. 11, 1758	1	132
Jesse, s. Eli & Susannah, b. Jan. 24, 1757	1	125
Joannah, d. Joseph & Mary, b. Apr. 10, 1737	1	36
Joanna, wid. Isaac, m. Charles **BISHOP**, Sept. 3, 1767, by Rev. Mr. Wells	1	162
John, m. Han[n]ah **MEAD**, July 12, 1677	1	102
John, m. Hannah **MEAD**, July 13, 1677	1	134
John, s. John & Hanah, b. Jan. 15, 1679/80	1	134
John, Sr., d. Mar. 27, 1698/9	1	134
John, m. Mary **HOLLY**, Dec. 23, 1703	1	134
John, s. Nathaniel & Elizabeth, b. Oct. 4, 1714	1	133
John, s. Samuel & Hanna, b. Sept. 28, 1716, in [ ]ford	1	146
John, s. Nathaniel & Elizabeth, b. Oct. 4, 1716	1	49
John, s. David & Sarah, b. Feb. 3, 1740/1	1	52
John, Jr., m. Sarah **HOLLY**, Dec. 30, 1742, by Sam[ue]ll Hoit	1	56
John, s. John & Sarah, b. Feb. 10, 1743/4	1	60
John, 3rd, m. Hannah **MILLS**, Mar. 4, 1743/4, by Rev. Ebenezer Wright	1	90
John, Sergt., m. Mary **MEED**, Nov. 17, 1743, in Greenwich, by Rev. Mr. Todd	1	59
John, s. John & Hannah, b. Sept. 14, 1746	1	90
John, s. Jonas & Martha, b. Feb. 9, 1748	1	100
John, s. James, Jr. & Esther, b. Apr. 24, 1765	1	167
John, 4th, m. Susannah **WEED**, Feb. 18, 1768, by Rev. Noah Wells	2	103
John, 4th, m. Susannah **WEED**, Feb. 18, 1768, by Rev. Mr. Wells	1	167
John, 4th, m. 2nd w. Sarah **NICHOLS**, Jan. 14, 1773, in Greenwich, by Abraham Davenport, J. P.	2	103
John, 4th, m. Elizabeth **NICHOLS**, Jan. 14, 1773, in Greenwich, by Abraham Davenport, J. P.	1	184

	Vol.	Page
SCOFIELD, SCOLFIELD (cont.),		
John, s. [John, 4th & Sarah], b. Jan. 14, 1775	2	103
John, s. Neazer & Thankful, b. Apr. 2, 1783	2	32
John, s. [Gilbert & Abigail], b. Oct. 30, 1795	2	99
John, Jr., m. Sally **KNAPP**, Feb. 9, 1806, by Rev. Daniel Smith	2	125
John, m. Catharine **HOYT**, b. of Stamford, this day, [Dec. 21, 1842], by Rev. J. W. Alvord, Jr.	2	265
John D., of Darien, m. Caroline E. **FERRICE**, of Stamford, Oct. 4, 1839, by Rev. James M. Stickney	2	256
John Edwin, s. [Rufus & Mary], b. Dec. 30, 1800	2	88
John L., m. Emeline **BISHOP**, b. of Stamford, Jan. 30, 1831, by Rev. Sam[ue]l Cockran	2	212
John Ralse, s. [John, Jr. & Sally], b. May 21, 1812	2	125
John Will[ia]m, s. [James, 3rd & Anne], b. Apr. 10, 1805	2	122
Jonas, s. Jeremiah & Abigail, b. Sept. 11, 1720	1	132
Jonas, m. Martha **BUXSTON**, Apr. 2, 1744, by Sam[ue]ll Hoit	1	100
Jonas, s. Jonas & Martha, b. Oct. 19, 1751	1	100
Jonas, m. Jemima **SMITH**, Jan. 21, 1779, at Greenwich, by Rev. Blackleach Burrit	1	198
Jonas, m. Sarah **HOYT**, July 13, 1786, by Rev. John Avery	2	83
Jonathan, s. Richard [& Ruth], b. Oct. 9, 1698	1	134
Jonathan, s. Nathaniel & Elizabeth, b. May 2, 1719	1	49
Jonathan, s. David & Sarah, b. Nov. 2, 1731	1	52
Jonathan, of Stanford, m. Elizabeth **SMITH**, of Norwalk, Oct. 30, 1755, by Rev. Moses Mather	1	123
Jonathan, Jr., m. Hannah **CLAUSON**, May 27, 1777, by Messenger Palmer, J. P.	2	7
Joseph, m. [E]unice **SCOFIELD**, Aug. 11, 1709	1	125
Joseph, d. Dec. 13, 1726	1	7
Joseph, s. James & Elizabeth, b. Apr. 8, 1733	1	22
Joseph, m. Mary **HOIT**, Jan. 6, 1736/7, by Jonathan Hoit, J. P.	1	32
Joseph, s. Joseph & Mary, b. June 14, 1738	1	36
Joseph, Jr., m. Mary **RUX**, Nov. 26, 1761, by Rev. Mr. Mather	1	189
Joseph, 3rd, m. Anna **BROWN**, Dec. 13, 1765, by Jonathan Maltbie, J. P.	1	169
Joseph, s. Joseph, Jr. & Anna, b. June 26, 1778	2	15
Joseph, s. [Henry & Mary], b. May 8, 1792	2	36
Joseph, m. Mary B. **HANFORD**, b. of Stamford, Oct. 8, 1837, by Rev. Henry Fuller	2	244
Joshua, s. Richard [& Ruth], b. Nov. 5, 1693	1	134
Joshua, m. Ruth **YOUNGS**, Dec. 25, 1712, by Joseph Bishop, J. P.	1	104
Josiah, s. Nathaniel & Elizabeth, b. June 26, 1721	1	49
Josiah, m. Sarah **YOUNGS**, Jan. 16, 1734/5, by Rev. Mr. Ebenezer Wright	1	27
Josiah, s. Josiah & Sarah, b. Nov. 21, 1735	1	29
Josiah, Jr., m. Deborah **WEED**, Feb. 2, 1748/9, by Jonathan Maltbie	1	85
Josiah, 3rd, m. Abigail **GORHAM**, Mar. 12, 1751, by Rev. Ebenezer Dibble	1	98

SCOFIELD, SCOLFIELD (cont.),

	Vol.	Page
Josiah, 4th, m. Mary **SMITH**, Feb. 3, 1757, by Rev. Noah Welles	1	121
Julia A., of Stamford, m. W[illia]m **SMITH**, of New York, Oct. [ ], 1849, by Rev. I. Jennings	2	301
Julia A., m. John S. **HAMILTON**, b. of Stamford, May 13, 1850, by Rev. H. F. Pease	2	303
Leah, d. David & Eunice, b. Aug. 28, 1754	1	123
Leah, m. Stephen **BELL**, Oct. 17, 1777, by Benjamin Weed	2	29
Leander, s. [Shadrach & Abigail], b. July 25, 1806	2	90
Lebbeus, s. Jacob & Hannah, b. Mar. 12, 1768	1	198
Levi, s. Neazer & Thankful, b. May 22, 1785	2	32
Levi, s. [Gilbert & Abigail], b. Jan. 5, 1786	2	99
Levi, m. Betsey **HOYT**, Apr. 21, 1816, by Rev. Daniel Smith	2	128
Lois, w. Abraham, d. Dec. 13, 1763	1	177
Louisa, of Stamford, m. George **LOUNSBURY**, of North Castle, N. Y., Oct. 25, 1826, by Rev. Platt Buffett, of Stanwick	2	182
Louisa, m. George **BUXTON**, b. of Stamford, Oct. 14, 1832, by Rev. Daniel Smith	2	236
Lucinda, [twin with Sally], d. [Neazer & Thankful], b. Mar. 27, 1789	2	32
Lucinda, d. [Israel & Catharine], b. May 8, 1840	2	230
Lydia, d. Josiah & Sarah, b. July 9, 1746	1	78
Lidia, d. Josiah, 3rd & Abigail, b. Feb. 1, 1753	1	104
Lydya, d. Reuben & Lydya, b. Nov. 16, 1764	1	159-160
Lydia, m. Warren **SCOFIELD**, Dec. 21, 1786, by Rev. Justuse Mitchell	2	121
Lydia, d. [Phinehas & Mercy], b. July 1, 1816	2	87
Lydia, m. Darius B. **SCOFIELD**, b. of Stamford, Mar. 12, 1838, by Rev. Henry Fuller	2	250
Lydia Emelin, d. [James, 3rd & Anne], b. Feb. 22, 1811	2	122
Lydia M., m. Nelson **SCOFIELD**, b. of Stamford, Sept. 19, 1827, by Rev. Henry Fuller	2	189
Lyman, s. [Ezekiel & Abigail], b. Aug. 7, 1796	2	55
Marcy, d. John & Hannah, b. Oct. 30, 1690	1	134
Marcy, d. Jeames & Elizabeth, b. Dec. 11, 1725	1	5
Marcy, m. Jonathan **WEBB**, Mar. 12, 1736/7, by Sam[ue]ll Hoit, J. P.	1	33
Marcy, d. Reuben & Abigail, b. Aug. 12, 1754	1	132
Margaret, d. Joseph, Jr. & Mary, b. Mar. 15, 1778	1	189
Mariah E., m. Joseph H. **LEEDS**, Feb. 17, 1833, by Rev. A. S. Todd	2	219
Martha, d. Jonas & Martha, b. Nov. 18, 1750	1	100
Martha, d. Isaac & Joannah, b. July 30, 1752	1	111
Martha, m. Samuel **FOUNTAIN**, Nov. 23, 1774, by Abraham Davenport	1	197
Martha, m. Martin **TILL**, Dec. 13, 1781, by Col. Abraham Davenport	2	8
Mary, d. John & Hannah, b. Aug. 4, 1694	1	134
Mary, d. Sept. 21, 1707	1	138

	Vol.	Page
SCOFIELD, SCOLFIELD (cont.),		
Mary, d. Joshua & Ruth, b. Oct. 14, 1719	1	146
Mary, d. Sam[ue]ll & Hannah, b. Feb. 20, 1722/3	1	150
Mary, d. Joseph & Mary, b. May 2, 1741	1	46
Mary, w. Sergt. John, d. Dec 28, 1741	1	56
Mary, d. Nathan & Sarah, b. Jan. 16, 1743/4	1	59
Mary, d. Nathaniel, Jr. & Susannah, b. Feb. 7, 1747/8	1	80
Mary*, m. Youngs **WEED**, Apr. 4, 1758, by Rev. Moses Mather *(Arnold copy has "Sarah")	1	127
Mary, d. Joseph, Jr. & Mary, b. Oct. 28, 1764	1	189
Mary, m. Jesse **BELL**, Jan. 25, 1773, by Rev. Mr. Wells	1	187
Mary, d. [Jonathan, Jr. & Hannah], b. Mar. 9, 1780	2	7
Mary, m. Nathan **WEED**, Jr., Sept. 2, 1787, by Rev. Moses Mather	2	19
Mary, d. [Silvanus, 3rd & Ruth], b. June 28, 1796	2	86
Mary, d. [Jonas & Sarah], b. Feb. 20, 1800	2	83
Mary, d. [Richard & Hepzabah], b. Mar. 23, 1804	2	105
Mary, d. [Phinehas & Mercy], b. Apr. 11, 1807	2	87
Mary, d. [Silas & Rebecca], b. Sept. 17, 1807	2	125
Mary, m. Robert **McDONOLDS**, b. of Stamford, Mar. 6, 1825, by Noble W. Thomas, Elder	2	176
Mary, m. Amos **SCOFIELD**, b. of Stamford, Dec. 24, 1827, by Rev. Henry Fuller	2	191
Mary, m. George **SCOFIELD**, Feb. 11, 1838, by Rev. Daniel Smith	2	249
Mary A., of Stamford, m. Henry M. **SCOFIELD**, of Norwalk, Jan. 21, 1866, by Aaron B. Fancher, J. P. Witnesses, Joseph Scofield, of Darien, Charles L. Fancher, of Poundridge	2	309
Mary Ann, of Stamford, m. George **NASH**, of New Canaan, Nov. 13, 1833, by Rev. Henry Fuller	2	220
Mary E., m. Alexander H. **WEED**, b. of Stamford, Jan. 7, 1849, by Rev. J. Jennings	2	297
Mary Elizabeth, d. [John, Jr. & Sally], b. Aug. 30, 1810	2	125
Mary S., m. George A. **WEED**, b. of Stamford, Feb. 4, 1824, by Rev. Daniel Smith	2	171
Mercy, d. Daniell, b. Nov. 9, [16]57	1	74
Mercy, d. Joshua & Ruth, was 2 years old, Feb. 7, 17[ ]	1	122
Mercy, d. Joseph, Jr. & Mary, b. Sept. 14, 1774	1	189
Micall, s. Ebenezer & Mary, b. Jan. 24, 1740/1	1	46
Miles, s. Daniel & Hanna, b. Mar. 16, 1709/10	1	136
Miles, m. Ruth **BATES**, Dec. 9, 1736, by Rev. Mr. Wright	1	31
Miles, s. Miles & Ruth, b. Nov. 16, 1740	1	44
Miles, s. Miles, d. Feb. 17, 1740/1	1	45
Miles, s. Miles & Ruth, b. Apr. 2, 1742; d. Apr. 25, 1742	1	56
Miles, s. Miles & Ruth, b. Apr. 6, 1743	1	59
Miles, s. Miles, d. May 24, 1745	1	65
Miles, s. Jacob & Hannah, b. Aug. 25, 1760	1	152
Minor, s. [Neazer & Thankful], b. Apr. 19, 1796	2	32
Nancy, d. Joseph, Jr. & Anna, b. Mar. 28, 1773	2	15
Nathan, s. Daniell, b. Apr. 14, 1702	1	134

SCOFIELD, SCOLFIELD (cont.),

	Vol.	Page
Nathan, m. Sarah **WEED**, Dec. 29, 1726	1	7
Nathan, s. Nathan & Sarah, b. Feb. 4, 1729	1	17
Nathan, Jr., m. Marcy **STEVENS**, Dec. 31, 1756, by Rev. Robert Silliman	1	123
Nathan, m. Hannah **CLASON**, Apr. 29, 1759, by Rev. Noah Welles	1	134
Nathan, m. Hannah **CLASON**, Apr. 29, 1759, by Rev. Mr. Wells	1	164
Nathaniell, s. John & Hannah, b. Dec. 10, 1688	1	134
Nathaniel, m. Elizabeth **PETTET**, Jan. 21, 1713/14, by Joshua Knapp, J. P.	1	129
Nathaniel, s. Nathaniel & Elizabeth, b. Mar. 7, 1717	1	49
Nathaniel, m. Susannah **WATERBERY**, on the evening following Dec. 15, 1736, by Sam[ue]ll Hoit, J. P.	1	31
Nathaniel, Jr., m. Susannah **WATERBERY**, Dec. 15, 1736, by Samuel Hoit	1	49
Nathaniel, s. Nathaniel, Jr. & Susannah, b. July 24, 1737	1	49
Nathan[ie]ll, s. [Jonas & Sarah], b. Dec. 18, 1795	2	83
Nathaniel, s. [Phinehas & Mercy], b. Oct. 14, 1801	2	87
Nathaniel, m. Polly A. **FERRIS**, b. of Stamford, Jan. 17, 1826, by Rev. Daniel Smith	2	180
Nezer, s. Samuel, 3rd & Elizabeth, b. May 22, 1754	1	111
Neazer, m. Thankful **SCOFIELD**, Aug. 17, 1775, by Rev. Dr. Wells	1	196
Neazer, m. Thankful **SCOFIELD**, Aug. 17, 1775, by Rev. Noah Welles	2	32
Nehemiah, s. Sam[ue]ll & Hannah, b. July 12, 1714	1	140
Nehemiah, m. Martha **ENGLISH**, June 24, 1751, by Jonathan Maltbie, J. P.	1	91
Nelson, m. Lydia M. **SCOFIELD**, b. of Stamford, Sept. 19, 1827, by Rev. Henry Fuller	2	189
Nias, child of Joseph & Mary, b. Feb. 17, 1754	1	108
Obediah, m. Sally **DIXSON**, May 2, 1807, by Rev. Rich[ar]d Andrews, in Pound Ridge, N. Y.	2	107
Obadiah, m. Mary **LOCKWOOD**, Nov. 29, 1809, in Pound Ridge, N. Y., by Rev. Richard Andrews	2	107
Olive, d. [Hezekiah & Mary], b. Nov. 13, 1767	2	20
Oliver, s. [Robert & Hannah], b. June 13, 1809	2	125
Oliver, m. Mary E. **SELLECK**, b. of Stamford, Feb. 5, 1837, by Rev. Daniel Smith	2	242
Peter, s. Joseph & Mary, b. Nov. 1, 1739	1	41
Peter, s. Joseph & Mary, b. Nov. 1, 1739	1	137
Peter, s. Nathaniell, Jr. & Susannah, b. Oct. 21, 1743	1	69
Peter, m. Hannah **BATES**, Nov. 12, 1764, by Col. Jonathan Hoit, J. P.	1	154
Peter, Jr., m. Abigail **GARNSEY**, Aug. 16, 1767, by Rev. Mr. Wells	1	162
Peter, s. Peter & Hannah, b. July 15, 1779	2	25
Pettit, s. John & Sarah, b. Sept. 1, 1745	1	69

STAMFORD VITAL RECORDS 217

	Vol.	Page
SCOFIELD, SCOLFIELD (cont.),		
Phebe, m. Ezra **LOUNSBURY**, b. of Stamford, Sept. 12, 1822, by John B. Matthias	2	158
Phebe H., m. Henry A. **REYNOLDS**, b. of Stamford, July 25, 1836, by Rev. Aaron S. Hill	2	226
Phinehas, m. Mercy **FINCH**, Jan. 12, 1797, by Rev. Daniel Smith	2	87
Polly, d. Sam[ue]ll & Abigail, b. Apr. 11, 1781	2	29
Polly, d. Joseph, Jr. & Anna, b. Oct. 29, 1782	2	15
Polly, m. Sam[ue]l **WEBB** (Dr.), b. of Stamford, Oct. 27, 1824, by Rev. John Ellis. Int. Pub. [Oct.] 18, [1824]	2	172
Polly, m. David **WATERBURY**, b. of Stamford, Sept. 25, 1826, by Rev. Henry Fuller	2	182
Prudence, d. Nathaniel, Jr. & Susannah, b. June 11, 1741	1	49
Prudence, d. Josiah & Sarah, b. Jan. 10, 1749/50	1	85
Prudence, d. Josiah & Sarah, d. Nov. 3, 1750	1	91
Prudence, d. Josiah & Sarah, b. Dec. 7, 1753	1	104
Prudence, had s. Joseph **HUSTED**, b. Feb. 9, 1761	1	145
Prudence, m. Noah **BELL**, Mar. 25, 1773, by Rev. Mr. Welles	1	202
Prudence, d. Joseph, Jr. & Anna, b. May 20, 1775	2	15
Prudence, m. Epenetus **WEBB**, July 1, 1787, by Charles Webb	2	22
Rachel, d. Miels & Ruth, b. Apr. 28, 1739	1	39
Reachall, d. Miles, d. June 4, 1745	1	65
Rachel, d. Sam[ue]ll, 3rd & Elizabeth, b. Dec. 6, 1757	1	138
Rachel, d. [Neazer & Thankful], b. Nov. 19, 1794	2	32
Rachal Ann, d. [Azariah & Ruhamah], b. Sept. 17, 1811	2	115
Rebecca, d. Jeames & Elizabeth, b. July 7, 1737	1	34
Rebeckah, d. Sam[ue]ll & Elizabeth, b. Jan. 21, 1747/8	1	75
Rebeckah, m. Daniel **FRITH**, Nov. 23, 1752, by Rev. Moses Mather	1	104
Rebecca, m. Timothy **CURTICE**, Oct. [ ], 1767, by Rev. Mr. Wells	1	172
Rebecca, [twin with Isaac], d. [Benjamin & Rebecca], b. Sept. 14, 1789	2	51
Rebecca, d. [Silas & Rebecca], b. Oct. 21, 1810	2	125
Rebecca, m. John **BOSTWICK**, b. of Stamford, Mar. 17, 1824, by Rev. Henry Fuller	2	172
Rebecca, m. Sam[ue]l **LEEDS**, b. of Stamford, Jan. 15, 1837, by Rev. Ambrose S. Todd	2	232
Ruben, s. Daniel & Hannah, b. Dec. 27, 1719	1	146
Reuben, m. Abigail **HOLLY**, Nov. 26, 1741, by Jonathan Maltbie, J. P.	1	48
Reuben, s. Reuben & Abigail, b. Oct. 23, 1742	1	62
Reuben, d. July 1, 1756	1	118
Reuben, d. July 1, 1756	1	121
Reuben, m. Lydia **AYRES**, Apr. 26, 1764, by Rev. Mr. Wells	1	159-160
Rhoda, m. John **SEELEY**, Mar. 31, 1783, by Reuben Scofield	2	55
Rhua, m. Ezra **ST. JOHN**, Mar. 4, 1810, by Elder Ebenezer Ferris	2	116
Richard, m. Ruth **BRANDISH**, Sept. 14, 1689	1	134
Richard, s. Jeremi[h] & Abigail, b. Mar. 9, 1717/18	1	146

SCOFIELD, SCOLFIELD (cont.),

	Vol.	Page
Richard, s. Enos & Amy, b. Feb. 10, 1781	2	6
Richard, m. Hepzabah **REYNOLDS**, Jan. 19, 1803, by Rev. Daniel Smith	2	105
Robert, s. [John, 4th & Sarah], b. July 14, 1777	2	103
Robert, m. Hannah **BELL**, Apr. 15, 1799, by Rev. Moses Mather	2	125
Robert, m. Charlotte A. **SELLECK**, Mar. 12, 1850, by Rev. J. J. Twiss	2	302
Ruah, d. Joseph, 3rd & Anna, b. Aug. 29, 1768	1	169
Rufus, s. [Jonathan, Jr. & Hannah], b. July 4, 1777; d. June 30, 1781	2	7
Rufus, s. [Jonas & Sarah], b. Feb. 21, 1793	2	83
Rufus, m. Mary **WHEATON**, Sept. 19, 1799, by Rev. Platt Buffet	2	88
Rufus, m. Ann **BUNTING**, June 15, 1846, by Rev. J. W. Alvord	2	284
Ruhamah, d. Ezra & Eunice, b. Nov. 23, 1786, in St. Johns, N. B., m. Azariah **SCOFIELD**, s. Uriah & Elizabeth, Nov. 10, 1805, by Rev. Amzi Lewis	2	115
Ruth, d. Joshua & Ruth, b. May 30, 1717	1	122
Ruth, d. Joshua & Ruth, b. May 31, 1717	1	140
Ruth, m. Joseph **BROWN**, the evening following the 16th day of Jan., 1728/9, by Joseph Bishop, J. P.	1	12
Ruth, d. Miles, d. June 5, 1741	1	48
Ruth, d. Josiah & Sarah, b. Dec. 18, 1743	1	78
Ruth, d. Joseph & Mary, b. Mar. 18, 1744/5	1	65
Ruth, m. Samuel **WARRING**, Jr., Feb. 23, 1764, by Rev. Mr. Wells	1	158
Ruth, m. Israel **HOIT**, Nov. 11, 1766, by Col. Jonathan Hoit, J. P.	1	166
Ruth, d. Jacob & Hannah, b. Mar. 31, 1770	1	198
Sally, [twin with Lucinda], d. [Neazer & Thankful], b. Mar. 27, 1789	2	32
Sally, m. Silvanus **HOYT**, May 2, 1793, by Rev. Marmaduke Earl	2	54
Sally, m. Ezra **WATERBURY**, Sept. 2, 1798, by Rev. Marmaduke Earl	2	82
Sally, d. [Robert & Hannah], b. May 20, 1803	2	125
Sally, d. [Richard & Hepzabah], b. May 9, 1806	2	105
Sally, of Stamford, m. Israel **LOCKWOOD**, of Greenwich, Jan. 20, 1828, by Rev. Daniel Smith	2	197
Sally, m. Seeley **MILLER**, b. of Stamford, June 26, 1831, by Rev. Daniel J. Wright	2	214
Sally, w. [Obediah], d. [ ]	2	107
Sally Ann, d. [James, 3rd & Anne], b. Oct. 13, 1806	2	122
Sally Maria, m. W[illia]m Henry **BISHOP**, Mar. 19, 1838, by Rev. Ambrose S. Todd	2	249
Sally S., of Darien, m. Henry W. **SCOFIELD**, of Stamford, Dec. 30, 1821, by Rev. Daniel Smith	2	141
Samuell, s. John & Hannah, b. July 10, 1678	1	134
Samuel, m. [E]unica **BUXTON**, Feb. 10, 1703/4	1	134
Samuell, s. Samuell & [E]unice, b. Dec. 12, 1705	1	134
Samuell & w. Han[n]a[h], had d. [ ], d. Apr. 29, 1710	1	125

	Vol.	Page
SCOFIELD, SCOLFIELD (cont.),		
Samuell, s. Sam[ue]ll & Hannah, b. June 21, 1712	1	127
Samuel, s. Joseph & [E]unice, b. Dec. 26, 1716	1	133
Sam[ue]ll, Jr., m. Hannah **LOUNSBERY**, May 3, 1739, by Sam[ue]ll Hoit, J. P.	1	45
Sam[ue]ll, Sergt., m. Hannah **SUTHERLIN**, Feb. 28, 1739/40, by Rev. Mr. Strong, of Stanwick	1	43
Sam[ue]ll, s. Sam[ue]ll & Hannah, Jr., b. Mar. 15, 1739/40	1	45
Samuel, of Newfield, m. Elizabeth **AMBLER**, Mar. 1, 1743/4	1	64
Sam[ue]ll, s. Sam[ue]ll & Elizabeth, b. Dec. 26, 1744	1	64
Samuel, 4th, m. Abigail **BELL**, June 17, 1773, by Benj[ami]n Weed, J. P.	1	196
Samuel, s. Israel & Sarah, b. July 3, 1782	2	120
Sam[ue]ll, 3rd, m. Barbara **BRIGGS**, Dec. 20, 1782, by Reuben Scofield	2	29
Samuell & w. Mary, had d. [ ], b. [ ]	1	125
Sam[ue]ll, d. Jan. 27, [ ]	1	135
Samuell, s. Samuell, d. Dec. 2, [ ]	1	135
Samuel C., m. Polly **INGERSOLL**, b. of North Stamford, Jan. 15, 1822, by Rev. Henry Fuller	2	154
Samuel S., s. Ezra & Milly, b. July 23, 1805	2	167
Samuel Wheaton, s. [Rufus & Mary], b. Oct. 20, 1802	2	88
Sarah, m. Miles **MERWIN**, Nov. 30, [16]	1	113
Sarrah, m. [ ] **PETTET**, 5th mo. 13, [16]65	1	100
Sarah, m. Samuell **BATES**, Mar. 2, 1703/4	1	144
Sarah, d. Samuel & Hannah, b. Aug. 11, 1726	1	6
Sarah, m. John **LOCKWOOD**, Apr. 8, 1737, by Sam[ue]ll Hoit, J. P.	1	33
Sarah, m. William **WEBB**, June 20, 1737, by Rev. Mr. Wright	1	15
Sarah, d. Josiah & Sarah, b. Nov. 11, 1737	1	34
Sarah, d. [Ebenezer & Mary], b. Dec. 20, 1738	1	38
Sarah, d. Nathan & Sarah, b. Feb. 3, 1740/1	1	58
Sarah, m. Ezekiel **ROBERTS**, June 8, 1743, in Bedford, by Rev. Mr. Sturgent	1	60
Sarah, d. John & Sarah, b. May 2, 1749	1	87
Sarah, d. Samuel, 3rd & Elizabeth, b. Mar. 27, 1752	1	96
Sarah, d. Isaac & Joannah, b. Dec. 26, 1754	1	111
Sarah, d. Jonathan & Elizabeth, b. Sept. 24, 1756	1	123
Sarah, m. Seth **SEELEY**, Nov. 21, 1756, by Rev. Ebenezer Dibble	1	122
Sarah*, m. Youngs **WEED**, Apr. 4, 1758, by Rev. Moses Mather *("Mary" in Huntington's Register)	1	127
Sarah, w. Nathan, d. Nov. 30, 1758	1	134
Sarah, d. Nehemiah & Martha, b. Oct. 8, 1760	1	145
Sarah, d. [Hezekiah & Mary], b. July 2, 1765	2	20
Sarah, d. Nathan, Jr. & Mercy, b. Feb. 18, 1766	1	158
Sarah, d. Peter & Hannah, b. Oct. 10, 1769	1	194
Sarah, d. Joseph, Jr. & Mary, b. Apr. 14, 1771	1	189
Sarah, d. Abraham & Mary, b. Mar. 1, 1775	1	200
Sarah, m. William **WARDWELL**, Jr., Feb. 27, 1783, by Charles		

SCOFIELD, SCOLFIELD (cont.),

	Vol.	Page
Webb, J. P.	2	4
Sarah, d. [Jonas & Sarah], b. Oct. 11, 1787	2	83
Sarah, m. Samuel **MATHER**, May 2, 1790, by Rev. Moses Mather	2	59
Sarah, d. [Gilbert & Abigail], b. Oct. 11, 1801	2	99
Sarah, m. William **RAYMOND**, b. of Stamford, Nov. 26, [1828], by Rev. Platt Buffett	2	193
Sarah Catharine, d. [Edwin, Jr. & Catharine], b. Jan. 29, 1833	2	296
Sarah Frances, m. W[illia]m Wallace **HOYT**, Mar. 31, 1844, by Rev. J. W. Alvord, Jr.	2	269
Sarah Matilda, d. [Azariah & Ruhamah], b. July 19, 1809	2	115
Sarah Nichols, d. [John, 4th & Sarah], b. Sept. 4, 1788; d. Jan. 7, 1790	2	103
Seeley, s. Neazer & Thankful, b. Nov. 21, 1781	2	32
Seeley, s. [Silvanus, 3rd & Ruth], b. Jan. 9, 1801	2	86
Selleck, s. [Benjamin & Rebecca], b. Apr. 6, 1784	2	51
Selleck, m. Margaret **JONES**, Nov. 29, 1790, by Rev. John Shepherd	2	50
Seth, s. Nathan, Jr. & Mercy, b. Nov. 11, 1761	1	145
Seth, s. [Gilbert & Abigail], b. Dec. 6, 1798	2	99
Seth, m. Harriet **STEVENS**, b. of Stamford, Feb. 24, 1839, by Abram Clark, J. P.	2	255
Seth Will[ia]m, s. [Obadiah & Mary], b. Oct. 29, 1810	2	107
Shadrach, s. Neazer & Thankful, b. May 19, 1780	2	32
Shadrach, m. Abigail **KNAP[P]**, June 20, 1802, by Rev. Daniel Smith	2	90
Silas, s. Nathaniel & Elizabeth, b. Dec. 10, 1735	1	49
Silas, s. [John, 4th & Sarah], b. Apr. 2, 1776	2	103
Silas, m. Rebecca **HOLMES**, Feb. 15, 1803, by Rev. Daniel Smith	2	125
Silas, s. [Silas & Rebecca], b. Apr. 29, 1815	2	125
Silvanus, s. Nathaniel & Elizabeth, b. May 1, 1729	1	49
Silvanus, s. David & Sarah, b. June 26, 1736	1	52
Silvanus, [twin with Epenetus], s. John & Hannah, b. Dec. 1, 1744	1	90
Silvanus, m. Hannah **SEELEY**, Jan. 12, 1748/9, by Jonathan Maltbie	1	83
Silvanus, s. Silvanus & Hannah, b. May 19, 1751	1	92
Silvanus, Jr., m. Sarah **WEED**, Jan. 19, 1769, by Rev. Mr. Wells	1	171
Silvanus, s. Silvanus, Jr. & Sarah, b. Apr. 21, 1770	1	176
Silvanus, s. [Hoit & Abigail], b. Sept. 25, 1785	2	1
Silvanus, 3rd, m. Ruth **REYNOLDS**, Oct. 17, 1795, by Rev. Ebenezer Ferris	2	86
Silvanus, s. [Silvanus, 3rd & Ruth], b. June 24, 1798	2	86
Smith, s. Abraham & Mary, b. Sept. 14, 1779	1	200
Smith, m. Sarah **FERRIS**, Apr. 2, 1803, in Greenwich, by John Mackay, J. P.	2	101
Squire, s. [Selleck & Margaret], b. Jan. 8, 1795	2	50
Stephen, s. Abraham & Lowis, b. Dec. 25, 1755	1	152
Stephen, [twin with Hannah], s. Samuel, 3rd & Elizabeth, b. Apr.		

	Vol.	Page
SCOFIELD, SCOLFIELD (cont.),		
8, 1756	1	122
Stephen, s. Joseph, Jr. & Mary, b. Nov. 5, 1766	1	189
Susan, Mrs., m. Henry **LOCKWOOD**, b. of Stamford, Oct. 8, 1837, by Rev. William Biddle	2	244
Susana, d. John & Hannah, b. Mar. 2, 1697/8	1	134
Susannah, m. Caleb **SMITH**, Feb. 4, 1719/20, by Capt. Joseph Bishop, J. P.	1	112
Susanna, m. Caleb **SMITH**, Feb. 11, 1719/20, by Capt. Joseph Bishop, J. P.	1	106
Susannah, d. Nathaniel, Jr. & Susannah, b. Aug. 3, 1739	1	49
Susannah, m. Sam[ue]ll **KNAP[P]**, Apr. 2, 1761, by Rev. Mr. Wells	1	147
Susannah, m. Samuel **KNAP[P]**, Apr. 2, 1761, by Rev. Noah Welles	2	48
Susannah, w. Eli, d. Nov. 11, 1765	1	158
Susannah, d. [John, 4th & Sarah], b. Dec. 19, 1773	2	103
Susannah, d. John, 4th & Elizabeth, b. Dec. 19, 1773	1	184
Susanna, m. William **BISHOP**, Mar. 31, 1796, by Rev. Daniel Smith	2	72
Susannah, d. [ ]	1	8
Thad[d]eus, s. David & Sarah, b. June 2, 1738	1	52
Thaddeus, s. Josiah & Sarah, b. Aug. 12, 1751	1	104
Thankfull, d. Nathaniell & Elizabeth, b. Oct. 11, 1731	1	49
Thankfull, d. Joseph & Mary, b. Mar. 27, 1750	1	86
Thankfull, m. Isaac **WATERBERY**, Feb. 4, 1750/1, by Robert Bostwick, in Bedford	1	102
Thankfull, d. Joseph & Mary, b. Mar. 18, 1752	1	101
Thankful, m. Neazer **SCOFIELD**, Aug. 17, 1775, by Rev. Dr. Wells	1	196
Thankful, m. Neazer **SCOFIELD**, Aug. 17, 1775, by Rev. Noah Welles	2	32
Theodora, d. David, Jr. & Eunice, b. Jan. 17, 1759	1	136
Uriah, s. Miles & Ruth, b. Apr. 29, 1752	1	125
Walter, s. Peter & Hannah, b. May 31, 1772	1	194
Warren, s. Peter & Hannah, b. July 22, 1765	1	154
Warren, m. Lydia **SCOFIELD**, Dec. 21, 1786, by Rev. Justuse Mitchell	2	121
William, s. [Neazer & Thankful], b. Mar. 8, 1793	2	32
William, s. [Jonas & Sarah], b. Jan. 6, 1798	2	83
William, Jr., m. Lydia **ABBOT**, Mar. 1, 1803, by Reuben Scofield, J. P.	2	108
William, m. Sally **HOLLY**, Feb. 5, 1804, by Rev. Platt Buffet	2	91
William, s. [Richard & Hepzabah], b. Oct. 20, 1810	2	105
William, m. Sarah J. **CLARK**, May 23, 1837, by Rev. Daniel Smith	2	247
W[illia]m Augustus, s. [Rufus & Mary], b. July 9, 1808	2	88
William Dixon, s. [Edwin, Jr. & Catharine], b. Mar. 30, 1836	2	296
William H., m. Hannah E. **CLARK**, Dec. 19, 1847, by Rev. Aaron		

	Vol.	Page
SCOFIELD, SCOLFIELD (cont.),		
Rogers	2	291
William Wardwell, s. Jacob & Abigail, b. May 20, 1789	2	2
Zilpha, d. Nathaniel, Jr. & Susannah, b. June 7, 1755	1	127
Zilpha, m. Samuel **HICKOK**, Nov. 4, 1773, by Rev. Mr. Dibble	1	185
Zilpha, m. Samuel **HICKOX**, Nov. 4, 1773, by Rev. Ebenezer Dibble	2	49
SCOTT, SCOT, Benjamin, s. Peter & Susannah, b. Apr. 23, 1757	1	124
Hanna[h], m. Edmund **LOCKWOOD**, Jan. 7, 16[ ]	1	55
Peter, m. Susannah **GREEN**, July 4, 1754, by Abraham Davenport	1	111
Sarah, d. Peter & Susannah, b. Oct. 8, 1754	1	111
Sarah, m. Joseph **MATHER**, May 29, 1777, by Rev. Jonathan Ingersoll, of Ridgefield	2	5
SCRIVENER, Sarah, m. Eliphalet **SEELEY**, Jr., May 10, 1750, in Norwalk, by Rev. Mr. Silliman	1	170
SCUDDER, Elizabeth, m. Joseph **WARDWELL**, June 11, 1798, by Rev. Daniel Smith	2	91
SEARLES, SARLES, Edwin, of Poundridge, m. Eliza **JONES**, of Stamford, Jan. 1, 1828, by Rev. Henry Fuller	2	191
John M., of West Chester, N.Y., m. Mary Ann **SLAUSON**, of Stamford, Oct. 22, 1835, by Rev. Richard Seaman	2	225
Sarah E., m. Charles H. **HOLLY**, Jan. 2, 1849, by Rev. Walter W. Brewer	2	295
SEEKINGS, Sarah, m. Ezra **GARNSEY**, Mar. 3, 1771, by Rev. Samuel West, of Dartmouth	2	28
SEELEY, SEELY, SEELLEY, CEELEY, Aaron, s. Nathan & Mercy, b. May 3, 1787	2	40
Abiathan, child of Josiah & Marcy, b. Aug. 29, 1761	1	141
Abigaill, m. Joseph **FINCH**, Aug. 7, 1703	1	122
Abigail, m. James **FINCH**, Aug. 18, 1749, by Jonathan Hoit, J. P.	1	82
Abigail, wid. John, d. Sept. 7, 1757	1	137
Abigail, d. Gideon & Deborah, b. Mar. 20, 1760	1	138
Abigail, d. Abijah & Lydia, b. Aug. 28, 1765	1	154
Abigail, d. Obadiah, Jr. & Abigail, b. Mar. 2, 1767	1	161
Abigail, d. Eliphalet, Jr. & Sarah, b. Apr. 11, 1767	1	170
Abigail, m. Jared **SEYMOUR**, Sept. 20, 1787, by Rev. Ebenezer Dibble	2	84
Abigail Crissey, d. [Obadiah & Hannah], b. June 9, 1793	2	44
Abijah, s. John & Abigail, b. Oct. 26, 1733	1	27
Abijah, m. Lydia **HOIT**, May 18, 1758, by Rev. Ebenezer Dibble	1	132
Abijah, s. Abijah & Lydia, b. Nov. 23, 1761	1	145
Abijah, Jr., m. Johanna **BATES**, Sept. 23, 1790, by Rev. Ebenezer Dibble	2	44
Albert, s. [Selleck & Polly], b. Jan. 18, 1809	2	111
Alfred, s. Nathan & Mercy, b. July 6, 1792	2	40
Amzi, s. [John & Rhoda], b. May 23, 1804	2	109
Ann, d. Obadiah & Sarah, b. Aug. 24, 1734	1	27
Ann, m. John **SEELEY**, Jr., Jan. 24, 1754, by Rev. Ebenezer Dibble	1	108

	Vol.	Page
SEELEY, SEELY, SEELLEY, CEELEY (cont.),		
Ann, d. Silvanus & Rebecca, b. Apr. 24, 1760	1	178-9
Ann, d. John & Ann, b. June 15, 1760	1	137
Anne, d. Seth & Sarah, b. Mar. 3, 1765	1	156-7
Anne, d. Silvanus, Jr. & Mary, b. Feb. 24, 1786	2	20
Asael, s. Ezekiel & Catharine, b. Mar. 7, 1762; bp. by Rev. Mr. Dibble, Godfather Obadiah Seeley	1	148-9
Aseneth, d. Josiah & Marcy, b. June 15, 1772	1	181
Basaeleal, s. Ebenezer & Mary, b. Aug. 20, 1725	1	11
Beach, s. Seth & Sarah, b. Apr. 3, 1770	1	176
Benj[ami]n, s. Wix & Mary, b. Nov. 19, 1777	1	192
Benj[ami]n Waring, s. [John* & Rhoda], b. May 8, 1806 *("Jehu" in Huntington's Register)	2	109
Betse, d. Gideon & Daborah, b. Sept. 12, 1756	1	123
Betsey, d. [Obadiah & Hannah], b. Nov. 19, 1784	2	44
Catharine, d. [Wyx & Catharine], b. June 2, 1799	2	51
Clary, d. [John & Rhoda], b. Aug. 19, 1801	2	55
Ebinezer, s. Jonas, b. Jan. 18, 1696/7	1	117
Ebenezer, m. Mercy **DEAN**, Jan. 22, 1718/19, by Capt. Joseph Bishop, J. P.	1	106
Ebenezer, s. Ebenezer & Mercy, b. Mar. 19, 1720	1	25
Ebinezer, s. Ebenezer & Mercy, b. Mar. 19, 1720/1	1	149
Ebenezer, s. Eliphalet, Jr. & Sarah, b. Feb. 26, 1755	1	170
Elijah, s. Obadiah & Susanah, b. Sept. 3, 1707	1	140
Elijah, m. Eunis **SCOFIELD**, June 26, 1728, by Jonathan Hoit, J. P.	1	11
Elijah, s. Elijah & Eunis, b. July 13, 1734	1	60
Elifelett, s. Jonas, b. Aug. 20, 1701	1	117
Eliphilit, m. Sarah **HOLLY**, Dec. 10, 1724, by Joseph Bishop	1	3
Eliphilit, s. Eliphilit & Sarah, b. Apr. 10, 1730	1	18
Elipha[let], s. Elipha[le]t & Sarah, b. Mar. 2, 1740/1	1	40
Eliphalet, Jr., m. Sarah **SCRIVENER**, May 10, 1750, in Norwalk, by Rev. Mr. Silliman	1	170
Eliphalet, s. Silvanus & Rebecca, b. Mar. 17, 1770	1	178-9
Elisha, s. Eliphalet, Jr. & Sarah, b. May 16, 1762	1	170
Elisah, s. Wix & Mary, b. July 8, 1767	1	192
Elisha, s. [Wyx & Catharine], b. Oct. 28, 1795	2	51
Eliza, d. [John & Rhoda], b. June 10, 1799	2	55
Elizabeth, d. Nathaniel & Elizabeth, b. Sept. 25, 1734	1	27
Elizabeth, w. Nathaniel, d. June 29, 1742	1	53
Elizabeth, d. Eliphilit & Sarah, b. Aug. 31, 1743	1	63
Elizabeth, m. Jonathan **TALLMADGE**, Feb. 21, 1750/1, by Jonathan Hoit	1	91
Elizabeth, d. Wix & Mary, b. Nov. 24, 1760	1	192
Elizabeth, d. Abijah & Lydia, b. Apr. 5, 1778	1	202
Elizabeth, d. [Wyx & Elizabeth], b. Jan. 1, 1780	2	51
Elizabeth, w. [Wyx], d. Feb. 16, 1780	2	51
Elizabeth, d. Abijah & Johanna, b. July 7, 1791	2	44
Elizabeth, m. Jacob **HOW**, Jr., Nov 29, 1798, by Reuben Scofield	2	80

	Vol.	Page
SEELEY, SEELY, SEELLEY, CEELEY (cont.),		
Erastus, s. [Nathan & Mercy], b. Apr. 11, 1795	2	40
Esther, d. Obadiah & Sarah, b. June 10, 1731	1	19
Ester, m. Josia[h]* **HULL**, Nov. 11, 1751, in Ammawalk, by Robert Yewman, J. P. *("Joseph" in Huntington's Register)	1	97
Eunis, d. Elijah & Eunis, b. Sept. 20, 1728	1	60
Eunis, d. Elijah & Eunis, b. Sept. 21, 1728	1	11
Eunice, m. David **SCOFIELD**, May 16, 1750, by Rev. Mr. Welles	1	91
Ezekiel, s. Obadiah & Sarah, b. Apr. 11, 1740	1	43
Ezekiel, m. Catareen **WELSH**, Jan. 3, 1760, by Rev. Elenor Dibble	1	135
Ezekiel, s. Ezekiel & Catharine, b. Oct. 12, 1760; bp. by Rev. Ebenezer Dibble, Godfather Obadiah Seeley, Jr.	1	139
Gideon, s. John & Abigail, b. Sept. 7, 1729	1	19
Gideon, m. Deborah **LOCKWOOD**, July 11, 1754, by Rev. Noah Welles	1	203
Gideon, m. Deborah **LOCKWOOD**, July 11, 1755, by Rev. Noah Welles	1	112
Habakuk, d. 6th mo. 13, [16]58	1	20
Hannah, d. Nathaniel & Elizabeth, b. Oct. 2, 1727	1	12
Hannah, d. Nathaniel & Elizabeth, d. July 19, 1730	1	16
Hannah, d. Nathaniel & Elizabeth, b. Dec. 10, 1730	1	18
Hannah, d. Elijah & Eunis, b. July 20, 1743	1	60
Hannah, m. Silvanus **SCOFIELD**, Jan. 12, 1748/9, by Jonathan Maltbie	1	83
Hannah, d. Obadiah, Jr. & Abigail, b. Dec. 18, 1750	1	93
Hannah, d. Silvanus & Rebecca, b. June 9, 1762	1	178-9
Hannah, m. Joseph **HOIT**, 5th, June 11, 1771, by Benjamin Weed, J. P.	1	181
Hannah, d. [Obadiah & Hannah], b. May 14, 1782	2	44
Hannah Elizabeth, d. [John & Abigail H.], b. Oct. 29, 1821	2	138
Hannah Elizabeth, d. [John & Abigail H.], d. Aug. 16, 1839	2	138
Harriet, d. [John & Rhoda], b. July 20, 1805	2	55
Henry, s. Gideon & Daborah, b. Dec. 7, 1758	1	130-1
Henry B., m. Ann **SMITH**, June 4, 1827, by Rev. A. S. Todd	2	188
Hettey, d. [John & Rhoda], b. Mar. 12, 1789	2	55
Holly, s. Silvanus & Rebecca, b. Dec. 23, 1771	1	178-9
Holly, s. Silvanus, Jr. & Mary, b. Mar. 25, 1784	2	20
Isabell, d. Eliphalet, Jr. & Sarah, b. Feb. 1, 1769	1	170
Israel, s. Ebenezer & Mary, b. Sept. 4, 1727	1	11
James, s. Silvanus & Sarah, b. Jan. 28, 1756	1	116
James, s. [Obadiah & Hannah], b. Apr. 26, 1786	2	44
Jehu*, m. Rhoda **WEED**, Sept. 13, 1801, by Rev. Amzi Lewis *(Arnold copy has "John")	2	109
Joanna, d. Eliphalet, Jr. & Sarah, b. Apr. 26, 1760	1	170
John, s. Obadiah, b. Aug. 25, 1693	1	134
John, s. John & Abigail, b. June 1, 1707	1	12
John, m. Abigail **BISHOP**, June 2, 1720, Rev. John Davenport	1	96
John, s. Ebenezer & Marcy, b. July 10, 1742	1	55

STAMFORD VITAL RECORDS

	Vol.	Page
SEELEY, SEELY, SEELLEY, CEELEY (cont.),		
John, s. Obadiah & Sarah, b. Aug. 24, 1742	1	55
John, s. Obadiah, d. Nov. 25, 1746	1	71
John, Jr., m. Ann **SEELEY**, Jan. 24, 1754, Rev. Ebenezer Dibble	1	108
John, s. Obadiah, Jr. & Abigail, b. Dec. 2, 1755	1	118
John, d. Mar. 19, 1756	1	137
John, s. John & Ann, b. May 16, 1756	1	118
John, m. Rhoda **SCOFIELD**, Mar. 31, 1783, by Reuben Scofield	2	55
John, s. Nathan & Mercy, b. May 23, 1790	2	40
John, s. [John & Rhoda], b. Apr. 23, 1792	2	55
John, s. Abijah & Johanna, b. May 29, 1793	2	44
John, b. May 29, 1793; m. Abigail H. **WATERBURY**, Dec. 19, 1818, by Rev. Jonathan Judd	2	138
John, s. [Samuel & Ruth], b. Oct. 15, 1794	2	59
John*, m. Rhoda **WEED**, Sept. 13, 1801, Rev. Amzi Lewis *("Jehu" in Huntington's Register)	2	109
John, d. Mar. 10, 1831	2	138
John Ambrose, s. [John & Abigail], b. Sept. 30, 1823; m. [ ], July 30, 1856, in North San Juan, Cal.	2	138
John Tucker, s. Josiah & Marcy, b. May 3, 1770	1	181
Jonas, s. Jonas, b. July 22, 1692	1	117
Jonas, s. Ebenezer & Mercy, b. Sept. 17, 1719	1	146
Jonas, s. John & Abigail, b. July 5, 1735	1	32
Jonas, s. Eliphalet, Jr. & Sarah, b. May 30, 1752	1	170
Jonas, s. Abijah & Lydia, b. July 29, 1763	1	154
Joseph, s. Eliphalet, Jr. & Sarah, b. Mar. 25, 1751	1	170
Josiah, s. Obadiah & Sarah, b. Jan. 21, 1732/3	1	23
Josiah, s. Lieut. Ebenezer & Mercy, b. Sept. 22, 1736	1	36
Josiah, of Stanford, m. Marcy **TOOCKER**, of Saybrook, Mar. 18, 1754, by Rev. Grindall Rawson, of East Haddam	1	110
Josiah, s. Josiah & Mersey, b. June 3, 1775	2	1
Lininah, d. Nathaniell, 3rd & Leninah, b. Apr. [ ], 1746	1	69
Lowvice, d. Josiah & Marcy, b. Jan. 19, 1755	1	110
Lucretia, d. Abijah & Johanna, b. Apr. 26, 1795	2	44
Lidia, d. Obadia[h] & Sarah, b. May 19, 1736	1	31
Lydia, d. Abijah & Lydia, b. Aug. 26, 1771	1	182-3
Marcy, d. Obadiah, b. June 30, 1698	1	134
Marcy, Hezekiah **WEED**, June 7, 1739, by Jonathan Hoit, J. P.	1	44
Marcy, d. Obadiah & Sarah, b. Aug. 24, 1745	1	65
Marcy, d. Eliphalet, Jr. & Sarah, b. Dec. 10, 1763	1	170
Marcy, see also Mercy		
Martha, d. Jonas, b. Sept. 20, 1690	1	117
Martha, d. May 25, 1710	1	143
Martha, d. Eliphilit & Sarah, b. Oct. 21, 1725	1	5
Martha, d. Wix & Mary, b. Feb. 8, 1765	1	192
Mary, d. Eliphalet & Sarah, b. June 18, 1733	1	25
Mary, wid., d. Dec. 31, 1738	1	38
Mary, d. John, Jr. & Ann, b. Jan. 1, 1755	1	111
Mary, d. Eliphalet, Jr. & Sarah, b. Sept. 4, 1758	1	170

SEELEY, SEELY, SEELLEY, CEELEY (cont.),

	Vol.	Page
Mary, d. Wix & Mary, b. Feb. 10, 1759	1	192
Mary, w. Wix, d. Nov. 4, 1778	1	192
Mary, d. [Wyx & Catharine], b. Nov. 10, 1791	2	51
Mary, d. [John & Rhoda], b. Sept. 28, 1802	2	109
Maryan, d. Ebenezer & Marcy, b. Apr. 19, 1723	1	1
Mary Lucretia, d. [John & Abigail], b. Apr. 12, 1826, in Darien	2	138
Mercy, d. Obadiah & Susannah, d. Dec. 15, 1715	1	128
Mercy, d. Jno & Abigail, b. Feb. 21, 1720/1	1	111
Mercy, m. Elliott **GREEN**, Apr. 22, 1766, by Rev. Ebenezer Dibble	1	201
Mercy, d. Josiah & Mercy, b. Jan. 26, 1768	1	170
Mercy, d. Abijah & Lydia, b. Sept. 7, 1774	1	190
Mercy, see also Marcy		
Nathan, s. Silvanus & Rebecca, b. May 5, 1768	1	178-9
Nathan, m. Mercy **TUTTLE**, Oct. 26, 1786, by Rev. Justus Mitchell	2	40
Nathaniell, s. Obadiah, b. June 19, 1695	1	134
Nathaniell, s. Jonas, b. Aug. 23, 1699	1	117
Nathaniel, m. Elizabeth **HOLLY**, Apr. 12, 1722, by Capt. Joseph Bishop, J. P.	1	112
Nathaniel, s. Nathaniel & Elizabeth, b. July 27, 1724	1	3
Nathaniel, s. Ebenezer & Mercy, b. Oct. 11, 1732	1	25
Nathaniel, s. Ebenezer & Mercy, b. Oct. 11, 1732	1	22
Nathaniell, 4th, s. Nathaniell **SEELEY**, 3rd & Leninah **HOLLOBARD**, b. Jan. 8, 1744/5	1	69
Nathaniell, 3rd, m. Leninah **HOLLOBARD**, Feb. 14, 1744/5, by Sam[ue]ll Hoit, J. P.	1	69
Obadia[h], d. 6th mo. 25, 1657	1	19
Obadiah, d. Aug. 25, 1657	1	20
[O]badiah, m. Susanna **FINCH**, Dec. 5, 1692	1	96
Obadiah, s. Obadiah, b. Aug. 7, 1701	1	134
Obadiah, m. Sarah **HOLLY**, June 22, 1727, by Jonathan Hoit, J. P.	1	9
Obadiah, s. Obadiah & Sarah, b. May 8, 1728	1	10
Obadiah, d. Sept. 4, 1745	1	65
Obadiah, Jr., m. Abigail **CRESSY**, May 10, 1750, by Rev. Ebenezer Dibble	1	87
Obadiah, s. Obadiah, Jr. & Abigail, b. Mar. 5, 1753	1	108
Obadiah, m. Hannah **LOUNSBERY**, Nov. 5, 1774, by Rev. Ebenezer Dibble	2	44
Obadiah, s. [Obadiah & Hannah], b. June 3, 1781	2	44
Pethuel, child of Josiah & Marcy, b. Dec. 12, 1756	1	120
Phebe, d. [John & Rhoda], b. Jan. 20, 1787	2	55
Phebe, d. [Wyx & Catharine], b. Aug. 29, 1793	2	51
Phebe, m. Sam[ue]l **LOCKWOOD**, b. of Stamford, Dec. 17, 1849, by Rev. I. Jennings	2	302
Polly, d. [Samuel & Ruth], b. June 16, 1789	2	59
Polly, d. [Obadiah & Hannah], b. Dec. 20, 1790	2	44
Polly, d. [Nathan & Mercy], b. Feb. 26, 1797	2	40

	Vol.	Page
SEELEY, SEELY, SEELLEY, CEELEY (cont.),		
Preserved, s. Obadiah & Susana, b. June 4, 1711	1	127
Rachel, d. Elisha & Eunice, d. May 15, 1732	1	20
Reachal, d. Elijah & Eunis, b. Sept. 11, 1732	1	60
Rachale, m. Nathaniel **BROWN**, Jr., Sept. 18, 1754, by Jonathan Hoit	1	121
Rebeckah, d. John & Abigail, b. Feb. 9, 1738/9	1	42
Rebecca, m. Isaac **LOCKWOOD**, Apr. 16, 1762, by Rev. Mr. Wells	1	145
Rebecca, d. Silvanus & Rebecca, b. Mar. 14, 1766	1	178-9
Rhoda, d. Josiah & Marcy, b. Nov. 9, 1764	1	158
Rhoda, m. Joseph **STEVENS**, Jr., May 27, 1784, by Rev. Justus Mitchell	2	78
Rhoda, d. [John & Rhoda], b. Dec. 20, 1793	2	55
Ruth, d. Seth & Sarah, b. Feb. 4, 1763	1	151
Ruth, d. Eliphalet, Jr. & Sarah, b. Sept. 6, 1765	1	170
Sale, s. Abijah & Lidya, b. Sept. 9, 1758	1	132
Sally, d. [Obadiah & Hannah], b. May 27, 1777	2	44
Sally, d. Nathan & Mercy, b. Jan. 18, 1789	2	40
Sally Weed, d. [John & Rhoda], b. July 7, 1808	2	109
Samuel, m. Sherlote **POPINO**, May 13, 1709, by Samuel Hoit, J. P.	1	136
Samuell, s. Samuell & Sherlote, b. Apr. 4, 1710	1	136
Sam[ue]ll, s. Ebenezer & Mercy, b. Sept. 10, 1734	1	29
Samuel, s. Elijah & Eunis, b. Nov. 23, 1736	1	60
Samuel, s. Lieut. Ebenezer, d. Feb. 24, 1737/8	1	36
Samuel, s. Eliphalet, Jr. & Sarah, b. Jan. 20, 1757	1	170
Samuel, s. Obadiah & Abigail, b. Oct. 29, 1760	1	141
Samuel, s. Wix & Mary, b. Jan. 9, 1763	1	192
Samuel, s. Obadiah, Jr., d. Aug. 5, 1764	1	161
Samuel, s. Obadiah, Jr. & Abigail, b. July 2, 1765	1	161
Samuel, m. Ruth **FINCH**, Sept. 20, 1787, by Rev. Justus Mitchell	2	59
Samuel Crissey, s. [Samuel & Ruth], b. Jan. 24, 1792	2	59
Samuel Steed*, s. Silvanus & Sarah, b. Dec. 30, 1757 *("Samuel Sohd" in Huntington's Register)	1	124
Sands, s. [Wyx & Catharine], b. July 16, 1788	2	51
Sands, m. Mary E. **BROWN**, b. of Stamford, Oct. 19, 1835, by Rev. Ambrose S. Todd	2	230
Sarah, d. Jonas, b. Feb. [ ], 1684/5	1	113
Sarah, d. Sam[ue]ll & Sherlote, b. June 4, 1714	1	122
Sarah, d. Eliphilit & Sarah, b. July 7, 1727	1	11
Sarah, d. Obadiah & Sarah, b. Sept. 24, 1729	1	17
Sarah, m. Samuel **HOIT**, 5th, Sept. 8, 1748, by Jonathan Hoit	1	85
Sarah, m. Elisha **LEEDS**, Mar. 6, 1750, by Jonathan Hoit, J. P.	1	180
Sarah, d. Eliphalet, Jr. & Sarah, b. Dec. 6, 1753	1	170
Sarah, d. Seth & Sarah, b. Nov. 19, 1757	1	125
Sarah, w. Obadiah, d. May 29, 1764	1	161
Sarah Ann, d. [John & Abigail], b. Sept. 17, 1829	2	138
Scofield, s. Elijah & Eunice, b. May 11, 1746	1	72

	Vol.	Page
SEELEY, SEELY, SEELLEY, CEELEY (cont.),		
Selleck, s. [Wyx & Catharine], b. June 6, 1786	2	51
Selleck, m. Polly **CLARK**, Sept. 10, 1808, by Rev. William Fisher	2	111
Seth, s. Obadiah & Sarah, b. Dec. 30, 1737	1	35
Seth, m. Sarah **SCOFIELD**, Nov. 21, 1756, by Rev. Ebenezer Dibble	1	122
Seth, s. Seth & Sarah, b. Nov. 29, 1767	1	163
Seth, s. [John & Rhoda], b. Dec. 1, 1806	2	55
Silvanus, s. Nathaniel & Elizabeth, b. July 28, 1736	1	32
Silvanus, s. Eliphilit & Sarah, b. Nov. 17, 1738	1	40
Silvanus, m. Sarah **JONES**, Feb. 4, 1755, by Abraham Davenport	1	111
Silvanus, m. Rebecca **TUTTLE**, Apr. 7, 1758, by Rev. Mr. Mather	1	178-9
Silvanus, s. Silvanus & Rebecca, b. June 5, 1764	1	178-9
Silvanus, Jr., m. Mary **HOIT**, Nov. 20, 1783, by Rev. Justus Mitchell	2	20
Simeon, s. Abijah & Lydia, b. Oct. 15, 1769	1	175
Stephen, s. John & Abbigail, b. May 18, 1737	1	36
Stephen, d. Aug. 3, 1757	1	137
Stephen Bishop, s. John & Ann, b. Oct. 3, 1757	1	129
Susana, d. Jonas, b. June 12, 1694	1	117
Susanah, d. John & Abigaill, b. Apr. 1, 1705	1	6
Susana, d. Obadiah & Susana, b. Aug. 20, 1705	1	134
Susana, d. July 1, 1710	1	143
Susanna, d. Samuell & Sherlote, b. Mar. 23, 1711/12	1	127
Susannah, m. Ebenezer **PETTIT**, Jan. 1, 1729, by Jonathan Hoit, J. P.	1	14
Susannah, d. Ebenezer & Mercy, b. Jan. 4, 1729/30	1	18
Susannah, m. David **STEVENS**, Jr., Sept. 1, 1747, by Rev. Mr. Silliman, of Canaan	1	74
Susannah, d. Abijah & Lydia, b. May 25, 1760	1	145
Susanna, m. Peter **BUXSTON**, Nov. 18, 1784, by Reuben Scofield	2	39
Thomas*, s. Ebenezer & Marcy, b. Feb. 21, 1738/9 *("Thaddeus" in Standford Registration to 1825, page 93; "Theodorus" in Abstract of Wills L:b.26, N. Y. Hist. Soc. page 112	1	47
Thomas, s. Abijah & Lydia, b. Nov. 11, 1767	1	164
Thomas Newton, of Canaan, m. Clarissa M. **SCOFIELD**, of Stamford, Feb. 24, 1841, by Rev. Platt Buffett	2	261
William, s. [John & Rhoda], b. Nov. 18, 1790	2	55
William H., s. [John & Abigail H.], b. Mar. 19, 1820, in New Canaan; m. Mary S. **EATON**, Sept. 3, 1844, in Waterloo, N. Y.; d. Sept. 25, 1858, in Waterloo	2	138
William Henry, s. [Obadiah & Hannah], b. Nov. 27, 1775	2	44
W[illia]m King, s. Silvanus, Jr. & Mary, b. Nov. 12, 1787	2	20
Wicks*, s. Eliphilit & Sarah, b. Sept. 16, 1736 *(Wix)	1	40
Wix, s. Eliphilit & Sarah, b. Sept. 16, 1736	1	31
Wix, m. Mary **ST. JOHN**, Nov. 4, 1756, by Rev. Silliman, in Norwalk	1	192
Wix, s. Wix & Mary, b. July 16, 1757	1	192

	Vol.	Page
SEELEY, SEELY, SEELLEY, CEELEY (cont.),		
Wyx, m. Elizabeth **WATERBURY**, Dec. 19, 1778, by Rev. Ebenezer Dibble	2	51
Wyx, m. Catharine **SELLECK**, Oct. 17, 1782, by Rev. Ebenezer Dibble	2	51
Zadock, s. Josiah & Marcy, b. Mar. 12, 1759	1	135
SELLECK, SILLICK, Abigail, d. Jonathan, b. Apr. 3, 1688	1	107
Abigaill, Mrs., m. Jacob **MARINE***, Jan. 11, 1704/5, by John Davenport *("**MOEN**" in Huntington's Register)	1	128
Abigail, w. Maj. [ ], d. Dec. 10, 1711	1	131
Abigail, d. John & Abigail, b. May 12, 1736	1	47
Abraham, s. Nathaniel & Mary, b. Dec. 3, 1735	1	53
Abraham, m. Deborah **WHITING**, May 3, 1756, by Rev. Moses Mather	1	119
Abraham, m. Deborah **WHITING**, May 3, 1756, by Rev. Mr. Mather	1	152
Abraham, s. Abraham & Deborah, b. Dec. 13, 1756	1	152
Abraham, m. Anna **ROGERS**, June 6, 1762, in Norwalk, by Rev. Mr. Leaming	1	152
Amos*, s. Sands & Mary, b. Feb. 28, 1759 *("Anna" in Huntington's Register)	1	137
Angelina, d. [Samuell & Hannah], b. Sept. 4, 1796	2	8
Anna*, s. Sands & Mary, b. Feb. 28, 1759 *(Arnold copy has "Amos")	1	137
Anna, d. Sam[ue]ll & Hannah, b. Dec. 28, 1779	2	8
Anne, m. Benj[ami]n **BELDING**, Jan. 27, 1778, by Rev. Moses Mather	1	203
Anne, d. [Stephen, Jr. & Lottie], b. May 8, 1790	2	64
Anthony, s. Abraham & Ann, b. May 9, 1766	1	162
Bethel, d. John & Abigail, b. Mar. 27, 1732	1	47
Betsey, d. [Stephen & Betsey], b. May 30, 1798	2	35
Catharine, d. Nathaniel & Mary, b. Mar. 28, 1739	1	53
Catherine, m. Ebenezer **SLASON**, June 19, 1758, by Col. Jonathan Hoit, J. P.	1	147
Catharine, m. Wyx **SEELEY**, Oct. 17, 1782, by Rev. Ebenezer Dibble	2	51
Catharine, d. [Edward & Elizabeth], b. Sept. 23, 1783	2	65
Catharine, d. [Jesse & Elizabeth], b. Dec. 11, 1789	2	14
Charles, s. Abraham & Deborah, b. Dec. 9, 1760	1	152
Charlotte, d. Sam[ue]ll & Hannah, b. May 1, 1783	2	8
Charlotte, m. Isaac **BISHOP**, Feb 22, 1802, by Rev. Marmaduke Earl	2	115
Charlotte A., m. Robert **SCOFIELD**, Mar. 12, 1850, by Rev. J. J. Twiss	2	302
Daniel, m. Mary **BROWN**, Sept. 21, 1769, by Rev. Moses Mather	2	64
David, s. Jonathan, b. Jan. 27, 1665	1	76
David, s. John [& Sarrah], b. Dec. 27, 1672	1	102
David, s. Nathaniell [& Sarah], b. Dec. 23, 1700	1	134
David, m. Marcy **WATERBERY**, Jan. 3, 1722/3, by Joseph		

SELLECK, SILLICK (cont.),

	Vol.	Page
Bishop, J. P.	1	141
David, s. David & Mercy, b. Apr. 1, 1734	1	27
David, m. Sarah **BATES**, Jan. 18, 1750, by Rev. Moses Mather	1	134
Deborah, w. Abraham, d. Apr. 11, 1761	1	152
Deborah, m. Amos **ROBERTS**, July 15, 1779, by Rev. Moses Mather	2	11
Deborah, m. Amos **ROBERTS**, July 15, 1779, by Rev. Moses Mather	2	89
Ebenezer, s. Nathaniel & Sarah, b. Mar. 20, 1712	1	127
Ebenezer, s. Nathaniel & Sarah, d. Dec. 11, 1715	1	126
Ebenezer, s. David & Mercy, b. Dec. 18, 1727	1	27
Ebenezer, m. Mary **HENMAN**, May 5, 1753, in Bedford, by Mr. Holmes, J. P.	1	153
Edward, s. Abraham & Anna, b. Nov. 19, 1764	1	152
Edward, m. Elizabeth **SELLECK**, Mar. 24, 1772, by Rev. Moses Mather	2	65
Edwin, of New Canaan, m. Jane Ann **EVERY**, of Stamford, this day [Oct. 26, 1847], by Rev. Amos N. Mulnex	2	289
Eliza, d. [Jesse & Elizabeth], b. Aug. 10, 1792	2	14
Elizabeth, d. Nathaniel & Mary, b. Jan. 6, 1733	1	53
Elizabeth, d. Ebenezer & Mary, b. May 29, 1764	1	153
Elizabeth, m. Edward **SELLECK**, Mar. 24, 1772, by Rev. Moses Mather	2	65
Emily F., of Stamford, m. Harvey **HOYT**, of Bridgeport, Apr. 16, 1849, by Rev. H. F. Pease	2	299
Esther, d. [Daniel & Mary], b. Nov. 10, 1779	2	64
Ezra, s. David & Mercy, b. Feb. 17, 1731/2	1	27
Ezra, m. Elizabeth **BATES**, Feb. 6, 1755, by Rev. Moses Mather	1	113
Frederick, s. Stephen & Betsey, b. Aug. 31, 1785	2	35
George, s. [Samuell & Hannah], b. Mar. 31, 1792	2	8
Gershom, s. David & Mercy, b. July 10, 1730	1	27
Gold John, s. Nathan & Sarah, b. Jan. 10, 1730	1	28
Hannah, d. David & Sarah, b. Feb. 18, 1758	1	134
Hannah, m. Daniel **WHITNEY**, Jr., June 19, 1776, by Abraham Davenport	2	16
Hannah, d. [Daniel & Mary], b. June 9, 1777	2	64
Hannah, d. Sam[ue]ll & Hannah, b. Apr. 15, 1785	2	8
Hannah, d. [Stephen, Jr. & Lottie], b. Oct. 30, 1794	2	64
Hannah, m. Luther **KNAPP**, Oct. 25, 1814, by Rev. Daniel Smith	2	137
Henman, s. Ebenezer & Mary, b. Apr. 10, 1760	1	153
Henry, s. Ebenezer & Mary, b. May 19, 1756	1	153
Henry, s. [Jesse & Elizabeth], b. May 21, 1798	2	14
Henry D., of Stamford, m. Sally A. **STEVENS**, of Poundridge, N. Y., Oct. 12, 1845, by Rev. George Waterbury	2	280
Isaac, s. Ebenezer & Mary, b. Apr. 1, 1762	1	153
Isaac, s. Peter & Martha, b. Jan. 18, 1765	2	8
Isaac, s. Abraham & Ann, b. Jan. 22, 1768	1	163
Isaac, s. [Daniel & Mary], b. Mar. 16, 1773	2	64

	Vol.	Page
SELLECK, SILLICK (cont.),		
Isaac, m. Phebe **WEBB**, b. of Stamford, Nov. 14, 1830, by Rev. Sam[ue]l Cockran	2	212
James, s. [Jesse & Elizabeth], b. Apr. 22, 1787	2	14
Jane, m. Stephen **LONGWELL**, Sept. 8, 1774, by Abraham Davenport	2	7
Jean, d. Peter & Martha, b. Sept. 23, 1753	1	130-1
Jeffrey, s. Sands & Mary, b. Jan. 19, 1746	1	137
Jesse, s. Peter & Martha, b. Mar. 7, 1767	2	8
Jesse, m. Elizabeth **HOW**, Jan. 26, 1786, by Rev. Moses Mather	2	14
Johana, d. John, b. May 31, 1686	1	107
Joanna, m. Jonathan **BATES**, Dec. 13, 1705, by Jonathan Selleck, J. P.	1	144
John, m. Sarrah **LAW**, Oct. 28, 1669	1	102
John, s. John, b. June 7, 1681	1	102
John, d. Nov. 12, 1706	1	135
John, s. Nathaniell & Sarah, b. Jan. 3, 1706/7	1	134
John, of Stanford, m. Abigail **SAYMORE**, of Norwalk, Nov. 5, 1729	1	47
John, s. John & Abigail, b. Aug. 18, 1730	1	47
Jonathan, s. Jonathan, b. July 11, 1664	1	76
Jonathan, m. Abigail **GOLD**, Jan. 5, 1685	1	101
Jonathan, Capt., d. June 11, 1710	1	108
Jonathan, Maj., d. Jan. 10, 1712/13	1	108
Jonathan, s. Nathan & Sarah, b. Oct. 1, 1720	1	28
Joseph, s. Peter & Martha, b. Feb. 14, 1759	1	130-1
Joseph, m. Phebe **CLOCK**, Dec. 31, 1786, by Rev. John Avery	2	31
Kilburn, s. [Edward & Elizabeth], b. Mar. 24, 1781	2	65
Levi, s. [Daniel & Mary], b. Apr. 1, 1771	2	64
Levi, s. [Daniel & Mary], d. Sept. 6, 1774	2	64
Lydya, d. David & Sarah, b. Oct. 23, 1754	1	134
Marcy, d. John & Abigail, b. Oct. 9, 1740	1	47
Martha, Mrs., m. John **DAVENPORT**, Apr. 18, 169[ ]	1	110
Martha, d. Nathaniell & Sarah, b. Apr. 19, 1710	1	136
Martha, d. Nathaniell & Sarah, d. Aug. 8, 1712	1	108
Martha, d. John & Abigail, b. Feb. 6, 1738/9	1	47
Martha, d. [Daniel & Mary], b. Jan. 1, 1787	2	64
Mary, w. Nathan, d. July 15, 1712	1	108
Mary, w. Nathan, d. July 15, 1712	1	115
Mary, d. Nathan & Sarah, b. Oct. 1, 1717	1	28
Mary, d. Nathan & Sara[h], b. Oct. 1, [ ]	1	105
Mary, d. Nathaniel & Mary, b. July 13, 1727	1	53
Mary, m. Jacob **WARRING**, Mar. latter end, 1734, by Rev. Daniel Chapman	1	53
Mary, m. Shubel **GORUM**, Aug. 23, 1748, by Rev. Mr. Wikitmore	1	83
Mary, d. Peter & Martha, b. Mar. 7, 1755	1	130-1
Mary, d. Ebenezer & Mary, b. Mar. 8, 1758	1	153
Mary, d. [Daniel & Mary], b. May 21, 1775	2	64
Mary, m. Henry **WEED**, June 7, 1784, by Rev. Moses Mather	2	27

SELLECK, SILLICK (cont.),

	Vol.	Page
Mary, m. Stephen **RAYMOND**, May 27, 1787, by Rev. Moses Mather	2	67
Mary, m. Charles **WEED**, Jr., Dec. 25, 1796, by Rev. Daniel Smith	2	62
Mary, wid. on Apr. 6, 1797, gave negro Harry, s. Nathaniel Africa & w. Chloe, to them. Witnesses Charles D. Belding, Anna Belding	2	55
Mary E., m. Oliver **SCOFIELD**, b. of Stamford, Feb. 5, 1837, by Rev. Daniel Smith	2	242
Mercey, d. [Daniel & Mary], b. Sept. 15, 1782	2	64
Nancy, d. Abraham & Anna, b. Apr. 10, 1763	1	152
Nancy, d. Abraham & Ann, d. Sept. 19, 1766	1	177
Nancy, d. Abraham & Ann, b. Dec. 19, 1771	1	177
Nanne, d. [Edward & Elizabeth], b. Oct. 12, 1778	2	65
Nathan, s. Jonathan, Jr., b. Sept. 12, 1686	1	107
Nathan, m. Mrs. Sarah **SANDS**, Jan. 1, 17[ ], by Rev. Thomas of Hemsted	1	115
Nathan, m. Mrs. Susannah **HOOKER**, Aug. 12, 1708, by Mr. Haines, of Hosford	1	115
Nathan, m. Mrs. Mary **SANDS**, Dec. [ ], 1710, by Rev. Mr. Piard, of Jamakco, L. I.	1	115
Nathan, s. Nathan & Sarah, b. Sept. 15, 1726	1	28
Nathaniel, s. John [& Sarrah], b. Apr. 7, 1678	1	102
Nathaniell, m. Sarah **LOCKWOOD**, Jan. 25, 1699/1700	1	134
Nathaniell, s. Nathan[ie]ll & Sarah, b. Oct. 9, 1704	1	134
Nathaniell, Sr., d. Aug. 14, 1712	1	108
Nathaniel, s. David & Marcy, b. Oct. 27, 1725	1	5
Nathaniel, s. David & Mercy, b. Oct. 29, 1725	1	27
Nathaniel, m. Mary **DEMILL**, June 31, 1726	1	53
Nathaniel, m. Mary **DANIELL***, June 30, 1736, by Jonathan Hoit, J. P. *(**DEMILL**)	1	32
Nathan[ie]ll, s. Abraham & Deborah, b. May 26, 1759	1	152
Peter, s. Nathaniel & Mary, b. May 2, 1729	1	53
Peter, m. Martha **WHITING**, Jan. 18, 1753, by Rev. Moses Mathar	1	130-1
Peter, s. Peter & Martha, b. Dec. 8, 1756	1	130-1
Phebe, d. [Edward & Elizabeth], b. Mar. 4, 1776	2	65
Phebe, d. Sam[ue]ll & Hannah, b. July 11, 1781	2	8
Polly, d. Joseph & Phebe, b. July 22, 1788	2	31
Polly, d. [Stephen, Jr. & Lottie], b. [ ]	2	64
Ramond, s. Sands & Mary, b. June 26, 1752	1	137
Raymond, s. [Stephen, Jr. & Lottie], b. Nov. 10, 1786	2	64
Sally, d. [Stephen & Betsey], b. Jan. 10, 1794	2	35
Sam[ue]ll, s. Nathan & Sarah, b. Jan. 10, 1728; d. Aug. 3, 1730	1	28
Sam[ue]ll, s. David & Mercy, b. Feb. 4, 1733/4	1	27
Samuel, s. Sands & Mary, b. July 27, 1755	1	137
Samuel, Jr., m. Hannah **SMITH**, Aug. 1, 1779, by Rev. Ebenezer Dibble	2	8
Samuel, s. [Sam[ue]ll & Hannah], b. Mar. 22, 1787	2	8

	Vol.	Page
SELLECK, SILLICK (cont.),		
Sands, s. Nathan & Sarah, b. Apr. [ ], 1714	1	28
Sands, s. Nathan & Sarah, b. Apr. 17, [17]	1	115
Sands, m. Mary **RAYMOND**, Aug. 10, 1742, by Rev. Moses Dickerson	1	137
Sands, s. Sands & Mary, b. May 19, 1751	1	137
Sands, s. [Jesse & Elizabeth], b. Jan. 13, 1796	2	14
Sarrah, d. John [& Sarrah], b. Aug. 22, 1670	1	102
Sarah, m. John **POTTER**, Aug. 30, 1698	1	104
Sarah, d. Nathaniell, b. Aug. 14, 1702	1	134
Sara, m. Benjamin **HICKCOX**, Feb. 3, 1713/14, by Capt. Joseph Bishop, J. P.	1	145
Sarah, Mrs., had negro Jack, d. June 12, 1716	1	128
Sarah, m. John **BATES**, Sept. 1, 1718, at Bedford, by Stephen Clason, J. P.	1	106
Sarah, d. Nathan & Sarah, b. Aug. 12, 1723	1	28
Sarah, d. Nathaniel & Mary, b. Mar. 12, 1731	1	53
Sarah, Mrs., d. Nov. 8, 1732	1	21
Sarah, d. Silas & Eliabeth, b. Aug. 19, 1741	1	53
Sarah, d. [Daniel & Mary], b. Feb. 9, 1770	2	64
Sarah, d. Abraham & Ann, b. July 3, 1773	1	182-3
Sarah, d. [Daniel & Mary], d. Sept. 12, 1776	2	64
Sarah, m. George **FINCHLEY**, Jan. 17, 1789, by W[illia]m Fancher	2	33
Saymore, s. John & Abigail, b. Mar. 1, 1734	1	47
Silus, s. Nathan & Sarah, b. June [ ], 1715	1	28
Silas, m. Elizabeth **FERRIS**, Jan. 12, 1737/8, by Rev. Ebenezer Wright	1	53
Silas, s. Silas & Elizabeth, b. Oct. 29, 1740	1	53
Silas, s. Nathan & Sarah, b. June beginning, 17[ ]	1	105
Silvanus, s. Nathan & Sarah, b. Sept. 1, 1734	1	28
Simeon, s. Sands & Mary, b. Aug. 14, 1743; d. about 4 mos. after	1	137
Simon, s. Sands & Mary, b. Sept. 14, 1744	1	137
Stephen, s. Peter & Martha, b. Jan. 20, 1763	2	8
Stephen, m. Betsey **SMITH**, May 27, 1784, by Rev. John Avery	2	35
Stephen, Jr., m. Lottie **BATES**, Sept. 3, 1786, by Rev. Moses Mather	2	64
Stephen, s. [Stephen & Betsey], b. Apr. 27, 1796	2	35
Susana, d. John, b. Feb. 2, 1683	1	107
Susana, m. John **HOLLY**, cooper, Jan. 6, 1703/4	1	123
Susannah, d. Nathan & Susannah, b. Sept. 3, 1709	1	115
Susannah, w. Nathan, d. Oct. 5, 1709	1	115
Tabitha, wid., b. July 12, 1747; m. Daniel **LOCKWOOD**, Jr., June 21, 1774, by Rev. Mr. Eells	2	70
Theodosia, d. [Samuell & Hannah], b. Apr. 15, 1794	2	8
Theophila, d. Jonathan, b. Feb. 11, 1694/5	1	107
Theophila, had d. [ ], b. Mar. 15, 1713/14	1	115
Theophola, m. Samuel **PENOYER**, Feb. 25, 1719, by Rev. John Davenport	1	96

	Vol.	Page

SELLECK, SILLICK (cont.),
Theophila, m. Samuel **PENOYER**, Feb. 25, 1720	1	168
Thomas, s. [Daniel & Mary], b. Sept. 2, 1784	2	64
Walter, s. Stephen & Betsey, b. July 2, 1788	2	35
William, s. Abraham & Ann, b. Oct. 6, 1769	1	177

SEWARD, Samuel, m. Phebe **GORHAM**, Apr. 18, 1758, by Rev. Ebenezer Dibble — 1 — 136

SEYMOUR, SAYMORE, SEAMAR, SEYMORE, Abigail, of Norwalk, m. John **SELLECK**, of Stanford, Nov. 5, 1729 — 1 — 47

Abigail, d. [Jared & Abigail], b. July 7, 1795	2	84
Anne, m. Samuel **HOIT**, 5th, Sept. 5, 1783, by Rev. Justus Mitchell	2	21
Charlotte, d. [Jared & Abigail], b. Sept. 26, 1797	2	84
Daniel, m. Mary **BATES**, Sept. 25, 1782, by Rev. John Avery	2	3
Elizabeth*, d. [John & Elizabeth], b. Dec. 5, 1816; bp. [ ], by Rev. Jonathan Judd *(Arnold copy has "Elizabeth **SHIDDEN**")	2	138
Hannah, m. David **STEVENS**, May 3, 1787, by Rev. Justus Mitchell	2	84
Jared, m. Abigail **SEELEY**, Sept. 20, 1787, by Rev. Ebenezer Dibble	2	84
John*, m. Elizabeth **FITCH**, May 2, 1814, by Rev. Jonathan Judd *(Arnold copy has "John **SHIDDEN**")	2	138
John, [m.] Hannah **GOLD**, [ ]	1	8
Joseph Drake, s. Daniel & Mary, b. Nov. 7, 1792	2	39
Lydia, d. [Jared & Abigail], b. Mar. 6, 1793	2	84
Mary, m. James **TALMAGE**, Dec. 31, 1741, in Norwalk, by Rev. Mr. Dickerson, of Norwalk	1	52
Mary Hellen*, d. [John & Elizabeth], b. June 9, 1819; bp. July 4, 1819, by Rev. Jonathan Judd *(Arnold copy has "Mary Hellen **SHIDDEN**")	2	138
Nathaniel, s. [Jared & Abigail], b. Feb. 4, 1788; d. Jan. 11, 1798	2	84
Polly, d. Daniel & Mary, b. June 25, 1787; d. June 10, 1788	2	3
Rebecca Ann, d. [Jared & Abigail], b. Aug. 5, 1800	2	84
Robert*, s. [John & Elizabeth], b. Jan. 29, 1815, in New York; bp. Mar. 19, 1815, by Rev. Bishop Hobart. *(Arnold copy has "Robert **SHIDDEN**")	2	138
Robert Morris, s. Daniel & Mary, b. Sept. 9, 1794	2	39
Sally Seeley, d. [Jared & Abigail], b. Sept. 22, 1790	2	84
Sarah, d. Daniel & Mary, b. May 18, 1783	2	3
William, s. Daniel & Mary, b. Feb. 5, 1789	2	3
W[illia]m Henry, s. Daniel & Mary, b. Sept. 6, 1784; d. Mar. 31, 1787	2	3

SHASSPACH, Elizabeth, m. John **RAECH**, b. of Stamford, Mar. 7, 1847, by Rev. J. J. Jennings — 2 — 290

SHAW, Caroline, of Stamford, m. David W. **CANFIELD**, of New York, Oct. 13, 1834, by Rev. Ambrose S. Todd — 2 — 229

Frederica L., m. Isaac **WARDWELL**, Apr. 27, 1847, by Rev. Ambrose S. Todd — 2 — 287

	Vol.	Page
SHAW (cont.),		
Hannah, d. James & Hannah, b. Apr. 18, 1784	2	97
Hannah, m. Shadrach **HOYT**, Jr., Jan. 1, 1802, by Rev. Daniel Smith	2	97
James A., m. Hannah E. **HOYT**, Feb. 13, 1848, by Rev. J. Jennings	2	292
Nancy E., m. Roswell **HOYT**, b. of Stamford, Oct. 17, 1836, by Rev. Ambrose S. Todd	2	232
SHELP, Levy, s. Will[ia]m, b. May 29, 1794	2	88
SHEPHERD, SHEPARD, Ann, m. Royal L. **GAY**, b. of Stamford, Jan. 15, 1826, by Rev. Daniel Smith	2	180
Catharine, m. Zadock **NEWMAN**, May 8, 1834, by Rev. Daniel Smith	2	239
Christopher, m. Catharine **PALMER**, b. of Stamford, Apr. 3, 1831, by Rev. Platt Buffett, of Stanwich	2	213
David Edsall, s. Rev. Jno & Millesent, b. July 19, 1789	2	36
John, m. Mrs. Mellesent **FINN**, June 7, 1783, by Rev. David Marinus	2	36
Mary, wid., d. Aug. 15, 1683	1	108
Sally Isabella, d. Rev. Jno & Mellisent, b. Feb. 27, 1786	2	36
Sam[ue]ll Rockwell, s. Rev. Jno & Millesent, b. July 11, 1791	2	36
Sophia, d. Rev. John & Mellesent, b. May 18, 1784	2	36
SHEREMAN*, Mary, Mrs., d. Oct. 10, 1736 (**"SHERWOOD"** in Huntington's Register)	1	42
SHERWOOD, SHEARWOOD, Abigail, d. Nathan & Ann, b. Feb. 4, 1733/4	1	37
Alfred, s. [Matthew, Jr. & Ruth], b. June 25, 1794	2	78
Ann, d. Nathan & Ann, b. Apr. 15, 1731	1	20
Ann, m. Reuben **DIBBLE**, Mar. 16, 1758, by Rev. Noah Welles	1	129
Anne, d. [Matthew, Jr. & Ruth], b. Dec. 11, 1797	2	78
Benjamin, s. [Matthew, Jr. & Ruth], b. Dec. 9, 1792	2	78
Bethiah, d. Nathan & Ann, b. Feb. 27, 1746	1	125
Betsey, d. John & Lovisa, b. Sept. 26, 1769	2	13
Elizabeth, d. Nathan & Ann, b. May 24, 1732	1	21
Elizabeth, m. Ezra **MEAD**, Dec. 27, 1751, by Jonathan Maltbie, J. P.	1	94
Elizabeth, d. [Matthew, Jr. & Ruth*], b. Jan 10, 1796 *("Ruah" in Huntington's Register)	2	78
Emeline, m. Cephas **LOCKWOOD**, b. of Stamford, Mar. 29, 1826, by Rev. Henry Fuller	2	181
Hannah, d. Nathan & Ann, b. Oct. 19, 1739	1	125
Hanah, d. Mathew & Thankful, b. Oct. 4, 1758	1	163
Hannah, m. John **LOADER**, Oct. 30, 1760, by Rev. Ebenezer Dibble	1	139
Hannah, m. Benj[ami]n **YOUNGS**, Nov. 5, 1777, by Benj[ami]n Weed, J. P.	1	196
Jabez, s. John & Lovisa, b. Mar. 13, 1785	2	13
John, m. Lovisa **BURTONS**, Jan. 19, 1769, by Rev. Eliphalet Ball	2	13
John, s. John & Lovisa, b. Nov. 11, 1775	2	13

	Vol.	Page
SHERWOOD, SHEARWOOD (cont.),		
Jonath[an], s. Nathan & Ann, b. Mar. 4, 1737/8	1	37
Jonathan, s. Nathan & Ann, b. Mar. 4, 1738	1	125
Lemuel, s. Nathan & Ann, b. Sept. 26, 1747	1	125
Lemuel, m. Sally Ann **NEWMAN**, b. of Stamford, Apr. 15, 1821, by Henry Hoit, 3rd	2	150
Mary, d. Nathan & Ann, b. Apr 10, 1736	1	37
Mary*, Mrs., d. Oct. 10, 1736 *(Arnold copy has "Mary **SHEREMAN**")	1	42
Mary, d. Mathew & Thankful, b. Apr. 5, 1761	1	163
Mathew, s. Nathan & Ann, b. Mar. 3, 1730/1	1	20
Mathew, s. Mathew & Thankful, b. Nov. 8, 1764	1	163
Matthew, Jr., m. Ruth* **SMITH**, Jan. 12, 1792, by Rev. William Seward *("Ruah" in Huntington's Register)	2	78
Nathan, s. Mathew & Thankful, b. Oct. 29, 1762	1	163
Nathan, m. Abigail **WEBB**, Sept. 23, 1787, by Rev. Mr. Shepherd	2	21
Prudence, d. Mathew & Thankful, b. Feb. 11, 1767	1	163
Reachal, d. Nathan & Ann, b. Feb. 29, 1744	1	125
Rachel, d. Mathew & Thankful, b. Dec. 4, 1759	1	163
Rachel, m. John **DIXON**, Dec. 3, 1769, by Rev. Mr. Dibble	1	175
Rufus, s. [Matthew, Jr. & Ruth], b. Sept. 5, 1800	2	78
Sally, d. John & Lovisa, b. Sept 17, 1772	2	13
Samuel, s. Nathan & Abigail, b. Dec. 17, 1787	2	21
Sarah, d. Nathan & Ann, b. May 6, 1743	1	125
Sarah, m. Ebenezer **DAN[N]**, Nov. 8, 1744, in Greenwich, by Rev. Abraham Todd	1	92
Solomon, s. John & Lovisa, b. Jan. 21, 1780	2	13
Stephen, m. Hannah **STEVENS**, June 6, 1734, by Jonathan Hoit, J. P.	1	26
Tammy, m. Martin **CLOCK**, Dec. 14, 1789, by Rev. Bennit Benedict	2	75
Thankful, m. as 2nd w., Nath[anie]ll **NEWMAN**, [ ], by Reuben Scofield, J. P.	2	113
SHIDDEN, Elizabeth*, d. [John & Elizabeth], b. Dec. 5, 1816; bp. [ ], by Rev. Jonathan Judd *(Perhaps "Elizabeth **SEYMOUR**"?)	2	138
John*, m. Elizabeth **FITCH**, May 2, 1814, by Rev. Jonathan Judd *("John **SEYMOUR**" in Huntington's Register)	2	138
Mary Hellen*, d. [John & Elizabeth], b. June 9, 1819; bp. July 4, 1819, by Rev. Jonathan Judd *(Perhaps "Mary Hellen **SEYMOUR**"?)	2	138
Robert*, s. [John & Elizabeth], b. Jan. 29, 1815, in New York; bp. Mar. 19, 1815, by Rev. Bishop Hobart *("Robert **SEYMOUR**" in Huntington's Register)	2	138
SILLICK, [see under **SELLECK**]		
SIMKINGS, Jonathan, d. 8th mo. 7, [16]57	1	20
SIMMONS, Nancy, m. Simeon **FERRIS**, Oct. 14, 1792, by Reuben Scofield	2	53
SIMPSON, Julia A., Mrs., m. Dr. Chancey **AYRES**, Sept. 3, 1840,		

	Vol.	Page
SIMPSON (cont.), in the M. E. Church, by Rev. John Tackaberry	2	259
SITCHEL, Hannah, had d. Polly **DEAN**, b. May 5, 1790; f. W[illia]m **DEAN**	2	70
SKELDING, SCALDING, SKILDEN, SKILDING, Betsey, d. James & Mary, b. Oct. 14, 1764	1	154
Betsey, m. Jared **LOCKWOOD**, Dec. 23, 1780, by Charles Webb, J. P.	2	12
George, s. [John & Ruamah], b. Feb. 15, 1794	2	47
Hannah, d. Thomas & Mary, b. Aug. 12, 1734	1	26
Han[n]ah, d. Thomas & Mary, d. Aug. 1, 1735	1	26
Hannah, d. Thomas & Mary, b. Nov. 24, 1739	1	40
Henry Knap[p], s. [James, Jr. & Hannah], b. Nov. 30, 1801	2	98
Henry Knapp, of New York, m. Delia Maria **LOCKWOOD**, of Stamford, Apr. 3, 1823, by Rev. Daniel Smith	2	165
Isaac, s. James & Mary, b. Aug. 2, 1781	2	2
James, s. Thomas & Mary, b. Apr. 15, 1738	1	35
James, m. Mary **HOIT**, June 9, 1763, by Rev. Mr. Mead	1	148-9
James, s. James & Mary, b. Nov. 28, 1770	1	175
James, Jr., b. June 6, 1775; m. Hannah **KNAP[P]**, Dec. 29, 1800, by Rev. Calvin White	2	98
James, s. James & Mary, b. June 6, 1775	1	191
John s. Thomas & Mary, b. June 10, 1732	1	21
John, s. Thomas & Mary, b. Sept. 13, 1762	1	146
John, m. Ruamah **AMBLER**, Mar. 27, 1790, by Rev. John Avery	2	47
Mary, d. Thomas & Mary, b. Jan. 19, 1726/7	1	7
Mary, d. Thomas & Mary, d. Aug. 24, 1734	1	26
Mary, d. Thomas & Mary, b. Aug. 13, 1754	1	110
Mary*, b. Nov. 28, 1755; m. Smith **WEED**, Aug. 14, 1777, by Rev. William Seward *(Arnold copy has "Mary **WEED**")	2	23
Mary, d. John & Mary, b. Nov. 29, 1755	1	151
Mary, d. Thomas & Mary, b. Feb. 22, 1760	1	135
Mary, m. Isaac **HOIT**, Aug. 5, 1761, by Rev. Mr. Wells	1	144
Mary, m. Samuel **GARNSEY**, Sept. 22, 1761	1	151
Mary, wid., m. Samuel **GARNSEY**, Feb. 1, 1767, by Rev. Noah Welles	1	194
Mary, m. Samuel **WHEATON**, Apr. 14, 1776, by Rev. Noah Wells	1	194
Mary, d. James & Mary, b. May 6, 1784	2	2
Mary, m. Cornelius **HARSON**, Sept. 27, 1819, by Rev. William Parrell, in Bloomingale	2	37
Nancy, d. James & Mary, b. July 1, 1766	1	161
Nancy, m. Isaac **AMBLER**, Feb. 25, 1783, by Rev. John Avery	2	32
Prudence, d. Thomas & Mary, b. Oct. 11, 1756	1	122
Prudence, m. Eliphalet **LOCKWOOD**, Jan. 16, 1776, by Ben-j[amin] Weed	1	194
Rebecca, d. Thomas & Mary, b. Sept. 4, 1728	1	32
Rebeckah, m. Joseph **BROWN**, Jan. 16, 1745/6, in Danbury, by		

	Vol.	Page
SKELDING, SCALDING, SKILDEN, SKILDING (cont.),		
Rev. Mr. Whit, of Danbury	1	74
Rebecca, d. James & Mary, b. June 14, 1768	1	166
Ruamah, w. John, d. July 30, 1795	2	47
Samuel, s. [John & Ruamah], b. Oct. 25, 1791	2	47
Sarah, d. Thomas & Mary, b. Sept. 15, 1741	1	47
Sarah, m. Obadiah **STEVENS**, Feb. 4, 1770, by Rev. Mr. Mather	1	175
Thomas, m. Rebeckah **AUSTIN**, June 11, 1701	1	140
Thomas, s. Thomas & Rebeckah, b. June 11, 1703	1	140
Thomas, m. Mary **BROWN**, on the evening next to the 5th day of Sept., 1726, by Joseph Bishop	1	7
Thomas, s. Thomas & Mary, b. July 12, 1730	1	16
Thomas, m. Mary **WEED**, June 11, 1752, by Jonathan Hoit, J. P.	1	96
Thomas, s. James & Mary, b. Feb. 6, 1773	1	181
Thomas James, s. [James, Jr. & Hannah], b. Jan. 31, 1804; d. May [ ], 1806	2	98
William, s. James & Mary, b. Mar. 6, 1778	1	196
SKILMORE, Henry, [s. Joseph & Mary], b. Feb. 8, 1783	2	65
Joseph, m. Mary **BATES**, Sept. 23, 1782, by Rev. Moses Mather	2	65
Joseph, s. [Joseph & Mary], b. Mar. 16, 1787	2	65
Nancy, d. [Joseph & Mary], b. Sept. 26, 1785	2	65
Nathaniel, s. [Joseph & Mary], b. Jan. 12, 1791	2	65
Samuel, s. [Joseph & Mary], b. Feb. 11, 1789	2	65
SLASON, SLAUSON, SLASSON, SLAWSON, SLAISON, Abigail, d. Jonathan, b. Mar. 8, 1700/1	1	134
Abigail, m. Sam[ue]ll **WEED**, Dec. 8, 1720, by Samuel Peck, J. P.	1	96
Abigail, d. Deliverence & Hannah, b. Sept. 9, 1747	1	97
Abigail, m. Gideon **WEED**, Jr., June 12, 1764, by Col. Jonathan Hoit, J. P.	1	152
Abigail, d. [Israel & Mary], b. May 3, 1791	2	31
Abraham, s. James & Mehittabell, b. Dec. [ ], 1716	1	140
Abraham, s. Eliphilit & Marsy*, b. Apr. 23, 1731 *(Mercy?)	1	40
Abraham, s. Thomas & Mary, b. Feb. 14, 1748/9	1	82
Betsey, d. [Thomas & Hannah], b. Oct. 11, 1795	2	23
Betsey Ann, d. [Nathaniell & Hannah], b. Jan. 4, 1798	2	65
Bowers, s. James & Elizabeth, b. June 23, 1742	1	55
Cate, d. Ebenezer & Catherine, b. May 19, 1759	1	147
Charles, s. Thomas & Mary, b. Apr. 29, 1755	1	123
Daniel, s. Jacob & Keziah, b. Aug. 4, 1773	1	197
Daniel, m. Betsey **DAN**, June 19, 1796, by W[illia]m Fansher, J. P.	2	71
David, s. Stephen, b. July 23, 1711	1	130
David, s. Jonathan & Rose, b. Dec. 28, 1713	1	122
David, s. Jonathan & Rose, b. Dec. 28, 1713	1	140
David, s. David & Eunice, b. Aug. 18, 1735	1	52
David, m. Eunice **SCOFIELD**, Apr. latter end, 1735, by Jonathan Hoit	1	62
Deliverance, s. James & Mehittabell, b. Dec. 17, 1710	1	140
Deliverance, m. Hanna[h] **HOIT**, Jan. 17, 1733/4, by Jonathan Hoit, J. P.	1	25

STAMFORD VITAL RECORDS 239

	Vol.	Page
SLASON, SLAUSON, SLASSON, SLAWSON, SLAISON (cont.),		
Deliverance, s. Deliverance & Hannah, b. Apr. 23, 1740	1	52
Deliverance, s. Deliverance & Hannah, b. Apr. 23, 1740	1	97
Deliverance, child of Ebenezer & Catharine, b. Jan. 10, 1762	1	147
Deliverance, [ ]	1	31
Ebenezer, s. Deliverance & Hannah, b. July 2, 1736	1	97
Ebenezer, s. Eliphalit & Marcy, b. July 25, 1742	1	40
Ebenezer, m. Catherine **SELLECK**, June 19, 1758, by Col. Jonathan Hoit, J. P.	1	147
Ebenezer, s. Ebenezer & Catherine, b. Aug. 21, 1760	1	147
Eleizer, s. Eliphilit & Marcy, b. Apr. 24, 1726	1	40
Eliphalet, s. James & Mehittabell, b. Nov. 28, 1703	1	134
Eliphilit, m. Marcy **BOUTON***, Nov. 12, 1724, by Joseph Bishop *(**BENTON**)	1	3
Eliphilit, s. Eliphilit & Marsy, b. Apr. 9, 1730	1	40
Elizabeth, d. [ ], b. Jan. 30, 1672	1	76
Elizebeth, d. John, b. Apr. 18, 1703	1	134
Elizabeth, d. James & Mehettabell, b. Apr. 26, 1722	1	150
Elizabeth, m. Petter **KNAP[P]**, June last day, 1726, by Rev. Mr. Davenport	1	12
Elizabeth, d. Jeames & Elizabeth, b. Oct. 28, 1731	1	19
Elizabeth, d. John & Rebecca, b. Jan. 11, 1733/4	1	36
Elizabeth, m. Ebenezer **DIBBLE**, July 21, 1749, by Jonathan Hoit	1	86
Elizabeth, w. Lieut. James, d. Oct. 21, 1758	1	128
Elizabeth, d. Isaac & Bethyah, b. Sept. 30, 1760; d. Feb. 2, 1762	1	144
Elizabeth, d. Isaac & Bethyah, b. Dec. 25, 1762	1	147
Elizabeth, d. Israel & Mary, b. Apr. 30, 1786	2	31
Elieson*, m. Hannah **WEBB**, May 9, 1711, by Mr. Hoit, J. P. *(Eliezer)	1	129
Esther, d. Stephen & Hannah, b. Feb. 3, 1770	1	173-4
Esther, d. Thomas & Hannah, b. Mar. 21, 1789	2	23
Esther, d. [Israel & Mary], b. June 21, 1797	2	31
Eunice, d. David & Eunice, b. Sept. 16, 1741	1	52
Ezekiel, s. Ebenezer & Ann, b. Dec. 15, 1719	1	132
Ezra, s. Thomas & Mary, b. Jan. 10, 1758	1	136
Francis, s. [Nathaniell & Hannah], b. Mar. 23, 1790	2	65
Frederick, s. Thomas & Hannah, b. Apr. 7, 1783	2	23
George, m. wid. Elizabeth **GRAY**, Jan. 22, 1775, by Thomas Youngs, J. P.	1	196
George, s. Jonathan & Rose, b. Apr. 8, 17[ ]	1	120
Gershom, s. Deliverance & Hannah, b. July 8, 1753	1	110
Han[n]ah, d. John, b. Mar. 12, 1685/6	1	107
Hannah, d. John & Mary, b. Apr. 13, 1705	1	134
Hannah, d. Eleizer & Hannah, b. May 15, 1712	1	129
Hannah, w. Elizer, d. June 26, 1723	1	3
Hannah, m. John **HOLLY**, Jan. 9, 1728/9, by Rev. John Davenport	1	12
Hannah, d. Deliverance & Hannah, b. Aug. 13, 1742	1	97
Hannah, d. Apr. 24, 1752, in the 39th y. of her age	1	107
Hannah, d. Ebenezer & Catherine, b. Feb. 24, 1765	1	158

	Vol.	Page
SLASON, SLAUSON, SLASSON, SLAWSON, SLAISON (cont.),		
Hannah, d. Nathaniel & Lydia, b. Feb. 26, 1768	1	167
Hannah, d. Thomas & Hannah, b. June 5, 1774	1	202
Hannah, m. Charles E. **HOYT**, of Stamford, Oct. 7, 1838, by Rev. Edw[ar]d Oldrin	2	252
Hezekiah, s. Jacob & Keziah, b. Jan. 8, 1776	1	197
Isaac, s. James & Elizabeth, b. Oct. 17, 1733	1	24
Isaac, m. Bethiah **BISHOP**, May 1, 1757, by Rev. Ebenezer Dibble	1	128
Isaac, s. [Nathaniell & Hannah], b. Sept. 23, 1795	2	65
Israel, s. Eliphilet & Marsy, b. Oct. 9, 1727	1	40
Israel, m. Mary **DUFREES**, Sept. 9, 1783, by Rev. Justus Mitchell	2	31
Israel, s. [Israel & Mary], b. Aug. 10, 1793 [sic]	2	31
Jacob, s. John & Rebecca, b. Dec. 8, 1736	1	36
James, m. Mehittabell **AMBLER**, Dec. 3, 1702	1	134
James, s. James, b. June 15, 1706	1	134
James, s. James & Elizabeth, b. Jan. 6, 1736	1	31
James, s. [Nathaniell & Lydia], b. June 13, 1774	2	65
Jesse, s. Eliphilit & Marcy, b. Feb. 20, 1745/6	1	40
John, s. John, b. Sept. 9, 1664	1	76
John, s. John Jr., b. Oct. 4, 1695	1	134
John, Sr., d. Oct. 16, 1706	1	135
John, s. John & Rebecca, b. Oct. 26, 1722	1	9
John, s. Eliphilit & Marcy, b. June 20, 1735	1	40
John, d. Aug. 20, 1745	1	66
John, m. Marcy* **YOUNGS**, May 6, 1751, by Rev. Ebenezer Dibble *(Mercy?)	1	92
John, s. Jacob & Keziah, b. Aug. 21, 1771	1	197
John Dufries, s. [Israel & Mary], b. June 24, 1793	2	31
Jonathan, s. John, b. July 25, 1670	1	76
Jonathan, m. Mary **WATERBURY**, Jan.* 4, 1699/1700 ("Feb." in Huntington's Register)	1	134
Jonathan, m. Rose **STEVENS**, July 11, 1711, by Samuel Hoit, J. P.	1	124
Jonathan, s. Jonathan & Rose, b. May 12, 1712	1	124
Jonathan, Ens., d. Nov. 19, 1727	1	9
Jonathan, s. Deliverance & Hannah, b. Oct. 30, 1734	1	97
Jonathan, s. David & Eunice, b. Feb. 28, 1736/7	1	52
Joseph, s. [Nathaniell & Lydia], b. June 17, 1780	2	65
Joseph, m. Mary **SLASON**, Dec. 25, 1707, b. Dea. Hoit, J. P.	1	121
Joseph, s. David & Jerusha, b. Apr. 8, 1730 *("Joseph STEVENS" in Huntington's Register)	1	40
Julia, d. [Nathaniell & Hannah], b. Nov. 28, 1793	2	65
Lydia, d. Nathaniel & Lydia, b. May 18, 1766	1	167
Lydia, w. Nath[anie]ll, d. Jan. 16, 1784	2	65
Lydia, m. James Weed, Jr., Jan. 1, 1787, by Rev. Moses Mather	2	27
Lydia, d. [Nathaniel, Jr. & Anne], b. July 19, 1797	2	61
Marcy*, d. David & Jerusha, b. May 16, 1732 *("Marcy STEVENS" in Huntington's Register)	1	40
Marsy, d. Eliphilit & Marsy, b. Mar. 23, 1733	1	40
Marcy, m. Job **BISHOP**, Nov. 26, 1756, by Rev. Mr. Mead	1	122

	Vol.	Page
SLASON, SLAUSON, SLASSON, SLAWSON, SLAISON (cont.),		
Martha, d. John, Jr., b. Sept. 17, 1699	1	134
Martha, m. Sam[ue]ll **KNAP[P]**, Dec. 15, 1720, by Rev. John Davenport	1	96
Martha, d. John & Marcy, b. June 11, 1752	1	98
Martha, d. David & Eunice, b. Feb. 27, 1755	1	124
Mary, d. John, b. Apr. 21, 1680	1	107
Mary, d. Jonathan, b. June 20, 1704	1	134
Mary, d. John & Mary, b. Aug. 26, 1707	1	134
Mary, d. John & Mary, b. Aug. 26, 1707	1	140
Mary, m. Joseph [**SLASON**], Dec. 25, 1707, by Dea. Hoit, J. P.	1	121
Mary, w. Jonathan, May 12, 1710	1	131
Mary, d. John & Rebecca, b. Aug. 12, 1724	1	9
Mary, m. Jonathan **BROWN**, Nov. 19, 1730, by Jonathan Hoit, J. P.	1	17
Mary*, d. David & Jerusha, b. Aug. 12, 1734 *("Mary **STEVENS**" in Huntington's Register)	1	40
Mary, w. John, d. Aug. 20, 1745	1	66
Mary, d. Thomas & Mary, b. Aug. 11, 1747	1	82
Mary, d. David & Eunice, b. Nov. 15, 1748	1	93
Mary, m. John **WATERBERY**, Jr., Feb. 1, 1750, by Rev. Ebenezer Dibble	1	122
Mary, d. Ebenezer & Catherine, b. May 16, 1766	1	158
Mary, m. Silvanus **WEED**, Jr., Dec. 17, 1767, by Rev. Mr. Mather	1	180
Mary, d. [Nathaniell & Lydia], b. May 27, 1778	2	65
Mary, d. Thomas & Hannah, b. Feb. 12, 1781	2	23
Mary, d. Israel & Mary, b. Jan. 17, 1785	2	31
Mary Ann, of Stamford, m. John M. **SARLES**, of West Chester, N.Y., Oct. 22, 1835, by Rev. Richard Seaman	2	225
Mary E., m. Isaac S. **WILMOT**, b. of Stamford, Sept. 12, 1838, by Rev. Edw[ar]d Oldrin	2	252
Mehittebel, w. Jeames, d. Feb. 8, 1706/7	1	34
Mehitabel, w. James, d. Feb. 7, 1736/7	1	32
Mehittabel, d. Eliphilit & Marsy, b. Jan. 18, 1738/9	1	40
Mil[l]y, d. Deliverence, b. June 8, 1750	1	97
Nathan, s. Jonathan & Rosa, b. Feb. 10, 1721	1	1
Nathan, s. George & Elizabeth, b. Feb. 1, 1777	1	196
Nathaniel, s. Deliverance & Hannah, b. Jan. 2, 1744/5	1	97
Nathaniel, s. Ebenezer & Catharine, b. Sept. 22, 1763	1	158
Nathaniel, m. Lydia **BATES**, Mar. 7, 1765, by Col. Jonathan Hoit, J. P.	1	167
Nathaniel, s. Nath[anie]ll & Lydia, b. July 16, 1772	2	65
Nathaniel, m. wid. Hannah **SMITH**, Apr. 26, 1787, by Rev. Moses Mather	2	65
Nathaniel, Jr., m. Anne **CLOCK**, Dec. 18, 1795, by Rev. Moses Mather	2	61
Peter, s. James & Elizabeth, b. Apr. 21, 1740	1	45
Rachel, d. Israel & Mary, b. Sept. 10, 1789	2	31
Rebecah, d. John & Mary, b. Mar. 8, 1709/10	1	125

SLASON, SLAUSON, SLASSON, SLAWSON, SLAISON (cont.),

	Vol.	Page
Rebecca, d. Jno & Mary, b. Apr. 24, 1710	1	125
Rebecca, d. Jonathan & Rose, b. Sept. 7, 1716	1	122
Rebecca, d. John & Rebecca, b. Oct. 29, 1726	1	9
Rebecca, d. John, Jr., d. Jan. 24, 1729/30	1	14
Rebecca, d. John & Rebecca, b. Aug. 12, 1731	1	36
Rebecca, m. Sam[ue]ll BISHOP, Mar. 25, 1736, by Jonathan Hoit, J. P.	1	30
Rebeckah*, d. David & Jerusha b. Nov. 2, 1739 *("Rebeckah STEVENS" in Huntington's Register)	1	40
Rebeckah, w. John, d. Sept. 1, 1745	1	66
Rebeckah, d. David & Eunice, b. May 22, 1746	1	93
Rhoda, d. Isaac & Bethiah, b. June 17, 1758	1	128
Rhoda, d. Thomas & Hannah, b. Apr. 23, 1775	1	202
Rhoda, d. [Thomas & Hannah], d. Feb. 10, 1777	1	202
Rhoda, d. Thomas & Hannah, b. Apr. 27, 1779	1	202
Rufus, s. Thomas & Hannah, b. Aug. 6, 1791	2	23
Ruth, d. David & Eunice, b. Mar. 4, 1743/4	1	93
Samuel, s. Eliphilit & Marsy, b. Mar. 31, 1740	1	40
Sarrah, d. John, b. Jan. 20, 1667	1	76
Sarah, d. John, b. Jan. 20, 1693	1	134
Sarah, m. Ebenezer BISHOP, Oct. 2, 1700	1	144
Sarah, d. James & Mehittabell, b. Mar. 21, 1713/14	1	133
Sarah, d. John & Rebecca, b. Apr. 2, 1728	1	36
Sarah, m. David SCOFIELD, the evening following the 18th day Dec. 1729, by Jonathan Hoit, J. P.	1	14
Sarah, m. David SCOFIELD, Dec. 18, 1730	1	52
Sarah, d. Jeames & Elizabeth, b. May 15, 1738	1	36
Sarah, d. David & Eunice, b. Aug. 9, 1739	1	52
Sarah, m. Stephen BISHOP, Dec. 27, 1744, by Jon[a]th[an] Hoit, J. P.	1	64
Sarah, m. Stephen BISHOP, Dec. 27, 1744. by Jonathan Hoit, J. P.	1	85
Sarah, d. Thomas & Mary, b. Oct. 22, 1750	1	91
Sarah, m. Epenetus WEED, Feb. 22, 1758, by Rev. Ebenezer Dibble	1	126
Sarah, d. [Nathaniell & Lydia], b. Jan. 16, 1784	2	65
Sarah, d. Thomas & Hannah, b. Apr. 5, 1785	2	23
Sarah, d. Israel & Mary, b. Jan. 27, 1788	2	31
Sarah, d. Jonathan & Mary, b. Nov. 13, 1707	1	140
Sarah, m. John BELL, Feb. 22, 1710/11, by Rev. Mr. Davenport	1	104
Sarah, m. Jabez SMITH, Feb. 13, 1711/12, by Samuel Hoit, J. P.	1	129
Sarah, d. James & Mehittabell, b. Mar. 21, 1714	1	140
Seeley, s. Thomas & Hannah, b. Mar. 18, 1787	2	23
Silas, s. Jonathan & Rose, b. Feb. [ ], 1719/20	1	146
Silvanus, s. Deliverence & Hannah, b. Apr. 5, 1738	1	52
Silvanus, s. Deliverance & Hannah, b. Apr. 5, 1738	1	97
Silvanus, s. Nath[anie]ll & Lydia, b. Jan. 31, 1770	2	65
Smith, s. Nath[anie]ll & Hannah, b. Feb. 7, 1788	2	65
Sophia, d. [Nathaniell & Hannah], b. Aug. 10, 1791	2	65

	Vol.	Page

SLASON, SLAUSON, SLASSON, SLAWSON, SLAISON (cont.),

	Vol.	Page
Stephen, m. Hannah **JUDSON**, Dec. 31, 1769, by Abraham Davenport	1	173-4
Susana, m. Sam[ue]ll **HOIT**, [black]smith, Oct. 24, 1700	1	123
Susannah, d. James, b. Aug. 4, 1708	1	140
Susannah, m. Nehemiah **BATES**, Nov. 27, 1734, by Jonathan Hoit, J. P.	1	27
Thomas, s. John, b. 12th mo. 3, 1681	1	107
Thomas, m. Sarah **STEVENS**, Apr. 14, 1709	1	136
Thomas, d. Mar. 30, 1710	1	125
Thomas, s. James & Mehettabell, b. Nov. 10, 1719	1	132
Thomas, m. Mary **BATES**, Mar. 5, 1746/7, by Rev. Moses Mathar	1	82
Thomas, s. Thomas & Mary, b. Mar. 21, 1753	1	123
Thomas, m. Hannah **HALL***, Mar. 15, 1774, by Rev. Ebenezer Dibble *("**HULL**" in Huntington's Register)	1	202
Thomas, s. Thomas & Hannah, b. Dec. 2, 1776	1	202
SLATER, Michell, had child d. Mar. 11, 1727/8	1	10
Ruth, m. Ebenezer **SCOFIELD**, Apr. 10, 1712, by Justice Hoit	1	130
SLEVESLY, Hannah*, d. James & Rebecca, b. Feb. 15, 1719/20 *(Arnold Copy has "Hannah **STEIVELY**")	1	132
Rebecca*, d. Nov. 7, 1713 *(Arnold copy has "Rebecca **STEVESLEY**")	1	143
SLOAN, Mary*, m. Peter **KNAP[P]**, Mar. 21, 1733/4, by Jonathan Hoit, J. P. *("Mary **SLOON**")	1	25
SLOCUM, Lewis, of Greenwich, m. Susan **HARTFORD**, of Stamford, Dec. 21, 1824, by Rev. Henry Fuller	2	175
SMITH, Aaron, s. [Nathaniel, Jr. & Abigail], b. Nov. 22, 1782	2	101
Abigail, d. Moses & Susannah, b. Aug. 26, 1729	1	14
Abigail, d. Joseph & Mary, d. Jan. 18, 1735/6	1	30
Abigail, d. Ebenezer & Hannah, b. Feb. 3, 1736	1	50
Abigail, d. Gabriel & Mary, b. Mar. 1, 1739	1	106
Abigail, d. Joshua & Sarah, b. Aug. 12, 1750	1	87
Abigail, d. John & Hannah, b. Jan. 3, 1753	1	146
Abigail, d. Nathaniel, Jr. & Abigail, b. July 28, 1754	1	111
Abigail, m. Jeremiah **LOCKWOOD**, Jan. 8, 1758, by Jonathan Hoit, J. P.	1	173-4
Abigail, d. Israel & Abigail, b. Mar. 10, 1758	1	145
Abigail, w. Israel, d. Apr. 12, 1758	1	145
Abigail, d. Amos & Sarah, b. Mar. 20, 1759	1	132
Abigail, w. Nathaniel, Jr., d. Feb 12, 1766	1	155
Abigail, d. Ezra & Jemima, b. Jan. 9, 1768	2	30
Abigail, m. Gold **SMITH**, Oct. 11, 1775, by Rev. Will[ia]m Seward	2	2
Abigail, d. Amos & Deborah, b. Oct. 22, 1777	1	202
Abigail, d. [Joseph & Mary], b. Nov. 10, 1780	2	77
Abigail, d. Gold & Abigail, b. Oct. 29, 1782	2	2
Abigail, d. Joseph & Ruth, b. July 14, 1783	2	8
Abigail, d. Daniel & Mary, b. Mar. 11, 1787	2	40
Abigail, m. John **HOYT**, 3rd, Jan. 22, 1790, by Rev. John Avery	2	30

	Vol.	Page
SMITH (cont.),		
Abigail, d. [Joseph, 3rd & Rebecca], b. Mar. 14, 1798	2	76
Abigail, d. [Josiah & Sarah], b. Mar. 14, 1799	2	31
Abigail, m. Samuel **NICHOLS**, b. of Stamford, Mar. 11, 1823, by Rev.Daniel Smith	2	164
Abijah, s. Jonathan & Abigail, b. Mar. 21, 1769	1	187
Abijah, s. [Solomon & Susannah], b. Jan. 15, 1797	2	50
Abraham, s. Ezra & Mary, b. May last day, 1735	1	30
Abraham, s. Gabriel & Mary, b. Aug. 13, 1744	1	106
Abraham, m. Mary **GALES**, Jan. 28, 1759, by Rev. Mr. Wells	1	145
Abraham, s. Gabrell & Martha, b. Nov. 20, 1786	2	25
Abraham, s. [Joseph, 3rd & Rebecca], b. Jan. 25, 1794	2	76
Alexander, s. [Joseph, 3rd & Rebeckah], b. July 24, 1808	2	76
Alfred, s. [Jacob & Hannah], b. Aug. 3, 1806; d. Dec. 9, 1808	2	42
Allyn, s. [Nathaniel, Jr. & Abigail], b. June 5, 1788	2	101
Alleyn, s. [Nathaniel, Jr. & Abigail], d. June 26, 1789	2	101
Alva, s. Isaac & Abigail, b. Mar. 14, 1794	2	45
Amos, s. Joseph & Mary, b. Oct. 17, 1716	1	139
Amos, m. Sarah **BLACKMAN**, Jan. 7, 1742/3, by Rev. Mr. Wright	1	56
Amos, s. Amos & Sarah, b. Oct. 4, 1743	1	59
Amos, m. Deborah **KNAP[P]**, Oct. 17, 1765, by Rev. Mr. Wells	1	156-7
Amy, d. Joshua & Elizabeth, b. Feb. 8, 1780	1	203
Amy, m. Stephen **NEWMAN**, June 30, 1802, by Ebenezer Davenport, J. P.	2	103
Amy, see also Eamy		
Andrew, s. David, Jr. & Lydia, b. Mar. 12, 1782	2	7
Andrew, s. [Jabez & Hannah], b. Feb. 26, 1789	2	135
Ann, w. Henry, d. June 2nd wk., 1685	1	108
Ann, d. Charles & Elizabeth, b. Nov. 23, 1746	1	100
Ann, m. Henry B. **SEELEY**, June 4, 1827, by Rev. A. S. Todd	2	188
Ann, m. James N. **BURTON**, b. of Stamford, Apr. 11, 1844, by Addison Parker	2	269
Anna, d. Abraham & Mary, b. Apr. 27, 1780	2	8
Anna*, m. Benjamin **HOYT**, Jan. 9, 1816, by Rev. Daniel Smith *(Arnold copy has "Arna")	2	118
Anne, d. Nehemiah & Anne, b. Nov. 3, 1770; d. Oct. 25, 1775	2	16
Anne, d. Nehemiah & Anne, b. May 18, 1776	2	16
Anne, m. Jonah **FERRIS**, Dec. 2, 1784, by Rev. William Seward	2	13
Anthony, m. Rebeckah **CLARK**, June 25, 1807, by Rev. Ebenezer Porter, in Washington	2	100
Arna, s. [Josiah & Sarah], b. Oct. 2, 1796	2	31
Arna, m. Benjamin **HOYT**, Jan. 9, 1816, by Rev. Daniel Smith	2	118
Asenath, d. [Nathaniel, Jr. & Abigail], b. Feb. 14, 1780	2	101
Asene, child of David & Reachal, b. Dec. 28, 1756	1	123
Austin, m. Sarah **KNAP[P]**, Aug. 17, 1752 by Jonathan Hoit	1	111
Austin, s. Austin & Sarah, b. Dec. 20, 1753	1	111
Austin, Jr., m. Elizabeth **NEWMAN**, Jan. 11, 1781, by Rev. W[illia]m Seward	2	5

	Vol.	Page
SMITH (cont.),		
Austin, s. [Austin & Elizabeth], b. Dec. 28, 1797	2	42
Azubah, d. Sam[ue]ll & Azubah, b. Oct. 19, 1792	2	40
Benjamin*, s. Joseph & Elizabeth, d. Sept. 27, 1724 *("Benjamin **HUNT**" in Huntington's Register)	1	2
Benjamin, s. Charles & Elizabeth, b. Feb. 16, 1750/1	1	100
Benj[ami]n, m. Abigail **HOIT**, Dec. 7, 1775, by Rev. Noah Welles	1	203
Benjamin, s. Benj[ami]n & Abigail, b. Feb. 16, 1777	1	203
Benjamin, s. [David, 3rd & Phebe], b. Dec. 28, 1792	2	106
Benjamin, m. Rebecca A. **HUSTED**, Oct. 1, 1820, by Rev. Jonathan Judd	2	142
Betsey, d. Jesse & Sarah, b. Sept. 28, 1783	2	28
Betsey, m. Stephen **SELLECK**, May 27, 1784, by Rev. John Avery	2	35
Betsey, d. Joshua, Jr. & Elizabeth, b. Feb. 12, 1785	2	15
Betsey, d. Jacob & Hannah, b. Apr. 20, 1786	2	42
Betsey, d. Frederick & Jane], b. Jan. 30, 1793	2	46
Betsey, m. Silvanus **DAN**, b. of Stamford, Apr. 20, 1823, by Henry Hoit, Jr.	2	165
Caleb, m. Susannah **SCOFIELD**, Feb. 4, 1719/20, by Capt. Joseph Bishop, J. P.	1	112
Caleb, m. Susanna **SCOFIELD**, Feb. 11, 1719/20, by Capt. Joseph Bishop, J. P.	1	106
Caleb, s. Caleb & Susannah, b. July 24, 1725	1	6
Caleb, s. Nathaniel, Jr. & Abigail, b. Apr. 24, 1758	1	135
Caleb, s. Isaac & Abigail, Jr., b. Apr. 23, 1779	1	203
Caleb, m. Mary **WEED**, Nov. 17, 1798, by Rev. Platt Buffet	2	81
Catey, d. Jesse & Sarah, b. Aug. 4, 1786	2	28
Catey, d. Jacob & Hannah, b. Oct. 11, 1790	2	42
Catharine Lydia, d. [Nathaniel, 3rd & Nancy], b. Mar. 25, 1806	2	101
Cena, m. Smith **WEED**, Dec. 9, 1804, by Rev. Daniel Smith	2	92
Charity, d. Gabriel & Mary, b. July 4, 1747	1	106
Charity, m. John **JUDSON**, Mar. 17, 1768, by Rev. Noah Welles	1	195
Charles, s. Samuel & Mary, was on Apr. 7, 1718, 3 years old	1	141
Charles, m. Elizabeth **KNAP[P]**, June 10, 1736, in Greenwich, by Rev. Benj[amin] Strong	1	50
Charles, s. Charles & Elizabeth, b. July 30, 1739	1	50
Charles Edgar, s. [Isaac & Sarah], b. Apr. 5, 1809	2	117
Charles Edwin, m. Mary **HOLLY**, b. of Stamford, Apr. 19, 1834, by Rev. Platt Buffett, of Stanwich	2	223
Charles H., m. Eliza Ann **SMITH**, b. of Stamford, Dec. 24, 1835, by Rev. Shaler J. Hillyer	2	226
Charlotte, m. Silas **HOYT**, Jr., Feb. 22, 1807, by Rev. Platt Buffett	2	126
Clarissa, Mrs., m. Richard **COX**, b. of North Stamford, Aug. 26, 1848, by Rev. W. W. Brewer	2	293
Cornell, s. Daniel & Deborah, b. May 7, 1753	1	110
Cornelia M., m. Edgar **STUDWELL**, b. of Stamford, Mar. 8,		

SMITH (cont.),

	Vol.	Page
1840, by Rev. James M. Stickney	2	257
Daniel, s. Joseph & Mary, b. Apr. 24, 1725	1	5
Daniel, d. Mar. 3, 1739/40, in the 92nd year of his age	1	41
Daniel, m. Deborah **WEBB**, Feb. 4, 1747/8 by Rev. Noah Welles	1	80
Daniel, s. Daniel & Deborah, b. Oct. 6, 1751	1	94
Daniel, s. Nathaniel, Jr. & Abigail, b. Mar. 11, 1763	1	155
Daniel, m. Mary **LOCKWOOD**, Apr. 12, 1784, by Rev. John Avery	2	2
Daniel, s. [Jabez & Hannah], b. Apr. 26, 1786, in Lainsborough*, Mass. *(Lameborough" in Huntington's Register)	2	135
Daniel, s. Daniel & Mary, b. Feb. 19, 1789	2	40
Daniel, Rev., m. Mary **SMITH**, July 9, 1793, by Rev. Cotton Mather Smith	2	63
Daniel, Rev., m. Catharine **WEBB**, June 14, 1801, by Rev. Samuell Sturges	2	63
Daniel, Rev., had servants Luce, d. Dorcas, b. Mar. 12, 1803; Clara, d. Dorcas, b. Feb. 24, 1805 & Will[ia]m Henry, s. Dorcas, b. Mar. 10, 1807	2	104
Daniel, Rev., had servants George, s. Harry & Hagar, b. Aug. 14, 1808; Sylvia, d. Harry & Hagar, b. Sept. 8, 1812; Prince, s. Harry & Hagar, b. Feb. 15, 1814; Charles, s. Sim, b. June 8, 1817; Peter, s. Sim, b. Oct. 7, 1819 & Clara, d. Sim, b. July 25, 1821	2	104
David, m. Rachal **HOIT**, Nov. 30, 1731, by Sam[ue]ll Hoit	1	50
David, s. Caleb & Susannah, b. Apr. 10, 1734	1	31
David, s. Caleb & Susannah, d. Nov. 18, 1735	1	31
David, s. Caleb & Susannah, b. Jan. 10, 1738/9	1	41
David, s. David & Rachal, b. Dec. 19, 1740	1	50
David, 3rd, b. Feb. 16, 1763; m. Phebe **WEBB**, May 2, 1786, by Rev. William Seward	2	106
David, s. Jonathan & Abigail, b. Feb. 16, 1763	1	148-9
David, Jr., m. Lydia **SMITH**, Jan. 1, 1767, by Rev. Mr. Wells	1	162
David, s. David, Jr. & Lydia, b. Sept. 12, 1773	1	186
David Webb, s. [Rev. Daniel & Catharine], b. Apr. 11, 1802	2	63
Deborah, d. Josiah & Martha, b. Oct. 27, 1766	1	156-7
Eamy, child of Joshua & Sarah, b. Nov. 10, 1756	1	121
Eamy, see also Amy		
Earle, s. [Josiah & Sarah], b. June 19, 1794	2	31
Ebenezer, m. Hannah **WITMAN***, May 29, 1723, at Huntingtown, L. I., by Rev. Mr. Jones * **(WHITMAN**?)	1	50
Ebenezer, s. Ebenezer & Hannah, b. Dec. 29, 1725	1	50
Ebenezer, Jr., m. Mary **NEWMAN**, July 4, 1753, by Rev. Benjamin Strong	1	117
Eber, s. John & Martha, Jr., b. Mar. 19, 1782	2	6
Eber, m. Betsey **JANE**, Oct. 25, 1801, by Rev. Marmaduke Earl	2	87
Eber, m. Hannah **SMITH**, Nov. 11, 1830, by Rev. Daniel Smith	2	211
Edward, s. [Joseph & Mary], b. May 8, 1777	2	77
Edward Will[ia]m, s. [Rev. Daniel & Catherine], b. Sept. 2, 1813	2	63

	Vol.	Page
SMITH (cont.),		
Edwin, s. [Isaac & Abigail], b. Nov. 1, 1796	2	45
Elcey, wid., d. June 2, 1842	2	8
Elector, d. [Josiah & Sarah], b. Mar. 19, 1792	2	31
Electer, m. Elisha **HAWLEY**, Jan. 6, 1813, by Rev. Daniel Smith	2	129
Elias, s. Austin & Elizabeth, b. June 8, 1792	2	42
Elihu, s. [Solomon, Jr. & Mary], b. June 10, 1798	2	49
Elijah, s. Sam[ue]ll & Azubah, b. July 10, 1780	2	40
Eliza, d. [Reuben, Jr. & Violette], b. Jan. 14, 1797	2	76
Eliza, d. [William & Polly], b. Mar. 23, 1808	2	128
Eliza Ann, d. [Seth & Prudence], b. Nov. 24, 1813	2	90
Eliza Ann, m. Charles H. **SMITH**, b. of Stamford, Dec. 24, 1835, by Rev. Shaler J. Hillyer	2	226
Elizabeth, w. John, d. Oct. 6, 1703	1	135
Elizabeth, d. Ebenezer & Hannah, b. Aug. 24, 1730	1	50
Elizabeth, d. Gabriel & Mary, b. Jan. 17, 1743	1	106
Elizabeth, d. Charles & Elizabeth, b. Jan. 26, 1743/4	1	100
Elizabeth, m. Jonas **HOIT**, June 20, 1751, by Rev. Mr. Strong	1	95
Elizabeth, d. Ezra & Martha, b. Jan. 19, 1754	1	110
Elizabeth, of Norwalk, m. Jonathan **SCOFIELD**, of Stanford, Oct. 30, 1755, by Rev. Moses Mather	1	123
Elizabeth, d. Nathan & Elizabeth, b. July 27, 1762	1	145
Elizabeth, m. Josiah **HOIT**, Jan. 10, 1764, in Salem, by [ ] Benedict, J. P.	1	173-4
Elizabeth, m. Charles **WEBB**, Jr., Feb. 15, 1772, by Charles Webb, J. P.	1	185
Elizabeth, m. Joshua **SMITH**, Jr., Dec. 28, 1775, by Rev. Noah Welles	1	203
Elizabeth, m. Eneos **FOUNTAIN**, July [ ], 1779, by Rev. Mr. Elles	1	203
Elizabeth, d. Ezekiel & Sarah, b. Aug. 4, 1779	2	30
Elizabeth, d. John & Martha, b. Oct. 23, 1790	2	6
Elizabeth, d. Dr. Isaac & Abigail, b. Dec. 26, 1791	2	45
Elizabeth, m. Joseph **WEBB**, July 29, 1798, by Rev. Marmaduke Earl	2	79
Elizabeth, m. Hanford M. **SMITH**, b. of Stamford, Oct. 8, 1823, by Rev. Daniel Smith	2	167
Elizabeth, of Stamford, m. William **PENDELL**, of New York, Sept. 2, 1833, by Rev. Daniel Smith	2	239
Elizabeth Bartlett, d. [Joseph & Mary], b. July 20, 1771	2	77
Esther, d. John & Hannah, b. Nov. 22, 1758	1	146
Esther, d. Gold & Abigail, b. Oct. 23, 1786	2	2
Ethan, s. Moses & Susannah, b. Oct. 15, 1741	1	47
Ethan, m. Hannah **SCOFIELD**, May 7, 1769 by Rev. Mr. Wells	1	176
Eunis, d. Joshua & Sarah, b. Jan. 12, 1743/4	1	59
Eunice, m. William **JUNE**, Jan. 14, 1766, by Rev. Benjamin Strong	1	176
Ezekiel, m. Martha **HOLLY**, July 9, 1747, by Rev. Noah Welles	1	93
Ezekiel, m. Sarah **MOREHOUSE**, Oct. 3, 1778, by Rev. Eben-		

	Vol.	Page

SMITH (cont.),
ezer Dibble	2	30
Ezekiel, m. Mercey **LOCKWOOD**, Mar. 8, 1789, by Rev. Ebenezer Dibble	2	30
Ezekiel, d. Sept. 4, 1813	2	30
Ezra, s. Daniell & Hanah, b. Nov. 24, 1705	1	134
Ezra, m. Mary **WEED**, May 22, 1729, by Joseph Bishop, J. P.	1	22
Ezra, s. Ezra & Mary, b. Oct. 9, 1730	1	22
Ezra, Ens., m. Martha **BELEME**, Mar. 24, 1750/1, in Greenwich, by Rev. Mr. Todd	1	90
Ezra, s. Daniel & Daborah, b. Apr. 21, 1759	1	134
Ezra, s. David Jr. & Lydia, b. Apr. 25, 1778	1	198
Ezra, s. [Jacob & Hannah], b. May 13, 1796; d. July 1, 1796	2	42
Febe, see under Phebe		
Frederick, m. Jane **HUSTEAD**, Feb. 5, 1792, by Rev. Ebenezer Ferris	2	46
Frederic Augustus, s. [Frederick & Jane], b. June 29, 1803	2	46
Gabriel, m. Mary **BELL**, June 3, 1736, by Jonathan Hoit, J. P.	1	106
Gabrell, m. Martha **BELLAMY**, July 29, 1784, by Rev. John Avery	2	25
Gabriel, s. Gabriel & Martha, b. Dec. 20, 1788	2	25
George, s. [Joseph, 3rd & Rebecca], b. Mar. 21, 1796	2	76
George Albert, s. [Frederick & Jane], b. May 4, 1812	2	46
George S., s. [Peter & Nancy], b. Feb. 7, 1806	2	25
George Washington, m. Catharine Ann **RANDLE**, b. of Stamford, Jan. 7, 1840, by Rev. Platt Buffet, of Stanwich	2	257
Gertrude L., m. John C. **WEED**, b. of Stamford, Sept. 10, 1839, by Rev. James M. Stickney	2	255
Gold, s. Austin & Sarah, b. Oct. 14, 1752	1	111
Gold, m. Abigail **SMITH**, Oct. 11, 1775, by Rev. Will[ia]m Seward	2	2
Gold, s. Gold & Abigail, b. Sept. 30, 1784	2	2
Hanford M., m. Elizabeth **SMITH**, b. of Stamford, Oct. 8, 1823, by Rev. Daniel Smith	2	167
Hana, d. John, d. Oct. 27, 1703	1	135
Hannah, Mrs., m. Nathaniel **BOWERS**, b. of Greenwich, Dec. 2, 1703, by Rev. John Davenport	1	128
Han[n]ah, d. John & Febe, b. Apr. 7, 1711	1	127
Hannah, w. Daniel, Sr., d. Mar. 29, 1721	1	138
Hannah, d. Joseph & Mary, b. July 14, 1721	1	111
Hannah, d. Caleb & Susanah, b. Sept. 8, 1723	1	0
Hannah, d. Caleb & Susanah, b. Sept. 8, 1723	1	6
Hannah, d. Ebenezer & Hannah, b. Mar. 6, 1724	1	50
Hannah, m. Enos **BISHOP**, Mar. 1, 1730/1, by G. Phillips, of Brook Haven	1	18
Hannah, m. Frances **BELL**, Sept. 27, 1733, by Jonathan Hoit, J. P.	1	23
Hannah, d. Joseph, d. Jan. 17, 1735/6	1	30
Hannah, d. Moses & Susannah, b. Feb. 24, 1736/7, in Greeenwich	1	32
Hannah, d. Jos., Jr. & Sarah, b. Feb. 8, 1738/9	1	37

	Vol.	Page
SMITH (cont.),		
Hannah, d. John & Hannah, b. Dec. 29, 1740	1	45
Hannah, d. Ezra & Mary, b. Apr. 18, 1742	1	56
Hannah, d. Joshua & Sarah, b. Aug. 30, 1746	1	70
Hannah, d. Daniel & Deborah, b. June 16, 1755	1	113
Hannah, m. Isaac **WEED**, Mar. 8, 1756, by Abraham Davenport	1	123
Hannah, d. John, had s. Jonathan **CURTICE**, b. Feb. 12, 1763	1	147
Hannah, d. John, Jr. & Martha, b. Oct. 13, 1766	1	156-7
Hannah, d. Amos & Deborah, b. Nov. 16, 1767	1	202
Hannah, d. [Jabez & Hannah], b. July 23, 1774	2	135
Hannah, m. Samuel **SELLECK**, Jr., Aug. 1, 1779, by Rev. Ebenezer Dibble	2	8
Hannah, m. Jonathan **LOCKWOOD**, Jr., Jan. 8, 1784, by Rev. William Seward	2	16
Hannah, wid. m. Nathaniel **SLASON**, Apr. 26, 1787, by Rev. Moses Mather	2	65
Hannah, m. Nathaniel **MILLS**, Nov. 26, 1789, by Rev. John Avery	2	45
Hannah, d. [Joseph & Mary], b. Sept. 7, 1793	2	77
Hannah, d. [Jacob & Hannah], b. Sept. 12, 1802, in New York	2	42
Hannah, m. Eber **SMITH**, Nov. 11, 1830, by Rev. Daniel Smith	2	211
Hannah E., m. James H. **HOYT**, b. of Stamford, Jan. 1, 1851, by Rev. Ambrose S. Todd	2	305
Harriet, d. [Joseph & Mary], b. Apr. 12, 1787	2	77
Harriet, d. [Solomon, Jr. & Mary], b. Mar. 3, 1794	2	49
Harriet, m. Robert **DUFFE**, Mar. 7, 1813, by Rev. Frederick Smith	2	101
Harry, s. [Henry & Sarah], b. Feb. 9, 1800	2	80
Henery, his d. [ ], b. Aug. 9, 1661	1	98
Henry, s. Ezra & Mary, b. Nov. 15, 1739	1	40
Hery*, s. Abraham & Mary, b. Nov. 10, 1759 *(Henry?)	1	145
Henry, s. [Nathaniel, Jr. & Abigail], b. Mar. 19, 1770	2	101
Henry, m. Sarah **AYRES**, Feb. 10, 1796, by Rev. Abner Benedict	2	80
Henry, s. [William & Polly], b. July 23, 1801	2	128
Henry, of New York City, m. Caroline H. **KNAPP**, of Stamford, Nov. 4, 1844, by Rev. J. W. Alvord, Jr.	2	275
Hervey, s. Austin & Elizabeth, b. Mar. 13, 1785	2	5
Hette, d. [Seth & Prudence], b. Sept. 8, 1798	2	90
Isaac, s. Joseph & Mary, b. Jan. 6, 1727/8	1	10
Isaac, s. Joseph & Mary, d. Jan. 25, 1735/6	1	30
Isaac, s. John & Hannah, b. May 9, 1756	1	146
Isaac, s. Nathaniel, Jr. & Abigail, b. Jan. 16, 1757	1	123
Isaac, Jr., m. Abigail **WARING**, Jan. 21, 1778, by Rev. Mr. Seward	1	203
Isaac, s. Isaac & Abigail, b. July 19, 1781	2	2
Isaac, 3rd, m. Olive **SMITH**, Apr. 3, 1787, by Reuben Scofield	2	75
Isaac, s. Gabriel & Martha, b. Mar. 6, 1791	2	25
Isaac, 3rd, m. Hannah **JEFFREY**, May 3, 1792, by Rev. Robert Morris	2	75
Isaac, m. wid. Sarah **NICHOLS**, Aug. 25, 1800, in New York, by		

	Vol.	Page
SMITH (cont.),		
Rev. John O. Kunze	2	117
Isaac Austin, twin with Sam[ue]ll Jeffrey, s. [Isaac, 3rd & Hannah], b. Mar. 29, 1804	2	75
Isaac Knap[p], s. [Peter & Nancy], b. May 19, 1794	2	25
Isaac Mead, s. [Isaac & Sarah], b. Nov. 8, 1805	2	117
Isaac P., s. [Jacob & Hannah], b. Oct. 7, 1797	2	42
Isaiah, s. Josiah & Martha, b. Mar. 31, 1764	1	156-7
Isaiah, s. Sam[ue]ll & Azubah, b. Jan. 10, 1774	2	40
Isaiah, Jr., m. Betsey **LOCKWOOD**, b. of Stamford, [Sept.] 22, [1830], by Rev. John Ellis	2	206
Isaiah Burchard, s. [Jabez & Hannah], b. June 18, 1772	2	135
Isaiah Burchard, s. [Jabez & Hannah], d. Feb. 22, 1782	2	135
Israel, s. Ezra & Mary, b. Feb. 9, 1732/3	1	22
Israel, s. David & Reachal, b. Mar. 1, 1742/3	1	72
Israel, m. Abigail **HOLLY**, May 29, 1757, by Rev. Mr. Wells	1	145
Israel, m. Deborah **HOLMES**, Jan. 21, 1762, by Rev. Mr. Wells	1	145
Israel, s. Abraham & Mary, b. Feb. 6, 1773	2	8
Israel, m. Anna **HUSTED**, b. of Stamford, Oct. 27, 1822, by Rev. Henry Fuller	2	160
Jabez, m. Sarah **SLASON**, Feb. 13, 1711/12, by Samuell Hoit, J. P.	1	129
Jabez, his s. [ ], b. Mar. 6, 1713/14	1	129
Jabez, d. Apr. 23, 1716	1	138
Jabes, m. Mindwell **BATCH**, Dec. 25, 1733, by Nathaniel Peck, J. P.	1	24
Jabez, s. Jabez & Mindwell, b. Nov. 11, 1734	1	27
Jabez, s. Josiah & Martha, b. Sept. 10, 1756	1	71
Jabez, s. John & Hannah, b. Apr. 17, 1747	1	146
Jabez, m. Hannah **BIRCHARD**, Jan. 11, 1770, in Salem, N. Y., by Rev. Mr. Mead	2	135
Jacob, m. Hannah **THORP**, July 22, 1784, by Rev. John Avery	2	42
Jacob, s. [Caleb & Mary], b. Mar. 10, 1799	2	81
James, s. John & Hannah, b. Oct. 13, 1749	1	146
James, s. John, Jr. & Martha, b. Mar. 10, 1777	1	195
James, s. [Solomon, Jr. & Mary], b. Jan. 6, 1805	2	49
James Agustus, s. [Rev. Daniel & Catharine], b. Aug. 1, 1807	2	63
James, M., m. Angeline **BARNES**, b. of Stamford, Dec. 24, 1838, by Rev. Shaler J. Hillyer	2	253
James Warring*, s. [Frederick & Jane], b. July 29, 1810 * ("Manning" in Huntington's Register)	2	46
Jameson, see under Tameson		
Jane, d. [Frederick & Jane], b. Apr. 18, 1805	2	46
Jane Ann, m. George **WATERBURY** b. of Stamford, this day, [ ], by Rev. J. W. Alvord, Jr.	2	265
Jasper W., m. Jane **RAYMOND**, b. of Stamford, May 17, 1832, by Rev. Platt Buffett, of Stanwich	2	217
Jemima, m. Jonas **SCOFIELD**, Jan. 21, 1779, at Greenwich, by Rev. Blackleach Burrit	1	198

	Vol.	Page
SMITH (cont.),		
Jeremiah, s. Gold & Abigail, b. May 27, 1778	2	2
Jesse, s. Mosses & Susannah, of Greenwich, b. July 5, 1739	1	45
Jesse, Jr., m. Sarah **BROWN**, Apr. 1, 1778, by Rev. Moses Mather	2	28
Jesse, s. [Isaac & Abigail], b. June 24, 1799	2	45
[John], his youngest d. [ ], d. Oct. 10, 1703	1	135
John, s. John & Feebe, b. Feb. 16, 1709/10	1	125
John, Sr., d. Nov. 3, 1711	1	131
John, d. Sept. 7, 1724	1	2
John, s. Caleb & Susanah, b. Sept. 24, 1727	1	31
John, s. Joseph & Mary, d. Jan. 9, 1735/6	1	30
John, of Stanford, m. Hannah **LEWIS***, of Greenwich, Mar. 27, 1740, in Greenwich, by Rev. Mr. Todd, of Greenwich *("**FERRIS**" in Huntington's Register)	1	45
John, s. Ebenezer & Hannah, b. July 24, 1741	1	50
John, s. John & Hannah, b. Jan. 17, 1742/3	1	57
John, Jr., m. Martha **SMITH**, Dec. 25, 1765, by Rev. Mr. Wells	1	156-7
John, s. John, Jr. & Martha, b. Nov. 19, 1774	1	195
John, 3rd, m. Jemima **NEWMAN**, Dec. 31, 1797, by Rev. Mr. Buffet	2	69
John Cotton, s. [Rev. Daniel & Catharine], b. Apr. 6, 1811	2	63
John D., s. [Peter & Nancy], b. Aug. 16, 1800	2	25
John Judson, s. [Solomon, Jr. & Mary], b. Nov. 1, 1802	2	49
John Lockwood, s. [Reuben, Jr. & Violette], b. Dec. 9, 1798	2	76
Jonathan, s. Jonathan & Temperance, b. Feb. 1, 1725/6	1	6
Jonathan, Jr., m. Abigail **DIBBLE**, Mar. 16, 1757, by Rev. Noah Welles	1	139
Jonathan, s. Jonathan & Abigail, b. Dec. 21, 1757	1	139
Jonathan, m. Sarah **WEED**, Feb. 25, 1793, by Rev. William Seward	2	50
Joseph, m. Mary **CORNELL**, Dec. 7, 1708, at Danbury, by Rev. Mr. Shove	1	129
Joseph, s. Joseph & Mary, b. Nov. 24, 1711	1	129
Joseph, m. Sarah **HOIT**, Jan. 6, 1736/7, by Jonathan Hoit, J. P.	1	32
Joseph, s. Amos & Sarah, b. July 18, 1746	1	69
Joseph, d. Mar. 12, 1755	1	113
Joseph, s. Jonathan & Abigail, b. July 30, 1760	1	139
Joseph, s. Daniel & Deborah, b. Jan. 15, 1762	1	142-3
Joseph, s. Abraham & Mary, b. Dec. 29, 1763	1	150
Joseph, m. Mary **WATERBURY**, Feb. 25, 1769, by Rev. Ebenezer Dibble	2	77
Joseph, s. [Joseph & Mary], b. Aug. 2, 1773	2	77
Joseph, Jr., m. Ruth **WOOD**, Jan. 18, 1781, by Rev. Solomon Mead	2	8
Joseph, 3rd, m. Rebecca **MILLS**, Oct. 2, 1791, by Charles Webb	2	76
Joseph, s. [David, 3rd & Phebe], b. Jan. 4, 1795	2	106
Joseph, 5th, m. Mary **TALMAGE**, Jan. 1, 1797, by Joseph Silliman	2	77

	Vol.	Page

SMITH (cont.),

	Vol.	Page
Joseph, s. [Joseph, 3rd & Rebeckah], b. Sept. 6, 1810	2	76
Joseph J., m. Caroline E. **LOCKWOOD**, Aug. 1, 1837, by Rev. Daniel Smith	2	248
Joseph M., m. Deborah **INGERSOLL**, b. of Stamford, Mar. 21, 1841, by Rev. Platt Buffett	2	261
Joshua, s. Joshua & Sarah, b. Oct. 2, 1752	1	99
Joshua, Jr., m. Elizabeth **SMITH**, Dec. 28, 1775, by Rev. Noah Welles	1	203
Joshua, s. Gold & Abigail, b. Dec. 29, 1788	2	2
Joshua, d. Dec. 19, [ ]	1	135
Josiah, s. Amos & Sarah, b. July 12, 1750	1	87
Josiah, s. [Jabez & Hannah], b. Dec. 19, 1783	2	135
Josiah, m. Sarah **REYNOLDS**, Mar. 29, 1784, by Rev. William Seward	2	31
Josiah, s. [Josiah & Sarah], b. June 20, 1803	2	31
Julia, m. Hiram L. **FROST**, b. of Stamford, Jan. 22, 1826, by Rev. Noble W. Thomas	2	180
Julia A., of Stamford, m. George A. **WEBB**, of Fairfield, Mar. 1, 1825, by Rev. Daniel Smith	2	176
Julia Ann, d. [Rev. Daniel & Mary], b. Apr. 5, 1794	2	63
Julia Ann, of Stamford, m. Dr. Milo **LINUS**, of North Sharon, Oct. 5, 1820, by Rev. Daniel Smith	2	144
Julia Elizabeth, d. [Solomon, Jr. & Mary], b. Apr. 26, 1808	2	49
Keziah, d. Ebenezer & Hannah, b. May 4, 1738	1	50
Laura, d. [William & Polly], b. Mar. 21, 1806	2	128
Levinah, d. [David, 3rd & Phebe], b. Jan. 27, 1797	2	106
Levina, m. Henry **WHITE**, Nov. 29, 1820, by Henry Hoit, 3rd	2	146
Lewis, s. Gabriel & Mary, b. Nov. 2, 1751	1	106
Lewis, s. Gabriel & Martha, b. Mar. 16, 1793	2	25
Lorena, d. [Joseph & Mary], b. Nov. 13, 1791	2	77
Luck*, s. Daniel & Daborah, b. Apr. 19, 1757 *("Luke" in Huntington's Register)	1	127
Luke, s. Joshua, Jr. & Elizabeth, b. Aug. 27, 1783	2	15
Luke, s. [Eber & Betsey], b. Nov. 6, 1807	2	87
Luke, m. Rachel Ann **BRIGGS**, b. of Stamford, Jan. 30, 1850, by Rev. W. W. Brewer	2	302
Lydia, d. Ezra & Mary, b. Apr. 2, 1746	1	69
Lydia, m. David **SMITH**, Jr., Jan. 1, 1767, by Rev. Mr. Wells	1	162
Lydia, d. David, Jr. & Lydia, b. Sept. 5, 1768	1	170
Lydia, d. [Nathaniel, Jr. & Abigail], b. July 22, 1777	2	101
Lydia, d. Jacob & Hannah, b. Oct. 13, 1787	2	42
Lyman H., m. Julia A. **HUBBARD**, b. of Stamford, Feb. 20, 1832, by Rev. Platt Buffett, of Stanwich	2	215
Mally, m. Abigail Jane **LOCKWOOD**, Aug. 25, 1839, by Thomas Brewer	2	254
Marcy, d. Jabez & Mindwell, b. Oct. 12, 1736	1	34
Maretta, d. [William & Polly], b. Apr. 24, 1810	2	128
Maria, d. Jacob & Hannah, b. Nov. 12, 1792; d. Mar. 19, 1808	2	42

	Vol.	Page

SMITH (cont.),

	Vol.	Page
Maria, d. [Solomon, Jr. & Mary], Mar. 26, 1796	2	49
Mark, s. [Eber & Betsey], b. Mar. 30, 1806	2	87
Mark, m. Theodosia **NICHOLS**, b. of Stamford, Jan. 11, 1830, by Rev. John Ellis	2	204
Martha, d. Josiah & Martha, b. Aug. 27, 1744	1	62
Martha, d. Ezekiel & Martha, b. May 18, 1751	1	93
Martha, d. Gabriel & Mary, b. Aug. 30, 1753	1	106
Martha, m. John **SMITH**, Jr., Dec. 25, 1765, by Rev. Mr. Wells	1	156-7
Martha, d. John, Jr. & Martha, b. Nov. 27, 1768	1	171
Martha m. Gershom **BATES**, Oct. 5, 1770, by Abraham Davenport	2	7
Martha, d. [Joseph & Mary], b. June 4, 1775	2	77
Martha, m. Nathaniel **NEWMAN**, Sept. 10, 1788, by William Fansher	2	29
Martha, d. [Eber & Betsey], b. Sept. 2, 1802	2	87
Martha, m. Horace **SCOFIELD**, b. of Stamford, Nov. 22, 1827, by Rev. John Ellis	2	190
Mary, d. Henry, b. 10th mo. 3, [16]58	1	74
Mary, w. Samuell, d. Apr. 26, 1715	1	138
Mary, d Joseph & Mary, was on Mar. 27, 1716/17, 3 yrs old	1	139
Mary, m. Charles **WEEBB**, May 23, 1723, by Rev. John Davenport	1	0
Mary, d. Charles & Elizabeth, b. July 29, 1731	1	50
Mary, d. Caleb & Susannah, b. Dec. 25, 1731	1	31
Mary, d. Moses & Susannah, b. May 29, 1732	1	21
Mary, d. Caleb & Susannah, d. Oct. last day, 1735	1	31
Mary, m. Ebenezer **SCOFIELD**, Dec. 18, 1735, by Rev. Mr. Wright	1	38
Mary, d. Caleb & Susannah, b. Aug. 17, 1736	1	41
Mary, d. Gabriel & Mary, b. Apr. 16, 1737	1	106
Mary, d. Ezra & Mary, b. July 7, 1737	1	35
Mary, m. Reuben **BRIGGS**, Aug. 21, 1746, by Benjamin Strong	1	81
Mary, w. Ezra, d. Apr. 27, 1749, in the 40th y. of her age	1	84
Mary, d. Ebenezer & Mary, b. May 24, 1754	1	117
Mary, d. Amos & Sarah, b. Nov. 29, 1756	1	119
Mary, m. Josiah **SCOFIELD**, 4th, Feb. 3, 1757, by Rev. Noah Welles	1	121
Mary, d. Josiah & Martha, b. Mar. 10, 1758	1	127
Mary, m. Nehemiah **BATES**, Jr., Jan. 30, 1760, by Rev. Noah Welles	1	139
Mary, d. Abraham & Mary, b. Oct. 2, 1761	1	145
Mary, d. Amos & Deborah, b. Aug. 5, 1766	1	156-7
Mary, d. [Joseph & Mary], b. Sept. 29, 1769	2	77
Mary, d. John, Jr. & Martha, b. Nov. 1, 1770	1	177
Mary, d. Amos & Deborah, d. Feb. 11, 1772	1	202
Mary, d. Amos & Deborah, b. Feb. 25, 1772	1	202
Mary, m. Ebenezer Pettit **WEED**, Dec. 11, 1773, by Rev. William Seward	1	198

	Vol.	Page
SMITH (cont.),		
Mary, m. Abraham **SCOFIELD**, 3rd, Nov. [ ], 1774, by Abraham Davenport	1	200
Mary, m. Abraham **DAVIS**, Aug. 1, 1776, by Abraham Davenport	2	15
Mary, [d. Daniel & Mary], d. Jan. 11, 1780* *(1804 in Huntington's Register)	2	2
Mary, m. Jacob **KNAP[P]**, Dec. 31, 1780, by Charles Webb, J. P.	2	104
Mary, d. [Jabez & Hannah], b. Mar. 16, 1781	2	135
Mary, d. Gabrell & Martha, b. Dec. 15, 1784	2	25
Mary, m. Ebenezer **CRISSEY**, Jan. 26, 1785, by Reuben Scofield, J. P.	2	4
Mary, d. Isaac & Abigail, b. Mar. 26, 1785	2	2
Mary, d. Nehemiah & Anne, b. Oct. 23, 1786	2	16
Mary, d. [Daniel & Mary], b. Mar. 3, 1793	2	40
Mary, m. Rev. Daniel **SMITH**, July 9, 1793, by Rev. Cotton Mather Smith	2	63
Mary, m. Epenetus **MARVIN**, Mar. 27, 1794, by Rev. Daniel Smith	2	61
Mary, m. Josiah **WHITNEY**, Feb. 1, 1798, by Rev. Marmaduke Earl	2	99
Mary, d. [Isaac, 3rd & Hannah], b. Apr. 8, 1798	2	75
Mary, d. [Frederick & Jane], b. July 11, 1798	2	46
Mary, d. [David, 3rd & Phebe], b. Feb. 15, 1800	2	106
Mary, m. Silvanus **MARSHALL**, Mar. 29, 1801, by Rev. Platt Buffet	2	114
Mary, d. [Isaac & Sarah], b. Apr. 16, 1801	2	117
Mary, d. [Jacob & Hannah], b. Mar. 18, 1809, in New York	2	42
Mary, m. Arza **MARSHALL**, b. of Stamford, Feb. 26, 1826, by Rev. Platt Buffett, of Stanwick	2	181
Mary Ann, d. Peter & Nancy, b. Feb. 20, 1797	2	25
Mary E., m. Calvin R. **WILMOT**, b. of Stamford, Sept. 25, 1844, by Rev. Peter C. Oakley. Witnesses John W. Welch, Harriet Bishop, b. of Stamford	2	274
Mary Aliza, d. [Noah & Polly], b. Dec. 12, 1814; d. Nov. 13, 1816	2	128
Mary Elizabeth, d. [Rev. Daniel & Catharine], b. Oct. 28, 1804	2	63
Mary Elizabeth, m. Fitch **ROGERS**, Dec. 10, 1828, by Rev. Daniel Smith	2	198
Mary P., of Stamford m. James **BURGESS**, of New York, Jan. 24, 1837, by Rev. Ambrose S. Todd	2	233
Matilda, d. Sam[ue]ll & Azubah, b. Dec. 25, 1785	2	40
Matilda, d. [Solomon, Jr. & Mary], b. Aug. 6, 1800	2	49
Matthew, s. Austin & Elizabeth, b. Mar. 13, 1789	2	42
Matthew, s. Austin & Elizabeth, b. Mar. 24, 1789	2	11
Mehitabel, m. Henry **COOKE**, b. of Stamford, Nov. 10, 1822, by Henry Hoit, Jr.	2	159
Millesent, d. Joshua & Elizabeth, b. Apr. 17, 1778	1	203
Moses, s. Daniell & Hannah, b. Jan. 12, 1702/3	1	134
Moses, m. Susannah **HOIT**, Apr. 21, 1725, in Greenwich, by Samuel Peck, J. P.	1	47

STAMFORD VITAL RECORDS 255

	Vol.	Page
SMITH (cont.),		
Moses, s. Moses & Susannah, b. Aug. 17, 1734, in Greenwich	1	32
Moses Jr., m. Mary **WARDWELL**, Jan. 26, 1769, in Greenwich, by Rev. Mr. Davenport	1	168
Moses, s. Jesse & Elizabeth, b. Dec. 26, 1780	2	117
Moses Rogers, s. [Frederick & Jane], b. Apr. 29, 1807	2	46
Moses William, s. [Solomon, Jr. & Mary], b. Jan. 7, 1792	2	49
Nancy, d. Ezekiel & Sarah, b. Mar. 31, 1783	2	30
Nancy, d. Joshua, Jr. & Elizabeth, b. Mar. 20, 1787	2	15
Nancy, m. Maltbie **NEWMAN**, Aug. 15, 1800, by Rev. Dr. McKnight, of New York	2	97
Nancy, d. [Joseph, 3rd & Rebecca], b. Feb. 4, 1802	2	76
Nancy, d. [Seth & Prudence], b. Nov. 6, 1804	2	90
Nancy, of Stamford, m. Raymond **BENEDICT**, of Norwalk, Nov. 24, 1822, by Rev. Daniel Smith	2	160
Nathan, m. Elizabeth **BETTS**, July 16, 1761, by Rev. Ebenezer Dibble	1	141
Nathaniel, s. Caleb & Susannah, b. Nov. 11, 1729	1	31
Nathaniel, Jr., b. Dec. 28, 1747; m Abigail **PECK**, Jan. 26, 1769, in Greenwich, by Rev. Ebenezer Davenport	2	101
Nathaniel, s. David & Reachal, b. Dec. 31, 1747	1	83
Nathaniel, Jr., m. Abigail **SCOFIELD**, June 15, 1752, in Rye, by Justice Pardee	1	100
Nathaniel, s. Nathaniel & Abigail, b. Sept. 25, 1752	1	105
Nathaniel, s. [Nathaniel, Jr. & Abigail], b. Nov. 5, 1785	2	101
Nathaniel, m. Sarah **WEED**, Jan. 20, 1789, by Reuben Scofield, J. P.	2	25
Nathaniel, 3rd, m. Nancy **WATERBURY**, Oct. 28, 1804, by Rev. Daniel Smith	2	101
Nehemiah, s. David & Reachal, b. Mar. 15, 1744/5	1	72
Nehemiah, m. Anne **NEWMAN**, Nov. 5, 1769, by Rev. Benjamin Strong	2	16
Nehemiah, s. Nehemiah & Anne, b. Apr. 26, 1772; d. Oct. 24, 1775	2	16
Nehemiah, s. Nehemiah & Anne, b. Jan. 18, 1784	2	16
Newman, s. Joshua & Sarah, b. Aug. 22, 1748	1	77
Newman, s. Gold & Abigail, b. Aug. 3, 1780	2	2
Noah, s. Abraham & Mary, b. Feb. 24, 1778	2	8
Noah, s. [William & Polly], b. Apr. 14, 1803	2	128
Noah, m. Polly **AMBLER**, May 23, 1813, by Rev. Jonathan Judd	2	128
Noah, d. [ ], at Sundusky	2	128
Ollive, d. David, Jr. & Lydia, b. Aug. 27, 1771	1	177
Olive, m. Isaac **SMITH**, 3rd, Apr. 3, 1787, by Reuben Scofield	2	75
Olive, w. Isaac, 3rd, d. Jan. 25, 1788	2	75
Olive, d. Nehemiah & Anne, b. Feb. 11, 1789	2	16
Olive, d. Jacob & Hannah, b. May 19, 1789	2	42
Olive, d. Gold & Abigail, b. Apr. 3, 1791	2	2
Olive, d. [Isaac, 3rd & Hannah], b. Jan. 22, 1794	2	75
Pamala, d. Isaac & Abigail, b. Nov. 14, 1782	2	2

SMITH (cont.),

	Vol.	Page
Peter, s. Austin & Sarah, b. Aug. 2, 1755	1	112
Peter, s. Ezekiel & Sarah, b. Aug. 4, 1785	2	30
Peter, m. Nancy **LINTWORTH**, Jan. 17, 1787, by Rev. John Avery	2	25
Peter, s. [Frederick & Jane], b. Nov. 26, 1794	2	46
Peter, m. Hannah Elizabeth **QUINTARD**, Mar. 30, 1823, by Rev. Ambrose S. Todd	2	164
Peter, m. Rhua **SMITH**, Jan. 3, 1830, by Rev. A. S. Todd	2	205
Peter Waterbury, s. [Peter & Nancy], b. Oct. 6, 1791	2	25
Febe, d. Ezekiel & Martha, b. Oct. 10, 1747	1	93
Phebe, d. [Jabez & Hannah], b. Oct. 9, 1770	2	135
Phebe, m. Samuel **WEED**, Jr., May 7, 1772, by Benjamin [ ], J. P.	1	190
Phebe, d. [Jabez & Hannah], d. Dec. 11, 1812	2	135
Phebe E., m. Jonathan J. **WEED**, b. of Stamford, Jan. 4, 1842, by Rev. Henry Fuller	2	263
Phebe Newman, d. Austin & Elizabeth, b. Mar. 2, 1787	2	5
Phely, m. Peter **DICKS**, Sept. 18, 1828, by Rev. Daniel Smith	2	197
Philander, s. Isaac & Abigail, b. Dec. 4, 1788	2	2
Philander, s. [Isaac, 3rd & Hannah], b. Jan. 16, 1801	2	75
Philip, s. [Nathaniel, Jr. & Abigail], b. Mar. 15, 1774	2	101
Polly, d. Joshua & Elizabeth, b. Oct. 21, 1776	1	203
Polly, d. [Abraham & Mary], b. Oct. 24, 1796	1	200
Polly, d. [Joseph, 3rd & Rebecca], b. Apr. 12, 1800	2	76
Polly, d. [Solomon & Susannah], b. Dec. 4, 1800	2	50
Presilia, m. Silvanus **FANCHER**, Oct. 2, 1755, by Rev. Mosses Mather	1	113
Prudence, d. Josiah & Martha, b. June 4, 1749	1	85
Prudence, d. John & Martha, b. Aug. 7, 1779	1	200
Prudence, d. [Solomon & Susannah], b. Apr. 6, 1804	2	50
Prudence, m. Timothy **REYNOLDS**, Nov 10, 1827, by Rev. Daniel Smith	2	196
Rachel, d. Joseph & Sarah, b. Sept. 2, 1742	1	55
Reachel, d. David & Reachal, b. May 1, 1750	1	86
Rachel, m. Jonathan **WHITING**, Jan. 14, 1762, by Rev. Noah Welles	2	17
Rachel, d. Nehemiah & Anne, b. Oct. 3, 1778	2	16
Ralph, s. Nathan & Elizabeth, b. Apr. 11, 1765	1	153
Rebeckah, d. Joshua & Sarah b. Feb. 15, 1737/8	1	36
Rebeckah, d. Ezekiel & Martha, b. Apr. 18, 1749	1	93
Rebecca, d. Israel & Deborah, b. Nov. 11, 1762	1	146
Rebecca, d. Abraham & Mary, b. Apr. 8, 1766	2	8
Rebecca, d. Nehemiah & Anne, b. Apr. 9, 1774	2	16
Rebecca, d. Jesse & Sarah, b. Nov. 15, 1784	2	28
Rebeckah, d. [Joseph, 3rd & Rebeckah], b. Jan. 19, 1804	2	76
Rebecca, of Stamford, m. Uriah **LOCKWOOD**, of Greenwich, Sept. 24, 1827, by Rev. John Ellis	2	188
Reuben, m. Susannah **PARKETON**, [ ], 1768, by Rev.		

	Vol.	Page

SMITH (cont.),

	Vol.	Page
Mr. Eells	1	177
Reuben, s. Abraham & Mary, b. Sept. 26, 1771	2	8
Reuben, Jr., m. Violette **BROWN**, Aug. 31, 1796	2	76
Reuben, of New Canaan, m. Maria **HOLLY**, of Stamford, Dec. 8, 1824, by Rev. Henry Fuller	2	173
Roahdee*, child of John & Hannah, b. Jan. 30, 1744/5 *("Rhoda" in Huntington's Register)	1	67
Rhua, d. [Isaac & Sarah), b. Jan. 27, 1803	2	117
Rhua, m. Peter **SMITH**, Jan. 3, 1830, by Rev. A. S. Todd	2	205
Rhua, see also Ruth		
Rufus, s. Austin & Elizabeth, b. Nov. 20, 1781	2	5
Ruth, d. Ezra & Martha, b. Sept. 21, 1757	1	130-1
Ruth, d. Isaac & Abigail, b. Apr. 14, 1787	2	2
Ruth, wid., m. Solomon **CLASON**, Oct. 18, 1789, by Reuben Scofield	2	81
Ruth*, m. Matthew **SHERWOOD**, Jr., Jan. 12, 1792, by Rev. William Seward *("Ruah" in Huntington's Register)	2	78
Ruth, d. Austin & Elizabeth, b. Oct. 1, 1794	2	42
Sally, d. [David, 3rd & Phebe], b. Jan. 4, 1787	2	106
Sally d. Daniel & Mary, b. June 23, 1791	2	40
Salla, d. [Frederick & Jane], b. Sept. 29, 1796	2	46
Sally, d. [Caleb & Mary], b. Apr. 27, 1800	2	81
Samuell, s. Henery, d. 8th mo. 16, [16]58	1	20
Sam[ue]ll, s. Samuel & Mary, was on Apr. 5, 1718, 4 years old	1	141
Samuel, s. Charles & Elizabeth, b. May 18, 1737	1	50
Samuel, s. Josiah & Martha, b. May 13, 1742	1	58
Samuel, s. Thomas & Hannah, b. Aug. 2, 1755	1	113
Samuel, Jr., m. Temperance **SMITH**, June 22, 1768, by Rev. Mr. Strong	1	165
Samuel, Jr., m. Azubah **JUNE**, July 23, 1772, by Rev. Mr. Wells	1	181
Samuel, Jr., m. Azubah **JUNE**, July 23, 1772, by Rev. Noah Welles	2	40
Samuel, s. [Jabez & Hannah], b. Feb. 20, 1777	2	135
Samuel, s. [Jabez & Hannah], d. Feb. 18, 1782	2	135
Samuel, s. Ezekiel & Sarah, b. Sept. 17, 1787	2	30
Samuel, s. [Joseph, 3rd & Rebecca], b. Jan. 22, 1792	2	76
Samuel, s. [Jabez & Hannah], b. July 16, 1793	2	135
Samu[e]ll Hoit, d. Aug. 10, 1738	1	36
Sam[ue]ll Jeffrey, twin with Isaac Austin, s. [Isaac, 3rd & Hannah], b. Mar. 29, 1804	2	75
Sanford, s. [Solomon & Susannah], b. Dec. 7, 1806	2	50
Sandford, m. Editha J. **CLASSON**, b. of Stamford, Dec. 13, 1830, by Rev. Daniel Smith	2	233
Sarah, m. John **BATES**, Dec. 28, 1702	1	120
Sarah, m. Jonas **HOIT**, b. of Stamford, Dec. 15, 1705, by Rev. John Davenport	1	128
Sarah, d. Joseph & Mary, b. Feb. 10, 1718/19	1	146
Sarah, d. Ebenezer & Hannah, b. Apr. 11, 1727	1	50

	Vol.	Page
SMITH (cont.),		
Sarah, d. Joseph, d. Jan. 17, 1735/6	1	30
Sarah, d. Joseph & Sarah, b. Dec. 10, 1740	1	44
Sarah, d. Joshua & Sarah, b. Oct. 16, 1741	1	49
Sarah, d. Mosses & Susannah, b. Jan. 5, 1743/4	1	61
Sarah, d. Ezra & Mary, b. June 26, 1744	1	62
Sarah, m. Benjamin **WEED**, Jan. 14, 1747/8, by Rev. Noah Welles	1	92
Sarah, d. Daniel & Deborah, b. Mar. 25, 1749	1	80
Sarah, d. Gabriel & Mary, b, July 4, 1750	1	106
Sarah, m. Jonathan **HOIT**, 3rd, Oct. 4, 1750, by Rev. Benjamin Strong	1	88
Sarah, d. Amos & Sarah, b. Sept. 6, 1752	1	99
Sarah, d. Josiah & Martha, b. Dec. 13, 1755	1	116
Sarah, d. Reuben & Susannah, b. Mar. 26, 1769	1	177
Sarah, m. Elias **DAY**, July [ ], 1769, by Rev. Mr. Strong	1	177
Sarah, d. Amos & Deborah, b. Aug. 17, 1769	1	202
Sarah, d. [Nathaniel, Jr. & Abigail], b. Oct. 17, 1771	2	101
Sarah, m. Abner **JUNE**, June 11, 1772, by Rev. Mr. Wells	1	184
Sarah, m. Josiah **JONES**, Nov. 4, 1773, by Rev. Mr. Wells	1	187
Sarah, m. Caleb **BRIGGS**, Sept. 21, 1775, by Benj[ami]n Weed	2	59
Sarah, d. Abraham & Mary, b. May 6, 1776	2	8
Sarah, d. Gold & Abigail, b. Aug. 6, 1776	2	2
Sarah, d. Benj[amin] & Abigail, b. Sept. 17, 1778	1	203
Sarah, d. Ezekiel & Sarah, b. May 21, 1781	2	30
Sarah, d. [Joseph & Mary], b. Nov. 9, 1783	2	77
Sarah, w. Ezekiel, d. Oct. 26, 1787	2	30
Sarah, [d. Nathaniel, Jr. & Abigail], m. [ ], Nov. 24, 1788	2	101
Sarah, m. Rufus **WEED**, May 21, 1796, by Rev. Amzi Lewis	2	108
Sarah, m. Cary Holly **LEEDS**, Dec. 21,1800, by Rev. Robert White	2	130
Sarah C., m. David **HOLLY**, Jr., b. of Stamford, Jan. 19, 1824, by Rev. Ambrose S. Todd	2	170
Sarah Jeffrey, d. [Isaac, 3rd & Hannah], b. Aug. 20, 1795	2	75
Seabury, d. Nehemiah & Anne, b. Feb. 14, 1781	2	16
Sena, d. Joshua & Elizabeth, b. Mar. 9, 1782	2	15
Seth, m. Prudence **WARING**, Nov. 29, 1794, by Reuben Scofield	2	90
Simeon, s. Sam[ue]ll & Azubah, b. Apr. 17, 1778	2	40
Simeon, m. Hannah **STUDWELL**, May 7, 1800, by Rev. Platt Buffet	2	81
Solomon, s. Jonathan & Abigail, b. Feb. 6, 1766	1	155
Solomon, s. Moses, Jr. & Mary, b. Sept. 30, 1769	1	170
Solomon, Jr., m. Mary **JUDSON**, Jan. 20, 1791, by Rev. John Avery	2	49
Solomon, m. Susannah **SMITH**, May 12, 1795, by Rev. Daniel Smith	2	50
Solomon, s. [Solomon & Susannah], b. Nov. 22, 1798	2	50
Solomon C., m. Mary M. **TODD**, b. of Stamford, Aug. 4, 1844, by Rev. Shaler J. Hillyer	2	273

	Vol.	Page
SMITH (cont.),		
Sophia, d. [Joseph & Mary], b. Mar. 2, 1789	2	77
Squire, s. Ethan & Hannah, b. June 14, 1771	1	176
Stephen, s. [Jacob & Hannah], b. Sept. 24, 1794	2	42
Stephen, s. [Joseph, 5th & Mary], b. May 25, 1797	2	77
Susan, d. [Jacob & Hannah], b. Apr. 3, 1800	2	42
Susannah, d. Caleb & Susannah, b. Feb. 16, 1720/1	1	149
Susannah, d. Moses & Susannah, b. Dec. 12, 1726	1	8
Susannah, m. Timothy **CURTIS**, Feb. 2, 1738/9, by Jonathan Maltbie, J. P.	1	40
Susannah, m. Israel **LOCKWOOD**, Sept. 1, 1748, by Rev. Robert Silliman	1	84
Susannah, d. Nathaniel, Jr. & Abigail, b. Aug. 12, 1759	1	135
Susannah, m. Isaac **BELL**, Sept. 14, 1761, by Jonathan Maltbie	1	144
Susannah, d. John, Jr. & Martha, b. Oct. 21, 1772	1	181
Susannah, m. William **WHITE**, Oct. 29, 1778, by Rev. Mr. Seward	1	197
Susannah, m. Solomon **SMITH**, May 12, 1795, by Rev. Daniel Smith	2	50
Tameson*, d. [Jabez & Hannah], b. Mar. 9, 1779 *("Jameson" in Huntington's Register)	2	135
Temperance, m. Samuel **SMITH**, Jr., June 22, 1768, by Rev. Mr. Strong	1	165
Temperance, d. Sam[ue]ll & Azubah, b. Feb. 10, 1776	2	40
Temperance, d. Joseph & Ruth, b. May 17, 1781	2	8
Thomas, m. Hannah **GORHAM**, Dec.14, 1754, by Rev. Mr. Whitmore	1	113
Thomas Mather, s. [Rev. Daniel & Mary], b. Mar. 7, 1796	2	63
Thomas R., m. Mary **HOLLY**, June 8, 1841, by Rev. Ambrose S. Todd	2	270
Uriah, s. [Jabez & Hannah], b. June 11, 1791	2	135
Walter, s. Sam[ue]ll & Azubah, b. Feb. 29, 1788	2	40
Walter, s. [Daniel & Mary], b. Feb. 15, 1795	2	40
Whitman, s. Jonathan & Temperance, b. June 27, 1730	1	18
William, s. Abraham & Mary, b. June 14, 1768	2	8
William, s. Reuben & Susannah, b. May 1, 1771	1	177
Will[ia]m, m. Polly **WHITNEY**, Sept. 7, 1799, by Rev. Marmaduke Earl	2	128
William, Jr., s. William & Jemima, b. June 24, 1800	2	140
Will[ia]m, [s. Peter & Nancy], d. June 24, 1801	2	25
W[illia]m, of New York, m. Julia A. **SCOFIELD**, of Stamford, Oct. [ ], 1849, by Rev. I. Jennings	2	301
Will[ia]m Harrison, s. [William & Polly], b. Oct. 26, 1813	2	128
Will[ia]m Harvey, s. [Isaac & Sarah], b. Aug. 14, 1807	2	117
William L., s. [Peter & Nancy], b. Sept. 11, 1803	2	25
W[illia]m L., m. Rebecca E. **NEWMAN**, Oct. 17, 1830, by Rev. A. S. Todd	2	207
William Lintworth, s. Peter & Nancy, b. Oct. 18, 1789	2	25
Winthrop Brentwood, s. [Anthony & Rebeckah], b. Sept. 28, 1808	2	100

	Vol.	Page

SMITH (cont.),

Zeta, d. Sam[ue]ll & Azubah, b. Feb. 10, 1783	2	40

SOUTHARD, Hellen, of Stamford, m. Joseph **DIXON**, of Greenwich,
June 23, 1839, by Rev. James M. Stickney — 2, 254

SOUTHERLAND, [see under **SUTHERLAND**]

SPENCER, George*, d. July 14, 1741   *(Arnold copy has
"George **SPRENEN**") — 1, 46

SPRENEN, George*, d. July 14, 1741   *("George **SPENCER**"
in Huntington's Register) — 1, 46

SQUIER, Samuel, Jr., of Fairfield, m. Abigail **MALTBIE**, of Stanford,
Feb. 26, 1743/4, by Jonathan Maltbie, J. P. — 1, 60

Sam[ue]ll, s. Sam[ue]ll & Abigail, b. Jan. 15, 1745/6 — 1, 68

STAR[R], Elizabeth, m. Joseph **WEBB**, Feb. 3, 1735/6, by Rev. Mr.
Cook, of Stratfield — 1, 32

Maria, m. Frederick **SCOFIELD**, Oct. 16, 1803, in Danbury, by
Rev. Israel Ward — 2, 114

STEBBINS, Mindwell, Mrs., m. John **JONES**, b. of Bedford, Mar. 8,
1704/5, by Rev. John Davenport — 1, 128

STEELE, Janthe, of Stamford, m. Thomas Vernon, of Brooklyn, N. Y.,
this day [Nov. 10, 1852], R.T. Welch. Witnesses, Capt. Jos.
Steele, Mrs. Sophia E. Lay, Sam[ue]l Vernon — 2, 308

STEVENS, STEAVENS, STEEVENS, Abigail, d. Elisha & Mary, b.
Aug. 5, 1723 — 1, 3

Abigail, m. Samuel **AVERY**, b. of Stamford, Dec. 8, 1824, by Rev. Henry Fuller	2	174
Abraham, 3rd, s. David, Jr. & Susanna, b. Oct. 9, 1747	1	79
Abraham, s. Admer & Mary, b. Oct. 4, 1750	1	126
Admer, m. Mary **TUTTLE**, Mar. 27, 1750	1	126
Admire, s. Thomas & Sarah, b. Nov. 13, 1720	1	149
Almira, of North Stamford, m. Thomas **PROVOST** of Poundridge, [Sept.] 15, [1829], by Rev. Henry Fuller	2	204
Amos, s. Daniel & Judee, b. Apr. 2, 1743	1	67
Amy, d. Jacob & Mary, b. May 30, 1778	1	200
Ann, m. Solomon **BURTONS**, July 10, 1778, by Rev. John Eells	2	3
Ann Cornelia, d. [James & Mary], b. Jan. 9, 1822	2	124
Anne, d. John & Ann, b. May 26, 1761	1	169
Benony, s. Ebenezer & Joannah, b. May 28, 1729	1	14
Betsey, d. Sam[ue]ll & Lois, b. July 7, 1780	1	196
Betsey, d. Obadiah & Sarah, b. May 15, 1781	1	199
Betsey, d. [David & Hannah], Feb. 24, 1793	2	84
Betsey, d. [Joseph, Jr. & Rhoda], b. Feb. 21, 1794	2	78
Betsey, m. James **WEED**, 3rd, Jan. 4, 1798, by Reuben Scofield	2	77
Daniel, s. Thomas & Sarah, b. Mar. 30, 1711	1	140
Daniel, m. Judee **WEBB**, Feb. 1, 1733/4, by Jonathan Hoit, J. P.	1	51
Daniel, s. of Daniel & Judee, June 2, 1741	1	51
Darius, m. Julia Ann **GRAY**, b. of Stamford, Mar. 27, 1836, by Rev. Ambrose S. Todd	2	231
David, s. Obadiah, b. Nov. 30, 1691	1	107
David, s. David & Jerusha, b. Jan. 23, 1721	1	13

	Vol.	Page
STEVENS, STEAVENS, STEEVENS (cont.),		
David, Jr., m. Susannah **SEELEY**, Sept. 1, 1747 by Rev. Mr. Silliman, of Canaan	1	74
David, Jr., m. Mary **TALMADGE**, Aug. 16, 1759, by Rev. Mr. Sillyman	1	151
David, s. David, Jr. & Mary, b. Mar. 17, 1761	1	151
David, s. Joseph & Sarah, b. Oct. 17, 1778	2	5
David m. Hannah **SEYMOUR**, May 3, 1787, by Rev. Justus Mitchell	2	84
David, s. [David & Hannah], b. Apr. 27, 1791; d. Mar. 3, 1792	2	84
David, s. [David & Hannah], b. July 21, 1795	2	84
Deborah, d. Obadiah & Deborah, b. Mar. 16, 1741/2	1	51
Deborah, m. Joel **WEED**, Mar. 22, 1764, by Rev. Mr. Mather	1	164
Deborah, w. Obediah, d. Mar. 1, 1769	1	169
Deborah, d. Obadiah & Sarah, b. May 14, 1776	1	194
Deliverance, s. Obadiah, b. Apr. 1, 1697	1	108
Deliverance, m. Elizabeth **YONGS**, Dec. 30, 1724	1	3
Diantha, m. Henry **CURTIS**, b. of Stamford, Dec. 13, 1821, by Rev. Henry Fuller	2	152
Ebenezer, s. Ephraim & Hannah, b. Nov. 21, 1718	1	146
Ebenezer, s. Ephraim, d. Mar. 1, 1718/19	1	138
Ebenezer, s. Ephraim & Hanah, b. July 18, 1723	1	2
Ebenezer, d. June 5, 1733	1	23
Edward, s. Obadiah, Jr. & Elizabeth, b. Mar. 14, 1765	1	164
Elisha, s. Obadiah, b. Apr. 23, 1688	1	107
Elisha, m. Mary **YOUNGS**, Feb. 5, 1714/15, by Capt. Omsted, J. P.	1	119
Elisha, s. Elisha & Mary, b. Oct. 28, 1715	1	105
Elisha, s. Joseph & Sarah, b. May 26, 1766	1	156-7
Elizabeth, d. David & Jerusha, b. Aug. 15, 1723	1	1
Elizabeth, d. David & Jerusha, b. Aug. 15, 1723	1	13
Elizabeth, d. Admer & Mary, b. Mar. 27, 1752	1	126
Elizabeth, m. Nathan **DAN**, Sept. 23, 1771	1	185
Elizabeth, d. Joseph & Sarah, b. Nov. 22, 1773	1	189
Elsey, m. Gould S. **DAVIS**, b. of Stamford, Nov. 2, 1826, by Rev. Henry Fuller	2	184
Enoch, s. Jacob & Mary, b. June 1, 1772	1	200
Ephr[ai]m, s. Obadia[h], b. Jan. 28, 1680	1	102
Ephraim, of Stamford, m. Han[n]ah **CLARK**, of Statford, Aug. 22, 1711, by Rev. Timothy Cuttler, of Stratford	1	143
Ezra, s. David, Jr. & Susannah, b. Oct. 26, 1755	1	132
Ezra, s. Samuel & Lois, b. Feb. 22, 1776	1	196
Hannah, d. Ephraim & Hannah, b. Apr. 22, 1714	1	140
Hannah, m. Stephen **SHERWOOD**, June 6, 1734, by Jonathan Hoit, J. P.	1	26
Hannah, d. Admer & Mary, b. Oct. 4, 1753	1	126
Hannah, d. John & Ann, b. Feb. 10, 1759	1	169
Hannah, d. Samuel & Lois, b. Mar. 27, 1774	1	196

	Vol.	Page
STEVENS, STEAVENS, STEEVENS (cont.),		
Hannah, d. [David & Hannah], b. Mar. 19, 1789	2	84
Harriet, m. Seth **SCOFIELD**, b. of Stamford, Feb. 24, 1839, by Abram Clark, J. P.	2	255
Henry, s. Sarah, b. May 31, 1780	2	24
Jacob, s. Daniel & Judee, b. Oct. 7, 1747	1	81
Jacob, m. Sarah **POTTS**, Jan. 1, 1768, by Rev. Mr. Elles	1	200
Jacob, m. Mary **PRINDLE**, Sept. 11, 1771, by Rev. John Beach	1	200
Jacob, s. Jacob & Mary, b. Jan. 24, 1780	1	200
James, s. David, Jr. & Mary, b. July 4, 1767	1	173-4
James, s. Reuben & Mary, b. Nov. 13, 1771	2	40
James, s. [Samuel & Lydia], b. May 4, 1795	2	73
James, s. [David & Hannah], b. Jan. 1, 1798	2	84
James, m. Mary **HOYT**, May 30, 1812, by Rev. Frederick Smith	2	124
James Darwin, s. [James & Mary], b. Dec. 31, 1813; d. July 16, 1816	2	124
Jane, d. Jacob & Sarah, b. Nov. 5, 1768	1	200
Jane, d. Jacob & Sarah, d. Dec. 15, 1770	1	200
Jane, d. Obadiah & Lydia, b. June 9, 1771	2	69
Jane, d. [William Henry & Hannah], b. Apr. 28, 1798	2	85
Jemima, d. John & Ann, b. Sept. 4, 1772	2	3
Jerusha, d. David & Jerusha, b. Sept. 21, 1725	1	6
Jerusha, d. David & Jerusha, b. Sept. 21, 1725	1	13
Jerusha, m. Abraham **CHITESTER**, Nov. 5, 1752, by Rev. John Eyels	1	120
Joannah, d. Elisha & Mary, b. Oct. 14, 1706	1	9
John, s. Ephraim & Hannah, b. Feb. 4, 1725/6	1	6
John, s. Daniell & Judee, b. Dec. 7, 1734	1	51
John, s. Daniel & Judee, b. May 22, 1736	1	51
John, s. John & Ann, b. July 17, 1767	1	169
John, s. Obadiah & Sarah, b. Aug. 2, 1772	1	178-9
John, s. Obediah & Sarah, d. Feb. 20, 1775	1	˙190
Jonathan, s. Ephraim & Hannah, b. Jan. 21, 1721	1	2
[Josep]h*, m. Sarah **BUXTON**, June 24, 1680 *(Supplied from Huntington's Register)	1	96
[Josep]h*, s. Joseph, b. May 22, 1681 *(In Huntington's Register)	1	96
Joseph, Sr., d. Mar. 30, 1717	1	138
Joseph*, s. David & Jerusha, b. Apr. 8, 1730 *(Arnold copy has "Joseph **SLASON**")	1	40
Joseph, s. Joseph & Sarah, b. Nov. 9, 1763	1	156-7
Joseph, Jr., m. Rhoda **SEELEY**, May 27, 1784, by Rev. Justus Mitchell	2	78
Joseph, s. [Joseph, Jr. & Rhoda], b. Oct. 4, 1796	2	78
Josiah, s. Elisha & Mary, b. July 5, 1721	1	149
Josiah, s. Ephraim & Hannah, b. Dec. 2, 1729	1	14
Judah, d. John & Ann, b. July 3, 1765	1	169
Lorenzo D., m. Sally **RAYMOND**, of Norwalk, June 25, 1837, by Rev. William Biddle	2	243
Lydya, d. Thomas & Sarah, b. Oct. 23, 1723	1	107

STAMFORD VITAL RECORDS 263

	Vol.	Page
STEVENS, STEAVENS, STEEVENS (cont.),		
Lydya, m. Nathaniel **DAN[N]**, Nov. 8, 1748, by Rev. John Eyles	1	107
Lydia, d. John & Ann, b. Oct. 12, 1770	2	3
Lydia, d. Joseph & Sarah, b. Dec. 26, 1770	1	175
Lydia, d. Joseph & Sarah, b. Dec. 26, 1770	1	189
Lydia, d. [Obadiah & Lydia], b. July 25, 1773	2	69
Lydia, m. Samuel **STEVENS**, Aug. 5, 1790, by Rev. Justus Mitchell	2	73
Lydia, d. [Samuel & Lydia], b. Jan. 13, 1798	2	73
Marcy*, d. David & Jerusha, b. May 16, 1732 *(Arnold copy has "Marcy **SLASONS**")	1	40
Marcy, m. Nathan **SCOFIELD**, Jr., Dec. 31, 1756, by Rev. Robert Silliman	1	123
Maria, d. [David & Hannah], b. Mar. 31, 1800	2	84
Martha, d. David, Jr. & Susannah, b. Sept. 28, 1753	1	132
Martha, d. Samuel & Lois, b. Aug. 12, 1771	1	196
Martha, d. Reuben & Mary, b. Feb. 19, 1773	2	40
Mary, d. Joseph, b. Jan. 30, 1691	1	107
Mary, d. Thomas & Sarah, b. Dec. 20, 1715	1	140
Mary, d. Elisha & Mary, b. Jan. 8, 1717	1	105
Mary*, d. David & Jerusha, b. Aug. 12, 1734 *(Arnold copy has "Mary **SLASON**")	1	40
Mary, m. Charles **SOUTHERLAND**, Apr. 1, 1736, by Jonathan Hoit, J. P.	1	30
Mary, m. Charles **SOUTHERLIN**, Apr. 2, 1745, by Jonathan Hoit	1	76
Mary, d. John & Ann, b. Aug. 13, 1757	1	169
Mary, m. Daniel **SCOFIELD**, Oct. 3, 1759, by Rev. Mr. Silliman	1	144
Mary, d. Reuben & Mary, b. Apr. 26, 1763	2	40
Mary, d. David, Jr. & Mary, b. May 20, 1765	1	173-4
Mary, d. Joseph & Sarah, b. May 26, 1775	2	5
Mary, d. Obadiah & Sarah, b. June 1, 1779	1	199
Mary Hoyt, d. [James & Mary], b. May 28, 1817	2	124
Mary Jane, d. John, of Stamford, m. Melton I. **PALMER**, of Greenwich, Feb. 14, 1845, by W[illia]m H. Holly, J. P.	2	277
Mindwell, d. Thomas & Sarah, was on Oct. last day, 1717, 4 years old	1	140
Mindwell, d. Thomas & Sarah, d. Mar. 27, 1729	1	13
Mindwell, d. Daniel & Judee, b. July 16, 1745	1	67
Montgomery, s. Jacob & Mary, b. May 13, 1776	1	200
Nancy, d. [Joseph, Jr. & Rhoda], b. Feb. 22, 1791	2	78
Naomy, d. Ebenezer & Joannah, b. Sept. 17, 1727	1	14
Nathan, s. Obadiah, b. Dec. 1, 1694	1	108
Nathan, s. David & Jerusha, b. Jan. 8, 1727	1	13
Nathan, Jr., m. Mary **HOIT**, Apr. 14, 1751, by Rev. John Eyels	1	120
Nathan, s. Nathan & Mary, b. Jan. 10, 1756	1	120
Nathan, s. Joseph & Sarah, b. Feb. 21, 1777	2	5
Nathaniell, s. Ephraim & Han[n]ah, b. July 25, 1712	1	140
Nathaniel, m. Sarah **COE**, Feb. 16, 1742/3, by Jonathan Hoit, J. P.	1	57

	Vol.	Page

STEVENS, STEAVENS, STEEVENS (cont.),

	Vol.	Page
Nehemiah, s. Elisha & Mary, b. Sept. 18, 1729	1	15
Obadiah, m. Rebecca **ROSE**, Dec. 18, 1678	1	101
Obadiah, d. Dec. 24, 1702/3	1	135
Obadiah, s. Thomas & Sarah, b. Mar. 29, 1707	1	84
Obadia[h], s. Thomas & Sarah, b. Mar. 29, 1707	1	140
Obadiah, m. Deborah **JESSUP**, Feb. 23, 1740/1, Jonathan Hoit, J. P.	1	46
Obadiah, s. Obadiah & Deborah, b. May 17, 1745	1	69
Obadiah, Jr., m. Elizabeth Lydia **SCOFIELD**, Aug. 9, 1764, by Col. Jonathan Hoit, J. P.	1	164
Obadiah, m. Sarah **SKELDING**, Feb. 4, 1770, by Rev. Mr. Mather	1	175
Obadiah, s. [Obadiah & Lydia], b. Jan. 6, 1776	2	69
Peter, s. Obadiah & Sarah, b. June 23, 1777	1	195
Phebe, d. Nathaniel & Sarah, b. Nov. 29, 1743	1	62
Phebe, d. Reuben & Mary, b. Apr. 15, 1769	2	40
Polly, m. Watson **JONES**, b. of Stamford, Feb. 5, 1823, by Rev. Henry Fuller	2	162
Rachel, d. Thomas & Sarah, b. Sept. 1, 1718	1	146
Rachal, d. Joseph & Sarah, b. Apr. 5, 1772	1	189
Rachal, d. John & Ann, b. Dec. 26, 1774	2	3
Rachal, see Reuben **STEVENS**	1	107
Rebecca, d. Obadiah, b. 2 m. 12, 1686	1	102
Rebecca, d. Ephraim & Hannah, b. July 7, 1717	1	117
Rebecca, wid., d. Jan. 19, 1728/9	1	12
Rebeckah*, d. David & Jerusha, b. Nov. 2, 1739 *(Arnold copy has "Rebeckah **SLASONS**")	1	40
Rebekah, d. David, Jr. & Susannah, b. Sept. 18, 1751	1	132
Rebecca, d. John & Ann, b. June 14, 1763	1	169
Rebecca, d. Reuben & Mary, b. Mar. 9, 1775	2	40
Reuben*, m. Robert **LOCKWOOD**, June [ ], 1739, by Rev. John Eylyes *(Probably "Rachal")	1	107
Reuben, s. Daniel, b. Sept. 14, 1739; m. Mary **WILLIAMS**, Apr. 27, 1760	2	40
Reuben, s. Daniel & Judee, b. Sept. 14, 1739	1	51
Reuben, s. Reuben & Mary, b. Mar. 29, 1761	2	40
Rhoda, d. Reuben & Mary, b. June 19, 1778	2	40
Rhoda, d. [Joseph, Jr. & Rhoda], b. Apr. 25, 1788	2	78
Rose, d. Obadiah, b. Oct. 14, 1683	1	102
Rose, m. Jonathan **SLASON**, July 11, 1711, by Samuel Hoit, J. P.	1	124
Ruth, d. Ephraim & Hannah, b. July 13, 1720	1	111
Sally A., of Poundridge, N. Y., m. Henry D. **SELLECK**, of Stamford, Oct. 12, 1845, by Rev. George Waterbury	2	280
Samuel, s. David & Susannah, b. Dec. 13, 1749	1	87
Samuel, s. Joseph & Sarah, b. Dec. 1, 1768	1	175
Samuel, s. Joseph & Sarah, b. Dec. 1, 1768	1	189
Samuel, m. Lois **SANFORD**, Aug. 15, 1769, by Rev. Judson, of Newtown	1	196

STEVENS, STEAVENS, STEEVENS (cont.),

	Vol.	Page
Samuel, s. Samuel & Lois, b. Apr. 6, 1778	1	196
Samuel, s. Reuben & Mary, b. Nov. 18, 1780	2	40
Samuel, m. Lydia **STEVENS**, Aug. 5, 1790, by Rev. Justus Mitchell	2	73
Samuel, s. [Samuel & Lydia], b. Sept. 6, 1792	2	73
Samuel, s. [William Henry & Hannah], b. Feb. 27, 1804	2	85
Sarah, d. Joseph, b. Jan. 27, 1686	1	107
Sarah, [twin with Thomas], d. Thomas & Sarah, b. Jan. 6, 1706/7	1	9
Sarah, m. Thomas **SLASON**, Apr. 14, 1709	1	136
Sarah, d. Ephraim & Hannah, b. Sept. 3, 1715	1	117
Sarah, d. Ephraim & Hannah, d. Oct. 19 or 20, 1726	1	8
Sarah, d. Admer & Mary, b. Aug. 18, 1755	1	126
Sarah, d. Joseph & Sarah, b. Nov. 12, 1761	1	156-7
Sarah, d. Obadiah, Jr. & Elizabeth, b. Feb. 22, 1767	1	164
Sarah, d. Obadiah & Sarah, b. Aug. 8, 1774	1	186
Sarah, d. Jacob & Mary, b. Dec. 11, 1774	1	200
Sarah, had s. Henry, b. May 31, 1780	2	24
Sarah, m. William **TUCKER**, June 8, 1790, by Rev. Ebenezer Dibble	2	69
Sarah J., of Stamford, m. Ezra W. **WILDMAN**, of Brookfield, Conn., [Mar.] 9, [1851], by Rev. James Hepburn	2	305
Seeley, s. [Joseph, Jr. & Rhoda], b. May 31, 1785	2	78
Seth, s. [Obadiah & Lydia], b. Mar. 4, 1781	2	69
Silvanus, s. Nathan & Mary, b. July 9, 1754	1	120
Silvanus, s. Elisha & Mary, b. Feb. 4, [ ]	1	146
Solomon, s. Admer & Mary, b. Mar. 12, 1757	1	126
Susannah, w. David, Jr., d. Sept. 27, 1757	1	132
Susannah, d. David, Jr. & Mary, b. Mar. 15, 1763	1	151
Thaddeus, s. Reuben & Mary, b. May 23, 1783	2	40
Thomas, d. 6th mo. 19, [16]58	1	20
[Thom]as, d. 6th mo. 19, [16]58	1	20
Thomas, s. Obadiah, b. Sept. 6, 1679	1	102
Thomas, d. May 17, 1706	1	135
Thomas, [twin with Sarah], s. Thomas & Sarah, b. Jan. 6, 1706/7	1	9
Thomas, s. Obadiah & Sarah, b. Feb. 13, 1771	1	175
Thomas, s. Obediah & Sarah, d. Feb. 23, 1775	1	190
[Uni]ca*, d. Joseph, b. Dec. 5, 1683 *(Supplied from Huntington's Register)	1	96
William, s. Reuben & Mary, b. Mar. 19, 1765	2	40
William, s. [Obadiah & Lydia], b. May 30, 1778	2	69
William, s. [Joseph, Jr. & Rhoda], b. Apr. 14, 1799	2	78
William, m. Abigail **CLAUSON***, b. of Stamford, Nov. 14, 1824, by Rev. Henry Fuller ***(CLASON?)**	2	173
William Henry, m. Hannah **HOYT**, May 18, 1797, by Dr. Ebenezer Dibble	2	85
William Henry, s. [William Henry & Hannah], b. June 30, 1800	2	85

STEVESLEY, STEIVELY, Hannah*, d. James & Rebecca, b. Feb. 15, 1719/20   *("Hannah **SLEVESLY**" in Huntington's

	Vol.	Page

STEVESLEY, STEIVELY (cont.),
Register)	1	132
Rebecca*, d. Nov. 7, 1713 *("Rebecca **SLEVESLY**"?)	1	143

STEWART, [see under **STUART**]

STOCKDALE, Sarah, alias Sarah **PALMER**, m. James **STUART**,
Dec. 6, 1763, in Greenwich, by John Ferris, J. P.	1	162

STONE, Joshua, s. William & Martha, b. Mar. 5, 1755 — 1 — 120
Nancy, d. William & Martha, b. Oct. 8, 1756 — 1 — 120
William, m. Martha **HOIT**, Sept. 16, 1753, by Rev. John Eyels — 1 — 120

STREET, Caroline, m. Milo **FERRY**, b. of Norwalk, Oct. 12, 1829, by
Rev. John Ellis	2	202
David, m. Rhoda **MOREHOUSE**, Apr. 8, 1788	2	68
David, m. Sarah **LAWRENCE**, Oct. 11, 1795	2	68
John, s. [David & Rhoda], b. Nov. 6, 1788	2	68
Lovise, d. [David & Rhoda], b. June 19, 1792	2	68
Rhoda, w. David, d. Aug. 5, 1793	2	68
Sally, d. [David & Rhoda], b. Feb. 6, 1790	2	68
Timothy, s. [David & Sarah], b. Oct. 4, 1796	2	68

STUART, STEWART, STUARD, Daniell, s. James & Sarah, d. Mar.
13, 1727/8	1	10
Hannah, m. Samuel **WATERBERY**, Apr. 5, 1753, by Rev. Mr. Galard, of Wilton	1	116
Henry, s. James & Sarah, b. Oct. 18, 1765	1	162
James, m. Sarah **CLASON**, Mar. 29, 1727/8, by Sam[ue]ll Peck, J. P.	1	12
James, m. Sarah **STOCKDALE**, alias Sarah **PALMER**, Dec. 6, 1763, in Greenwich, by John Ferris, J. P.	1	162
Margaret, m. David **AUSTIN**, Nov. 10, 1746, by Jonathan Hoit, J. P.	1	74
Oliver Cromwell, s. James & Sarah, b. Oct. 31, 1763	1	162

STUCKEY, George, d. Nov. 28, 1660 — 1 — 98
Elizabeth, d. Sept. 4, 1656 — 1 — 19
George, m. An[n] **QUIMBEY**, 9th mo. 28, [16]57 — 1 — 74

STUDWELL, Charles, m. Margaret Ann **BUNKER**, Feb. 12, 1834, by
Elijah Hebard, Elder	2	221
Edgar, m. Cornelia M. **SMITH**, b. of Stamford, Mar. 8, 1840, by Rev. James M. Stickney	2	257
Hannah, m. Simeon **SMITH**, May 7, 1800, by Rev. Platt Buffet	2	81
Mary A., m. Daniel P. **RACHEL**, b. of Stamford, Apr. 7, 1850, by Rev. H. F. Pease	2	303
W[illia]m A., m. Catharine B. **REYNOLDS**, b. of Stamford, Feb. 7, [probably 1844], by George Brown	2	268

[**STUKEY**], [see under **STUCKEY**]

STURGES, STURGE, STIRGES, Abigail, d. Christ[ophe]r, Jr. &
Mary, b. Oct. 15, 1739	1	52
Augustus, s. Joseph & Anne, b. Oct. 19, 1757	1	190
Christopher, d. Apr. 4, 1755	1	111
Jabes, s. Christopher, b. Nov. 19, 1721	1	150
Jane, d. Joseph & Anna, b. June 24, 1752	1	190

	Vol.	Page
STURGES, STURGE, STIRGES (cont.),		
Lewis, s. Joseph & Anne, b. July 15, 1756	1	190
Mary, m. David **WATERBURY**, Jan. 11, 1721/2, by Capt. Joseph Bishop, J. P.	1	112
Mary, w. Christopher, Jr., d. Feb. 17, 1746/7	1	71
Nathan, m. Rachel **WEBSTER**, the evening following the 22nd day Feb. 1732/3, by Joseph Bishop, J. P.	1	22
Nathan, s. Christ[ophe]r & Mary, b. Nov. 27, 1740	1	52
Sally, d. Joseph & Anna, b. May 22, 1751	1	190
Sarah, m. Zacriah **DIBBLE**, June 15, 1725	1	8
Sarah, d. Nathan & Rachel, b. May 8, 1734	1	26
Sarah, m. Thaddeus **BATES**, Jan. 1, 1757, by Rev. Moses Mather	1	127
Simmons, s. Joseph & Anna, b. May 22, 1760	1	190
Strong, m. Elizabeth **WEED**, Feb. 19, 1795, by Rev. Daniel Smith	2	53
W[illia]m Edwin, s. [Strong & Elizabeth], b. Jan. 10, 1796	2	53
[SUTHERLAND], SOUTHERLAND, SOUTHERLIN, Ann, d. Charles & Mary, b. Mar. 30, 1743	1	76
Charles, m. Mary **STEVENS**, Apr. 1, 1736, by Jonathan Hoit, J. P.	1	30
Charles, m. Mary **STEVENS**, Apr. 2, 1745, by Jonathan Hoit	1	76
Charlet*, d. Charles & Mary, b. Feb. 27, 1752 *(Charlotte)	1	107
Hannah, m. Sergt. Sam[ue]ll **SCOFIELD**, Feb. 28, 1739/40, by Rev. Mr. Strong, of Stanwick	1	43
Helenah, d. Charles & Mary, b. Feb. 15, 1747/8	1	76
Joannah, d. Charles & Mary, b. Mar. 29, 1745	1	76
Margret, d. Charles & Mary, b. Mar. 2, 1741/2	1	76
Mary, d. Charles & Mary, b. Mar. 30, 1738	1	76
SUYDAM, Jacob S., of Brooklyn, N.Y., m. Sarah J. **HOLLY**, of Stamford, Jan. 8, 1850, by Rev. H. F. Pease	2	301
SWAN, Eliza, m. Will[ia]m W. **WILSON**, b. of Greenwich, Jan. 1, 1833, by Rev. John Ellis	2	218
Martha, m. William **COX**, b. of Greenwich, Oct. 3, 1836, by Rev. John Ellis	2	227
Mary, m. Isaac **FERRIS**, b. of Greenwich, Nov. 3, 1830, by Rev. John Ellis	2	208
Nathan, m. Maria **JUNE**, b. of Stamford, Dec. 28, 1831, by Rev. Henry Fuller	2	216
TALMADGE, TALMAGE, TALMAG, TALLMAGE, TALLMADGE, TALLMIDGE, Elizabeth, d. Jonathan & Elizabeth, b. June 2, 1754	1	106
Elizabeth, m. Nathan **LOUNSBERY**, Mar. 22, 1759, by Rev. Robert Silliman	1	132
Enos, s. Thomas & Susanah, d. Sept. 10, 1723	1	0
Enos, s. Thomas & Susannah, b. Apr. 10, 1728	1	18
Enos, s. Thomas, d. June 21, 1731	1	19
Enos, s. Jonathan & Elizabeth, b. Feb. 21, 1756	1	118
Hannah, d. Thomas & Susanna, b. Mar. 24, 1716	1	139
Hannah Weed, d. Jonathan & Hannah, b. Dec. 16, 1789	2	41
Henry, s. [Seymore & Sarah], b. Oct. 29, 1788	2	68
Isaac, s. [Jonathan & Hannah], b. Aug. 25, 1795	2	41

	Vol.	Page
TALMADGE, TALMAGE, TALMAG, TALLMAGE, TALLMADGE, TALLMIDGE (cont.),		
James, s. Thomas & Susanna, b. Sept. 10, 1721	1	149
James, m. Mary **SAYMORE**, Dec. 31, 1741, in Norwalk, by Rev. Mr. Dickerson, of Norwalk	1	52
James, s. [Seymore & Sarah], b. Jan. 1, 1787	2	68
Jane, d. [Seymore & Sarah], b. May 7, 1796	2	68
John, s. [Seymore & Sarah], b. Mar. 3, 1777	2	68
Jonathan, s. Thomas & Susanah, b. Aug. 23, 1723	1	1
Jonathan, m. Elizabeth **SEELEY**, Feb. 21, 1750/1, by Jonathan Hoit	1	91
Jonathan, b. Sept. 16, 1758; m. Hannah **WEED**, Mar. 13, 1783, by Reuben Scofield	2	41
Jonathan, s. [Jonathan & Hannah], b. Mar. 23, 1798	2	41
Mary, m. John **BISHOP**, May 10, 1704	1	144
Mary, d. Thomas & Susannah, b. Sept. 1, 1730	1	18
Mary, m. David **STEVENS**, Jr., Aug. 16, 1759, by Rev. Mr. Sillyman	1	151
Mary, m. Joseph **SMITH**, 5th, Jan. 1, 1797, by Joseph Silliman	2	77
Nancy, d. [Seymore & Sarah], b. Apr. 11, 1794	2	68
Sarah, d. [Seymore & Sarah], b. Sept. 8, 1791	2	68
Seth, s. [Seymore & Sarah], b. Feb. 1, 1783	2	68
Seymore, m. Sarah **HOYT**, Apr. 7, 1774, by Rev. Ebenezer Dibble	2	68
Seymour, s. [Seymore & Sarah], b. Aug. 18, 1775	2	68
Sophia, d. Jonathan & Hannah, b. Aug. 5, 1787; d. June 4, 1790	2	41
Sophia, d. Jonathan & Hannah, b. Oct. 13, 1791	2	41
Thomas, m. Susana **WEED**, May 26, 1715, by Rev. John Davenport	1	145
TAPTNER, Maria, Mrs., m. Alexander **FERRIS**, May 7, 1848, by Rev. J. Jennings	2	298
TARBELL, Minerva, d. [William & Margaret], b. July 8, 1801	2	94
William, m. Margaret **CHAPMAN**, July 7, 1799, by W[illia]m Fansher, J. P.	2	94
TAYLOR, TAYLER, Charles Knapp, s. [Elias & Mary E.], b. Nov. 5, 1827	2	166
Edward H., of Northampton, Mass., m. Lucretia **PECK**, of Stamford, Dec. 4, 1851, by Rev. J. J. Twiss. Int. Pub.	2	306
Elias, of Poughkeepsie, N. Y., m. Mary E. **KNAPP**, of Stamford, June 25, 1823, by Rev. Daniel Smith	2	166
Goodwif, d. 6 m. 18, 1657	1	19
Giregory, his w. [ ], d. [ ] 18, 1655	1	20
Gregory, d. 7th mo. 24, [16]57	1	20
Sarah, of Norwalk, m. Nathaniel **BATES**, of Stamford, Dec. 8, 1728, in Norwalk, by Rev. Mr. Buckingham	1	41
William, of New Canaan, m. Charlotte **LOUNSBERY**, of Stamford, July 25, 1822, by John Auger, J. P.	2	157
THELE, Elizabeth, m. [William*] **RATLEFF**, 8th mo. 28, [16]59		
*(From Huntington's Register)	1	100
Nicho[las], d. 6th mo. 19, [16]58	1	20

	Vol.	Page
THOMPSON, Betsey, d. John & Hannah, b. Nov. 22, 1784	2	14
Deborah, d. John & Hannah, b. Aug. 26, 1786	2	14
Elias, s. [John & Hannah], b. Feb. 26, 1804	2	14
Elizabeth, m. Squires **PALMER**, Dec. 14, 1806, by Rev. Daniel Smith	2	155
John, m. Hannah **BROWN**, Dec. 25, 1783, by Rev. Mr. Elles	2	14
John, s. [John & Hannah], b. Oct. 24, 1791	2	14
Silvanus Brown, s. John & Hannah, b. July 24, 1788	2	14
THORN, Charles E., of New York, m. Susan J. **KNAPP**, of Greenwich, Oct. 20, 1830, by Rev. A. S. Todd	2	207
Lewis, m. Angeline **WEED**, b. of Stamford, Jan. 26, 1823, by Rev. Daniel Smith	2	161
Matilda A., m. James **FOULDS**, b. of Stamford, Dec. 2, 1845, by Peter C. Oakley	2	282
THORP, Charles, s. Edward & Sarah, b. Apr. 9, 1766	1	161
Charles, s. [Sturges P. & Theodosia], b. Dec. 11, 1809	2	99
Charles, d. Mar. 14, 1813, ae 46	2	57
Edward, s. Charles & Hannah, b. Apr. 2, 1738	1	36
Edward, m. Sarah **WATERBERY**, Jan. 17, 1765, by Col. Jonathan Hoit, J. P.	1	161
Else, m. Samuel **COMSTOCK**, July 14, 1785, by Rev. John Avery	2	47
Hannah, m. Andrew **BISHOP**, Dec. 1, 1748, by Rev. Noah Welles	1	79
Hannah, m. Jacob **SMITH**, July 22, 1784, by Rev. John Avery	2	42
Harriet, d. [Sturges P. & Theodosia], b. July 27, 1821	2	99
James Burr, s. [Sturges P. & Theodosia], b. Dec. 5, 1806	2	99
Mary, m. Hezekiah **SCOFIELD**, Dec. 23, 1762, by Rev. Noah Wells	2	20
Nancy Eliza, d. [Sturges P. & Theodosia], b. Mar. 24, 1808	2	99
Sarah, d. Charles & Hannah, b. Oct. 8, 1744; d. Aug. 21, 1749	1	63
Sarah, d. Edward & Sarah, b. Jan. 27, 1769	1	167
Sarah, m. Elisha **LEEDS**, Jr., Jan. 27, 1791, by Rev. Ebenezer Dibble	2	57
Sarah, d. [Sturges P. & Theodosia], b. Feb. 17, 1812	2	99
Sarah, m. Alanson H. **KNAPP**, b. of Stamford, Dec. 30, 1832, by Rev. Daniel Smith	2	237
Sturges P., m. Theodosia **HOYT**, Feb. 2, 1806, by Rev. Daniel Smith	2	99
TILL, Martin, m. Martha **SCOFIELD**, Dec. 13, 1781, by Col. Abraham Davenport	2	8
Nancy, d. Martin & Martha, b. July 4, 1785	2	8
Polly, d. Martin & Martha, b. Sept. 29, 1782	2	8
Sally, d. Martin & Martha, b. July 25, 1787	2	8
TILLMAN, Catharine, m. Stephen B. **PROVEST**, b. of Stamford, Apr. 5, 1821, by Rev. Daniel Smith	2	149
Elizabeth, d. [John & Ann Seymore], b. June 2, 1817	2	127
Elizabeth Ann, d. John & Ann S., b. June 2, 1817; recorded Dec. 8, 1825, by Mrs. Ann S. Tillman (Previously recorded as "Elizabeth" only page 127, Arnold copy)	2	128

	Vol.	Page

TILLMAN (cont.),

	Vol.	Page
John, m. Ann Seymour **HOYT**, May 3, 1814, by Rev. Daniel Smith	2	127
John, d. Aug. 22, 1821	2	127
John H., of Geneva, N. Y., m. Mary **WATSON**, of New York City, Nov. 10, 1845, by Rev. Ambrose S. Todd	2	281
John Hoyt, s. [John & Ann Seymour], b. Mar. 16, 1822	2	127
Mary C., m. Alfred A. **HOLLY**, b. of Stamford, June 22, 1836, by Rev. Daniel Smith	2	241
Mary Catharine, d. [John & Ann Seymour], b. Nov. 19, 1815	2	127
TITUS, Timothy, m. Sarah **WATERBERY**, Oct. 9, 1751, in Bedford, by Robert Bostwick, J. P.	1	94
TOBIAS, Joseph P., m. Jane A. **GOGAN**, b. of Stamford, Dec. 22, 1839, by Rev. James M. Stickney	2	256
TODD, Charlotte, m. Amaziah **BROWN**, b. of Stamford, Sept. 4, 1825, by Rev. Henry Fuller	2	178
Elizabeth Mary Ann, m. Robert **OGILBY**, Oct. 11, 1848, by Rev. Ambrose S. Todd	2	293
Hannah, m. Ebenezer **WEBB**, Sept. 8, 1785, by Rev. William Seward	2	20
Levina, d. Samuel **JARVIS** & Martha **JARVIS**, d. Oct. 26, 1841, in the 81st y. of her age	2	140
Mary, m. Elias **REED**, Mar. 13, 1740, by Jonathan Hoit, J. P.	1	53
Mary M., m. Solomon C. **SMITH**, b. of Stamford, Aug. 4, 1844, by Rev. Shaler J. Hillyer	2	273
Phebe, m. Ebenezer **WEBB**, Jr., Aug. 30, 1786, by Rev. William Seward	2	38
Phebe W., m. Charles M. **LOCKWOOD**, b. of Stamford, Sept. 24, 1834, by Shaler J. Hillyer	2	224
William, m. Eliza **MILLER**, b. of Stamford, Apr. 29, 1838, by Shaler J. Hillyer	2	250
TOWNSEND, Elizabeth, d. Dr. Platt & Elizabeth, b. Apr. 25, 1763	1	155
Platt, Dr., m. Elizabeth **HUBBARD**, Apr. 26, 1760, by Rev. Ebenezer Dibble	1	140
TRAVIS, William, m. Hannah E. **PALMER**, Mar. 28, 1830, by Rev. Daniel Smith	2	209
TRAYNER, Betty Mander, d. Martha **TRAYNER**, b. Nov. 22, 1758	1	193
John, s. Martha **TRAYNER**, b. July 27, 1762	1	193
Martha, had daughters Martha **EMERY**, b. Dec. 25, 1754; Lois **PALMER**, b. Apr. 5, 1756; Betty Mander, b. Nov. 22, 1758; Phebe, b. Jan. 8, 1760; a s. John, b. July 27, 1762 & d. Martha, b. Nov. 27, 1765	1	193
Martha, d. Martha **TRAYNER**, b. Nov. 27, 1765	1	193
Phebe, d. Martha **TRAYNER**, b. Jan. 8, 1760	1	193
TREDWELL, Parmelee, m. Aaron **COGGSHALL**, May 8, 1803, by Rev. Hezekiah Whitlock, in New Canaan	2	119
TREHEN, TREHERN, [see also **TRYON**], Edward, d. May 14, 1714	1	138
Sarah, w. Edward, d. Sept. 2, 1712	1	128

TRYON, TRION, [see also **TREHEN**], Barney, s. [Benjamin & Mary],

	Vol.	Page
TRYON, TRION, [see also **TREHEN**] (cont.),		
b. Apr. 10, 1795	2	4
Benj[ami]n, m. Mary **WEBB**, Nov. 25, 1777, by Abraham Davenport	2	4
Benjamin, Jr., m. Hannah **WEEKS**, Oct. 27, 1805, by Rev. Daniel Smith	2	93
Betsey, d. [Benjamin & Mary], b. Sept. 30, 1788	2	4
Deborah Ann, of Darien, m. William **PRICE**, of Norwalk, Jan. 13, 1828, by Rev. John Ellis	2	190
Elizabeth, d. [Benjamin, Jr. & Hannah], b. Oct. 17, 1816	2	93
Hannah, m. Frederick **BELL**, Jan. 25, 1800, by Reuben Scofield	2	97
Henry, s. Benj[ami]n & Mary, b. July 13, 1786	2	4
John, s. Benj[ami]n & Mary, b. Aug. 15, 1780	2	4
Mary, m. Daniel **LOWDER**, Jr., Jan. 11, 1758, by Jonathan Hoit	1	128
Mary, d. [Benjamin, Jr. & Hannah], b. Aug. 28, 1811	2	93
Polly, d. Benj[ami]n & Mary, b. Dec. 23, 1778; d. May 25, 1780	2	4
Polly, d. Benj[ami]n & Mary, b. Feb. 29, 1784	2	4
Prudence, m. James **LOCKWOOD**, Aug. 4, 1796, by Rev. Daniel Smith	2	91
Sally, d. [Benjamin & Mary], b. July 17, 1791	2	4
Sarah, m. David **LOCKWOOD**, 3rd, Dec. 15, 1792, by Rev. John Shepard	2	61
William, s. Benj[ami]n & Mary, b. Jan. 20, 1782	2	4
TUCKER, TOOCKER, Alanson, s. [William & Sarah], b. Apr. 5, 1791	2	69
Debbe, d. [William & Sarah], b. Dec. 15, 1792	2	69
Edward, s. [William & Sarah], b. May 16, 1796	2	69
Marcy, of Saybrook, m. Josiah **SEELEY**, of Stanford, Mar. 18, 1754, by Rev. Grindall Rawson, of East Haddam	1	110
Mary Ann, d. [William & Sarah], b. June 4, 1798	2	69
Robert, M. D., m. Emma Eliza **HARVEY**, Feb. 15, 1841, by Rev. Ambrose S. Todd	2	260
William, m. Sarah **STEVENS**, June 8, 1790, by Rev. Ebenezer Dibble	2	69
William, s. [William & Sarah], b. Nov. 28, 1800	2	69
TURNEY, Edward, d. Feb. 11, 1705/6	1	135
Joseph, d. Dec. 24, 1713	1	143
Mary, wid., d. the night following the 29th day of Sept., 1724	1	2
TUTTLE, Daniel, see Keziah **DELIVAN**	1	81
Elizabeth, d. Nov. 20, 1706	1	135
Elizabeth, m. Josiah **HOYT**, Jan. 13, 1763, by Rev. Moses Mather	2	67
Mary, m. Admer **STEVENS**, Mar. 27, 1750	1	126
Mercy, m. Nathan **SEELEY**, Oct. 26, 1786, by Rev. Justus Mitchell	2	40
Parnel, m. Samuel **PENOYER**, May 23, 1776, by Rev. Isaac Lewis	2	70
Rebecca, m. Silvanus **SEELEY**, Apr. 7, 1758, by Rev. Mr. Mather	1	178-9
[TYLER], TILER, Jemima, m. John **WHIT[E]**, Aug. 23, 1733, in Bedford, by Rev. Mr. Struges, of Bedford	1	51

	Vol.	Page
[TYLER], TILER (cont.),		
Sarah, m. David **LANGWELL***, July 26, 1771, in Salem, by Rev. Mr. Mead *(**LONGWELL**)	1	184
UFFERT, Elizabeth, wid., d. Dec. 27, 1660	1	98
USHER, Elizabeth, d. Robert, b. Feb. 25, 1659	1	98
Robert, m. Elizabeth **JAGGER**, 3rd mo. 12, [16]59	1	74
VALDEN, David H., of Ridgefield, Conn., m. Sarah A. **WEED**, of Norwalk, July 26, 1852, by Albert Nash	2	307
VALENTINE, Charlotte, m. James M. **HUNT**, Sept. 12, 1825, by Rev. A. S. Todd	2	179
VERNON, Thomas, of Brooklyn, N. Y., m. Janthe **STEELE**, of Stamford, this day, [Nov. 10, 1852], by R. T. Welch. Witnesses, Capt. Jos. Steele, Mrs. Sophia E. Lay, Sam[ue]l Vernon	2	308
WAIT, Hannah*, m. Timothy **REYNOLDS**, Feb. 25, 1786, by Rev. Isaac Lewis *("Hannah **HAIT**" in Huntington's Register)	2	91
Henery, s. Nathaniell & Mary, b. July 20, 1726	1	8
Nathaniell & Rachell **WEBS[TE]R**, had ill. s. Nathaniell, b. July 18, 1697	1	137
Sam[ue]ll, s. Nathaniel & Mary, b. July 6, 1732	1	21
WALLACE, Ruth, m. Gilbert **WEBB**, Jan. 1, 1772, by Rev. Epenetus Townsend	1	193
WALMSLEY, WALMESLEY, Abigail, d. [William & Prudence], b. Feb. 3, 1798	2	47
Elizabeth Elwood, d. [William & Prudence], b. Dec. 20, 1788	2	47
Epenetus Weed, s. [William & Prudence], b. Mar. 7, 1791	2	47
George, s. [William & Prudence], b. Sept. 14, 1795	2	47
Mary, d. [William & Prudence], b. Apr. 15, 1793	2	47
Sarah, d. W[illia]m & Prudence, b. Aug. 16, 1783; d. Feb. 20, 1786	2	1
Sarah, d. W[illia]m & Prudence, b. Dec. 16, 1786	2	47
William, m. Prudence **WEED**, Mar. 24, 1782, by Rev. Moses Mather	2	1
WALSH, WELSH, Abraham, [triplet with Lidiah & Daniel], s. James & Rebeckah, b. Feb. 1, 1749/50; d. 5th day	1	84
Cattareene, d. James & Rebeckah, b. Aug. 12, 1738	1	82
Catareen, m. Ezekiel **SEELEY**, Jan. 3, 1760, by Rev. Elenor Dibble	1	135
Daniel, [triplet with Lidiah & Abraham], s. James & Rebeckah, b. Feb. 1, 1749/50; d. 8th day following	1	84
Hannah, d. James & Rebeckah, b. Jan. 17, 1736/7, in the upper part of Freehold called Cross Wix	1	82
James, s. James & Rebeckah, b. Aug. 28, 1744	1	82
Jane, d. James & Rebeckah, b. Oct. 14, 1746	1	82
Lidiah, [triplet with Daniel & Abraham], d. James & Rebeckah, b. Feb. 1, 1749/50; d. on the 6th day	1	84
Mary, d. James & Rebeckah, b. Feb. 8, 1741/2	1	82
WALTON, Charles Milton, s. [William H. & Emily S.], b. Apr. 9, 1856	2	308

	Vol.	Page
WALTON (cont.),		
Darius, m. Anna **SCOFIELD**, Nov. 16, 1823, by Rev. Daniel Smith	2	168
Eliza A., of Stamford, m. Sam[ue]l L. **WATERBURY**, of Bedford, N. Y., Nov. 19, 1850, by Rev. I. Jennings	2	304
George Bradford, [s. William H. & Emily S.], b. Oct. 30, 1857	2	308
William Henry, 2nd, [s. William H. & Emily S.], b. Feb. 2, 1853	2	308
WARD, Jemima, m. Nathaniel **KNAP[P]**, May 31, 1751, in Norwalk, by Rev. Mr. Beer?	1	111
WARDEN, Thankfull, d. Nathaniel, b. May 13, 1719	1	146
WARDWELL, Abigail, m. Jacob **SCOFIELD**, Jr., Sept. 28, 1777, by Abraham Davenport	2	2
Abigail, d. [Isaac & Hannah], b. Aug. 20, 1812	2	84
Benjamin, s. [Joseph & Elizabeth], b. June 28, 1801	2	91
Betsey, d. William & Abigail, b. Jan. 13, 1772	1	193
Betsey, of Stamford, m. W[illia]m C. **HOYT** (Rev.), of Durham, N. Y., May 7, 1838, by Rev. Aaron S. Hill	2	251
Elizabeth, d. [Joseph & Elizabeth], b. Apr. 30, 1807	2	91
Hannah, d. William & Margary, b. Dec. 1, 1726	1	8
Hannah, d. William & Margary, b. July 4, 1747	1	77
Hannah, d. William, Jr. & Abigail, b. Apr. 16, 1758	1	128
Hannah, d. [Isaac & Hannah], b. Nov. 11, 1810	2	84
Henry, of New Canaan, m. Loisa Jane **JONES**, of Stamford, Dec. 2, 1838, by Rev. Edw[ar]d Oldrin	2	253
Isaac, s. Will[ia]m, Jr. & Abigail, b. Dec. 28, 1766	1	167
Isaac, m. Hannah **KNAP[P]**, Mar. 24, 1799, by Rev. Daniel Smith	2	84
Isaac, s. [Isaac & Hannah], b. May 7, 1809; d. May 11, 1812	2	84
Isaac, [twin with Mary], s. [Isaac], b. Dec. 10, 1815	2	131
Isaac, m. Frederica L. **SHAW**, Apr. 27, 1847, by Rev. Ambrose S. Todd	2	287
Jacob, s. William & Margary, b. Apr. 15, 1737	1	33
Jacob, s. William & Margary, b. Aug. 19, 1744	1	64
James, s. William & Margary, b. Apr. 2, 1735	1	29
James, s. Will[ia]m, Jr. & Abigail, b. May 2, 1769	1	170
James, s. [Isaac & Hannah], b. June 30, 1805; d. Feb. 14, 1807	2	84
James, s. [Isaac], b. June 13, 1821	2	131
James, m. Sarah Catharine Rebecca **BISHOP**, Jan. 22, 1845, by Rev. Ambrose S. Todd	2	275
Joseph, s. William & Margary, b. Nov. 24, 1739	1	55
Joseph, m. Elizabeth **SCUDDER**, June 11, 1798, by Rev. Daniel Smith	2	91
Lewis, s. [Joseph & Elizabeth], b. Dec. 21, 1804	2	91
Luther, s. [Isaac], b. Apr. 19, 1814; d. June 28, 1814	2	131
Mary, d. William & Margery, b. Sept. 11, 1729	1	14
Mary, d. William, Jr. & Abigail, b. Dec. 16, 1764	1	167
Mary, m. Moses **SMITH**, Jr., Jan. 26, 1769, in Greenwich, by Rev. Mr. Davenport	1	168
Mary, d. W[illia]m, Jr. & Sarah, b. Sept. 28, 1783	2	4
Mary, [twin with Isaac], d. [Isaac], b. Dec. 10, 1815	2	131

WARDWELL (cont.),

	Vol.	Page
Polly, d. Jacob, b. Feb. 19, 1775; m. John **JUDSON**, Jr., Dec. 23, 1798, by Rev. Daniel Smith	2	111
Polly, d. [Isaac & Hannah], b. Jan. 14, 1800	2	84
Polly, of Stamford, m. Plena **DANIELS**, of New Jersey, Jan. 22, 1827, by Rev. Daniel Smith	2	186
Prescilla, d. [Isaac], b. Jan. 15, 1818	2	131
Rebecca, d. William & Margary, b. Nov. 26, 1731	1	21
Rebecca, m. Nathan **KNAP[P]**, Sept. 23, 1761, by Rev. Mr. Wells	1	150
Rufus, s. [Isaac & Hannah], b. Dec. 18, 1803	2	84
Sally, d. [Isaac & Hannah], b. May 22, 1807	2	84
Sarah, d. William & Margary, b. May 9, 1742	1	55
Sarah, d. William, Jr. & Abigail, b. Jan. 24, 1763	1	167
William, Jr., m. Abigail **BISHOP**, Oct. 1, 1755, by Rev. Noah Welles	1	113
William, s. William, Jr. & Abigail, b. Feb. 11, 1760	1	138
William, Jr., m. Sarah **SCOFIELD**, Feb. 27, 1783, by Charles Webb, J. P.	2	4
William, s. [Isaac & Hannah], b. July 15, 1801	2	84
William, of New Canaan, m. Harriet **WEBB**, of Stamford, Nov. 19, 1837, by Aaron S. Hill	2	244
William Smith, s. [Joseph & Elizabeth], b. Feb. 8, 1799	2	91

WAREN, WARREN, [see also **WARRING**], Carolina, d. [Nathanial & Sylvia], b. Apr. 14, 1815, in Township of Hampton, Cty., of Washington, New York, State | 2 | 136 |
Elizabeth, d. [Thomas & Anne], b. May 16, 1818	2	58
George Ross, s. [Nathaniel & Sylvia], b. Feb. 2, 1817, in Township of Poultney, Cty., of Rutland, Vt.	2	136
John, m. Caroline **HOYT**, b. of Stamford, Nov. 13, 1836, by Rev. Daniel Smith	2	242
John H., s. Thomas & Anne, b. Feb. 19, 1813	2	58
Jonathan, s. Michael, b. Jan. 26, 1716	1	8
Joseph D., m. Maria **JESSUP**, b. of Stamford, Nov. 13, 1831, by Rev. Daniel Smith	2	235
Michael, s. Michael, b. Feb. 17, 1719	1	8
Nathaniel, s. Michael & Jerusha, b. Jan. 8, 1788, in Lower Salem, N. Y.; m. Sylvia **ROSS**, July 8, 1812, in Township of Loisguiel, Cty., of Prescott, Eastern District, Province of Upper Canada, by P. F. LeRoy, J. P.	2	136
Rebecca, d. Michael, b. Sept. 11, 1724	1	8
Sarah*, d. Michael, b. Feb. 12, 1721 *(Arnold copy has "Zorah")	1	8
Tudor*, s. Michael, b. Aug. 23, 1718 *("Suder" in Huntington's Register)	1	8
W[illia]m H., m. Sarah R. **NICOLL**, b. of Stamford, Dec. 20, [probably 1843], by George Brown	2	268
Zorah*, s. Michael, b. Feb. 12, 1721 *("Sarah" in Huntington's Register)	1	8

[WARRINER], WARINER, Sibbil, m. Israel **BORDMAN**, Mar. 19,

	Vol.	Page
[WARRINER], WARINER (cont.),		
1752, in Weathersfield, by Rev. Mr. Russell	1	96
WARRING, WARING, [see also **WARREN**], Abigail, d. Jonathan &		
Mary, b. Feb. 25, 1761	1	195
Abigail, m. Scudder **WEED,** Oct. 7, 1773, by Rev. Moses Mather	1	193
Abigail, m. Isaac **SMITH,** Jr., Jan. 21, 1778, by Rev. Mr. Seward	1	203
Abigail, d. Joseph & Abigail, b. Dec. 23, 1778	1	198
Abraham, s. Jonathan & Mary, b. Sept. 25, 1753	1	109
Amos, s. Michael & Sarah, b. Apr. 29, 1750	1	98
Amos, s. [John, Jr. & Hannah], b. Nov. 7, 1803	2	82
Anne, d. Jesse & Jemima, b. July 15, 1788	2	32
Augustus Green, s. [John, Jr. & Hannah], b. May 14, 1808	2	82
Benjamin, s. Benjamin & Martha, b. May 19, 1780; m. Elizabeth **PROVOST,** Nov. 26, 1806, by Reuben Scofield, J. P.	2	107
Benjamin, s. Benj[ami]n & Martha, b. May 19, 1786	2	47
Benoni, s. wid. Sarah, b. Sept. 1, 1757	1	127
Betsey, d. [Noah & Sally], b. May 24, 1792	2	83
Cadwallader, s. Jonathan & Rachel, b. Sept. 22, 1769	1	200
Charles, s. Jesse & Jemima, b. July 23, 1782	2	2
Charles Edward, s. [Benjamin & Elizabeth], b. Apr. 30, 1810	2	107
Clarissa, of Stanhope, m. Jno **BAILEY,** of Croton, N.Y., Nov. 20, 1848, by Rev. J. Jennings	2	297
Daniel, s. Jonathan & Rachel, b. Jan. 10, 1761	1	200
Deborah, d. Jonathan & Rachel, b. July 6, 1767	1	200
Ebenezer, s. Scudder & Martha, b. Nov. 4, 1747	1	88
Ebenezer, s. Scudder & Martha, b. Sept. 21, 1754	1	109
Ebenezer, m. Rebecca **FINCH,** b. of Stamford, Dec. 3, 1826, by Rev. John Ellis	2	184
Elizabeth, m. James **WHITE,** Feb. 3, 1720, by Sam[ue]ll Peck, J. P.	1	12
Elizabeth, d. Jonathan & Mary, b. Apr. 14, 1751	1	109
Elizabeth, m. Abraham **CLARK,** June 25, 1787, by Rev. Moses Mather	2	61
Elliot, s. [John, Jr. & Hannah], b. Nov. 15, 1801	2	82
Frederica, of Stamford, m. Solomon L. **CROSBY,** of New York, Jan. 24, 1851, by Rev. Ambrose S. Todd	2	305
Hannah, m. Henry **CLARK,** May 17, 1795, by Rev. Moses Mather	2	120
Henry, s. Jesse & Jemima, b. Mar. 17, 1786	2	9
Hezron, s. Sam[ue]ll, Jr. & Ruth, b. May 17, 1766	1	158
Hulda, wid., m. Rev. Amzi **LEWIS,** Oct. 14, 1807, by Rev. Sam[ue]l Fisher	2	110
Jacob, m. Mary **SELLECK,** Mar. latter end, 1734, by Rev. Daniel Chapman	1	53
Jacob, s. Jacob & Mary, b. July 13, 1752	1	102
James, s. Jonathan & Mary, b. Mar. 20, 1736	1	109
James, s. Sergt. Jonathan & Mary, b. Apr. 23, 1759	1	195
Jared, s. John & Mary, b. Jan. 14, 1775	2	14
Jerusha, m. David **WEED,** Aug. 10, 1797, by Rev. Justus Mitchell	2	42

	Vol.	Page
WARRING, WARING, [see also **WARREN**] (cont.),		
Jesse, s. Jonathan & Mary, b. Aug. 31, 1748	1	109
Jesse, m. Ruth **WEED**, Nov. 5, 1772, by Rev. Noah Wells	1	192
Jesse, m. Jemima **LOUNSBERY**, 2nd w., Jan. 5, 1775, by Rev. Mr. Wells	1	192
Joel, s. Jonathan & Mary, b. Feb. 18, 1746	1	109
John, s. Michael & Sarah, b. May 9, 1748	1	98
John, m. Mary **AYRES**, Oct. 11, 1770, by Rev. Noah Welles	2	14
John, s. John & Mary, b. May 2, 1773	2	14
John, s. John & Mary, d. Nov. 6, 1775	2	14
John, Jr., m. Hannah **GREEN**, Feb. 23, 1797, by Rev. Daniel Smith	2	82
John, s. [John, Jr. & Hannah], b. Jan. 30, 1798	2	82
Jonathan, m. Mary **RICHARDS**, Feb. 24, 1736, by Rev. Mr. Dickerson, in Norwalk	1	109
Jonathan, s. Jonathan & Mary, b. Aug. 15, 1740	1	109
Jonathan, s. Jonathan & Rachel, b. Feb. 25, 1765	1	200
Joseph, s. Scudder & Martha, b. Jan. 26, 1753	1	109
Joseph, m. Abigail **WHITE**, June 1, 1775, by Rev. William Seward, of Stanwick	1	198
Jotham, m. Sally **WILSON**, Dec. 23, 1790, by Rev. Benjamin Judd	2	43
Marilda, d. [Noah & Sally], b. June 18, 1794	2	83
Martha, d. Joseph & Abigail, b. Apr. 17, 1776	1	198
Martha, Mrs., m. Peter **BROWN**, Nov. 8, 1792, by Rev. John Shepherd	2	47
Martha, m. Ezra **RAYMOND**, Nov. 22, 1792, by Rev. William [ ]	2	89
Mary, d. Nehemiah & Mary, b. July 8, 1724	1	14
Mary, d. Jonathan & Mary, b. Apr. 20, 1755	1	112
Michael, d. Feb. 16, 1726	1	8
Michell*, s. Jonathan & Mary, b. June 7, 1738 *(Michael)	1	109
Michael, m. Sarah **HOLLY**, May 17, 1745, by Rev. Benjamin Strong	1	98
Michel, s. Michel & Sarah, b. Apr. 5, 1755	1	127
Michel, d. Oct. 25, 1756	1	127
Nancy, d. Jesse & Jemima, b. Aug. 15, 1784	2	9
Nathaniel, s. Michael & Sarah, b. June 13, 1746	1	98
Noah, s. Jonathan & Mary, b. July 29, 1757	1	124
Noah, m. Sally **FERRIS**, July 28, 1791, by Rev. W[illia]m Seward	2	83
Noah, s. [Noah & Sally], b. May 4, 1796	2	83
Polly, m. Elijah **KNAPP**, b. of Stamford, Mar. 18, 1821, by Henry Hoit, 3rd	2	149
Prince, m. Frances **PHILIPS** (colored), Oct. 30, 1831, by Rev. Daniel Smith	2	234
Prudence, d. Jesse & Jemima, b. Dec. 2, 1775	1	192
Prudence, m. Seth **SMITH**, Nov. 29, 1794, by Reuben Scofield	2	90
Rebekah, m. Jonas **WEED**, Mar. 26, 1729, by Jonathan Hoit, J. P.	1	13

	Vol.	Page
WARRING, WARING, [see also **WARREN**] (cont.),		
Rebeciah, d. Jonathan & Mary, b. Oct. 25, 1744	1	109
Ruth, d. Jesse & Ruth, b. Oct. 23, 1773	1	192
Samuel, s. Jacob & Mary, b. Jan. 2, 1736/7	1	53
Samuel, s. Jonathan & Mary, b. Jan. 2, 1743	1	109
Samuel, Jr., m. Ruth **SCOFIELD**, Feb. 23, 1764, by Rev. Mr. Wells	1	158
Samuel, s. Jotham & Sally, b. Jan. 31, 1792	2	43
Sarah, d. Scudder & Martha, b. Oct. 21, 1749; d. Nov. 7, following	1	88
Sarah, d. Michael & Sarah, b. June 7, 1752	1	98
Sarah, m. James **HOW**, Aug. 20, 1752, by Rev. Moses Mather	1	104
Sarah, d. John & Mary, b. Feb. 25, 1772	2	14
Sarah, d. Jesse & Jemima, b. Feb. 11, 1778	1	203
Sarah D., of Poundridge, N.Y., m. Jonathan M. **HALL**, of Stamford, Nov. 2, 1834, by Shaler J. Hillyer	2	224
Sarah Green, d. [John, Jr. & Hannah], b. Aug. 12, 1799	2	82
Scudder, m. Martha **WATERBERY**, Dec. 4, 1746, by Jonathan Hoit	1	88
Scudder, s. Jonathan & Rachel, b. Feb. 17, 1763	1	200
Simeon, s. Jacob & Mary, b. Feb. 26, 1748/9	1	89
Th[a]odeus, s. Jacob & Mary, b. July 2, 1741	1	53
Thadeus, s. Jacob & Mary, b. Apr. 7, 1746	1	89
Thomas Newman, s. Ezra & Hannah, b. Aug. 4, 1755, in Westchester, N. Y.	1	113
Tryphosa, d. Jonathan & Rachel, b. Oct. 20, 1774	1	200
Welles, s. Jonathan & Rachel, b. Nov. 24, 1776	1	200
William, s. Jesse & Jemima, b. Oct. 6, 1779	1	203
William, s. [John, Jr. & Hannah], b. May 18, 1806	2	82
Will[ia]m Henry, s. [Benjamin & Elizabeth], B. June 4, 1808	2	107
Zarbudburrel, s. Jonathan & Rachel, b. Sept. 21, 1771	1	200
WASSON, Candice, m. Abraham **COOPER**, Mar. 2, 1821, by Rev. Daniel Smith	2	148
WATERBURY, Abigail, d. Jonathan, b. July 1, 1688	1	107
Abigaill, m. John **NEWMAN**, Jan. 29, 1707/8, by Dea. Hoit, J. P.	1	121
Abigail, d. Jonathan, b. July 18, 1730	1	16
Abigail, m. Epenetus **WEED**, Dec. 25, 1735, by Jonathan Hoit, J. P.	1	29
Abigail, d. Thomas & Hannah, b. July 29, 1737	1	34
Abigail, d. John, Jr. & Hannah, b. Dec. 28, 1738	1	37
Abigail, d. David & Mary, b. May 14, 1743	1	60
Abigail, d. Nathaniell & Rebeckah, b. Nov. 15, 1744	1	68
Abigail, d. Oct. 29, 1745	1	68
Abigail, s. Nathaniell & Rebeckah, b. Apr. 15, 1746	1	68
Abigail, m. Israel **WEED**, Jan. 3, 1749/50, by Rev. Noah Welles	1	97
Abigail, d. Jonathan & Abigail, b. Apr. 21, 1753	1	106
Abigail, w. Jonathan, Jr., d. Oct. 16, 1760	1	141
Abigail, m. Selleck **HOLLY**, Aug. 21, 1761, by Rev. Ebenezer Dibble	1	144
Abigail, m. Daniel **GORUM**, Jan. 25, 1766, by Rev. Ebenezer		

	Vol.	Page

WATERBURY (cont.),
Dibble

	Vol.	Page
Abigail, d. Josiah & Sarah, b. May 27, 1769	1	198
Abigail, m. Samuel **PERVARCE***, Feb. 16, 1789, by Ebenezer Lockwood *(**PROVOST**)	2	38
Abigail, d. Jonathan & Sarah, b. Feb. 21, 1789	2	19
Abigail H., b. Mar. 16, 1799; m. John **SEELEY**, Dec. 19, 1818, by Rev. Jonathan Judd	2	138
Abigail Holly, d. [David & Elizabeth], b. Oct. 3, 1793; d. [ ]	2	34
Abigail Holly, d. [David & Elizabeth], b. Mar. 17, 1799	2	34
Ami, d. [Nathaniell & Hannah], b. Jan. 27, 1794	2	19
Ann, d. John & Susanna, b. Apr. 1, 1712	1	127
Ann, m. Reuben **DIBBLE**, Mar. 3, 1736/7, by Jonathan Hoit, J. P.	1	33
Ann Maria, m. Lorenzo E. **KNAPP**, Nov. 13, 1843, by Rev. J. W. Alvord, Jr.	2	267
Anne, d. [James & Elizabeth], b. Feb. 28, 1798	2	3
Anne Mariah, d. [Horace & Anne], b. Feb. 7, 1821	2	123
Benjamin, m. Mary **MEAD**, Jan. 12, 1726/7, by Capt. Jonathan Hoit	1	7
Benjamin, s. Benjamin & Mary, b. Feb. 26, 1729	1	15
Betsey, d. James & Elizabeth, b. Nov. 23, 1780	2	3
Betsey, d. [Jonathan & Sarah], b. Aug. 15, 1791	2	19
Betsey, d. [William & Lois], b. Nov. 7, 1792	2	89
Betsey, m. Henry **HOYT**, b. of Stamford, Oct. 28, 1822, by Rev. Daniel Smith	2	159
Caytee, d. Isaac & Thankfull, b. Mar. 12, 1766	1	158
Cate, d. James & Elizabeth, b. Dec. 25, 1784	2	3
Cate, m. Enos **LOUNSBERY**, Aug. 3, 1796, by Rev. Marmaduke Earl	2	86
Catharine, m. Israel **SCOFIELD**, Aug. 9, 1835, by Rev. Ambrose S. Todd	2	230
Charles, s. James & Elizabeth, b. Oct. 22, 1782	2	3
Charles Wiliam, s. [Horace & Anne], b. Jan. 18, 1829	2	123
Chloe, d. Jonathan, Jr. & Abigail, b. Jan. 16, 1757	1	124
Chloe, m. Noyes **MATHER**, Feb. 13, 1782, by Rev. Moses Mather	2	27
Cornelia, m. Charles W[illia]m **KNAPP**, Mar. 3, 1829, by Rev. Daniel Smith	2	199
Daniel, s. David, Jr. & Mary, b. Feb. 15, 1741/2	1	52
Daniel, s. [Ezra & Sally], b. Apr. 30, 1799	2	82
David, s. Jno, b. Jan. 24, 1684	1	107
David, m. Sarah **WEED**, Aug. 11, 1698	1	104
David, m. 3rd w. Sarah **WEED**, Aug. 11, 1698	1	136
David, s. David, b. Nov. 9, 1701	1	136
David, Lieut., d. Nov. 20, 1706	1	135
David, m. Waitstill **GREEN**, Apr. 10, 1707, by Capt. Selleck, J. P.	1	137
David, s. John, Sr., d. June 14, 1710	1	124
David, m. Mary **STURGES**, Jan. 11, 1721/2, by Capt. Joseph		

STAMFORD VITAL RECORDS 279

	Vol.	Page
WATERBURY (cont.),		
Bishop, J. P.	1	112
David, s. John & Susanah, b. Feb. 12, 1722	1	150
David, s. David & Mary, b. May 14, 1728	1	13
David, m. Mary **BOUTON**, Dec. 22, 1730, by Jonathan Hoit, J. P.	1	28
David, s. David & Mary, Jr., b. Dec. 16, 1735	1	31
David, 4th, m. Jemima **KNAP[P]**, Dec. 12, 1751, by Rev. Noah Welles	1	108
David, s. John & Mary, b. Apr. 13, 1755	1	122
David, s. Samuel & Martha, b. Jan. 23, 1758	1	126
David, Jr., m. Mary **MALTBIE**, May 15, 1758, by Jonathan Maltbie	1	127
David, s. Isaac & Thankfull, b. Mar. 9, 1760	1	145
David, s. David, 3rd & Jemima, b. May 21, 1768	1	165
David, 3rd, m. Elizabeth **HOLLY**, Nov. 16, 1783, by Rev. Ebenezer Dibble	2	34
David, m. Polly **SCOFIELD**, b. of Stamford, Sept. 25, 1826, by Rev. Henry Fuller	2	182
David & w. Mary, had s. [ ], b. [ ]	1	28
Eamson*, s. David, 3rd & Jemima, b. Sept. 6, 1758 *("Tomson" in Huntington's Register)	1	132
Ebinezer, s. Lieut. David & Sarah, b. Mar. 12, 1703/4	1	136
Ebinezer, d. Mar. 7, 1721/2	1	138
Ebenezer, s. David & Mary, b. Nov. 17, 1722	1	0
Ebenezer, s. Ben & Mary, b. Feb. 25, 1736/7	1	35
Ebenezer, s. David, Jr. & Jemima, b. July 27, 1760	1	138
Ebenezer, s. [William & Lois], b. May 24, 1786	2	89
Ebenezer, m. Prudence **KNAP[P]**, Apr. 11, 1793, by Rev. Robert Morris	2	103
Ebenezer, s. [Moses & Keziah], b. Feb. 9, 1794	2	61
Ebenezer, Jr., m. Anne **DIXON**, Nov. 27, 1808, by Rev. Ebenezer Ferris	2	116
Eliza, d. [Moses & Keziah], b. Jan. 22, 1796	2	61
Eliza, d. [Ebenezer & Prudence], b. May 27, 1796	2	103
Eliza, d. [Horace & Anne], b. Aug. 18, 1830	2	123
Eliza Ann, d. [Horace & Anne], b. May 13, 1814; d. June 5, 1815	2	123
Elizabeth, d. David, b. Jan. 17, 1683/4	1	136
Elizabeth, d. Thomas & Elizabeth, b. Oct. 21, 1717	1	34
Elizabeth, w. Thomas, d. Nov. 2, 1717	1	138
Elizabeth, m. John **HOIT**, Feb. 18, 1741/2, by Jonathan Hoit, J. P.	1	48
Elizabeth, d. Nathaniel & Rebeckah, b. Sept. 29, 1754	1	110
Elizabeth, d. Jonathan, Jr. & Abigail, b. Oct. 11, 1758	1	132
Elizabeth, d. Thomas & Mary, b. Jan. 3, 1761	1	139
Elizabeth, d. Isaac & Thankfull, b. Mar. 30, 1764	1	158
Elizabeth, d. David, 3rd & Jemima, b. June 12, 1764	1	151
Elizabeth, d. David, Jr. & Mary, b. Jan. 1, 1768	1	163
Elizabeth, m. Wyx **SEELEY**, Dec. 19, 1778, by Rev. Ebenezer Dibble	2	51
Elizabeth, m. Ebenezer **WOOSTER**, Nov. 15, 1789, by Rev. John		

WATERBURY (cont.),

	Vol.	Page
Avery		
Elizabeth, m. Charles **LOCKWOOD**, Nov. 25, 1789, by Rev. Mr.	2	31
Cook	2	57
Elizabeth, d. David & Elizabeth, b. Dec. 27, 1790	2	34
Elizabeth J., m. Andrew **BOYD**, [Dec.] 3, [1848], by Rev. J. J.		
Twiss	2	294
Emeline, d. [Horace & Anne], b. Aug. 11, 1817	2	123
Emeline, of Stamford, m. Livingstone T. **BARTHOLOMEW**, of		
New York, Feb. 12, 1835, by Rev. Oliver V. Amerman	2	224
Enos, s. Josiah & Sarah, b. June 19, 1762	1	198
Enos, m. Sarah **WATERBURY**, May 9, 1781, by Benjamin Weed	2	21
Enos, s. [Jonathan B. & Betsey], b. [ ] 9, 1816	2	134
Epenetus, s. John, Jr. & Susannah, b. Sept. 24, 1735	1	39
Epenetus, s. Jabid*, Jr. & Mary, b. Aug. 1, 1762 (In pencil		
*David)	1	163
[E]unice, d. Jonathan, b. Oct. 7, 1679	1	107
[E]unice, d. Joseph & Hanah, b. Apr. 7, 1720	1	132
Eunice, see also Youne		
Ezra, s. Joseph & Hannah, b. Feb. 7, 1732/3	1	30
Ezra, m. Sally **SCOFIELD**, Sept. 2, 1798, by Rev. Marmaduke		
Earl	2	82
Fanny, m. John W. **BATES**, b. of Darien, Feb. 24, 1845, by Peter		
C. Oakley	2	277
Finius, see under Phineas		
George, s. [Ebenezer & Prudence], b. Feb. 17, 1805	2	103
George, m. Jane Ann **SMITH**, b. of Stamford, this day [ ],		
by Rev. J. W. Alvord, Jr.	2	265
George Cook, s. Silvanus & Sarah, b. Mar. 21, 1764	1	153
George Henry, s. [Horace & Anne], b. May 30, 1819	2	123
Gideon, s. David, Jr. & Mary, b. Dec. 26, 1737	1	52
Hannah, d. Joseph & Hannah, b. Jan. last day, 1706/7	1	11
Hannah, d. David & Mary, b. Feb. 4, 1733/4	1	29
Hannah, d. Thomas & Hannah, b. Feb. 26, 1734	1	34
Hannah, m. Samuel **WEED**, s. Sergt. Benjamin, Jan. 10, 1739/40,		
by Jonathan Hoit	1	48
Hannah, d. John, Jr. & Hannah, b. Aug. 25, 1741	1	48
Hannah, d. David, 3rd & Jemima, b. Dec. 29, 1756	1	123
Hannah, d. Thomas, d. July 22, 1758	1	128
Hannah, d. Josiah & Sarah, b. July 3, 1763	1	198
Hannah, m. Jonathan **HEUSTED**, Apr. 6, 1769, by Rev. Mr.		
Dibble	1	191
Hannah, [twin with Molly], d. Isaac & Thankfull, b. July 24, 1771	1	194
Hannah, m. Joseph **WILMOT**, May 17, 1772, by Rev. Mr.		
Dibble	1	178-9
Hannah, d. Phinheas & Elizabeth, b. July 20, 1777	1	200
Hannah, d. Enos & Sarah, b. May 13, 1784	2	21
Hannah, d. Nath[anie]ll & Hannah, b. Oct. 17, 1784	2	19
Hannah, d. [Nathaniell & Hannah], b. Feb. 8, 1790	2	19

STAMFORD VITAL RECORDS 281

	Vol.	Page
WATERBURY (cont.),		
Hannah, m. Henry **WEBB**, June 11, 1796, by William Fansher, of New York State	2	82
Hannah, m. Hezekiah **HOYT**, Feb. 5, 1804, by Rev. Daniel Smith	2	120
Hannah, of Stamford, m. Thaddeus S. **JOHNES**, of Poundridge, N. Y., Feb. 4, 1824, by Rev. Henry Fuler	2	171
Hannah Maria, m. Isaac **WEED**, July 12, 1835, by Rev. John Ellis	2	225
Harriet, d. [Enos & Sarah], b. Jan. 13, 1799	2	21
Harriet, d. [Henry, Jr. & Elizabeth], b. Apr. 4, 1815	2	134
Harry, s. Nath[anie]ll & Hannah, b. Dec. 20, 1797	2	74
Henry, s. James & Elizabeth, b. Jan. 4, 1787	2	3
Henry, s. [Ebenezer & Prudence], b. Mar. 10, 1794	2	103
Henry, d. [sic] [William & Lois], b. Feb. 6, 1797	2	89
Henry, Jr., m. Elizabeth **GODARD**, Apr. 13, 1810, in New York	2	134
Hezekiah, s. Joseph & Hannah, b. Feb. 15, 1734/5	1	30
Horace, s. Enos & Sarah, b. Aug. 29, 1789	2	21
Horace, ae 23 y. 3 m. 19 d., m. Anne **MILLER**, ae 20 y. 6 m. 16 d., Dec. 18, 1812, in Pound Ridge, by Rev. Richard Andrews	2	123
Isaac, s. Jonathan & Sarah, d. Sept. 17, 1723	1	2
Isaac, m. Thankfull **SCOFIELD**, Feb. 4, 1750/1, by Robert Bostwick, in Bedford	1	102
Isaac, s. Jabid*, Jr. & Mary, b. Aug. 4, 1764 (In pencil *David)	1	163
Isaac, s. Isaac & Thankfull, b. Mar. 2, 1769	1	173-4
Israel, m. Rhoda **FINCH**, Nov. 7, 1791	2	57
Jacob, s. Thomas & Hannah, b. Oct. 26, 1741	1	47
Jacob, s. [Uriah & Betsey], b. Apr. 16, 1798	2	56
James, s. Ben & Mary, b. Dec. 7, 1734	1	35
James, s. Thomas & Mary, b. Nov. 27, 1754	1	112
James, Jr., m. Eliphalet* **MEAD**, May 13, 1780, by Charles Webb, J. P. *(Probably "Elizabeth"?)	2	3
Jane, d. David, 3rd & Jemima, b. Apr. 22, 1774	1	187
Jared, s. David, 3rd & Jemima, b. July 4, 1766	1	156-7
Jared, s. Josiah & Sarah, b. Nov. 4, 1778	1	198
Jer[r]y, s. [Nathaniell & Hannah], b. Mar. 26, 1794	2	19
Jon, d. 5th mo. 31, [16]58	1	20
John, s. David, b. Jan. 25, 1681/2	1	136
Jno, s. Jno, b. Oct. 30, 1682	1	107
John, m. Sarah **HOMES**, Jan. 16, 1706/7, by Capt. Selleck, J. P.	1	136
John, s. John, of Norroton, b. Dec. 13, 1707; d. Jan. 28, 1707/8	1	136
John, m. Han[n]ah **CROSS**, Nov. 30, 1710, by Samuel Hoit, J. P.	1	124
John, Sr., m. Susannah **NEWKERK**, Dec. 21, 1710, by Samuel Peck, J. P.	1	104
John, s. John & Susannah, b. Dec. 21, 1718	1	146
John, s. David, d. Jan. 20, 1735/6	1	30
John, Jr., m. Hannah **FERRIS**, Sept. 22, 1737, by Jonathan Hoit, J. P.	1	37

WATERBURY (cont.),

	Vol.	Page
John, Lieut., d. May 28, 1744	1	61
John, s. Thomas & Hannah, b. Sept. 20, 1744	1	64
John, s. Nathaniel & Rebeckah, b. Mar. 10, 1749/50	1	87
John, Jr., m. Mary **SLASON**, Feb. 1, 1750, by Rev. Ebenezer Dibble	1	122
John, s. John & Mary, b. Feb. 20, 1752	1	122
John, s. Isaac & Thankfull, b. May 30, 1752	1	102
John, s. Ens. John & Hannah, b. Apr. 1, 1754	1	109
John, s. Nath[anie]ll & Hannah, b. Dec. 26, 1785	2	19
John Holly, s. [David & Elizabeth], b. July 12, 1803	2	34
Jonathan, s. Jonathan, b. Feb. 9, 1685	1	107
Jonat[han], had s. [ ], b. Sept. 12, 1694	1	144
Jonathan, d. Jan. 14, 1702/3	1	135
Jonathan, m. Sarah **MEAD**, Jan. 21, 1713/4, by Josha Knap, J. P.	1	145
Jonathan, s. Jonathan & Sarah, b. Nov. 5, 1714	1	133
Jonathan, s. Jonathan & Sarah, b. Nov. 5, 1714	1	140
Jonathan, Jr., m. Abigail **WHITING**, May 5, 1752, by Rev. Moses Mather	1	106
Jonathan, s. Jonathan, Jr. & Abigail, b. Aug. 17, 1760	1	141
Jonathan, Jr., m. Eunis **BELL**, Jan. 28, 1762, by Rev. Mr. Mather	1	144
Jonathan, Jr., m. Sally **HOIT**, Jan. 4, 1787, by Rev. John Avery	2	19
Jonathan, s. [Jonathan & Sarah], b. Dec. 13, 1796	2	19
Jonathan B., m. Betsey **WEED**, Nov. 30, 1814, by Rev. Amzi Lewis	2	134
Jonathan Brown, s. Enos & Sarah, b. Apr. 19, 1792	2	21
Joseph, s. Jonathan, b. Jan. 26, 1691	1	107
Joseph, m. Hanna **FOUNTAIN**, Mar. 12, 1718/19, by Capt. James Olmsted, J. P.	1	96
Joseph, s. Joseph & Hannah, b. Jan. 21, 1722/3	1	150
Joseph, s. Joseph & Hannah, b. Oct. 10, 1728	1	11
Joseph, s. Sam[ue]ll & Hannah, b. Feb. 12, 1756	1	116
Josiah, s. Jonathan & Sarah, b. Mar. 12, 1722/3	1	2
Josiah, s. Ben & Mary, b. July last day, 1732	1	35
Josiah, m. Sarah **HUSTED**, Nov. 22, 1759, by Rev. Noah Welles	1	198
Julia, d. [Ebenezer & Prudence], b. Oct. 24, 1800	2	103
Lydia, m. Samuel **KEELER**, July 29, 1798, by Rev. Marmaduke Earl	2	87
Marcy, d. Lieut. David & Sarah, b. Jan. 27, 1705/6	1	136
Marcy, m. David **SELLECK**, Jan. 3, 1722/3, by Joseph Bishop, J. P.	1	141
Marcy, d. David & Mary, b. Apr. 23, 1737	1	40
Marcy, m. Nathaniel **WEED**, Jr., June 17, 1756, by Rev. Noah Welles	1	125
Maria, d. [Enos & Sarah], b. Apr. 9, 1794	2	21
Maria, of Stamford, m. William **DAYTON**, of Bridgeport, Nov. 15, 1835, by Rev. Daniel Smith	2	241
Martha, m. Scudder **WARRING**, Dec. 4, 1746, by Jonathan Hoit	1	88
Martha, d. John & Hannah, b. Mar. 11, 1756	1	117

	Vol.	Page
WATERBURY (cont.),		
Mary, d. Jno, b. Mar. 20, 1679	1	107
Mary, d. David & Mary, b. Oct. 15, 1725	1	5
Mary, m. James **HOIT**, Oct. 7, 1726	1	8
Mary, d. David & Mary, Jr., b. Sept. 5, 1731	1	29
Mary, d. David, Jr. & Mary, b. Feb. 15, 1739/40	1	52
Mary, d. Benj[ami]n & Mary, b. Jan. 15, 1740/1	1	62
Mary, d. John & Hannah, b. Sept. 8, 1749	1	85
Mary, d. Thomas & Mary, b. July 14, 1753	1	103
Mary, d. John, Jr. & Mary, b. Jan. 6, 1758	1	125
Mary, m. Abraham **BATES**, Nov. 10, 1761, by Maj. Jonathan Maltbie	1	144
Mary, d. Phineas & Elizabeth, b. Nov. 26, 1765	1	166
Mary, m. Joseph **SMITH**, Feb. 25, 1769, by Rev. Ebenezer Dibble	2	77
Mary, d. Josiah & Sarah, b. July 15, 1771	1	198
Mary, d. [William & Lois], b. Feb. 13, 1779	2	89
Mary, m. Benjamin **WEED**, 3rd, Dec. 19, 1784, by Rev. Moses Mather	2	71
Mary Adeline, d. [Henry, Jr. & Elizabeth], b. May 3, 1811, in New York	2	134
Maryan, d. [Ebenezer & Prudence], b. Jan. 13, 1803	2	103
Mary Elizabeth, d. [Samuel & Betsey], b. Nov. 8, 1813	2	132
Mary Elizabeth, d. [Horace & Anne], b. Aug. 13, 1815	2	123
Mary Munday, d. David & Elizabeth, b. Nov. 4, 1784	2	34
Mary Munday, m. Seth **BUXTON**, Mar. 24, 1805, by Ebenezer Davenport, J. P.	2	139
Molly, [twin with Hannah], d. Isaac & Thankfull, b. July 24, 1771	1	194
Moses, s. David, 3rd & Jemima, b. May 26, 1770	1	173-4
Moses, m. Keziah **WEED**, July 15, 1793, by Rev. Moses Mather	2	61
Nancy, d. Enos & Sarah, b. Nov. 27, 1787	2	21
Nancy, d. [William & Lois], b. Nov. 10, 1795	2	89
Nancy, d. [Israel & Rhoda], b. Mar. 19, 1796	2	57
Nancy, m. Nathaniel **SMITH**, 3rd, Oct. 28, 1804, by Rev. Daniel Smith	2	101
Nathan, s. David & Mary, b. June 11, 1730	1	25
Nat[han], s. David, 3rd & Jemima, b. May 10, 1772	1	180
Nathaniel, s. John & Hannah, b. May 2, 1717	1	133
Nathaniel, s. Jonathan & Sarah, b. Apr. 26, 1724	1	2
Nathaniel, m. Rebeckah **HOLLY**, Dec. 29, 1743, by Jon[a]th[an] Hoit, J. P.	1	68
Nathaniel, s. Nathaniel & Rebeckah, b. Dec. 19, 1756	1	122
Nathan[ie]ll, s. Phineas & Elizabeth, b. Nov. 4, 1761	1	166
Nathaniel, Jr., m. Susannah **BROOKER**, Jan. 13, 1766, by Col. Jonathan Hoit	1	158
Nathaniel, Jr., m. Hannah **WEBB**, Jan. 1, 1784, by Rev. Ebenezer Dibble	2	19
Nathaniel, s. [Jonathan & Sarah], b. July 12, 1793	2	19
Nehemiah, s. [Phinehas & Elizabeth], b. June 6, 1783	1	200

	Vol.	Page

WATERBURY (cont.),

	Vol.	Page
Noah, s. Phinehas & Elizabeth, b. Aug. 2, 1775	1	200
Pamela, m. David **MUNSON**, b. of Stamford, Jan. 16, 1821, by John Auger, J. P.	2	148
Patience, m. Daniel **GRAY**, Nov. 15, 1765, by Col. Jonathan Hoit, J. P.	1	164
Peter, s. John & Susanah, b. Nov. 8, 1726	1	7
Peter, s. Isaac & Thankfull, b. May 29, 1754	1	121
Peter, s. John, Jr. & Mary, b. Apr. 26, 1760	1	142-3
Peter, s. Jabid*, Jr. & Mary, b. Apr. 26, 1760 (In pencil *David)	1	163
Peter, s. Silvanus & Sarah, b. Aug. 5, 1760	1	144
Phebe, d. David, 3rd & Jemima, b. Oct. 14, 1762	1	148-9
Pheobe, of Darien, m. David Fitch **HOLLY**, of Stamford, Oct. 15, 1846, by Rev. Ambrose S. Todd	2	286
Finius, s. David & Mary, b. June 1, 1739	1	40
Phineas, m. Elizabeth **LOUNSBERY**, Mar. 10, 1761, by Jonathan Hoit, J. P.	1	166
Phinehas, s. Phinehas & Elizabeth, b. Feb. 18, 1773	1	200
Polly, d. Nath[anie]ll & Hannah, b. Apr. 19, 1800	2	74
Polly, of Darien, m. Rev. Lemuel B. **HULL**, of Reading, Oct. 18, 1824, by Rev. Ambrose S. Todd	2	174
Polly, m. Isaac W. **JONES**, b. of Stamford, Feb. 8, 1827, by Rev. Henry Fuller	2	186
Prudence, d. Capt. David & Mary, b. Feb. 12, 1757	1	95
Prudence*, m. Daniel **GRAY**, Nov. 15, 1765, by Col. Jonathan Hoit, J. P. *(Arnold copy has "Patience")	1	164
Rachell, m. John **HOMES**, 3rd mo. 11, [16]59	1	74
Rachel, d. Jonathan, b. Aug. 28, 1684	1	107
Rachel, d. Benjamin & Mary, b. Nov. 19, 1727	1	15
Reachel, d. John & Mary, b. Mar. 15, 1750	1	122
Rebeckah, d. Nathaniel & Rebeckah, b. Jan. 25, 1752	1	96
Rebecca, m. John **BROWN**, Dec. 10, 1791, by Rev. Moses Mather	2	43
Rebeckah Ann, d. [Henry, Jr. & Elizabeth], b. Apr. 3, 1817	2	134
Reuben*, m. David **LOCKWOOD**, May 12, 1816, by Rev. Will[ia]m Fisher *(Rebecca)	2	133
Rhoda, m. Will[ia]m **WEBB**, June 18, 1812, by Reuben Scofield	2	54
Rose, m. [J]oseph **GARNSEY**, 3rd mo. 11, [16]59	1	74
Rose, d. Jonathan, b. Jan. 21, 1681	1	107
Ruamah, m. Ebenezer **JONES**, Jr., Dec. 3, 1789, by Rev. John Avery	2	47
Rufus, s. [William & Lois], b. Nov. 10, 1790	2	89
Rufus, s. [James & Elizabeth], b. July 1, 1795	2	3
Ruth, d. David [& Sarah], b. June 3, 1699	1	136
Ruth, d. Joseph & Hannah, b. May 8, 1731	1	21
Ruth, d. David & Mary, b. Apr. 14, 1735	1	40
Ruth, m. Hezekiah **WEED**, May 7, 1752, by Jonathan Hoit	1	97
Ruth, m. David **WEBB**, June 20, 1754, by Jonathan Hoit	1	107
Ruth, m. Henry **HAMILTON**, Dec. 5, 1826, by Rev. John Ellis	2	184

STAMFORD VITAL RECORDS

	Vol.	Page
WATERBURY (cont.),		
Sally, d. David & Elizabeth, b. July 11, 1786	2	34
Sally, d. [Uriah & Betsey], b. July 31, 1793; d. Oct. 16, 1797	2	56
Sally, m. Abraham **ADAMS**, Mar. 9, 1805, by Rev. Daniel Smith	2	127
Sally Irene, d. [Enos & Sarah], b. June 9, 1796	2	21
Sam[ue]ll, s. Joseph & Hannah, b. Jan. last day, 1724/5	1	21
Sam[ue]ll, s. Thomas & Hannah, b. Nov. 18, 1732	1	34
Samuel, m. Hannah **STUARD**, Apr. 5, 1753, by Rev. Mr. Galard, of Walton	1	116
Samuel, m. Martha **HOLLY**, Mar. 24, 1757, by Jonathan Hoit	1	126
Sam[ue]ll, s. Josiah & Sarah, b. Aug. 30, 1760	1	198
Samuel, s. [William & Lois], b. Aug. 6, 1788	2	89
Sam[ue]ll, d. [Israel & Rhoda], b. Mar. 18, 1792	2	57
Samuel, m. Betsey **ST. JOHN**, July 9, 1809, in New York, by Rev. Philip Milldollar	2	132
Sam[ue]l, d. Jan. 4, 1814	2	132
Sam[ue]l L., of Bedford, N.Y., m. Eliza A. **WALTON**, of Stamford, Nov. 19, 1850, by Rev. I. Jennings	2	304
Sarah, m. Zachariah **DIBBLE**, 3rd mo. 10, [16]66	1	74
Sarah, d. Jonathan, b. Aug. 15, 1677	1	107
Sarah, d. David, b. Jan. 10, 1684/5	1	136
Sarah, m. Benjamin **MEAD**, May 15, 1700	1	120
Sarah, m. Benjamin **MEAD**, May 15, 1700	1	137
Sarah, m. Jonas **WEED**, Jan. 20, 1703/4	1	136
Sarah, d. John & Sarah, b. July 26, 1709	1	124
Sarah, w. John, d. Aug. 1, 1709	1	124
Sarah, d. John, Jr., d. Nov. 25, 171[ ]	1	143
Sarah, d. Jno & Susannah, b. Dec. 23, 1720/1	1	132
Sarah, d. David & Mary, b. Apr. 12, 1732	1	25
Sarah, d. John & Hannah, b. Nov. 29, 1743	1	61
Sarah, had s. William **WO[O]STER**, b. Mar. 5, 1749/50; f. Henry **WO[O]STER**	1	91
Sarah, m. Gideon **WEED**, Aug. 15, 1751, by Rev. Noah Welles	1	93
Sarah, m. Timothy **TITUS**, Oct. 9, 1751, in Bedford, by Robert Bostwick, J. P.	1	94
Sarah, m. John **GALE**, Sept. 21, 1752, by Rev. Mr. Sturggent	1	102
Sarah, d. Sam[ue]ll & Hannah, b. Jan. 13, 1754	1	116
Sarah, d. David, 4th & Jemima, b. June 2, 1754	1	108
Sarah, d. Jonathan, Jr. & Abigail, b. Apr. 22, 1755	1	124
Sarah, d. Isaac & Thankfull, b. Sept. 30, 1756	1	121
Sarah, d. Jonathan, Jr. & Abigail, d. Aug. 26, 1760	1	141
Sarah, d. Phineas & Elizabeth, b. Aug. 20, 1763	1	166
Sarah, m. Edward **THORP**, Jan. 17, 1765, by Col. Jonathan Hoit, J. P.	1	161
Sarah, m. Enos **WATERBURY**, May 9, 1781, by Benjamin Weed	2	21
Sarah, m. John **LITTLE**, July 17, 1783, by Rev. Moses Mather	2	38
Sarah, d. [William & Lois], b. Mar. 6, 1784	2	89
Sarah, wid., m. Jonathan **BISHOP**, July 20, 1784, by Rev. Moses Mather	2	60

BARBOUR COLLECTION

WATERBURY (cont.),

	Vol.	Page
Sarah, d. Jonathan & Sarah, b. Dec. 21, 1787	2	19
Sarah, m. James **WEED**, Jr., Jan. 8, 1788, by Rev. John Avery	2	72
Sarah, wid., m. John **WEED**, 3rd, Dec. 23, 1799, by Rev. Marmaduke Earl	2	80
Selleck, of New York, m. Cornelia **LEEDS**, of Stamford, Oct. 28, 1832, by Rev. A. S. Todd	2	219
Silvanus, s. Isaac & Thankfull, b. Mar. 17, 1758	1	145
Squire, s. Isaac & Thankfull, b. Sept. 1, 1774	1	194
Stephen White, s. Nath[anie]ll & Hannah, b. Sept. 13, 1787	2	19
Stephen White, s. [Nathaniel & Hannah], b. Oct. 30, 1791	2	19
Susannah, d. Jno & Susanna, b. Dec. 17, 1714	1	133
Susannah, m. Nathaniel **SCOFIELD**, on the evening following Dec. 15, 1736, by Sam[ue]ll Hoit, J. P.	1	31
Susannah, m. Nathaniel **SCOFIELD**, Jr., Dec. 15, 1736, by Samuel Hoit	1	49
Susannah, d. Isaac & Thankfull, b. Mar. 14, 1762	1	145
Thomas, s. Jno, b. May 12, 1687	1	107
Thomas, m. Elizabeth **HOLLY**, Apr. 26, 1716, by Rev. Mr. Davenport	1	106
Thomas, his w. [ ], d. Sept. 18, 1730	1	17
Thomas, his d. [ ], d. July 23, 1732	1	21
Thomas, m. Mary **BROWN**, Jr., Apr. 21, 1753, by Rev. Noah Welles	1	103
Thomas, d. July 18, 1758	1	128
Thomas, s. Thomas & Mary, b. Feb. 26, 1759	1	133
Thomas, s. Thomas & Elizabeth, b. Aug. 4, [ ]	1	34
Tomson*, s. David, 3rd & Jemima, b. Sept. 6, 1758 *(Arnold copy has "Eamson")	1	132
Uriah, m. Betsey **HOLMES**, Oct. 11, 1792, by Rev. Moses Mather	2	56
Waitstill, m. Stephen **BISHOP**, June 4, 1713, by Joseph Bishop, J. P.	1	129
Warren, s. James & Elizabeth, b. Mar. 1, 1792	2	3
William, s. Thomas & Mary, b. Dec. 24, 1756	1	124
William, s. Phineas & Elizabeth, b. Nov. 6, 1765	1	166
William, s. Maj. David & Mary, b. Oct. 10, 1766	1	161
William, s. Josiah & Sarah, b. Nov. 24, 1766	1	198
William, m. Lois **PALMER**, Mar. 29, 1778, by Abraham Davenport	2	89
William, s. [William & Lois], b. Nov. 10, 1782	2	89
William, s. James & Elizabeth, b. June 29, 1789	2	3
William, 6th, m. Nancy **WEEKS**, Oct. 27, 1811, by Rev. Daniel Smith	2	118
William, of Darien, m. Barbara **HALL**, of Stamford, Oct. 2, 1827, by Rev. Daniel Smith	2	189
William, m. Mrs. Polly **McCORMICK**, b. of Stamford, May 25, 1829, by Rev. John Ellis	2	202
William Edwin, s. [Samuel & Betsey], b. Oct. 6, 1811	2	132

	Vol.	Page
WATERBURY (cont.),		
Will[ia]m Henry, s. Ebenezer, Jr. & Anne, b. Sept. 5, 1809	2	116
William Henry, s. [William, 6th & Nancy], b. Jan. 24, 1813	2	118
William Henry, s. [Henry, Jr. & Elizabeth], b. Mar. 21, 1813, in New York	2	134
Youne*, m. Richard **HIGINBOTHEM**, b. of Stamford, Dec. 11, 1707, by Rev. John Davenport *(Eunice)	1	128
WATERS, WARTERS, [see also **WATROUS**], Aaron, s. John & Olive, b. May 14, 1769	1	175
Deborah, d. John & Olive, b. Aug. 29, 1772	1	182-3
Deborah, m. Isaac **HOLLY**, Jan. 27, 1790, by Rev. John Shepard	2	58
Elisha, s. John & Ollive, b. Feb. 8, 1763	1	148-9
Isaac, s. John & Olive, b. May 20, 1775	1	191
Jacob, s. John & Ollive, b. Apr. 16, 1756	1	148-9
James, m. Betsey **POTTS**, Mar. 10, 1829, by Rev. Farnum Knowlton	2	200
Jered, m. Mary **COBB**, Feb. 1, 1834, by Elijah Hebard, Elder	2	221
John, s. John & Olive, b. Apr. 8, 1754	1	106
John, m. Olive **DELEVAN**, June 17, 1753, by Rev. J. Martwick	1	106
Martha, d. John & Olive, b. June 20, 1773	1	182-3
Olive, d. John & Ollive, b. Oct. 28, 1758	1	148-9
WATROUS, [see also **WATERS**], Olive, m. George **DEAL**, Feb. 27, 1782, by Benjamin Weed	2	58
WATSON, Ebenezer H., m. Elizabeth Jane **KNAPP**, Nov. 18, 1829, by Rev. Daniel Smith	2	209
Mary, of New York City, m. John H. **TILLMAN**, of Geneva, N. Y., Nov. 10, 1845, by Rev. Ambrose S. Todd	2	281
WEBB, WEEB, WEEBB, Abigail, d. Joseph & Mary, b. June 10, 1710/11	1	117
Abigail, d. Samuel & Abigail, b. Jan. [ ], 1722	1	0
Abigail, m. Isaac **HOW**, Aug. 15, 1734, by Rev. Ebenezer Wright	1	26
Abigail, d. Benjamin & Mary, b. Oct. 17, 1735	1	30
Abigail, m. Francis **HOLLY**, Jan. 1, 1748/9, by Jonathan Hoit, J. P.	1	84
Abigail, d. Richard & Abigail, b. Jan. 29, 1751	1	107
Abigail, m. Isaac **NEWMAN**, Mar. 11, 1756, by Rev. Benjamin Strong	1	121
Abigail, d. Richard & Abigail, d. Nov. 9, 1757	1	107
Abigail, d. John & Mary, b. Apr. 9, 1759	1	133
Abigail, d. Sam[ue]ll & Mary, b. Dec. 22, 1766	1	199
Abigail, d. Joseph, Jr. & Mary, b. Oct. 2, 1772	1	181
Abigail, m. Nathan **SHERWOOD**, Sept. 23, 1787, by Rev. Mr. Shepherd	2	21
Abigail, d. Sam[ue]ll & Abigail, b. June 3, 1792	2	17
Abigail, m. Samuel **BUXTON**, Jr., Mar. 20, 1808, by Rev. Frederic Smith	2	47
Abigail Hoyt, d. [Wilse & Sarah], b. Feb. 18, 1797	2	49
Abigail Julia, d. [James & Rhoda], b. Aug. 11, 1816	2	137
Adaline, of Stamford, m. Henry **LITTLE**, of Darien, Feb. 9, 1829,		

WEBB, WEEB, WEEBB (cont.),

	Vol.	Page
by Rev. John Ellis	2	195
Addeline Augusta, d. Polly **WEBB**, b. July 3, 1805	2	26
Addison, s. Alfred & Sarah, b. June 29, 1842	2	154
Agness, d. Gilbert & Ruth, b. Dec. 28, 1771	1	193
Albert, s. [Seth & Ann], b. Mar. 12, 1801	2	37
Alfred, s. [William & Susanna], b. Aug. 11, 1799	2	52
Alfred, m. Sarah **WEED**, Jan. 20, 1822, by Rev. Jonathan Judd	2	154
Ambrose, s. [Alfred & Sarah], b. Dec. 6, 1834	2	154
Andrew, s. Seth & Ann, b. Jan. 9, 1791	2	37
Andrew, m. Sally **WEED**, Mar. 14, 1814, by Rev. Daniel Smith	2	132
Augusta, d. [Rufus & Thankful], b. June 21, 1808	2	94
Augustus, s. [Hezekiah & Deborah], b. Sept. 16, 1805	2	124
Benjamin, s. Joseph & Mary, b. Aug. 24, 1705	1	137
Benjamin, m. Mary **CROSS**, Oct. 5, 1732, by Jonathan Hoit, J. P.	1	24
Benjamin, s. Benjamin & Mary, b. Aug. 2, 1733	1	24
Benjamin, Jr., m. Sarah **WEED**, Mar. 27, 1760, by Jonathan Maltbie, J. P.	1	141
Benjamin, s. Benj[amin], Jr. & Sarah, b. Aug. 18, 1769	1	172
Benjamin Smith, s. [Hezekiah & Deborah], b. Jan. 5, 1801	2	124
Betsey*, d. [Samuell & Mary], b. June 27, 1770 *(Afterwards bp. "Elizabeth")	1	199
Betsey, d. Charles, Jr. & Elizabeth, b. Oct. 16, 1772	1	185
Betsey, m. Samuel **HOYT**, 6th, Nov. 8, 1790, by Rev. John Avery	2	35
Caleb, his child [d.*], May 14, 1704 *(From Huntington's Register)	1	135
Caleb, d. May 21, 1704	1	135
Caroline, d. [William & Susanna], b. Feb. 10, 1809	2	52
Caroline, m. W[illia]m H. **HOLLY**, Sept. 16, 1827, by Rev. A. S. Todd	2	188
Catee, d. David & Sarah, b. Aug. 13, 1771	1	180
Cate, d. Sam[ue]ll & Abigail, b. Sept. 20, 1783	2	17
Caty, d. [Henry & Hannah], b. Nov. 21, 1799	2	82
Catharine, d. [Ebenezer & Hannah], b. June 11, 1788	2	20
Catharine, m. Rev. Daniel **SMITH**, June 14, 1801, by Rev. Samuell Sturges	2	63
Catharine Davenport, m. Ebenezer **MOREHOUSE**, Apr. 21, 1825, by Rev. Daniel Smith	2	177
Charles, s. Samuell, b. Mar. 12, 1696/7	1	137
Charles, m. Mary **SMITH**, May 23, 1723, by Rev. John Davenport	1	0
Charles, s. Charles & Mary, b. Feb. 13, 1724	1	3
Charles, s. Sam[ue]ll, d. Apr. 19, 1730	1	15
Charles, m. Marcy **HOLLY**, July 16, 1747, by Rev. Mr. Wells	1	74
Charles, s. Charles & Marcy, b. Dec. 30, 1750	1	89
Charles, Jr., m. Elizabeth **SMITH**, Feb. 15, 1772, by Charles Webb, J. P.	1	185
Charles, s. Silas & Mary, b. Feb. 9, 1778	2	23
Charles, s. Sam[ue]ll & Molly, b. Sept. 29, 1782	2	18

	Vol.	Page
WEBB, WEEB, WEEBB (cont.),		
Charles Henry, s. [Henry & Mary], b. Dec. 6, 1815	2	131
Charles Lockwood, s. [Rufus & Thankful], b. Dec. 24, 1809	2	94
Cloe, d. John & Mary, b. Oct. 17, 1752	1	98
Clarissa, d. [Ebenezer & Hannah], b. May 16, 1790	2	20
Cornelia, d. [Rufus & Thankful], b. Oct. 17, 1811	2	94
Darius, s. [Ebenezer & Phebe], b. Apr. 11, 1793	2	38
David, s. Jonathan & Marcy, b. Sept. 15, 1740	1	44
David, m. Ruth **WATERBERY**, June 20, 1754, by Jonathan Hoit	1	107
David, s. Epenetus & Daborah, b. Mar. 19, 1758	1	127
David, s. David & Ruth, b. May 7, 1762	1	164
David Maltbie, s. Sam[ue]ll & Abigail, b. May 29, 1785	2	17
Deborah, m. Daniel **SMITH**, Feb. 4, 1747/8, by Rev. Noah Welles	1	80
Deborah, d. Joseph, Jr. & Mary, b. June 30, 1769	1	175
Ebenezer, s. Joseph, b. May 7, 1704; d. Aug. 16, 1704	1	137
Ebenezer, s. Joseph & Elizabeth, b. June 23, 1742	1	56
Ebenezer, s. Richard & Abigail, b. Sept. 15, 1752	1	107
Ebenezer, s. Benjamin & Mary, b. Sept. 14, 1756	1	118
Ebenezer, s. Joseph & Elizabeth, d. Aug. 17, 1762, at Weathersfield, ae 20 y. 1 m. 13 d.	1	145
Ebenezer, m. Hannah **TODD**, Sept. 8, 1785, by Rev. William Seward	2	20
Ebenezer, Jr., m. Phebe **TODD**, Aug. 30, 1786, by Rev. William Seward	2	38
Ebenezer, s. Ebenezer & Phebe, b. Mar. 27, 1791	2	38
Ebenezer T., m. Betsey **SCOFIELD**, b. of Stamford, Apr. 11, 1825, by Noble W. Thomas, Elder	2	177
Ebenezer Todd, s. [Ebenezer & Hannah], b. Dec. 19, 1800	2	20
Edward, s. [Epenetus, Jr. & Esther], b. Dec. 25, 1796	2	83
Eliza, d. [Henry & Hannah], b. Aug. 15, 1805	2	82
Elizabeth, d. Samuel & Abigail, b. Jan. 16, 1725	1	5
Elizabeth, d. Joseph & Elizabeth, b. Dec. 30, 1736	1	32
Elizabeth, w. Epenetus, d. Aug. 15, 1740	1	43
Elizabeth, m. Joshua **PARDEE**, Jan. 13, 1763, by Rev. Mr. Wells	1	151
Elizabeth, d. Epenetus & Sarah, b. Mar. 16, 1771	2	22
Elizabeth, d. [Sam[ue]ll & Abigail], b. Nov. 5, 1793	2	17
Elizabeth, d. [Alfred & Sarah], b. Apr. 27, 1823	2	154
Elizabeth, m. Samuel B. **MEAD**, b. of Stamford, Oct. 29, 1844, by Peter C. Oakley. Witnesses Lyman Hoyt, Harvey Hoyt	2	274
Elnathan Todd, s. [Ebenezer & Phebe], b. Sept. 15, 1795	2	38
Emily Jane, d. [Alfred & Sarah], b. Jan. 22, 1840	2	154
Epenetus, s. Joseph & Mary, b. July 16, 1713	1	117
Epenetus, s. Joseph & Mary, b. July 16, 1713	1	121
Epenetus, of Stamford, m. Elizabeth **LOCKWOOD**, of Greenwich, June 28, 1739, in Greenwich, by Rev. Mr. Bosstick	1	41
Epenetus, s. Epenetus & Elizabeth, b. Aug. 6, 1740	1	43
Epenetus, m. Deborah **FERRIS**, Dec. 31, 1741, by Jonathan Hoit, J. P.	1	55

	Vol.	Page
WEBB, WEEB, WEEBB (cont.),		
Epenetus, s. William & Sarah, b. Sept. 22, 1742	1	57
Epenetus, m. Sarah **JUDSON**, May 30, 1762, by Rev. Mr. Welles	1	145
Epenetus, Jr., m. Mary **LODER**, Dec. 29, 1763, by Rev. Mr. Wells	1	150
Epenetus, s. Epenetus & Sarah, b. May 27, 1764	1	163
Epenetus, s. Epenetus, Jr. & Mary, b. Dec. 22, 1765	1	166
Epenetus, s. Epenetus & Sarah, b. Mar. 28, 1768	2	22
Epenetus, m. Prudence **SCOFIELD**, July 1, 1787, by Charles Webb	2	22
Epenetus, Jr., m. wid. Esther **WISE**, Nov. 11, 1787, by Charles Webb	2	83
Epenetus, s. [William & Susanna], b. Nov. 12, 1801	2	52
Epenetus, of Stamford, m. Delia Ann **WEED**, of Darien, Nov. 20, 1825, by Rev. Daniel Smith	2	179
Ezra, s. Joseph & Elizabeth, b. June 29, 1740	1	43
Ezra, s. Stephen & Elizabeth, b. July 21, 1774	1	191
Frederick, s. Epenetus & Sarah, b. Mar. 23, 1773	2	22
Frederick, s. [Henry & Hannah], b. June 13, 1803	2	82
George, s. [Isaac & Mary], b. Jan. 8, 1800	2	43
George, s. [Ebenezer & Phebe], b. Oct. 17, 1800	2	38
George F., of Fairfield, m. Julia A. **SMITH**, of Stamford, Mar. 1, 1825, by Rev. Daniel Smith	2	176
Gilbard, s. John & Mary, b. Mar. 23, 1748/9	1	91
Gilbert, m. Ruth **WALLACE**, Jan. 1, 1772, by Rev. Epenetus Townsend	1	193
Han[n]a[h], d. Joseph, b. July 9, 1679	1	102
Hannah, m. Elieson **SLASON**, May 9, 1711, by Mr. Hoit, J. P.	1	129
Hanah, d. Charles & Mary, b. Nov. last day, 1725	1	5
Han[n]ah, w. Sam[ue]ll, d. Oct. 7, 1729	1	13
Hannah, d. Nathaniel & Deborah, b. June 17, 1733	1	23
Hannah, d. William & Sarah, b. July 21, 1745	1	67
Hannah, d. William & Sarah, b. July 21, 1745	1	82
Hannah, d. Benj[ami]n & Mary, b. Apr. 14, 1746	1	71
Han[n]ah, d. Capt. Charles & Marcy, b. May 28, 1756	1	139
Hannah, m. George **FINCHLEY**, Nov. 4, 1779, by Mr. Burrit	1	200
Hannah, m. Nathaniel **WATERBURY**, Jr., Jan. 1, 1784, by Rev. Ebenezer Dibble	2	19
Hannah Maria, d. [Henry & Mary], b. July 4, 1826	2	131
Hannah Maria, of Stamford, m. James Stewart **GILLESPEE**, of New York, Feb. 21, 1850, by Rev. I. Jennings	2	304
Hannah Todd, d. [Ebenezer & Phebe], b. Mar. 2, 1798	2	38
Harriet, d. [Wilse & Sarah], b. Jan. 19, 1799	2	49
Harriet, d. [Ebenezer & Phebe], b. Dec. 28, 1805	2	38
Harriet, of Stamford, m. William **WARDWELL**, of New Canaan, Nov. 19, 1837, by Aaron S. Hill	2	244
Harvey Patterson, s. [Rufus & Thankful], b. Nov. 19, 1816, in New York	2	94
Henry, s. Nathan[ie]ll & Esther **HARVIS**, b. Sept. 14, 1785	2	10

STAMFORD VITAL RECORDS 291

WEBB, WEEB, WEEBB (cont.),

	Vol.	Page
Henry, s. [William & Susanna], b. Oct. 6, 1788	2	52
Henry, m. Hannah **WATERBURY**, June 11, 1796, by William Fansher, of New York State	2	82
Henry, s. [Henry & Hannah], b. Jan. 11, 1798	2	82
Henry, m. Mary **BELL**, Mar. 6, 1814, by Rev. Daniel Smith	2	131
Henry Wilson, s. Sam[ue]ll & Molly, b. Nov. 28, 1786	2	18
Hezekiah, m. Deborah **JUNE**, July [ ], by Rev. Platt Bufett	2	124
Holly, s. [William & Susanna], b. June 2, 1793	2	52
Isaac, s. Charles & Marcy, b. July 28, 1766	1	162
Isaac, m. Mary **WEED**, Oct. 2, 1791, by Charles Webb, J. P.	2	43
Isaac, s. [Wilse & Sarah], b. Sept. 8, 1794	2	49
Jacob, s. Jonathan & Marcy, b. Apr. 19, 1743	1	57
James, s. Benjamin & Mary, b. May 4, 1740	1	44
James, s. Sam[ue]ll & Abigail, b. Sept. 30, 1788	2	17
James, s. Ebenezer & Phebe, b. Nov. 25, 1788	2	38
James, s. [William & Susanna], b. July 5, 1796	2	52
James, m. Rhoda **HOIT**, Dec. 23, 1813, by Rev. Ebenezer Grant, in Bedford	2	137
James Harvey, s. [Henry & Mary], b. Oct. 3, 1820	2	131
Jane, d. [William & Susanna], b. Sept. 24, 1805	2	52
Jane, of Stamford, m. Levi **MILLER**, of New York, Nov. 22, 1831, by Rev. A. S. Todd	2	215
Jared, s. Epenetus & Sarah, b. Aug. 21, 1766	1	163
Jemima, d. [Ebenezer & Hannah], b. Mar. 31, 1798	2	20
Jeremiah, s. Epenetus & Deborah, b. Nov. 19, 1748	1	79
Jerusha, m. John **LOUNSBERY**, Jan. 12, 1786, by Rev. Ebenezer Dibble	2	17
Joannah, d. Jonathan & Judee, b. Apr. 18, 1718	1	15
Joannah, m. Bowley* **ARNOLD**, Feb. 3, 1736/7, by Jonathan Hoit, J. P. *(Bowtey?)	1	32
John, of Stamford, m. Mary **HOMES**, of Greenwich, [ ], in Greenwich, by Rev. Abraham Todd, of Greenwich	1	44
John, d. Sept. 18, 1706	1	135
John, s. Joseph & Mary, b. July 28, 1707	1	137
John, s. John & Mary, b. Dec. 4, 1741	1	51
John, [twin with Nehemiah], s. Stephen & Elizabeth, b. Dec. 11, 1769	1	176
John, s. Sam[ue]ll & Abigail, b. Dec. 7, 1786	2	17
John Isaac, s. [Alfred & Sarah], b. Sept. 5, 1830	2	154
John Wilson, s. Sam[ue]ll & Molly, b. Aug. 3, 1784	2	18
Jonas, s. John & Mary, b. Dec. 3, 1746	1	75
Jonathan, s. Jonathan & Judee, b. Apr. 14, 1712	1	15
Jonathan, m. Marcy **SCOFIELD**, Mar. 12, 1736/7, by Sam[ue]ll Hoit, J. P.	1	33
Jonathan, m. Sarah **MILLER**, Apr. 26, 1737, by Sam[ue]ll Hoit, J. P.	1	33
Jonathan, s. Jonathan, Jr. & Margary, b. Sept. 4, 1738	1	36
Jonathan, Jr., d. Aug. 5, 1744	1	73

	Vol.	Page
WEBB, WEEB, WEEBB (cont.),		
Joseph, m. Han[n]a[h] **SCOFIELD**, Jan. 8, 1672	1	102
Joseph, m. Han[n]a[h] **SCOFIELD**, 11th mo. 8, 1672	1	113
Joseph, s. Joseph [& Hannah], b. Jan. 5, 1674	1	102
Joseph, s. Joseph, b. 11th mo. 5, 1674	1	107
Joseph, m. Mary **HOIT**, Feb. 23, 1698	1	104
Joseph, s. Joseph, b. Jan. 26, 1700/1	1	137
Joseph, of Weathersfield, s. Joseph, of Stanford, d. Apr. 5, [ ], ae 33 y. 3 m. 17 d.	1	139
Joseph, m. Sarah **BLACKLY**, Aug. 23, 1726	1	6
Joseph, s. Joseph & Sarah, b. Dec. 8, 1727	1	9
Joseph, m. Elizabeth **STAR[R]**, Feb. 3, 1735/6, by Rev. Mr. Cook, of Stratfield	1	32
Joseph, Lieut., d. Nov. 15, 1743	1	58
Joseph, s. Epenetus & Deborah, b. Aug. 15, 1744	1	63
Joseph, s. Nathaniel & Sarah, b. Sept. 2, 1760, in Goshan	1	138
Joseph, Jr., m. Mary **HEUSTED**, July 28, 1767, by Rev. Mr. Wells	1	161
Joseph, s. Joseph, Jr. & Mary, b. May 21, 1776	1	175
Joseph, m. Elizabeth **SMITH**, July 29, 1798, by Rev. Marmaduke Earl	2	79
Joseph Wood, s. [Ebenezer & Hannah], b. July 15, 1804	2	20
Josephine, of Stamford, m. David L. **SCOFIELD**, of Morristown, N. J., Jan. 1, 1850, by J. Y. Twiss	2	300
Joshua, s. Richard, b. 15, [16]	1	19
Josiah, s. Epenetus & Deborah, b. Oct. 13, 1746	1	70
Josiah, s. Ebenetus, d. Oct. 20, 1749	1	84
Josiah, s. Epenetus & Deborah, b. Jan. 29, 1750/1	1	90
Judee, d. Jonathan & Judee, b. May 16, 1714	1	15
Judee, m. Daniel **STEVENS**, Feb. 1, 1733/4, by Jonathan Hoit, J. P.	1	51
Judeth, d. Jonathan & Judeth, b. May 11, 1714	1	122
Judeth, w. Jonathan, d. Dec. 8, 1734	1	27
Judson, s. Epenetus & Sarah, b. Apr. 11, 1775	2	22
Julia Ann, m. Stephen B. **FINCH**, Oct. 14, 1821, by Rev. Jonathan Judd	2	154
Julian, d. [William & Susanna], b. Mar. 18, 1798	2	52
Laura Austa, d. [Hezekiah & Deborah], b. Apr. 7, 1802	2	124
Lucinda, d. [Alfred & Sarah], b. Sept. 6, 1832	2	154
Lydya, [twin with Prudence], d. William & Sarah, b. Aug. 14, 1748	1	82
Marcy, d. Samuell, b. Apr. 11, 1693/4	1	137
Margery, d. Joseph & Han[n]ah, b. Oct. 4, 1683	1	108
Margery, m. Joseph **LOCKWOOD**, Aug. 10, 1715, by Capt. Joseph Bishop, J. P.	1	119
Margery, m. David **HOLLY**, May 10, 1722, by Capt. Joseph Bishop, J. P.	1	112
Maria, d. [William & Susanna], b. Nov. 16, 1794	2	52
Martha, d. John & Mary, b. Oct. 31, 1745; d. Jan. 6, 1745/6	1	75

WEBB, WEEB, WEEBB (cont.),

	Vol.	Page
Martha, d. John & Mary, b. Dec. 15, 1750	1	91
Mary, d. Joseph, b. Apr. 14, 1677	1	102
Mary, m. Daniel **WEED**, Sept. 23, 1697	1	104
Mary, d. Sam[ue]ll, b. Jan. 7, 1698/9	1	137
Mary, d. Joseph & Mary, b. July 28, 1715	1	105
Mary, m. Jno **BATES**, May 18, 1722, by Capt. Joseph Bishop, J. P.	1	112
Mary, d. Charles & Mary, b. Dec. 26, 1727	1	9
Mary, d. Jonathan & Judee, b. Apr. 20, 1730	1	15
Mary, m. Daniel **LOCKWOOD**, Apr. 5, 1734, by Rev. Mr. Wright	1	25
Mary, d. John & Mary, b. Mar. 12, 1739/40	1	44
Mary, d. Benjamin & Mary, b. Apr. 17, 1743	1	58
Mary, m. Jonathan **CLASON**, Jr., Oct. 10, 1746, by Jonathan Hoit	1	84
Mary, d. Richard & Abigail, b. June 4, 1747; d. July 10, following	1	78
Mary, d. Richard & Abigail, b. Aug. 20, 1748	1	78
Mary, d. Charles & Mary, b. Oct. 10, 1748	1	79
Mary, w. Lieut. Joseph, d. Feb. 24, 1749/50, in the 77th y. of her age	1	84
Mary, d. William & Sarah, b. Aug. 4, 1751	1	96
Mary, m. Abraham **HOLLY**, Jan. 12, 1758, by Rev. Benjamin Strong	1	127
Mary, w. John, d. Feb. 24, 1761	1	140
Mary, m. Silas **DAVENPORT**, Mar. 7, 1765, by Rev. Noah Welles	2	23
Mary, m. Silas **DAVENPORT**, Mar. 7, 1765, by Rev. Mr. Wells	1	155
Mary, b. Apr. 17, 1772; m. Samuel **CLASON**, Feb. 9, 1792, by Rev. John Shephard	2	92
Mary, d. Sam[ue]ll & Mary, b. Apr. 22, 1772	1	199
Mary, wid., m. David **LOUNSBERY**, Jan. 16, 1776, by Abraham Davenport	1	196
Mary, m. Benj[ami]n **TRYON**, Nov. 25, 1777, by Abraham Davenport	2	4
Mary, d. [Wilse & Sarah], b. Nov. 19, 1792	2	49
Mary, m. Shadrach **HOYT**, Sept. 8, 1798, by Rev. Daniel Smith	2	80
Mary Ann, d. [Isaac & Mary], b. Oct. 16, 1794; d. Oct. 31, 1795	2	43
Mary Ann, d. [Sam[ue]ll & Abigail], b. Mar. 15, 1795	2	17
Mary Ann, d. [Seth & Ann], b. Mar. 22, 1798	2	37
Mary Frances, d. [Alfred & Sarah], b. Feb. 6, 1837	2	154
Mehetable, d. [Henry & Hannah], b. May 13, 1815	2	82
Mercy, m. Francis **BROWN**, June 18, 1713, by Elisha Holly, J. P.	1	105
Mercy, d. Benjamin, Jr. & Sarah, b. Feb. 15, 1772	1	187
Moses, s. Epenetus & Deborah, b. Feb. 18, 1756	1	117
Nancy, d. Joseph, Jr. & Mary, b. Nov. 24, 1767	1	163
Nancy, [twin with Samuel], d. Ebenezer & Hannah, b. July 5, 1786	2	20
Nancy, d. [Ebenezer & Hannah], b. Mar. 14, 1795	2	20
Nancy, d. [Henry & Hannah], b. Jan. 13, 1801	2	82
Nathan*, s. [Samuell & Mary], b. Sept. 20, 1768 *(After-		

	Vol.	Page

WEBB, WEEB, WEEBB (cont.),

	Vol.	Page
wards called "Sam[ue]ll")	1	199
Nathaniell, s. Sam[ue]ll, b. Nov. 6, 1700	1	137
Nathaniel, m. Sarah **WEBSTER**, Apr. 20, 1724, by Samuell Peck, J. P.	1	4
Nathaniell, m. Sarah **WEED**, June 23, 1726, by Rev. John Davenport	1	6
Nathaniel, s. Nathaniel & Deborah, b. Feb. 3, 1734/5	1	28
Nathaniel, s. Benjamin & Mary, b. Oct. 18, 1736	1	35
Nathaniel, Jr., m. Hannah **WHIT**, Sept. 5, 1755, by Rev. Benjamin Strong	1	112
Nathaniel, of Goshan, m. Sarah **BISHOP**, of Stanford, Nov. 5, 1759, by Rev. Noah Welles	1	134
Nathaniel, 3rd, m. Esther Jarvis **LOCKWOOD**, June 1, 1781, by Rev. Ebenezer Dibble	2	10
Nehemiah, [twin with John], s. Stephen & Elizabeth, b. Dec. 11, 1769	1	176
Nelson, s. [William & Susanna], b. Jan. 31, 1807	2	52
Nelson, s. [Alfred & Sarah], b. Nov. 26, 1826	2	154
Noah, s. Richard & Abigail, b. Nov. 29, 1754	1	113
Noah, s. [William & Susanna], b. July 20, 1803	2	52
Noah, m. Rachal E. **BUXTON**, Feb. 6, 1832, by Rev. A. S. Todd	2	215
Oliver, s. [Henry & Hannah], b. May 29, 1809	2	82
Patience, d. Jonathan & Judee, b. Jan. 16, 1725/6	1	15
Pactience, m. Nehemiah **MARSHALL**, Apr. 4, 1743, by Sam[ue]ll Hoit, J. P.	1	62
Peter, s. Epenetus & Deborah, b. May 23, 1754	1	107
Phebe, d. John & Mary, b. Dec. 28, 1760; d. Jan. 1, 1761	1	140
Phebe, b. Dec. 10, 1764; m. David **SMITH**, 3rd, May 2, 1786, by Rev. William Seward	2	106
Phebe, d. Benjamin, Jr. & Sarah, b. Dec. 10, 1764	1	154
Phebe, d. [Ebenezer & Hannah], b. Oct. 15, 1792	2	20
Phebe, d. [James & Rhoda], b. Apr. 14, 1818	2	137
Phebe, m. Isaac **SELLECK**, b. of Stamford, Nov. 14, 1830, by Rev. Sam[ue]l Cockran	2	212
Phebe Elizabeth, d. [Rufus & Thankful], b. Dec. 11, 1819, in New York	2	94
Phineas, s. David & Ruth, b. Apr. 19, 1759	1	133
Polly, d. Joseph, Jr. & Mary, b. Dec. 20, 1770	1	175
Polly, d. Nathan[ie]ll & Esther Jarvis, b. July 14, 1783	2	10
Polly, had d. Addeline Augusta, b. July 3, 1805	2	26
Prudence, d. Epenetus & Deborah, b. May 21, 1743	1	58
Prudence, d. Epenetus & Deborah, d. Oct. 20, 1743	1	58
Prudence, [twin with Lydya], d. William & Sarah, b. Aug. 14, 1748	1	82
Rachel, d. Nathaniel & Sarah, b. Nov. 8, 1729	1	14
Rachel, d. Nathaniel, d. June 10, 1736	1	31
Rachel, d. Nathaniel, d. Mar. 25, 1740	1	42
Rachel, d. Nathaniel & Deborah, b. Nov. 11, 1740	1	44
Rebecca, see Rebecca **KNAPP**	2	285

STAMFORD VITAL RECORDS

WEBB, WEEB, WEEBB (cont.),

	Vol.	Page
Rebecca, d. Epenetus & Sarah, b. Mar. 15, 1782	2	22
Rebecca, m. Zadock **NEWMAN**, Mar. 25, 1792, by Rev. John Shepherd	2	45
Rebecca, d. [Ebenezer & Phebe], b. Feb. 10, 1803	2	38
Rebecca, of Stamford, m. William **KNAPP**, of Fairfield, Mar. 14, 1827, by Rev. Daniel Smith	2	187
Rebecca Ann, d. [Hezekiah & Deborah], b. Nov. 1, 1803	2	124
Rebecca Ann, of Stamford, m. Daniel **SAYR**, of LeFeyette, N. J., May 4, 1840, by Rev. Edward Oldrin	2	258
Rhoda, w. James, d. June 6, 1818	2	137
Ruah, d. Epenetus & Sarah, b. July 18, 1777 (Rhua)	2	22
Rhua, of Stamford, m. William **MILLER**, formerly of Bedford, Oct. 24, 1830, by Daniel J. Wright, Elder	2	208
Richard, his child d. Jan. 1, 1656	1	19
Richard, d. Mar. 15, 1675/6	1	102
Richard, s. "Ann", b. Mar. 12, 1715/16	1	141
Richard, s. Jonathan & Judee, b. Jan. 12, 1722	1	15
Rufus, s. Ebenezer & Phebe, b. Apr. 6, 1787	2	38
Rufus, m. Thankful **LOCKWOOD**, Apr. 13, 1806, by Jabez Fitch	2	94
Rufus, s. [Henry & Hannah], b. Apr. 5, 1807	2	82
Ruth, d. Jonathan & Judee, b. Jan. 14, 1727/8	1	15
Ruth, d. Gilbert & Ruth, b. Apr. 14, 1775	1	193
Sally, d. [William & Susanna], b. Sept. 28, 1791	2	52
Sally Ann, d. [Alfred & Sarah], b. Feb. 16, 1825	2	154
Sally Ann, of Stamford, m. Charles H. **DIBBLE**, of Orange, N. Y., Oct. 14, 1845, by Rev. Peter C. Oakley	2	280
[Sam]uell*, s. Richard, b. Mar. 30, 1662 *(Supplied from Huntington's Register)	1	98
Samuel, s. Samuell, b. Nov. 6, 1692	1	137
Sam[ue]ll, m. Abigail **SLASON**, Dec. 8, 1720, by Samuel Peck, J. P.	1	96
Samuel, s. Samuel & Abigail, b. Nov. 14, 1721	1	149
Sam[ue]ll, s. Charles & Mary, b. June 5, 1730	1	16
Sam[ue]ll, Sergt., d. June 28, 1736	1	31
Samuel, s. Nathaniel & Deborah, b. Feb. 20, 1744/5	1	64
Samuel, s. David & Ruth, b. Oct. 10, 1754	1	112
Sam[ue]ll, s. Capt. Charles & Marcy, b. Mar. 7, 1760	1	139
Samuel, Jr., m. Molly **WILSON**, Dec. 15, 1781	2	18
Samuel, m. Abigail **MALTBIE**, June 6, 1782, by Rev. John Avery	2	17
Samuel, [twin with Nancy], s. Ebenezer & Hannah, b. July 5, 1786	2	20
Sam[ue]l, Dr., m. Polly **SCOFIELD**, b. of Stamford, [Oct.] 27, 1824, by Rev. John Ellis. Int. Pub. [Oct.] 18, [1824]	2	172
Samuel, Dr., d. Dec. 29, 1826	2	18
Samuel, m. Mary **KNAP[P]**, [ ]	1	199
Samuell, see Nathan **WEBB**	1	199
Sam[ue]ll Jarvis, s. Nathan[ie]ll & Esther Jarvis, b. Mar. 3, 1782	2	10
Sarah, d. Joseph & Han[n]a[h], b. Oct. 16, 1681	1	108
Sarah, d. Oct. 19, 1706	1	135

	Vol.	Page

WEBB, WEEB, WEEBB (cont.),

	Vol.	Page
Sarah, d. Joseph & Mary, b. May 9, 1709	1	117
Sarah, d. Joseph & Mary, b. May 9, 1709	1	121
Sarah, d. Joseph & Mary, b. May 9, 1709	1	137
Sarah, m. Nathan **HOLLY**, on the eve following the 1st day of May, 1718, by Capt. Joseph Bishop, J. P.	1	119
Sarah, d. Nathaniell & Sarah, b. Dec. 12, 1725	1	5
Sarah, w. Nathaniell, d. Dec. 19, 1725	1	5
Sarah, 2nd w. Nathaniel, d. June last day, 1731	1	19
Sarah, w. Joseph, d. June 26, 1733	1	23
Sarah, d. Joseph, Jr. & Elizabeth, b. May 23, 1738	1	37
Sarah, d. William & Sarah, b. Feb. 3, 1739/40	1	41
Sarah, m. Nehemiah **LOUNSBERY**, Feb. 8, 1744/5, by Rev. Ebenezer Wright	1	64
Sarah, d. Benjamin & Mary, b. Sept. 24, 1752	1	98
Sarah, d. Charles & Marcy, b. May 2, 1753	1	102
Sarah, d. David & Ruth, b. Dec. 10, 1756	1	128
Sarah, m. Zopher **WILLMOT**, Dec. 29, 1761, by Rev. Noah Wells	1	142-3
Sarah, d. Benjamin & Sarah, b. Dec. 4, 1762	1	148-9
Sarah, m. John **PARDEE**, Jan. 23, 1767, by Rev. Mr. Wells	1	158
Sarah, d. Epenetus & Sarah, b. June 19, 1769	2	22
Sarah, m. Moses **NICHOLS**, Aug. 31, 1786, by Rev. John Avery	2	13
Sarah, w. Epenetus, d. Apr. 26, 1787	2	22
Sarah, d. Sam[ue]ll & Abigail, b. Oct. 26, 1790	2	17
Sarah, d. [Seth & Ann], b. Mar. 16, 1793	2	37
Sarah E., of Stamford, m. Edward F. **BOYER**, of New York, Mar. 1, 1837, by Rev. Daniel Smith	2	247
Seth, s. Epenetus & Sarah, b. Mar. 15, 1763	1	163
Seth, m. Ann **NICHOLS**, Jan. 10, 1790, by Charles Webb	2	37
Silvanus, s. Richard & Abigail, b. Oct. 5, 1745	1	78
Stephen, s. John & Mary, b. Aug. 21, 1743	1	75
Stephen, m. Elizabeth **HOIT**, Mar. 2, 1769, by Rev. Mr. Davenport, of Greenwich	1	176
Stephen, s. Stephen & Elizabeth, b. June 28, 1772	1	191
Susanna, w. Will[ia]m, d. May 12, 1811	2	54
Sylvester L'Hommadieu, s. [Rufus & Thankful], b. Jan. 28, 1807	2	94
Theodore, s. [Alfred & Sarah], b. Dec. 5, 1828	2	154
Theodotia, d. Benjamin, Jr. & Sarah, b. Aug. 22, 1767	1	168
Theodosia, m. Nathan **CHICHESTER**, Jan. 4, 1786, by Rev. William Seward	2	58
Waitstill, d. Samuell, b. Jan. 6, 1690/1	1	137
Waitstill, m. Joseph **HOLLY**, June 18, 1713, by Elisha Holly, J. P.	1	105
Waitstill, child of Nathaniel & Deborah, b. Jan. 6, 1742/3; d. Nov. 17, 1743	1	58
Wallace, s. Gilbert & Ruth, b. Feb. 11, 1773	1	193
Walter, s. [Seth & Ann], b. Aug. 12, 1795	2	37
Willett, s. [Hezekiah & Deborah], b. Sept. 25, 1808	2	124
William, s. Jonathan & Judee, b. Apr. 8, 1716	1	15
William, m. Sarah **SCOFIELD**, June 20, 1737, by Rev. Mr.		

	Vol.	Page
WEBB, WEEB, WEEBB (cont.),		
Wright	1	15
William, s. William & Sarah, b. Oct. 2, 1738	1	15
William, s. Epenetus, Jr. & Mary, b. June 23, 1764	1	152
William, m. Susanna **WEED**, Dec. 6, 1787, by Rev. John Avery	2	52
William, s. [William & Susanna], b. Jan. 15, 1790	2	52
Will[ia]m, m. 2nd w. Rhoda **WATERBURY**, June 18, 1812, by Reuben Scofield	2	54
Will[ia]m Darius, s. [Hezekiah & Deborah], b. Nov. 16, 1806	2	124
W[illia]m Erastus, s. [Joseph & Elizabeth], b. Oct. 21, 1799	2	79
Will[ia]m Griffin, s. [Andrew & Sally], b. July 1, 1815	2	132
William Morris, s. [Isaac & Mary], b. Dec. 19, 1796	2	43
William Morris, s. [Isaac & Mary], d. Mar. 25, 1800	2	43
Wilsey, s. Epenetus, Jr. & Mary, b. Oct. 7, 1767	1	166
Wilse, m. Sarah **JESUP**, July 15, 1792, by Charles Webb, J. P.	2	49
Wilsey, m. Hannah **BISHOP**, Mar. 24, 1823, by B. Glover	2	163
WEBSTER, Abigail, w. David, d. Apr. 16, 1707	1	138
Abigail, d. David & Mercy, b. Jan. 31, 1712/13	1	122
Abraham, s. David & Mary, b. Apr. 1, 1727	1	14
Attwood, s. David & Mercy, b. Dec. 5, 1711	1	105
Atwood, d. Feb. 7, 1747/8	1	75
David, m. Abigail **HOLLY**, June 13, 1706, by Capt. Selleck, J. P.	1	137
David, m. Mercy **MOR[R]IS**, Dec. 1, 1709, by Justice Hoit	1	124
David, s. David & Mercy, b. Sept. 1, 1711	1	127
David, d. Dec. 11, 1732	1	21
Ebenezer, s. David & Mercy, b. Mar. 24, 1720/1	1	150
Elizabeth, d. David & Abigall, b. Apr. 1, 1707	1	137
Elizabeth, [ ] David, d. Dec. 14, 1714	1	138
John, m. Sary **JAGGER**, Apr. 9, 1702	1	121
John, s. John, b. June 24, 1704	1	134
John, s. John, b. June 24, 1704	1	136
John, d. Mar. 8, 1717	1	126
John, m. Mercy **CLASON**, the evening following the 18th day of Dec., 1728, by Joseph Bishop, J. P.	1	11
John, s. John & Mercy, b. Oct. last day, 1732	1	29
Martha, d. David & Mary, b. Aug. 13, 1725	1	14
Mehettabill, d. Ebenezer & Margary, b. Mar. 26, 1723	1	0
Mercy, d. David & Mercy, b. Aug. 27, 1714	1	133
Nicholas, s. John & Sarah, b. Dec. 18, 1710	1	131
Nicolas, d. Oct. 15, 1734	1	27
Nicolas, s. John & Marsy, b. June 4, 1735	1	41
Rachell, had s. Nathaniell, b. July 18, 1697; f. Nathaniell **WAIT**	1	137
Rachel, d. John & Sarah, b. July 23, 1708	1	136
Rachell, m. Henery **ATTWOOD**, Aug. 18, 1708, by Capt. Selleck, J. P.	1	127
Rachel, d. John & Sarah, d. Apr. 5, 1710	1	131
Rachel, d. David & Mercy, b. Aug. 12, 1710	1	124
Rachel, m. Nathan **STIRGES**, the evening following the 22nd day Feb. 1732/3, by Joseph Bishop, J. P.	1	22

	Vol.	Page
WEBSTER (cont.),		
Rebecca, d. David & Mercy, b. Nov. 22, 1719	1	146
Rebeckah, m. John **BELDING**, Oct. 9, 1750, in Ridgefield, by Rev. Mr. Ingersoll	1	105
Samuel, s. John & Marcy, b. Feb. 11, 1740/1	1	52
Sarah, d. John, b. Aug. 10, 1706	1	136
Sarah, d. David & Mercy, b. Feb. 4, 1722/3	1	150
Sarah, m. Nathaniel **WEBB**, Apr. 20, 1724, by Samuell Peck, J. P.	1	4
Sarah, d. John & Marsy, b. July 4, 1738	1	41
Thankfull, d. David & Mary, b. Sept. 13, 1729	1	14
WEED, Aaron, m. Elizabeth **PENOYER**, Jan. 11, 1764, by Rev. Mr. Wells	1	152
Aaron, s. [Aaron & Elizabeth], b. Oct. 14, 1771	2	53
Abygall, d. Jonas, b. Apr. 5, 1695	1	136
Abigail, m. Jeremiah **SCOFIELD**, Jan. 20, 1714, by Joasph Bishop, J. P.	1	145
Abigail, d. Ebenezer & Mary, b. Nov. 5, 1728	1	11
Abigail, d. Nathan & Elizabeth, b. May last day, 1732	1	21
Abigail, d. Joseph & Rose, b. Feb. 5, 1732/3	1	28
Abigail, d. Daniel & Elizabeth, b. Apr. 6, 1733	1	22
Abigaill, d. Daniel & Elizabeth, d. Apr. 14, 1733	1	22
Abigail, w. Epenetus, d. Dec. 30, 1736	1	31
Abigaill, w. Sam[ue]ll, d. May 5, 1737	1	33
Abigail, d. Reuben & Lidia, b. Dec. 3, 1741	1	60
Abigail, d. Jon[atha]n & Mercy, b. Sept. 16, 1744	1	62
Abigail, d. Josiah & Abigail, b. Nov. 14, 1747	1	78
Abigail, d. Epenetus [& Mary], b. Aug. 16, 1749; d. Sept. 8, 1751	1	93
Abigail, d. Israel & Abigail, b. Oct. 24, 1751	1	97
Abigail, d. Hezekiah & Marcy, b. Aug. 13, 1756	1	147
Abigail, d. Epenetus & Mary, b. Nov. 20, 1757	1	93
Abigail, d. Benjamin & Sarah, b. Feb. 23, 1758	1	126
Abigail, m. George **MILL**, Aug. 12, 1760, by Rev. Noah Wells	1	140
Abigail, d. Gideon & Abigail, b. Dec. 26, 1766	1	202
Abigail, d. Peter & Abigail, b. Mar. 24, 1767	1	164
Abigail, m. Silvanus **KNAP[P]**, May 7, 1767, by Rev. Mr. Wells	1	171
Abigail, d. Isaac & Hannah, b. Sept. 8, 1767	1	192
Abigail, d. Ebenezer, Jr. & Hannah, b. Aug. 2, 1768	1	165
Abigail, d. Eliphalet & Martha, b. Jan. 29, 1772	1	197
Abigail, d. Scudder & Abigail, b. June 7, 1778	1	196
Abigail, d. [Peter & Abigail], b. July 4, 1778	2	46
Abigail, m. Hoit **SCOFIELD**, Apr. 6, 1783, by Rev. Moses Mather	2	1
Abigail, d. Ebenezer & Hannah, b. Aug. 19, 1787	2	9
Abigail, d. [Elnathan & Lydia], b. Oct. 31, 1796	2	83
Abigail, m. William **DASKUM**, July 24, 1833, by Rev. Daniel Smith	2	238
Abishai, b. Oct. 25, 1760; m. Susanna **HOYT**, Nov. 23, 1785, by Rev. Justus Mitchell	2	73
Abisha, child of Amos & Mary, b. Oct. 26, 1760	1	144

	Vol.	Page
WEED (cont.),		
Abishai, s. [Abishai & Susanna], b. Sept. 14, 1792	2	73
Abraham, s. Daniell, Sr., was on Aug. 18, 1698, 18 years old	1	137
Abraham, m. Susan **BELL**, b. of Stamford, Apr. 11, 1706, by Rev. John Davenport	1	128
Abraham, s. Abraham & Susana, b. Apr. 27, 1707	1	136
Abraham, m. Naomy **POND**, Jan. 11, 1707/8, by Rev. John Davenport	1	9
Abraham, d. Dec. 26, 1711	1	131
Abraham, s. Abraham & Naomy, b. Nov. 1, 1728	1	12
Abraham, Jr., m. Elizabeth **BUTTON**, Feb. 8, 1749/50, by Jonathan Hoit, J. P.	1	98
Abraham, d. Dec. 26, 1757	1	124
Abraham, s. Nathaniel, Jr. & Marcy, b. May 12, 1759	1	132
Abraham, [twin with Isaac], s. Gideon, Jr. & Abigail, b. Mar. 28, 1779	1	202
Abram, s. Peter, Jr. & Esther, b. Dec. 15, 1768	1	182-3
Alanson, s. Hezekiah & Rebecca, b. July 23, 1780	2	21
Albert Sylvester, s. [Smith & Cena], b. Mar. 3, 1809	2	92
Alexander H., m. Mary E. **SCOFIELD**, b. of Stamford, Jan. 7, 1849, by Rev. J. Jennings	2	297
Alfred, s. [Israel & Sarah], b. May 1, 1789	2	121
Alfred, s. [Hezekiah & Rebecca], b. May 18, 1794	2	21
Alvin, m. Harriet M. **LOCKWOOD**, d. Nathaniel, b. of North Stamford, Nov. 21, 1848, by Rev. W. H. Megie	2	294
Amariah, s. Jabish & Hannah, b. Feb. 1, 1793	2	42
Amelia Frances, d. [John, 3rd & Sarah], b. June 22, 1815	2	80
Amelia Jane, of Stamford, m. W[illia]m **HOYT**, of South Middletown, N. Y., Mar. 24, 1845, by Rev. Addison Parker	2	278
Amos, s. Beniamin & Mary, b. July 15, 1722	1	0
Amos, m. Mary **CLASON**, Apr. 14, 1747, by Jonathan Maltbie	1	86
Amos, s. Amos & Mary, b. Mar. 30, 1753	1	137
Amy, d. [Jonas, 3rd & Deborah], b. Sept. 1, 1787	2	70
Ame, d. [John, 4th & Sally], b. Apr. 25, 1804	2	112
Ananias, [twin with Mary], child Daniel & Kezia, b. May 20, 1748; d. [ ] ae 4 m.	1	79
Anias, s. Benjamin & Sarah, b. Nov. 20, 1752	1	100
Ananias, m. Sally **BROWN**, Mar. 8, 1781, by Benjamin Weed	2	85
Angeline, m. Lewis Thorn, b. of Stamford, Jan. 26, 1823, by Rev. Daniel Smith	2	161
Ann, d. Nathaniel & Mary, b. Jan. [ ], [17]	1	149
Ann, d. Nathaniel, d. Jan. 28, 1720/1	1	132
Ann, d. Abraham, Jr. & Elizabeth, b. Dec. 1, 1750	1	98
Ann, d. Nathan & Deborah, b. Apr. 19, 1756	1	119
Anne, m. Enoch **COMSTOCK**, Dec. 3, 1772, by Abraham Davenport	2	38
Anne, d. Nathan & Mary, b. Dec. 8, 1791	2	19
Asahel, s. Amos & Mary, b. Jan. 1, 1755	1	137
Asael, s. Amos & Mary, b. Jan. 1, 1756	1	144

	Vol.	Page
WEED (cont.),		
Asahel, m. Hannah **HOIT**, Apr. 21, 1780, by Sam[ue]ll C. Silliman	2	4
Asahel, Jr., m. Thankful **FINCH**, May 16, 1793, by Rev. Justus Mitchell	2	44
Barnabus, s. [Smith & Mary], b. Aug. 24, 1793	2	23
Bartholomew, s. Abraham & Naomy, b. Aug. 4, 1730	1	17
Beach, s. Daniel & Keziah, b. Apr. 2, 1739	1	48
Belding, s. James & Keturah, b. Mar. 14, 1751	1	116
Benjamin, s. Jonas, b. Apr. 5, 1681	1	136
Benjamin, m. Mary **PENOIR**, Feb. 27, 1706/7, by Capt. Selleck, J. P.	1	121
Benjamin, s. Benjamin & Mary, b. Dec. 16, 1707	1	137
Benjamin, s. Epenetus & Mary, b. June 18, 1741	1	52
Benjamin, s. Samuel & Hannah, b. Feb. 3, 1743/4	1	76
Benjamin, m. Sarah **SMITH**, Jan. 14, 1747/8, by Rev. Noah Welles	1	92
Benjamin, s. Benj[ami]n & Sarah, b. July 27, 1750	1	92
Benjamin, s. Epenetus, d. Sept. 6, 1758, in the army at Lake George	1	129
Benjamin, s. Epenetus & Sarah, b. Dec. 18, 1758	1	129
Benjamin, 3rd, m. wid. Eunice **MEAD**, May 27, 1779, by Rev. William Seward	2	18
Benjamin, 3rd, m. Mary **WATERBURY**, Dec. 19, 1784, by Rev. Moses Mather	2	71
Benjamin, of Darien, m. Hannah **HOYT**, of Stamford, Sept. 17, 1820, by Rev. Daniel Smith	2	143
Benjamin, m. Emeline **HOYT**, b. of Stamford, Dec. 18, 1828, by Rev. Henry Fuller	2	194
Benj[ami]n M., m. Emeline **HANFORD**, b. of Stamford, Dec. 10, 1828, by Rev. Henry Fuller	2	194
Bethiah, wid., d. Dec. 29, 1713	1	126
Bethia, d. Benjamin & Mary, b. Mar. 1, 1720	1	132
Bethiah, d. Benjamin & Mary, d. Dec. 16, 1726	1	7
Bertha*, m. Charles **KNAP[P]**, June 17, 1731, by Jonathan Hoit, J. P. *(Bethia)	1	22
Burthiah*, m. Charles **KNAP[P]**, June 17, 1731, by Jonathan Hoit, J. P. *(Bethiah)	1	19
Bethiah, d. Jonas, Jr. & Martha, b. Mar. 20, 1733	1	23
Bethiah, d. Jonas, Jr., d. Dec. 5, 1741	1	63
Bethiah, d. Charles & Susanna, b. Aug. 16, 1745	1	78
Bethiah, d. Jonas & Martha, b. Nov. 16, 1746	1	74
Bethiah, m. Joshua **AMBLER**, Apr. 6, 1749, by Rev. Noah Welles	1	81
Bethiah, d. Hezekiah & Marcy, b. June 10, 1749	1	90
Betsey, d. Sam[ue]ll, Jr. & Phebe, b. June 24, 1774	1	190
Betsey, d. [Aaron & Elizabeth], b. Dec. 22, 1775	2	53
Betsey, d. Peter, Jr. & Esther, b. Dec. 29, 1777	1	195
Betsey, d. [Israel & Sarah], b. Mar. 9, 1784	2	121
Betsey, d. [Elnathan & Lydia], b. Apr. 30, 1788	2	83

		Vol.	Page

WEED (cont.),

Entry	Vol.	Page
Betsey, d. [William & Elizabeth], b. Sept. 8, 1790	2	9
Betsey, m. Stephen **CHICHESTER**, June 8, 1796, by Rev. Amzi Lewis	2	58
Betsey, d. [Charles, Jr. & Mary], b. Oct. 12, 1797	2	62
Betsey, [twin with Rebecca], d. [David & Jerusha], b. June 30, 1798	2	42
Betsey, d. [John, 4th & Sally], b. Sept. 3, 1799, in Salem, N. Y.	2	112
Betsey, m. Jonathan B. **WATERBURY**, Nov. 30, 1814, by Rev. Amzi Lewis	2	134
Billy, s. Nathaniel, Jr. & Mercy, b. Feb. 19, 1761	1	146
Billy, s. William & Elizabeth, b. Nov. 26, 1775	1	193
Caroline Elizabeth, d. [Philo & Abigail], b. Nov. 4, 1803	2	115
Catharine, d. Smith & Mary, b. Apr. 5, 1784	2	23
Catherine, d. [James & Lydia], b. Aug. 19, 1801	2	27
Caty, d. Hezekiah & Rebeckah, b. July 26, 1798	2	21
Charles, s. Jonas & Sarah, b. Jan. 10, 1710/11	1	137
Charles, m. Susannah **WEED**, Nov. 15, 1733, by Jonathan Hoit, J. P.	1	24
Charles, s. Charles & Susannah, b. Oct. 15, 1734	1	27
Charles, d. Sept. 1, 1759	1	138
Charles, of Stamford, m. Elizabeth **HOIT**, of Stamford, Jan. 28, 1762, by Rev. Mr. Wells	1	142-3
Charles, s. Aaron & Elizabeth, b. Oct. 25, 1764	1	152
Charles, s. Charles & Elizabeth, b. June 13, 1766	1	169
Charles, s. Charles & Elizabeth, b. June 13, 1766	1	180
Charles, s. [Hezekiah & Rebecca], b. Nov. 8, 1788	2	21
Charles, s. [Doty & Sarah], b. Sept. 18, 1789	2	67
Charles, 3rd, m. Rachel **MEAD**, Jan. 3, 1794, by Rev. Dr. Isaac Lewis	2	50
Charles, Jr., m. Mary **SELLECK**, Dec. 25, 1796, by Rev. Daniel Smith	2	62
Charlotte, d. [Jonas, 3rd & Deborah], b. Jan. 18, 1789	2	70
Charlotte, m. Enos **BROWN**, May 14, 1789, by Rev. John Shephard	2	95
Clarah, d. Benj[ami]n & Eunice, b. Mar. 29, 1783	2	18
Clarisa, m. Ezra **DIBBLE**, Dec. 25, 1808, by Rev. Amzi Lewis	2	127
Courtland, [twin with Elizabeth], s. James, Jr. & Sarah, b. Nov. 30, 1793	2	72
Cynthia, d. [Ananias & Sally], b. Oct. 7, 1788	2	85
Cynthia, d. [Philo & Abigail], b. Nov. 10, 1808	2	115
Daniell, s. John, b. Feb. 11, 1669	1	76
Daniel, m. Mary **WEBB**, Sept. 23, 1697	1	104
Daniell, s. Daniell, was on Mar. 19, 1698, 13 years old	1	137
Daniell, s. Daniell & Mary, b. May 14, 1705	1	137
Daniell, s. Daniell & Mary, b. July 27, 1712	1	136
Daniel, m. Susannah **GARNSEY**, Nov. 16, 1732, by Jonathan Hoit, J. P.	1	21
Daniel, s. Daniel & Keziah, b. Feb. 17, 1741/2	1	48

WEED (cont.),

	Vol.	Page
Daniel, s. Daniel & Susannah, b. Nov. 28, 1746	1	72
Daniel, Jr., m. Marcy **GRAY**, Nov. about middle, 1752, by Jonathan Maltbie	1	138
Daniel, s. Josiah & Abigail, b. Sept. 2, 1765	1	155
Daniel, d. Feb. 10, 1776	1	193
Daniel Hayes, s. [Philo & Abigail], b. Apr. 19, 1811	2	115
Darius, s. [Ananias & Sally], b. Aug. 8, 1785	2	85
David, s. Dan[ie]ll, b. Aug. 19, 1700	1	137
David, s. Jonas & Sarah, of Norroton, b. Apr. 20, 1707	1	136
David, m. Sarah **PITTET***, May 31, 1723, by Joseph Bishop, J. P. *(PETTIT)	1	0
David, s. David, d. May 12, 1730	1	16
David, m. Mary **WEED**, Nov. 8, 1733, by Rev. Mr. Wright	1	24
David, m. Deborah **GARNSEY**, June 5, 1734, by Jonathan Hoit, J. P.	1	26
David, s. David & Debora[h], b. Feb. 29, 1740	1	43
David, s. David & Mary, b. Oct. 28, 1741	1	48
David, s. Samuel & Hannah, b. Dec. 13, 1745	1	76
David, 4th, m. Rebecca **BROWN**, Jan. 19, 1775, by Rev. Noah Wells	1	193
David, s. Henry & Mary, b. Feb. 22, 1786	2	27
David, m. Jerusha **WARRING**, Aug. 10, 1797, by Rev. Justus Mitchell	2	42
Debbe, d. Nathan & Mary, b. Mar. 27, 1788	2	19
Deborah, d. Daniel & Elizabeth, b. May 2, 1724	1	2
Deborah, d. David & Deborah, b. July last day, 1735	1	29
Deborah, m. Josiah **SCOFIELD**, Jr., Feb. 2, 1748/9, by Jonathan Maltbie	1	85
Deborah, d. John & Sarah, b. Nov. 30, 1758	1	184
Deborah, m. Andrew **DAGHEARTY***, June 24, 1760, by Jonathan Maltbie, J. P. *(DOGHARTY)	2	6
Deborah, m. Ralph **HOYT**, Jr., Mar. 25, 1814, by Rev. Amzi Lewis	2	124
Delia Ann, of Darien, m. Epenetus **WEBB**, of Stamford, Nov. 20, 1825, by Rev. Daniel Smith	2	179
Deodate, s. Gideon, Jr. & Abigail, b. Aug. 27, 1764	1	152
Dorcas, d. Josiah & Abigail, b. Sept. 16, 1763	1	155
Dottee, d. Jonas, Jr. & Martha, b. Dec. 31, 1749	1	87
Doty*, m. Sarah **HOLLY**, Apr. 8, 1787, by Rev. Moses Mather *(Daty?)	2	67
Ebenezer, s. Daniel, b. Oct. 22, 1692	1	107
Ebenezer, s. Daniell, was on Oct. 22, 1698, 6 years old	1	137
Ebenezer, s. Daniel & Mary, b. Mar. 19, 1709/10	1	136
Ebenezer, m. Mary **BELL**, May 28, 1713, by Samuel Hoit, J. P.	1	129
Ebenezer, s. Ebenezer & Mary, b. Nov. 15, 1716	1	140
Ebenezer, m. Rebecca **BISHOP**, Feb. 10, 1737/8, by Jonathan Hoit, J. P.	1	34
Ebenezer, s. Ebenezer & Rebecca, b. Dec. 14, 1738	1	36

	Vol.	Page
WEED (cont.),		
Ebenezer, s. Nathan & Isabel, b. Apr. 20, 1743	1	57
Ebenezer, s. Lieut. Ebenezer, m. Milisent **HOIT**, d. Col. Jonathan, Mar. 8, 1743/4, by Jonathan Hoit, J. P.	1	61
Ebenezer, s. Ebenezer, 3rd. & Milesent, b. Oct. 25, 1751	1	98
Ebenezer, Jr., m. Hannah **WHITING**, Nov. 21, 1765, by Rev. Moses Mather	1	155
Ebenezer, s. Ebenezer, Jr. & Hannah, b. Nov. 5, 1766	1	165
Ebenezer, 3rd, m. Hannah **AMBLER**, Jan. 4, 1775, by Rev. Dr. Welles	1	193
Ebenezer, s. Ebenezer P. & Mary, b. Oct. 13, 1778; d. Feb. 18, 1779	1	198
Ebenez[e]r, s. Ebenez[e]r P. & Mary, b. Jan. 3, 1780; d. Oct. 31, 1780	2	2
Ebenezer, s. Ebenezer P. & Mary, b. Jan. 3, 1780	2	7
Ebenezer, s. [Ebenezer P. & Mary], d. Oct. 31, 1781	2	7
Ebenezer, s. [John, Jr. & Hannah], b. Aug. 23, 1791	2	96
Ebenezer, s. [Abishai & Susanna], b. Mar. 9, 1795	2	73
Ebenezer, s. [James & Lydia], b. June 9, 1799	2	27
Ebenezer, s. [Smith & Cena], b. Oct. 9, 1805	2	92
Ebenezer Edwin, s. Ebenezer & Hannah, b. Oct. 29, 1782	2	9
Ebenezer Pettit, m. Mary **SMITH**, Dec. 11, 1773, by Rev. William Seward	1	198
Ebenezer Pettet, d. June 27, 1804	2	92
Edward, s. [Smith & Mary], b. Mar. 3, 1795	2	23
Edward, s. [Philo & Abigail], b. July 17, 1807	2	115
Edwin, s. [Israel & Sarah], b. Mar. 18, 1795	2	121
Edwin B., s. [John, 3rd & Sarah], b. Feb. 1, 1807	2	80
Elihu, s. Smith & Mary, b. Apr. 12, 1791	2	23
Elijah, s. Hezekiah & Marcy, b. Aug. 19, 1743	1	68
Elijah, s. William & Elizabeth, b. Nov. 18, 1773	1	187
Eliphilit, s. Reuben & Lydia, b. Apr. 28, 1745	1	78
Eliphalet, m. Martha **HOIT**, Dec. 26, 1769, by Rev. Mr. Noah Welles	1	197
Eliza, d. [Enos, 3rd & Kezia], b. Sept. 14, 1797	2	66
Elizabeth, d. Joseph, b. Sept. 28, 1702	1	136
Elizabth, d. Daniel & Elizabeth, b. Feb. 16, 1711/12	1	136
Elizabeth, m. Jeams **SCOFIELD**, Jan. 24, 1722/3, by Rev. John Davenport	1	112
Elizabeth, d. Jonathan & Marcy, b. May 16, 1736	1	45
Elizabeth, d. David & Deborah, b. Feb. 8, 1741/2	1	49
Elizabeth, d. Samuel & Hannah, b. June 24, 1748	1	90
Elizabeth, d. James & Keturah, b. July 17, 1753	1	116
Elizabeth, d. Daniel, Jr. & Marcy, b. Apr. 11, 1758	1	138
Elizabeth, m. Timothy **LOCKWOOD**, Feb. 6, 1767	1	181
Elizabeth, d. Ebenezer & Hannah, b. Apr. 25, 1776	1	193
Elizabeth, d. Benj[ami]n & Eunice, b. Sept. 24, 1780	2	18
Elizabeth, d. Asahel & Hannah, b. Feb. 18, 1781	2	4
Elizabeth, m. Jacob **BLANCHARD**, Feb. 18, 1783, by Rev. John		

	Vol.	Page
WEED (cont.),		
Avery	2	26
Elizazbeth, w. Abraham, d. Apr. 25, 1793	2	62
Elizabeth, [twin with Courtland], d. [James, Jr. & Sarah], b. Nov. 30, 1793	2	72
Elizabeth, m. Strong **STURGES**, Feb. 19, 1795, by Rev. Daniel Smith	2	53
Elizabeth, w. Charles, d. Apr. 9, 1796	2	66
Elizabeth, d. [Rufus & Sarah], b. Dec. 1, 1809	2	108
Elnathan, s. Jonas & Sarah, of Norroto, b. Mar. 21, 1705/6; d. May 18, 1706	1	136
Elnathan, s. Reuben & Lydia, b. Apr. 14, 1758; [m. Lydia **BOUTON**, [ ]	2	83
Elnathan, m. Lydia **BOUTON**, May 1, 1781, by Rev. Solomon Mead	2	83
Elnathan, s. [Elnathan & Lydia], b. Nov. 11, 1792	2	83
Ely, s. Sam[ue]ll & Rebeckah, b. Aug. 6, 1744	1	62
Enos, s. Abraham & Naomy, b. Mar. 14, 1731/2	1	20
Enos, s. Charles & Susannah, b. Oct. 28, 1737	1	35
Enos, s. Samuel & Rebeckah, b. Apr. 7, 1758	1	128
Enos, s. Charles & Elizabeth, b. Oct. 19, 1770	1	180
Enos, Jr., m. Mary **HOYT**, Aug. 19, 1784, by Rev. Mr. Mead, of Salem	2	35
Enos, 3rd, m. Kezia **POWERS**, Nov. 13, 1793	2	66
Ebenetus, s. Jonas & Sarah, b. Sept. 20, 1712 *(Epenetus)	1	127
Epenetus, m. Abigail **WATERBERY**, Dec. 25, 1735, by Jonathan Hoit, J. P.	1	29
Epenetus & w. Abigail, had child d. Jan. 2, 1736/7	1	31
Epenetus, m. Mary **BELDING**, June 1, 1738, by Rev. Mr. Right	1	36
Epenetus, s. Epenetus & Mary, b. Apr. 28, 1739	1	39
Epenetus, m. Sarah **SLASON**, Feb. 22, 1758, by Rev. Ebenezer Dibble	1	126
Epenetus, Jr., m. Mary **BRUSH**, Oct. 23, 1760, in Huntington, L. I., by Rev. Mr. Prime	1	139
Epenetus, d. Mar. 4, 1763	1	147
Erastus, s. [Charles, 3rd & Rachel], b. Jan. 29, 1795	2	50
Erastus H., m. Eliza **LOCKWOOD**, Jan. 31, 1816, by Rev. Mr. Hershall, of New York	2	131
Erastus Huntington, s. Jonathan & Lydia, b. May 16, 1788	2	24
Esther, d. Peter, Jr. & Esther, b. July 28, 1770	1	182-3
Esther, d. Enos & Mary, b. Sept. 26, 1789	2	35
Eunis, w. Josiah, d. Jan. 19, 1740/1	1	45
Eunice, d. Josiah & Abigail, b. Jan. 26, 1743/4	1	59
Evelina, d. [Nathan & Mary], b. Feb. 29, 1796	2	19
Ezra, s. Miles, b. May 4, [1734]; d. June 10, 1734	1	26
Francis A., of Stamford, m. Edward W. **GURNSEY**, of Elizabethtown, N. J., Mar. 10, 1846, by Rev. Henry Fuller	2	283
Frederick, s. Peter & Abigail, b. Apr. 1, 1765	1	164
Frederick, s. Nath[anie]ll & Sarah, b. June 29, 1776	2	11

	Vol.	Page
WEED (cont.),		
George, s. Smith & Mary, b. Jan. 10, 1789	2	23
George A., m. Mary S. **SCOFIELD**, b. of Stamford, Feb. 4, 1824, by Rev. Dnaiel Smith	2	171
George Roswell, m. Lucinda Smith **KELLER**, Nov. 23, 1836, by Rev. William Biddle	2	228
George W., m. Rebecca **LOCKWOOD**, b. of Stamford, Jan. 14, 1845, by Peter C. Oakley	2	282
George Wyllys, s. [Israel & Sarah], b. July 30, 1800; d. Feb. 8, 1802	2	121
Gideon, s. Jonas & Sarah, b. Oct. 30, 1716	1	122
Gideon, s. Jonas & Martha, b. June 20, 1743	1	63
Gideon, m. Sarah **WATERBERY**, Aug. 15, 1751, by Rev. Noah Welles	1	93
Gideon, s. Hezekiah & Ruth, b. May 5, 1762	1	148-9
Gideon, Jr., m. Abigail **SLASON**, June 12, 1764, by Col. Jonathan Hoit, J. P.	1	152
Gideon, s. Gideon, Jr. & Abigail, b. Dec. 21, 1769	1	202
Gideon, s. Hezekiah & Rebecca, b. Jan. 19, 1783	2	21
Gilbert, s. Jonathan & Marcy, b. Aug. 1, 1740	1	45
Hanna, m. Benjamin **HOYT**, Jan. 5, 1670	1	113
Han[n]a[h], d. Jno, d. Mar. 22, 1691, ae 4 y.	1	94
Hannah, d. Jonas & Rebecca, b. Dec. 20, 1729	1	15
Hannah, d. Benjamin, Jr. & Mary, b. Apr. 11, 1734	1	48
Hannah, d. James & Martha, b. Dec. 14, 1736; d. 18th day of the same	1	32
Hannah, d. Abraham & Naomy, b. May 26, 1737	1	35
Hannah, d. David, Jr. & Mary, b. Mar. 21, 1738/9	1	39
Hannah, d. Joseph & Rose, b. May 27, 1741	1	48
Hannah, d. Sam[ue]ll, Jr. & Hannah, b. Mar. 22, 1741/2	1	53
Hannah, d. Silvanus & Sarah, b. June 2, 1742	1	70
Hannah, d. Jonathan & Marcy, b. Aug. 17, 1742	1	61
Hannah, b. Apr. 3, 1760; m. Jonathan **TALMAGE**, Mar. 13, 1783, by Reuben Scofield	2	41
Hannah, d. Isaac & Hannah, b. Apr. 3, 1760	1	137
Hannah, d. Charles & Elizabeth, b. Oct. 21, 1762	1	146
Hannah, m. Gideon **SCOFIELD**, Feb. 16, 1768, by Jonathan Hoit, J. P.	1	175
Hannah, d. Ebenezer, Jr. & Hannah, b. Feb. 23, 1773	1	186
Hannah, d. Gideon, Jr. & Abigail, b. Apr. 27, 1775	1	202
Hannah, d. Jabish & Hannah, b. July 13, 1787	2	42
Hannah, m. Epenetus **HOYT**, Dec. 21, 1787, by Rev. Justus Mitchell	2	32
Hannah, d. [Israel & Sarah], b. Oct. 16, 1802	2	121
Hannah, m. Isaac **HOYT**, Jan. 11, 1829, by Rev. D. Smith	2	199
Hannah Ambler, d. Ebenezer & Hannah, b. Aug. 30, 1789	2	9
Hannah Elizabeth, d. [Erastus H. & Eliza], b. May 1, 1819	2	131
Harriet, d. [Israel & Sarah], b. Aug. 14, 1787	2	121
Harriet, d. [Philo & Abigail], b. June 27, 1813	2	115

	Vol.	Page
WEED (cont.),		
Harriet, m. Rufus **HOYT**, b. of Stamford, Oct. 10, 1824, by Rev. Daniel Smith	2	173
Harvey, see under Hervey		
Harvey Smith, m. Ann Maria **REYNOLDS**, b. of Stamford, Aug. 3, 1845, by Peter C. Oakley	2	279
Henry, s. Ebenezer, 3rd & Millesent, b. June 23, 1754	1	110
Henry, s. Nathaniell & Sarah, b. May 8, 1779	2	11
Henry, m. Mary **SELLECK**, June 7, 1784, by Rev. Moses Mather	2	27
Henry, s. Peter & Esther, b. Jan. 7, 1788	2	26
Henry, s. [John, Jr. & Hannah], b. June 21, 1788	2	96
Henry, s. [James, Jr. & Sarah], b. June 29, 1791	2	72
Henry, s. [Jonas, 3rd & Deborah], b. Mar. 14, 1793	2	70
Henry, s. [John, 4th & Lucretia], b. Apr. 29, 1802	2	78
Henry Davis, s. [John, 3rd & Sarah], b. Aug. 30, 1803	2	80
Henry N., m. Gertrude **HOPPER**, b. of Stamford, Mar. 16, 1845, by Rev. Addison Parker	2	277
Henry R., s. Jonathan & Lydia, b. Jan. 19, 1782	2	24
Henry Rogers, s. [Peter & Esther], b. May 1, 1799	2	26
Hervey, s. [Hezekiah & Rebecca], b. Mar. 29, 1792	2	21
Hezekiah, s. Daniel & Elizabeth, b. Sept. [ ], 1715	1	133
Hezekiah, s. Jonas & Sarah, b. May 11, 1722	1	149
Hezekiah, m. Marcy **SEELEY**, June 7, 1739, by Jonathan Hoit, J. P.	1	44
Hezekiah, s. Hezekiah & Marcy, b. Apr. 5, 1740	1	44
Hezekiah, m. Ruth **WATERBERY**, May 7, 1752, by Jonathan Hoit	1	97
Hezekiah, s. Hezekiah, Jr. & Ruth, b. July 26, 1756	1	119
Hezekiah, s. Hezekiah & Marcy, b. Mar. 2, 1762	1	147
Hezekiah, Jr., m. Mary **BELDING**, Feb. 7, 1765, by Rev. Mr. Wells	1	153
Hezekiah, Jr., Lieut., d. Oct. 14, 1775	1	190
Hezekiah, Jr., m. Rebecca **KNAP[P]**, Oct. 28, 1779, by Rev. Moses Mather	2	21
Hezekiah, s. Hezekiah & Rebecca, b. Nov. 25, 1784	2	21
Hezekiah, s. [James & Lydia], b. Mar. 2, 1797	2	27
Hezekiah, Jr., m. Sally **CLARK**, Feb. 18, 1810, by Rev. Frederick Smith	2	125
Horatio Nelson, s. [Smith & Cena], b. Dec. 30, 1812	2	92
Hulda, d. Peter, Jr. & Esther, b. Feb. 21, 1773	1	182-3
Isaak, s. Jno, d. Apr. 20, 1691, ae 9 y.	1	94
Isaac, s. Benjamin & Mary, b. Sept. 10, 1732	1	21
Isaac, m. Hannah **SMITH**, Mar. 8, 1756, by Abraham Davenport	1	123
Isaac, s. Isaac & Hannah, b. July 5, 1757	1	137
Isaac, [twin with Abraham], s. Gideon, Jr. & Abigail, b. Mar. 28, 1779	1	202
Isaac, s. [Israel & Sarah], b. Nov. 17, 1792	2	121
Isaac, [twin with Rebecca], s. [Benjamin, 3rd & Mary], b. Dec. 12, 1797	2	71

	Vol.	Page
WEED (cont.),		
Isaac, s. [John, 4th & Sally], b. Feb. 15, 1802	2	112
Isaac, m. Anna **LOUNSBURY**, b. of Stamford, Nov. 23, 1831, by Rev. Henry Fuller	2	216
Isaac, m. Hannah Maria **WATERBURY**, July 12, 1835, by Rev. John Ellis	2	225
Ezabell*, w. Nathan, d. Nov. 11, 1748 *(Isabell)	1	79
Isarael, s. Benjamin & Mary, b. Apr. 12, 1725	1	4
Israel, m. Abigail **WATERBERY**, Jan. 3, 1749/50, by Rev. Noah Welles	1	97
Isarel, s. Israel & Abigail, b. Feb. 18, 1751/2	1	97
Israel, m. Sarah **WEED**, [ ], 1783, by Reuben Scofield, J. P.	2	121
Jabez, m. Mary **BATES**, Feb. 9, 1737/8, by Sam[ue]ll Hoit, J. P.	1	34
Jabez, s. Jabes & Mary, b. Mar. 11, 1742/3	1	59
Jabez, Jr., m. Hannah **BISHOP**, Jan. 21, 1773, by Rev. Mr. Welles	1	162
Jacob, s. Miles & Joannah, d. Jan. 8, 1735/6	1	30
Jacob, s. Israel & Abigail, b. Jan. 13, 1753	1	151
Jacob, s. Ebenezer, Jr. & Hannah, b. Sept. 7, 1770	1	175
Jacob, s. Miles & Mary, b. Apr. 18, 1778	2	14
Jacob, s. Gideon & Abigail, b. June 23, 1783	2	40
Jacob, s. [Israel & Sarah], b. Dec. 12, 1785	2	121
Jacob, s. [Charles, Jr. & Mary], b. June 12, 1800	2	62
Jacob, m. Zetta **JEWN***, b. of Stamford, Nov. 19, 1821, by Rev. Henry Fuller *("Letta **JUNE**" in Huntington's Register)	2	152
James, s. Josiah & Abigail, b. June 10, 1745	1	78
James, m. Rebeckah **AMBLER**, Dec. 4, 1746, by Jonathan Maltbie, J. P.	1	71
James & w. Rebeckah, had s. [ ], b. Sept. 25, 1747; d. 27th of the same month	1	75
James, s. Nathan & Ezabell, b. July 22, 1748; d. Oct. 19, 1748	1	79
James, m. Reachall **BUXSTON**, June 8, 1749, by Jonathan Maltbie, J. P.	1	86
James, Jr., m. Keturah **BELDING**, Feb. 28, 1750, in Wethersfield, by Rev. Daniel Russell, of Wethersfield	1	116
James, s. Aaron & Elizabeth, b. Jan. 28, 1766	1	156-7
James, s. Jabez & Hannah, b. Jan. 17, 1777	1	162
James, s. Ebenezer P. & Mary, b. Jan. 29, 1784	2	2
James, Jr., m. Lydia **SLASON**, Jan. 1, 1787, by Rev. Moses Mather	2	27
James, Jr., m. Sarah **WATERBURY**, Jan. 8, 1788, by Rev. John Avery	2	72
James, s. [Hezekiah & Rebecca], b. Oct. 1, 1790	2	21
James, 3rd, m. Betsey **STEVENS**, Jan. 4, 1798, by Reuben Scofield	2	77
James Bates, s. James & Lydia, b. July 18, 1787	2	27
James Hervey, s. [Benjamin, 3rd & Mary], b. Mar. 7, 1795	2	71
James Harvey, s. [Hezekiah, Jr. & Sally], b. June 22, 1811	2	125
Jared, s. Isaac & Hannah, b. Dec. 8, 1761	1	192

WEED (cont.),

	Vol.	Page
Jared, s. Elnathan & Lydia, b. Apr. 5, 1783	2	83
Jehiel, s. Charles & Susannah, b. Mar. 2, 1738/9	1	41
Jemima, d. Joseph, d. Mar. 31, 1706/7	1	138
Jemimah, d. Joseph & Rose, b. Apr. 3, 1730	1	28
Jemimah*, m. Moses KNAP[P], Nov. 25, 1731, by Joshua Knap, J. P. *(Arnold copy has "Jemimah MEED")	1	22
Jemima, d. Daniel, Jr. & Marcy, b. Mar. 15, 1755	1	138
Jerusha, d. Samuel & Rebeckah, b. Sept. 4, 1750	1	93
Jesse, s. Ebenezer P. & Mary, b. June 28, 1776	1	198
Joel, s. Sam[ue]ll & Rebeckah, b. Aug. 29, 1742	1	56
Joel, m. Deborah STEVENS, Mar. 22, 1764, by Rev. Mr. Mather	1	164
Johanna, d. Daniell & Mary, b. Nov. 8, 1702	1	137
Joanah, m. Miles WEED, Dec. 19, 1723, by Joseph Bishop	1	0
Joannah, d. Miles & Joannah, b. Sept. 1, 1727	1	9
Joannah, m. Isaac SCOFIELD, Jan. 2, 1745/6, by Sam[ue]ll Hoit, J. P.	1	72
Johannah, m. Isaac SCOFIELD, Jan. 2, 1745/6, by Sam[ue]ll Hoit	1	76
Johanna, d. Miles & Mary, b. Nov. 3, 1781	2	14
John, s. Jonas, shoemaker, b. Nov. 19, 1698	1	137
John, s. Nathaniel & Mary, b. July 12, 1727; d. Dec. 11, 1729	1	15
John, s. Nathaniel & Mary, b. Nov. 8, 1732	1	30
John, s. Daniel & Susannah, b. Sept. 8, 1733; d. [Sept.] 12, [1733]	1	23
John, s. Daniel & Susannah, b. Dec. 7, 1734	1	28
John, s. Reuben & Lidia, b. Mar. 26, 1742/3	1	60
John, s. Hezekiah & Ruth, b. July 27, 1758	1	129
John, m. Sarah CLARK, July 27, 1758, by Rev. Mr. Wells	1	184
John, s. Epenetus & Sarah, b. Aug. 20, 1762	1	146
John, s. John & Sarah, b. Apr. 8, 1766	1	184
John, s. Aaron & Elizabeth, b. June 11, 1767	2	53
John, s. Miles & Mary, b. Oct. 15, 1771	2	14
John, Jr., m. Hannah KNAP[P], Dec. 11, 1783, by Rev. John Avery	2	96
John, s. [Benjamin, 3rd & Mary], b. Feb. 21, 1792	2	71
John, 4th, m. Lucretia DAN, Nov. 7, 1797, by Rev. Daniel Smith	2	78
John, 4th, sailor, m. Sally DIBBLE, Dec. 2, 1798, by Rev. Marmaduke Earl	2	112
John, 3rd, m. wid. Sarah WATERBURY, Dec. 23, 1799, by Rev. Marmaduke Earl	2	80
John, d. Apr. 21, 1801	2	82
John Buxston, s. James & Reachal, b. July 11, 1753	1	105
John Buxston, s. James & Rachal, b. July 11, 1753	1	203
John C., m. Gertrude L. SMITH, b. of Stamford, Sept. 10, 1839, by Rev. James M. Stickney	2	255
Jonas, his child, d. July 15, 1656	1	19
Jonas, s. John, b. Feb. 5, 1667	1	76
Jonas, m. Bethiah HOLLY, Nov. 16, 167[ ]	1	113
Jonas, s. Jonas, Sr., b. July 26, 1678	1	136
Jonas, m. Sarah WATERBERY, Jan. 20, 1703/4	1	136

	Vol.	Page
WEED (cont.),		
Jonas, d. Nov. 19, 1704	1	135
Jonas, s. Jonas & Sarah, of Narroto, b. Dec. 24, 1704	1	136
Jonas, shoemaker, d. Nov. 18, 1706	1	135
Jonas, s. Jonathan & Mary, b. Oct. 4, 1727	1	9
Jonas, m. Rebeckah **WARING**, Mar. 26, 1729, by Jonathan Hoit, J. P.	1	13
Jonas, s. Miles & Joannah, d. Nov. 20, 1730	1	17
Jonas, s. Jonas & Martha, b. Dec. 22, 1737	1	35
Jonas, s. Silvanus & Sarah, b. June 28, 1749	1	83
Jonas, s. Silvanus & Sarah, b. June 28, 1749	1	96
Jonas, d. Oct. 24, 1753	1	102
Jonas, s. Hezekiah & Ruth, b. Aug. 28, 1754	1	110
Jonas, s. Hezekiah, Jr., d. Mar. 19, 1759	1	135
Jonas, s. Hezekiah, Jr. & Ruth, b. Mar. 2, 1760	1	135
Jonas, s. Gideon & Abigail, b. Jan. 22, 1781	2	40
Jonas, 3rd, m. Deborah **JOHNSON**, Jan. 1, 1787, by Rev. Robert Morris	2	70
Jonathan, s. Josiah & Abigail, b. [ ]	1	203
Jonathan, s. Jonas, Sr., b. Apr. 15, 1684	1	136
Jonathan, s. Jonathan & Mary, b. Oct. 27, 1711	1	121
Jonathan, d. Dec. 19, 1728	1	11
Jonathan, m. Marcy* **DREW**, Jan. 7, 1735/6, by Sam[ue]ll Hoit, J. P. *(Mercy?)	1	45
Jonathan, m. Marcy **DREW**, Jan. 8, 1735/6, by Sam[ue]ll Hoit, J. P.	1	30
Jonathan, s. Jonathan & Marcy, b. Jan. 9, 1738/9	1	45
Jonathan, s. Ebenezer, 3rd & Milesent, b. Apr. 26, 1757	1	126
Jonathan, s. Amos & Mary, b. June 17, 1758	1	137
Jonathan, s. Amos & Mary, b. June 17, 1758	1	144
Jonathan, s. Josiah & Abigail, b. Jan. 28, 1760	1	136
Jonathan, m. Lydia **AMBLER**, Feb. 22, 1781, by Rev. Moses Mather	2	24
Jonathan J., m. Phebe E. **SMITH**, b. of Stamford, Jan. 4, 1842, by Rev. Henry Fuller	2	263
Joseph, s. Jno, d. Jan. 7, 1690, ae 12 y.	1	94
Joseph, s. Dan[ie]ll, Jr., b. Aug. 18, 1698	1	137
Joseph, m. Rebekah **HIGUMBOTHEM**, Dec. 10, 1701	1	136
Joseph, d. Dec. 18, 1711	1	131
Joseph, decd. & w. Rebecca, had child b. [ ]; d. Feb. 1, 1711/12	1	137
Joseph, s. Miles & Mary, b. June 12, 1774	2	14
Joseph, s. Isaac & Hannah, b. Nov. 19, 1775	1	192
Joseph, s. William & Elizabeth, b. Dec. 30, 1778	2	9
Joseph, s. [Nathan & Mary], b. Dec. 20, 1801	2	19
Joseph Ambler, s. Ebenezer & Hannah, b. Mar. 5, 1785	2	9
Joseph Davis, s. [John, 3rd & Sarah], b. Dec. 6, 1808	2	80
Josephus S., m. Sarah A. **CRABB**, b. of Stamford, Dec. 21, 1831, by Rev. Platt Buffett, of Stanwich	2	214

WEED (cont.),

	Vol.	Page
Josiah, s. Jonathan & Mary, b. Oct. 14, 1716	1	105
Josiah, s. Nathaniel & Mary, b. July 19, 1723	1	15
Josiah, m. Abigail **BOUTTON**, Apr. 15, 1742, by Rev. Robert Silliman, of Canaan	1	59
Josiah, s. Josiah & Abigail, b. June 2, 1748; d. Sept. 22, following	1	78
Josiah, s. Josiah & Abigail, b. Jan. 28, 1754	1	110
Josiah, s. Miles & Mary, b. Aug. 18, 1770	2	14
Julia, of Stamford, m. Joseph B. **LANCASTER**, of Albany, N. Y., Feb. 4, 1829, by Rev. John Ellis	2	195
Junah*, d. Dan[ie]ll, Jr. & Junah, b. Nov. 16, 1738 *("Sunah, d. of Daniel, Jr. & Susannah" in Huntington's Register)	1	37
Justus, s. Epenetus & Mary, b. May 13, 1743	1	93
Justus, m. Sarah **KNAP[P]**, Jan. 28, 1767, by Rev. Mr. Wells	1	166
Keziah, m. Moses **WATERBURY**, July 15, 1793, by Rev. Moses Mather	2	61
Lewis, s. [Doty & Sarah], b. Sept. 22, 1787	2	67
Loes, d. Ruth, b. May 24, 1741	1	52
Lowis, child Samuel & Rebeckah, b. Apr. 30, 1748	1	93
Louis, m. Abraham **SCOFIELD**, Nov. 22, 1752, by Rev. Mr. Silliman	1	102
Lucretia, d. Benj[ami]n & Eunice, b. July 22, 1788	2	18
Lucy, d. [Charles, 3rd & Rachel], b. Oct. 4, 1797	2	50
Luther, s. [Abishai & Susanna], b. June 2, 1787	2	73
Lidia, d. Benjamin & Mary, b. Oct. 4, 1714	1	140
Lidia, d. Joseph & Rose, b. June 3, 1734	1	28
Lydia, m. Jeremiah **HOIT**, May 27, 1736, by Sam[ue]ll Hoit, J. P.	1	31
Lidia, d. Joseph & Rose, b. Dec. 18, 1737	1	34
Lidya, d. Benjamin & Mary, b. Oct. 15, 1745	1	92
Lydya, d. Reuben & Lydya, b. Dec. 31, 1749	1	86
Lydia, d. Peter & Abigail, b. Dec. 16, 1762	1	164
Lydia, m. Jacob **AMBLER**, May 6, 1784	2	46
Lydia, d. Enos & Mary, b. Apr. 12, 1791	2	35
Lydia Ambler, d. Jonathan & Lydia, b. June 3, 1785	2	24
Malinda, d. [Rufus & Sarah], b. Apr. 15, 1798	2	108
Maltbie, s. [Hezekiah & Rebecca], b. Mar. 22, 1796	2	21
Marcy, d. Hezekiah & Marcy, b. Aug. 4, 1745	1	68
Marcy, d. Jonathan & Marcy, b. Oct. 9, 1750	1	87
Margret, d. Jonas & Martha, b. Mar. 15, 1739/40	1	46
Maria, d. [John, Jr. & Hannah], b. Aug. 22, 1803	2	96
Martha, d. Jonas & Martha, b. May 2, 1735	1	29
Martha, d. Daniel & Susannah, b. Apr. 8, 1741	1	46
Martha, d. Benjamin, Jr. & Mary, b. June 15, 1741	1	48
Martha, m. Peter **FERRIS**, Oct. 1, 1761, by Rev. Mr. Wells	1	148-9
Martha, d. Peter & Abigail, b. Apr. 11, 1775	2	46
Martha, d. Ebenezer, Jr. & Hannah, b. Nov. 24, 1780	2	9
Martha, d. Gideon & Abigail, b. Apr. 3, 1787	2	40
Martha, d. Enos & Mary, b. Feb. 6, 1793	2	35
Martha M., of Stamford, m. Gilbert K. **RIKER**, of New York,		

	Vol.	Page
WEED (cont.),		
Feb. 2, 1846, by Rev. Ambrose S. Todd	2	283
Mary, d. Jno, d. Apr. 21, 1691, ae 7 y.	1	94
Mary, m. Sam[ue]ll **HOIT**, Dec. 31, 1707, by Dea. Hoit, J. P.	1	121
Mary, m. Sam[ue]ll **HOIT**, Dec. 31, 1707	1	123
Mary, d. Benjamin & Mary, b. Feb. 11, 1709/10	1	125
Mary, d. Ebenezer & Mary, b. Mar. 12, 1713/14	1	122
Mary, wid., d. Apr. 1, 1714	1	126
Mary, d. Jonathan & Mary, b. Mar. 23, 1721/2	1	149
Mary, d. David & Sarah, b. Feb. 6, 1725/6	1	5
Mary, d. David & Mary, b. Feb. 6, 1725/6	1	34
Mary, m. Ezra **SMITH**, May 22, 1729, by Joseph Bishop, J. P.	1	22
Mary, d. Nathaniel & Mary, b. Sept. 17, 1730; d. Aug. 4, 1734	1	30
Mary, d. Benjamin & Mary, b. July 25, 1731	1	20
Mary, w. Benjamin, d. Sept. 27, 1732	1	21
Mary, m. David **WEED**, Nov. 8, 1733, by Rev. Mr. Wright	1	24
Mary, d. David & Mary, b. Apr. 1, 1737	1	33
Mary, d. David & Mary, d. Feb. 15, 1737/8	1	35
Mary, d. Miles & Joanna, b. Feb. 21, 1739/40	1	41
Mary, d. Josiah & Eunis, b. Mar. 7, 1739/40	1	45
Mary, d. Daniel & Susannah, b. Apr. 29, 1744	1	68
Mary, d. Epenetus & Mary, b. Feb. 19, 1745; d. Mar. 26, 1745	1	93
Mary, w. Benjamin, d. Mar. 1, 1746/7	1	92
Mary, d. Epenetus & Mary, b. Mar. 14, 1748	1	93
Mary, [twin with Ananias], d. Daniel & Kezia, b. May 20, 1748	1	79
Mary, d. Ebenezer, 3rd & Millisent, b. Dec. 27, 1748	1	82
Mary, d. Amos & Mary, b. July 1, 1749	1	86
Mary, d. James & Reachal, b. Aug. 25, 1750	1	87
Mary, d. Samuel & Hannah, b. Dec. 5, 1750	1	90
Mary, m. Thomas **SKELDING**, June 11, 1752, by Jonathan Hoit, J. P.	1	96
Mary, b. Nov. 28, 1755; m. Smith **WEED**, Aug. 14, 1777, by Rev. William Seward	2	23
Mary, d. Enos & Mary, b. Mar. 20, 1756	1	146
Mary, w. Epenetus, d. Apr. 8, 1756	1	118
Mary, d. Josiah & Abigail, b. Nov. 21, 1758	1	136
Mary, d. John & Sarah, b. Oct. 4, 1763	1	184
Mary, m. David **WHITING**, Oct. 24, 1765, by Rev. Mr. Wells	1	156-7
Mary, d. Reuben & Mary, b. Aug. 23, 1767	1	163
Mary, d. Isaac & Hannah, b. Apr. 6, 1770	1	192
Mary, d. Silvanus, Jr. & Mary, b. Apr. 27, 1770	1	180
Mary, d. Miles & Mary, b. Feb. 4, 1776	2	14
Mary, d. Ebenezer, Jr. & Hannah, b. Aug. 11, 1778	1	197
Mary, m. Nathaniel **HUSTED**, Nov. 19, 1778, by Benj[ami]n Weed, J. P.	1	197
Mary, d. Asahel & Hannah, b. Sept. 22, 1783	2	4
Mary, m. Deodate **HOIT**, Nov. 20, 1784, by Rev. Solomon Wolcot	2	4
Mary, d. [Benjamin, 3rd & Mary], b. Oct. 7, 1785	2	71

	Vol.	Page

WEED (cont.),

	Vol.	Page
Mary, d. David & Rebecca, b. Nov. 28, 1785	2	42
Mary, d. Ebenezer & Mary, b. Feb. 20, 1786	2	2
Mary, w. Miles, d. June 9, 1786	2	14
Mary, d. Smith & Mary, b. Aug. 28, 1786	2	23
Mary, m. Samuel **MILLS**, Aug. 3, 1789, by Rev. John Shephard	2	39
Mary, d. Jabish & Hannah, b. Mar. 20, 1790	2	42
Mary, d. Nathan & Mary, b. May 13, 1790	2	19
Mary, m. Isaac **WEBB**, Oct. 2, 1791, by Charles Webb, J. P.	2	43
Mary, m. Caleb **SMITH**, Nov. 17, 1798, by Rev. Platt Buffet	2	81
Mary, d. [Nathan & Mary], b. Nov. 21, 1799	2	19
Mary, m. Augustus **SCOFIELD**, Aug. 4, 1815, in New York, by Rev. [ ] Stamford	2	90
Mary, d. Josiah & Abigail, b. Nov. 20, [ ]	1	203
Mary Ann, d. [Charles, Jr. & Mary], b. Aug. 14, 1803	2	62
Mary Ann, d. [Smith & Cena], b. Feb. 17, 1811	2	92
Mary Blackley, d. [Eliphalet & Martha], b. Mar. 30, 1791	1	197
Mary E., m. Philip **MILLER**, Dec. 25, 1828, by Rev. Daniel Smith	2	198
Mary Eliza, d. [Samuel, Jr. & Elizabeth], b. Aug. 21, 1806	2	74
Mary Eliza, m. Cary **WILMOT**, Aug. [ ], 1829, by Rev. Farnum Knowlton	2	204
Mary Elizabeth, d. [John, 3rd & Sarah], b. Mar. 23, 1805	2	80
Milisent, d. Ebenezer & Milisent, b. Oct. 11, 1746	1	74
Melisent, m. Jonathan **LEWIS**, Mar. 20, 1774, by Rev. Mr. Dibble	1	193
Miles, s. Jonas, shoemaker, b. Feb. 24, 1700/1	1	137
Miles, m. Joanah **WEED**, Dec. 19, 1723, by Joseph Bishop	1	0
Miles, s. Miles & Joanna, b. Apr. 27, 1725	1	17
Miles, s. Miles & Joannah, b. Apr. 6, 1745	1	70
Miles, Jr., m. Mary **GRAY**, Mar. 22, 1769, by Rev. Noah Welles	2	14
Miles, s. Miles & Mary, b. Jan. 13, 1773	2	14
Munson, s. [John, 4th & Lucretia], b. Nov. 17, 1800; d. May 27, 1802	2	78
Nancy, d. Peter & Esther, b. Sept. 22, 1783	2	26
Nancy, d. [Benjamin, 3rd & Mary], b. Jan. 4, 1790	2	71
Nancy, d. [Benjamin, 3rd & Mary], d. July 7, 1793	2	71
Nancy Clark, d. [Hezekiah, Jr. & Sally], b. July 29, 1813	2	125
Naomy, d. Abraham & Naomy, b. Mar. 24, 1738/9	1	40
Nathan, s. Jonas, shoemaker, b. May 20, 1705	1	137
Nathan, s. Nathaniel & Mary, b. Jan. 1, 1725	1	15
Nathan, m. Elizabeth* **YONGS**, the evening following the 28th day May 1730, by Jonathan Hoit, J. P. *("Ezebaell" in Huntington's Register)	1	16
Nathan, s. Nathan & Ezabell, b. June 5, 1731	1	19
Nathan, s. Nathan & Ezabell, d. July 24, 1731	1	19
Nathan, m. Judah **RILLO***, Oct. 16, 1750, by Rev. Mosses Mather *("**RILLIGE**" in Huntington's Register)	1	90
Nathan, Jr., m. Deborah **CLARK**, Mar. 9, 1755, by Abraham Davenport	1	119

	Vol.	Page
WEED (cont.),		
Nathan, s. Nathan, Jr. & Daborah, b. Sept. 28, 1760	1	141
Nathan, Jr., m. Mary **SCOFIELD**, Sept. 2, 1787, by Rev. Moses Mather	2	19
Nathan, s. [Samuel, Jr. & Elizabeth], b. Mar. 20, 1799	2	74
Nathaniel, s. Daniell, was on Oct. 22, 1698, 2 years old	1	137
Nathaniel, s. Abraham & Naomi, b. Jan. 20, 1733/4	1	27
Nathaniel, Jr., m. Marcy **WATERBERY**, June 17, 1756, by Rev. Noah Welles	1	125
Nathaniel, Jr., m. Sarah **WEED**, Nov. 2, 1775, by Benjamin Webb, J. P.	2	11
Nathaniel, Jr., d. Jan. 15, 1784	2	11
Nathaniel, s. Hezekiah & Rebecca, b. Oct. 1, 1786	2	21
Nathaniel, s. [Nathan & Mary], b. July 23, 1794	2	19
Nathaniel B., s. [John, 3rd & Sarah], b. Jan. 17, 1801	2	80
Nehemiah, s. Daniel & Elizabeth, b. June 8, 1728	1	10
Nehemiah, m. Susannah **PETTIT**, Apr. 5, 1750, by Rev. Noah Welles	1	86
Newman, s. [James, 3rd & Betsey], b. Dec. 5, 1800	2	77
Noah, s. Samuel & Rebeckah, b. July 18, 1754	1	128
Patty, d. William & Elizabeth, b. Feb. 13, 1783	2	9
Peter, s. Benjamin, Jr. & Mary, b. June 22, 1738	1	48
Peter, s. Abraham & Naomy, b. Mar. 29, 1745	1	72
Peter, s. Silvanus & Sarah, b. Apr. 18, 1754	1	110
Peter, m. Abigail **HEUSTED**, Jan. 7, 1762	1	164
Peter, Jr., m. Esther **BOUTON**, June 1, 1768, by Rev. Robert Silliman	1	182-3
Peter, s. Peter & Esther, b. Feb. 4, 1786	2	26
Phebe Louisa, d. [Hezekiah, Jr. & Sally], b. Dec. 31, 1815	2	125
Philo, m. Abigail **HAYES**, Nov. 11, 1802, by Rev. Amzi Lewis	2	115
Polly, d. Peter & Esther, b. Dec. 24, 1779	2	5
Polly, m. Samuel **REED**, Mar. 12, 1797, by Joseph Silliman	2	74
Polly, d. [John, 4th & Lucretia], b. July 19, 1799	2	78
Polly, d. [Rufus & Sarah], b. June 1, 1808	2	108
Prudence, d. David & Deborah, b. Feb. 27, 1744/5	1	80
Prudence, d. Amos & Mary, b. Aug. 31, 1751	1	137
Prudence, m. Neazer **HOIT**, Dec. 3, 1778, by Benj[ami]n Weed, J. P.	2	4
Prudence, m. Neazer **HOIT**, Dec. 3, 1778, by Benj[ami]n Weed, J. P.	1	198
Prudence, m. William **WALMESLEY**, Mar. 24, 1782, by Rev. Moses Mather	2	1
Rachel, d. David & Mary, b. Aug. last day, 1737	1	34
Reachal, d. Abraham & Naomy, b. Feb. 15, 1746/7	1	72
Reachal, d. Daniel, Jr. & Marcy, b. Dec. 28, 1753	1	138
Rachel, d. Enos & Mary, b. Sept. 23, 1761	1	146
Rachal, alias **BUXSTON**, m. Moses **KNAP[P]**, May 12, 1767, by Jonathan Maltbie, J. P.	1	169
Rachel, d. Miles & Mary, b. May 31, 1786	2	14

WEED (cont.),	Vol.	Page
Raymond, s. [John, Jr. & Hannah], b. Apr. 16, 1797	2	96
Rebecka, d. Joseph, b. Dec. 10, 1704	1	136
Rebecca, had child b. Jan. 11, 1713/14	1	121
Rebecka, m. Jonathan **CRISSEY**, Aug. 2, 1716, by Rev. Jno Davenport	1	145
Rebecca, m. Benjamin **GREEN**, July 2, 1730, by Rev. John Davenport	1	16
Reabecco, d. Ruth, b. May 11, 1738	1	52
Rebeckah, d. Nathan & Ezabell, b. June 6, 1740	1	47
Rebeckah, w. James, d. Oct. 4, 1747	1	75
Rebecca, d. [Aaron & Elizabeth], b. Dec. 19, 1781	2	53
Rebecca, w. David, d. Mar. 5, 1796	2	42
Rebecca, [twin with Isaac], d. [Benjamin, 3rd & Mary], b. Dec. 12, 1797	2	71
Rebecca, [twin with Betsey], d. [David & Jerusha], b. June 30, 1798	2	42
Rebeckah, m. Jonas S. **BUXTON**, b. of Stamford, June 13, 1820, by Rev. Daniel Smith	2	141
Reuben, s. Daniell & Elizabeth, b. Oct. [ ], 1717	1	133
Reuben, s. Reuben & Lydya, b. Feb. 3, 1739/40	1	44
R[e]uben, m. Lidia **HOLLY**, June 28, 1739, by Jonathan Hoit, J. P.	1	39
Reuben, s. Reuben & Mary, b. Jan. 24, 1765	1	163
Reuben S., late of Scarsdale, N. Y., m. Maria **HOYT**, of Stamford, Nov. 23, 1828, by Rev. Henry Fuller	2	193
Rhoda, d. Jabez & Hannah, b. Mar. 18, 1775	1	162
Rhoda, m. John **SEELEY**, Sept. 13, 1801, by Rev. Amzi Lewis	2	109
Ruah, d. Sam[ue]ll, 3rd & Phebe, b. July 4, 1776	1	194
Rue, m. Lebbeus **DEAN**, Dec. 29, 1795, by Rev. Amzi Lewis	2	109
Rufus, s. Sam[ue]ll, Jr. & Phebe, b. May 6, 1773	1	190
Rufus, [twin with Zenus], s. Peter & Esther, b. Aug. 24, 1790	2	26
Rufus, m. Sarah **SMITH**, May 21, 1796, by Rev. Amzi Lewis	2	108
Ruth, Mrs., m. Peter **FERRIS**, b. of Stamford, July 23, 1705, by Rev. John Davenport	1	128
Ruth, [twin with Susannah], d. Abraham, b. Aug. 15, 1709	1	127
Ruth, had daughters Loes, b. May 24, 1741 & Reabecco, b. May 11, 1738	1	52
Ruth, d. Hezekiah & Ruth, b. Mar. 11, 1753	1	102
Ruth, w. Hezekiah, Jr., d. Jan. 28, 1764	1	153
Ruth, m. Jesse **WARRING**, Nov. 5, 1772, by Rev. Noah Wells	1	192
Ruth, d. Scudder & Abigail, b. May 2, 1775	1	193
Ruth, d. [John, Jr. & Hannah], b. Nov. 9, 1784	2	96
Ruth, d. Benj[ami]n & Eunice, b. July 21, 1785	2	18
Sally, d. Jonathan & Lydia, b. Mar. 20, 1783	2	24
Sally, d. [Elnathan & Lydia], b. Oct. 12, 1790	2	83
Sally, d. [Enos, 3rd & Kezia], b. Feb. 11, 1795	2	66
Sally, d. [Israel & Sarah], b. Sept. 25, 1797	2	121
Sally, d. Joseph, b. Aug. 19, 1798	2	132

	Vol.	Page
WEED (cont.),		
Sally, d. [John, Jr. & Hannah], b. Jan. 4, 1800	2	96
Sally, d. [Samuel, Jr. & Elizabeth], b. Mar. 9, 1802	2	74
Sally, d. [John, 4th & Sally], b. May 9, 1807	2	112
Sally, m. Andrew **WEBB**, Mar. 14, 1814, by Rev. Daniel Smith	2	132
Sally, m. William **BELL**, b. of Stamford, Sept. 10, 1823, by Henry Hoit, Jr.	2	167
Sally, m. Stephen **LOCKWOOD**, b. of Stamford, Apr. 4, 1828, by Rev. Farnum Knowlton	2	191
Sally, m. William **BAILEY**, May 22, 1837, by Rev. Daniel Smith	2	247
Sally M., of Stamford, m. Daniel E. **WISNER**, of Middletown, N. Y., Mar. 26, 1833, by Rev. Daniel Smith	2	237
Sam[ue]ll, m. Abigaill **SCOFIELD**, Apr. 17, 1701	1	136
Samuel, s. Daniel & Elizabeth, b. Nov. 12, 1709	1	125
Samuel, s. Benjamin & Mary, b. Apr. 13, 1717	1	133
Samuel, had negro Peg, d. Sept. 4, 1724	1	2
Sam[ue]ll, m. Sarah **DUNNING**, Dec. 9, 1737, by Rev. Mr. Gaylord, of Wilton	1	34
Samuel, s. Sergt. Benjamin, m. Hannah **WATERBERY**, Jan. 10, 1739/40, by Jonathan Hoit	1	48
Samuel, s. Samuel & Hannah, b. Sept. 27, 1740	1	48
Sam[ue]ll, m. Rebeccah **HOIT**, Apr. 1, 1741, by Jonathan Hoit	1	56
Samuel, s. Nathan & Ezabell, b. Aug. last day, 1745	1	79
Samuel, s. Nathan, d. Dec. 24, 1750	1	90
Samuel, Jr., m. Phebe **SMITH**, May 7, 1772, by Benjamin [ ], J. P.	1	190
Samuel, s. [Ananias & Sally], b. Oct. 16, 1794	2	85
Samuel, Jr., m. Elizabeth **SCOFIELD**, Mar. 20, 1796, by Rev. Marmaduke Earl	2	74
Samuel, s. [Elnathan & Lydia], b. Dec. 14, 1798	2	83
Sarah, m. David **WATERBURY**, Aug. 11, 1698	1	104
Sarah, m. David **WATERBURY**, Aug. 11, 1698	1	136
Sarah, d. Daniell, was on Nov. 18, 1698, 23 years old	1	137
Sarah, d. Jonas, shoemaker, b. Mar. 10, 1702/3	1	137
Sarah, d. Daniel & Mary, b. Jan. 6, 1709/10	1	136
Sarah, d. Benjamin & Mary, b. Jan. 21, 1711/12	1	127
Sarah, d. Jonas & Sarah, b. Dec. 21, 1718	1	146
Sarah, d. Jonas & Sarah, d. Jan. 16, 1718/19	1	138
Sarah, d. Ebinezer & Mary, b. Sept. 15, 1720	1	149
Sarah, d. David & Sarah, b. Aug. 8, 1724	1	3
Sarah, d. Jonas & Sarah, b. Sept. 16, 1724	1	3
Sarah, m. Nathaniell **WEBB**, June 23, 1726, by Rev. John Davenport	1	6
Sarah, m. Nathan **SCOFIELD**, Dec. 29, 1726	1	7
Sarah, w. Jonas, d. Feb. 5, 1726/7	1	7
Sarah, w. David, d. July 19, 1729	1	13
Sarah, d. Jonas & Martha, b. Feb. 9, 1730/1	1	17
Sarah, m. James **BELL**, Oct. 11, 1733, by Jonathan Hoit, J. P.	1	24
Sarah, d. David & Mary, b. Sept. 7, 1735	1	29

	Vol.	Page
WEED (cont.),		
Sarah, d. David & Mary, d. Feb. 15, 1735/6	1	35
Sarah, d. David & Mary, d. Feb. 16, 1735/6	1	30
Sarah, d. Charles & Susannah, b. Apr. 8, 1736	1	35
Sarah, m. David **BROWN**, Dec. 16, 1736, by Rev. Ebenezer Wright	1	32
Sarah, m. Jagger **HOIT**, Nov. 1, 1739, by Samuel Hoit, J. P.	1	44
Sarah, d. Hezekiah & Marcy, Dec. 2, 1741	1	48
Sarah, d. Miles & Joannah, b. July 28, 1742	1	59
Sarah, d. Silvanus & Sarah, b. Feb. 15, 1746/7	1	83
Sarah, d. Silvanus & Sarah, b. Feb. 18, 1747/8	1	96
Sarah, m. Isaac **BISHOP**, Jr., Dec. 13, 1749, by Jonathan Hoit	1	83
Sarah, d. Daniel, 3rd & Susannah, b. Aug. 14, 1750	1	87
Sarah, d. James & Reachal, b. Nov. 10, 1751	1	95
Sarah, d. Epenetus & Mary, b. Feb. 9, 1754	1	105
Sarah, d. Reuben & Lidia, b. Feb. 23, 1755	1	111
Sarah, d. James & Reachal, b. Jan. 8, 1756	1	113
Sarah, d. Nathaniel, Jr. & Marcy, b. June 8, 1757	1	125
Sarah, d. Israel & Abigail, b. Oct. 18, 1757	1	151
Sarah, m. Benjamin **WEBB**, Jr., Mar. 27, 1760, by Jonathan Maltbie, J. P.	1	141
Sarah, d. John & Sarah, b. Jan. 12, 1761	1	184
Sarah, d. Josiah & Abigail, b. Dec. 10, 1761	1	145
Sarah, d. Isaac & Hannah, b. Oct. 9, 1764	1	192
Sarah, d. Justus & Sarah, b. July 13, 1767	1	166
Sarah, m. Silvanus **SCOFIELD**, Jr., Jan. 19, 1769, by Rev. Mr. Wells	1	171
Sarah, d. Silvanus, Jr. & Mary, b. Jan. 12, 1772	1	180
Sarah, m. Joseph **HOIT**, 3rd, June 27, 1773, by Rev. Mr. Wells	1	186
Sarah, d. Jabez & Hannah, b. July 25, 1773	1	162
Sarah, m. Nathaniel **WEED**, Jr., Nov. 2, 1775, by Benjamin Webb, J. P.	2	11
Sarah, d. David & Rebecca, b. Aug. 14, 1779	2	42
Sarah, m. Israel **WEED**, [ ], 1783, by Reuben Scofield, J. P.	2	121
Sarah, wid., m. Jonas **CLARK**, Sept. 16, 1784, by Rev. John Avery	2	11
Sarah, d. [Benjamin, 3rd & Mary], b. Oct. 1, 1787	2	71
Sarah, m. Nathaniel **SMITH**, Jan. 20, 1789, by Reuben Scofield, J. P.	2	25
Sarah, d. [Abishai & Susanna], b. Sept. 25, 1789	2	73
Sarah, d. [James, Jr. & Sarah], b. Nov. 26, 1789	2	72
Sarah, d. [Jonas, 3rd & Deborah], b. Jan. 24, 1791	2	70
Sarah, m. Jonathan **SMITH**, Feb. 25, 1793, by Rev. William Seward	2	50
Sarah, w. John, d. Mar. 17, 1799	2	80
Sarah, d. [Rufus & Sarah], b. Dec. 17, 1802	2	108
Sarah, m. Ezra **SCOFIELD**, 3rd, Sept. 4, 1806, by Rev. Amzi Lewis	2	98

	Vol.	Page

WEED (cont.),

	Vol.	Page
Sarah, m. Alfred **WEBB**, Jan. 20, 1822, by Rev. Jonathan Judd	2	154
Sarah, of Greenwich, m. Ezekiel **CURTISS**, of Stamford, Feb. 8, 1827, by Rev. Henry Fuller	2	186
Sarah A., of Norwalk, m. David H. **VALDEN**, of Ridgefield, Conn., July 26, 1852, by Albert Nash	2	307
Sarah Ann, d. [John, 3rd & Sarah], b. Mar. 1, 1810	2	80
Sarah Elizabeth, m. Geo[rge] **SCOFIELD**, b. of Stamford, this day, [Dec. 21, 1847], by Rev. J. Jennings	2	290
Scudder, s. Silvanus & Sarah, b. Apr. 18, 1752	1	96
Scudder, m. Abigail **WARRING**, Oct. 7, 1773, by Rev. Moses Mather	1	193
Selleck, s. Gideon, Jr. & Abigail, b. Apr. 6, 1773	1	202
Selleck, s. Henry & Mary, b. Dec. 21, 1787	2	27
Selleck, s. [Doty* & Sarah], b. Sept. 2, 1795 *(Daty?)	2	67
Seth, s. Enos & Mary, b. Jan. 30, 1752	1	146
Seth, s. Hezekiah & Marcy, b. June 7, 1755	1	147
Seth, m. Hannah **ANDREAS**, Jan. 3, 1771, by Rev. Mr. Silliman	1	202
Seth, s. Seth & Hannah, b. July 7, 1772	1	202
Seth, Jr., m. Mary **BROWN**, Nov. 27, 1777, by Rev. Moses Mather	1	197
Seth Smith, s. [Smith & Cena], b. June 7, 1807	2	92
Seymore, s. Jabish & Hannah, b. Jan. 25, 1784	2	42
Shadrack, s. David, 4th & Rebecca, b. Oct. 16, 1775	1	193
Shadrach, s. David & Rebecca, b. Mar. 3, 1788	2	42
Silas, s. Jonathan & Mary, b. July 11, 1719	1	146
Silas, s. Jabes, d. Sept. 13, 1740	1	48
Silas, s. Jabish & Hannah, b. July 4, 1781	2	42
Silvanus, s. Silvanus & Sarah, b. Feb. 15, 1744/5	1	70
Silvanus, Jr., m. Mary **SLASON**, Dec. 17, 1767, by Rev. Mr. Mather	1	180
Silvanus, s. Silvanus, Jr. & Mary, b. Sept. 26, 1773	1	182-3
Silvanus, s. Jonas & Sarah, b. Nov. [ ]	1	121
Smith, b. June 16, 1755; m. Mary **WEED***, Aug. 14, 1777, by Rev. William Seward *("Mary **SKELDING**" in Huntington's Register)	2	23
Smith, s. Ebenezer & Mary, b. Sept. 30, 1781	2	2
Smith, s. [Ebenezer P. & Mary], b. Sept. 30, 1781	2	7
Smith, m. Cena **SMITH**, Dec. 9, 1804, by Rev. Daniel Smith	2	92
Stephen, s. Enos & Mary, b. Oct. 24, 1753	1	146
Stephen, s. Hezekiah & Marcy, b. Aug. 13, 1758	1	147
Stephen, s. [Elnathan & Lydia], b. Sept. 8, 1785	2	83
Susannah, [twin with Ruth], d. Abraham, b. Aug. 15, 1709	1	127
Susannah, d. Abraham & Susannah, d. Oct. 10, 1709	1	127
Susana, m. Thomas **TALLMAGE**, May 26, 1715, by Rev. John Davenport	1	145
Susannah, m. Charles **WEED**, Nov. 15, 1733, by Jonathan Hoit, J. P.	1	24
Susanah, d. Charles & Susannah, b. May 4, 1743	1	62

	Vol.	Page
WEED (cont.),		
Susannah, m. Timothy **REED**, Nov. 18, 1762, by Rev. Robert Silliman	2	15
Susannah, m. John **SCOFIELD**, 4th, Feb. 18, 1768, by Rev. Mr. Wells	1	167
Susannah, m. John **SCOFIELD**, 4th, Feb. 18, 1768, by Rev. Noah Wells	2	103
Susanna, d. [Aaron & Elizabeth], b. Jan. 18, 1769	2	53
Susanna, m. William **WEBB**, Dec. 6, 1787, by Rev. John Avery	2	52
Susannah, d. [Ebenezer & Mary], b. Aug. 5, 1788	2	2
Susannah, m. Selleck **LEEDS**, Jan. 1, 1810, by Rev. Frederick Smith	2	130
Thodeus, s. Charles & Susannah, b. June 16, 1740; d. Aug. 26, 1740	1	52
Thadeaus, s. Charles & Susannah, b. Mar. 4, 1747/8	1	78
Thad[d]eus, s. Benj[ami]n & Sarah, b. Oct. 27, 1748	1	92
Thaddeus, s. [Ananias & Sally], b. Nov. 15, 1791	2	85
Thankfull, d. Jonas & Sarah, b. Jan. 12, 1719/20	1	146
Thankfull, d. Abraham & Naomi, b. Mar. 6, 1742/3	1	63
Thankfull, d. Jonas, Jr. & Martha, b. Dec. 16, 1751	1	203
Thankfull, s. Jonas & Martha, b. Dec. 16, 1752	1	108
Thankfull, d. Abraham, d. Nov. 16, 1757	1	124
Thankfull, d. Jonas, Jr. & Martha, b. Dec. 16, 1757	1	125
Uzal, d. [John, Jr. & Hannah], b. Sept. 21, 1794	2	96
Usal, m. Ann **NICHOLS**, Oct. 2, 1817, by Rev. James Phettice, in New York	2	136
Walter, s. Smith & Mary, b. Mar. 17, 1782	2	23
Walter, s. [John, Jr. & Hannah], b. Nov. 29, 1786	2	96
Warren, s. [Aaron & Elizabeth], b. Feb. 14, 1772	2	53
Warren, s. [John, 4th & Lucretia], b. Sept. 29, 1803	2	78
William, s. Hezekiah & Marcy, b. July 17, 1752	1	147
William, m. Elizabeth **BROWN**, July 22, 1773, by Benjamin Weed, J. P.	1	187
William, m. Emily **SCOFIELD**, b. of Stamford, Jan. 18, 1835, by Rev. Daniel Smith	2	240
William Franklin, s. [Nathan & Mary], b. June 3, 1811	2	19
William Henry, s. Hezekiah & Rebeckah, b. Sept. 26, 1800	2	21
Will[ia]m Henry, s. [Philo & Abigail], b. Sept. 22, 1805	2	115
William Henry, s. [Erastus H. & Eliza], b. June 9, 1817	2	131
Will[ia]m Lorenzo, s. [Smith & Cena], b. Nov. 14, 1814	2	92
Youngs, s. Nathan & Ezabel, b. June 3, 1736	1	31
Youngs, m. Sarah **SCOFIELD**, Apr. 4, 1758, by Rev. Moses Mather	1	127
Zenus, [twin with Rufus], s. Peter & Esther, b. Aug. 24, 1790	2	26
Zephaniah, s. Daniel & Keziah, b. Feb. 15, 1744/5	1	64
Zilpha, d. Jabish & Hannah, b. Aug. 12, 1779	2	42
WEEKS, Elizabeth, d. Jonathan & Martha, b. Feb. 17, 1750/1; d. Oct. 16, 1751	1	101
Hannah, m. Benjamin **TRYON**, Jr., Oct. 27, 1805, by Rev. Daniel		

	Vol.	Page
WEEKS (cont.),		
Smith	2	93
Jonathan, m. Martha **HOLMES**, June 11, 1747, by Rev. Benjamin Strong	1	101
Jonathan, s. Jonathan & Martha, b. Feb. 29, 1748/9	1	101
Nancy, m. William **WATERBURY**, 6th, Oct. 27, 1811, by Rev. Daniel Smith	2	118
Nathaniel, s. Jonathan & Martha, b. Sept. 25, 1753	1	102
Stephen, s. Jonathan & Martha, b. Mar. 25, 1752	1	101
Stephen, s. Jonathan & Martha, d. Nov. 1, 1753	1	102
Stephen*, s. Jonathan & Martha, b. Jan. 14, 1755 *(Written "Stephen **WICKES**")	1	111
Zophor, d. Jonathan & Martha, b. Nov. 10, 1750	1	101
WELCH, Michael, m. Deborah **MILLS**, Aug. 29, 1830, by Rev. Daniel Smith	2	210
WELLES, WELL, Abigail, d. Rev. Noah & Abigail, b. Oct. 9, 1760	1	99
Abigail, d. Rev. Noah & Abigail, b. Oct 9, 1760	1	138
Abigail, Mrs., had Flora d. Rhoda (servant), b. June 22, 1786	2	25
Appollos, s. Rev. Noah & Abigail, b. Oct. 10, 1773	1	99
Benjamin, s. Rev. Noah & Abigail, b. Nov. 22, 1756	1	99
Benjamin, s. Noah & Abigail, b. Nov. 22, 1756	1	121
Betsey, d. Rev. Noah & Abigail, b. Feb. 23, 1765	1	99
Deborah, d. Nathaniel & Sarah, b. July 7, 1727	1	8
James, [twin with John], s. Rev. Noah & Abigail, b. Apr. 3, 1776	1	99
John, [twin with James], s. Rev. Noah & Abigail, b. Apr. 3, 1776	1	99
Mary Silvester, d. Rev. Noah & Abigail, b. Oct. 17, 1754	1	99
Mary Sylvester, d. Rev. Noah & Abigail, b. Oct. 17, 1754	1	108
Mary Silvester, m. John **DAVENPORT**, Jr., May 7, 1780, by Abraham Davenport	2	1
Melancthar Woolsey, s. Rev. Noah & Abigail, b. Dec. 6, 1770	1	99
Nathaniel, m. Deborah **LOCKWOOD**, Nov. 24, 1731, by Zacrey Mills, J. P.	1	21
Noah, Rev., m. Mrs. Abigail **WO[O]LSEY**, Sept. 17, 1751, at Auyster Bay, by Rev. Benjamin Wo[o]lsey	1	94
Noah, Rev., m. Mrs. Abigail **WO[O]LSEY**, Sept. 17, 1751, at Auyster Bay, by Rev. Benjamin Wo[o]lsey	1	99
Noah, s. Rev. Noah & Abigail, b. Oct. 3, 1762	1	99
Rebecca, d. Rev. Noah & Abigail, b. July 1, 1767	1	99
Rebecca, m. John W[illia]m **HOLLY**, Mar. 8, 1787, by James Davenport	2	18
Sarah, d. Rev. Noah & Abigail, b. Nov. 7, 1752	1	99
Theodosia, d. Rev. Noah & Abigail, b. Oct. 16, 1758	1	99
Theodosia, child of Rev. Noah & Abigail, b. Oct. 16, 1758	1	129
William, s. Rev. Noah & Abigail, b. Dec. 22, 1769	1	99
WESSLES, Lawrence, of New York, m. Hannah **LEEDS**, of Stamford, Jan. 8, 1826, by Rev. A. S. Todd	2	179
WESTCOT, John, m. Rose **HO[L]M[E]S**, of Bedford, Apr. 9, 1702	1	121
WESTERVELT, John A., m. Sarah E. **GAGE**, Nov. 4, 1852, by Rev. Ambrose S. Todd	2	308

	Vol.	Page
WHEATON, WHETON, WHETTON, WHETEN, Eliza, m. Calvin **CLAUSON**, b. of Stamford, June 18, 1828, by Rev. Farnum Knowlton	2	192
Eliza Ann, d. [Samuell & Mary], b. Aug. 19, 1797	2	4
James, s. Benjamin & Ruth, b. Sept. 18, 1753	1	107
Jemima*, m. Reuben **HOLLY**, Jan. 3, 1748/9, by Jonathan Maltbie, J. P. *("Jemima **WHITTON**" in Huntington's Register)	1	88
John Skelding, s. Sam[ue]ll & Mary, b. Sept. 14, 1789	2	4
Martha, d. Benjamin & Ruth, b. Mar. 29, 1752	1	98
Mary, d. Sam[ue]ll & Mary, b. Aug. 1, 1780	1	194
Mary, m. Rufus **SCOFIELD**, Sept. 19, 1799, by Rev. Platt Buffet	2	88
Samuel, s. Benjamin & Ruth, b. Feb. 17, 1750/1	1	92
Samuel, m. Mary **SKELDING**, Apr. 14, 1776, by Rev. Noah Wells	1	194
Samuel Skelding, s. Sam[ue]ll & Mary, b. July 17, 1784	2	4
WHEELER, WHELER, Currance, m. Joel T. **BENEDICT**, Jan. 1, 1795, by Rev. Benjamin Wildman	2	52
Eliza M., m. John A. **DAVENPORT**, Feb. 10, 1806, in Red Hook, Dutchess Cty., N. Y., by Jere Rameyn	2	122
Justus, s. Justus & Elizabeth, b. June 20, 1731	1	20
Sarah, m. Nathan **DAN**, July 26, 1776, by Rev. Noah Welles	2	27
WHELPLEY, Martha, m. Stephen **CLAUSON**, Dec. 9, 1762, by Rev. Mr. Todd	1	201
Stephen R., of Dedford, Westchester Cty., N. Y., m. Mary E. **JONES**, of Stamford, Oct. 12, 1846, by Rev. Geo[rge] Waterbury	2	285
WHETTON, [see under **WHEATON**]		
WHITE, WHIT, Abigail, d. Jacob & Abigail, b. Mar. 29, 1753	1	101
Abigail, m. Joseph **WARING**, June 1, 1775, by Rev. William Seward, of Stanwick	1	198
Anne, d. Jacob & Abigail, b. Dec. 22, 1750	1	95
Anne, d. Jacob & Esther, b. Aug. 15, 1784	2	22
Daniel, s. W[illia]m & Susannah, b. Sept. 4, 1782	2	1
Elizabeth, had s. David Bruster, b. Feb. 17, 1735/6	1	116
Elizabeth, d. Timothy & Mary, b. June 17, 1741	1	51
Epenetus, s. Stephen & Mary, b. Oct. 22, 1745	1	95
Esther, d. Jacob & Esther, b. Apr. 13, 1788	2	22
Hannah, d. Stephen & Mary, b. Feb. 11, 1735/6	1	51
Hannah, m. Nathaniel **WEBB**, Jr., Sept. 5, 1755, by Rev. Benjamin Strong	1	112
Hannah, d. [Jacob & Esther], b. July 7, 1791	2	22
Henry, s. [Jacob & Esther], b. Aug. 17, 1795	2	22
Henry, m. Levina **SMITH**, Nov. 29, 1820, by Henry Hoit, 3rd	2	146
Jacob, s. James & Elizabeth, b. Jan. 5, 1726/7	1	16
Jacob, m. Elizabeth **LOUNSBERY**, Aug. 16, 1747, by Rev. Benjamin Strong	1	95
Jacob, s. Jacob & Abigail, b. July 14, 1756	1	127
Jacob, Jr., m. Esther **HOIT**, May 15, 1783, by Rev. John Avery	2	22

STAMFORD VITAL RECORDS 321

	Vol.	Page
WHITE, WHIT (cont.),		
Jacob, s. [Jacob & Esther], b. May 8, 1797	2	22
James, m. Elizabeth **WARING**, Feb. 3, 1720, by Sam[ue]ll Peck, J. P. (Feb. 23, in Huntington's Register)	1	12
James, s. James, d. Jan. 23, 1729/30	1	14
James, d. Feb. 8, 1729/30	1	14
James, s. James & Elizabeth, b. Mar. 1, 1730	1	16
James, s. Stephen & Mary, b. Apr. 7, 1739	1	51
Jemima, d. John & Jemima, b. July 2, 1744	1	62
John, m. Jemima **TILER**, Aug. 23, 1733, in Bedford, by Rev. Mr. Sturges, of Bedford	1	51
John, s. John & Jemima, b. Apr. 24, 1738	1	51
John, s. Stephen & Mary, b. Nov. 18, 1749	1	95
Jonas, s. Stephen & Mary, b. Dec. 23, 1743	1	95
Jonathan, s. Timothy & Mary, b. May 11, 1743	1	62
Lebbeus, s. Jacob & Abigail, b. June 10, 1748	1	95
Lebbeus, s. W[illia]m & Susannah, b. Feb. 11, 1784	2	1
Maria, d. [Jacob & Esther], b. Sept. 3, 1793	2	22
Mariah, of Stamford, m. Isaac **HOW**, of Darien, July 2, 1820, by Henry Hoit	2	142
Mary, d. Stephen & Mary, b. Mar. 8, 1740/1	1	51
Mary E., of Stamford, m. Henry B. **GOULD**, of Bridgeport, this day [June 19, 1843], by Rev. J. W. Alvord, Jr.	2	266
Nathan, s. [Jacob & Esther], b. Oct. 24, 1789	2	22
Reachal, d. Timothy & Mary, b. Apr. 2, 1745	1	66
Richard, s. James & Elizabeth, b. Mar. 8, 1729; d. 29th day same month	1	16
Robert, s. Rev. Calvin & Phebe, b. Dec. 1, 1792, in Hanover, N. J.	2	43
Sarah, w. James, d. Oct. 3, 1720	1	138
Sarah, d. James & Elizabeth, b. Dec. 27, 1723	1	16
Sarah, [d. James & Elizabeth], b. Dec. 27, 1724	1	15
Sarah, d. John & Jemima, b. Mar. 13, 1741	1	51
Sarah, d. Stephen & Mary, b. Sept. 15, 1747	1	95
Sarah, d. Jacob & Esther, b. Sept. 22, 1786	2	22
Solomon, s. Timothy & Mary, b. Nov. 18, 1747	1	75
Stephen, m. Mary **BUCK**, Apr. 23, 1730, at Huntington, by Rev. Mr. Prime	1	51
Stephen, s. Stephen & Mary, b. Oct. 22, 1737	1	51
Timothy, s. James, b. Feb. [ ], 1721/2	1	16
Timothy, s. James & Elizabeth, b. Dec. 27, 1722	1	15
Timothy, m. Mary **NEWMAN**, June 30, 174[ ]	1	51
Timothy, s. Timothy & Mary, b. Nov. 20, 1750	1	88
Uriah, s. James & Elizabeth, b. Feb. 18, 1728/9	1	16
William, s. Jacob & Abigail, b. Sept. 15, 1758	1	129
William, m. Susannah **SMITH**, Oct. 29, 1778, by Rev. Mr. Seward	1	197
Will[ia]m, s. W[illia]m & Susannah, b. Aug. 23, 1779; d. [ ]	1	197
William, s. W[illia]m & Susannah, d. Jan. 21, 1781	2	1

	Vol.	Page
WHITE, WHIT (cont.),		
W[illia]m, s. W[illia]m & Susannah, b. Mar. 23, 1781	1	197
William, s. W[illia]m & Susannah, b. Mar. 26, 1781	2	1
WHITING, Abigaill, w. Joseph, d. May 2, 1733	1	23
Abigail, m. Jonathan **WATERBERY,** Jr., May 5, 1752, by Rev. Moses Mather	1	106
Anne, d. Jonathan & Rachel, b. Dec. 5, 1773	2	17
Charles, s. Joseph & Hannah, b. Dec. 23, 1742	1	57
Charles, m. Mary **KELLOGG,** Oct. 10, 1761 [sic], by Rev. Moses Mather	2	63
David, m. Mary **WEED,** Oct. 24, 1765, by Rev. Mr. Wells	1	156-7
David, s. Jonathan & Rachel, b. Jan. 10, 1777; d. Sept. 8, 1777	2	17
David, s. Jonathan & Rachel, b. Nov. 15, 1785	2	17
Deborah, d. Joseph & Hannah, b. Oct. 24, 1734	1	28
Deborah, m. Abraham **SELLECK,** May 3, 1756, by Rev. Moses Mather	1	119
Deborah, m. Abraham **SELLECK,** May 3, 1756, by Rev. Mr. Mather	1	152
Deborah, d. [Charles & Mary], b. July 9, 1761 [sic]	2	63
Deborah, d. Jonathan & Rachel, b. Jan. 24, 1763	2	17
Dorothy, d. Joseph & Hannah, b. Aug. 20, 1740	1	45
Elizabeth, d. Joseph & Abigail, b. May 3, 1730	1	24
Elizabeth, Mrs., m. Rev. Moses **MATHER,** Jan. 1, 1756, by Rev. Noah Welles	1	123
Frederick, s. [Charles & Mary], b. July 7, 1782	2	63
Hanna[h], of South Hampton, m. John **BELL,** of Stamford, Oct. 19, 1714, by Rev. Joseph Whiting	1	145
Hannah, d. Joseph & Abigail, b. Apr. 6, 1733	1	24
Hannah, m. Ebenezer **WEED,** Jr., Nov. 21, 1765, by Rev. Moses Mather	1	155
Jesse, of Darien, m. Abigail **BROWN,** of Stamford, Oct. 10, 1833, in New York City, by Rev. Ambrose S. Todd	2	229
Jonathan, m. Rachel **SMITH,** Jan. 14, 1762, by Rev. Noah Welles	2	17
Jonathan, s. Jonathan & Rachel, b. Apr. 19, 1781	2	17
Joseph, m. Abigail **HOLLEY,** Apr. 21, 1720, by Rev. Mr. Davenport	1	96
Joseph & w. Abigail, had child b. Mar. 31, 1732; d. night following	1	24
Joseph, m. Hannah **BEACHGOOD,** Jan. 25, 1733/4, by Jonathan Hoit, J. P.	1	25
Joseph, s. Joseph & Hannah, b. Mar. 7, 1735/6	1	45
Joseph, d. Aug. 6, 1757	1	124
Joseph, m. Sarah **NASH,** Feb. 14, 1760, by Rev. Moses Mather	1	139
Joseph, s. Jonathan & Rachel, b. Oct. 17, 1771; d. Sept. 3, 1775	2	17
Joseph Smith, s. Jonathan & Rachel, b. Dec. 1, 1788	2	17
Marth[a], d. Joseph & Abigaill, b. Apr. 2, 1728	1	11
Martha, m. Peter **SELLECK,** Jan. 18, 1753, by Rev. Moses Mathar	1	130-1
Mary, d. Joseph & Hannah, b. June 26, 1738	1	45

STAMFORD VITAL RECORDS 323

	Vol.	Page
WHITING (cont.),		
Mary, d. [Charles & Mary], b. Apr. 17, 1768	2	63
Rachel, d. Jonathan & Rachel, b. Dec. 28, 1778	2	17
Rebecca, d. Joseph & Abigail, b. June 29, 1726	1	5
Rebeckah, m. David **HOW**, Mar. 20, 1745/6, by Rev. Mosses Mather	1	79
Rebecca, d. Jonathan & Rachel, b. July 23, 1768	2	17
Samuel, s. [Charles & Mary], b. Apr. 29, 1763	2	63
Sarah, d. Joseph & Abigail, b. July 17, 1724	1	2
Sarah, d. Joseph & Sarah, b. May 31, 1764	1	163
Sarah, d. Jonathan & Rachel, b. May 5, 1765; d. Aug. 31, 1775	2	17
Sarah, d. Jonathan & Rachel, b. June 18, 1783	2	17
William, s. [Charles & Mary], b. Oct. 15, 1785	2	63
[**WHITMAN**], **WITMAN**, Hannah, m. Ebenezer **SMITH**, May 29, 1723, at Huntingtown, L. I., by Rev. Mr. Jones	1	50
WHITNEY, WHITNEE, WHITTNEE, Ann, d. Eliakim & Mary, b. Mar. 25, 1745	1	83
Betsey, d. Daniel & Hannah, b. Sept. 27, 1785	2	16
Charles Edwin, s. [Josiah & Mary], b. Feb 3, 1806	2	99
Daniel, m. Hester **CLASON**, Nov. 7, 1745, by Rev. Ephraim Bostwick, of Greenwich	1	67
Daniel, Jr., m. Hannah **SELLECK**, June 19, 1776, by Abraham Davenport	2	16
Darling, s. Daniel & Hannah, b. Mar. 8, 1778	2	16
Eliakim, m. Mary **BACKGOOD***, May 10, 1744, by Sam[ue]ll Hoit, J. P. ***(BEACHGOOD)**	1	61
Eliaseph, m. Mary **BISHOP**, May 10, 1744, by Sam[ue]ll Hoit, J. P.	1	61
Eliasph W., s. [Josiah & Mary], b. Feb. 25, 1799	2	99
Elizabeth, m. Miles **RIGGS**, June 26, 1735, in Norwalk, by Rev. Mr. Buckingham	1	45
Hannah, d. Daniel & Ester, b. Sept. 2, 1746	1	75
Hannah, d. Eliasph & Mary, b. Jan. 21, 1760	1	134
Henry, s. Eliasph & Mary, b. Apr. 9, 1767	1	159-160
Henry, m. Prudence **GRAY**, Jan. 8, 1789, by Rev. Moses Mather	2	37
Hervy, s. [Henry & Prudence], b. Nov. 24, 1795	2	37
Hulda, d. Eliasph & Mary, b. Mar. 8, 1762	1	150
John, s. Eliakim & Mary, b. July 28, 1746	1	83
John, s. [Justus & Nancy], b. Aug. 1, 1786	2	60
Josiah, s. Eliasph & [ ]	1	159-160
Josiah, m. Mary **SMITH**, Feb. 1, 1798, by Rev. Marmaduke Earl	2	99
Justus, m. Nancy **LINES**, July 2, 1781, by Charles Webb	2	60
Lewis L. G., of Norwalk, m. Rebecca **KNAPP**, d. Ebenezer **WEBB**, Jr., of Stamford, Jan. 6, 1839, by Rev. Daniel Smith	2	285
Lydya, d. Eliacam & Mary, b. Oct. 21, 1753	1	135
Mary, d. Eliasph & Mary, b. Feb. 21, 1744/5	1	64
Mary, d. Eliakim & Mary, b. Feb. 27, 1750/1	1	96
Mary A., m. Abram **MILLS**, b. of Stamford, Aug. 14, 1836, by Rev. John Ellis	2	227

	Vol.	Page
WHITNEY, WHITNEE, WHITTNEE (cont.),		
Mary Ann, d. [Josiah & Mary], b. Mar. 29, 1801	2	99
Mary Elizabeth, d. [Selleck & Betsey], b. Nov. 14, 1806	2	98
Molly, d. [Justus & Nancy], b. Dec. 5, 1796	2	60
Nancy, d. Henry & Prudence, b. July 14, 1791	2	37
Nancy, d. [Justus & Nancy], b. Nov. 21, 1794	2	60
Plat[t], s. Eliasph & Mary, b. May 11, 1754	1	106
Platt, s. Henry & Prudence, b. Sept. 28, 1789	2	37
Polly, d. Daniel & Hannah, b. Sept. 6, 1782	2	16
Polly, m. Will[ia]m **SMITH**, Sept. 7, 1799, by Rev. Marmaduke Earl	2	128
Polly, m. John **BLANCHARD**, Mar. 22, 1822, by Henry Hoit, 3rd	2	156
Rhoda, d. Eliasph & Mary, b. Oct. 28, 1756	1	119
Sally, d. [Justus & Nancy], b. Aug. 29, 1792	2	60
Sally, d. [Henry & Prudence], b. Aug. 27, 1793	2	37
Samuel, s. Eliakim & Mary, b. Apr. 21, 1761	1	142-3
Sarah, d. Eliasph & Mary, b. Feb. 25, 1752	1	95
Sarah Hall, d. [Lewis L. G. & Rebecca], b. Oct. 8, 1839	2	285
Selleck, s. Daniel & Hannah, b. June 28, 1779	2	16
Selleck, m. Betsey **KNAP[P]**, Jan. 26, 1805, by Rev. Daniel Smith	2	98
Silvanus, s. Elezabeth* & Mary, b. Jan. 25, 1746/7; d. Jan. 31, 1746/7 *("Eliaseph" in Huntington's Register)	1	71
Silvanus, s. Eliasph & Mary, b. Feb. 3, 1748/9	1	79
Walter, s. [Josiah & Mary], b. May 25, 1803	2	99
Wells Rossiter, s. [Lewis L. G. & Rebecca], b. Sept. 4, 1841	2	285
Will[ia]m, s. [Justus & Nancy], b. Dec. 29, 1790	2	60
WHITTON, Jemima, see under Jemima **WHETTON**		
WICKES, [see under **WEEKS**]		
WILDMAN, Ezra W., of Brookfield, Conn., m. Sarah J. **STEVENS**, of Stamford, [Mar.] 9, [1851], by Rev. James Hepburn	2	305
Olive, m. David **AMBLER**, Nov. 3, 1761, in Danbury, by Rev. Mr. White	1	141
WILLIAMS, Harriet Ellen, m. John William **LEEDS**, Jr., Apr. 22, 1862, at New York Ascension Church, by Rev. John Cotton Smith	2	140
Honour, m. John **LEEDS**, Jr., Dec. 6, 1796, in Weathersfield, by Rev. [ ] Chapin	2	57
Maria, m. Abram **GRIFFITH** (colored), Dec. 7, 1837, by Rev. Ambrose S. Todd	2	245
Mary, b. Sept. 8, 1742; m. Reuben **STEVENS**, Apr. 27, 1760	2	40
WILLIAMSON, John, m. Marcy **HOIT**, Sept. 17, 1746, by Rev. Robert Silliman	1	94
Jonathan*, s. John & Marcy, b. May 5, 1748 *("Joanna" in Huntington's Register)	1	94
Mary, d. John & Marcy, b. Sept. 8, 1750	1	94
WILMOT, WILMOTT, WILMUT, Almira, m. Sherman **HUSTED**, b. of Stamford, May 27, 1829, by Rev. Daniel Smith	2	201
Alvah, s. [Frances & Esther], b. Sept. 12, 1797	2	110

STAMFORD VITAL RECORDS 325

	Vol.	Page
WILMOT, WILMOTT, WILMUT (cont.),		
Ann Eliza, of Stamford, m. Henry H. **FRENCH**, of Trumble, June 22, [1828], at the house of Mr. Willmot, by Ebenezer Platt	2	192
Anna M., m. William **BUXTON**, Dec. 13, 1827, by Rev. Daniel Smith	2	196
Calvin R., m. Mary E. **SMITH**, b. of Stamford, Sept. 25, 1844, by Rev. Peter C. Oakley. Witnesses John W. Welch & Harriet Bishop, b. of Stamford	2	274
Cary, m. Mary Eliza **WEED**, Aug. [ ], 1829, by Farnum Knowlton (Rev.)	2	204
Catharine, d. [William & Polly], b. June 26, 1816	2	134
Charles Brown, s. [William & Polly], b. Sept. 27, 1817	2	134
Charles E., m. Mary E. **HOLLY**, b. of Stamford, May 6, 1846, by Rev. Peter C. Oakley	2	284
D. W. W., m. Mrs. Minna **AUSLEY**, b. of Stamford, Sept. 24, 1837, by Rev. William Biddle	2	243
David, s. Joseph & Hannah, b. Feb. 13, 1773	1	184
David, [twin with John], s. Joseph & Hannah, b. Apr. 11, 1779	1	199
David W.W., b. May 5, 1803	2	243
Eben, s. Joseph & Hannah, b. Feb. 3, 1787	2	9
Ebenezer, s. Joseph & Hannah, b. Dec. 21, 1781	2	6
Ebenezer, m. Caroline M. **PROVOST**, July 20, 1841, by Rev. E. S. Raymond, Troy, N. Y.	2	262
Emily, of Stamford, m. Harvey **NASH**, of Bridgeport, Nov. 26, 1833, by Rev. Daniel Smith	2	239
Enos, s. Zopher & Sarah, b. Apr. 18, 1766	1	156-7
Enos, m. Hannah **CLARK**, Feb. 15, 1798, by Rev. Moses Mather	2	79
Esther S., d. [Frances & Esther], b. Dec. 27, 1793	2	110
Frances, m. wid. Esther **REED**, Nov. [ ], 1787, by Rev. Ebenezer Dibble	2	110
Hannah, d. Joseph & Hannah, b. May 20, 1784	2	9
Henry, s. Zopher & Sarah, b. Apr. 12, 1772	1	181
Isaac, s. Joseph & Hannah, b. Nov. 20, 1775	1	192
Isaac, s. [Frances & Esther], b. Aug. 26, 1791	2	110
Isaac S., m. Mary E. **SLAUSON**, b. of Stamford, Sept. 12, 1838, by Rev. Edw[ar]d Oldrin	2	252
James, s. Zopher & Sarah, d. May 1, 1765	1	156-7
James, s. Zopher & Sarah, b. Aug. 1, 1769	1	172
James Alfred, of Stamford, m. Priscilla **LOCKWOOD**, of Greenwich, Feb. 24, 1822, by Rev. Daniel Smith	2	156
John, s. Zopher & Sarah, b. July 9, 1762	1	146
John, [twin with David], s. Joseph & Hannah, b. Apr. 11, 1779	1	199
John, m. Sally **DILL**, Nov. 15, 1807, by Rev. Will[ia]m Fisher	2	108
John, m. Polly Ann **BISHOP**, b. of Stamford, Sept. 26, 1822, by Rev. Henry Fuller	2	158
Joseph, m. Hannah **WATERBERY**, May 17, 1772, by Rev. Mr. Dibble	1	178-9
Joseph, s. [Joseph & Hannah], b. Feb. 18, 1798	2	9
Josiah H., s. [Frances & Esther], b. May 16, 1789	2	110

WILMOT, WILMOTT, WILMUT (cont.),

	Vol.	Page
Mary, of Stamford, m. John Y. **PROVOST**, of Bridgeport, Nov. 24, 1834, by Rev. Daniel Smith	2	240
Noah, s. Zopher & Sarah, b. June 30, 1774	1	187
Rebecca, d. [Enos & Hannah], b. Mar. 15, 1799	2	79
Rebecca A., m. Daniel **PORTOR**, Dec. 28, 1828, by Rev. Daniel Smith	2	199
Sally M., of Stamford, m. Zolmon **HAMILTON**, of New Canaan, Apr. 27, 1823, by Henry Hoit, Jr.	2	165
Sally M., m. Joseph A. **BUXTON**, b. of Stamford, July 29, 1832, by Rev. Daniel Smith	2	235
Sarah, d. [Joseph & Hannah], b. May 20, 1795	2	9
Sarah, wid., m. Ezekiel **CURTIS**, Sept. 27, 1803, at Poundridge, N. Y., by Ezra Lockwood, J. P.	2	126
William, s. Joseph & Hannah, b. Mar. 28, 1792	2	9
William, m. Polly **BROWN**, Aug. 25, 1815, in New York, by Rev. Mitchell B. Bull	2	134
Zopher, m. Sarah **WEBB**, Dec. 29, 1761, by Rev. Noah Wells	1	142-3

WILSON,

	Vol.	Page
Albert C., of Bedford, N. Y., m. Phebe J. **CLAUSON**, of Stamford, Oct. 8, 1838, by Rev. Edw[ar]d Oldrin	2	252
Henry, s. Dr. John & Mary, b. Oct. 10, 1763	1	168
Isaac, s. John & Lydia, b. Apr. 22, 1783	2	5
John, Jr., m. Lydia **QUINTARD**, Aug. 12, 1778, by Rev. Ebenezer Dibble	2	5
John, Dr., m. wid. Elizabeth **HOLLY**, June 16, 1787, by John Davenport, J. P.	2	18
John Quintard, s. John & Lydia, Feb. 3, 1781	2	5
Molly, m. Samuel **WEBB**, Jr., Dec. 15, 1781	2	18
Phebe, d. Dr. John & Mary, b. Sept. 9, 1765	1	168
Sally, m. Jotham **WARING**, Dec. 23, 1790, by Rev. Benjamin Judd	2	43
Will[ia]m W., m. Eliza **SWAN**, b. of Greenwich, Jan. 1, 1833, by Rev. John Ellis	2	218

WISE,

	Vol.	Page
Abigail, d. Esther **WISE**, b. July 3, 1755	2	86
Esther, had d. Abigail, b. July 3, 1755	2	86
Esther, wid., m. Epenetus **WEBB**, Jr. Nov. 11, 1787, by Charles Webb	2	83
Timothy, s. Timothy & Esther, b. Apr. 27, 1782	2	86

WISNER,

	Vol.	Page
Daniel E., of Middletown, N. Y., m. Sally M. **WEED**, of Stamford, Mar. 26, 1833, by Rev. Daniel Smith	2	237

WOOD,

	Vol.	Page
Frances Woolcott, d. [Joseph & Frances], b. Mar. 25, 1810	2	116
Hannah, d. Sam[ue]ll & [E]unice, b. Apr. 9, 1722	1	149
Joseph, m. Frances **ELLSWORTH**, May 10, 1809, at Windsor, by Rev. [ ] Rowland	2	116
Ruth, m. Joseph **SMITH**, Jr., Jan. 18, 1781, by Rev. Solomon Mead	2	8
Sally, m. Billy **HOYT**, Dec. 26, 1799, by Rev. Platt Buffet	2	93
William S., m. Angelica E. **HUYCK**, Oct. 31, 1830, by Rev. Daniel Smith	2	210

STAMFORD VITAL RECORDS 327

	Vol.	Page
WOODEN, Mary, of Stamford, m. Patrick LAURIE, of Newton Stewart, in the Cty. of Galloway, Scotland, Mar. 12, 1823, by Rev. Daniel Smith	2	164
WO[O]LSEY, Abigail, Mrs., m. Rev. Noah WELLES, Sept. 17, 1751, at Auyster Bay, by Rev. Benajamin Wo[o]lsey	1	94
Abigail, Mrs., m. Rev. Noah WELLES, Sept. 17, 1751, at Auyster Bay, by Rev. Benjamin Wo[o]lsey	1	99
WOOSTER, WOSTER, Anna, d. Ebenezer & Margaret, b. Sept. 3, 1717	1	139
Ebenezer, m. Mary PETTIT, Nov. 22, 1748, by Rev. Moses Mather	1	88
Ebenezer, s. Ebenezer & Mary, b. June 13, 1750	1	88
Ebenezer, s. Ebenezer & Martha, b. Aug. 24, 1753	1	104
Ebenezer, d. Jan. [ ], 1765	1	154
Ebenezer, m. Elizabeth WATERBURY, Nov. 15, 1789, by Rev. John Avery	2	31
Ebenezer, s. [Ebenezer & Elizabeth], b. Mar. 29, 1794	2	31
Ebenezer, d. July 10, 1802	2	31
Edward, s. Ebenezer & Margaret, b. Mar. 25, 1719	1	132
Henry, s. [Ebenezer & Elizabeth], b. Jan. 15, 1796	2	31
James, s. [Ebenezer & Elizabeth], b. June 3, 1792	2	31
John, m. Elizabeth HOLLY, July 20, 1757, by Jonathan Maltbie	1	132
John, s. John & Elizabeth, b. Apr. 1, 1759	1	132
John, s. John & Elizabeth, b. Apr. 12, 1759	1	146
John, s. [Ebenezer & Elizabeth], b. July 1, 1790	2	31
Mary, d. [Ebenezer & Elizabeth], b. Aug. 14, 1798; d. July 29, 1799	2	31
Paul, s. John & Elizabeth, b. Apr. 12, 1761	1	146
Thomas, s. Ebenezer & Margaret, b. Dec. [ ], 1721	1	111
William, s. Sarah WATERBERY, b. Mar. 5, 1749/50; f. Henry WO[O]STER	1	91
WRIGHT, Ebenezer, s. Ebenezer & Hannah, b. Jan. 14, 1741/2	1	49
Ebenezer, Rev., d. May 5, 1746	1	68
Elizabeth, m. Abraham KNAP[P], Sept. 17, 1770, by Abraham Davenport	1	172
Freelove, m. Jonathan LOCKWOOD, Nov. 8, 1733, by Nathaniel Peck, J. P.	1	24
Hannah, d. Ebenezer & Hannah, b. Jan. 12, 1739/40	1	42
Hannah, m. George MERRETT*, Apr. 9, 1761, by Rev. Noah Wells *("MORRITT" in Huntington's Register)	1	140
Joseph Allyn, s. Ebenezer & Hannah, b. Jan. 26, 1743/4	1	60
Prudence, d. Ebenezer & Hannah, b. May last day, 1736	1	35
Silence, d. John, m. Thomas NEWMAN, s. Thomas, decd., Jan. 10, 1744/5, by Rev. Mr. Strong	1	68
Thomas, s. Ebenezer & Hannah, b. Dec. 14, 1737	1	35
WYATT, WIATT, Henry, m. Sarah BISHOP, Dec. 28, 1776, by Rev. Moses Mather	2	37
Henry, s. Henry & Sarah, b. Aug. 7, 1778	2	37
Nathaniell, m. [ ], Aug. 15, 1725, by Samuell Peck,		

	Vol.	Page
WYATT, WIATT (cont.),		
of Greenwich		
Nathaniel, s. Nathaniell & Mary, b. Mar. 7, 1729/30	1	5
Rachel, d. Nathaniel & Mary, b. Mar. 3, 1727/8	1	15
YATES, Elisha, of Stamford, m. Catharine **JOHNSON**, of Norwalk, July 16, 1843, by Rev. J. W. Alvord, Jr.	2	267
YEOMANS, Sarah, d. Stephen & Abigail, b. May 5, 1773	1	190
YOUNGS, YOUNG, YONGS, Abigall, d. John & Ruth, b. Mar. 13, 1705/6	1	139
Abigail, [w. Clemens], d. Aug. 11, 1749	1	78
Abigail, d. Clemence & Lidia, b. Oct. 6, 1755	1	118
Abraham, m. Hannah **HUNT**, Nov. 29, 1748, by Rev. Mr. Smith, in Kay* *(Rye?)	1	79
Benjamin, s. Clemence & Lydya, b. Sept. 17, 1751	1	95
Benj[ami]n, m. Hannah **SHERWOOD**, Nov. 5, 1777, by Benj[ami]n Weed, J. P.	1	196
Brown, [twin with Elizabeth], s. Samuel & Rebeckah, b. Aug. 7, 1749	1	82
Clements, s. John & Sarah, b. Aug 7, 1719	1	146
Clemens, of Stanford, m. Abigail **CLARK**, of Bedford, Nov. 24, 1748, in Bedford, by Sam[ue]ll Sackitt	1	78
Clemence, m. Lidiah **KNAP[P]**, Nov. 19, 1750, in Norwalk, by Rev. Moses Dickenson	1	88
Clemence, [twin with Thomas], s. Clemence & Lidya, b. May 30, 1753	1	101
Daniel, m. Ann **MILLER**, b. of Stamford, Oct. 20, 1822, by Henry Hoit, Jr.	2	159
Deborah, d. Jno & Sarah, b. Mar. 5, 1720/1	1	111
Deborah, m. Timothy **PANGBORN**, Oct. 15, 1742, in Kint, by Sam[ue]ll Lewis, J. P.	1	66
Daborah, d. Clemence & Lydia, b. Dec. 21, 1757	1	126
Delia A., Mrs., of Greenwich, m. Sylvanus **DAN**, of Stamford, Aug. 16, 1829, by Rev. Farnum Knowlton	2	202
Eliza, of Stamford, m. Alexander **ENNIS**, of Rye, Oct. 27, 1833, by Rev. Nehemiah Sherwood	2	221
Elizabeth, d. John, b. Apr. 22, 1694	1	107
Elizabeth, d. John & Ruth, b. Apr. 22, 1694	1	139
Elizabeth, d. John, d. Apr. 15, 1706	1	139
Elizabeth, d. John, d. Apr. 25, 1706	1	135
Elizabeth, d. John & Ruth, b. May 30, 1710	1	139
Elizabeth, m. Deliverance **STEVENS**, Dec. 30, 1724	1	3
Elizabeth*, m. Nathan **WEED**, the evening following the 28th day May, 1730, by Jonathan Hoit, J. P. *("Ezebaell" in Huntington's Register)	1	16
Elizabeth, w. John, d. Dec. 11, 1746	1	73
Elizabeth, [twin with Brown], d. Samuel & Rebeckah, b. Aug. 7, 1749	1	82
George W., m. Mary J. **PAGET**, b. of Stamford, May 28, 1843, by Rev. Addison Parker	2	266

	Vol.	Page
YOUNGS, YOUNG, YONGS (cont.),		
Hannah, d. Jonathan & Rebeckah, b. July 4, 1751	1	94
Hannah, d. Abraham & Hannah, b. Apr. 29, 1760	1	136
Hiatt, s. John & Elizabeth, b. Jan. 17, 1741/2	1	73
Ezebaell*, m. Nathan **WEED**, the evening following the 28th day of May, 1730, by Jonathan Hoit, J. P. *(Probably Isabell. Arnold copy has "Elizabeth")	1	16
Jeremiah, s. Samuel & Rebeckah, b. Aug. 24, 1745	1	67
Jno, m. Ruth **HOIT***, Dec. 30, 1690 *("**ELIAT**" in Huntington's Register)	1	101
John, s. John & Ruth, b. May 24, 1696	1	139
John, s. John & Ruth, b. May 5, 1703	1	139
John, d. Apr. 8, 1723	1	151
John, m. Elizabeth **HOLM[E]S**, Feb. 6, 1736, in Norwalk, by Joseph Platt, J. P.	1	73
John, s. John & Elizabeth, b. Jan. 11, 1738	1	73
John, m. Marcy **BROWN**, Mar. 9, 1746/7, by Jonathan Hoit, J. P.	1	73
Jonathan, s. Samuel & Rebeckah, b. Mar. 24, 1742/3	1	57
Joseph, s. Thomas & Deborah, b. Oct. 25, 1729	1	20
Joseph, s. Clemens & Lidya, b. June 9, 1760	1	136
Marcy, m. Ebenezer **BROWN**, Aug. 24, 1727, by Jonathan Hoit, J. P.	1	18
Marcy, m. John **SLASON**, May 6, 1751, by Rev. Ebenezer Dibble	1	92
Mary, d. John & Ruth, b. Aug. 30, 1700	1	139
Mary, m. Elisha **STEVENS**, Feb. 5, 1714/15, by Capt. Omsted, J. P.	1	119
Mary, d. Samuel & Rebeckah, b. Apr. 19, 1747	1	75
Mary, of Stamford, m. Alanson **KNIFFING**, of Carmel, N. Y., Feb. 1, 1846, by Rev. H. H. Rouse	2	283
Phebe, d. Abraham & Hannah, b. Mar. 7, 1749/50	1	86
Reachal, d. John & Elizabeth, b. Dec. 13, 1745	1	73
Rebeckah, d. John & Marcy, b. Mar. 27, 1748	1	82
Richard, s. Abraham & Hannah, b. Jan. 29, 1752	1	95
Ruth, m. Joshua **SCOFIELD**, Dec. 25, 1712, by Joseph Bishop, J. P.	1	104
Ruth, w. John, d. Apr. 2, 1718	1	126
Ruth, d. Samuel & Rebeckah, b. Oct. 17, 1740	1	43
Samuell, s. John & Ruth, b. Sept. 30, 1712	1	139
Sam[ue]ll, s. Sam[ue]ll & Rebecca, b. July 29, 1739, in South Hole	1	38
Sarah, d. John & Ruth, b. June 18, 1715	1	139
Sarah, m. Josiah **SCOFIELD**, Jan. 16, 1734/5, by Rev. Mr. Ebenezer Wright	1	27
Sarah, wid., d. Jan. 29, 1746/7	1	72
Sarah, d. Abraham & Hannah, b. Jan. 13, 1754	1	103
Sarah, d. Benj[ami]n & Hannah, b. July 5, 1778	1	199
Sarah Jane, of Stamford, m. Henry M. **PROWET**, of New York, May 28, 1838, by Rev. William Biddle	2	251
Susanna, d. Abraham & Hannah, b. Mar. 31, 1756	1	116

	Vol.	Page
YOUNGS, YOUNG, YONGS (cont.),		
Tamar, m. Stephen **PLACTT**, Dec. 31, 1757, by Rev. Moses Mather	1	126
Thomas, s. John & Ruth, b. Feb. 21, 1707/8	1	139
Thomas, [twin with Clemence], s. Clemence & Lidya, b. May 30, 1753	1	101
William W., m. Eliza M. **SCOFIELD**, b. of Stamford, Nov. 9, 1832, by Rev. Platt Buffett, of Stanwich	2	218
Zeruiah, s. John & Elizabeth, b. June 9, 1743	1	73
Zerviah, m. Matthew **CLARK**, Jan. 7, 1768, by Rev. Moses Mather	1	195
NO SURNAME		
Jude, negro had d. Hager, b. Dec. 26, 1791	2	82
Oliver, b. 6th mo. 22, [16]57	1	74
Robbin Hood, s. Jacob & Sib (negro), b. June 1, 1793	2	44
Tamar, d. Jacob & Sib, b. Jan. 5, 1796 (negro)	2	44